Walter Jens

Zur Antike

verlegt bei Kindler

2. Auflage
© Copyright 1978 by Kindler Verlag GmbH, München
Alle Rechte vorbehalten, auch die des teilweisen Abdrucks, des öffentlichen Vor-
trags und der Übertragung durch Rundfunk und Fernsehen.
Fotomechanische Wiedergabe nur mit Genehmigung des Verlages.
Redaktion: Annalisa Viviani
Korrekturen: Dieter Lang
Umschlaggestaltung: Hans Numberger
Satzherstellung: Otto Gutfreund, Darmstadt
Gesamtherstellung: May & Co., Darmstadt
Printed in Germany
ISBN 3-463-00730-4

Inhalt

Vorwort

»Herodot, Xenophon, Thukydides, Demosthenes und der göttliche Platon, Homer, Cornelius Nepos, Caesar, Livius, Sallust, Tacitus, Ovid, Vergil, Catull, Horaz... nimm eine Geschichte der Kultur, der Wissenschaft, der Kunst, der Literatur zur Hand – diese Namen leuchten darin. Seit Jahrtausenden leuchten sie, und sie werden noch Jahrtausende leuchten. Lernst du sie nicht kennen, du wirst sie nie kennenlernen. Du verlierst Unendliches fürs ganze Leben. Wie gern hätte ich jetzt meinen Vergil, Horaz, Homer, Sophokles, Platon hier. Wie lebendig sind mir viele horazische Oden wieder geworden, sie kommen nachts – in den langen, langen Nächten und leisten mir Gesellschaft – wie glücklich wäre ich, wäre mein Schatz an solcher Kenntnis zehnmal größer, lessingsch groß«: Das sind Sätze aus einem Brief, den ein Strafgefangener aus der Haftanstalt an seinen Sohn schreibt, um ihn vom Sinn und Nutzen der Klassiker griechisch-römischer Provenienz zu überzeugen. Sätze, die ein Mann formuliert hat, für den – dies hat ihm die Grenzsituation seiner Inhaftierung gezeigt – Platon und Catull zum eisernen Bestand gehören: zum Unveräußerlichen und Unverzichtbaren. Sätze von Karl Liebknecht.

Liebknecht und Ovid, der Revolutionär und die homerischen Epen: Wie kommt das zusammen? Wer so fragt, verkennt die Tatsache, daß die antiken Klassiker für die literarische Avantgarde im Deutschland des neunzehnten Jahrhunderts den Charakter von Nothelfern hatten: Am Beispiel der Griechen hat Hegel verdeutlicht, wie, jenseits von Despotismus und bürgerlicher Privatheit, republikanische Freiheit aussehen könnte, hat Marx, der Aischylos-Leser, gezeigt, welche Struktur ein Gemeinwesen haben sollte, in dessen Bezirken es dem Menschen möglich ist, nach dem Maß der Schönheit zu formieren, hat Wilhelm von Humboldt die »einzige eigentlich gesetzmäßige Verfassung in Griechenland« beschworen.

Graeca sunt, non leguntur: Das ist eine Devise, in deren Bannkreis sich ein großes imaginäres Gespräch erfinden ließe – ein Disput, den die Gräkomanen von Humboldts oder Marxens Schlag gegen die Verteidiger der Römer ausfechten müßten: Friedrich Nietzsche allen voran. Bis in die Mitte des letzten Jahrhunderts hinein, man kann es nicht oft genug sagen, hatte die Geisterbeschwörung der Jakobiner und Republikaner in Deutschland oppositionellen Charakter: *mit den Alten gegen* die -ismen des ancien régime, den Territorialismus, den Feudalismus, den Romanismus, den Klerikalismus und *für* nationale Einheit, bürgerliche Verfassung, kulturelle Souveränität und allgemeine Aufklärung.

Lang, lang ist's her. Nach dem Debakel von 1848 begann sich – erst langsam, dann rapide – die Funktion der Humaniora im Bildungswesen zu wandeln. Was einst, nach dem Willen der Neuhumanisten, zur Beförderung eines demokratischen Unterrichtswesens dienlich sein sollte: das Studium der Antike wurde mehr und mehr zum Privilegium einer machtgeschützten Elite. Hatten die Republikaner in der ersten Jahrhunderthälfte, durch die Beschwörung des ganz Anderen und Besseren, Wert auf Distanz zur bestehenden Ordnung gelegt, hatten das Freiheits-Reich der Kunst, des Spiels und schönen Scheins dem Obrigkeits-Staat gegenübergestellt, das »so war's einmal« und »so könnte es sein« dem »so ist es«, hatten, auf Emanzipation des Bürgertums bedacht, *nach oben hin* argumentiert, so kämpften, in der zweiten Jahrhunderthälfte, die auf die Einheit von Bildung und Besitz pochenden Bourgeois mit umgekehrter Frontstellung. Bestrebt sich *nach unten hin* abzugrenzen, von den Volksschul-Plebejern und den Realschul-Banausen des Kleinbürgertums, stellten die Anwälte der klassischen Bildung die Humaniora in den Dienst der Macht. Wer Griechisch und Latein konnte, »gehörte dazu« und war aufgenommen in den Kreis jener konservativen Elite, die sich als »geistiger Generalstab« verstand, »der durch die Schulen von Hellas und Rom hindurchgegangen« sei – aufgenommen in den Zirkel der *upper ten*, wo man Kultur gegen Zivilisation und hellenische Paideia gegen das Unterrichtswesen im Zeitalter der Vermassung ausspielte: das Humanistische Gymnasium als Hort eines Geistes, durch den legitimiert und ideologisch geweiht sich, im Bereich der Macht, trefflich Politik auf Kosten des Volks machen ließ.

Vergangen und vorbei, auch dies: Heute, in einem Augenblick, wo Bildung unter dem Diktat der Zwecke und der Zwänge steht *(wozu dient das? wem nützt es? was ist damit anzufangen?)*, ist das Studium des

Altertums zu einem Geschäft von Glasperlenspielern geworden: Die *entente cordiale* zwischen den Rechten (die ihren Hegel vergessen) und den Linken (die von Marx und Liebknecht nichts wissen) hat der Beschäftigung mit der Antike den Charakter einer Kloster-Arbeit gegeben... und das ist, wie die Dinge im Augenblick stehen, nicht einmal das Schlechteste. Im Kloster hat schon mancher überlebt und in der Zelle jene auf dem Markt nicht mehr gefragten Güter bewahrt, die sich plötzlich, wenn der Wind sich dreht, als eiserner Bestand erweisen (unverzichtbarer Vorrat in Liebknechts Sinn), ohne den es wohl Existenz, aber kein Leben mehr gibt: Wenn alles nur Augenblick und Unmittelbarkeit ist – ein von der Hand in den Mund leben, dann wird es, da der Blick auf das »nächste Fremde« und den »vertrauten Kontrast« des Antiken verstellt ist, zumindest erschwert sein, das schlechte Wirkliche in kritischer Opposition zu transzendieren.

Die in diesem Band gesammelten (teils gedruckten, teils noch unpublizierten) Studien, eine Reihe von Abhandlungen und Essays, ein Reisebericht, eine Erzählung, ein imaginäres Gespräch, zwei Fernsehspiele und eine Übersetzung... diese Studien sollen zeigen, wie viel, das sei mit aller Nüchternheit gesagt, verloren geht, wenn in den »langen, langen Nächten« jene Überlieferung nicht mehr verfügbar ist, deren produktive, zum Selbst- und Besser-Machen herausfordernde Aneignung (so hat Lessing die Beschäftigung mit der Antike verstanden) der Literatur bis in unsere Tage hinein (ein Name für viele: Heiner Müller) ein Plus an Tiefenschärfe und Verweiskraft gegeben hat, an Evokation der nahen Ferne, die Gegenwärtiges mitbedeutet... ein Plus, das nicht leichtfertig verspielt werden sollte.

»Wir würden noch in der Barbarei leben, wenn nicht die Überreste des Altertums in verschiedener Gestalt vorhanden wären«: Wer den Appell-Charakter antiker Texte bedenkt, die ungebrochene, zur Konkurrenz zwingende Herausforderung, wird den anno 1830 formulierten Goethe-Satz so unrichtig nicht finden. Auch und gerade heute nicht.[1]

---

[1] Die hier knapp skizzierten Überlegungen zum Thema ›Rezeption der Antike in Deutschland‹ habe ich andernorts ausführlich entwickelt: *Antiquierte Antike? Perspektiven eines neuen Humanismus* in: Republikanische Reden. Kindler-Verlag München 3. Aufl. 1977, S. 41 bis 58.

Essays

Die griechische Literatur

Wer die griechische Literatur zu klassifizieren sucht, muß, aus vier
Gründen, besonders vorsichtig sein. Zuerst: da die Griechen in den
Wissenschaften und Künsten jene Modelle erdachten, an deren Perfektion wir noch heute arbeiten, ergibt sich leicht eine fatale Vertrau-
lichkeit, ein Identifizieren und spielerisches Vergleichen: sind »Damals« und »Heute« nicht ähnlich, war in Griechenland nicht schon
alles vorhanden, fragt der Betrachter, von der poetischen Chiffre bis
zur Fach-Terminologie? Schien nicht selbst die christliche Religion
vorgebildet zu sein – Paulus auf dem Areopag, Ödipus als präfigurierter christlicher Märtyrer, der »katholische Charakter der griechischen Tragödie« (W. von Schütz)?
Auf der anderen Seite sucht man, nicht minder extrem, Nietzsches
Warnung vor der impertinenten Familiarität beherzigend, zwischen
»*Hellas*« und »*Hesperien*« gewaltsam zu trennen, griechische Denk-
weisen als fremd, widerchristlich und ganz und gar eigen zu zeigen:
wie könnte man glauben, heißt es, das Hellenische recht zu erfassen,
wenn man mit Vokabeln wie »Das Böse« oder »Die Sünde« operiere,
während die Griechen doch nur »Das Schlechte« oder »Den Fehler«,
Worte ohne moralische Fixierung, kannten?
Die zweite Schwierigkeit: auch der Kenner entgeht nicht leicht der
Gefahr, das Überlieferte mit *der* griechischen Literatur zu verwechseln. In Wahrheit ist die Auswahl willkürlich: von pädagogischen
Gesichtspunkten geleitet, dem Aristotelischen Zielbestimmungs-
Gedanken folgend, wollte man schon zur Zeit der Spätantike vor al-
lem jene Werke erhalten, in denen, wie man meinte, eine Gattung
»ihre eigene Natur fand«. Darüber hinaus war der Gesichtskreis der
Zensoren nicht gerade weit: allen Kompilationsinteressen, aller
sammelnden Gelehrsamkeit zum Trotz suchte man gerade in einer
Zeit, da die *koine*, das Allerweltsgriechisch, Straßen und Foren beherrschte, die attische Prosa mit dem Signum der Klassizität zu ver-

sehen (»Attizismus«). Vom ersten vorchristlichen Jahrhundert über
die Hadrians-Ära und die Epoche der zweiten Sophistik (zur Zeit der
Antonine) bis zum Ausgang der Antike, bis zur Schließung der Platonischen Akademie, 529 n. Chr., und, im gleichen Jahr, der
Eröffnung des Benediktinerklosters auf dem Monte Cassino, entschied der Attizismus, rigoros und pathetisch, über Gedeih und
Verderb der griechischen Literatur.

Wer bedenkt, wie manches bedeutsame Zeugnis der klassizistische
Purismus nicht des Tradierens für wert befand, wird die von »ro-
mantischen« Gesichtspunkten bestimmten Auswahl-Prinzipien beklagen – doch zugleich bedenken müssen, daß agonale Sichtungen
und gnadenlose Siebungen seit eh und je dem griechischen Wesen
entsprachen: Wettkampf allüberall, und nur einer kann siegen; nur
einer, der Finder, stößt auf das Geheimnis der Form, er-findet nicht,
sondern entdeckt ein Prä-Existentes, befreit es aus der Hüllung des
Steins, hebt die Gestalt aus dem Gefängnis des Marmors, löst das
Hexametermaß aus dem Sprachfleisch heraus... und diesem Mann
gilt es zu folgen, seine Errungenschaften muß man kunstreich verwandeln – auf keinen Fall eine zweite Schöpfung, mit der ersten riva-
lisierend! War einmal der Grundstein gelegt, dann hielt man in
Griechenland zäh und entschlossen am Gegebenen fest, sprach von
kanonischer Geltung und vergaß das tastende Versuchen des Be-
ginns... SOPHOKLES, nicht Thespis; HOMER, nicht die Kykliker;
THUKYDIDES, nicht Hekataios: der Klassiker, nicht der Schöpfer ist
der Finder.

Nachdem das Verborgene ans Licht gekommen war, konnte man nur
noch im Detail variieren; die großen Linien waren, bis in den Dialekt
hinein, fixiert: das Epos blieb jonisch, das Chorlied dorisch, die
Liedkunst äolisch, Drama und Geschichtsschreibung attisch. Wie
winzig erscheint uns Heutigen die Spanne zwischen AISCHYLOS und
EURIPIDES! Doch ist das ein Wunder? Die Norm war nun einmal bestimmt, der Bezirk umgrenzt, den die Nachfolger im Zeichen des
Agons immer vollkommener einzufassen suchten. *In Zeiten, da es gut
um die Künste steht*, heißt es bei Valéry, *kann man sehen, wie sie sich
Schwierigkeiten schaffen, die nur Geschöpfe ihrer Einbildung sind... und sich
den Gebrauch der Fähigkeit untersagen, mit sicherem Griff im Augenblick alles machen zu können, was in ihrem Wollen liegt.*

»Selbstbeherrschung« heißt das Zentralgebot der griechischen Klassizität – deshalb die Anerkennung der Normen, die Repetition auf

vorher bezeichnetem Feld, deshalb Agon und Polemik, Invektiven, die von jedermann zu beurteilen waren, da Stoff und Regel, Mythos und Grundstruktur als bekannt gelten konnten. Noch die groteskeste Variation (Antigone als Schäfermädchen von Haimon versteckt, Orest und Aigisth als Verbündete), noch die verzerrende Paratragödie der Komödie weist auf das Urbild zurück.

»Originalität« war, sieht man von den Erfindungen der Komödie ab, durchaus verpönt – AGATHONS Fabel-Erfindung scheint eine Ausnahme gewesen zu sein –; und eben deshalb konnte man immer vergleichen und mochte es, als Freund des Agon, nicht für ungebührlich halten, wenn ein Autor auf seine Vorgänger einhieb, um das Eigene desto sichtbarer zu demonstrieren: so kämpfte, im *Theogonie*-Prooimion, HESIOD gegen HOMER (spätere Zeiten ließen die Dichter im Agon einander begegnen), so ARISTOPHANES gegen EUPOLIS, so, noch viele Jahrhunderte später, POLYBIOS gegen TIMAIOS. Einer gegen alle – deshalb die *sphregis*, das »Siegel« in der Lyrik, deshalb die Parabase der Komödie.

Kurzum, wenn der Agon, der Wettstreit, als konstitutives Prinzip des Kosmos erscheint (»monologische« Formen gab es erst im Hellenismus), wenn Götter gegen Götter und – nach ANAXIMANDER – Elemente gegen Elemente kämpfen, wenn sich, bei KORINNA aus Tanagra (um 500 v. Chr.), der Kithairon und der Helikon, bei KALLIMACHOS (ca. 305 – 240 v. Chr.), im vierten Iambos, Lorbeer und Ölbaum befehden, dann wird der Betrachter, um ein Prinzip der griechischen Dichtung wissend, auch den streitlustigsten Attizisten Abbitte tun, zugleich freilich bedenken, daß antike Kanonisierung die Perspektive denn doch gehörig verzeichnet: HOMER und SAPPHO begannen nicht jenseits des Nichts; ein AMEIPSIAS, dessen *Komasten* die Preisrichter – sicherlich nicht durchweg dumme Leute! – über die *Vögel* des ARISTOPHANES stellten, mag so wenig wie der Tragiker AGATHON von den klassischen Dramatikern durch einen Abgrund getrennt sein. Kurzum, die Überlieferung trügt; Aristotelische Entelechie-Erwägungen haben das Bild nicht anders als attizistische Dogmen und didaktische Spekulationen – die Erfordernisse der Schule! – verzerrt.

Die dritte Schwierigkeit. Nachdem man jahrhundertelang die griechische Autochthonie, das Eigenständige hellenischer Praktik verklärte, droht das Pendel heute nach der anderen Seite hin auszuschlagen. Ist man nicht allzusehr geneigt, wie einst zu Zeiten Nova-

lis' und Creuzers, das Hellenische »vom großen Orient aus« zu betrachten, den Raum zu erweitern und, wie der späte Hölderlin oder
der Autor der *Ägyptischen Helena*, hinter dem Griechischen Bezirke
Asiens heraufdämmern zu lassen? Östliche Kosmogonien überschat-
ten das vorsokratische Denken, HESIOD (um 700 v. Chr.) erscheint als
kunstreicher Verwerter hethitischer Mythen, und der Mathematiker
THALES (um 600 v. Chr.) greift auf ägyptische Archetypen zurück.
Rückt eine solche Betrachtungsweise nicht die Eigenart des Griechischen: lernend zu verwandeln, aus praktikablen Modellen wissenschaftliche Systeme, aus Geschichten stringente Gleichnisse zu machen, nur allzu langsam in den Blick?
Die vierte Schwierigkeit. Wir sprechen von der hellenischen Literatur als von einer sehr hohen Kunst (von der Volkskunst wissen wir so
wenig wie von den fabulösen Vorstufen der Gattungen), und dabei
identifizieren wir einmal »Literatur« mit »Poesie« und bedenken
zum anderen nicht, daß unser Begriff »Kunst« im Griechischen kein
Äquivalent hat – *techne* heißt Handwerk, der homerische Sänger steht
neben dem Zimmermann und dem Arzt, der Poet gehört einer Zunft
an, ist Gildengenosse, sein Können vererbt sich – Aischylos' Sippe! –
vom Vater auf den Sohn, seine Praktiken können, als Technik, durch
Preis und Richterspruch gebilligt oder verworfen werden: als ein
»Macher« stellt sich der griechische Dichter im Agon der Kritik; nur
ein Scharlatan wie der Rhapsode Ion sucht, bei Platon, mangelndes
Können durch den Hinweis auf göttliche Gaben zu tarnen.
Mag sich der Poet auch, aus Gründen der Legitimation, auf die Musen berufen, seine Dichtung ist niemals reine Selbstaussprache, sondern immer auch Anruf und Lehre; die Grenzen zwischen reiner
Poesie und Didaktik, Vision und Analyse sind fließend: Privates
wird, im Mund des Chors, objektiviert; lyrische »Stimmung«
verflüchtigt sich im starr-responsorischen Rhythmus; Persönliches
gewinnt im dialogischen Akt den Charakter der *gnome*; SAPPHO trägt
persönliche Erfahrungen – *Schöner als Reiter und Schiffe ist das in Liebe
Ersehnte* – objektiviert als Maximen und Sentenzen vor.
Wo also endet die Poesie und wo beginnt die Lehre, wo ist der Tren-
nungsstrich zwischen Bild und Gedanke? Wird die griechische Antike nicht gerade durch die Verschränkung von Wissenschaft und
Kunst geprägt? Von dem Philosophen PARMENIDES (um 500 v. Chr.)
bis zu dem Astronomen ARAT von Soloi (315–239 v. Chr.) analysiert
man die schwierigsten Fragen im Hexametermaß; die Baumeister

und Bildhauer, POLYKLET und IKTINIOS, nehmen zu Fachfragen Stellung; SOLON (um 600 v. Chr.) legt Rechenschaft in Distichen ab; THUKYDIDES (ca. 455 – 398) ist, ungeachtet der strengen Methodik, auch ein Meister der Szene; welcher Autor, von Boccaccio und Defoe bis Camus, erreichte, bei der Beschreibung der Pest, die farbenreiche Sprache des attischen Historiographen? PLATON (427 – 347 v. Chr.), die Beispiele ließen sich häufen, war Systematiker und Mythenbildner, Zeichner des Tugendsystems und Schöpfer des Höhlengleichnisses zugleich; SOPHOKLES (497 – 406 v. Chr.) auf der anderen Seite führte, im Chorlied, eine »philosophische« Auseinandersetzung mit der Sophistik (das Stasimon *Ungeheuer ist viel* als Protagoras-Replik!); EURIPIDES (ca. 480 – 406 v. Chr.), ein erster *poeta doctus*, wurde zum Lehrer der Zeit; durch MENANDERS (ca. 343 – 293) Masken tönten die Maximen des *Peripatos*, der aristotelischen Schule.

Vom Epos zur Tragödie

Epik – Lyrik – Drama: HOMER und HESIOD (um 700); Iambos, Elegie, Melik und Chorlyrik (7. bis 5. Jahrhundert); Tragödie und Komödie (5. Jahrhundert), der Dreischritt der frühgriechischen Literatur, die Entwicklung von der *Ilias* bis zum Schwanengesang der Tragödie, dem *Ödipus auf Kolonos*, liegt offen zutage. Doch wie zögernd öffnet sich der Vorhang, wie spät setzt unser Wissen ein: tausend Jahre Licht zwischen HOMER und PLOTIN, und davor mehr als tausend Jahre Dunkel, von der indogermanischen Einwanderung bis zur Niederschrift des Verses: *Vom Zorn des Achilleus künde mir, Göttin.* Alles, was vor Homer, vor der Zeit geschah, da man jene griechische Buchstabenschrift erfand, die uns zuerst das 8. Jahrhundert bezeugt, verliert sich in der Dämmerung. Düstere, mit der dorischen Wanderung (um 1200 v. Chr.) verbundene Zeitläufe, tote Jahrhunderte, machen es unmöglich, die Brücke zwischen der kretisch-mykenischen und der griechischen Kultur, zwischen einer Epoche, in der man nach Troja aufbrach, und jener anderen, in der man den Aufbruch anachronistisch und archaisierend beschrieb, mit Zuversicht und Evidenz zu schlagen.

HOMER: das ist, ungeachtet künftiger Neufunde in der *Linear B* (der heute wahrscheinlich entzifferten griechisch-minoischen Silbenschrift des 2. Jahrtausends), für uns immer noch ein Gipfel jenseits des Nichts, eine Summe, deren Teile niemand kennt. *Ilias* und *Odyssee* sind die Zeugen früher Klassizität: während die Epiker, Verfasser von Zyklen, gemeinhin Historien schilderten, Chroniken verfaßten und Handlungsabläufe beschrieben, ordnete HOMER, ein erster genialer »Finder«, die Geschehnisse – leitmotivisch, raffend und verkürzend – mit Hilfe eines gliedernd-strukturierenden »Problems« und führte so das Epos »zu seiner eigenen Form«. Hier der Zorn und dort die Irrwege, hier der tragische Groll und dort die unselige Heimfahrt: zum erstenmal in der europäischen Literatur werden vielschichtige Zusammenhänge aus der Perspektive eines isolierten Helden betrachtet.

Das Generalthema der griechischen Dichtung klingt schon im frühesten Kunstwerk, der *Ilias*, an: Vereinzelung und Schuld. Im gleichen Augenblick, da die Hellenen die Züge des Individuums zeichneten, beschrieben sie seine Ambivalenz, seine Größe, die es so tief fallen, seine Isolation, die ihm Profil gibt und es schuldig sein läßt: von HOMER bis SOPHOKLES, von ANAXIMANDER bis EURIPIDES die Darstellung des *principium individuationis*, die Analyse des tragischen Gegensatzes von Selbst- und Weltverwirklichung, das Interpretieren einer Un-geheuerlichkeit, die, nach griechischer Auffassung, das Wesen des Menschen bestimmt.

HOMER freilich beschreibt Individuen, ohne als einzelner selbst in Erscheinung zu treten. Die Berufung auf die Muse genügt, um ihn zu legitimieren; nur sehr allmählich kommt das Subjekt des Schreibenden ins Spiel. Bei HOMER ist die Göttin sehr groß, der Dichter, als Spiegel und Medium, klein; aber schon HESIOD läßt die Mädchen von Helikon Wahres, doch auch Falsches verkünden; Schein und Sein sind zu trennen; die Deutung ist Sache des Menschen; SOLON fordert, Homer umkehrend, die Göttinnen auf, ihn zu hören; PARMENIDES macht sich selbst auf den Weg, der Wahrheitsschwelle entgegen: die Muse wird zum literarischen Emblem.

Dennoch, so sehr sich *Ilias* und *Odyssee*, so sehr sich die homerisch-jonische Adelswelt und der böotische Bauernkosmos eines HESIOD voneinander unterscheiden: der Dichter bleibt in einer festen Gesellschaftsordnung geborgen; der Raum ist in der Vertikalen und Horizontalen, theologisch und soziologisch, in gleicher Weise gegliedert. Erst auf dem Scheitel des siebenten Jahrhunderts tritt ein Mann, ARCHILOCHOS von Paros, als ein einzelner den anderen gegenüber, fordert die Welt in die Schranken und nennt seinen Namen.

Während die Zeit sich rapide verwandelt, der Äon der Kolonisation, von Sizilien bis Ägypten, beginnt, und die Geldwirtschaft den Handel mit Naturalien ersetzt, während die Tyrannen eine präfigurierte Demokratie schaffen, zerfallen die überindividuellen Gesetze der alten Standesgesellschaft: Recht, *dike*, nicht Ansehen, *time*, erscheint von nun an als Leitwort. Anders als für Achilleus, der, dem Adelskodex entsprechend, seinem Gegner Agamemnon vorwirft, er habe ihm die Ehre und die Geltung geraubt, gibt es für den Vertreter des lyrischen Zeitalters, für ARCHILOCHOS, nichts Schändlicheres als die Verletzung der Gerechtigkeit.

Der Raum erweitert sich: *time* ist der Zentralwert einer Klasse, das unbezweifelte Ideal der *Ilias*-Anakten, *dike* hingegen gilt allüberall, verpflichtet den König nicht anders als den Proleten, den Herrscher so gut wie den Sauhirten, den Mächtigen in gleicher Weise wie den Geschlagenen.

Schon in der *Odyssee*, wo Odysseus im Namen der Gerechtigkeit die Freier ermordet, macht sich der Wandel bemerkbar – erscheint der Zyklopen-Staat nicht wie eine Parodie der *Ilias*-Welt, Polyphem als Zerrbild eines reisigen Fürsten? –; aber erst HESIOD gibt der *dike* die Würde eines Prinzips: die Herrschaft der Gerechtigkeit ist von nun an identisch mit dem Walten des Zeus.

Auch der Vertreter des lyrischen Zeitalters, das um 700 beginnt und sich bis zur Klassik erstreckt... auch der isolierte, im Zustand der Ohnmacht sich selbst findende Dichter, SAPPHO, ARCHILOCHOS, ALKAIOS, entdeckt am Ende die verlorenen Gesetze aufs neue. Mag auch der einzelne seine Eigenwelt errichten, und, wie Sappho, die Liebe schöner finden als Reiter und Fußvolk, mag die Homerische Identität von Gutsein, Schönsein, Rittertum und Erfolg zerbrechen, mag Archilochos dem gestriegelten Feigling den krummbeinigen Haudegen gegenüberstellen und damit die revolutionäre These verkünden: ein Häßlicher kann tapfer und ein Schöner feige sein; mag der gleiche Archilochos die Clan-Normen mit Füßen treten, die da lauten: kehre *mit* deinem Schilde oder, wenn du gefallen bist, *auf* deinem Schilde zurück; mag er seinen Schild, der nicht länger mehr ein mythisches Symbol, sondern ein Gebrauchsgegenstand ist, von sich schleudern – an der Weltordnung rütteln die Lyriker, die, liebend und leidend, ihre Individualität verkünden, darum noch nicht: das Verlorene wird wiedergefunden, die Gerechtigkeit eines ewigen Wechsels als Lebensgesetz analysiert.

Lyriker und Denker, Poeten und jonische Wissenschaftler, die Zeugen des 7. und 6. Jahrhunderts, stellen die gleiche Frage: Was erhält
die Welt? (Dem »Was bin ich?« der Lyriker entspricht das »Was war
im Anfang?« der milesischen Philosophie.) Die Antwort lautet: das
Recht allein gewährleistet Stabilität, nur es verbürgt den Ausgleich
der Extreme in einer ordnenden Mitte. ANAXIMANDER, SOLON,
ARCHILOCHOS, ALKMAION bedenken, so betrachtet, das gleiche Problem. *Dike*, das Recht, ist an keinen Raum, aber – und dies ist die
neue Entdeckung – auch an keine Zeit gebunden. Zeus straft nicht im
Jähzorn; oftmals fällt das Recht erst die Kinder und Kindeskinder der
Schuldigen an.

Raumerweiterung und Zeitvertiefung, Loslösung von einer Klasse,
Entfernung vom Augenblick, Verabsolutierung: das sind die geistigen Errungenschaften der Jahrhunderte zwischen Homer und der
Klassik. Erkennt man die Pendelbewegung? Das Zentrum liegt zunächst im kleinasiatischen Kolonisationsraum; hier ist HOMERS
Reich, hier liegt Milet, die Heimat der Philosophie und Wissenschaft, hier waltet jonischer Erfindungsgeist, jonische Seefahrer-
freude an Expeditions-Resultaten, hier, im Inselreich der Kykladen,
erwächst die eigentliche Lyrik: melische Poesie, Inkarnation äoli-
scher Kunst. Dann, im 6. Jahrhundert, der Umschwung zum Westen: Elea und Kroton, PYTHAGORAS' Spekulationen und PARMENI-
DES' Beschwörung eines unveränderlichen Seins auf italischem Boden, Mystik und Kalkulation, Reinkorporationsgedanken, doch auch
Meditationen über Zahl und Gestalt, dazu die Chorlyrik des We-
stens, STESICHOROS und IBYKOS, endlich, schon im 5. Jahrhundert,
von Tyrannen gefördert, die Inthronisation der sizilianischen Dichtung: Mimos und Beredsamkeit, PINDAR, BAKCHYLIDES und AI-
SCHYLOS an Hierons Hof.

Vom Osten zum Westen, vom Westen ins attische Zentrum, von
dort an die Peripherie, nach Alexandria, Pergamon und endlich nach
Rom... das ist der »Rhythmus«, dem die griechische Poesie folgt.
Jahrhundertelang bleibt das Mutterland im Schatten der Kolonial-
kunst; die Zeugnisse sind spärlich: HESIOD aus Böotien, der Athener
SOLON, TYRTAIOS in Sparta, PINDAR, der Thebaner,... das sind ein-
zelne Namen, Spätlinge, ja – Pindar! – Reaktionäre, gemessen am jo-
nischen Geist, und doch Vorboten der großen mutterländischen
Kunst, die, auf Attika konzentriert, um 500 mit der Inauguration des
Dramas beginnt. Der Philosoph ANAXAGORAS verläßt seine jonische

Heimat und wird zum Bürger Athens... das erscheint wie ein Symbol. Von AISCHYLOS bis DEMOSTHENES, von THEMISTOKLES bis PHILIPP VON MAKEDONIEN, von HERODOT bis THEOPOMP, von SOPHOKLES bis ISOKRATES, von ANAXAGORAS bis ARISTOTELES beherrscht Athen, das Zentrum Griechenlands, jenes Zeitalter, das mit Marathon (490 v. Chr.) begann und mit dem Siegeszug des jungen Alexander (334–323 v. Chr.) endete.

Lyriker und Philosophen hatten die Welt in der Weite des Raums und der Tiefe der Zeit bewohnbar gemacht; der Wechselschlag von *ate* bis *tisis*, Verblendung und Vergeltung, war im naturwissenschaftlichen und humanen Bereich analysiert worden; die Milesier hatten, denkend und experimentierend, thesenreich und chronikalisch zugleich, die Vielfalt der Erscheinungen auf Grundprinzipien reduziert; Individuum und Kosmos, Ich und Es, Mensch und Gott waren in gleicher Weise charakterisiert. Jetzt, um 500, kam es auf die Synthese an, auf die demonstrierte Begegnung der Pole, auf sichtbaren Austausch und auf Objektivierung der Individualitäten; das Persönliche wollte typisiert, das Überindividuelle anschaulich gestaltet sein. Auf dem Scheitel der griechischen Geschichte, im Augenblick einer letzten großen Zusammenfassung, eine Sekunde vor dem Zerfall der politischen Ordnung, zog die Tragödie, generalisierend und in Spiel und Gegenspiel veranschaulichend, die Summe der Vergangenheit.

Von der Polis zum Weltreich

Klassik: das ist der Moment des Gelingens, die Bezeichnung einer Vollkommenheit, die nicht aus sich selbst, sondern nur durch eine Konturierung von außen, durch die Beschreibung des »Davor« und »Danach« erklärbar ist. ARISTOPHANES wußte darum, als er in den *Fröschen* Aischylos und Euripides zu Protagonisten bestimmte und die Mitte, das Sophokleische Werk, gleichsam ausklammerte. Nur sehr zögernd wollen sich die Elemente zusammenfügen, die den Geist dieses Jahrhunderts ausmachen, das die Geschichte Europas wie kein anderes bestimmt hat; nur höchst vage läßt sich eine Zeit bezeichnen, deren Profil am deutlichsten in den Thukydideischen Perikles-Reden erscheint.

Konzentration, Sammlung der Kräfte an einem winzigen Punkt heißt das erste Gebot griechischer Klassizität: nicht Milet und Tarent, Klazomenai und Syrakus, sondern athenische Polis, Theater, Agora, Akropolis. Ist es ein Zufall, daß sich die milesischen Kosmogonien, kühne jonische Spekulationen, zupackende Gedanken, die in gleicher Weise den Schiffermärchen wie den ethnographischen Exkursen eines HERODOT Plastizität und Farbe verliehen, in die Sokratischen Marktgespräche verwandeln?

Während die Jonier die Geheimnisse der Welt betrachteten, Sternenflug und Nilschwellen, verläßt SOKRATES die Vaterstadt nur im Krieg oder, wie der *Phaidros* lehrt, für die Dauer eines Spaziergangs. Die Zeit steht still, die Gegensätze werden in einer ordnenden Mitte gebannt: nicht umsonst verlangt SOKRATES, am Ende des *Gastmahls*, daß ein und derselbe Mann Tragödien und Komödien schreiben müsse... die Wächterszene aus der *Antigone*, der Auftritt der Amme in den *Choephoren*, Herakles' Gehabe in der *Alkestis*: all das ist Komik, Witz und Burleske inmitten des tragischen Spiels. ARISTOPHANES andererseits, an den sich Sokrates wendet, war – wie die *Lysistrate* beweist – zugleich ein großer Tragödienschreiber.

Damit aber das Getrennte zusammenkommen, die Gegensätze sich aufheben können, bedarf es einer glücklichen Stunde, bedarf es der Hauptstadt und vor allem überragender Politiker vom Range jenes Perikles (ca. 500 – 429), der nicht nur – wie Periander von Korinth oder Peisistratos (beide etwa 100 Jahre früher) – ein Mäzen war, sondern ein Staatsmann, der es verstand, das Gesetz des Jahrhunderts: »Beschränke dich, spanne nicht allzusehr an« zur Maxime seiner Politik zu machen und ein Regiment auszuüben, das die Demokratie nicht aufhob, sondern sie integrierte: spiegelt die epische Frühzeit die Adelsherrschaft (und ließ zugleich noch eine ferne Ahnung des mykenischen Königtums durchscheinen), repräsentierte die lyrische Epoche, Zeugin der Kolonisationsjahrhunderte, Zeitgenossin der jonischen Wissenschaften, die Tyrannis, so ist das Drama, als Protagonist des klassischen Jahrhunderts, getragen und erfüllt vom Geist der Demokratie... mag auch die Formung durch die großen Adelsgeschlechter nicht zu unterschätzen sein.

Nur die freiheitliche Ordnung eines vernünftigen Volksregiments gab dem Theatraliker die Möglichkeit, seine eigenen Thesen ungestraft, mit rigoroser Deutlichkeit zu entwickeln. Nie war der Einfluß der Kunst so groß wie im 5. Jahrhundert, als ARISTOPHANES es wagen durfte, im Angesicht der Bundesgenossen die athenische Politik –

und vor allem die Bündnispolitik – erbarmungslos zu zerfetzen. Wo, in der Literaturgeschichte, gibt es sonst noch ein Beispiel dafür, daß ein Komödienschreiber es sich erlaubte, den führenden Staatsmann – und dies im Kriege! – als einen Wurstverkäufer und Hansnarren verächtlich zu machen?

Das Drama als soziale Form und eigentliche Schöpfung der Demokratie: Literatur war eine »öffentliche Affäre«, Priester, Staatsbeamte, und – man hat das lange verkannt – Sklaven saßen im Theater; von PHRYNICHOS, dem Tragiker, bis zu ARISTOPHANES tönte die Orchestra von Zeitanspielungen wider; nicht Anytos und Meletos, die öffentlichen Ankläger, sondern die Komödienschreiber bereiten jenen Prozeß gegen Sokrates vor, der die Wende der Zeiten markiert: 399, der Einschnitt ist deutlich – das Ende des Peloponnesischen Krieges bezeichnet auch das Ende der Tragödie; *Euripides* und *Sophokles* waren tot, der Platonische Dialog trat an die Stelle der Stichomythie; auch dem komischen Spiel wurde der Boden entzogen: die politischen Verweise und persönlichen Polemiken setzen nun einmal deutliche Konstellationen, mächtige Freunde und Feinde und ein allgemeines Interesse an den Grundfragen der Polis voraus. Das 4. Jahrhundert aber steht im Zeichen des politischen Chaos, der Hinneigung zum Privaten und Intimen, das zu den Zeitparolen panhellenistischer oder attisch-reaktionärer Herkunft in einem bezeichnenden Gegensatz steht.

Die Entwicklung der Komödie von ARISTOPHANES (ca. 445–385 v. Chr.) bis MENANDER (ca. 343 – 293 v. Chr.) symbolisiert den Prozeß: das alte Kernstück, die Parabase, verschwindet, Märchenmotive, Szenen, erfüllt von Lyrismus und Irrealität, dominieren. Die Züge eines Jahrhunderts zeichnen sich ab, in dem man aus der Wirklichkeit flieht, den Idealstaat (der freilich immer noch das Antlitz der alten Polis trägt) beschwört und sich selbst als historisch, die Geschichte Athens als vergangen betrachtet. Schon im 5. Jahrhundert hatten sich die musealen Tendenzen gemehrt: ARISTOPHANES erscheint – nicht nur in den *Fröschen* – als *laudator temporis acti*; EUPOLIS' *Demen* rufen, inmitten einer führungslosen Zeit, die großen Gestalten der Marathon-Ära aus dem Hades herbei; später ging man dazu über, die alten Tragödien regelmäßig zu wiederholen, jedes dritte Jahr ein Drama des EURIPIDES; und wenn man auch noch häufig mit demosthenischem Pathos von athenischer Größe sprach oder, wie ISOKRATES, die Ideale des Panhellenismus verklärte und Philipp von

Makedonien als Vorkämpfer griechischer Freiheit verherrlichte... es war die Größe von gestern. Die Polis zerbrach: dem Einzelnen, nicht der Gemeinschaft, galt seit den Tagen der Sophistik das Augenmerk: die Welt des letzten bedeutenden attischen Dichters, MENANDERS Bezirke, in denen es urban und bürgerlich zugeht, leuchtet auf: Tragödie und Komödie vereinen sich im Schauspiel.

Die Rhetorik trat an die Stelle der Philosophie; System und Abstraktion, auf der anderen Seite, ersetzten Mythos und Bild. Man ordnete, sammelte, schrieb Gedichte und fragte, pragmatisch gesonnen, nach Nutzen und Verwertbarkeit. Hier die Atthis, die athenische Lokalgeschichte, Rückschau und historische Glorifizierung, dort die emanzipierten Fachwissenschaften... die alten Fronten zerfielen, nur hundert Jahre noch, und auch der von ARISTOTELES beibehaltene Gegensatz zwischen Griechen und Barbaren, Sklaven und Freien löst sich im Zeichen der *Diatribe*, der »Moralpredigt«, der kynischen Popularphilosophie und der stoischen Lehre endgültig auf; erst im Hellenismus und der Kaiserzeit gibt es »proletarische« Dichter!

Die *oikumene* der Stoa vor allem repräsentiert die hellenistischen Jahrhunderte, in denen man sich von Pergamon bis zum Atlantik in einer einzigen Sprache, der *koine*, zu verständigen wußte. Die Zeit der einzelnen war, so konnte man denken, für immer vorbei: Uniformität herrschte, nicht nur im Sprachlichen, vor. In den Riesenbibliotheken arbeiteten Forscherstäbe; Denkmäler, kolossal und exorbitant, künden vom Fleiß anonymer Handwerkerheere mehr als von der Ingeniosität überragender Architekten; das gewaltige Reich zwang zur Synopse: Philosophenschulen, Epikureer, Akademiker, Stoiker und Peripatetiker setzten das Erbe ihrer Gründer fort; aber die Grenzlinien verwischten, und der Eklektizismus feierte wahre Triumphe.

Auf der anderen Seite entsprach den unabsehbaren Dimensionen des Weltreichs, in augenfälligem Kontrast, ein Zug zur Idylle, zur Beschaulichkeit, zum Feinen und Besonderen. Die Dichter vor allem, *poetae docti* aus Alexandrien, vom Schlage des Bibliothekars KALLIMACHOS (310 – 240 v. Chr.), verkündeten – seltsam modern! – die Lehre, daß nicht der Zyklus, nicht ein monströses Epos wie die *Argonautica*, sondern nur noch das Aparte und Kleine, Ziselierte und kunstreich Erdachte, Epyllion und Epigramm, Rang und Bedeutung beanspruchen dürften.

Unter solchen Zeichen entstand ein neuer Gegensatz: nicht mehr

Grieche und Barbar, sondern Gebildeter und Ungebildeter trennten sich, und ein Prozeß kam ans Ziel, der zu Isokrates' Zeit, im 4. Jahrhundert, begann. Man spielte nun mit der Tradition, suchte immer reizvollere Variationen, immer raffiniertere Veränderungen der Vorlagen zu ersinnen, erging sich in dunklen, nur einem kleinen Kreis von Gebildeten verständlichen Anspielungen, löste die poetische Diktion von der Umgangssprache, probierte, höchst artistisch, die alten Dialekte durch, erforschte in der Maske des Wissenden, parodistisch und ironisch, die Zeit und den Raum: jonische Novellen und – Kunst der späten Epochen! – Reiseromane, Universalgeschichte und, ein Erbe Siziliens, der Mimos als Domäne der Charakterzeichnung, die, durch Lysias bestimmt, von Theokrit und Herondas perfektioniert worden war: schwatzende Frauen, Prozessionsteilnehmer und Hirten! Der Hellenismus scheint uns heute die hohe Zeit der Gegensätze zu sein: hier der Leuchtturm von Rhodos, dort die Idylle Theokrits; hier die Säulen des Herkules, dort, minuskelgleich, das Epigramm; hier Mammutkompendium und episches Konvolut, dort die Preziosität des Details; hier Eingeweihtenkunst, dort heitere Belehrung der Massen; hier die Spezialwissenschaft, vor allem die Astronomie, dort das *studium generale* der Alexandrinischen Bibliothek, deren Vernichtung den letzten Abschnitt der griechischen Poesie, die Kunst der Kaiserzeit einleitet.

Doch während hellenische und attische, attische und hellenistische Epoche sich, bei aller Verzahnung, deutlich voneinander abheben lassen, ist der Einschnitt zwischen Hellenismus und Kaiserzeit gering, die Trennung willkürlich. Die Tendenzen änderten sich nicht: eklektische und parodistische Strömungen: Polyhistoren und Pragmatiker, Sammler und Kritiker bestimmten, von Plutarch bis Lukian, weiterhin das Bild der Zeit – und was die Wendung zum Westen betraf, so hatte sich das Schwergewicht schon mehr und mehr nach Rom verlagert: griechische Bildung fand, über die großen Lehrer, den Historiker Polybios und den Philosophen Panaitios, über den Scipionenkreis Einlaß in Rom. Auf italischem Boden wurde das griechische Erbe – oftmals kümmerlich genug – in Florilegien bewahrt; hier wurde die Auswahl mit attizistischer Emphase getroffen. Griechenland selbst war zur Provinz geworden: der hellenische Geist, mit orientalischen und jüdischen, bald auch mit christlichen Elementen vermischt, fand in Rom eine Herberge. Zweite Sophistik, Neuplatonismus – die Namen bezeichnen den Repeti-

tionscharakter der Spätantike, den ein Anekdotenschreiber vom
Schlage ATHENAIOS' in gleicher Weise wie der parodistisch gesonne-
ne, mit alten Vorstellungen spielende LUKIAN, HELIODORS roma-
neske Kompilation des Endlichen nicht anders als PLOTINS universa-
ler Synkretismus bezeichnet.

Griechisches Vermächtnis

Griechische Idealität, Typus, Zeitlosigkeit und Exempel, konkreti-
sierte sich, dem *hic et nunc* des Augenblicks anheimgegeben, in der
politischen Realität der Kaiserzeit. Die Römer, Meister des Prakti-
schen, Realisten *kat' exochen*: Biographen und Porträtisten, Straßen-
bauer, Juristen und Verwaltungsbeamte, gaben dem Griechischen
im Raum des *Imperium Romanum* jene Form, in der es sich mit dem
christlichen Glauben vereinigen konnte. Eine kühne Synthese, zu
der das Griechische in besonderer Weise prädestiniert war, weil Synthese, Zusammenschau des Disparaten, zu seinem Wesen gehörte:
Innen und Außen sind, in hellenischer Sicht, nicht voneinander zu
trennen, menschliche Schuld und göttliche Ahndung, *ate* und *tisis*,
entsprechen einander; Gegensätze heben sich auf: alles ist von Zeus,
sagt der Tragiker, und dennoch bleibt der Mensch verantwortlich.
Niemand hat sich so sehr an Spekulationen verloren wie gerade die
Griechen; niemand aber war auch so exakt. Aberglaube und Wissenschaft, Orphik und Apollonkult gehören ebenso zusammen wie Bild
und Abstraktion, Mythos und Logos, deren Ungeschiedenheit noch
das Platonische Werk demonstriert. Synthese – das heißt nicht:
Überspielen der Kontraste, sondern Synopse des Disparaten, Zusammenschau, die sich sehr wohl mit jener aitiologischen Betrachtungsweise vereinen läßt, in der wir das zweite Charakteristikum der
griechischen Literatur sehen dürfen.
Von HOMER bis zur Spätantike, von den *Kyprien*, die den Trojani-
schen Krieg auf die Übervölkerung zurückführen, über KALLIMA-
CHOS' *Aitia* bis hin zu dem *Einen* PLOTINS bleibt die Frage nach der
prima causa die wichtigste Frage der hellenischen Dichtung. Der
Zorn des Achilleus (HOMER), die Gerechtigkeit des Zeus (HESIOD,
SOLON), der Gegensatz zwischen Griechen und Barbaren (HERO-
DOT), das Unendliche, das Wasser, die Luft (ANAXIMANDER, THA-
LES, ANAXIMENES), der Streit (HERAKLIT), der Machtzuwachs (THU-

KYDIDES), der Nus (ANAXAGORAS), die Hybris (AISCHYLOS und SO-
PHOKLES)... immer wurde die Fülle der Erscheinungen, die es am
Ende mit einem Blick zu überschauen gilt, zu einem Urprinzip zu-
rückgeleitet. Das Reich des Scheins in seiner Vielfalt und die Einheit
zu erkennen, das Komplexe zu reduzieren und vom Sichtbaren auf
das Unsichtbare, von der Erscheinung auf die Idee zu schließen und
hinter dem Trug die Wahrheit zu zeigen, ist hellenisch. *Opsis adelon ta
phainomena*, Sicht des Undeutlichen: das Erscheinende – dies mag
vielleicht das Schlüsselwort der griechischen Literatur sein.

Strukturgesetze der frühen griechischen Tragödie

Es war die Eigenart der Griechen, daß sie ihre literarischen Formen
nicht im langsamen Prozeß der Reife, sondern, nach wenigen Versuchen tastender Erprobung, beinahe im ersten Ansprung, beim ersten
ernsthaften Versuch erschufen. Jedenfalls scheint es uns Heutigen
so: der erste Epiker, *Homer*, ist zugleich der vollkommene Meister
seiner Gattung, die frühen Dichter der Elegie, *Solon* und *Tyrtaios*,
fassen in ihren Gedichten bereits alle kommende Entwicklung elegi-
scher Gestaltung zusammen, der Jambus ist durch *Archilochus* so sehr
geprägt, daß »in der Weise des *Archilochus* dichten« soviel wie Jamben
schreiben hieß, und die Struktur der Tragödie schließlich wird zwar
im einzelnen nuanciert und abgewandelt, behält aber im Grunde das
Antlitz, das *Aischylos* ihr gab: schon fünfzig Jahre nach *Thespis* hatte
sie jene Form gewonnen, in der sie dauern sollte.
Der fehlende oder doch nur sehr kurze, kaum mehr als zwei oder drei
Menschenalter während Weg, der nötig ist, um mit der Blüte auch
die Vollendung einer Kunstform heraufzuführen, läßt erkennen, daß
die Griechen, an einem bestimmten Punkt der Entwicklung angekommen[1], sich literarischen Formen verschrieben, die sie mit immer
neuen Variationen und Wiederholungen zu umkreisen suchten.
Epos, Lyrik und Drama entstanden, jeweils ungefähr 100 Jahre voneinander getrennt, in jenen Augenblicken, da der griechische
Mensch sie sich bewußt als Aufgabe setzte, um mit der neuen Form
etwas mit den alten Mitteln literarisch nicht mehr Darstellbares aus-
zusagen. (Das führte dazu, daß sich die alten Formen nach der Eroberung der neuen Gattung nicht mehr lange zu halten vermochten. Die
literarischen Ausdrucksmöglichkeiten überlagerten sich nicht, sondern lösten sich nach einer kleinen Strecke der Überschneidung
ab.)

[1] Vgl. hierzu Bruno Snell, Die Entdeckung des Geistes, Studien zur Entstehung des europäischen Denkens bei den Griechen, Hamburg³ 1955.

Waren die Aufgaben einmal gesetzt und das Ziel bestimmt, dann hielt man mit erstaunlicher Zähigkeit und Observanz an der gewählten, in Übereinklang mit der jeweiligen Gesellschafts-Situation stehenden Form fest. In immer neuen Anläufen, Mal für Mal, versuchte man den vorgesetzten Rahmen mit neuem Leben zu erfüllen. Ein Akt freiwilliger Selbstbeschränkung, so scheint es zunächst: das verpflichtende Metrum um keinen Preis zu zerstören, die Baugesetze des Epos oder der Tragödie als verbindlich anzuerkennen, den strengen »Vers-für-Vers-Schritt« der Stichomythie nicht zu sprengen, immer wieder den engen, zu gleichen kompositorischen Gestaltungen zwingenden Raum des Giebeldreiecks auszufüllen. In diesem Verhältnis von Aufgabe und Leistung, vorgeschriebener Form und Lösung liegt eines der Geheimnisse der griechischen »Klassizität« – im freiwillig begrenzten Feld das Höchstmögliche zu leisten, die Ideallösung der übernommenen Aufgabe zu suchen[2].

Nicht zufällig haben sowohl Vertreter der klassischen Philologie als auch Archäologen in den letzten Jahrzehnten den Versuch unternommen, durch eine systematische Analyse und Interpretation der den jeweiligen Kunstformen zugrunde liegenden Baugesetze einen Einblick in die Technik gerade jener Künstler zu gewinnen, denen es gelang, die durch die Gattung aufgegebenen Formprobleme vollkommen zu lösen: Wolfgang Schadewaldt zum Beispiel zeigte für *Homer* und das Epos ebenso Aufbau, Machart und Struktur[3] der Ilias, wie Karl Reinhardt in seinem Buch über *Sophokles* die Typik der sophokleischen Tragödie und ihrer Helden näher bestimmte und ihr zugleich eine Terminologie abgewann, mit der zu arbeiten sich seit langem als fruchtbar und nützlich erwiesen hat[4].

In diesem Aufsatz soll versucht werden, die Form der frühen griechischen Tragödie genauer zu definieren und zu zeigen, wie *Aischylos* als der erste große abendländische Dramatiker sich im Sinne der oben gezeigten Tendenzen eine als Aufgabe erkennbare Form wählte, die er bei fortschreitendem Werk mehr und mehr differenzierte und veränderte: wobei »verändern« bedeutet, daß immer noch der Aus-

---

[2] Vgl. »Das Problem des Klassischen und die Antike«, acht Vorträge, gehalten auf der Fachtagung der klassischen Altertumswissenschaft zu Naumburg 1930, Berlin und Leipzig 1931, vor allem Helmut Kuhn, »Klassisch als historischer Begriff«, S. 109 ff.
[3] Wolfgang Schadewaldt, Iliasstudien, Abhandlungen der sächsischen Akademie der Wissenschaften 43, Leipzig 1938.
[4] Karl Reinhardt, Sophokles³, Frankfurt/Main 1948.

gangspunkt, das, was verändert worden ist, erkennbar bleibt und man mit Recht von »Abwandlung« sprechen kann.

Um zum Ziel zu kommen, erscheint es am ratsamsten, das früheste Werk des Dichters[5], die ›Perser‹, eingehender zu beschreiben und dann bei den anderen Dramen die Verwandlung der Grundstruktur zu beobachten.

Die im Jahre 472 v. Chr. aufgeführten ›Perser‹ beginnen mit dem Einzug und der Selbstvorstellung des Chors. Die Choreuten, persische Greise aus den edelsten Geschlechtern, sind in Sorge um das Ergehen ihres Königs und um das Schicksal des nach Griechenland gezogenen Heeres. –

Angst und Erwartung bezeichnet den Anfang aller aischyleischen Tragödien; ein Geschehen ist aufgegeben, das seiner Lösung harrt; ein verborgener Tatbestand wartet darauf, in Spiel und Gegenspiel enthüllt zu werden. Die Interpretation des Xerxes-Zuges durch den Chor deutet bereits die kommende Tragödie an. Hybris war es, eine Brücke über den Hellespont zu schlagen, »das Joch des dichtbalkigen Heerwegs über den Nacken der See zu werfen«[6]; ein Gott hat Xerxes in das Garn gelockt, aus dem er nicht mehr entkommen wird.

Was der Chor »mit von Angst zerrissenem Herzen« ahnungsvoll vorwegnimmt, bestätigt Atossa, die Mutter des Königs. Ohne Umschweife stellt sie sich auf den Boden des Chors: »Mir auch wühlt im Herzen Sorge.« Beide, Atossa, mit ihren unheilvollen Träumen und der Chor mit seinen scharfsichtigen Interpretationen, ahnen das Kommende, das von Vers zu Vers bedrohlicher näherrückt. Einzige Rettung scheint es zu sein, sich an den Toten, den großen verstorbenen König Dareios, zu wenden. Er allein wird Rat wissen, er allein helfen können.

Enthüllung der Katastrophe und Anruf des Dareios sind die Zielpunkte, auf die das Drama zustrebt. Am Anfang ist alles unklar-verworren, aber in der Begegnung der Unwissenden, des Chors und der Atossa, wird mit der Darstellung des Geschehens zugleich die Richtung bestimmt, in der das Drama seinen Verlauf nehmen muß. Es wird eines Anstoßes von außen, wird neu auftretender Personen bedürfen, um einerseits den Vorgang zu erhellen und andererseits die

[5] Vgl. zur Datierung Anm. 9.
[6] Die Übersetzung folgt der Übertragung von Droysen. Siehe »Aischylos, Tragödien und Fragmente«, übertragen von Johann Gustav Droysen, durchgesehen und eingeleitet von Walter Nestle, Kröners Taschenausgabe Band 152, Stuttgart 1939.

Triebkräfte, die hinter der Faktizität des abrollenden Geschehnisses stehen, zu interpretieren. Mit dem Erscheinen des Boten (V. 249) tritt die Handlung in ein neues Stadium. In der für Aischylos typischen Vorwegnahme berichtet der ἄγγελος die eingetretene Katastrophe: »Wie hat hinweg ein Schlag der Schätze Pracht gerafft! Dahingesunken ist die Blüte Persiens!« Durch diese Worte ist die im Eingangsgespräch zwischen Atossa und dem Chor beschriebene Situation zu einem Teil geklärt, das Befürchtete hat sich bestätigt: das persische Heer ist vernichtet. In fünf großen Reden berichtet der Bote im einzelnen Art und Hergang der Katastrophe, erzählt in einem langen Katalog, wer von den Heerführern gefallen ist, nennt das Stärkeverhältnis der beiden Flotten, beschreibt den Kampf bei Salamis, läßt auch den Psyttalia-Sieg des Aristides nicht aus und deutet endlich die unsagbaren Qualen der wenigen mühevoll Überlebenden an. Am Ende bleibt nichts anderes als die Anklage des grausam-schlimmen Daimon, der die Menschen vernichtet und dem niemand entfliehen kann. Die Apokalypse scheint bevorzustehen: hin ist Persiens Macht unter den Völkern Asiens, das Unterste wird sich nach oben kehren... warum? Weder der Chor noch der Bote oder die Königin sind imstande, die Frage zu beantworten. Es bedarf abermals eines neuen Anstoßes von außen, um auch diese Frage zu klären, und erst in dem Augenblick, da auch sie beantwortet worden ist, können Ungewißheit und Zweifel des Anfangs als überwunden gelten. Erst Dareios, in jeder Weise Gegenspieler des Xerxes, findet die Lösung.

Der Fortschritt der dramatischen Handlung ist deutlich sichtbar: Ahnung, Bangen und Unsicherheit des Anfangs werden nach dem Auftritt des zweiten Schauspielers zu Gewißheit und klarer Erkenntnis. Ein langer, fünffach gegliederter nachholender Bericht orientiert die Versammelten über das Geschehene. Aber erst im Gespräch mit Dareios werden Atossa und der Chor über die wahren Gründe der Katastrophe und den Sinn des Unglücks verständigt, erst da ist der Vorgang in seiner Verwobenheit wirklich offenbar, die Wahrheit ans Licht getreten. Nicht zufällig zielt das Drama von Anfang an auf die Dareios-Szene hin, nicht umsonst wird Atossa durch den Chor auf den großen König, ihren Gemahl, verwiesen. Das Auftreten des »dritten« Schauspielers löst die Eingangssituation: die mit Atossas Rede V. 598 ff. beginnende dritte Szene bildet das Zentrum der ›Perser‹. Erst jetzt wird offenkundig, daß es Xerxes' Schuld war, das von den Göttern Beschlossene zu beschleunigen, das Bestimmte durch eigenes Dazutun schneller als nötig voranzutreiben. In seinem Knabensinn, töricht wie ein Kind, hat Xerxes das Vermächtnis seines Vaters zerstört und sich durch seine Hellespontüberquerung auf den Versuch eingelassen, mit Poseidon selbst zu kämpfen. Alles wird durch seine Schuld zugrunde gehen, auch das Heer, das noch in Griechenland steht, wird bei Plataia besiegt werden. Das Verhalten der Perser ist ein Zeugnis dafür, daß der Mensch sich nicht zu sehr überheben soll. Im Augenblick, da der Sohn selbst, Xerxes, auftritt, wird die Größe der Niederlage ganz offenbar.

Die ›Perser‹ gliedern sich deutlich in vier verschiedene Abschnitte, die jeweils durch den Auftritt einer neuen Person bestimmt werden. Der erste Abschnitt reicht bis Vers 248 und weist, indem die zu klärenden Probleme aufgeworden werden (was geschah mit dem Heer?, was wird Dareios sagen?), den kommenden Szenen den Weg. Im zweiten Abschnitt, Vers 249 bis Vers 597, löst der Botenbericht die erste Frage, während Dareios im dritten Abschnitt, Vers 598 bis 906, die Katastrophe erklärt und sie durch den Hinweis auf Plataia in vollem Umfang sichtbar macht. Der letzte, durch Xerxes' Auftreten markierte Abschnitt endlich zeigt im Sinne der Doppelrichtung des Dramas noch einmal das Ausmaß der Katastrophe und zugleich den Gegensatz zu Dareios. Der Gesamtaufbau der ›Perser‹ wird also durch die zunehmende Erhellung eines in der Vergangenheit liegenden Geschehens bestimmt, wobei der Schwerpunkt des Dramas im dritten Teil zu suchen ist.

Auch die fünf Jahre später, 467 v. Chr., aufgeführten ›Sieben gegen Theben‹ zeigen den gleichen Aufbau wie die ›Perser‹. Abermals ist am Anfang ein Geschehen aufgegeben, das geklärt werden muß – was wird aus der Stadt Theben? –, abermals befinden sich Chor und Protagonist auf der Bühne, abermals ist der Chor von Angst und Sorge um die Zukunft erfüllt. Dennoch ist die Situation gegenüber den ›Persern‹ grundsätzlich verändert. Lag dort das Geschehen in der Vergangenheit und mußte nur nachholend berichtet werden, so steht in den ›Sieben gegen Theben‹ die Handlung noch bevor. Ging es in den ›Persern‹ nur darum, etwas zu erleiden, oder »noch einmal davonzukommen«, lautete also die einzige Frage τί πείσομαι, so kommt in den ›Sieben‹ die zweite Grundfrage der Tragödie[7] τί δράσω hin-

---

[7] Vgl. hierzu Bruno Snell, Aischylos und das Handeln im Drama, Philologus Suppl.-Bd. XX 1928, S. 14.

zu. Da die Entscheidung noch dahinsteht, kann man versuchen, einen Ausweg zu finden und vielleicht dem Kampf zu entgehen. Diese Situation ist die Ursache für die (gegenüber dem Verhältnis Atossa – Chor) grundsätzlich veränderte Beziehung zwischen dem Chor und Eteokles. Während in den ›Persern‹ Chor und Protagonist gleich unwissend sind und der Schauspieler sich vom Chorführer beraten läßt, hat sich das Verhältnis zwischen den Handlungspartnern in den ›Sieben gegen Theben‹ genau umgekehrt. Eteokles, der Schauspieler, dominiert, ihm gehören die ersten Verse des Dramas (wie in den ›Persern‹ dem Chor), er erteilt seine Befehle, weist den Chor zurecht und bringt ihn dazu, das Klagen und Stöhnen in ein geordnetes Gebet einströmen zu lassen. Eteokles zeigt sich durchaus auf der Höhe der Situation; er ist der Herr und weiß Rat, während Atossa zwar eine Königin ist, aber nicht von sich aus zu handeln versteht. Die Folge ist, daß die erste Szene der ›Sieben‹ in viel stärkerem Maße handlungsbestimmt, »dramatisch« ist als in den ›Persern‹. Zwei Schauspieler, nicht mehr nur einer, geben dem Anfang Farbe und Gewicht. Der kurze Auftritt des Spähers, der von der Auslosung vor den Toren berichtet, charakterisiert Eteokles als Steuermann und gibt ihm Gelegenheit, sich im Gebet an die Götter zu wenden und um Freiheit und Sieg zu bitten. Aber gerade der Sieg ist durch die Angst des Chores gefährdet, und deshalb sieht Eteokles seine Hauptaufgabe in der Bekämpfung dieser Angst.

Nach langer Auseinandersetzung zwischen Herrscher und Chor beschließt, wie in den ›Persern‹, eine Stichomythie das Gespräch zwischen den Hauptpartnern des ersten Abschnitts. Abermals wird hier die dramatische Straffung der ›Sieben gegen Theben‹ ganz offenkundig. Die Frage-und-Antwort-Stichomythie der ›Perser‹ steht der Überredungsstichomythie der ›Sieben‹, an deren Ende sich der Chor endlich fügt, diametral entgegen. Sachliche Erforschung eines Tatbestandes und präziser Bericht sind durch Pathetik und Streit ersetzt worden.

Mit Vers 375 setzt der zweite bis Vers 791 reichende Teil ein, der, wie in den ›Persern‹, durch das Auftreten einer neuen Person[8], des Spähers, gekennzeichnet wird. Auch in den ›Sieben‹ bestimmt der lange, vielfach gegliederte Bericht den zweiten Teil. Siebenmal holt der Späher aus, siebenmal berichtet er von dem Ergebnis der Auslo-

---

[8] Wobei zu berücksichtigen ist, daß der Späher schon einmal, V. 39 ff., kurz aufgetreten war.

sung, nennt Namen, Gehabe und Insignien der vor den Toren aufge-
stellten Kämpfer, siebenmal antwortet Eteokles. Abermals ist, bei
gleicher Grundstruktur, der Unterschied zu den ›Persern‹ erkennt-
lich: während Atossa zuerst spricht, redet Eteokles nach dem Boten,
während Atossa fragt, gibt Eteokles Befehle. In den ›Persern‹ ist das
Geschehen als solches abgeschlossen und bedarf nur noch kundiger
Interpretation; in den ›Sieben‹ dagegen ist es erst dabei, Ereignis zu
werden. Das Ergebnis freilich ist nicht zweifelhaft, da Eteokles sich
über beide Fragen, das τί πείσομαι sowohl wie das τί δράσω, im klaren zeigt. Der Versuch des Chors, den Herrscher umzustimmen, ist
fruchtlos. Deutlich zeigt sich die Entsprechung der beiden ersten
Abschnitte: in der Stichomythie des Eingangs sucht Eteokles den
Chor mit Erfolg zu überreden, in der Stichomythie des zweiten Abschnitts versucht der Chor vergebens Eteokles zur Umkehr zu bewegen.
Der dritte Abschnitt, V. 792 ff., bringt wie in den ›Persern‹ die end-
gültige Entscheidung. Der Bote tritt auf und berichtet den Mädchen
von der Rettung der Stadt und dem Tode der beiden Brüder. Wiederum verwandelt sich bange Erwartung in Gewißheit, wiederum
wird das Geschehen auf das Walten eines Daimon zurückgeführt.
Alles ist klar enthüllt, am Ende bleibt nichts als Jammer. Mit dem
gleichen *ecce* wie in den ›Persern‹ weist der Dichter auf das jammer-
volle Los der Hinterbliebenen: Antigone und Ismene treten auf und
beweinen das Schicksal ihrer Brüder (Vers 875 bis Vers 1004).
Vierfach wie die ›Perser‹ sind auch die ›Sieben gegen Theben‹ gegliedert, vierfach, wohl erkennbar, sind die Zäsuren, die durch das
Auftreten neuer Personen markiert werden. Gleich sind in beiden
Dramen die Einleitungs- und Schlußszenen: am Anfang Erwartung,
Ahnung, Befürchtung, das Drohende, beinahe schon Gewußte
könne sich tatsächlich ereignen, am Ende der Abgesang der gänzlich
Verlassenen, die über ihr eigenes Los und das Schicksal der Toten
klagen. Gleich sind auch die vielfach gegliederten langen Berichtsze-
nen des zweiten Teils, in dem der Bote den Protagonisten über die
Lage orientiert. Variationen finden sich dagegen im dritten Abschnitt, der in den ›Persern‹ den zweiten überhöhend fortsetzt –
Sinndeutung ergänzt den realen Bericht –, während in den ›Sieben
gegen Theben‹ erst an diesem Punkt die Befürchtung zur Gewißheit
wird. Die Verschiebung, die dazu führt, daß der dritte Teil der ›Sieben‹ zugleich auch dem zweiten der ›Perser‹ entspricht (jedesmal der

Bericht der Katastrophe), hat, wie schon angedeutet, seinen Grund in dem verschiedenen Verhältnis zur Zeit. Was in den ›Persern‹ Nachholung eines abgeschlossenen Geschehens ist, wird in den ›Sieben‹ zur Enthüllung einer sich im Augenblick, im Prozeß des Dramas vollziehenden Katastrophe. Die dadurch bedingte Hinauszögerung der Gewißheit bis zum dritten Abschnitt, in dem wiederum der Handlungsschwerpunkt liegt, zeigt die (nicht nur inhaltlich bedingte) Entwicklung der dramatischen Technik über die ›Perser‹ hinaus.

Die wahrscheinlich vier Jahre nach den ›Sieben gegen Theben‹ aufgeführten ›Schutzflehenden‹[9] führen die aufgezeigte Entwicklungslinie geradlinig fort. Wiederum sind Variation und Ausgestaltung der überkommenen Gliederung die kennzeichnenden Elemente der Tragödie. Wie in den ›Persern‹ und den ›Sieben gegen Theben‹ stehen Angst und bange Erwartung am Anfang. Die Danaoskinder, nach ihrer Flucht aus Ägypten in Argos angekommen, gebärden sich als Schutzflehende und tragen mit Wollbinden umwundene Zweige in den Händen. Wie in den ›Persern‹ beginnt der Chor mit einer Art von Selbstvorstellung und Schilderung seiner Lage, wie in den ›Sieben gegen Theben‹ ist der Schauspieler dem Chor kraft seiner Stellung vorgesetzt, kann ihm Befehle erteilen und ihn zur Ordnung rufen. Genau wie in den beiden ersten Tragödien endet das Gespräch zwischen dem Chor und dem Schauspieler mit einer Stichomythie.

Der zweite Abschnitt der ›Hiketiden‹ wird V. 234 durch den Auftritt des Pelasgos eingeleitet. Das vielfach gegliederte Gespräch zwischen dem Chor und dem König erinnert an die Botenszenen der ›Sieben gegen Theben‹ und der ›Perser‹. Aber die Erinnerung trifft

---

[9] Diese Datierung folgt dem Papyrus Ox. Pap. XX nr. 2256 fr. 3, in dem – es handelt sich um eine Didaskalie – Aischylos' Danaidentetralogie zusammen mit Sophokles und dem Tragiker Mesatos genannt wird. Mit Recht haben Davison (Classical Review 1953, S. 144) und Lesky (Hermes 1954, S. 1 ff.) darauf aufmerksam gemacht, daß Zweifel an der Papyrusnotiz nicht legitim seien und daß alle Ausweichversuche, wie Annahme einer postumen Aufführung oder Hypothese, das Drama sei früh geschrieben, aber erst spät aufgeführt worden (in diesem Sinne noch Pohlenz in der zweiten Auflage seiner »Griechischen Tragödie«, Göttingen 1954, Band 2, S. 22 ff.), ins Reich der Fabel gehörten. Mit dem Papyrus wird endgültig erwiesen, was die stilistische Interpretation (Walter Nestle im Gnomon 1934, S. 413 [in diesem Band oben S. 81 ff.] und in der von ihm herausgegebenen Aischylos-Übersetzung Droysens a. a. O. S. 117 ff.) längst ergab: die ›Hiketiden‹ gehören nach den ›Sieben gegen Theben‹ in die sechziger Jahre, wahrscheinlich sogar, wenn man in der ersten Papyruszeile den Namen Archedemides ergänzen darf, in das Jahr 463.

nicht genau. Der zweite Abschnitt der ›Schutzflehenden‹ zeigt deutlich, wie Aischylos die einmal eroberte und im Fundament beibehaltene Form zu variieren beginnt. Je weiter die Entwicklung fortschrei-
tet, desto stärker wird der Bericht in Handlung, die Darstellung in
Geschehen umgewandelt. Was in den ›Persern‹ Erzählung von Ver-
gangenem war, was sich in den ›Sieben gegen Theben‹ zur Beschreibung augenblicklichen Geschehens wandelte, wird in den ›Hiketiden‹ ganz in Handlung aufgelöst. In der Begegnung zwischen Pelasgos und dem Chor ist die nachfolgende Analyse zum erstenmal vollkommen in dramatisches Hin und Her verwandelt worden. Schritt
für Schritt geht der Chor vor, Schritt für Schritt weicht der König
zurück. Nachdem die Entscheidungssituation – Aufnahme der Mädchen bedeutet Krieg mit den Aigyptossöhnen, Verweigerung der
Aufnahme bedeutet einen Verstoß gegen Zeus, den Hüter des Gast-
rechts – bestimmt ist, steigert der Chor seine Argumente von Rede zu
Rede. Der König ist anfangs schwankend (»ich schwanke; Furcht be-
fängt mein Denken; soll ich's tun? Soll ich es nicht tun?«), weiß keinen Ausweg und wird sich von Vers zu Vers stärker der eigenen
Ohnmacht bewußt (»scheint da nicht not dir Sorgen, Rettung su-
chendes?«). Endlich fügt er sich (»ich hab's bedacht. Zum Stranden
kommt es doch; der Kampf mit diesen oder jenen – ein gewalt'ger
Kampf ist unvermeidlich«), aber die Art, wie er nachgibt, zeigt seine
Hoffnungslosigkeit (»mag's wider mein Erwarten glücklich gehn«).
Umringt von unauflöslichen Antinomien[10] bleibt ihm keine andere
Wahl als, von den Selbstmorddrohungen der Mädchen in die Enge
getrieben, dem Wunsch des Chores zu willfahren und Danaos in die
Stadt zu schicken.

Wie in den ›Persern‹ und den ›Sieben gegen Theben‹ fällt die endgül-
tige Entscheidung im dritten Abschnitt: Danaos berichtet von der
Aufnahme der Mädchen durch die Volksversammlung. Damit ist, so
scheint es, die Erwartung des Anfangs aufgelöst, die Frage beantwortet, das aufgegebene Problem – »wird man uns aufnehmen?« –
geklärt worden. In allen drei Tragödien, ›Hiketiden‹, ›Persern‹ und
›Sieben gegen Theben‹ ist die Handlung nach dem dritten Abschnitt
bis zum gleichen Punkt vorgeschritten: die bangen Zweifel sind er-
hellender Gewißheit gewichen. Danach freilich begnügt sich Aischylos in den ›Schutzflehenden‹ nicht mit der konkreten Darstellung

---

[10] Dazu Bruno Snell, Aischylos und das Handeln im Drama, a. a. O. S. 59 ff.

des sichtbar gewordenen Zustandes, nicht mit sinnfälliger Exemplifizierung der Wahrheit, indem er die Reaktionen der Beteiligten zeigt und das Los der Hinterbliebenen beschreibt, sondern gibt der Handlung durch die zuletzt auftretende Person, den Boten der Aigyptossöhne, noch einmal neuen Auftrieb[11]. Ein zweites Mal kommt es zu einer dramatischen Auseinandersetzung – jetzt zwischen Pelasgos und dem Boten –, die damit endet, daß der ἄγγελος nach der Kriegsandrohung abzieht und den Chor der Mädchen und Mägde in banger Sorge zurückläßt.

Die ›Hiketiden‹ beweisen eindringlich, wie *Aischylos* mit zunehmendem Alter mehr und mehr danach strebte, die Tragödie bei genauer Beachtung der einmal angenommenen Grundstruktur durch dramatische Akzente zu bereichern. Während der erste und dritte Abschnitt – Ahnung und Gewißheit, Vermutung und Eintreffen – eng aufeinander bezogen bleiben, verstärken sich die Handlungselemente sowohl im zweiten wie im vierten Teil. Der Bericht verliert an Bedeutung und bleibt auf den dritten Teil beschränkt, während der zweite durch die sich ständig steigernde Auseinandersetzung zwischen Pelasgos und dem Chor unerwartet an dialogischer Lebendigkeit gewinnt. Damit bahnt sich eine Entwicklung an, die in der ›Orestie‹ fortgesetzt und ans Ziel geführt wird.

Der erste Abschnitt des ›Agamemnon‹ steht unter den alten Zeichen: Erwartung, bange Hoffnung und Befürchtung. Eine Frage wird aufgeworfen, die im Verlauf der Tragödie schrittweise erhellt werden soll. (»Was wurde aus dem persischen Heer?« heißt es in den ›Persern‹, »was wird aus der Stadt?« in den ›Sieben‹, »was geschieht mit uns, den Flüchtigen?« in den ›Schutzflehenden‹, »was ist mit Troja?« im ›Agamemnon‹.)

Aber welche Veränderung gegenüber den früheren Werken! Kaum, daß der Wächter die Frage gestellt, kaum, daß er sein mühevolles Wachen beschrieben hat: da flammt auch schon das Feuer auf, und die Erwartung wird zur Gewißheit. Doch das Wissen ist hintergründig, ist als Wissen zum Problem geworden: kann der Wächter sich nicht geirrt haben? Es bedarf vieler Beweise, bedarf langer Reden der Klytaimestra, ehe der Chor endlich glaubt. Aber gerade in dem Augenblick, da er die Nachricht hinnimmt und sie als wahr und richtig

---

[11] Hier gilt es natürlich daran zu denken, daß die ›Hiketiden‹ erstes Stück einer Trilogie mit gleichem durchgehendem Thema sind, während die ›Perser‹ ein »Einzelstück« darstellen und die ›Sieben gegen Theben‹ am Schluß einer Trilogie stehen.

anerkennt, kommen ihm neue Bedenken. Neue Sorgen treten an die
Stelle der alten; die Sorge um die Heimkehr wird durch die Angst vor
dem allzu großen Sieg ersetzt.

Mit der Ankündigung und dem Auftritt des Boten, V. 489 ff., setzt,
der Tradition entsprechend, der zweite Abschnitt ein. Der Bote berichtet, wird im Dialog befragt, man erkundigt sich nach dem
Schicksal der Führer: alles in gewohnter Weise. Dennoch besteht
zwischen der Botenszene im ›Agamemnon‹ und ihren Vorstufen in
den früheren Dramen ein großer Unterschied. Während der Bote in
den ›Persern‹ und ›Sieben‹ durch seine Nachricht die zuvor aufgetre-
tenen Personen von ihrer Unwissenheit befreite, berichtet er im
›Agamemnon‹ ein Geschehen, das längst bekannt ist; denn nach dem
Wächter und Klytaimestra erzählt der Bote als *dritter* von Trojas
Fall.

Wozu dieser Aufwand? Wozu detaillierteste Beschreibung von etwas
längst Bekanntem? Wozu ein Ereignis langatmig erzählen, das in den
Botenszenen der ›Perser‹ und ›Sieben gegen Theben‹ als Neuigkeit
Gewicht hatte, hier aber zu verblassen scheint? Die Absicht des
Dichters ist offenkundig. Je stärker er den griechischen Sieg heraus-
arbeitet, je häufiger er von ihm spricht und jeden Zweifel an seiner
Größe nimmt, desto bedrohlicher wird die Frage, ob die Größe des
Sieges nicht durch ein gleich großes Maß an Verlust aufgewogen
werden müsse. Es zeigt sich, daß Aischylos zwar die alte Gliederung
des Dramas, den strengen, durch Auftritte geregelten Vier-Schritt
beibehält und weder die Erwartungsszene des Anfangs noch den Bo-
tenauftritt des zweiten Abschnitts von der Stelle rückt, zugleich aber
die Bedeutung der Einzelszenen, ihren Sinngehalt und ihre Funktion, verändert. Es macht ihm nichts aus, das aufgegebene Problem,
statt es in traditioneller Weise erst im zweiten oder dritten Auftritt
erhellen zu lassen, sogleich zu klären und es zwei- oder dreimal bestätigen zu lassen. Im Grunde geht es ihm gar nicht um die Lösung der
Eingangsfrage, vielmehr kann er jetzt über die der Tragödie zugrunde liegenden Gesetze in einer Weise verfügen, die es ihm ermöglicht, die traditionelle Hauptfrage zur Nebenfrage zu machen und sie
nur deshalb so nachdrücklich und in den verschiedensten Formen zu
beantworten, weil er einen Hintergrund braucht, vor dem er die eigentliche Frage – »wie ergeht es dem, der einen so großen Sieg er-
focht?« – um so klarer zu lösen vermag.

Die traditionelle Steigerung der Handlung bis zur Enthüllung im dritten Abschnitt wird auch im ›Agamemnon‹ beibehalten, dagegen fällt die geradlinige Entwicklung, der Prozeß langsam – stufenweiser Erhellung fort. Alles Vorbereitende dient jetzt zugleich der Verschleierung, und die Lösung der Vorfrage führt nur auf Umwegen ins Zentrum. Nicht auf die klare Antithese von Vermutung und Gewißheit, sondern auf die mehr verdeckende als erhellende, mehr andeutende als klar bestimmte Vorbereitung der Katastrophe kommt es dem Dichter an. Wie zielstrebig-vorwärtsgerichtet ist die Entwicklung der ›Sieben gegen Theben‹! Wie verschlungen, ineinander verwoben, vordeutend und rückbezüglich sind dagegen die entsprechenden Abschnitte im ›Agamemnon‹! Auch hier liegt, wie immer, alles Schwergewicht auf dem dritten Abschnitt, aber im Unterschied zu den früheren Dramen wagt es Aischylos im ›Agamemnon‹ zum ersten Male, die Entscheidungsszene (nicht nur, wie in den ›Hiketiden‹, die Vorbereitung) nicht berichten, sondern geschehen zu lassen. Im ›Agamemnon‹ beginnt eine Entwicklung, die ein Menschenalter später von Sophokles zum Abschluß geführt werden wird: die vorderszenische Handlung ersetzt den Bericht über den hinterszenischen Vorgang, die Aktion auf der Bühne tritt an die Stelle der Botenrede.

Über 550 Verse, von Vers 782 bis Vers 1330, erstreckt sich die große Mittelszene des ›Agamemnon‹, in der zum ersten Male im europäischen Theater der Höhepunkt der Tragödie als Handlung auf der Bühne dargestellt und im Spiel und Gegenspiel abgehandelt wird. In genauer Entsprechung gehen König und Sklavin, Agamemnon und Kassandra, in den Palast, wo der Tod auf sie wartet… wissend und klar die Frau, unwissend und verblendet der Mann.

Der Todesschrei des Königs markiert die Grenze zwischen dem dritten und dem letzten Teil, der, von Vers 1343 an, in der gleichen Weise von der Tat fortführt, wie die ersten beiden Abschnitte zu ihr hinführten. Dieser Schlußabschnitt zeigt in überkommener Weise die Gedanken und Empfindungen der Zurückgebliebenen. Aber anders als in den beiden ersten Tragödien, ähnlich den ›Hiketiden‹, endet die Handlung nicht mit dem *ecce*, sondern wird weitergeführt durch die Interpretation der Täterin, die mit dem Daimon des Hauses zu paktieren sucht, und durch den Auftritt des letzten Schauspielers, Aigisths, dessen Streitgespräch mit dem Chor in gleicher Weise zum zweiten Teil der Tragödie überlenkt wie der Zank zwischen Pelasgos und dem Aigyptosboten in den ›Schutzflehenden‹.

Auch im ›Agamemnon‹ hat Aischylos an dem vierfach gegliederten
Aufbau festgehalten, aber innerhalb der einzelnen Abschnitte wurde
die Funktion der Reden, Chorlieder und Gespräche grundsätzlich
verändert. Die Wahrheit ist hintergründig geworden, nicht leicht zu
enthüllen, hinter der »Gewißheit« verbirgt sich die Angst, nirgends
ist ein Festes. In jedem Abschnitt kann sich der Umschwung der
Handlung vollziehen. Obgleich die Erwartung der ersten Szene sich
dreifach bestätigt, gibt es noch keine Gewißheit darüber, daß der Zustand dauern wird. Obgleich die Mörder siegesgewiß aus dem Haus
treten, gibt es keinen Anhaltspunkt dafür, daß sie mit der Herrschaft
auch die Sicherheit übernommen haben.

Von den ›Schutzflehenden‹ an verfügt Aischylos in so souveräner
Weise über die traditionellen Strukturgesetze, daß er den geradlini-
gen Aufbau des Dramas im Auf und Ab der einzelnen Abschnitte
verschleiern kann. Er schaltet frei mit der Form, kann dem Eingangsgespräch zwischen dem Chor und dem Protagonisten einen
Prolog des Wächters voransetzen, kann eine neue Person wie den Aigisth nicht zu Beginn, sondern mitten in einem Abschnitt auftreten
lassen und kann schließlich das Geschehen nicht nur, wie bisher, zu
einem Gipfel führen, sondern vermag zwei gleich bedeutsame
Hauptakzente zu setzen und nacheinander, in paralleler Kontrastierung, Agamemnons und Kassandras Schicksal darzustellen. All das
zeigt, daß sich beim späten Aischylos nicht der Inhalt nach der vor-
geprägten Form richtet, sondern daß sich der viergeteilte Bau dem
vorgetragenen Geschehen anpaßt.

Auch die ›Choephoren‹, das zweite Stück der Trilogie, bezeugen die
Entwicklung der aischyleischen Technik; auch sie zeigen die gleiche
Variation und Abwandlung der Grundstruktur wie der ›Agamem-
non‹.

Wieder beginnt die Tragödie im Zeichen angstvoller Erwartung:
Elektra tritt mit dem Chor an Agamemnons Grab, um dem Toten im
Auftrag ihrer Mutter Opferspenden darzubringen. Mitten in der To-
tenspende gewahrt sie die Locke auf dem Grab, später die Fußspur,
endlich Orest selbst, der hervortritt und sich zu erkennen gibt[12]. Wie
im ›Agamemnon‹ werden Hoffnung und Ahnung gleich im ersten
Abschnitt bestätigt, wie dort steht hinter der vordergründigen Frage

---

[12] Es ist charakteristisch, daß Orest, ähnlich wie der Wächter im ›Agamemnon‹, den
Zuschauer schon vor dem Auftritt des Chors über die Wahrheit unterrichtet.

das eigentliche Problem, das dem weiteren Ergehen des Heimgekehrten gilt.

Die traditionelle Totenszene des zweiten Abschnitts wird in den
›Choephoren‹ durch den Kommos, der die Geschwister am Grabe
vereint, ersetzt. Wie in den ›Hiketiden‹ strebt Aischylos nach Inten-
sivierung der dramatischen Spannung und läßt Orest im Verlaufe
des Kommos in gleicher Weise wie Pelasgos in den ›Schutzflehenden‹ an Entschlußkraft und Handlungsfreude gewinnen. In beiden
Dramen endet der zweite Abschnitt mit dem Entschluß des um Beistand Gerufenen, mit Gebeten und Vorbereitungen. Im Unterschied zu den ›Hiketiden‹ und ähnlich wie im ›Agamemnon‹ hat der
zweite ›Choephoren‹-Abschnitt in stärkerem Maße den Charakter
eines Vorausblicks – die eigentliche Tat steht noch bevor.

Diese Tat ist der Mittelpunkt der V.657 beginnenden Mordszene,
die ihrer Funktion und ihrer Stellung im Dramenganzen nach dem
entscheidungsschweren dritten Abschnitt im ›Agamemnon‹ bis in
alle Einzelheiten hinein verwandt ist. Doppelmord entspricht Doppelmord, Mann und Frau fallen, von gleichem Trug umgarnt, in der
gleichen Reihenfolge wie im ›Agamemnon‹.

Gleich ist in beiden Dramen auch der Schlußabschnitt. Der Tat folgt
die Deutung des Täters, der Versuch einer Versöhnung, endlich der
Auftritt neuer Personen (dort Aigisth mit seinem Chor, hier die Ery-
nien), die die Handlung zum kommenden Teil hinüberlenken.

Ein abschließender Blick[13] auf das letzte Stück der ›Orestie‹, die
›Eumeniden‹, lehrt, daß Aischylos auch hier an der Grundform festgehalten hat.

Während im Mittelpunkt des abermals durch einen Prolog eingelei-
ten ersten Teils in archaischer Weise die Frage nach der Zukunft des
Helden steht (»wird der Befleckte Reinigung finden?«), führt der
zweite Abschnitt, V. 234 ff., wiederum zur Entscheidung hin.
Athene befindet sich in der gleichen Lage wie Pelasgos: auch ihr ist
aufgegeben, sich zwischen zwei gleichberechtigten Ansprüchen zu
entscheiden; aber im Unterschied zu Pelasgos fällt die Göttin die
Entscheidung nicht selbst, sondern überläßt sie dem Areopag. Das
bedingt, daß die eigentliche Verhandlungsszene im dritten Teil –
abermals im Unterschied zu den ›Schutzflehenden‹, wo der Protago-

---

[13] Der ›Prometheus‹, der auch unter dem Gesichtspunkt des Aufbaus in entscheidenden Punkten von den aischyleischen Stücken abweicht, wird absichtlich außer acht
gelassen.

nist über den Entscheid der Volksversammlung berichtet – auf der
Bühne selbst dargestellt wird. Wiederum zeigt sich die Entwicklung
der dramatischen Technik mit aller Deutlichkeit. Grundsätzlich läßt
Aischylos die Entscheidung in der ›Orestie‹ auf der Bühne selbst fallen, statt sie wie früher nur indirekt, durch den Bericht, der Vergangenes verlebendigend in das abrollende Geschehen hineinzunehmen
sucht, auf die Szene zu übertragen. Nur die Faktizität des Geschehens gestattet auch die nachträgliche Interpretation, die im Spätwerk
an die Stelle der »ecce-Szenen« der beiden frühen Tragödien tritt und
hier mit der Versöhnung der Eumeniden und der Übertragung des
neuen Amts ihren Abschluß findet. –

Am Ende der Einzelinterpretation läßt ein Überblick Typus, Variation und Entwicklung der aischyleischen Tragödie mit aller Schärfe
erkennen.

Grundform ist immer der vierfache, durch Neuauftritte gegliederte
Bau, dessen einzelne Abschnitte von den ›Persern‹ bis zu den ›Eumeniden‹ ganz bestimmten Responsionsgesetzen unterliegen.

Kennzeichen des ersten Abschnittes ist die Erwartung einer Enthüllung, die sich im Verlaufe des Dramas – einmal langsamer, einmal
schneller, hier geradlinig, dort auf Umwegen – vollzieht. Der späte
Aischylos variiert dabei die Grundform in der Weise, daß er das aufgegebene Problem auch als Vorwand nehmen kann, hinter dem die
eigentliche Frage verborgen bleibt.

Der zweite Abschnitt kreist das Problem näher ein, indem entweder,
wie in den ›Persern‹, den ›Sieben gegen Theben‹ und dem ›Agamemnon‹ ein Botenbericht genauere Aufschlüsse gibt (›Perser‹,
›Sieben‹ und ›Agamemnon‹ unterscheiden sich dabei in der Weise,
daß die Gewißheit in den ›Persern‹ am größten, im ›Agamemnon‹
dagegen, als Scheingewißheit, am geringsten ist) oder indem, wie in
den ›Hiketiden‹, ›Choephoren‹ und ›Eumeniden‹ die Schlüsselfigu-
ren – Pelasgos, Orest und Athene – dazu gebracht werden, die zur
Entscheidung notwendigen Schritte zu unternehmen und damit
Gewißheit über die im ersten Abschnitt aufgeworfene Frage herbei-
zuführen.

Der dritte Abschnitt bringt in jedem Fall die Entscheidung, die entweder, wie in den drei ersten Dramen, berichtet bzw. auf ihre Ursachen hin interpretiert oder, wie in der ›Orestie‹, als dramatisches Geschehen auf der Bühne dargestellt werden kann. In beiden Fällen
herrscht am Ende des dritten Abschnittes Gewißheit: die Situation

ist, so oder so, bereinigt worden. Es bedarf eines neuen Anstoßes, ehe die Handlung ihren Fortgang nehmen kann.

Der letzte Abschnitt endlich beschreibt entweder die Lage der von der Katastrophe als Betroffene geschlagenen Personen (›Perser‹, ›Sieben gegen Theben‹) oder er kündet nach der Interpretation des Geschehens eine sich aus der unterschiedlichen Deutung des vorliegenden Tatbestandes ergebende Weiterentwicklung an, wie in den ›Hiketiden‹ und der ›Orestie‹.

Die entscheidende Variation des feststehenden Aufbaus vollzieht sich nach den ›Sieben gegen Theben‹. Die ›Hiketiden‹ führen im zweiten und vierten Teil schon über das »Berichtsgeschehen« hinaus zu eigentlich dramatischer Handlung, während in der ›Orestie‹ grundsätzlich der dritte »Entscheidungs-Abschnitt«, in den ›Choephoren‹ und ›Eumeniden‹ auch der zweite Teil in handlungsbestimmtes Spiel aufgelöst wird.

Damit hat Aischylos der Tragödie im Jahre 458 vor Christus jene dialogisch-dramatische Form gegeben, die Sophokles in den Tragödien der Mannesjahre, vor allem im ›König Oedipus‹, zur Vollkommenheit entwickelt.

Euripides

Wir wissen wenig von Euripides: nicht einmal sein Geburtsjahr, vor 480, steht fest; die gesicherten Daten sind schnell aufgezählt – 455 das erste Auftreten mit den *Peliaden*, 438 *Alkestis*, 431 *Medea*, 428 zweite *Hippolytos*-Fassung, 415 *Die Troerinnen*, 412 *Helena*, 408 *Orest*. Auch das Todesjahr, 406, ist bekannt: wir lesen, daß Sophokles am Proagon dieses Jahres den Chor unbekränzt auftreten ließ. Alles andere ist vage und überläßt den Spekulationen weitesten Raum. Zwar wissen wir, daß Euripides viermal gesiegt hat, aber die genaue Anzahl seiner Stücke kennen wir nicht, wahrscheinlich waren es über 90; noch in Alexandrien las man 75; wir müssen uns, von Fragmenten abgesehen, mit 17 Tragödien und einem Satyrspiel begnügen – jenen Werken also, die in einer kommentierten Auswahl und einer alphabetischen Ausgabe nach Byzanz gekommen sind. Auch die Vita ist dürftig. Wir kennen die Mutter: Kleito, die von der Komödie wegen des Berufs ihres Mannes, des Gutsbesitzers Mnesarchos (oder Mnesarchides), als Gemüsehändlerin verulkt wurde; wir wissen, daß die Eltern zum Demos Phlya gehörten, und wir hören von Euripides' Geburt auf Salamis. Als junger Mensch soll er sich, einem Orakel folgend, das ihm agonale Siege verhieß, zuerst im Sport geübt haben. Aber das Orakel wurde falsch interpretiert, und so mußte der junge Euripides einige Umwege gehen, ehe er zur Tragödie fand... das wird um die Zeit gewesen sein, als er dem Kultdienst des Apoll Zosterios entwachsen war. Zwischen seinem dreißigsten und siebzigsten Lebensjahr wissen wir nichts weiter von ihm, als daß er Tragödien schrieb und zweimal heiratete. Dann verließ er die Heimat und ging über Magnesia nach Makedonien an den Musenhof des großen Archelaos. Das Schicksal des Aischylos wiederholte sich; die letzten Dramen, *Iphigenie in Aulis*, *Alkmaion in Korinth*, *Die Bakchen*, entstanden in der Emigration. Euripides starb in der Fremde.
Mehr haben wir nicht in den Händen; alles andere sind Klatschge-

schichten, von denen die eine oder andere der Wahrheit nahekommen mag; aber gerade im Fall des Euripides ist Vorsicht geboten,
weil die Kronzeugen, die Satyros-Vita aus dem 3. Jahrhundert v. Chr.
und das in einigen Handschriften erhaltene *Genos* – hinzuzunehmen sind vor allem Gellius 15, 20 und der Suda-Artikel *Euripides* –,
in erster Linie auf den Komödien-Anspielungen beruhen... und
wir wissen ja, wie fragwürdig es ist, Aristophanes als historische
Quelle zu betrachten. Witz und Pointe sind nun einmal für die Vermittlung von Tatsachen nicht sehr geeignet. Die Komödie erfindet
Fakten, um eine bestimmte Vorstellung, karikaturistisch überzeichnet, zu veranschaulichen – und diese Vorstellung, die sich das 5.
Jahrhundert von Euripides machte, finden wir, auf dem Wege über
Aristophanes, nun freilich in jeder Biographie, bei Satyros so gut
wie in der Suda: da erscheint ein sehr einsamer Mann auf der Bühne,
abweisend, mit sich selbst beschäftigt und von der Trauer des Gedankens überschattet, ein Dichter ohne Gefolgschaft, seiner Stadt
entfremdet, ein unheimlicher Rätsellöser, um den immer ein Raum
der Stille, die Ruhe von Salamis und die Weite des Meers, bleibt.
In der Tat trat Euripides zweiundzwanzigmal auf die Bühne, hat
aber nur viermal gesiegt, und so sehr er, der Gebildete, auf der Höhe
einer von der Sophistik geprägten Zeit zu stehen schien – die Menge
liebte ihn nicht, sondern trieb ihn in die Verbannung. Man wollte die
Märchen von gestern, aber nicht die Geschichten von heute. Kein
Wunder, daß man deshalb in Euripides immer wieder den Aufklärer
angriff – sein Spiegel war unbestechlich und klar – und, echt konservativ, auch in einer gewandelten Zeit auf der reinlichen Trennung
von Poesie und Doktrin, Dichtung und Lehre bestand.
In der Auseinandersetzung mit Euripides erblicken wir heute den
Verzweiflungskampf gegen die Position eines *poeta doctus*, dem es als
erstem gelang, die Philosophie mit dem Schauspiel und das Bild mit
der Maxime zu vereinen. Ein Dichter hatte zu denken gewagt... das
verzieh man ihm von Aristophanes bis Nietzsche nie.
Seltsam, wie man, das Ideal eines Marathonkämpfers vor Augen,
sich nach rückwärts wandte und die Revolution des Geistes zu leugnen suchte! Zwischen Salamis und den Arginusen aber lag eine Welt:
die Epoche Aischylos' und Sophokles' war für immer vorbei. Über
Euripides liegt schon der sokratische Schatten: beide, Euripides wie
Platon, strebten nach der großen Synthese von Denken und Dichten.
Euripides verband das Chorlied mit dem Argument, die Stichomy-

thie mit der Diskussion, die Rede mit dem Theorem; Platon hob die
Philosophie, in dialektischem Spiel, auf die Ebene des Mythos, konfrontierte, wie im *Phaidros*, Gleichnis und Kalkül miteinander, gab
dem Denken die Würde des Enthusiasmus, definierte die Philosophie als die allerschönste, allerbeste Tragödie und ließ Sokrates, den
Analytiker und Logisten, als Zauberer und Erotiker erscheinen.

So betrachtet steht Euripides genau an jenem Punkt, wo das Zeitalter
der Dichtung in einen von Denken und Wissenschaftlichkeit bestimmten Aeon übergeht. Ihm, dem letzten Tragiker, gelingt zwar
nicht, wie Sophokles und Platon, die große Synthese, aber doch noch
einmal, in kühner Antithetik, die Repräsentanz des Erbes unter den
Zeichen von morgen. Aller Gnomik und Sentenz zum Trotz bleibt
der Dramatiker immer noch diesseits jenes Stromes, den Platon
schon überschritten hat; denn während seine Kunst, ihrer Tradition
gemäß, ins sechste Jahrhundert zurückreicht, inauguriert Platon
schon die Theorie der Alexanderzeit. An der Grenze zweier Reiche,
zwischen Aischylos und Aristoteles, zwischen Polis und Kosmopo-
lis, dem Zeitalter der Olympioniken und der Epoche des Hellenismus, am Ende des fünften und am Beginn des vierten Jahrhunderts,
nahezu gleich weit von Homer und Christus entfernt, geht der Dramatiker Euripides bei Sokrates in die Schule, fordert Apollon Sokrates auf, sich um die Dichtung zu kümmern.

Während Sokrates einen Paian, einen klassischen Apollon-Hymnus,
dichtet, erwägt Euripides zweifelnd, ob der oberste Gott nicht
in Wahrheit mit der Ananke oder dem Nus identifiziert werden
müsse:

> Ob du, der Erden Stütze, der auf Erden thront,
> Zeus, wer du seist auch, Hoher, Unerforschlicher,
> Ob Geist des Menschen, ob Naturnotwendigkeit,
> Ich flehe dich an: denn du lenkst, auf stiller Bahn
> Hinwandelnd, alles Menschenlos zum rechten Ziel.

Welch ein Schritt über den Aischyleischen Zeushymnus aus dem
»Agamemnon« hinaus! Dort, bei Aischylos, bleibt Zeus als ein Wesen, das die Ordnung der Welt und den Ausgleich der Extreme in einer ordnenden Mitte verbürgt, unangetastet: seine Erscheinungsformen mögen sich wandeln, sein Name mag vertauscht werden...
er selbst ist so unvergleichlich, ganz und gar er selbst wie jenes hera-
klitische *sophon*, von dem es heißt (fr. 32):

Eins, das allein Weise, will nicht und will doch mit dem Namen des Zeus benannt werden.

Erst bei Euripides wird der Unvergleichbare relativiert; erst hier erscheint Zeus als ein Anonymus, der nicht, wie bei Aischylos, einmal hier, einmal dort seine Herberge aufschlagen kann, sondern sich in den Erscheinungen verflüchtigt. Naturnotwendigkeit und Menschengeist sind nicht Repräsentationsformen ein und desselben Seins, sondern Alternativmöglichkeiten: es gibt kein Unvergleichbares mehr; der eine Punkt, auf den sich alles zurückführen läßt, ist längst nicht mehr sichtbar, Zufälle regieren die Stunde.

Man sieht, so sehr Euripides in der Nachfolge des Aischylos steht... am Ende kehrt er sie um und setzt die Tradition nur voraus, um mit ihr zu spielen. Zitat, Verweis und »historischer« Beleg gehören zu den wichtigsten Praktiken euripideischer Kunst; in seinem Werk erkennen wir einen Mann, der nicht Setzungen gibt, sondern umdeutet, interpretiert und die Akzente verändert.

Diese Tendenz zur literarischen Variation führt folgerichtig zu den vielbesprochenen »Rettungen«, die vor allem besonders übelbeleumdeten Sagenfiguren wie Medea oder Kapaneus gelten. Die Bezugs-Technik und das Vordergrund-Hintergrund-Spiel (eine Szene wird nur verständlich, wenn man ihr Vorbild heranzieht und so, von der Folie abgehoben, die Akzentverschiebung der späteren Fassung durchschaut) zeigen sich aber auch in der kühnen Umstrukturierung des Vorbilds... eine Technik, die mit besonderer Schärfe hervortritt, wenn man die beiden *Phoinikerinnen*-Kataloge mit der Heerschilderung in Aischylos' *Sieben gegen Theben* vergleicht: hier, in einer Teichoskopie, zuerst die Nennung der Gegner, dann der Botenbericht mit der Erwähnung der Schilde, dort, bei Aischylos, das archaische Wechselgespräch zwischen Eteokles und dem Boten, in dem alle Phänomene auf einmal angesprochen werden. Oder: die Entscheidungssituation des Pelasgos in den *Schutzflehenden* gegenüber der ganz ähnlichen Lage, in der sich Kreon (in den *Phoinikerinnen*) und Theonoë (in der *Helena*) befinden... die »Entscheidungs«-Szene ist literarischer Topos geworden. Oder: die Variation der sophokleischen Technik, den Boten bei seinem Auftritt zuerst das Freudige, dann das Traurige sagen zu lassen. Bei Sophokles – man denke an den Auftritt des Angelos im »König Oidipus« – folgen beide Nachrichten unmittelbar aufeinander; Euripides hingegen, der souverän mit der

überkommenen Form zu schalten versteht, zögert die zweite Mel-
dung um 150 Verse hinaus. Auch hier dient die Übersteigerung
dazu, auf die Variation aufmerksam zu machen; denn gerade in der
Wiederholung zeigt sich die Abweichung am deutlichsten. Natürlich
gibt es auch bestimmte, bei allen drei Tragikern wiederkehrende
Topoi: der Bote, der sich zuerst, in einem Vorgespräch an den Chor,
dann erst an den eigentlichen »Adressaten« wendet; das stereotype
Grabgebet; die Zitierung einer mythischen Analogie unmittelbar vor
der Katastrophe, durch die das konkrete Schicksal nicht mehr iso-
liert, sondern als exemplarische Wiederholung erscheint; die Darstellung der letzten Handlungen; die Anrufung des Brautbetts
(durch die Frau), die Hinwendung zur Gemeinschaft (beim Mann) –
der Sterbende vergewissert sich noch einmal der Sphäre, die ihn mit
dem Leben verband, erkennt am Ort seiner Bestimmung das Ausmaß des Verlusts (Antigone, Deianeira, Alkestis); der Anruf des
Lichts in der Todessekunde; der Topos der Grabvermählung; die –
für Euripides besonders charakteristische – Altarszene; das »Gethsemane«-Motiv (die Darstellung eines einsam Wachenden unter den
Schläfern: vom zweiten Buch der *Ilias* über Aischylos' *Agamemnon*,
die *Iphigenie in Aulis*, den Eingang der aristophanischen *Wolken* bis
zur Spätantike immer wieder aufgegriffen)... all diese Motive kehren
bei den Tragikern, Mal für Mal, wieder: eine genaue Betrachtung
würde aber auch hier vielfach die euripideische Tendenz zur Variation zeigen. Dabei ist freilich zu bedenken, daß sich manche Veränderungen aus dem Bestreben ergeben, möglichst in sich geschlosse-
ne, im Zeichen der *sapheneia* konstruierte Einzelszenen zu schaffen,
die wie Walther Ludwig nachweisen konnte, bestimmten formalen
Responsionsgesetzen folgen[1].
Euripides war nun einmal Konstrukteur; Verächter der Reißbrett-
kunst werden ihm, dessen Szenenfügungen von einer mathemati-
schen Luzidität sind, niemals gerecht werden können. Daß er dabei
der Gefahr des Schematismus nicht immer entgangen ist, zeigt die
stereotype Wiederholung des einmal gewonnenen Schemas: *Helena*
und *Iphigenie bei den Taurern* ähneln einander, der Struktur nach, bis
ins Detail hinein, und die *Schutzflehenden* muten über weite Strecken
wie eine Übertragung der *Herakliden* an: Demophon erscheint als
Theseus, Kopreus als Bote; Makaria figuriert als Euadne. (Formal

---

[1] Walther Ludwig, Sapheneia, Ein Beitrag zur Formkunst im Spätwerk des Euripides,
    Dissertation Tübingen 1954.

ließe sich ähnliches an der Verwendung der nicht – wie bei Sophokles – situationsbezogenen, sondern schematisch gehandhabten Halbverse in der Stichomythie zeigen.) Dennoch ist es nicht verwunderlich, daß die gleiche Hand, die mit dem Agon der *Alkestis* ein klassisches Einzelstück schrieb, auch einem ganzen Drama die auskalkulierte Ordnung des Details zu geben verstand: wie kunstreich ist die Verknüpfung des Disparaten in der *Alkestis* und der *Medea* – hier Herakles, dort Aigeus –, wie unauffällig sind die Verweise, Vordeutungen, Bezüge: der Prolog des Schattenbilds in der *Hekabe* zum Beispiel nimmt den zweiten Teil des Dramas schon im ersten Abschnitt voraus; die im Anfang des *Herakles* geäußerte Ansicht: »es gibt keinen Freund mehr« wird am Ende, als Theseus auftritt, widerlegt... damit schließt sich der Kreis, und es zeigt sich, wie die euripideische Technik die Einzelteile durch ständiges Vor- und Zurückgreifen zusammenzuhalten versteht. Hier ist eine wache Bewußtheit am Werk, ein Formwille, der in den Thesen vieler mit dem Pathos eines aischyleischen Verhörs ausgestatteten Diskussionen nicht anders hervortritt als in den sophistischen Argumentationen der Reden und den unvermutet aufblitzenden Maximen (»Nicht sagen dürfen, was man denkt, ist Sklavenlos«).

Durchsichtig, rationalen Gesetzen folgend, ist auch die Struktur des Dramenganzen. Der Prolog zu Beginn hat die Funktion, den Stoff zu erklären, die Anteilnahme des Zuschauers vom Materiellen auf die Interpretation zu lenken (einen Wertbegriff »Spannung« kannte die griechische Poetik nicht) und den Betrachter zum »mehrwissenden Dritten« gegenüber Schauspielern und Chor zu machen: das euripideische Spiel zehrt, mehr noch als das sophokleische, von der Diskrepanz zwischen der Faktizität und der Meinung, der Wahrheit und dem Vermuten. Indem Euripides den Zuschauer über den Ausgang nicht im unklaren läßt, »verfremdet« er – wir scheuen die Brechtsche Vokabel hier nicht – das Geschehen auf der Bühne und ermöglicht dem Betrachter eine verständige Diskussion.

Der euripideische Theaterbesucher bleibt – so monströs und affektgeladen die Handlung auch sein mag – immer »gegenüber«, ist nicht einbezogen in das Geschehen, sondern beurteilt die Entsprechung der Motive und analysiert die Widersprüche zwischen Ankündigung und Ausführung: wie ganz anders wird, um ein Beispiel zu nennen, seine Auffassung von Hippolytos' Verderben sein, wenn er die Ursachen des Geschehens kennt, sich nicht mit der Fatalität des sopho-

kleischen »so und nicht anders« begnügt, sondern, durch Aphrodites
Prolog unterrichtet, das »Schicksal« als Rache eines Gottes begreift,
der ein Mensch nur deshalb zum Opfer fiel, weil er – eine der vielen
euripideischen Antinomien – den bei den Göttern geleisteten
Schwur noch als unwiderruflich begriff:

> Doch eben, seh ich, kommt ja dort Hippolytos,
> Der Sohn des Theseus, nach des Waidwerks Mühen frisch
> Herangeschritten: eil ich denn hinweg von hier!
> Es folgt in hellen Haufen ihm ein Dienerschwarm
> Und preist die Göttin Artemis in schallenden
> Gesängen: denn nicht ahnt er, daß des Todes Tor
> Sich aufgeschlossen und die letzte Sonn' ihm scheint.

Neben dem Prolog, der, in typischer Weise, meistens mit der Vorge-
schichte beginnt und am Ende mit einem »und jetzt« die Handlung
eröffnet, zeigt sich die Eigenart der euripideischen Technik vor allem
im Monolog und im Botenbericht – wobei zu beachten ist, daß beide
Elemente eng zusammengehören: der Botenbericht enthüllt das Fak-
tische, der Monolog zeigt die Reaktion der Betroffenen.
Im Botenbericht waltet Buntheit und Vielfalt; Schlachtszenen und
ungeheure Katastrophen, Monstrositäten, schauerliche, oft mär-
chenhafte Grausamkeiten treten vor das Auge des Lesers... all das
also, was sich, den Gesetzen der griechischen Tragödie entsprechend, im »Hinterszenischen« abzuspielen hat und erst durch einen
nachholenden Bericht auf die Bühne transportiert werden kann. Auf
der Szene selbst beherrscht allein das Geistige[2] das Feld: Planung
und List, Intrige und Sorge, Diskussion und Verhör; man spürt
Wirkungen, sieht aber nie eine Tat; man erlebt Reaktionen, wird
aber keinesfalls zum Zeugen einer Katastrophe. Nicht das Sterben,
sondern der Tod, nicht das Opfer, sondern der Entschluß zur Opfer-
tat, nicht die Ermordung, sondern die Gedanken davor und danach
(Medeas großer Monolog), Entschluß und Zaudern, Ausflucht und
Antrieb (hier Orest und dort Elektra) beherrschen die Bühne, und
Euripides ist nicht müde geworden, die Spannweite zwischen dem
grobschlächtig-bunten Moritaten-Stil des Botenberichts und der,
vor allem im Monolog greifbaren, fein nuancierenden Argumenta-

---

[2] Die Vorherrschaft des Geistigen, die Dominanz der Interpretation, tritt bei Euripides
noch deutlicher hervor als bei den älteren Tragikern. Vgl. dazu Albin Lesky, Die tragische Dichtung der Hellenen, Göttingen 1956, S. 209.

tion Mal für Mal zu demonstrieren. Dabei hütete er sich, die Antithesen zu verschleiern; genug, wenn die Weite sichtbar wurde und die
Dimensionen am Ende, wenn das *aition* Vergangenheit und Zukunft
zugleich umspannt, in ihren wahren Ausmaßen sichtbar wurden.
Freilich, eine »Lösung« war diese Zurückführung auf die letzten
Gründe, diese Ausweitung ins Zukünftige (denn in einer griechischen Tragödie darf am Ende nichts offenbleiben, das »und dann?«
soll als Frage nicht erscheinen[3]) ebensowenig wie der traditionelle
Abschluß mit der Einführung eines *deus ex machina*. Aber Euripides
wollte – Kurt von Fritz hat das schlüssig bewiesen[4] – den Knoten
überhaupt nicht lösen. Im Gegenteil, indem er die Götter einführte,
zeigte er deutlich: auf diese Weise geht das Rätsel nicht auf, so einfach ist das *happy end* nicht.

Man erinnere sich der Schlußszene des *Orestes*: im Bunde mit Pylades
und Elektra ist Orest dabei, die als Geisel gefangengesetzte Hermione mit dem Messer zu bedrohen, um dadurch seinen Onkel Menelaos zu erpressen... da erscheint Apoll, gebietet Einhalt und fordert Orestes auf, Hermione zu heiraten; Menelaos stimmt zu, alles
löst sich scheinbar in Wohlgefallen auf! »Wenn das nicht bitterer
Hohn ist auf das happy end einer Oresttragödie, dann weiß ich nicht,
wie blutiger Hohn etwa sonst noch aussehen könnte. Es ist, als ob
Euripides aus Verzweiflung darüber, daß das allgemeine Publikum
den Sinn des unvermutet glücklichen Ausgangs vieler seiner Tragödien gar nicht verstehen wollte, diesen Sinn hier einmal ganz kraß
deutlich zu machen suchte: freilich, wie die späteren Kommentare zu
seinem *Orestes* zeigen, auch jetzt nicht mit durchschlagendem Erfolg.
Und doch sollte – auch wenn man die grotesken Elemente der Orestes-Hermione-Szene ganz außer acht läßt – mit Händen zu greifen
sein, daß der Euripides, der in seiner ›Elektra‹ alles getan hatte, das
Furchtbare des Muttermordes, gleichgültig unter welchen Umständen es erfolgt sein mag, vor Augen zu führen, und der am Ende dieses

---

[3] Am Ende der griechischen Tragödie steht nicht die Darstellung der Katastrophe, sondern die sich aus ihr ergebende Konsequenz: wohin mit Oidipus? Was wird aus Polyneikes? Nicht die Realität selbst, sondern ihre Interpretation beschließt das Trauerspiel.
[4] Kurt v. Fritz, Euripides' Alkestis und ihre modernen Nachahmer und Kritiker, Antike
und Abendland, V., 1956, S. 27 ff. Vgl. dazu auch Karl Reinhardt, Die Sinneskrise
bei Euripides, Die neue Rundschau 1957, S. 646: »... es wird uns schwer gemacht,
die Lösung ernstzunehmen... Ist die Heilung (im *Orest*) darum so absurd, damit sich
das Theater selbst durchstreiche? Der Schluß zeigt, wie es sein sollte – und nicht
ist.«

Stücks die Dioskuren als *dei ex machina* den Gott Apollon aufs heftig-
ste dafür tadeln läßt, daß er Orestes den Muttermord anbefohlen hatte, nicht ernsthaft der Meinung gewesen sein kann, es brauche nur
dieser selbe Gott Apollon zu erscheinen und einige Anordnungen
über Heiraten und sonstige Sühnemaßnahmen zu geben, damit dann
alles wieder in bester Ordnung sei.«[5]
Nein, die Götter geben keine Lösung, weder im *Orestes* noch in der
Alkestis oder der *Elektra*. Gerade die Scheinlösung soll – wir sind dessen sicher – die Unwirklichkeit des Endes bezeichnen. Bei Sophokles
ist am Schluß alles klar und geordnet, der in der Isolation verlorene
Held erkennt die wahren Bezüge, die *aletheia* überwindet die *doxa*, die
Katastrophe führt zur Erkenntnis, beide Schalen schweben wieder
im Gleichgewicht, »die göttliche Mitte« (Reinhardt), von der, angezogen oder abgestoßen, die dramatischen Figuren sich bestimmen
ließen, präsentiert sich in schleierlosem Glanz; das »so ist es« beschließt die Tragödie zu Recht.
Bei Euripides dagegen gibt es viele Möglichkeiten. Wenn die Götter
nicht mehr sichtbar sind, kann man unter den verschiedensten Deu-
tungen eine beliebige auswählen. Um das zu demonstrieren und die
Diskrepanz zwischen Mythos und Wirklichkeit, Märchen und Realität, Glaube und Erfahrung, traditioneller Götter-Vorstellung und
»historischer« Faktizität zu erhellen, hat Euripides, wie im »Orestes«, häufig die allerunwahrscheinlichsten Lösungen gewählt.
Hatte er unrecht, wenn er darauf vertraute, die Zuschauer würden
die Scheinlösung schon verstehen und als Paradoxie begreifen?
Durfte er nicht eine sehr genaue Bekanntschaft mit dem jahrhunder-
tealten Problem: *doxa* und *aletheia* voraussetzen? Konnte er nicht darauf bauen, daß die Theaterbesucher gerade jenes Trugspiel der Täuschung durchschauten, dessen Regeln die Griechen seit den Tagen
Homers mehr faszinierten als die simple Kontrastierung von Wahrheit und Lüge?
Kein Zweifel, daß Euripides am Ende alles offenließ und das letzte
Wort jenem Zuschauer gab, dessen Kunstverstand er trotz allem vertraute: hätte er sonst die gleiche Technik Mal für Mal wiederholt?
Nein – man muß es noch einmal betonen – im euripideischen Drama
wäre die Auflösung eine *contradictio in adiecto*. Dort, wo der Schritt
von der Tragödie zum Schauspiel ausgemessen wird, wo wir in der

---

[5] Kurt v. Fritz, a. a. O. S. 64.

Verbindung von Tragödie und Komödie bereits »shakespearisieren-
de« Tendenzen bemerken, die nicht zufällig zu einer neuen Ganz-
heitserfassung führen⁶, kann es keine Lösung geben. Der tragische
Fall ist nur zu demonstrieren, wenn der Held ein Podest unter den
Füßen hat; nur der hoch Stehende kann tief fallen. Ist aber einmal die
göttlich-überindividuelle Ordnung der Polis – und damit das normative Wertgefüge – in Frage gestellt, dann verschwimmt der Horizont,
die »Vereinzelung« (das Kardinalproblem der Tragödie) scheint
nicht mehr darstellbar zu sein, »oben« und »unten« sind relative Begriffe, kein Gradmesser zeigt die Tiefe des Falls.
Wo die Instanz des Absoluten fehlt, verliert die Handlung ihren
Zielpunkt. In der gleichen Sekunde löst sich die strenge Form im
»Schauspiel« auf, und es beginnt ein Prozeß, der bei Euripides anfängt und schon in der neuen Komödie seinen ersten Höhepunkt erreicht... auch dort, ganz euripideisch, wenn auch ins Komische tra-
vestiert, die Lösung nach mancherlei Fährnis, auch dort Intrige und
Anagnorisis. Kurzum, der »unbefriedigende« Ausklang der Tragödie ist von Euripides, im Sinne einer »Verfremdung«, mit klarem
Bewußtsein erstrebt worden; Harmonie ist nun einmal nicht von einem Mann zu verlangen, der, als Kind einer Welt zwischen Gestern
und Morgen, das Geschehen nur in Antithesen begreifbar machen
konnte.
Daß die Maschinerie des *deus ex machina* nicht der Handlungs-Lö-
sung dienen sollte, zeigen ja im übrigen jene Tragödien mit aller
Deutlichkeit, in denen das Geschehen schon vor dem Auftritt der
Götter gelöst ist. Statt aber diese Lösung zu bestätigen, werfen die
Götter nur neue Probleme auf und verschärfen damit die kaum voll-
zogene Beruhigung des Konflikts aufs neue. Nicht Friede und Be-
sänftigung, sondern neue Lügen, neue Drohungen, neue Hinweise
auf unabsehbare Konflikte stehen häufig am Ende: Hekabes Knechtschaft wird dauern, ein schlimmer Tod steht bevor, die Irrfahrten
hören nicht auf; der Krieg ist für die Schutzflehenden noch nicht
vorbei, der Kampf mit Sparta, ein mörderisches Ringen, scheint unausweichlich, Friede ist nur um den Preis der Lüge zu erkaufen: »be-

---

⁶ Der »Schauspielcharakter« des euripideischen Dramas, das Fluktuieren zwischen tra-
gischem Pathos und faunischer Burleske gibt dem letzten Dramatiker seine Moderni-
tät. Zeitgenössische Varianten – Thornton Wilders, Marie Louise Kaschnitz', Erwin
Wickerts und Ernst Wilhelm Eschmanns *Alkestis*-Fassungen, Anouilhs *Medea* – bezeugen das deutlich.

trüge deinen Mann«, sagt Athene im *Ion* zu Kreusa, »das ist die einzige Lösung«.

Soll man wirklich glauben, daß Euripides, wenn er schon einen »schematischen Abschluß« geben wollte, diese Absicht durch das Aufwerfen neuer Probleme und die Einführung weiterer Schwierigkeiten ausgeführt hätte? Ein Mann, dessen Dramatik kalkulablen Gesetzen folgt, hätte am Schluß seine eigene Technik verleugnet? Sollte nicht auch der schlichteste Athener die Diskrepanz zwischen Mythos und Realität begriffen und die *ad oculos* demonstrierte Unlösbarkeit der alten Fabeln durchschaut haben, wenn er zum Beispiel sah, wie sich am Schluß des *Ion* der eigentlich Schuldige, Apoll, versteckt und statt seiner, eilig vorgeschoben, Athene die Worte spricht:

> Schön hat Apollon alles so vollendet, er
> Entband dich schmerzlos, und die Deinen wußten's nicht.
> Dann als du den geboren und in Windeln ihn
> Gelegt, befahl er Hermes, auf den Arm sofort
> Das Kind zu raffen und hierher zu tragen, wo
> Er seiner pflegte, daß es nicht sein Leben ließ.
> Doch nun verschweige, daß du seine Mutter bist,
> Damit sich Xuthos freuen mag des süßen Wahns,
> Und du mit deinem Glücke froh heimziehst, o Frau.
> Lebt wohl! Nachdem ihr euch erholt aus diesen Mühn,
> Verheiß ich euch ein hochbeglücktes Erdenlos.

»Schön hat Apollon alles so vollendet«... »doch nun verschweige, daß du seine Mutter bist«: in der Tat, diese Diskrepanz soll unauflöslich erscheinen. Auch die Götter können Intriganten sein; der Rat Athenes erscheint wie eine Kurzformel für die kunstreiche Mechanik jener Übertölpelungspläne, die wir vor allem in den sogenannten »Intrigenstücken« wieder und wieder praktiziert sehen. Wie planvoll-verständig wird da alles ins Werk gesetzt, wie bis ins Detail kalkuliert sind die einzelnen Phasen in der *Helena* und der *Iphigenie bei den Taurern*, wie souverän verfügt die Phantasie über die Zeit und nimmt die Zukunft in der Gegenwart vorweg! Die »Realität« ist für Euripides vielschichtig geworden, die »Wirklichkeit« erscheint zweideutig und voller Widersprüche, nirgendwo sind Fixpunkte zu sehen, alles ist vage, zwielichtig und von versteckten Antinomien erfüllt; das Perfekt greift in die Gegenwart ein, die Zukunft formt das Heute; der Irrealis – ein von Euripides mit Vorliebe verwandter Tragödien-Topos – bezeichnet die Situation eines Menschen, der die Welt nicht mehr versteht und, von den Geschehnissen überrumpelt, nichts weiter als ein »hätte doch« und »wäre doch« vorzubringen weiß: »o, wäre doch Paris nie zum Troerland gelangt«, »o, hätte doch die Argo nicht die Symplegaden durchquert«, »o, wären doch die Schiffe nie nach Aulis gekommen«.

> O raffte damals, als zerstückt den Göttern du
> Zum Mahle dientest, dich im Götterkreis der Tod,
> Bevor du meinen Vater noch, Atreus, gezeugt,
> Dem wir entsprossen aus dem Schoß Aëropes,
> Agamemnon und Menelaos, ein berühmtes Paar.

Doppelbödig, voll geheimer Verweise, ist die euripideische Szenerie; der letzte Tragiker liebt die »Umschlagssituation« des »nicht mehr« und »noch nicht«, eine Situation, die, in der Abschiedsszene der sophokleischen *Antigone* vorgebildet, sich vor allem in der *Alkestis* wiederholt; denn Alkestis steht ja wahrhaftig an der Grenze von Leben und Tod, sieht die Sonne und ist doch schon drunten im Hades: während Herakles das Lied des Lebens singt, betrauert man im Hause den Tod ... und am Ende kehrt sich noch einmal alles um: Alkestis ist nicht mehr tot und doch nicht wieder lebendig. Ähnliches zeigt sich in den *Troerinnen*, wo Kassandra im Angesicht des Todes den Hymenaios singt. Noch inniger als im Scheinspiel der aischyleischen Klytaimestra-Rede aus dem *Agamemnon*, noch programmatischer als in der Hintersinnigkeit des sophokleischen *König Oidipus* (Oidipus als Blinder ein König, als König ein Blinder) erscheinen die dialektischen Volten mit Wahrheit und Trug in den Machenschaften der euripideischen Intrige. Welche Wandlung gegenüber den Vorgängern auch hier: Klytaimestra oder Deianeira (in der »Trugrede« der *Trachinierinnen*) sprechen lediglich »verdeckt«, überlassen sich aber niemals der unverhüllten Täuschung; wenn Klytaimestra von ihren Ängsten erzählt, die sie nachts nicht schlafen lassen, so ist das ebenso »wahr« wie die Objektivation eines Tatbestands, mit dem sich Ajas oder Deianeira unmittelbar vor der Katastrophe konfrontieren.

Erst bei Euripides gibt es so etwas wie ein Prinzip der Täuschung, erst hier wird mit Hilfe von Mechanema und Anagnorisis eine ausgeklügelte Systematik des Doppelbödigen entdeckt. Dabei ist nicht zu

verkennen, daß der Tragiker, zumal in den Intrigendramen, oft die
Grenze des Grotesken streift... man denke an die Szene in der *Helena*, wo Menelaos seine Frau auffordert, nicht mehr um ihren Mann
zu trauern, sondern alle Liebe von nun an dem neuen Gatten zu
schenken. Nicht im Schema der Intrige also, sondern dort, wo sich
die Doppelbödigkeit aus der Handlung selbst ergibt und das alte
Tragödienspiel von Erwartung und Erfüllung, Vermuten und Eintreffen, einsetzt, in den *Bakchen* vor allem, wird die Antithetik zwischen Schein und Sein, jenseits aller Konstruktion, als weltbestim-
mendes Moment: als ein die Dynamik des Lebens verbürgendes Gesetz sichtbar.

Diese Ambivalenz zeigt sich bei Euripides abermals gern in der Um-
schlag-Situation, dort, wo die Wahrheit des Scheins sich mit einer
scheinbaren Wahrheit verbindet – in jenen stimmungshaltigen Augenblicken, da die Welt unwirklich wird, die Konturen sich verändern und die Dinge, plötzlich zu Handlungsträgern emanzipiert, zu
sprechen beginnen – in solchen Sekunden fängt sogar die Stille an zu
reden, das Schweigen wird transparent: Agamemnon lauscht (in der
Iphigenie in Aulis) hinaus in die Nacht, der Chor erwartet Alkestis
(»was ist es so still doch vor dem Palast? Was ruht in Schweigen Admetos' Haus?«), unversehens verwandelt sich das Schweigen in lau-
ernde Erwartung: wann kommt die Königin? Wann wird die Toten-
klage beginnen? In der Stille verändert sich die Welt, die Konturen
sind scharf, der Mensch bemerkt, daß etwas zersprungen ist: da steht
Admetos vor dem verlassenen Haus, die Sessel sind leer, die Kissen
verwaist, die Räume verschmutzt; das Gesinde zieht sich zurück. Die
an der Grenze von Wiedersehen und Abschied erfahrene Veränderung der Welt ist ein euripideischer Topos: auch Iokaste lebt, nach
Polyneikes' Flucht, allein in ihrem Palast, auch Klytaimestra stellt
sich, in der *Iphigenie in Aulis*, das Dunkel ihres Hauses vor, wenn sie
ohne ihr Kind zurückkommen wird – eine verstaubte Öde, die Stühle
verlassen, das Mädchenzimmer leer. Und dann Polyneikes in den
Phoinikerinnen! Auch er kehrt in eine Heimat zurück, die ihm, als
Beute seines Bruders, fremd geworden ist; auch er darf sich der alten
Stätten nur versichern, um sich selbst, den zum zweiten Abschied
Bereiten, als einen Fremden zu sehen:

... Weinend sah ich wiederum
Nach langer Zeit die Schulen, die mich bildeten,

Die Tempel und Altäre, sah der Dirke Born;
Von hier mit Schmach vertrieben, muß ich fremdes Land
Bewohnen, wo mein Auge stets in Tränen schwimmt.

Hier, in der Beschreibung des seelischen Leidens – nicht in der
Schilderung einer Monstre-Katastrophe, sondern in der poetischen
Darstellung der leisesten Gefühle: des Kummers und der stillen
Trauer, des Abschiedsschmerzes und der Imagination der Verlas-
senheit, hat Euripides die Ausdrucksmöglichkeiten griechischer
Dichtung wie kaum ein anderer bereichert; hier hat er, bei allem Realismus (der blinde Oidipus tastet über die Gesichter seiner Kinder),
immer Distanz und Reserve gewahrt und das Feinste und Immate-
riellste, die Regungen der Seele, mit zartester Nuancierung gezeichnet.

Sein eigentliches, nur ihm gehöriges Metier war die Beschreibung
des Noetischen, die Interpretation des Wissens und die Analyse des
Ethos. Euripides war der erste europäische Dichter, der die Problematik des Wissens nicht nur durchschaute, sondern ihr, wie in der
Medea oder den *Bakchen*, den Rang eines dramatischen Kardinalpro-
blems gab. Der Wissende ist doppelt gefährdet, weil er allzuleicht,
wie Pentheus, der Macht seiner unbestechlichen Blicke vertraut und
gerade deshalb, in dialektischer Umkehr, den dunklen Kräften des
thymos verfällt.

Gerade der Verständige scheint bei Euripides besonders anfällig zu
sein: wie mühelos wird der kluge Hippolytos niedergeworfen, wie
vergeblich sind die ausgeklügelten Pläne Agamemnons in der *Iphigenie in Aulis*, wie gefährlich die allzu fein durchdachten Machenschaften Kreusas im *Ion*. Die Wahrheit ist meistens einfach und schlicht,
das Rechte simpel und leicht zu verstehen, das Überweise aber be-
denklich:

»Klug ist, der, welcher das Herz von dem Überweisen
sich fern hält.«

Und dennoch, allen Gefahren zum Trotz, strebt der euripideische
Held nach Erkenntnis. Zwar weiß er, daß er gerade dem Grübeln
seine Einsamkeit verdankt, zwar kennt er die Gefahren der Isolation,
die den Einzelnen, des Rückhalts einer Gemeinschaft Beraubten
doppelt leicht überfallen... aber nachdem das Denken einmal begonnen hat, muß – das Problem des Oidipus – bis zum Ende weiter-

gefragt werden. Da hilft kein Klagen und kein Räsonieren, da wird
ein Weg beschritten, auf dem man nicht umkehren kann. Das Wissen
um die Anfälligkeit des auf sich gestellten Individuums, das die Gesetze des Kollektivs, die Polis-Ordnung, nicht mehr als verbindlich
hinnehmen kann, die Ahnung vom Umschlag des allzu sicheren
Meinens in Rausch und Anarchie, die Bedenken, daß Vernunft und
Einsicht den Menschen zum *outcast* machen und ihm das Kainsmal
des Ausgestoßenen auf die Stirn brennen, die Erkenntnis, daß die
Weisheit sich oft im »Unweisen« aufhebt, die Erahnung eines Wissens jenseits des Bewußtseins – all das hält den Lernbegierigen nicht
davon ab, seine Aufgabe zu erfüllen und die Helle des Geistes ins
Dunkel des Aberglaubens zu tragen.

Unter diesen Gesichtspunkten erscheint Euripides in der Tat als ein
Sokratiker: hatte nicht auch er, wie der Mensch im Höhlengleichnis
Platons, die unterirdische Behausung verlassen, war zur Sonne em-
porgestiegen, um dann, nach der Katabasis, die Schatten zu belehren? War nicht auch er ein Wahrheitsprediger, Pädagoge und Aufklärer wie jener Sokrates, den man tötete, weil die Schatten in ihrem
Gefängnis die Wahrheit nicht hören wollten, sondern sich lieber mit
einem kläglichen Abglanz, dem Schein des Scheins, begnügten?
Und hatte nicht auch Euripides mit den *Bakchen* seinen Paian gesungen... er, der auf der anderen Seite so viel vorsichtiger als Sokrates
war und den weiten Weg kannte, der zwischen dem Wissen und dem
Handeln liegt? (»Das Tugendhafte wissen und erkennen wir, tun's
aber nicht.«) Und schließlich... stand nicht am Ende auch er, in der
makedonischen Emigration, seiner Heimat entfremdet, allein da, ein
alter verlassener Mann, dessen Worte ebenso unbequem waren wie
die elektrischen Schläge des Zitterrochens und die Bisse der Bremse
im Nacken der Kuh?

Kein Zweifel, Euripides kannte sein Schicksal. Durch Medeas Worte
spricht er selbst:

> Nie streb' ein Vater, dem Verstand im Busen wohnt,
> Der Kinder Geist zu hoher Weisheit aufzuziehn;
> Denn außer daß ein Weiser, weil er Muße liebt,
> Träg wird gescholten, trifft ihn auch der Bürger Haß.
> Und wenn du Kluges vorgebracht, was neu erscheint,
> Die Toren nennen albern und nicht weise dich:
> Doch giltst du mehr als andere, die sich Tüchtiges
> Zu wissen dünken, folgt der Neid des Volkes dir.

Am Ende kommt es auch beim Wissen allein auf das richtige Maß an; Erkenntnis ohne Besonnenheit führt zur Hybris; wohl dem, der sich mit seiner verständigen Kunst zu begnügen versteht, das Kalkül einer *techne*, ganz im platonischen Sinne des »Staats«, als ein Fachmann – wie der Bogenschütze Herakles – beherrscht; wohl dem, der voraussieht, aber nicht dem ärgsten Übel, dem Pandora-Geschenk der blinden Hoffnung verfällt; wohl dem, der seine Pläne zu Ende zu denken vermag und jederzeit Rechenschaft ablegen kann!

Richterin bleibt am Schluß nur die Zeit; sie – hier wie in der Auffassung der »blinden« Hoffnung klingen sehr alte Gedanken nach – entscheidet allein über den Ausgang des Unternehmens; und wenn es in den euripideischen Dramen überhaupt etwas wie einen Fixpunkt gibt, so ist es das Wissen um die Macht der Zeit. Sie ist es, die Erfahrungen schenkt, sie ermöglicht Kontinuität und Verbindung; sie schafft Erinnerungen und hilft dem Menschen, den Augenblick richtig zu deuten. Ihr allein verdankt der Einzelne die Bewußtheit seines Lebens, in ihrem Namen erinnert Iphigenie den Vater an die Kinderzeit, antwortet Menelaos der Helena: »Ich trau dem Leiden mehr als dir.«

Wir sahen, daß der Held des euripideischen Dramas in der Umschlagssituation zwischen Abschied und Wiederfinden, Trennung und Anagnorisis seine deutlichsten Konturen gewinnt... in jenen Augenblicken, da die Dinge selbst, das Haus, das Zimmer, die Straßen, zu reden beginnen (wir sprachen von »Stimmung«, obgleich das Wort verfänglich ist und Euripides in die Nähe von Hofmannsthal rückt). Ein genauerer Blick bemerkt in diesem Zusammenhang, daß man den gleichen Punkt auch zeitlich als einen Moment definieren kann, in dem Erinnern und Erwarten, Gedenken und Hoffen, einander berühren. Für Alkestis ist es die Todesstunde: das lang Erwartete tritt ein, Erinnerung und Erwartung berühren einander in der letzten Sekunde... die Tatsache, daß Euripides Alkestis, entgegen der Sage, nicht in der Hochzeitsnacht, sondern erst nach langen Jahren glücklicher Ehe und Mutterschaft sterben ließ, gewinnt unter dem Gesichtspunkt seiner sehr eigenen Zeitauffassung (die im einzelnen untersucht werden müßte) besondere Bedeutung.

Nun, das alles klingt zunächst höchst modern und für einen antiken Dichter unangemessen – und in der Tat bliebe die Interpretation abstrakt, wenn sie sich nicht, bei einer Betrachtung der euripideischen Motiv-Technik und Charakter-Darstellung, immer wieder mit ihren eigenen Ergebnissen konfrontierte. Dabei zeigt es sich freilich schon bald, daß gerade die stereotyp wiederholten Motive den großen Themen unserer nachklassischen Literatur sehr ähnlich sind. Im Mittelpunkt steht die Frage des Opfers – wir wissen, daß sie in der Literatur des 20. Jahrhunderts von Hofmannsthal bis Broch wieder und wieder interpretiert wird: nicht zufällig haben Eliot, Wilder und Hofmannsthal gerade auf die *Alkestis* zurückgegriffen. Das Opfer erscheint als die einzige Möglichkeit, um sich noch einmal mit der Welt zu verknüpfen, seiner Isolation zu entgehen und neue Ordnungen zu stiften: »Besser stünde es, wenn sich jeder opferte.« Iphigenie ist, so betrachtet, geradezu ein Archetypus des Sacrificiums. Sie, Makaria, Polyxena und Menoikeus zeigen noch einmal, in einer extremen, ganz auf die individuelle Selbstverwirklichung zugespitzten Situation, die alte Polis-Gesinnung. Im Angesicht der Vorfahren (Iphigenie – Agamemnon; Polyxena – Hekabe; Makaria – Alkmene; Menoikeus – Kreon) gibt der junge Mensch sein Leben für die bedrohte Stadt, entschließt sich zum Martyrium für das Wohl des Volkes oder opfert sich für das Glück des Nächsten (Alkestis, Pylades im *Orest*). Im Gegensatz zu dieser Haltung steht Medea; sie, so ganz auf sich selbst bezogen, wie Anouilh es in seiner Variation des euripideischen Vorwurfs interpretiert hat, stellt die Rache dem Opfer voran. (Rache, ein zweites euripideisches Zentralmotiv, erscheint als Negation der Opfervorstellung: statt sich hinzugeben und durch das Opfer den Abgrund zu schließen, wird die Kluft durch neue Untaten verbreitert.) Freiwillige Preisgabe, Opfervollzug, ist allein dort möglich, wo jedenfalls die Vorstellung einer höheren, gemeinschaftsbildenden Ordnung noch durchscheint.

Auch die Troerin Polyxena bleibt immer mit dem Schicksal ihrer Unglücksfamilie, dem Erbe der Leidensstadt Troja verbunden; allein Medea, die nach dem Verlassen der Heimat und der Tötung des Bruders nichts mehr besitzt als sich selbst, vermag sich für niemanden zu opfern; sie ist vollkommen allein; ihr Mann gehört Kreusa, ihre Kinder sind Jasons Kinder... für wen sollte sie sich opfern, nachdem sie schon alles preisgegeben hat?

Man sieht, auch für Euripides, den einsamen, seiner Stadt entfremdeten Dichter, bleibt die Vorstellung einer Gemeinschaft, auf die sich der Mensch beziehen kann, zumindest als Vorstellung, Silhouette und Hintergrund, immer gegenwärtig, ja, wie sehr er immer noch von den alten Polis-Vorstellungen zehrt, zeigt ein Vergleich zwischen Helena und Medea. Beide verließen ihre Heimat zugunsten des Mannes; die Griechin folgte dem Troer, die Kolcherin dem Griechen. Während aber Medea, durch die Allmacht der Liebe verführt, ihre Existenz freiwillig preisgibt und ihr Dasein auf einen einzigen Punkt, die Treue gegenüber Jason, reduzierte, verwandelt sich Helena nie, und deshalb erscheint sie – abgesehen vom *Helena*-Drama – als die eigentlich Schuldige, ein Symbol mangelnder Opferbereitschaft, das Gegenbild Iphigenies. Während Medea, selber zu Tode verwundet, ihre Kinder opfert, gibt Helena, um einer Laune willen, ihre Landsleute preis. Während Medea alles verliert, tritt Helena zu keiner Sekunde in den tragischen Raum: sie ist der Prototyp einer wertfreien Persönlichkeit, ohne Verantwortung, die große Mörderin aus Sparta, die andere geopfert hat und am Ende selbst den Tod verdient.

> Nun aber soll sie büßen für das ganze Volk
> Von Hellas, dem sie Väter, dem sie Söhn' erschlug,
> Für Bräute, Frauen, denen sie den Mann geraubt.
> Da wird man jubeln und den Göttern Opferglut
> Anzünden, Heil in Fülle dir erflehn und mir,
> Weil unsre Hand des schnöden Weibes Blut vergoß.

Helena ist eine der ganz wenigen euripideischen Figuren, die um keinerlei Verpflichtung gegenüber irgendeiner Gemeinschaft weiß; indem sie Paris folgt, zerstört sie die letzten noch bestehenden Ordnungen, die Satzung des Volks und das Recht der Familie. Gerade deshalb gilt ihr der Tadel des euripideischen Dramas; gerade deshalb hat der Dichter sie nur retten können, indem er die Stesichoros-Version vom Trugbild wieder aufgriff ... an eine Umdeutung ihres Charakters war auch für ihn nicht zu denken.

Euripides war weder ein Sophist noch – wie man ihn später gern sehen wollte – ein Verkünder der persönlichen Autonomie. Er wußte um die Bindung des Menschen; in einer Zeit, da mit den göttlichen auch die politischen Satzungen fragwürdig wurden, hat er die Ordnung in anderen Gebieten, im Privaten gleichsam, gesucht, dort, wo der Mensch im Umkreis der Familie lebt und ihm die Gemeinschaft als Heimat erscheint.

Während für Aischylos *patria* und *paese*, Polis und Heimat, noch Synonyme waren, begann mit Euripides die große Zerteilung, und *polis* figurierte von nun als »Heimat«, als die vertraute Umgebung, der selbstverständliche Lebensraum, die Ordnung, die dem Einzelnen das Seine beließ und – ganz solonisch – einen gerechten Ausgleich versprach. Unter diesen Gesichtspunkten rühmt Euripides seine Vaterstadt, singt in der Theseus-Rede der *Herakliden* ihr Preislied, verherrlicht sie in der *Medea* als den Hort des Geistes, hebt sie in den *Schutzflehenden* von der Tyrannei ab, lobt, mit Demophon, das Idealbild des Herrschers und wendet sich, zumal im Peloponnesischen Krieg, gegen das spartanische Räsonnement[7], das sich immer wieder in der Gestalt des Menelaos konkretisiert. Athen ist Heimat; Athen nimmt die von Sparta abgewiesenen *Schutzflehenden* auf; nach Athen sehnt sich der Chor in den *Troerinnen*; Athen gewährt selbst der Mörderin Medea eine Zuflucht. Aber wie wenig diese Heimat – trotz einiger traditionell übernommener Topoi – noch mit der alten *polis* zu tun hat, zeigt die Erweiterung der archaischen Vorstellungswelt. Nicht nur Athen, auch Kolchis, auch Troja ist Heimat, auch Sklaven, Vertriebene, Geächtete, sehnen sich nach ihr; der hochgemute *polites* ist oft der wahre Verderber der Heimat: nicht zufällig hat Euripides die aischyleische Figur des Stadtverteidigers Eteokles radikal verändert, aus dem legitimen Beherrscher der *polis* einen von Machtgier und thukydideischer *philotimia* besessenen Autokraten gemacht und den Angreifer mit allen Zügen eines beklagenswerten, seiner Heimat beraubten Mannes ausgestattet. Im Unterschied zum aischyleischen Zentralproblem: gelingt es, persönliche Maßlosigkeit im Raum der *polis* in legitimes, der Gemeinschaft verpflichtetes Streben zu verwandeln?, zielt die euripideische Fragestellung auf das persönliche Verhältnis eines Einzelnen zu seiner Heimat. Ganz konkret, nicht mehr als einen aus den Tagen Homers und Anaximanders übernommenen Topos (Isolation ist Schuld) erfaßt der letzte Tragiker die Vereinzelung des Menschen, beschreibt die Situation Medeas: Heimatlosigkeit führt zur Austilgung aller menschlichen Wertungen, stellt die Verschleppten, Verbannten und Ausgestoßenen, Hekabe, Oidipus, Andromache, Hippolytos und Iphigenie dar, spricht von der Herberge des Todes, analysiert von hier aus den Zusammenhang zwischen Heimat und Begräbnis, preist die gefallenen Trojaner, weil sie in mütterlicher Erde ruhen dürfen, läßt die Schönheit des Vaterlandes – die Ergebnisse bestätigen sich – vor allem zwischen Wiedersehen und Trennung, im Augenblick des letzten Abschiedsblicks, dem Scheidenden noch einmal gegenwärtig sein:

[7] Vgl. dazu G. Zuntz, The Political Plays of Euripides, Manchester 1955.

Ach, mein unglückliches Land...
        Ich beweine dich, muß dich verlassen...
Siehst du dein trauriges Ziel?
        Und das Haus hier, wo ich gebar einst!
Kinder, allein in der Stadt wird die Mutter von euch nun
        gelassen,
Ach welche Klage, welch Jammergeschrei, welch bittere
        Trauer!
Tränen auf Tränen werden vergossen um unsere Häuser:
Ach, wie strömt ihr so bang! Nur Tote vergessen des Leidens.

Heimatlosigkeit bedeutet nach euripideischer Vorstellung das Ende des Lebens; der Verbannte ist aus allen Ordnungen herausgerissen; wer deshalb noch eine Heimat hat – Pylades im *Orestes* –, darf sein Leben nicht aufs Spiel setzen; nur der Vertriebene trauert zu Recht; sein Leid geht über alles Leid hinaus – man erinnere sich des Gesprächs zwischen Iokaste und ihrem Sohn Polyneikes, dem Heimkehrer, für den es keine Heimkehr mehr gibt:

Iokaste: Ich frage denn als erstes was mein Herz verlangt:
    Das Vaterland entbehren, ist's ein hartes Los?
Polyneikes: Das herbste, herber als das Wort es schildern kann.
Iokaste: Wiefern, o Kind? Was fällt dem Flüchtling denn so
    schwer?
Polyneikes: Eins ist das schlimmste, daß er nicht frei reden darf –
Iokaste: Nicht sagen dürfen, was man denkt, ist Sklavenlos.
Polyneikes: Den Aberwitz der Großen still ertragen muß.
Iokaste: Mit Toren Tor sein müssen, Kind, auch dieses
    schmerzt.
Polyneikes: Er muß um Vorteil Knecht sein wider seine Art.
Iokaste: Doch labt die Hoffnung die Verbannten, wie man
    sagt.
Polyneikes: Sie blickt mit heiterm Aug ihn an, doch zögert sie.
Iokaste: Und lehrt die Zeit nicht endlich, daß sie eitel war?
Polyneikes: Ihr wohnt ein holder Zauber bei im Ungemach.
Iokaste: Was nährte dich, eh dir die Heirat Mittel schuf?
Polyneikes: Oft hatte ich genug für einen Tag, oft nicht.
Iokaste: Des Vaters Freunde nahmen nie sich deiner an?
Polyneikes: Sei glücklich! Freunde gibt es nicht für Leidende.
Iokaste: Dein Adel – hob auch dieser dich nicht hoch empor?

Polyneikes: Hart ist das Darben; mich erhielt der Adel nicht.

Iokaste: Des Menschen Liebstes ist ja wohl das Vaterland.

Polyneikes: Und keine Zunge spricht es aus, wie lieb es ist.

Unter dem Gesichtspunkt der »Heimat« beginnt der klassische Gegensatz zwischen Hellenen und Barbaren (aber auch die Trennung zwischen Männern und Frauen, Freien und Sklaven) hinfällig zu werden; das Leiden verwischt die Unterschiede; der Schmerz der Heimatlosigkeit macht alles gleich und hebt die Trennungen auf. Dennoch hat man längst beobachtet, daß Euripides' Stellung zu den Barbaren sich im Laufe seines Werkes wandelt: einerseits erscheinen die Griechen, Jason, Odysseus und Menelaos, als unbarmherzig-hybride Sieger, Männer, die im tiefsten Elend der Geknechteten noch auf die Segnungen verweisen, die sie den Verlorenen gebracht hätten (Jason gegenüber Medea) oder ihre eigene Vollkommenheit gegenüber barbarischer Dumpfheit (Odysseus zu Hekabe) recht ins Licht setzen; andererseits stellen sich die Hellenen, vor allem in den Intrigenstücken *Helena* und *Iphigenie bei den Taurern*, als die Klug-Souveränen vor, deren geistiger Überlegenheit es gelingt, die dummen Fremden zu überlisten. (In der Darstellung des Verhältnisses von griechisch-bedachter Kalkulation und barbarisch-tolpatschiger Blindheit greifen wir einen literarischen Topos, der zum erstenmal im 10. Buch der *Ilias*, der sogenannten *Dolonie*, exemplifiziert wird.) Am Ende freilich sind die Unterschiede zwischen Griechen und Barbaren gering – führt man die Intrigenstücke an, muß man auch erwähnen, wie der kluge Grieche Pentheus in den *Bakchen* überrumpelt wird – im Grunde ist das Schicksal aller Menschen gleich bejammernswert.

Der Glaube an die Überlegenheit *einer* Partei und an die gerechte Sendung *eines* Volkes führt am Ende nur zum Krieg... und was *der* bedeutet, hat Euripides wie kein zweiter antiker Dichter durchschaut. Dem Zeitgenossen des griechischen Bruderkampfes war das Pathos des Marathonkämpfers fremd. Sein Blick war unbestechlich und scharf, nüchtern und von keinerlei Chauvinismus vernebelt. Er wußte – die *Troerinnen* zeigen es[8] –, daß der Krieg zur Apokalypse führt, und wenn er, in der *Helena*, die Todfeindin rettete, so tat er es vor allem, um die Sinnlosigkeit des blutigen Streits nachdrücklich vor Augen zu führen... wofür, sollte der Zuschauer fragen, sind damals die Soldaten

---

[8] Die *Troerinnen* erscheinen unserem Jahrhundert – vor allem in den Bearbeitungen Werfels und Sartres – nicht zufällig als das erste vom Geist des humanistischen Pazifismus geprägte Drama Europas.

gefallen – »Priamos und Troas, welches Nichts gab euch den Tod?« –
und wofür fallen sie heute? (Wir wissen, daß Euripides unmittelbar zur
Zeitgeschichte Stellung nahm, die *Troerinnen* sollten mit großem
Ernst das Verhängnis der sizilianischen Expedition demonstrieren.)
Nicht der Sieg, sondern die Niederlage, nicht der Triumph, sondern
der Tod bezeichnen für Euripides den Krieg; er ist scheußlich und
grausam; nur der versteht ihn recht, der an die Opfer denkt und vor
den Zerstörungen nicht die Augen verschließt. Der Kampf der *Sieben
gegen Theben* endet deshalb für den letzten Tragiker zunächst mit der
großen Klageszene, in der die Mütter auf die Asche ihrer toten Kinder
zugehen. Sklaverei und Gemetzel, Asche und Rauch, Jammer und
Wehegeschrei: das ist für Euripides die Konsequenz eines Krieges, in
dem sich – Thukydides hat es im dritten Buche beschrieben – das Unterste nach oben kehrt.

> Unsinnige, die nach dem Ruhme des Krieges verlangt!
> Ihr seid mit der Schärfe des Speers
> Menschenzwist in törichtem Sinn mutig beizulegen bemüht:
> Sollten ihn Kämpfe des Bluts entscheiden, gewönne der
> Streit
> In der Menschen Städte nie sein Ziel.
> Vom Speere sank Priamos' Burg in den Staub:
> Doch konnte wohl den Streit um dich,
> Helena, schlichten das Wort.
> Und jetzt ruhn sie selbst unten in des Grabes Nacht,
> Und auf die Mauern stürmte Brand, wie Blitz von Zeus,
> Und häufte Trojas armem Volk
> In seinem Unglück Leide zu Leide.

Im Krieg zeigt sich die Ohnmacht des Menschen am deutlichsten, hier
enthüllt sich sein Leiden; hier, im Erdulden der Schmerzen, tritt aber
auch seine Größe sichtbar hervor ... es charakterisiert ja die Schilderer
einer zu Ende gehenden Epoche, daß sie die menschliche Würde mit
der Leidensfähigkeit, dem Martyrium und der Standfestigkeit identifizieren – man denke noch einmal an die Bedeutung des Opfers: Iphigenie auf dem Altar –, sie aber nicht mehr an mutiger Bewährung, hel-
denhaftem Kampf, trotzigem Ausschreiten: nicht mehr an kämpferi-
scher Aktivität, sondern an beharrlicher Fügung und weisem Sich-Be-
schränken ablesen. (*locus classicus* für dieses Problem ist die Interpretation in Tacitus' Annalen IV, 32/33.)

Natürlich kennt gerade Euripides auch Maßlosigkeit, Trotz und wilde
Begierde: aber es ist die Maßlosigkeit des Leidens, der Trotz in
hoffnungsloser Lage, die Begierde im Angesicht des Todes. Der letzte
Tragiker schildert bestimmte Verhaltungsweisen in extremen Situationen; ihn interessiert die Antwort des Menschen auf die Provokation
einer ungewöhnlichen Lage: immer wieder beschreibt er die psychischen Reaktionen auf bestimmte vom Gang der Handlung geweckte
Herausforderungen. Man sieht – wir verdanken diese Erkenntnis der
bahnbrechenden, wenn auch häufig überspitzt formulierten Arbeit
von Zürcher[9] –, der euripideische »Charakter« ist zunächst einmal eine
Funktion der Handlung: »Aus der Situation heraus wird jede Reaktion
motiviert. Der Situation gemäß denkt, fühlt und handelt die Person
nach allgemeinen Normen und, gegebenenfalls, im Rahmen der dra-
matisch-psychologischen Grundmotivierung.«[10]
Euripides interessieren also »Psychologeme«, d. h. seelische Reaktionen, aber nicht *die* Psychologie. Von der Darstellung einer »individu-
ellen Problematik« kann bei ihm keine Rede sein; deshalb werden seine
Figuren auch einmal in einer sehr kontinuierlichen seelischen Entwicklung vorgeführt – das ist bei Alkestis und, wie ich trotz Zürchers Ein-
spruch mit Lesky glaube[11], bei Medea der Fall, während sie sich ein
andermal – höchst modern! – von Situation zu Situation verändern,
unvermutet, ohne daß ein innerer Prozeß dargestellt wäre, ihre Ansichten wechseln, und plötzlich, wie Hermione in der *Andromache*,
»umgewandelt« erscheinen. Wenn deshalb Aristoteles Iphigenies
»Umbruch«, die auch durch das Auftreten Achills doch wohl nicht
begründete Opferbereitschaft der bislang so Verzagten, als unmoti-
viert tadelt, so spricht er als »Psychologe« gegen den »Situationsdra-
matiker« Euripides und verwirft die Anomalie mit dem Blick auf die
sophokleische Norm – wobei zu bedenken ist, daß auch Sophokles sich
nicht immer an das Gesetz der Einheitlichkeit des Charakters gehalten
hat: zumindest im *Philoktet* gibt es dort, wo Neoptolemos dem Kran-

[9] Walter Zürcher, Die Darstellung des Menschen im Drama des Euripides, Schweizeri-
sche Beiträge zur Altertumswissenschaft, Heft 2, Basel 1947.
[10] Zürcher, a. a. O. S. 181 f.
[11] Lesky, a. a. O. S. 165: »Der Dichter hat das weite Land der menschlichen Seele gut ge-
kannt und wohl gewußt, daß Haß und Liebe, Wildes und Zartes darin ihren Platz sehr
nahe nebeneinander haben können. Und gerade in der Gestaltung des rational Unver-
einbaren bewährt sich Euripides als größerer Seelenkünder denn mancher Moderne, der
individuelle Seelenbilder peinlich um eine feste Mitte formt. Die Wirkung dieser Medea
auf die Jahrtausende beruht nicht zuletzt darauf, daß in ihr Gegensätzliches zur Einheit
gebunden ist.«

ken gegenüber von Mitleid erfaßt wird, einen situationsbedingten Wechsel des Ethos.

Freilich ist der Umschlag bei Euripides, in dessen Dramen sich weder feststehende Ordnungen noch unwiderrufliche Gesetze finden, besonders leicht zu bewerkstelligen. Hier gibt es nichts Festes, keine Bindungen, auf die man sich verlassen dürfte: jederzeit kann sich ein Umschwung vollziehen; nichts hat Bestand; wenn die Not kommt – und sie kommt über Nacht – ist man allein. Alle Welt verachtet den Unglücklichen. Die Konturen zerfließen, von einer einheitlichen Persönlichkeit kann man bei Euripides nicht mehr sprechen: die Affekte dominieren; wenn die Situationen den Menschen bestimmen, gibt es weder Stetigkeit noch organische Entwicklung; das klassische Gesamtbild verfällt; nur selten finden sich Adel und Leistung, Einsicht und Mut bei einem Menschen vereint; das Fundament ist zerbrochen, die Wahrheit fragwürdig geworden, Anhaltspunkte fehlen überhaupt.

> O gäb' es unter Menschen nur ein sicheres
> Merkmal der Freundschaft, in der Herzen Grund zu schaun,
> Den wahren Freund zu scheiden von dem falschen Mann!
> Und hätte doch zwei Stimmen jeder Sterbliche,
> Die eine wahr, die andre schwankend, wie sich's trifft:
> So würde, die nicht lauter denkt, erkannt an der,
> Die's ehrlich meint, und uns berückte kein Betrug!

Ewiges Auf und Ab, ständiger Wechsel, Vertauschung von oben und unten: das ist das einzig Gewisse; immer wieder konfrontiert der euripideische Mensch sein gegenwärtiges Leiden mit dem früheren Glück, das Sklavendasein mit der vergangenen Freiheit, die Verbannung mit dem längst verflossenen Leben im Kreise der Freunde: das alte Tragödiengesetz – wer tut, der muß leiden – vollzieht sich im Zeichen der Paradoxie... nicht der Freund von gestern, sondern der Leidensgefährte von heute, der Niedrigste, ein Sklave, teilt das Elend des Täters. Nicht Menelaos, der Gleichgestellte, zum Eintreten Verpflichtete, sondern ein kleiner Mann, ein Anonymus aus dem Volke, stellt sich bei der Abstimmung in der Volksversammlung vor den angeklagten Orestes. Noch im unscheinbarsten Detail steht das euripideische Drama im Zeichen der Antinomie: das Erwartete bleibt aus, das Unerwartete ereignet sich schnell. –

Ewiger Wechsel, von Archilochos im Bild des Rhythmus vor Jahr-

hunderten zum ersten Male beschworen, bestimmt die Szenerie; das
Leiden, am Bilde Trojas immer wieder konkretisiert, bleibt nicht aus –
als Leidende erscheinen die Menschen auch vor den Göttern; die Isolierten, ganz auf sich selbst Gestellten – vom Geschlechterfluch ist bei
Euripides nur selten die Rede – trifft das Schicksal aus dem Hinterhalt.
Wehe dem, der sich, voll Vertrauen, auf den Schutz des Himmlischen
verläßt; auch das Patronatsverhältnis hat sich gewandelt: doppelt anfällig ist der Gottgeliebte, denn die Zuneigung des einen ruft die Eifer-
sucht des anderen hervor – so steht Helena zwischen Aphrodite und
Hera, Hippolytos zwischen Artemis und Aphrodite. Um den Gegner
zu treffen, opfert der Gott seinen Freund; handelt Medea anders als
Hera?
Nein, diese Götter sind nicht weiser als die Menschen, zu Recht müssen sie es sich gefallen lassen, daß man sie – wie es Tyndareos im *Orestes*
tut – an den sittlichen Vorstellungen der Aufklärung mißt; auch Orest
weiß, Agamemnon hätte den unnützen Muttermord nicht befohlen,
der Mensch wäre verständiger als Apollon gewesen. So ist es kein
Wunder, daß die Olympier endlich, allen Glanzes entkleidet, als Mörder dastehen: Apoll, der Mörder Klytaimestras und des Neoptolemos,
Hera, die Mörderin des Herakles, Aphrodite, die Mörderin Trojas.
Ganz vergeblich betet der Mensch noch zu ihnen, opfert und sucht
durch die Orakel ihren Willen zu ergründen: was dem einen Gott gefällt, sucht der zweite zu verhindern, Hera will Menelaos befreien,
Aphrodite ihn vernichten – auch die Orakel sind wertlos. Kalchas hat
nicht gemerkt, daß die wahre Helena überhaupt nicht in Troja war,
sondern sich in Ägypten aufhielt. Und dennoch – hier greifen wir die
entscheidende Antinomie innerhalb des euripideischen Werks – sind
die Götter mehr als ihre Erscheinungen, ist die Bedeutung des Göttlichen nicht mit dem schillernden Flimmern jenes Apparats zu identifizieren, den Euripides brauchte, um seinen Dramen Farbe und Plastizität zu geben. Ein »Philosophengott« gewinnt nun einmal keine
Transparenz; der Dramatiker benötigt die bunte Fülle der Erscheinungen, das lebendige Spiel der Kräfte, Bewegung und Gegen-
bewegung, den Zauber des Glanzes und die barocke Fülle der
Form.
Eine Innerlichkeit, die sich nicht in Geste und Gewand, Gebärde und
Pomp veranschaulichen kann, hat sich noch zu keiner Zeit am Kunstwerk versucht. (Zum Jesuitendrama gibt es auf protestantischer Seite
kein Pendant, der einhellige Gesang der Gemeinde, Ausdruck des

gleichen Willens, entbehrt nicht umsonst der dramatischen Bewegung.)

Hüten wir uns also, die Interpretation des für die Tragödie unabdingbaren Götter-Apparats mit der religiösen Auffassung ihres Schöpfers zu identifizieren. Nicht umsonst hat der Dichter Euripides das alte solonische Wort »viel Lügenhaftes sagen die Dichter« gerade in jenem »Herakles« übernommen, der die schärfsten Angriffe gegen die Olympier führt. So betrachtet bezieht der letzte Tragiker, in der Mitte zwischen Pindar und Platon, eine Position, die seine Zeit, das ausgehende 5. Jahrhundert, sehr genau spiegelt. Kritik und Glaube, Invektive und Vertrauen, schonungslose Analyse und gelassenes Dahinstellen stehen einander, in dialektischer Antinomie, gegenüber und bezeichnen die Tendenzen einer Epoche zwischen den beiden großen Synthesen: der sophokleischen von gestern und der platonischen von morgen:

> Ich glaube nicht, daß Götter unerlaubter Lust
> Sich freuten, noch daß Götterhand je Fesseln trug,
> Noch daß Gebieter einer war des anderen:
> Nie glaubt' ich etwas dieser Art, noch glaub' ich's je.
> Denn nichts bedarf doch, ist er wahrhaft Gott, ein Gott:
> Das alles sind armselige Dichtermärchen nur.

In der Tat, hinter der Erscheinung der Götter verbirgt sich, »sind sie wirklich Götter«, etwas anderes, ein Gesetz, das manchmal, wenn Euripides den flirrenden Schleier anhebt, hindurchscheint, das Zeichen einer großen Ordnung (Tro. 884, fr. 292 N), der es gefällt, sich in jener »rätselhaften Buntheit« (Hel. 711) zu präsentieren[12], die Euripides als Dramatiker ebenso brauchte wie die reiche Skala von »Charakteren«...: da ist, von den Interpreten immer wieder geschmäht und verteidigt, Alkestis' Gatte Admetos, vielfältig schillernd wie keine zweite euripideische Figur, ein gastfreundlicher Herr, aber auch ein Mann, der auf seinen guten Ruf bedacht ist und viel Rücksicht auf seine Geltung bei den Leuten nimmt; da ist, ihm in vielem ähnlich, Agamemnon (aus der *Iphigenie in Aulis*)... wie Admetos von dem Gedanken besessen: was sagt das Volk, wie ist die Stimmung im Heer? Da ist Jason – auch er in seinem Versuch der Selbstrechtfertigung und Argumentation ein Bruder Admetos' – alle drei, Admetos, Agamemnon, Jason,

---

[12] Vgl. Lesky, a. a. O. S. 211, außerdem Reinhardt über die Götter und den letzten »Sinn« der euripideischen Tragödie, a. a. O. S. 619.

haben sich, jeder in seiner Weise, schuldig gemacht, weil sie sich der »Geltung« (*doxa*) verschrieben.

Da ist, wissend und ekstatisch zugleich, Medea, Meisterin der Intrige und des Kalküls und doch den Trieben hörig – wie eng beides zusammengehört und nicht schematisch getrennt werden darf, zeigt ihr großer Monolog, dessen Phasen durch das Mit- und Gegeneinander der beiden Kräfte bestimmt sind. (Das Zaudern und Schwanken als dramatische Bewegung vorgeführt zu haben, ist – man denke an die zweite Mordszene in der *Elektra* – ein Verdienst des Euripides. Bei Aischylos und Sophokles ist der Schritt vom Plan zur Ausführung kürzer, erst Euripides zweifelt, wie wir sahen, an der sokratischen These, daß das Wissen unmittelbar in die Aktion übergehe.) Da ist der verständige Hippolytos – auch er wird, wie Admetos, belehrt; da ist Odysseus, neben Helena die schwärzeste Figur im euripideischen Werk, ein finsterer Ränkeschmied, Unmensch und Bösewicht, mit Kalchas und Menelaos Vertreter der »Kriegspartei«, ein hybrider, vom peinlichen Pathos des »Kreuzzuggedankens« erfüllter Hellenomane, – zumal in der *Hekabe* dem räsonierenden Jason sehr ähnlich; da ist Elektra, ein Mädchen mit der Leidenschaft der Heroine, in der Mordszene von einer Besessenheit verfolgt, die erst Hofmannsthal wieder auf der Bühne darzustellen wagte. Da ist schließlich, in der gleichen, bis in die Szenerie hinein als »Variation« erkennbaren »Elektra«, eine sehr seltsame Klytaimestra: resigniert und müde, traurig und vom Schatten der Schwermut gezeichnet.

Wie realistisch und gesellschaftskritisch Euripides vorging, wenn es galt, einen Charakter zu zeichnen, zeigt am besten das von Menelaos entworfene Bildnis Agamemnons aus der *Iphigenie in Aulis* ... hier können wir wirklich von einem »Porträt« sprechen, hier verblassen die Typisierungstendenzen der klassischen Zeit; hier zeigen sich, angedeutet, schon die Intentionen des vierten Jahrhunderts, einen Einzelnen in seinem unverwechselbaren Umriß zu zeichnen.

> Weißt du noch, als um den Heerstab du nach Troja dich
> Wohl dem Schein nach nichts erstrebend,   bewarbst,
>   doch in Wünschen still entbrannt,
> Wie voll Demut du dich schmiegtest, alle Hände schütteltest,
> Und in unverschloßnen Türen offnes Ohr der Reihe nach
> Allen aus dem Volke gönntest, wer es wünscht' und wer auch
>   nicht,

Daß du dir im Volk die Ehre kauftest durch Geschmeidigkeit?
Doch nach kaum errungner Würde nahmst du neue Sitten
an,
Warest nicht den alten Freunden mehr der Freund von
ehedem,
Schwer daheim zugänglich, außen kaum zu sehen.

In der Tat, hier greifen wir, vielleicht zum erstenmal in der griechischen Literatur, ein aus vielen Einzelzügen gefügtes Porträt – freilich bleiben die erwähnten Charakteristika, jedes für sich, durchaus typisch, die Eigenart ergibt sich allein aus der Zusammenstellung, und das bezeichnet die Technik eines Dramatikers, der zwar im Verlauf seines Werks die Figuren in allen Stärken und Schwächen immer anschaulicher beschrieb, aber dennoch weit davon entfernt blieb, Individuen im Sinne des modernen Dramas zu schaffen.

Das Hauptinteresse gilt immer jenen Gestalten, an deren Verhalten sich gleichsam die »Summe« vielfältiger Erfahrungen demonstrieren läßt: einerseits der erfahrene Alte, Peleus oder Iolaos, der sich plötzlich, zum Kampf aufgerufen, wieder verjüngt, andererseits die Leidensfrau, Hekabe, die Schmerzensmutter, oder Iokaste zwischen den feindlichen Brüdern. Gerade die alten Leute hat Euripides mit besonderer Sorgfalt gezeichnet; in ihnen konzentriert sich die Einsamkeit und macht sie zu Symbolen des Leidens... ihre Kinder sind tot, sie bleiben allein. Die Beziehungen zwischen ihnen und den ganz Jungen – hier Hekabe, dort Polyxena und Astyanax –, die Liebe zwischen Eltern und Kindern, Bruder und Schwester, Freundschaft und herzliche Verbindung sind Lieblingssujets euripideischer Kunst, die sich in der Darstellung des Leidens am schönsten bewährt.

Immer wieder wird da der Doppelsinn von Schmerz und Ohnmacht sichtbar, der Geschlagene ist ja zu gleicher Zeit der eigentliche Sieger, der Gedemütigte erscheint als Überwinder, die Sklavin Kassandra bringt mit dem Hymenaios den Tod. Gottgeschlagen und besiegt ist sie gleichsam die Inkarnation des Schmerzes – in eine Einsamkeit gehüllt, die kein Ruf mehr erreicht. Den anderen Frauen – Euripides hat Leid und Trauer vor allem an ihnen gezeigt – bleibt wenigstens noch die Gemeinschaft untereinander, eine Verständigung über alle Schranken der Gesellschaft und Rasse hinweg: Helena und Theonoë, Phaidra und Medea mit ihren Ammen, Andromache und die mitgefangene Sklavin. Ihrer aller Schicksal ist es, Leid zu empfangen und

sich im Dulden zu bewähren. Nein, Euripides war kein »Weiberhas-
ser«. Die Anklagen Jasons, Hippolytos' oder des Kyklopen wiegen
nicht schwer; und wenn der Dichter Frauen über sich selbst sprechen
ließ, so stand hinter seinen Worten (»der Tod eines Mannes wiegt das
Ende von tausend Frauen auf«) eher das Pathos der Anklage als der
Tenor befriedigter Bestätigung.

Zuerst ging es um die Demonstration, daß die Schwäche stark und die
Ohnmacht mächtig sein könne; dann aber reizte den Analytiker Euripides die Paradoxie zwischen der bescheidenen Rolle, die die Frau in
der Gesellschaft seiner Zeit spielen durfte, und der Verklärung, die ihr
im Mythos zuteil wurde. Freilich kannte er auch die Grenzen der
Emanzipation; Medeas Worte über das Unglück des Wissens sprechen
für sich selbst. Wenn er das Lob der Frauen singen wollte, pries er das
Wirken in der Stille, die bescheidene Hinnahme eines verfügten Ge-
schicks, die Opferbereitschaft, die selbstverständliche Treue gegenüber dem Mann, ruhiges Warten und kluge Beschränkung, den Um-
gang mit Tugenden, die auch den Geringeren, Sklaven und Dienern
zukommen... auch sie, heißt es bei Euripides gern, wissen oft mehr als
die Großen, und wenn sie sich ducken und zusammenkauern – ein Bild
aus Sophokles' *Antigone* – überdauern sie die Mächtigen.

Schmerz und Leidenschaft, Ekstase und Trauer aber sind für den letzten Tragiker niemals Abstrakta, über die er mit philosophischer Begrifflichkeit philosophiert, sondern Phänomene der Wirklichkeit,
Affekte, die er in typischen Situationen, einem Arzt vergleichbar, an
seinen Figuren demonstriert: da ist die Verzweiflungsgebärde – die
ausgestreckten Hände des blinden Oidipus, die kleinen Finger, mit
denen sich Herakles' Kinder an ihrem Vater festklammern; da ist der
Widerschein der Schönheit als ein Element des Seins, dem Zerstö-
rungskraft und Heil zugleich beigemischt sind: »Schönheit, o welch
ein Übel bist du Sterblichen, und welches Heil für jene, die dein würdig sind«; da ist die Trauer, die am Leben zehrt, der furchtbare
Schmerz des Hippolytos, das steinerne Leid Hekabes, Herakles' Einsamkeit; da gibt es eine Qual von solcher Intensität, daß der Mensch
sich in der Erde verbergen möchte und auf der Stelle zu sterben
wünscht. Da ist das Mitleid: nicht mehr, wie bei Aischylos, als objek-
tive Feststellung eines beklagenswerten Zustands, sondern, wie schon
in Sophokles' *Philoktet*, als subjektives Mitempfinden begriffen, das
den Betrachter in den Schmerz des andern mit hineinnimmt. Da sind
die großen Leidenschaften, vor allem – ein uralter Tragödien-Topos –

die Geldgier: Polymestors Goldrausch und Eteokles' Habgier. Da ist schließlich – und hier zeigt sich noch einmal das Ureigene euripideischer Kunst – die bis zum Wahnsinn gesteigerte Leidenschaft. Der letzte Tragiker war gewiß kein »Psychologe« im Sinn moderner Wissenschaft; aber daß er die Kunst der Pathographie mit einer Vollkommenheit beherrschte wie sonst, in ihrem Metier, nur der Historiker Thukydides und der Arzt Hippokrates, ist nicht zu bezweifeln. Auch hier wieder die Erfassung des Menschen in einem Grenzzustand, beim Übergang vom Wachen in den Schlaf, vom Traum zur Anagorisis, von der Vernunft in den Rausch, von der Ekstase zurück in die Helligkeit des Tags! Wie viele Zwischentöne sind da eingefangen, kaum erwachte Gefühle, Ahnungen an der Schwelle des Wissens, Erinnerungen und Hoffnungen! Wie präzise, kühn und nüchtern zugleich, hat hier ein mächtiges Auge die geheimen Verbindungen zwischen seelischem Affekt und seinem Niederschlag im körperlichen Symptom gesehen und damit eine Beobachtung vervollkommnet, die später Lukrez, am Anfang des dritten Buchs von »de rerum natura«, als Grundlage seiner Theorie einer Abhängigkeit des Körpers von seelischen Affekten dienen sollte!

Eine genauere Untersuchung könnte leicht zeigen, wie in allen euripideischen Pathographien – einerlei, ob es sich um den »Fall« Phaidras, Herakles', Orests oder Pentheus' handelt – bestimmte Grundphänomene wiederkehren: offenbar bewegte den Dichter weniger der Wahnsinnszustand selbst, der ja auch, von einigen wenigen Ausnahmen abgesehen, nur »berichtend« darzustellen war, als der langsame Übergang von einer »Lage« in die andere, das heimliche Anheben und allmähliche Aufhören. Hier hat er sehr genaue Entsprechungen herausgearbeitet, die ihm einmal, in den Bakchen, sogar als Strukturprinzip dienten – während Pentheus vom Wissen in den Rausch hinübergleitet, kehrt seine Mutter Agaue vom Wahnsinn in eine Wirklichkeit zurück, die sie in der gleichen Situation wie den erwachsenen Herakles sieht: hier wie dort sind es die Väter, Kadmos und Amphitryon, die ihre Kinder zur Wahrheit leiten und ihnen eine Tat vor Augen führen, an der sie selbst keinen Anteil hatten, weil ein Gott, hier Hera, dort Dionysos, sie verführte. Der Gott als Krankheitsbringer und Herr des Wahnsinns: das bleibt von Homer bis Platon ein Topos der Literatur.

Aber Euripides hat nicht nur Affekt und Ekstase beschrieben, sondern auch das Gegenbild, die maßvolle Heiterkeit gezeichnet... da erscheint die Welt der kleinen Leute, Züge der Neuen Komödie werden vorgeahnt, das Biotische gewinnt Kontur, und diese Welt präsentiert sich nicht als Karikatur, sondern als echte Alternative: wer sich beschränkt und nicht allzusehr anspannt, vermeidet auch den Konflikt mit anderen Ordnungen; wer die Segel rechtzeitig refft, kentert nur schwer; am glücklichsten ist der Bindungslose; Verpflichtungen bringen nur Sorgen: wer das Spiel wagt und sich einläßt, exponiert sich zugleich und muß damit rechnen, daß das Schicksal ihn trifft. Das ist nicht Resignation, sondern die nüchterne Erkenntnis eines Mannes, der, an der Wende zweier Zeiten stehend, wie kein anderer von dem Gedanken bestimmt war, daß die Würde des Menschen in seiner Fähigkeit läge, die Augen nicht zu verschließen, sondern über alles Rechenschaft abzugeben.

Dabei war er, der sich auf die Analyse von Affekt und Theorem gleich gut verstand, niemals Rationalist. Bei aller Luzidität ist sein Werk vielschichtig und voll geheimer Bezüge, und es erscheint nicht zufällig, daß Euripides, der Meister der *sapheneia*, am Ende, in den *Bakchen* alles wieder aufs Spiel setzte und eine Tragödie von der Rätselhaftigkeit des anderen großen Alterswerks, des zweiten *Oidipus*, schrieb[13]. Freilich: während Sophokles am Ende seines Lebens in die Heimat, nach Kolonos zurückkehrte und Aischylos in den *Eumeniden* das Hohe Lied des Areopags sang – Athen als frömmste Stadt –, ging Euripides einsam und alt in die Fremde, und sein Schwanengesang galt dem von Dämonen heimgesuchten Theben.

Während die Tragödie bei Aischylos und Sophokles schließlich ins Mysterium transzendiert: Erinyen werden zu Eumeniden, die Götter nehmen den sterbenden Oidipus auf, bleiben die Antithesen in den *Bakchen* bestehen; die Bühne leert sich, aber die Schreie hören nicht auf. Und doch, sehr seltsam, kehrt das Ende zum Anfang zurück: noch einmal Dionysos, noch einmal die Stimme des Herrn, noch einmal, im Epilog, der Riesenschatten des großen Jahrhunderts!

Danach, als Euripides die Orchestra verließ, war die Geschichte der Tragödie schon Historie geworden. Sie begann um 530, als Thespis die Bühne betrat, und endete im Zeichen von Sokrates' nahendem Tod. Die Zeit hatte sich gewandelt; die Kunst zerbrach an der Frage der Wahrheit; 2000 Jahre lang, bis zum Barock, blieb die Bühne leer.

[13] Vgl. dazu die umsichtig-kluge Deutung von Hans Diller, Die Bakchen und ihre Stellung im Spätwerk des Euripides, Abhandlungen der Akademie der Wissenschaften und der Literatur, Jg. 1955, Nr. 5.

Die Dichtung hatte aufgehört, Spiel und Spiegel zu sein; die Menschen des vierten Jahrhunderts verlangten nach anderer Speise. Euripides war der erste, der darum wußte, daß die Kunst, sollte sie noch einmal wieder erstehen, eine neue Funktion haben müsse: nicht Bestätigung und erfreuliches Spiel, sondern Trost im Dunkel und Hilfe in der Not des Herzens.

> Du würdest mit Recht unklug und verkehrt
> Die Menschen wohl nennen, die vor uns gelebt;
> Sie haben Gesang bei fröhlichem Mahl,
> Bei Tänzen und Hochzeitsfesten erdacht
> Und das Leben erfreut mit den Tönen der Lust;
> Doch niemand hat noch den schrecklichen Gram
> Mit den Saiten, des Lieds vielstimmigen Klang
> Zu verbannen gelehrt: drum rafft das Geschick
> In verheerendem Tod die Geschlechter dahin.
> Wohl wär es Gewinn, wenn jegliches Leid
> Uns heilte das Lied.

Verkleidete Götter

Antikes und modernes Drama

Seit den Tagen, da Hegel in der »Ästhetik« die Unterschiede zwischen dem antiken und modernen Drama bestimmte und das überindividuell Substantielle der griechischen Tragödie mit der subjektiven Innerlichkeit der modernen Dramatik verglich, seit der Zeit, da Kierkegaard in den Analysen des »Entweder-Oder« antikische Trauer von modernem Schmerz, von Angst und Reflexion zu trennen suchte, hat man die Gegensätze zwischen der griechischen Tragödie und der mit Shakespeare beginnenden Neuzeit immer stärker betont. Aristotelische und nichtaristotelische, epische und dramatische, und im Jahre 1929 konnte ein praktizierender Theoretiker, der Stückeschreiber Bertolt Brecht, darangehen, die Unterschiede zwischen den beiden Archetypen in prägnanten Antithesen zusammenzustellen. Kein Zweifel, in den berühmten Anmerkungen zur Oper »Mahagonny« wird ein Schema entwickelt, das später, im »Kleinen Organon für das Theater«, als Zentrum einer nicht-aristotelischen Poetik erscheint. Dabei gilt es jedoch sogleich zu bemerken, daß die Brechtschen Invektiven, der Polemik Lessings vergleichbar, nicht Aristoteles selbst – gewiß nicht dem griechischen Drama –, sondern den Interpretationen der Späteren gelten.

Im Gegensatz zu Kierkegaard und Hegel präsentiert sich – wir werden es sehen – die griechische Tragödie bei Brecht sogar als Bundesgenossin des modernen, epischen Theaters: die Entzweiung führt zu neuer Verbindung, Anfang und Ende berühren einander. Brecht selbst hat nicht zufällig im zweiten Abschnitt seines Vorworts zum »Antigonemodell« auf die Verfremdungen der hellenischen Dramaturgie verwiesen, mit deren Hilfe die »Freiheit der Kalkulation« bewahrt werden kann[1].

These 1: antikes und modernes Drama, konkretisiert im Dionysos-Theater und im Theater am Schiffbauerdamm, Exponenten zweier weltenweit voneinander getrennten Zeiten, haben eine ähnliche

Struktur. Bedenken wir: im Mittelpunkt des alten Theaters steht
immer die Fabel, Aristoteles spricht in der Poetik wieder und wieder
davon. Die griechische Tragödie erzählt; sie berichtet zwiefach: singend und argumentierend, mit Hilfe des Chors oder durch den
Schauspielermund, ein Geschehen. An ihrem Anfang steht, neben
dem Satyrhaften und dem Dithyrambus, das Balladeske; deshalb ist
ihr die Spannung des Dramatischen, von Aischylos bis Euripides,
fremd. Es gibt noch nicht einmal eine Vokabel für »Spannung«. Die
Handlung ist allen bekannt, der Mythos gilt als vertraut. Nur um
ganz sicher zu gehen, erläutert Euripides, ähnlich wie Brecht in der
»Film-Projektion«, den Mythos durch einen Prolog, damit jedermann weiß: das wird geschehen, dieses werde ich sehen, damit muß
ich rechnen. (Shakespeare hält es – der Romeo-und-Julia-Prolog! –
häufig nicht anders.) Nicht das vermittelte Erlebnis, sondern das gewonnene Weltbild, nicht das Was, sondern das Wie, das variierte
Detail, ist für jene kundigen Athener wichtig, denen die Abbreviatur
des Textes genügte, um den Rest nach eigenem Belieben zu ergänzen. »Die Zuschauer«, heißt es in Dürrenmatts »Theaterproblemen«, »kannten die Mythen, von denen das Theater handelte, und
weil diese Mythen allgemein waren, wurden auch die nie wieder erreichten Kühnheiten der griechischen Tragiker möglich, ihre Ab-
kürzungen, ihre Gradlinigkeit, ihre Stichomythie und somit auch die
Einheit des Aristoteles. Das Publikum wußte, worum es ging, war
nicht so sehr auf den Stoff neugierig als auf die Behandlung des
Stoffs.«
Dort, wo das Material in Gestalt des Mythos stets vorhanden ist und
der Zuschauer den Ausgang kennt, richtet sich das Augenmerk, wie
beim Brechtschen Theater, das ganz bewußt das Originale vermeidet
und nach Mustern und Vorlagen arbeitet, auf die einzelne Szene, auf
die Argumentation, die Kritik, die Erkenntnis. Ganz zu Recht appelliert deshalb der Tragiker, der nicht die Spannung des Gesamten,
sondern nur die Spannung der Einzelszene kennt, an die Vernunft
der Betrachter. Die schematische Einführung des euripideischen
Deus ex machina zum Beispiel zeigt dem Athener im Zuschauer-
raum: ist eine so mechanische Lösung wirklich noch möglich? Beweist die stereotype Wiederholung nicht eher: die Diskrepanz zwischen dem vorgegebenen Märchen und der Art seiner Behandlung
wird nicht aufgelöst, die Götter versagen[2]?
Emphase, Affekt und Leidenschaft weichen im griechischen Drama

am Ende der kalten Bewußtheit. Der Held erkennt, und mit ihm erkennt der Betrachter. In der Tragödie – wir dürfen das niemals vergessen – wird der Mensch nicht gebessert oder im christlichen Sinne
geläutert. Er gewinnt nur an Klarheit und Wissen. Das bedeutet, genau wie bei Platon: er flieht den Schein, gelangt zum Sein, entkommt
der Krankheit, findet Gesundung, verliert seine Vielsicht und wird
im genauen Sinne des Wortes zur Ein-Sicht gebracht. Im Augenblick
des Todes spricht der sophokleische Held die vernünftigsten Worte.
Aias, mit dem Schwert in der Hand, sieht plötzlich, was die Welt im
Innersten zusammenhält, und Antigone ergeht sich an der Hades-
Schwelle in Sentenzen, die nur moderne Sentimentalität als unecht
zu bezeichnen vermochte.

Diskussion, Analyse und dialektische Demonstration, Unterweisung und Gestik, wichtige Bestandteile des epischen Theaters, beherrschen die griechische Bühne, auf der – wir wissen es längst –
nichts passiert, aber alles gezeigt wird. Die dramatische Handlung
spielt sich im Raum des Hinterszenischen ab; der Botenbericht
transportiert sie gleichsam nach vorn. Monstrositäten, Greuel, Kriege, Morde und Wunder erscheinen, gebrochen, im Spiegel des
menschlichen Worts. Alles Direkte gilt als verpönt – keine Fecht-
Szenen, kein Lauschen hinter Tapeten, keine Giftzubereitung auf
offener Bühne: man reagiert auf Impulse von außen, man deutet Be-
richte. Auf dem Theater herrscht das »Davor« und »Danach« – nicht
die Tat, sondern die Vorbereitung und das Ergebnis. Am Anfang
das verderbenbringende Planen und am Schluß die Frage der Bestat-
tungszeremonie, die Weiterungen, die Verfolgung der Geschehnisse
bis in eine ferne Zukunft hinein: keine Rede von aristotelischer »Ge-
schlossenheit«! Der Handlungshöhepunkt, die Todesszenerie, entzieht sich den Augen – zuerst beschreibt der Dramatiker die Intrige,
und zuletzt folgt die Analyse des Falls, das Verhör, die Verhand-
lung. Eugène Ionesco hat recht, wenn er im »Opfer der Pflicht« die
These aufstellt: »Das Theater hat sich im Grunde nie entwickelt.
Alle Stücke seit der Antike waren immer Kriminalstücke. Das Rätsel
wird in der letzten Szene, dem Verhör, gelöst.«

Freilich vergißt der Vertreter des »Anti-Theater«, daß es dem griechischen Dramatiker nicht auf Spannung und Lösung, sondern allein
auf die Demonstration eines Prozesses ankam. Auch in diesem Punkt
berühren sich Anfang und Ende. Die Gerichtsszene, als die Urform
des Dramas – einer fragt und einer gibt Antwort – kehrt im Schau-

spiel des marxistischen Dialektikers wieder. Wie Athene, Apollon, Orest und die Erinnyen, wie die Prozeßpartner der »Troerinnen« und der »Hekabe«, demonstrieren die Akteure des »Badener Lehrstücks«, der »Maßnahme«, des »Lukullus« vor Gericht einen exemplarischen Fall. Von der Cafészene aus »Trommeln in der Nacht« bis hin zum Verhör in den »Gesichten der Simone Machard«, vom »Jasager« und »Neinsager« bis zu den Azdak-Passagen des »Kreidekreises« und zum Reichstagsbrandprozeß aus dem »Arturo Ui« unterweist Bertolt Brecht seine Zuschauer am liebsten durch die Demonstration eines Verhörs. Angeklagter, Staatsanwalt, Verteidiger und Zeuge liefern sich Monstreschlachten von jener dialektischen Brillanz, die uns zum erstenmal im Jahre 458 v. Chr., zur Zeit der »Orestie«, geboten wurde – einer Kunst der Argumentation, einer Vergeistigung des kruden Falls, die bis zu Dürrenmatts Henkertribunalen dem europäischen Theater Verve, Eleganz und Logik geschenkt hat. Indem der moderne Dramatiker – man kann es nicht oft genug sagen – auf einen bekannten Stoff zurückgreift und, den Griechen ähnlich, die Originalität, den zweifelhaften Wert einer dekadenten Kultur, zu meiden sucht, beweist er, daß ihm allein am Argument und Kalkul liegt: die Variation enthält einen Imperativ, die Metamorphose der Szene zwingt den Betrachter, Obacht zu geben – was hat sich verändert, warum sind die Akzente anders verteilt, was demonstriert die Diskrepanz zwischen dem Vorbild und seiner Behandlung? (Je weiter die Entwicklung geht, desto greller werden die Variationen: das zeigen zum Beispiel die Interpretationen des Aigisth-Bildes – vom hybriden Trunkenbold, der, bei Euripides, auf Agamemnons Grab tanzt, bis hin zum sympathischen Raisonneur Giraudoux'!) In der Tat, die Nuancierung dient der »Verfremdung« des Bekannten; wir scheuen den Brechtschen Ausdruck nicht: oder ist die anti-emotionale Zerbrechung der Handlung durch chorische Maximen, ist der Rollenwechsel (die Schauspieler schlüpfen aus der Maske eines Bösewichts in die Haut eines strahlenden Helden), ist die Darstellung der Frauen durch Männer etwa keine Verfremdung? Und, weiter, kannte nicht auch das antike Theater gerade jene Verbindung von Abstraktion und Realismus, die das moderne Drama charakterisiert? Vergessen wir, bei aller Anerkennung der Stilisierungs-Tendenzen, nicht die naturalistischen Akzente der hellenischen Tragödie: Landschaft und Gestirne spielten mit, die Masken waren blutig und weiß... zerraufte Haare, Jammer-Gewänder, Re-

quisiten vor schrecklicher Sinnfälligkeit, Purpurteppich und ver-
blaßtes Tuch, das Totenhaus (im »Agamemnon« und der »Alkestis«
so plastisch wie bei Eliot und O'Neill!), die Puppen und Schwebe-
maschinen, Max Reinhardtsche Zirkus-Effekte!

Man sieht, die Invektive des epischen Theaters gegen die aristotelische Poetik hat, trotz der Thesen Walter Benjamins, das griechische
Theater in vielen Punkten nicht zum Gegner, sondern zum Bundesgenossen. Die Gemeinsamkeiten sind zahlreich, die schroffen Antithesen Kierkegaards und Hegels, gewonnen aus einem Vergleich der
Charaktere, drohen, unter anderen Zeichen unklar zu werden. Da ist
es an der Zeit, die Eigentümlichkeiten des antiken Dramas, sein
Weltbild, seine Grundphänomene und – ein zweitesmal, nun unabhängig von Brecht – seine Struktur zu bestimmen, um so den Vergleich mit der Moderne zu wagen.

Die antike Tragödie, der eigentliche Exponent der griechischen
Klassik, steht im Zeichen der großen Synthese zwischen Altem und
Neuem, dem strengen Ritual der Marathon-Zeit und den Tendenzen
des kommenden Jahrhunderts der Wissenschaft und Philosophie.
Nach dem Epos und der Lyrik sehen wir in ihr die letzte Schöpfung
des griechischen Geistes: eine Kreation an der Wende der Zeiten, die
ureigene Leistung Athens, in dessen Mauern die Pendelbewegung
von Ost nach West, von Homer und Sappho zur sizilischen Lyrik
und unteritalischen Philosophie, zum Stillstand kommt. Eine Sekunde lang schweben, auf dem Scheitel des 5. Jahrhunderts, die
Schalen in der Balance: Religion und Naturwissenschaft, der väterli-
che Brauch und die Praktiken der Medizin, die dieses Jahrhundert
von Hippokrates bis zu den thukydideischen Pathographien und den
euripideischen Diagnosen des Wahnsinns bestimmen, scheinen ver-
bündet zu sein. Sophokles, der frömmste Athener, versieht im Zeichen des Asklepios sein priesterliches Amt, verehrt die Götter in der
Mysteriensprache seines zweiten Ödipus und schaut doch Philoktet
und Aias mit den unbarmherzigen Augen, dem protagoreischen
Blick des Wissenschaftlers an. Unter solchen Zeichen und zu solcher
Stunde – auf dem Höhepunkt der Macht und doch schon im Antlitz
der Pest, im Schatten des Schierlings – entwirft die griechische Tragödie ein Menschenbild, das die Geschichte Europas wie kein zweites bestimmt hat. Nur im antiken Drama, nicht im Mysterienspiel,
wird ja der Kampf des Menschen mit der göttlichen Gegenmacht, die
seine Konturen zeichnet, wirklich Gestalt. Nur hier gewinnen die

überindividuellen Ordnungen, der Staat, das göttliche Reich und die Familie, eine Transparenz und Plastizität, die weder das aufs Sinnfällige gerichtete naturalistische Schauspiel noch die Abstraktion des Mysterienspiels je zu erreichen vermochte. Indem die Götter, Inkarnationen des Geistigen, sich in der Realität der Polis sinnlich manifestieren, geben sie der Gemeinschaft das signum eines verpflichtenden Werts. Das heißt: wer die Polis verteidigt, verteidigt die Götter; der Fromme ist notwendig auch Patriot. Wer aber versucht, sich selbst zu behaupten und die Antriebe eigenen Handelns mit den Geboten der Stadt zu identifizieren, geht zugrunde. Polis: das ist die realisierte Transzendenz. Wer im Bereich der Gemeinschaft verharrt, hat Anteil am Göttlichen selbst; er hat den Maßstab, den ein festes Wertgefüge zu geben vermag. Der Polis gilt nicht zufällig der letzte Gedanke der alternden Dichter: »Eumeniden« und »Ödipus auf Kolonos«; ihren Bereich, das Land und den Fluß, die Menschen und Götter erkennt der tragische Held im Augenblick seines Todes. Wenn Tag und Nacht sich scheiden, schaut Aias nach Salamis hinüber; in der Sekunde des Abschieds tritt der Mensch des griechischen Dramas einen Schritt zurück in den bergenden, beispielgebenden und ihn seiner Einsamkeit entreißenden Schatten des Mythos und betritt ein Reich des Exemplarischen, dessen der Mann im Anschauen der Polis, die Frau in der Betrachtung des ehelichen Lagers als des Zentrums der kleinsten Gemeinschaft inne wird. Die Integrität der Stadt, deren solonische Wohlgesetzlichkeit die Harmonie des Kosmos spiegelt, gewährleistet im Politischen einen Fixpunkt, von dem aus sich die Welt in der klaren Geschiedenheit von Schwarz und Weiß, Licht und Dunkel, Hoch und Nieder manifestiert. Mag noch so vieles in der Schwebe sein – eines steht fest: es gibt für alles ein Beispiel, in jeder Lage ist eine Reduktion möglich, die aitiologische Betrachtungsweise (d. h. die Zurückführung des Geschehens auf eine prima causa: Xerxes' Hellespontüberquerung, Laios' Sinnlichkeit) verscheucht alle Bedenken.

Dieser Fixpunkt fehlt im modernen Theater durchaus, und mit ihm fällt die Möglichkeit fort, die Werte in jener strengen Ausschließlichkeit vorauszusetzen, die dem griechischen Theater gegeben war. Wo aber ein festgefügtes Ordnungssystem als Prämisse nicht mehr vorhanden ist, kann es keine Tragödie geben, sondern nur noch, wie im 4. Jahrhundert, ein Schauspiel. Die Existenz des tragischen Helden ist an die Existenz der Polis, die Existenz der Polis an die Existenz der

Götter gebunden. Eines bedingt das andere. In einem Akt der wech-
selseitigen Akkumulierung bestätigen und versinnlichen sich die
Faktoren. Nicht Zweifel und Anonymität, sondern Norm und
sichtbare Ordnung schaffen den tragischen Helden; nur die Unan-
tastbarkeit des überindividuellen Gesetzes ermöglicht es dem Dramatiker, die Fallhöhe seiner Personen zu demonstrieren – in einer
Welt der Relativität wird der Sturz der Könige belanglos. So innig
also die formalen Beziehungen zwischen dem antiken und modernen
Drama sind – die *Tragödie* bleibt an die historischen Voraussetzungen
des 5. Jahrhunderts gebunden. Sie bedarf des Normativen, das Poet
und Prolet in gleicher Weise verpflichtet. Die Tragödie verlangt nun
einmal die Möglichkeit der Identifikation des Zuschauers mit dem
tragischen Helden, sie gebietet das »So und nicht anders« – und eben
darum darf sie optimistisch sein und am Ende die erneuerte Ordnung
demonstrieren... Erinnyen sind Eumeniden geworden.
Die griechische Tragödie – These 2 – ist topisch, die moderne uto-
pisch. Das heißt: da das Allgemeine voraussetzbar ist und es verbind-
liche Ordnungen gibt, darf der griechische Tragöde sich auf Abbreviaturen beschränken. Er hat es nicht nötig, Prämissen zu schaffen,
Verweise zu geben, Dogmen zu unterbauen oder nach Bestätigung
seiner Verkürzungen zu suchen. Abstraktionen erzeugt nur der
Zweifel. Der Tragiker ist der Weite gewiß, also darf er der Nähe vertrauen und die bekannten Mythen, Personen und Situationen an
immer den gleichen Schauplätzen ansiedeln. Im hic et nunc der
Wirklichkeit – Athen im 5. Jahrhundert – versöhnen sich Geschichte
und Mythos. Das Zeitlose wird in der Wiederholung des Spiels zum
Ereignis des Tages. In der Beschränkung erfüllt der Dramatiker zugleich ein Gebot der Klassik: das Gesetz der freiwilligen Selbstbe-
grenzung und freiwilligen Selbsterschwerung, von dem Paul Valéry
so oft spricht – ein Gesetz, das da lautet: wähle einen Raum, den du
vorher begrenzest, das Giebeldreieck oder die starre Form der Stichomythie, und leiste innerhalb dieses abgesteckten Bezirks das äußerst Mögliche. Die Tragödie, durchaus topisch, ist, so betrachtet,
regionalistische Poesie höchsten Sinns. Ganz der Polis verhaftet, entfaltet sie ein reiches Spiel der Gegenwartsbezüge und politischen
Verweise: Perikles und Ödipus, Alkibiades' sizilianische Expedition
und die »Troerinnen« des Euripides. In ihrer Begrenzung liegt die
Konsequenz, die Beschränkung garantiert eine überzeitliche Wirkung. Kolonos und Areopag, Theater und Hafen – die Topographie

von ein paar Quadratkilometern vermochte zugleich die Grenzen der bewohnbaren Welt zu umspannen. Das Dionysos-Theater als theatrum mundi: hier wurde am Ende der sechziger Jahre des 5. Jahrhunderts aus der entfernt liegenden Umkleidebude das ins Spiel einbezogene, am Orchestra-Rand befindliche Haus, von dem aus man nach rechts und nach links zum Hafen und zur Stadt, in die Nähe und in die Ferne aufbrechen konnte. Ein technisch-genialer Trick, und doch eine Revolution von unabsehbaren Folgen: Von nun an gab es in Europa die Möglichkeit, die Parteien auf der Bühne zu lokalisieren, sie zu Vertretern fest umschriebener Räume im Hinterszenischen zu machen und ein Wechselspiel zwischen der schiedsrichterlichen Instanz des Hauses, Palast, Höhle, Burg, und den Seitenkräften zu inszenieren. Topik meint: die äußerst mögliche Veranschaulichung – links die Ferne, der Hafen, die See, rechts die Stadt, die Volksversammlung und der Rat[4].

Welch ein Unterschied zur Moderne! Schon unser Theaterbau hat keine Richtung, sondern ist nur von historisch bedingten Erwägungen geformt. Wo man Sophokles, Anouilh und Shakespeare nebeneinander spielt, kann man auch Guckkastenraum und Arena im griechischen Sinne nebeneinander verwenden. Zeit und Ort sind beliebig. Das Spiel beginnt im Irgendwo und endet irgendwann, es hat alle Merkmale des Utopischen an sich. Thornton Wilders Drama »Wir sind noch einmal davongekommen« umspannt Jahrtausende, die »Kleine Stadt« ist irgendeine kleine Stadt; der Name scheint ganz belanglos. Allein der Symbolgehalt zählt. Wir haben Stile, aber keinen Stil; man spielt antik, shakespearisierend und brechtisch nebeneinander. Die Realität zerfließt in Zeit, Legende und historischem Drama; Traum und Wirklichkeit verschmelzen zu utopischer Einheit: Wilders »Kleine Stadt« schließt mit dem traurigen Reigen der sich erinnernden Toten. Es fehlt das Fundament, auf dessen festem Grund man »hier und heute« sagen kann. Alles geht wirr durcheinander, auch die Grenzen zwischen Tragödie und Komödie sind – weit über Shakespeare hinaus – eliminiert. Die offene Form des dramatischen Stils kennt, von Büchner bis Brecht, nicht die stilstrenge Beschränkung des Charakterdramas. Wer die Welt umspannen will, Tiefe und Weite in Eins zu geben sucht, braucht die Burleske in einem Atemzug mit dem Ernst. Ja, Travestie und Satire, hinter denen ein grimmiger Ernst hockt, scheinen – man denke an Dürrenmatt und Frisch – die genuinsten dramatischen Ausdrucksformen unserer

Zeit zu sein. »Nach einem unglücklichen Krieg müssen Komödien
geschrieben werden«, zitiert Hugo von Hofmannsthal das Nova-
lis-Wort. So betrachtet, mag dem utopischen, zeit- und raumum-
spannenden Schauspiel der Moderne die komische Maske genauer
aufsitzen als die Attitüde der Tragödie. Aristophanes, nicht Aischylos, fungiert als Ahnherr der Moderne. Er, der Komiker – wir haben
es lange vergessen – war ja auch ein großer Tragöde, und das »Shake-
spearisieren« gehört seit den Tagen der »Wolken« und »Vögel« nun
einmal zum komischen Stil. Friedrich Dürrenmatt war es, der in seinen »Theaterproblemen« zu zeigen vermochte, daß in unserer vom
Wert-Zerfall gezeichneten Epoche vielleicht nur noch die Komödie
die Wahrheit zu sagen vermag; sie, die das Unvollkommene, vielfältig Intendierende, das Fragmentarische und das im Übergang
Befindliche darstellt, während ihre erlauchte Schwester der festge-
fügten Ordnung bedarf, die allein die Topik erlaubt. Die Tragödie
variiert das Vorgefundene, die unbezweifelte Tradition, Mythos
und legendäre Geschichte; die Komödie erfindet, braucht Einfälle
und Pointen, die das Unwiederbringliche, Unwiederholbare zu
schildern vermögen. Die Tragödie hat einen Stil – die Komödie
schafft Stile, die eine ruht auf dem Plafond der Tradition, die andere
tanzt auf der Nadelspitze der Sekunde... nicht am Bestehenden wei-
terzubauen, sondern die Brüchigkeit der Fundamente zu demonstrieren, nicht Bestätigung, sondern Persiflage, Travestie und Neuschöpfung wird von ihr verlangt. Das Bewegliche darstellend, ist sie
selbst in Bewegung. Kein Wunder, daß die modernen Dramatiker
auch im tragischen Gewand – Dürrenmatt, Wilder, Brecht – das Ka-
barett nicht verschmähen.
Zurück zum griechischen Drama. Die strenge Fixierung auf einen
sichtbaren Ort, die Polis des 5. Jahrhunderts, die normative Wirkung
der Praktiken des Dionysos-Theaters (um nur ein Beispiel[5] zu nennen: indem die Umkleidebude als Szene an die Peripherie der Orchestra rückte, hatte der Dramatiker die Möglichkeit, seine Figuren in
viel schnellerer Zeit die Kleider wechseln zu lassen und sie nicht auch
hundert, sondern schon nach fünfzig Versen anders gewandet wieder auf die Bühne zu zaubern. – Das einmal Mögliche wird dann,
echt griechisch, sofort Selbstverständlichkeit, das Praktikable gewinnt in kurzer Zeit Gesetzeskraft) – kurzum, Fixierung und Topik,
anerkannte Norm und Variation des Bekannten... das alles erzwingt
im Formalen eine stereotype Struktur[6]. Mag die Komödie sich von

Einfall zu Einfall bewegen und nur durch große Zäsuren, Parabase und Agon, gegliedert sein – der Tragiker hat gleichsam einen Kanon, von dem er im Laufe seines Werkes nicht mehr läßt, eine Richtschnur, die noch die Variation des einmal gewählten Schemas bestätigt. Das sei im folgenden belegt.

Aischylos geht in allen uns bekannten Dramen von dem vierfachen Schritt aus: am Anfang Erwartung, Angst und Bangen vor der Enthüllung eines unaufhaltsam sich vollziehenden Schicksals – was wird aus dem persischen Heer, kehrt Agamemnon heim, wird Orestes entsühnt, finden die Schutzflehenden Heimat und Wohnung? Im zweiten Abschnitt dann die genauere Beschreibung des Problems, zugleich die Vorbereitung des entscheidenden Schritts, schon herrscht halbe Gewißheit – Agamemnon ist wieder zu Hause, doch wie wird es ihm gehen? Die Perser sind bei Salamis geschlagen, aber kehrt Xerxes zurück? Pelasgos erklärt sich bereit, die Schutzflehenden väterlich zu versorgen, doch wird die Volksversammlung ihm folgen? Der dritte Abschnitt bringt die Entscheidung, die, entweder, wie in den drei ersten Stücken, berichtet und interpretiert, oder, wie in den drei letzten Stücken, auf der Bühne selbst als Aktion vorgestellt wird: die Volksversammlung sagt zu, Agamemnon ist tot, Dareios verkündet die wahren Hintergründe des Unheils. Im Zentrum des letzten Abschnitts steht schließlich immer das Ecce – die Überlebenden beklagen oder bejubeln die Tat. Xerxes, der Schmerzensmann im Bettlergewand, die zweifelnden Mägde nach dem Fortgang des Boten, Aigisth und Klytaimestra, Orest und Elektra, Antigone und Ismene im Augenblick nach der Bluttat.

Dieser vierfach gegliederten Tektonik setzt Sophokles anfangs den Diptychon-Stil entgegen: hier Antigone, dort Kreon, hier Aias, dort Teukros, hier Deianeira und dort Herakles. Auf der Höhe des sophokleischen Schaffens, im ersten Ödipus, tritt uns dann ein Drama vor Augen, das aus einer einzigen Bewegung vom Anfang bis zum Ende besteht. Das wird in der »Elektra« und im »Philoktet« wiederholt – auch hier die Konzentration auf eine Figur: Neoptolemos, nicht Philoktet, Elektra, nicht Orest. Ödipus, der König, wird Bettler, der Herrscher erblindet, aber die Blindheit macht den Wissenden zum König, der Bettelstab ist ihm gemäßer als das fluchbeladene Zepter; Neoptolemos, der zur Lüge Gezwungene, gewinnt den Edelmut wieder, stellt sich auf die Seite des kranken Philoktet und stößt Odysseus von sich, die Schmerzensfrau Elektra gewinnt den

Triumph des großen Sieges – vielleicht auf Kosten ihrer selbst ... das ist ein weites Feld, nicht minder weit wie die Ausmaße jenes zweiten Ödipus, in dem sich noch einmal ganz Frühes und ganz Spätes verbinden. Der uralte Sophokles kehrt zum Anfang des griechischen Dramas zurück. Hoch Archaisches vereint sich mit den Elementen des Schauspiels eines späteren Jahrhunderts; das Mysterienspiel, dem »Sturm« und dem zweiten »Faust« vergleichbar, sprengt alle Formen. Euripides' Augenmerk schließlich gilt der Einzelszene, dem in sich geschlossenen Detail – Prolog und Agon, Scharnierszene (Herakles in der »Alkestis«, Aigeus in der »Medea«) – und stereotypem Deus-ex-machina-Schluß.

Genug. Der Bau des griechischen Dramas, das unterliegt keinem Zweifel, ist nur im Detail variabel: die Grundform liegt, vom Prolog bis zum Abgesang, fest. Oft scheint es, als sei die Szenerie, die sich um die drei großen Blöcke – Rhesis, Stichomythie, Chorlied – rankt, am Reißbrett ertüftelt, so mathematisch-exakt ist die Struktur, so sehr sind die Dramen vom Grundgesetz eines antithetischen Parallelismus geprägt. Das bekannteste Beispiel – die »Orestie« des Aischylos: zwei Mörder, Aigisth und Klytaimestra, zwei Opfer, Kassandra und Agamemnon. Zwei Paare, die Männer: der eine, Aigisth, ein dumpfer, selbstgefälliger Töter, der andere, Agamemnon, zwielichtig – ein großer Meerfürst und ein hybrider Jäger, Iphigenies Henker. Die Frauen: wissend, überlegen und zeit-überschauend – beide, Mörder und Opfer, von der Ate verfolgt. Bis ins Detail hinein bestimmt der Parallelismus das Bild: wie ein Schlachtvieh, ahnungslos und taub, geht Agamemnon zugrunde, Kassandra aber schaut mit klarem Wissen ihren letzten Tag. Im zweiten Drama wiederholt sich das Ganze. Die Mörder sind die Opfer, zwei neue Täter treten auf, wieder eine Frau und ein Mann, Elektra und Orest. Der eine zaudernd, die andere gewiß. Und endlich, in den »Eumeniden«, die Erlösung durch das dritte Paar, Athene und Apoll. Hier freilich senkt sich die Schale, weil nun eine Partei an Schwergewicht gewinnt: Athene aus dem Haupt des obersten Gottes entsprungen, ist allem Männlichen hold. Das archaische Dämonenreich des Weiblichen versinkt, männliche Souveränität, Kalkul und Geist, besiegen die gegnerische Welt.

In der Tat, die Topik zeigt sich bis in die Einzelheiten der Struktur; dem Inkommensurablen blieb nur wenig Raum. Was einmal gelang, wird gern wiederholt: die beiden letzten, uns bekannten sophokleischen Dramen, »Philoktet« und »Zweiter Ödipus«, haben zum Beispiel genau das gleiche Sujet – den Versuch, einen Menschen zu gewinnen, den man um jeden Preis braucht: ohne Philoktet kein Sieg über Troja, ohne Ödipus kein Erfolg der feindlichen Brüder. Und weiter, wie genau entsprechen sich Sophokles' Ödipus-Dramen[8], wie anspielungsreich setzt Sophokles 25 Jahre nach der Vollendung der ersten Tragödie dort wieder ein, wo er aufhörte, wie deutlich zeigt sich am Ende das Muster: der Retter wird verflucht, um wieder Retter zu werden; der Mitleidende wird bemitleidet, um ein zweites Mal, erwünscht und begehrt, angefleht zu werden, der physisch Sehende wird physisch blind, um abermals sehend zu werden; der physisch Blinde wird der psychisch Sehende; der Führende wird geführt, um wieder, im Zeichen des Gottes, voranschreiten zu können. Alles ist fixiert: es war ja griechisches Genie, den literarischen Formen, nach kurzem tastenden Versuch, gleichsam im ersten Ansprung das alles Folgende verpflichtende Mal aufzudrücken: schon fünfzig Jahre nach Thespis fand die Tragödie eine Struktur, in der sie zu dauern verstand. So sehr man Jahr für Jahr verbesserte, an der einmal geschaffenen Struktur hielt man fest, sie galt es zu beurteilen; hier konnte man richten. Vergessen wir nie, daß die Tragödie sich im unbarmherzigsten Concours aller Zeiten bewährte – jedes Jahr ein »Proagon«, eine wahrhaft gnadenlose Siebung der eingereichten Versuche, von denen am Ende sich nur drei behaupteten, und diese drei wiederum wurden abermals in einem Prozeß der mitleidlosen Strenge bewertet. Man sagt es leichthin, daß Euripides zweiundzwanzigmal die Arena betrat, aber nur ganze vier Male zu siegen verstand. Achtzehnmal geschlagen – selbst mit einer »Medea«. (Und das, vielleicht, zu Recht: denn schließlich gab es mehr als drei gute Dichter, die Geschichte der Tragödie ist keine Geschichte der Fehlurteile, die Richter waren keine Narren. Doch selbst wenn die drei Klassiker wirklich alle anderen weit überragten – wie viele Dramatiker mögen dann immer noch, an Mozart gemessen, ein Dittersdorf oder Johann Michael Haydn gewesen sein! Wie sehr verkennen wir sie, die auch noch große Meister waren, wie nötig ist eine Fragment-Musterung unter artistischen Zeichen; wie viel mag hier noch zu entdecken sein, wie wichtig ist es, auch den Athener Kunstrichtern zu vertrauen!) Ich glaube, wir sind heute in der Gefahr, die religiöse Bedeutung der Tragödie allzusehr auf Kosten der Kunst zu betonen – zunächst war sie Schauspiel, Element des Agons. Wenn wir

also die topischen Elemente des archaischen Dramas, in der Polis-
Gebundenheit, der theologischen Konkretisation, der normativen
Szenerie und der kanonisierten Struktur, mit der utopischen Tendenz moderner Dramatik vergleichen – Raum- und Zeitlosigkeit,
offene Form, Dogmatismus und Wertfreiheit nebeneinander, vielfa-
che Stile, kein Stil –, so ist ganz gewiß nicht von jenem schrecklichen
»Verlust der Mitte« die Rede, der so viel Unheil angerichtet hat. Die
Griechen, Ingenieure und Artisten, Techniker und Gourmets des
praktikablen Experiments in den vorgeschriebenen Bahnen, hätten,
ginge es danach, zuallererst ihre Mitte verloren. Die Verdammungs-
urteile, mit denen moderne Beckmesserei die Perfektion des Technischen zu verurteilen sucht, gelten den Griechen gewiß nicht minder
als der Moderne.

Der Gegensätze sind viele, und mit der einen Grundform des griechischen Dramas ließen sich mit Leichtigkeit, die Ungewißheit dessen bezeichnend, der in Utopia wohnt, dreißig Spielarten moderner
Dramatik – Pirandello und Miller, Osborne und Wilder, Williams
und Brecht – vergleichen.

Wir haben Gemeinsamkeiten zwischen der Antike und Moderne in
der Tendenz zum Epischen entdeckt: die Gemeinsamkeit wiederum
galt es in Frage zu stellen unter dem Aspekt der Ortsgebundenheit im
weitesten Sinn: hier ein Mythos, ein einziger Mythenkomplex, wiederholt, gebannt und realisiert in der historischen Wirklichkeit des 5.
Jahrhunderts, irgendeinem Tag zwischen Salamis und Aigos Pota-
moi, dort die Ubiquität, die Dimension des Nirgendwo und Überall.
Wie ein Bauwerk von Aalto oder Niemeyer in Brasilien und am Han-
saplatz stehen kann und es keine ortsgebundene Architektur mehr zu
geben scheint – eine Baukunst, die, den regionalen Bedingungen, der
Atmosphäre, Landschaft und Kultur entsprechend, mit den Materia-
lien arbeitet, die nur in der Umgebung greifbar sind –, so gibt es
keine Heimatkunst im Sinne jener Polis-Kultur mehr, die wir heute
auf epischem Felde allenfalls noch im italienischen Roman, bei Pavese, Vittorini, Tomasi, und in der amerikanischen Epik bei Capote,
Goyen und McCullers antreffen. Auf dem Theater war Wien vielleicht die äußerste Bastion in Europa, »Der Schwierige« von Hofmannsthal das letzte Stück, in dem der Dialekt sich eine Kunstform
schuf. In einer überschaubaren Welt aber strebt man nach Umfas-
sung des Gesamten; der Romancier beschreibt das Mosaik der Grup-
penseele und den Traum des Kollektivs, der Dramatiker spannt sei-

nen Bogen von Babel bis Canaveral. Das Kunstwerk jedoch, das ein Gesamt zu umspannen versucht, bleibt abstrakt und verfällt der Wirkungslosigkeit. Wir müssen uns wieder beschränken.

Einstweilen scheint die Bilanz düster, die gewonnene Verbindung zwischen Frühe und Spätzeit erweist sich – so könnte man meinen – als Phantasmagorie. Tiefere Besinnung freilich, die über die Strukturanalyse hinausgeht, sich vom Formalen abhebt und nach geistigen Gehalten fragt, gewinnt zum zweiten Mal ein Spiel der mannigfaltigsten Bezüge. So sehr sich der künstlerische Ausdruck einer Zeit, die den Gipfel einer vierhundertjährigen Entwicklung bezeichnet und reif, aber noch nicht, historisierend, ihrer selbst bewußt war, von einer Epoche unterscheiden muß, die, zutiefst vom Historismus gezeichnet, über alles dieses frei verfügen kann und keine Setzung mehr zu geben vermag, weil sie zuviel weiß und noch im Schöpfungsakt selbst der eigenen Musealität inne wird – doch eben dieses Hemmungsspiel von Kreation und Bewußtheit macht auch den Reiz alexandrinischer Jahrhunderte aus –, so unbezweifelbar das ist, so wenig zu leugnen sind auf der anderen Seite die Entsprechungen zwischen antiker und moderner Daseinserfassung.

Ungewißheit, Phobos ist das erste Wort eines griechischen Dramas; Furcht bestimmt die Szenerie; die Kulissen stehen nicht fest, die Konturen schwanken, Oben und Unten verkehren sich leicht, der Schein, das Doppelspiel an der Grenze von Lüge und Wahrheit, herrscht allüberall, was hilfreich aussieht, gibt der Vernichtung die Flügel. Die Angst regiert.

> Warum ist's, daß diese Angst,
> Unentrinnbar, nie mich läßt,
> Meinen ahnungsvollen Geist stets umschwebt?
> Daß der Gesang ungelohnt, ungeboten mir weissagt?
> Warum schüttle ich sie nicht ab,
> Ab wie einen wirren Traum
> Daß verweil auf meines Geistes liebem Thron getroster Mut?

Diese Worte, berühmte Sätze aus dem »Agamemnon« des Aischylos, spricht der Chor in einem Augenblick des höchsten Glücks: Agamemnon ist heimgekehrt, Argos' Heer wieder zu Hause. Das scheint bezeichnend: die Furcht kennt keine Mauern, im Gegenteil, die Sekunde des Sieges lockt sie am schnellsten herbei: der Trium-

phator erscheint als Städtezerstörer. Jeder Pendelausschlag, ins Unglück, ins Glück, wird begleitet von Furcht. In der Welt der Tragödie bleibt die Beschwörung des »Nicht-allzusehr-Anspannens«,
Haimons Rede als Selbstaussprache der griechischen Klassik, Perikles' Feldzugsplan als Inkarnation einer weisen Beschränkung –
bleibt all das Postulat und Theorie. Nur Weise von Teiresias' Schlag
und allenfalls die euripideischen Sklaven verstehen das Gebot des
»Gib nach und sei auf der Hut« in einer Welt, die mit dem Handeln
auch die Schuld gebiert. Nur im Schatten der Armut und im Dunkel
der Blindheit gedeiht ein kleines, bescheidenes Glück. Im übrigen
beschließt die Erhebung in sich schon den kommenden Fall: als der
Chor die Eroberung Trojas erfährt, folgt dem Lobpreis des Siegers
die Verfluchung des Städtezerstörers: in Griechenland und in Asien
weinen die Frauen.

Furcht macht das Zwielicht klar, indem sie den Dämmer, der sich
nicht in Licht verwandeln will, zurückführt zur Nacht. Furcht lenkt
zur Wahrheit: Im Augenblick, da Klytaimestra von ihren Ängsten
erzählt, zerbricht sie die Lüge. Wo alles verschwommen erscheint –
ist Orest ein Retter oder ist er ein Mörder, sind die alten oder die jungen Götter im Recht, wo endet der Schein, wo beginnt das Sein? –,
wo die gesprochenen Worte oft genug zum Hohn auf die Realität
werden – Kreon verflucht den Staatsfeind, und ein kleines Mädchen
macht sich auf den Weg zur Bestattung –, ist Furcht, mit Ehrfurcht
gepaart, das einzige Erkenntnisorgan. Solange Ödipus im Zustand
der Angst lebt, ist er gefeit; die Furcht umgibt ihn mit der bergenden
Hülle der Ahnung: erst die hybride Sicherheit, die sich im großen
Ausbruch nach dem Gespräch mit Jokaste manifestiert, treibt ihn der
Blindheit entgegen. Nur die Angst, Kassandras oder Deianeiras
Ausgesetztheit, läßt den Menschen hellsichtig sein und die wahren
Bezüge erkennen, sie allein ermöglicht jenes Maß konkreter Bildlich-
keit, das notwendig ist, um die Wahrheit zu schauen und die Zukunft
mit unverblendeten Augen zu sehen. Furcht ist konkret; sie gewinnt
im Dramen-Verlauf Plastizität, wenn das Furchtbare eintritt... Ge-
rüchte bestätigen sich, das angstvoll Erwartete erweist sich als wahr:
Ajas, über dessen Untat man redete, tritt aus dem Zelt – ein Spiegel-
bild aller Ängste[9]. Nicht umsonst haben die Tragiker gerade die
Angst vermenschlicht und sie tanzen und den Takt klopfen lassen.
Der Einsichtige befolgt ihren herrischen Befehl, auch wenn er, wie
Amphiaraos aus den »Sieben gegen Theben« oder wie Pelasgos in

den »Schutzflehenden« ahnt, daß Wissen dort versagt, wo gehandelt werden muß. Nur ein Betrachter wie Teiresias schaut die Welt im Glanz reiner Geschiedenheit und in der Trennung von Licht und Nacht; nur der Zuschauer läßt die Elemente unvertauscht bestehen, die die Handelnden immer durcheinanderwirbeln: Ödipus, der zu sehen glaubt und in Wahrheit der Blindheit nahe ist, Kreon, der das Dunkel und die Himmelshelle verwechselt, weil er Antigone dem Hades aufzwingt, einen Menschen, den der Totenfürst nicht will, und weil er dessen legitime Beute, Polyneikes, immer noch der Sonne aussetzt, die er nicht mehr schauen darf.

Furcht – These 3 – ist auch das Grundelement des Dramas unserer Zeit. Mißtrauen, Angst und Vorsicht zeichnen jene Figuren, die nichts mehr vom Air des strahlenden Helden, nichts von Egmonts Glanz oder von Max Piccolominis idealischer Pose besitzen. Mister Anthropus und Willy Loman, Blanche Dubois und Thomas Beckett, Estragon und Kate... sie alle sind vom Schicksal gezeichnet; noch hinter dem Lachen lauert die Angst, und der Wahnsinn ist viel näher als die Sicherheit. Die Vergangenheit weckt die ungeborenen Gespenster der Zukunft, die Gegenwart ist nichts als ein Atemzug der Angst zwischen Gestern und Morgen, die Konturen sind seltsam verzerrt, Details treten in grotesker Weise, überscharf belichtet, hervor. Das Alltägliche, die Trivialität des Normalen, enthüllt den Abgrund sehr viel deutlicher als die tragische Grenzsituation herkömmlicher Art. Ein Zug grotesker Komik mischt sich in das Spiel, das Schreckliche erscheint im kafkaesken Biedermannsgewand (Max Frisch), Henker stehen plaudernd umher (Friedrich Dürrenmatt), ein grausiger Chaplin ist der Protagonist des modernen Theaters (Beckett).

Die Angst ist geblieben; ein seltsamer Schwebezustand, eine schwankende Zweideutigkeit, ein doppelbödiger Trug bestimmt wie im »Aias« oder im »Agamemnon« die Szenerie der modernen Dramatik.

Ich habe Angst vor allem was geschehn ist, und vor allem das im
Kommen ist;
Was im Kommen ist, das sitzt vor der Tür, als wär's immer da gewesen.
Die Vergangenheit ist dabei zu geschehn, und die Zukunft ist längst
beschlossen.

Und die Schwingen der Zukunft verdunkeln die Vergangenheit,
                              Schnabel und Klauen entweihten
Historisches. Geschändet
Der erste Schrei im Schlafzimmer, der Lärm in der Kinderstube,
                              zerfleddert
Das Familien-Album, lächerlich gemacht
Das Pächtermahl, das Familien-Picknick im Moor. Abgerissen
Das Dach von dem Hause, oder es war vielleicht nie da.
Der Vogel hockt auf dem geborstenen Schornstein. Ich habe
                              Angst.

Nach diesen Versen aus T.S. Eliots »Familientag« können wir eine
erste Bilanz ziehen. Das epische Theater, die Diskrepanz zwischen
deiktischer Topik und utopischem Verweis, zwischen Bild und
Symbol (aber Symbol: wofür?), die Angst als Grundphänomen; viel
Gemeinsamkeit gibt es und mehr Trennendes. Nähe und Ferne aber
lassen sich am deutlichsten – Kierkegaard und Hegel wußten darum
– an einem Vergleich des Menschenbilds im antiken und modernen
Drama demonstrieren. Der Tragiker unserer Tage wählt Elektra und
Antigone, Orest und Klytaimestra, um den Abstand zwischen einst
und jetzt zu demonstrieren. Doch hinter der Variation zeigt sich
noch immer die Größe des Urbilds. Der Mythos, mit Cesare Pavese
zu sprechen, als synthetisches Konzentrat, dessen Bildlichkeit eine
Chiffre für die mannigfaltigsten Komplexe ist, bleibt wirkungsvoll.
In einem einzigen Namen sammeln sich, zur Transparenz gebracht,
die verschiedensten Assoziationen, weil das mythische Zeichen,
Hera, Dionysos, Admet, den Schnittpunkt vielfältig verknoteter
Bedeutungsstränge bezeichnet. Das Signum also ist sichtbar geblieben, daran gibt es keinen Zweifel: Nur deshalb kann der moderne
Künstler es wagen, in einem Gegenentwurf zum griechischen Bild
den eigenen Standpunkt zu umreißen. Da die direkte Methode einer
Zeit versagt ist, die keine Essentialsymbole mehr besitzt, vermag allein die indirekte Methode eines Sich-Absetzens vom einmal Ge-
glaubten die eigene Position zu demonstrieren. Die Art, wie die Antigone Anouilhs sich, im Gegensatz zu Sophokles' Antigone, verhält,
läßt den Zuschauer aufmerken. Die Andersartigkeit weist auf uns
selbst. Nachdem einmal die Verbindlichkeit des Mythos anerkannt
worden war – dies bedeutet den ersten großen Schritt –, haben Hofmannsthal und Giraudoux, Anouilh und O'Neill die gegebenen

Stoffe um der möglichen Abweichung willen ergriffen. Parallelen waren nur insoweit von Belang, als sie zur Verdeutlichung des Musters, der Silhouette und des Podestes dienlich waren, von dem man abspringen konnte. Dort, wo der Moderne das Spiel mit der Vorlage freilich so weit treibt, daß er neue Mythen erfindet, verläßt ihn nicht selten der Atem: der dritte Akt von Thornton Wilders »Alkestiade« ist ein warnendes Beispiel. Der griechische Mythos gestattet die Variation, ja er erzwingt sie geradezu, und dieses von Ovid bis Robinson Jeffers; aber er duldet keine Kontamination mit anderen Schichten. Wer ihn gewählt hat, kann seinen Schatten niemals verlassen.

Der Mensch der griechischen Tragödie, von den Unsterblichen hautnah und gedankenschnell berührt, ist, von den »Persern« bis zum »Zweiten Ödipus«, primär auf den vertikalen Bezug, sein Verhältnis zu den Göttern, sekundär auf das Wechselspiel mit anderen Menschen und erst tertiär auf das Gespräch mit sich selbst, den Monolog der Seele, eingestellt. (Die Tragik des Menschen: unter allem Lebendigen viel zu groß, vor den Göttern aber viel zu klein zu sein – Riese und Zwerg, Herr und Sklave der Zeit, die nur Zeus überschaut.)

Ganz anders die Moderne. Im Zentrum: das dialektische Spiel der Seelendramatik, atmosphärisch und gedanklich so sehr beschwert, daß ein Partner innerhalb der Handlung in seinem Charakter gleichsam umbrechen kann. Die Vertauschung der Standpunkte, wie sie Orest und Elektra in Sartres »Fliegen« vornehmen: der Schwankende gewinnt in dem berühmten Gespräch mit Elektra die Würde menschlicher Freiheit, »ich habe meine Tat getan«, die souveräne Täterin bereut und wird fromm – eine solche Umpolung ist im antiken Drama ganz und gar unmöglich. An der Demonstration der Labilität als einem pathologischen Problem zeigt sich das 5. Jahrhundert, trotz Thukydides und trotz der Phädra des Euripides, ebensowenig interessiert wie an der poetischen Darstellung psychologisch begründeter Verwandlungen der Charaktere. Aber gerade diese Umschwünge, die man in der Antike allenfalls in der aulischen Iphigenie findet, reizen den Künstler unserer Zeit. Hofmannsthals Elektra beispielsweise steigert sich in einen solchen Haß, daß sie am Ende nicht einmal mehr fähig ist, dem Bruder das Schlachtbeil zu reichen, und beim Siegestanz zusammenbricht. Gerhart Hauptmanns Klytaimestra schwankt willenlos zwischen Mutterliebe und wölfischer Mordlust, O'Neills Elektra, Lavinia Mannon, ein böser, starrer Sol-

dat, der Wolfshund des Vaters, wird die Geliebte des eigenen Bruders, Orin – Orests.

Nicht zufällig sind es gerade die Frauengestalten, Medea, Alkestis,
Phädra, Antigone und Elektra, deren Charakter die Moderne unter
immer anderen Vorzeichen zur Gestaltung provoziert. So umstritten
es ist, ob das griechische Drama schon »Charaktere« im modernen
Sinne kannte – vergessen wir nicht, daß die kleinen Leute Umgangssprache redeten, Ammenjargon und Matrosenslang – »unten«, auf
dem Markt, zeichnet sich das Porträt eher als »oben«, im Palast, ab!
Von Stilisierung war keine Rede, Agamemnon, zugleich ein großer
Meerfürst und kleinlicher Mörder (»es blieb mir von dir kein günsti-
ges Bild«, sagt der Chor), ist ebensowenig ein »Typus« wie der vor
den oppositionellen Nachstellungen bangende Kreon, der »Selbst-
versorger« aus Euripides' Elektra oder der Schmerzensmann Xerxes,
der uns Heutigen wie ein präfigurierter Ödipus erscheint. Die griechischen Tragiker kannten den Menschen, Psychologeme wurden
nicht verschmäht (Klytaimestra: »Es ist nicht leicht für eine Frau,
ohne Mann zu sein«); feine Nuancen legten Art, Geschlecht, Stand
und Verhalten fest. Vor allem im Falle der Frauengestalten wird man
von detailliert gezeichneten Porträts sprechen können. Die Elektra-
Fassungen zeigen die Entwicklung. Schon Sophokles' Heldin hat
Züge, die ihr ein eigentümlich modernes Antlitz geben: die Maßlosigkeit ihres Schmerzes, die Ausgeschlossenheit, in der sie, das Kind
des Unglücks, lebt, die Wildheit des Handelns – »Bruder, stoß noch
einmal zu« –, ihre von Euripides noch überzeichnete Grausamkeit –
dies alles gab die Folie für die Variation unseres Jahrhunderts. Da ist
Hofmannsthals Elektra, nach des Dichters eigenen Worten ein eisi-
ger Trank, der das Gefäß sprengt, eine Frau, die jenseits der Zeit
lebt, im Gestern und im Morgen beheimatet, in der Erinnerung an
den Mord und der Erwartung der Rache. Die Treue gegenüber dem
Vater, als dessen Frau sie sich fühlt, der sie genommen hat in ihren
Gedanken, raubte ihr die Kraft, auch nur den Fuß zu heben, wenn
der große Tag beginnt. (Die Diskrepanz zwischen Schicksal und
Charakter ist, man denke an Neoptolemos und Elektra, freilich
durchaus antik.) Die gehorsame Tochter des Vaters, Agamemnons
Frau... diese Konstruktion kehrt bei O'Neill und Giraudoux wieder. Im französischen Drama schaut Elektras Zimmer aufs Grab
Agamemnons; von Anfang an ist sie die Bundesgenossin des Fürsten,
dessen Totenbett sie Nacht für Nacht besucht, den sie wie einen

Gatten bewacht, der den Haß in ihr weckt, der sie zur Wölfin macht, dessen Hand sie als Letzte berührt. Getreueste Tochter des Vaters und Gefährtin des Bruders, Agamemnons Gattin, die Geliebte und zugleich die Mutter Orests – das ist die Elektra O'Neills und Robinson Jeffers'. (Orest hingegen: ein Träumer und Dichter, der – bei Hauptmann und O'Neill – nach der Liebe seiner Mutter verlangt und den kriegerischen Ton des lauten Vaters verachtet. Die Geschwister stehen unter dem gleichen Fluch, beide zusammen verüben die Tat: das ist die euripideische Version.) Schließlich Klytaimestra: angeschmiedet an die Tochter, die ihr ähnlich ist (O'Neill), der sie ganz nah verbunden bleibt bis an ihr Ende (Hofmannsthal), die sie haßt wie sich selbst, wie ihr klägliches Altern, während sie den Sohn liebt... so sehr, daß sie, bei Jeffers, Elektra auffordert, die Tat zu tun, weil sie für die Träume ihres Sohnes fürchtet.

In der Tat, den Künstler unserer Tage fasziniert jener erste Ansatz eines Porträts, jene fragmentarische Skizzierung des Charakters, den die Frauengestalten des griechischen Dramas in der zweiten Hälfte des 5. Jahrhunderts gewinnen. Deshalb immer wieder Alkestis, die treue Frau an der Grenze von Leben und Tod – Hofmannsthal, Eliot, Wilder –, deshalb Medea – Anouilh –, deshalb Antigone – Hasenclever, Brecht und abermals Anouilh –, deshalb immer wieder Klytaimestra und Elektra. Vor allem die Gespräche, die die beiden späten Tragiker die Frauen führen lassen, entbinden die Phantasie der Moderne immer wieder aufs neue: hier die Tochter Agamemnons, böse, wenn es um die Mutter, zärtlich, wenn es um den Bruder, und gelassen, wenn es um den Vater geht, ein starres Geschöpf am Rande der Unmenschlichkeit – dort die Dämonin, triebhaft in ihrem Verlangen nach Aigisth, triebhaft in ihrer Liebe zu Orest, traurig, wie bei Euripides, hin und her gerissen zwischen Liebe und Haß, im Tode erfüllt von der kalten Würde einer großen Mörderin, die – bei Hauptmann – plötzlich den eigenen Sohn anfällt, weil er, der Schwächling, ihr zu wenig gleicht.

Im Gegensatz zum antiken Drama bleibt freilich der Gedanke an eine übergreifende, alle verpflichtende Ordnung außer Betracht: nur in der großartigsten und zugleich dem Griechischen ähnlichsten Variation – man spielt mit Maske und Chor –, in O'Neills »Elektra«, ist der gesellschaftliche Bezug stärker als gewöhnlich betont, und sofort erweist es sich, daß der historische Zug, den die Tabus und Gesetze der amerikanischen Gesellschaft dem Charakterdrama verleihen, ins psychologische Schauspiel ein realistisches Moment hineinträgt, das im Sinne griechischer Topik zu wirken versteht. Die Fixierung – 1865, ein neuenglisches Patrizierhaus – rückt O'Neills Drama der griechischen Tragödie näher als die Zeitlosigkeit der anderen Variationen und erzwingt eine eigene Nähe zum Vorbild. Doch bleibt auch »Mourning becomes Elektra« ein psychologisches Drama, dem die erste Dimension der griechischen Tragödie fehlt. Selbstverwirklichung, nicht Weltverwirklichung ist das oberste Gesetz des modernen Theaters. Während die sophokleische Antigone um des Bruders willen ihre verpflichtende Aufgabe auf sich nimmt, will Antigone bei Anouilh ihre eigene Tat tun und einmal im Leben, ein einziges Mal, ganz sie selbst sein... und der gleiche Wille beseelt auch Sartres Orest, Giraudoux' Elektra und Anouilhs Medea: »Ich habe meine Tat getan«; »Jetzt mußt du ganz du sein, Medea«; »Wann wird sie Wölfin? Wann wird sie Elektra?«

In der Tat, »Polyneikes ist nur ein Vorwand«, man spricht allein von sich selbst, verfolgt die eigenen Träume, schmiedet in Sekundenschnelle die überraschendsten Pläne. Die Personen fallen ständig aus der Rolle, wandeln sich, dem Komödienstil folgend, von Szene zu Szene, zersprengen alle Kontinuität, nur ihr Text allein ist wichtig, der Kontext – was denken die anderen, und wie erhält sich die Welt? – ohne jeden Belang. Der Charakter formt sich die Handlung, während in der griechischen Tragödie die Situation durchaus die Personen bestimmt und die jeweilige »Lage« die Personen zwingt, sich zu exponieren. Von Stimmungen und Launen, von Meditationen und höchst persönlichen Reminiszenzen, von gegenseitigen Erinnerungen kann keine Rede sein. Man stelle sich die Worte aus Hasenclevers »Antigone« als Satz eines griechischen Masken-Munds vor: »Komm zu den Stufen, wo wir Kinder Ball spielten vor dem Haus des Ödipus. Ismene, hier fiel er hinab, unser Vater...« Man stelle sich's vor, um die Schärfe des Kontrasts ermessen zu können!

In aller Gemeinsamkeit: in der epischen Struktur, im Phänomen der Furcht, in der Anerkennung des Mythos und in aller Trennung: hier Fixierung der Legende in der gesellschaftlichen Realität des 5. Jahrhunderts, dort die Utopie, hier ein Spiel von Göttern und Menschen, die, von Dämonen getrieben, ihre Eigenart im Prozeß der Handlung, niemals aber in der Besinnung des Reflexiven gewinnen, dort Charaktere und die Monologe der Seele, hier schlichte Setzung, dort raffinierte Variation, hier die Polis, dort das autonome Ich, hier

Weltverwirklichung, dort Selbstverwirklichung – in aller Verbindung, in aller Entzweiung bleibt das Theater unserer Zeit, über alle historische Bindung hinaus, dem griechischen Drama so sehr verpflichtet, daß wir mit Arthur Miller sagen dürfen: Eines Tages, im Zeichen einer gesellschaftlichen Ordnung, die sich verbindlich, anschaulich und symbolträchtig zu manifestieren versteht, eines Tages wird unser Drama die gleiche Frage stellen wie die griechische Tragödie: die große Frage, mit welchen Vorsätzen wir auseinandergehen, nachdem wir einmal zusammengekommen sind.

[1] Über die epische Struktur des griechischen Dramas vgl. Kurt von Fritz, »Antike und moderne Tragödie«, Berlin 1962, S. VII ff. Zum Thema vgl. jetzt auch Käte Hamburger, »Von Sophokles zu Sartre, Griechische Dramenfiguren antik und modern«, Stuttgart 1962.

[2] Vgl. hierzu Kurt von Fritz, Euripides' Alkestis und ihre modernen Nachahmer und Kritiker, in »Antike und moderne Tragödie«, a. a. O. S. 256 ff.; Karl Reinhardt, »Die Sinneskrise bei Euripides«, Die neue Rundschau 1957, S. 646, und Walter Jens, »Euripides«, Einleitung der sämtlichen Tragödien, Stuttgart 1958, S. XIV ff.

[3] Walter Jens, »Euripides«, a. a. O. S. XIII ff.

[4] Ich folge hier den Thesen von Klaus Joerden, »Hinterszenischer Raum und außerszenische Zeit, Untersuchungen zur dramatischen Technik der griechischen Tragödie«, Diss. Tübingen (Masch.-Schr.) 1960.

[5] Vgl. hierzu wiederum die Beobachtungen Joerdens a. a. O.

[6] Arbeiten meiner Schüler sollen zeigen, daß die griechische Tragödie nicht minder »stereotyp« war als das Epos. Bestimmte Situationen (z. B. die Hikesie) verlangten bestimmte sprachliche Formeln, die jederzeit parat waren – nur deshalb konnten die Tragiker in jedem Jahr eine Tragödie schreiben. Zum Hikesie-Topos vgl. die Analyse des »Ödipus auf Kolonos« von Hans Werner Schmidt, Diss. (Masch.-Schr.) Tübingen 1961.

[7] Vgl. Walter Jens, »Strukturgesetze der frühen griechischen Tragödie«, Studium Generale 1955, S. 246 ff.

[8] Eine Arbeit meines Schülers Bernd Seidensticker wird die – höchst überraschenden – Beziehungen zwischen den beiden Ödipus-Dramen aufzeigen und den Nachweis erbringen, daß der »Ödipus auf Kolonos« tatsächlich in vieler Hinsicht als »Fortsetzung« des Ödipus Tyrannos' geplant worden ist.

[9] Ein Topos: Konkretisation des Beredeten. Die Worte tasten den Umkreis ab, ehe das Bild selbst erscheint – Ödipus mit den blinden Augen, der erwachende Ajas, Alkibiades, der, als Personifikation der Liebe, die Reden *über* den Eros beendet.

Lessing und die Antike

Seneca cannot be too heavy, nor Plautus too light
Shakespeare, Hamlet II, 2

»Es ist das Vorrecht der Alten, keiner Sache weder zu viel noch zu wenig zu tun. Aber wir Neueren haben in mehrern Stücken geglaubt, uns
weit über sie zu setzen, wenn wir ihre kleinen Lustwege in Landstraßen verwandelten; sollten auch die kürzern und sichern Landstraßen
darüber zu Pfaden eingehen, wie sie durch Wildnisse führen«: Diese
These, formuliert in der Laokoon-Vorrede, hat für Lessing den Charakter einer General-Sentenz. Wer die von Griechen und Römern vor-
gebahnten Wege verläßt, heißt die Devise – wer, statt sich als Spurengänger zu bescheiden, das Original-Genie herauskehrt, der handelt
fahrlässig und wider Vernunft, weil er nicht einsieht, daß der Trab auf
dem Lust gewährenden Weg am Ende sicherer zum Ziel führt als der
Galopp auf einer Straße, die sich in Wildnispfaden verliert.
»Lassen Sie uns bei den Alten in die Schule gehen«: Von seiner Lehr-
zeit im Internat von St. Afra bis hin zu den Bibliothekars-Jahren in
Wolfenbüttel ist Lessing nicht müde geworden, darauf zu verweisen,
daß es »nach der Natur keine besseren Lehrer« geben könne als die
Klassiker: Mochte Goethe Shakespeare neben die griechischen Tragiker stellen – einen Poeten, der »die ganze Menschennatur nach allen
Richtungen hin und in allen Tiefen und Höhen bereits erschöpft«
habe, mochte Schiller seine Ästhetik auf die Kantsche Philosophie
gründen und nicht auf Aristoteles, mochten Klopstock und Herder, in
entschiedener Auseinandersetzung mit den Thesen des »Laokoon«
und der »Hamburgischen Dramaturgie«, gegen die Maxime polemi-
sieren, die Griechen seien in ihrer Menschlichkeit und Kunstfertigkeit
unübertreffbar (»Sollte es nur unter den Griechen« heißt es in Herders
erstem Kritischen Wäldchen, »diese Doppelgeschöpfe höherer Art gegeben haben?«), mochten sich einmal die Germanen und einmal –
Herders Lieblingsstamm! – die alten Schotten gegen Athener und
Römer ins Spiel gebracht sehen: Lessing ließ die Kampfparole, Ossian
und nicht Homer, ungerührt. *Er* hatte sich entschieden: Ein aus anti-

kem Holz geschnitzter Werther, weniger angekränkelt von christlicher
Erziehung als es der Goethesche Held war, hätte (so Lessings These)
gewiß keinen Selbstmord verübt.

Kurzum, *wenn* ein deutscher Schriftsteller rigoros in der Reduktion der
kulturellen Überlieferung war, dann ist es Lessing gewesen. Einerlei,
ob er seine Kunst-Theorie auf der Doppel-Antithese zwischen einer
späthellenistischen Plastik, der Laokoon-Statue, und der ihr zugeord-
neten vergilianischen Beschreibung, zwischen griechischer und römischer Epik begründete, einerlei, ob er ins Zentrum der Hamburgischen Dramaturgie vier aristotelische Begriffe rückte, Fabel und Katharsis, Mitleid und Furcht oder die Schrift »Wie die Alten den Tod
gebildet« mit Hilfe der Analyse eines griechischen Partizipiums ent-
wickelte – einerlei, ob er, Heroinen vom Schlage der Marwood (in
»Miss Sara Sampson«) oder der Orsina (in der »Emilia Galotti«) ent-
werfend, seinen Dank an Seneca abstattete oder ob er, von den frühen
Komödien bis hin zum »Nathan« in den Spuren Plautus' ging (Der
»Nathan«, das ernste Lustspiel, eine hommage à Plautus – so wie auch
Shakespeares Schwanengesang, »Der Sturm«, ein Plautus-Stück, den
»Rudens«, zitiert): Immer waren es antike, später von Franzosen, Italie-
nern und Engländern um und um gewendete Vorlagen, die Lessing zur
Neu-Interpretation, zur Umfunktionierung und Aneignung reizten –
in welchem Ausmaß, das zeigen nicht zuletzt seine Projekte: der Plan,
einen Kommentar zur aristotelischen Poetik zu schreiben so gut wie die
Fülle der Dramen-Fragmente und Exposés – Catilina und Alkibiades,
Agamemnon, Seneca und Philoktet. Das Szenarium spricht für sich
selbst, wobei zu berücksichtigen ist, daß es nicht allein Kunst-Pro-
bleme waren, die Lessing auf »gelehrte Jagd« gehen ließ (ein Ausdruck
aus den Fabel-Studien). Ihn faszinierte die *Realität* der Antike; ihre
Grausamkeit, die sich in römischen Gladiatorenspielen manifestierte,
nicht anders als jene Natürlichkeit – Natürlichkeit gegenüber dem
Schmerz und dem Tod –, die er, in der ihm eigenen Form kritischer
Gegenüberstellung, mit Phänomenen der eigenen Zeit konfrontierte:
das antike Sterben mit dem christlichen Tod, die griechische Kultur –
Philoktet weint und schreit, weil er sich als Mensch geben darf – mit
jener Zivilisation des Feudalismus, in der sich die Sprache des Herzens, Philoktets Klage, in Etikette, Konvention und Reglement verkehrt hat – in die höfische Usance der »plappernden Hofmännchen«
von Marinellis Schlag.
Lessing, der poeta doctus, Antiquar und Artist in einer Person, war ein

»Finder« und kein »Erfinder«; die Goethesche Antithese zwischen
der Literatur drüben und dem Leben und der Produktion hüben hätte
er als puren Aberwitz etikettiert – er, dem nur über Büchern etwas ein-
fallen wollte, in Bibliotheken, wo er seine Swiftsche *battle of books* in-
szenierte: »Etwas Neues an dem Alten zu entdecken«, heißt es am Ende
der Vorrede seiner Untersuchung »Wie die Alten den Tod gebildet«,
»ist ebenso rühmlich als das Alte durch etwas Neues zu bestätigen.«
Zu *bestätigen*, wohlgemerkt, nicht *umzukehren* oder zu *widerlegen*: Die
Sturm- und Drang-Attitude vermeintlicher Original-Genies war
Lessing in gleicher Weise verhaßt (es sei denn, die Genies hätten sich,
à la Lenz, an ihren Plautus gehalten) wie der Sammlerfleiß jener »Al-
tertumskrämer«, die er am Idealbild der »Altertumskundigen« maß.
Gleich weit entfernt von Musealität auf der einen und anmaßender
Traditions-Leugnung auf der anderen Seite war Lessing darauf bedacht, die Antike von den Interessen seiner Zeit aus: den Intentionen einer sich langsam emanzipierenden bürgerlichen Gesellschaft –
parteilich also! – mit neuem und frischem Blick anzuschauen ... mit
den Augen eines Mannes, für den die Griechen und die Römer in der
literarischen Auseinandersetzung mit den Diktaten des Feudalismus
den Rang von Nothelfern hatten.
Hier ging es nicht um Bewahrung des Gestern, sondern um jene Rettung des Heute, die den Anverwandler keinen Imitator, sondern einen Künstler gleichen Ranges sein ließ: »Der Kritiker, der die
Schönheiten eines Alten aufkläret und rettet«, schrieb Lessing im
Juli 1764 an den großen Philologen Christian Gottlob Heyne nach
Göttingen, »hat meinen Dank; der aber von ihnen so durchdrungen
ist, so ganz in ihrem Besitz ist, daß er sie seiner eigenen Zunge vertrauen darf, hat meinen Dank und meine Bewunderung zugleich. Ich
erblicke ihn nicht mehr hinter, ich erblicke ihn neben seinen Alten.«
Wo andere ihre gelernte Lektion rekapitulierten, ging es für Lessing
um Innovation: um ein neues Verständnis der überlieferten Texte,
um parteiliche Anverwandlung und, am Ende, um einen Wettstreit,
bei dem sich der Spurengänger eher als kecker Konkurrent und wit-
ziger Kompilator denn als ein Kopist erwies, der sich, frei nach
Brecht, durch Klassizität einschüchtern ließ. Wozu auch? Da doch
der als Imitator angeprangerte Dichter-Gelehrte für den Schöpfer
der bürgerlichen Virginien, höfischen Mänaden und feudalherrlich
tönenden Fabel-Löwen identisch mit jenem Bildhauer war, der aus

dem Material einer geschmolzenen eine zweite, der ersten »an Geschmack und Schönheit« gleiche Statue schafft. (Nachzulesen in der Eingangs-Parabel zum zweiten Buch der Fabeln – einer Sammlung von gegenwartsbezogenen Gleichnissen in der Manier des Phaedrus und Aisop.)

Kein Zweifel also, daß Lessing – der »Schatzgräber«, wie der Verfasser des 127. Literaturbriefs sich selbst tituliert – in Fragen des geistigen Eigentums nicht minder lax als Bertolt Brecht gewesen ist (ein Mann namens Paul Albrecht hat dem vermeintlichen Kompilations-Genie aus Kamenz sechs volle Bände gewidmet); kein Zweifel aber auch, daß Lessing nicht aus Unvermögen, sondern aus literarischem und pädagogischem Kalkul das Bezüge schaffende Zitat der nur auf sich selbst verweisenden Setzung und die historisierend wirkende, Veränderbarkeit in Literatur und Gesellschaft anzeigende Umdeutung der Original-Schöpfung vorangestellt hat: »Die Mühe, mit seinen Schülern auf Jagd zu gehen«, heißt es in der fünften Fabel-Abhandlung, »kann sich der Lehrer ersparen, wenn er in die alten Fabeln selbst eine Art von Jagd zu legen weiß, indem er die Geschichte derselben bald abbricht, bald weiter fortführt, bald diesen oder jenen Umstand so verändert, daß sich eine Moral darin erkennen läßt.«

Erst das Finden, dann, mit Hilfe von Variation, Raffung und Zusatz, das Erfinden: Da arbeitet der Philologe dem Schriftsteller, der Antiquar dem auf Unterweisung bedachten Literaten in die Hand; da werden Schätze ausgegraben und, durch Restauration und modernisierendes Arrangement, in einer Weise zur Schau gestellt, daß die zu Säulenheiligen der Klassizisten heruntergekommenen Klassiker sich plötzlich wieder in ihrer Frische und ihrer Fremdheit, ihren Widersprüchen, ihrer Zeitbedingtheit und ihrer Überzeitlichkeit zeigen.

Bewahrung – aufklärerische Aneignung des Überkommenen – durch Bessermachen; »Rettung« – das Schlüsselwort – durch Bearbeitungen, die Experimente nicht scheuen: Unter dieser Devise (Unfeierlichkeit als Ausdruck von Pietät!) wagt Lessing den Wettstreit mit Martial und Plautus, mit Seneca und Aisop – wagt ihn unter Berufung auf jene antiken Autoren, die, wie es in der frühen Studie »Von den Trauerspielen des Seneca« heißt, ihre Vorgänger nicht als *Sklaven*, sondern als *Köpfe*, die selber dachten, nachahmten und die Fehler ihrer Ahnen verbesserten.

Verbessern: dem Abgegriffenen durch Umfiguration und verfrem-

dende Pointierung neue Anschaulichkeit zu verleihen, um so Historisches wortwörtlich zu präsentieren: Das war Lessings Begabung. Als Bearbeiter hat ihn niemand erreicht – nicht einmal Brecht. Keiner kommt ihm gleich, wenn es darum geht, aus einer erbaulichen Moritat eine satirische Fabel zu machen, in der, wie in der berühmten Parabel von der Wasserschlange, der Zynismus eines Souveräns, der mit Untertanen sein Spiel treibt, auf den Begriff gebracht wird. Was sich bei Phaedrus wie Schamade anhört, hat bei Lessing den Klang der Fanfare. Während sich in der römischen Version die Frösche an Zeus wenden, damit er sie von jener Wasserschlange befreie, die, als ihr gottbestimmter König, einen nach dem anderen verschlingt, ist bei Lessing der Souverän selbst, die Wasserschlange von Gottes Gnaden, die Appellations-Instanz – eine Instanz, die sich nicht, wie's bei Phaedrus Jupiter tut, moralisierend ergeht – Herrschaft müsse nun einmal sein, auch die schlechte, und zumal die selbstverschuldete –, sondern die im Tonfall eines Feudalherrn reagiert, der mit seinen Domestiken tun und lassen kann, was ihm beliebt: »›Willst du unser König sein‹, schrien die Frösche, ›warum verschlingst du uns?‹ – ›Darum‹, antwortete die Schlange, ›weil ihr um mich gebeten habt‹. – ›Ich habe nicht um dich gebeten!‹ rief einer von den Fröschen, den sie schon mit den Augen verschlang. ›Nicht?‹ sagte die Wasserschlange. ›Desto schlimmer! So muß ich dich verschlingen, weil du nicht um mich gebeten hast.‹«
Der Unterschied ist eklatant: Wo Phaedrus mit einer quietistischen Pointe schließt – »Weil ihr nicht in Geduld das Gute tragen wolltet« (die Frösche hatten einen Holzbalken als Regenten abgelehnt), »ertragt das Schlechte!« – da endet Lessing, auf Empörung seines bürgerlichen Lesepublikums abzielend, mit einer Doppel-Pointe: Wie immer, so wird in einem zur schlimmstmöglichen Wendung tendierenden Zweischritt dem Hörer vorgeführt ... wie immer der Untertan auch argumentiert: der Herr behält das letzte Wort.
Dabei will freilich nicht vergessen sein, daß die Lessingsche Umkehr- und Übertrumpfungs-Technik, die seine Bearbeitungen charakterisiert und deren Methode er mit Hilfe einer Synkrisis von Vergil und Petron (hüben der Klassiker, drüben der zur Überbietung verpflichtete Nachfahr) sehr exakt analysiert hat ... dabei sei nicht vergessen, daß Lessings faible für Pointen-Pointierung keineswegs immer gesellschaftskritischer Natur ist, sondern – und das nicht einmal selten – auch simplen Spaß am Agonalen, am provokanten

Zurschaustellen der eigenen besseren Leistung verrät: *so gut's mein Vorbild macht – schaut her, ich kann's besser!*

Die Dialektik von *dogmatikōs* und *gymnastikōs* (mal schneidender Ernst, mal spielerischer Übermut, mal beides zusammen), bestimmt nicht nur die »Goeze«-Briefe und »Nathan, den Weisen« – sie gilt für's Gesamtwerk. So strikt pädagogisierend, als bürgerlicher Aufklärer, Lessing seinen Phaedrus übertrumpft, so spielerisch, auf die artistische Volte und nicht die erzieherische Sentenz blickend, führt er sich auf, wenn es gilt, im Epigramm einen Martial auf den Rang zu verweisen: *E servo scis te genitum blandeque fateris, cum dicis dominum, Septimiane, patrem* (»Daß du von Sklaven stammst, du weißt und gestehst es auch höflich, heißt dein Vater bei dir, Septimianus, doch ›Herr‹«) – das ist witzig, zweifellos, das trifft den auf Anpassung und Komment verwiesenen Parvenu mitten ins Herz: aber es könnte durch eine Perspektiven-Vertauschung (nicht der Sohn, sondern der Vater wird zum Epigramm-Adressaten) sowie durch eine zweite Pointe (ist da nicht auch noch eine Mutter?) an Witz und, dies vor allem, an Bösartigkeit noch gewinnen: Statt sich über den Sohn zu belustigen – der kann schließlich nichts für seine Geburt – gilt Lessings Sarkasmus den Eltern: »Dein Söhnchen läßt dich nie den Namen Vater hören: Herr Doktor ruft es dich. Ich dankte dieser Ehren! Die Mutter wollt' es wohl so früh nicht lügen lehren?«

Während Martial den direkten Weg wählt und, schnurstracks seinem Ziel zustrebend, die Pointe ohne Perspektiven-Wechsel vorträgt, liebt Lessing, immer auf Überbietung des Vorbilds: auf die Doppelpointe bedacht, die abrupte, seiner Epigramm-Theorie vom Wechselspiel zwischen Erwartung und Aufschluß entsprechende Vertauschung der Sichtweise: *os et labra tibi lingit, Mammeia, catellus non miror, merdas si libet esse cani.* (»Deinen Mund und die Lippen beküßt, Mammeia, dein Hündchen. Deshalb wundr ich mich nicht, fressen die Hunde gern Kot.«) Ein wenig grob, nicht wahr? Eher Knüppel als Florett – zudem nicht so recht in der Balance zwischen anatomischer Eindeutigkeit und Metaphorik. Das hat Lessing gespürt – und er macht's besser als Martial: »Dein Hündchen, Dorilis, ist zärtlich, tändelnd, rein: Daß du es also leckst, soll mich das wundern? nein! Allein dein Hündchen lecket dich: und dieses wundert mich.«

In der Tat, so gering Lessing die *creatio ex nihilo*, die geniale Schöpfung aus dem Nichts, schätzte, so hoch bewertete er, ein Alexandriner im 18. Jahrhundert, jenes Handwerk der Variation, durch dessen

Beherrschung der Schüler dem Lehrer beweist, daß er vom Gesellen zum ebenbürtigen Meister herangereift sei: Was der eine an Erfindungskraft voraushat, macht der andere durch Interpretationskunst und Witz, durch eine kreative Verbesserung, wett, die das Epigramm aus der Römerzeit in ein Gedicht verwandelt, das, gleichsam »eingemeindet«, seinen genuinen Platz im achtzehnten Jahrhundert hat. Wenn Martial dem Lobpreis auf die Schwulst-Gesänge tragischer Dichter sein stolzes: »Sei's drum. Sie loben's. Jawohl. Mich aber liest man dafür« entgegensetzt und damit eine Antithese zwischen dem gefeierten Kitsch und der gelesenen Kunst konstruiert, so stellt Lessing das Epigramm vom Kopf auf die Füße: Martial irrt – nicht die Kunst, sondern der Kitsch (damals schauerliche Trauerspiele, jetzt Haupt- und Staatsaktionen und Harlekinaden) wird angeschaut und gelesen; nicht der Kitsch, sondern die Kunst wird gefeiert: Dies ist die wahre, von Martial verkannte Pointe – und darum muß es heißen: »Wer wird nicht einen Klopstock loben? Doch wird ihn jeder lesen? – Nein. Wir wollen weniger erhoben, und fleyßiger gelesen seyn.«

Das ist mehr als Stilübung und flüchtige Gelegenheitsarbeit; da präsentiert sich ein Literat, der, dank Studium und praktischer Übung, sich auf einen concours einließ, um auf diese Weise der Kunst seiner Zeit die verlorene Würde zurückzugeben. Darum die Herausforderung von Phaedrus und Martial; darum der Wettstreit in Gattungen, von denen Lessing sagen konnte, er habe »sie soweit ausgeübt, als es nötig ist, um mitsprechen zu können«: in der *Fabel*, die, befreit von La Fontainescher Poesie, wieder ihre aisopische Simplizität, Knappheit und Präzision gewinnen sollte – als eine Form, die der Botmäßigkeit der Rhetorik, nicht aber der Poetik unterstand; im *Epigramm*, das Akribie und Aggressivität zu vereinigen hatte, die Unterweisung mit dem Amusement; im *Trauerspiel*, in dem sich – mit dem Blick auf Seneca – Pathos und Witz, die affektgeladene Rede und die scharfsinnige Sentenz, der hohe Stil mit spitzig-knappem Dialog (dem epigrammatisch pointierten Gespräch) verschwistern sollte.

Herausforderung, wohin immer man blickt – und das in zwiefacher Weise: im gelehrten Traktat (den Epigramm- und Martial-Studien oder dem Seneca-Aufsatz) und in praktizierter Opposition. In beiden Fällen tritt ein Mann ins Gemerk und stellt sich den Meistern. Der poetische Gegenentwurf und die absichernde Studie gehören zu-

sammen; mit Ausnahme des anakreontischen Liedes hat Lessing, der
Literat, sich nie auf ein Gebiet gewagt, dessen Reglement er, als Antiquar und Philologe, nicht von Grund auf beherrschte. Je kenntnis-
reicher er als Theoretiker war, desto ingeniöser seine poetische Praxis; je größer sein literarischer Ehrgeiz, desto präziser die ihr zuge-
ordnete Ästhetik: Kein »Nathan« ohne die in lebenslangem Bemü-
hen ausgeformte aristotelische Mitleids-Theorie; kein Entwurf des
bürgerlichen, die Trennung von Ernst und Scherz aufhebenden
Lustspiels ohne die Bühnen-Auseinandersetzung mit Plautus: Die
»Captivi« übersetzt, den »Stichus« und den »Trinummus« bearbeitet, »Epidicus« im »Nathan«, dem plautinischsten Werk, rekapitu-
liert!
Abermals: Die Herausforderung. Abermals: *Du, Plautus, machst es
gut, ich aber kann's besser.* Abermals: Der Versuch, ein Bildungsgut in
ein Stück lebendige Literatur zu verwandeln – konkret: einem Schul-
autor den Rang eines Theaterdichters wiederzugeben und ihn, mit
Hilfe einer Vielzahl von dramatischen Tricks (veränderten Motiva-
tionen der Akteure, Zusammenfügung mehrerer Personen in einer
einzigen Gestalt, Kontaminationen verschiedener Szenen) aus dem
Hörsaal wieder ins Theater zu bringen: Der »Schatz«, die Bearbeitung des plautinischen »Trinummus«, macht deutlich, wie da ein
Römer einen Sachsen, ein erfahrener Bühnen-Techniker einen jungen Novizen provoziert hat: *Nun zeig, was du kannst!*
Und das tat er dann auch – wobei nicht bestritten sein soll, daß Lessing, was die dramatische Überbietung angeht, es sich gelegentlich
ein bißchen bequem macht: Wo der plautinische Sklave, Stasimus
heißt er, seinem Herrn ein Gut erhalten möchte und deshalb dem
zum Handel entschlossenen Käufer den Acker als einen wahren Höl-
lenpfuhl schildert – pflügt man den Boden, dann fallen die Stiere tot
um; die Trauben verfaulen, bevor sie reif geworden sind; alle Vorbe-
sitzer des Guts haben sich entweder erhängt oder sind in Verbannung gegangen – und was Bäume, Vieh und Sklaven angeht, so sind
die Äste allesamt vom Blitz zerschmettert, die Schafe kahl und räu-
dig, während Schweine und Sklaven kläglich verrecken: die einen
eine Beute der Bräune, die anderen ein Opfer des Fiebers: »Selbst
von den Syrern, diesem härtestem Menschenschlag, ist keiner, der
sechs Monate am Leben bleibt«... wo Stasimus die Schreckensszze-
nen häuft, da begnügt sich Lessing entweder mit einer schlichten
Transposition vom Römischen ins Deutsche (»Die stärksten Kerls

hat Herr Lelio im Wendischen mieten lassen; aber was half's? das Frühjahr kam: weg waren sie.« Antwort des Käufers: »Je nun! so muß man's mit den Pommern versuchen.«), oder er beläßt's, nicht minder lax, bei der Hinzufügung einer weiteren Schreckens-Phantasmagorie, indem er seinen Stasimus alias Maskarill den Acker durch Teiche anreichern läßt, »in welchen sich mehr Menschen ersäuft haben als Tropfen Wasser darinne sind«. (»Und da sich also die Fische«, so Maskarill, »von lauter menschlichem Luder nähren, so können Sie leicht denken, was das für Fische sein mögen?... Fische, die durch ihre Nahrung Menschenverstand bekommen haben, und sich daher gar nicht mehr fangen lassen... wenn man die Teiche abläßt, sind sie verschwunden.«)

Das ist nicht ohne Geist, gewiß, aber über den Rang einer Schüler-Arbeit, wie man sie im achtzehnten Jahrhundert im Rhetorik-Unterricht verfertigen mußte, kommt die Lessing-Variation kaum hinaus: Für Schüler, die sich aufs Variieren verstanden und zum Beispiel gelernt hatten, wie man eine Karfreitags-Predigt in österliche Verkündigung überträgt oder die Beschreibung einer häßlichen Alten in die Darstellung einer jugendlichen Schönen verwandelt, war eine Bearbeitung à la Lessing nicht mehr als eine propädeutische Übung: Wem über den toten Schweinen und Sklaven, den geborstenen Bäumen und vergifteten Saaten nicht die in Menschen verwandelten Fische einfielen, der konnte in St. Afra kaum reussieren; sein Lehrer in rhetoricis, der die Schüler sub specie »ars descriptionis« in die Kunst der lobenden oder tadelnden Darstellung einweisen mußte, hätte ihn als Banausen bezeichnet. (Und zwar zu Recht.)

Nicht die – leicht erlernbare – Variation also (bloße Weiterung statt verfremdender Pointierung), sondern die verbale Inszenierung des Texts: jene Anreicherung des Lese-Dramas mit theatralischen Elementen deiktisch-gestischer Natur, die das Stück wieder bühnengerecht machen – die Ersetzung der Beschreibung durch Aktion zeigt Lessings Genie; und das bereits im »Schatz«! Während die Erzählung des alten treuen Callicles (Lessing nennt ihn Philto) über das im Haus seines Freundes verborgene Geld sich bei Plautus lediglich durch zwei kurze Einschübe unterbrochen sieht – »schau doch, ob niemand uns zuhört« – und im Übrigen Erzählung bleibt, verwandelt Lessing den Bericht in eine dramatische Szene, indem er, zum ersten, die *narratio* durch die direkte Rede bühnengerecht macht und, zum zweiten, die Art und Weise, in der die Erzählung abläuft, wichtiger: weil dem Theater gemäßer sein läßt als deren Inhalt – und das nimmt sich, Drama statt Epik, dann so aus:

PHILTO (das ist der Mann, dem sein Freund Anselmus vor einer Reise das Geheimnis vom verborgenen Haus-Schatz mitgeteilt hat): »Sehen Sie sich einmal ein wenig um, daß uns niemand behorcht. Sehen Sie recht zu! Guckt auch niemand hier aus den Fenstern?«

STALENO (das ist der Partner, ein würdiger Herr, der dem Philto mißtraut): »Das muß ja wohl ein rechtes Geheimnis sein. Ich sehe niemanden.«

PHILTO: »Nun, so hören Sie. Noch an eben dem Tage, als Anselmus wegreiste, zog er mich bei Seite und führte mich an einen gewissen Ort in seinem Hause. ›Ich habe dir‹, sprach er, ›mein lieber Philto, noch eins zu entdecken. Hier in diesem –‹ Warten Sie ein klein bißchen, Staleno; da sehe ich jemanden gehn, den wollen wir erst vorbeilassen –«

STALENO: »Er ist vorbei.«

PHILTO: »›Hier‹, sprach er, ›unter einem von den‹ – Stille! dort kömmt eines ––«

STALENO: »Es ist weg.«

PHILTO: »›Unter einem von den Pflastersteinen‹, sprach er, ›habe ich‹ ––– Da läuft schon wieder was.«

STALENO: »Es ist ja nichts als ein Hund.«

PHILTO: »Es hat aber doch Ohren! ––– ›Habe ich‹, sprach er (Philto sieht sich furchtsam um), ›eine kleine Barschaft vergraben.‹«

STALENO: »Was?«

PHILTO: »St! Wer wird so etwas zweimal sagen?«

STALENO: »Eine Barschaft? einen Schatz?«

PHILTO: »Ja doch! ––– Wenn es nur noch jemand gehört hat.«

STALENO: »Vielleicht ein Sperling, der uns über dem Kopfe weggeflogen.«

PHILTO: »›Ich habe‹, fuhr er fort, ›lange genug daran gespart‹« – Schluß des komödiantischen Ritardandos, die Geschichte beginnt.

Einundzwanzig Jahre war Lessing alt, als er den »Trinummus« bearbeitete – und hat doch schon damals in praxi jene Thesen antizipiert, auf denen, in der »Hamburgischen Dramaturgie« und im »Laokoon« entwickelt, seine Theorie der Kunst basiert; eine Theorie, die von der Überlegenheit der Dichtung, im Verhältnis zu Malerei und Plastik, und vom Primat des Dramas gegenüber allen anderen, durch die Vorherrschaft des Narrativen bestimmten poetischen

Gattungen ausgeht: Darum die unentwegte Betonung – eine durchaus nobilitierend wirkende Verklärung der *Handlung* als des Grund-
elements aller Dichtung (»So weit das Leben über das Gemälde ist«,
heißt es im »Laokoon«, »so weit ist der Dichter... über dem Maler«);
darum die negative Bewertung jener *Beschreibung*, die, im Lehrge-
dicht unabdingbar, dem Drama seine eigentliche Force nimmt: die
Wirkung auf den Zuschauer.

Lessings Ästhetik, man kann es nicht oft genug sagen, ist, im Unterschied zu den poetologischen Überlegungen Goethes, durchaus in-
tentional: Deshalb, unentwegt wiederholt, seine Anweisung an den
Poeten (oder, in der Terminologie des Seneca-Traktats, sein »Vor-
schlag für einen heutigen Dichter«), er möge niemals vergessen, daß
es die erste, vielleicht sogar die einzige Aufgabe der Literatur sei,
Leidenschaften zu erregen, den Menschen durch einen Appell an
seine Mit-Empfindungsfähigkeit zu affizieren und ihn zur Sym-Pa-
thie mit den Akteuren auf der Bühne zu veranlassen – jenen in der
bürgerlichen Tragödie (aber auch im Lustspiel plautinischer Art)
dargestellten Figuren vom »gleichen Schrot und Korn« – Figuren,
die Lessing, gut euripideisch, »dem Stand seiner Zuschauer annä-
hert«, um auf diese Weise den Betrachtern jenes Mitgefühl mit ihres-
gleichen zu ermöglichen, das sich im heroischen, bestenfalls Bewunderung (aber keine Sympathie) und kalte Distanz (aber keine parteiliche Aktivität) erregenden Milieu nur als ein »Fühlen, das einer fühlt«
manifestiert.

Wirkung durch Handlung, Affekt-Erregung durch Aktion: Kein
Wunder, daß Lessing die bildende Kunst nur dort rechtfertigt, wo
sie, dank ihrer Schönheit, den Betrachter hinreißt und entzückt und
– die Theorie des fruchtbaren Moments – seine Phantasie evoziert.
Kein Wunder auch, daß er das Epos allein als »Drama« verteidigt,
weil es, als Drama, dynamisch und prozessuell, eine Totalität mit ihren Widersprüchen und ihren Gegensätzen zwischen dem Augenblick und der Geschichte, der sinnlichen Oberfläche und dem Ge-
danken-Substrat veranschaulicht; weil es, statt punktuell zu beschreiben, mit den ihm eigenen Mitteln eine Handlung inszeniert –
so wie Homer es machte, als er Helenas Schönheit nicht deskriptiv,
sondern handlungs-bezogen vorstellte.

Kein Wunder schließlich, bei so viel Wirkungs-Faszination, daß der
parteiliche Kunstrichter der Nachahmung auf dem Feld der Literatur (dem Versuch, den Leser durch Mimese statt durch Sympathie

zu affizieren) mit einem Höchstmaß von Skepsis begegnet – Goethe hatte recht, die Devise »ut pictura poesis« wurde durch Lessing für alle Zeiten erledigt: Das Statarische war es, das am sinnlichen Augenblick Kleben – die Bevorzugung der Physis und die Verachtung des Spirituellen, die Lessings Mißfallen erregte. »Beschreibung«: das war zu wenig Handlung und zu wenig Erklärung – auf der einen Seite zu wenig Aktion und auf der anderen zu wenig Theorie; darum, sehr konsequent, der Versuch, das Mimetische zwiefach zu überwinden: hüben durch die Analyse der Theorie und drüben durch die Auflösung der Schilderungs-Momente in Handlung – jenes theatergetreue, das Situative der jeweiligen Szene befördernde Einschmelzen epischer Blöcke, das für Lessing gleichbedeutend mit dem Nachweis von dramatischem Kunstverstand war. Nichts konnte ihn so sehr erbosen wie ein Leugnen der These (Brecht, später, hat sie umgekehrt): »Epik und Drama sind zweierlei Dinge.«

Der Bericht – es sei denn, er wäre in die Handlung funktional integriert oder diene, wie der Prolog, der Analyse des Dramas – hat für Lessing den Charakter eines Störenfrieds, der Sympathie (und damit auch die Wirkung auf den Zuschauer) unmöglich macht: »Daß Euripides zur Unzeit moralisiert«, so eine Partie aus dem »Philologischen Nachlaß«, »ist bekannt genug, und das will ich ihm als einem Freunde des Sokrates vergeben. Aber daß er zur Unzeit malt (sprich: beschreibt), das verzeihe ich ihm nicht. Man sehe ein sehr merkwürdiges Exempel davon (aus dem Ion). Kreusa ist verraten, und das aufgebrachte Volk sucht sie überall, um sie zu steinigen. Ein Bedienter kommt und meldet dieses... den Sklavinnen der Kreusa... Sie erschrecken und lassen sich den ganzen Verlauf der Sache erzählen. Dieses hätte so kurz als möglich geschehen sollen. Aber nichts weniger. Die Beschreibung des Zeltes, unter welchem die That geschehen, und der Tapeten, mit welchen es ausgeziert worden, nimmt an die dreißig Verse ein. Verdammter Erzähler! Du selbst zitterst für deine Gebieterin; die dich hören, zittern für sie... die Zuschauer zittern: und du malst uns das Gewirk der Tapeten, den ganzen gestirnten Himmel von Seide... Die... Action steht auf einmal still, der Zuschauer wird wieder kalt, und seine Einbildungskraft, die ihm nichts als die Gefahr der Kreusa schildern sollte, wandert unter den Sternen.«

Eine eigenwillige, vom Diktat der Lessingschen »Einfühlungs«-Dramaturgie bestimmte Interpretation? Sicherlich. Zugleich aber auch eine Deutung, von der die Altertumswissenschaft auch heute noch lernen könnte – lernen, daß Dramen nicht als stumme Texte, sondern als Regiebücher gelesen sein wollen... und eben das hat Lessing getan, wenn er sich Gedanken über Aufführungs-Praktiken machte (»Wer sieht nicht«, heißt es in den Beiträgen zur »Historie und Aufnahme des Theaters«, »daß die Vorstellung ein notwendiges Teil der dramatischen Poesie sei?«); das hat er getan, wenn er sich das »Spiel der Akteurs« bei der Lektüre dazudachte (»denn dieses schreiben die alten Dichter nicht dabei«) und wenn er – dies vor allem! – die Methoden jener »körperlichen Beredsamkeit« zu analysieren versuchte, deren Grundzüge er im Lehrgebäude der antiken Rhetorik unter dem Stichwort *actio* vorgebildet fand: Durch welche Gesten versinnliche ich die Affekte in einer Weise, daß ihre psychologische Qualität anschaulich wird? Wenn der Körper der Spiegel der Seele ist: Was muß ich tun, um das Innere ins Äußere zu transponieren – wo beginnen: bei der Geste oder beim Affekt?

Das sind Fragen eines gelehrten Theater-Dichters und praktizierenden Antiquars, der aus dem Erfahrungsschatz eigener Tätigkeit, der Kooperation mit den Wandertruppen, auf die Körper-Sprache der antiken Akteurs zurückschloß – auf ihre Gesten, ihre Masken, ihre Deklamation und ihre Requisiten, die er nie aus den Augen verlor, wenn er die Wichtigkeit von Skeuopoiie und Skenographie fürs antike Drama betonte oder den technischen Apparat der griechischen Bühne rekonstruierte. (»Die Zeilen, wie Ion die Vögel verscheucht«, heißt es im »Philologischen Nachlaß«, »... zeigen deutlich, daß der Adler, der Schwan, wirklich zu sehen gewesen. Die Alten waren also keine Feinde der Maschinen, die wir in die Oper verwiesen haben.«)

Wie viel hat dieser Mann vorweggenommen, was erst die klassische Philologie unseres Jahrhunderts zu realisieren beginnt: Die Spannungs-Feindlichkeit des attischen Dramas zum Beispiel, ihre Verachtung des »Was« und ihr Pochen aufs »Wie« – die Darbietung des Bekannten in einer Manier, auf der, mit Friedrich Dürrenmatt zu reden, die Stilisierungs-Kraft der attischen Tragödie mitsamt ihren kühnen Abbreviaturen beruht: Lessing hat diese Technik mit Hilfe einer Analyse der euripideischen Prologe beschrieben; und er war es auch, der die spirituellen Elemente der Tragödie, den Willen zur aitiologischen Erklärung, abschließenden Deutung und gedanklichen Verbalisierung der Aktion, dem kruden »erstochen und geklatscht«

des Theaters seiner Zeit entgegengestellt hat; ihm schließlich ist – als erstem, wenn ich nicht irre – der offene Schluß des terenzianischen Lustspiels ins Auge gefallen: keine Scheidung von gut und böse, kein Strafgericht und keine Besserung am Schluß – das Stück ist mit der letzten Zeile nicht am Ziel; das Spiel geht weiter: so wie das Leben. Welche Fülle von Einsichten: vorgetragen in jenem Lessingschen Stil, der das Sentenziöse mit dem Theatralischen vereint, durch Phantasie *überzeugt* und durch begriffliche Präzision *überredet*: einem Stil, der durch Wortgrübelei und exakte Definitorik in gleicher Weise wie durch Sprünge, Abschweifungen und bizarre Einlagen charakterisiert wird – einer Diktion am *Grenzrain von Poesie und Moral* (so Lessing über den Duktus der Fabel); vortrefflich geeignet, auf der einen Seite in der witzigsten Manier über ein Partizipium zu schreiben und auf der anderen im Thespiskarren Religionsstreitigkeiten zu analysieren.

Drüben, frei nach Goeze, *Theaterlogik*, und hüben, ein Ausdruck Friedrich Schlegels, *Mikrologie*, dort das Bild und hier der Gedanke: In der Tat, die Verschwisterung zwischen Gelehrsamkeit und *Poeterey* ist perfekt – erprobt wie das solcher Verschwisterung entsprechende Demonstrations-Modell, mit dessen Hilfe Lessing, als Antiquar und Literat, seine Operationen durchexerziert: die Synkrisis, das wechselseitige Erhellen von Phänomenen – ein mit allen Registern des leidenschaftlichen Spielers inszenierter *concours*: Seneca contra Euripides, Terenz contra Menander, silberne contra goldene Latinität, Attizismus gegen Asianismus, Antike gegen Moderne, Aristoteles gegen Corneille, der Große gegen den Kleinen: hier Terenz und dort – längst vergessen – ein Poet namens Karl Franz Romanus. (Ein Dramatiker, der es wagte, gegen Terenz anzutreten.)

Dieses dialektische Spiel konnte sich nur einer leisten, der als Altertumskenner, Philologe und Bibliothekar den gelehrten Spezialisten Paroli zu bieten verstand – und eben das konnte Lessing... und seine Zeitgenossen wußten das. Der Schüler der Leipziger Dioskuren Ernesti und Christ (beide, als Philologen, ihrer Epoche voraus), der Freund des Arabisten und ersten Kenners der griechischen Redner, Johann Jakob Reiske, gehört in gleicher Weise zur Wissenschaftsgeschichte des achtzehnten Jahrhunderts wie der Antipode Winckelmann. Mochte Lessings eigentliches Interesse der Gegenwart gelten, mag die antike Literatur und Kunst ihm in erster Linie Instrument der Selbstfindung gewesen sein: Dieses vom Hier und Heute ausgehende Philologisieren teilt er mit Winckelmann so gut wie mit dem ersten Gelehrten seines Jahrhunderts, dem Göttinger Professor der Poesie und Beredsamkeit (sic!) Christian Gottlob Heyne.

Vergessen wir nicht, daß es um 1750 eine strikte Trennung zwischen Poesie und Wissenschaft, der Zunft und dem Dilettanten, nicht gab – da lernte Winckelmann von Heyne, zitierte Heyne Winckelmann in seinem Vergil-Kommentar, da ging der Professor designatus Johann Gottfried Herder, in einer grundgelehrten Auseinandersetzung über die Fabel- und Epigramm-Theorie, auf den Professor designatus Gotthold Ephraim Lessing ein (in Königsberg hatte man ihm eine Rhetorik-Professur angeboten), kurzum, da gab es zwischen den akademischen und den praktizierenden Poeten ein ständiges Her-über-Hinüber: Heyne (der freilich nach Lessings Tod über den Wolfenbütteler Konkurrenten höchst Despektierliches äußerte) beglückwünschte sich anno 1770 zur »bibliothekarischen Collegen-schaft« – und es war nicht nur als ein Kompliment gemeint, wenn er, in den »Goeze-Nathan«-Jahren, die Tatsache beklagte, daß Lessing aufgehört habe, »unser Meister im antiquarischen Fache zu sein«. Heyne hatte durchaus recht, Lessing war *tatsächlich* ein Philologe von Rang (man lese das 5. Kapitel des »Laokoon«, mit seinen Anmerkungen: wenn *das* nicht ingeniöse und grundgelehrte Text-Auslegung ist – was denn sonst?), und er war fanatisch in seinem Geschäft: Seine Klagen über den Bücherstaub, unter dem er langsam ersticke, täuschen ebensowenig wie die Gegenüberstellung zwischen Buch-Gelehrsamkeit und eigener Erfahrung über seine philologische Besessenheit hinweg – seine stupende Gelehrsamkeit, die ihn ein groß Teil dessen beherrschen ließ, was Heyne im Winckelmann-Nachruf für den Bereich der Altertumswissenschaft okkupierte, von der Textkritik bis zur Mythologie.

Lessing mochte sich noch so sehr über die Scholaren-Pedanterie amüsieren: die Art, wie er's tat, verrät den Gelehrten, der seitenlang lateinisch schreibt und Bücher mit der Gewissenhaftigkeit des Rezensenten studiert, dem eine Mammut-Besprechung abverlangt worden ist. Mag er getrost den Sinnenrausch preisen – die Wortwahl demaskiert ihn schnell: »Horaz, wenn ich mein Mädchen küsse, entflammt von unserm Gott, dem Wein, dann seh' ich, ohne kritsche Schlüsse, dich tiefer als zehn Bentleys ein«... ein Gedicht, fürchte ich, das intensive Kenntnis von Konjekturen und höchst bescheidene – vom Körperbau der Frau verrät.

Wenn einer Buchgelehrter war, und zwar bis zum Exzeß, dann ist es
Lessing gewesen: ein Mann, dessen gesamte Experienz auf Büchern
beruhte – und dies seit der Zeit, da er, damit's die Mutter nicht verstand, mit dem Vater lateinisch parlierte, bis in die letzten Lebens-
jahre hinein: »Haben Sie doch die Güte, lieber Freund, und lassen
Sie mir aus Ihrem großen Johnson den ganzen Artikel ›Evidence‹ mit
allen Beweisstellen abschreiben. Ich erinnere mich, einmal da etwas
gelesen zu haben, dessen ich mich doch nicht recht erinnern kann«:
geschrieben fünf Tage nach dem Tod Eva Königs – in einem Brief an
Eschenburg, der mit den Worten beginnt: »Gestern morgen ist mir
der Rest von meiner Frau vollends aus dem Gesicht gekommen« –
und ein paar Zeilen später »Evidence« im großen Johnson!
Lessings Welt, nochmals, waren die Bücher (und vielleicht noch das
Spiel und das Theater: Mathematik und Kunst als Lebensformen
zweiter Hand!) – immer wieder die Bücher. Ist es ein Zufall, daß der
Wolfenbütteler Bibliothekar kein einziges Porträt zustande gebracht
hat – wie Nicolai oder Mendelssohn aussah; ja, daß er selbst Goeze –
den realen, nicht die Patriarchen-Figur – nur als Besitzer einiger alter
Luther-Ausgaben etikettierte? Ein Zufall, daß er Winckelmann vorwarf, er urteile »bloß aus der Kunst« (nach dem Eindruck also nur,
nicht nach der Literatur) und daß er in den »Antiquarischen Briefen«
die These vertrat, »Mehr als der Augenschein gelten Beweise aus
Büchern«? Ist es ein Zufall, daß er (wie anders als der auf *Lebens-*, nicht
Wissens-Erweiterung bedachte Goethe)… ist es ein Zufall, daß Lessing
einen Philologen als Berater nach Italien mitnehmen wollte (Heyne
war es), daß er, wie sein Tagebuch zeigt, zwischen Rom und Turin
statt der Menschen – *codices* studiert hat, daß er die von ihm genosse-
nen Mehlknödel zunächst einmal etymologisch bestimmte, daß er
über die Stadt Parma als Wichtigstes berichtete: »Hier wohnt der
Graf Rezzonico, der durch seine Disquisitiones Plinianae berühmt
ist«, und daß er die Sitten der Italiener, in Sonderheit ihre Mäßigkeit,
durch den Nachweis zu belegen suchte, es gäbe im Italienischen
keine eigene Vokabel für saufen: *trincare* sage man? (Und dann, o du
heilige Philologie, folgt der Zusatz: »Trinca oder Trincone [heißt]
Säufer, nicht Trincatore, wie Cramer hat.«)
Lessing, ein klassischer Philologe, der an die Seite von Gessner und
Heyne gehört – es wird Zeit, denke ich, daß man ihm den Platz ein-
rückt, der ihm gebührt als Altertumskenner (ein Beispiel für viele:
der Erweis, daß die euripideische Alkestis ein geheimes Lustspiel

sei), als Textkritiker (wiederum ein beliebiges Beispiel: seine Sene-
ca-Konjekturen), als Methodologe (Aristoteles, so seine These, wolle
aus sich selbst verstanden sein), als Interpret (die Terenz-Deutung
der »Hamburgischen Dramaturgie«), als Bibliothekar (die Arbeit am
Libanius), als Herausgeber (die mustergültige Edition eines Paulus-
Silentarius-Poems), als Nachfahr Pierre Bayles ein Meister der
»Rettung« toter Autoren (die Sophokles-vita) und nicht zuletzt – man
denke an seinen Kampf für den geliebten, ihm an Kürze, Witz und
Vernunft ebenbürtigen Horaz – als Übersetzer: ein Wissenschaftler,
dessen Ziel es war, den gereinigten Urtext, allen Vorurteilen zum
Trotz, entschlossen in die eigene Zeit zu transferieren. Und wie in-
geniös hat er das bereits als Zwanzigjähriger gemacht, plautinische
Doggen in seiner »Captivi«-Übertragung in sächsische »Bullenbei-
ßer« verwandelnd – er, dem »die Galle überging«, wenn er mitanse-
hen mußte, wie jämmerlich nicht nur ein Pastor Lange und seines-
gleichen die Alten, auf dem Weg von Rom nach Laublingen, miß-
handelten.
Und, schließlich, das Entscheidende: Lessing, der Unsystematiker
kat'exochen; ein Mann der Collectaneen und *fermenta cognitionis* (der
verstreuten Wissens-Partikel) – Lessing ist es gewesen, der dem philologischen Betrieb jenes Element von Frische und gelehrtem Dilettantismus verlieh – dem Dilettantismus des Kenners, der etwas ris-
kiert, auf das sich der Nur-Zünftige nicht einlassen mag... und sei's,
weil er sich's nicht leisten kann, seine Gewährsmänner so leichthin
wie Lessing zu übersehen: jeden kleinsten Widersacher mit Namen
erwähnt, aber den großen Edmund Burke, den Zitate schaffenden
Paten des »Laokoon« (Helena vor den Greisen!), nicht einmal an-
merkungsweise genannt!
Die Philologie als eine fröhliche Wissenschaft inthronisiert, die Al-
tertumskunde als ein Geschäft für freie Geister begründet zu haben:
Das bleibt Lessings Verdienst – das Verdienst eines Mannes, der,
gewiß nicht ohne Arroganz (»pocula somnos ducentia«, ruft der
Dreiundzwanzigjährige aus – »kann in der lateinischen Sprache ein
Ausdruck bekannter sein?«), aber, weit mehr, mit Charme und Witz
(»nun nicht ein Wort mehr vom Griechischen!« – und schon geht's
absatzweise weiter) seine philologischen Traktate, diese kleinen
Kampfschriften für den Augenblick formulierte: mit Entschiedenheit,
aber auch mit Selbstironie: »(Nathanael Baumgarten) der ehrliche
Mann, ist an einer poetischen Dysenterie gestorben«, heißt es anno

1762 in einem Brief an Nicolai. »Daran sterbe ich nicht. Eher noch an einer poetischen Obstruktion, Konstruktion. Wie heißt das griechische Wort! Schlagen Sie in Hebenstreits Anhang zu Woyts medizinischem Lexico nach, da finden Sie es ganz gewiß. Sehen Sie, wenn ich jetzt auch noch so viel vergesse, ich behalte doch wenigstens die Bücher, wo ich es wieder finden kann.«

Erst Nietzsche hat über Philologica wieder in einem so glanzvollen Deutsch, so witzig und plastisch, parliert – aber was anno 1870 eine Selbstverständlichkeit war, hatte einhundertzwanzig Jahre zuvor den Charakter der Revolution: In der Muttersprache Philologie zu betreiben! Man vergesse nicht, daß die gelehrte Literatur um 1750, zumal was die Antike betrifft, nahezu vollständig aus lateinischen Schriften bestand: noch Heyne beherrschte das Deutsch weit schlechter als das Latein.

Und dagegen nun Lessing mit seinen kritischen Apparaten – geschrieben im präzisen Deutsch, mit seinen glänzend formulierten Anmerkungen und Konjekturen – alles in der Sprache des Landes: lateinische Pedanterie (vielleicht seine genialste »Bearbeitung«) in nuanciertes Parlando versetzt. (Parlando im Sinne einer Dialektik von Präzision und Metaphorik, wie sie der zweite »Anti-Goeze« beschreibt.)

Erst mit Lessing gewinnt die Altertumswissenschaft den Charakter einer nationalen Disziplin; erst seit Lessing ist es möglich, von der Antike als einem allgemeinen, nicht nur den Kennern zugänglichen Besitztum zu sprechen. Erst mit ihm hat jene Demokratisierung der klassischen Bildung begonnen, die, im 19. Jahrhundert nach dem Debakel von 1848 zurückgenommen, heute, in seinem Zeichen, neu befördert werden will – in Gegnerschaft zu jener elitären Arroganz, die für sich behalten möchte, was allen zukommen sollte: »Was soll man zu den Dichtern sagen«, lautet die Fabel von der Nachtigall und der Lerche, »die so gern ihren Flug über alle Fassung des größten Teils ihrer Leser nehmen? Was sonst als was die Nachtigall einst zu der Lerche sagte: Schwingst du dich, Freundin, nur darum so hoch, um nicht gehört zu werden?«

Zur Literatur: Zur Einführung in das Thema »Lessing und die Antike« bleibt, für einen ersten Überblick, Ignác Kont, Lessing et l'Antiquité, Paris 1894, unentbehrlich – ein Kompendium, das auf dem Gebiet der Latinistik mittlerweile durch zwei neuere Studien überholt worden ist (Schriften, denen mein Vortrag viele Hinweise verdankt): Wilfried Barner, Produktive Rezeption – Lessing und die Tragödien Senecas, München 1973 und Volker Riedel, Lessing und die römische Literatur, Weimar 1976. Außerdem: Hans Lothar Markschies, Lessing und die aesopische Fabel, in: Wissenschaftliche Zeitung der Karl-Marx-Universität Leipzig IV, 1954/55, ges. und sprachwiss. Reihe, S. 129 ff.; Hans-Günther Thalheim, Zu Lessings Fabeln, in: Zur Literatur der Goethezeit, Berlin 1969, S. 9 ff.; Siglinde Eichner, Die Prosafabeln Lessings in seiner Theorie und Dichtung, Bonn 1974 (vor allem S. 319 ff.; Lessings Verhältnis zur antiken Vorlage – insbesondere zu Asop und Phaedrus). Karl Otto Conrady, Zu den deutschen Plautusübertragungen, in: Euphorion 48, 1954, S. 373 ff.

Während Lessings Verhältnis zu den Römern durch neuere Arbeiten kenntnisreich analysiert worden ist, fehlte eine vergleichbare Studie auf gräzistischem Feld – das gilt vor allem für die attische Tragödie. Unübertroffen noch immer: Max Kommerell, Lessing und Aristoteles. Untersuchungen über die Theorie der Tragödie, Frankfurt, 2. Aufl. 1957.

Zur Archäologie: Elida Maria Szarota, Lessings »Laokoon« – eine Kampfschrift für eine realistische Kunst und Poesie, Weimar 1958; außerdem Hans Christoph Buch, Ut pictura poesis, München 1972, S. 26 ff. und Helmut Sichtermann, Lessing und die Antike, in: Lessing und die Zeit der Aufklärung, Hamburg 1968, S. 168 ff.

Zu Lessings Wirkungs-Ästhetik und »Einfühlungs«-Theorie (wobei »Einfühlung« für den Zuschauer, nicht für den Schauspieler gilt – siehe das dritte und vierte Stück der »Hamburgischen Dramaturgie« und die Studien zur »körperlichen Beredsamkeit«!): Hans Joachim Schrimpf, Lessing und Brecht – von der Aufklärung auf dem Theater, Pfullingen 1965 und Reinhold Grimm, Lessing – ein Vorläufer Brechts?, in: Lessing Yearbook VI, 1974, S. 36 ff.

Zum (noch kaum erforschten) Thema »Lessing und die Philologie«: Eduard Norden, Lessing als klassischer Philologe, in: Neue Jahrbücher für Wissenschaft und Jugendbildung, Leipzig/Berlin 5 (1929), S. 257 ff. und Paul Raabe, Lessing und die Gelehrsamkeit. Bemerkungen zu einem Forschungsthema, in: Lessing in heutiger Sicht, Bremen und Wolfenbüttel 1977, S. 65 ff.

Ein Vergleich zwischen der Art und Weise Lessingschen Philologisierens und der Manier der Zunft, zwischen »revolutionärer Philologie« (Kommerell) und latinisierender Gelehrsamkeit à la Christ, Ernesti, Gessner, Reiske und Heyne, bleibt Desiderat. Welche Rolle Lessing in der Philologie des 18. Jahrhunderts spielt, zeigt zumindest andeutungsweise John Edwin Sandys, A History of Classical Scholarship, Vol. III, New York und London 1967, S. 24 ff. Hier wäre weiterzuarbeiten, um die Eigenständigkeit und Traditions-Verpflichtung Lessingschens Philologisierens: die Besonderheit der »produktiven Aneignung« der Antike (Barner) im Kontext des zeitgenössischen Wissenschafts-Betriebs zu erhellen.

Der Gott der Diebe und sein Dichter

Thomas Mann und die Welt der Antike

»Ich ging an Bord in *Venedig*... Mein Gott, mit welcher Bewegung
sah ich die geliebte Stadt wieder, nachdem ich sie dreizehn Jahre lang
nur im Herzen getragen!... Ich hörte wieder ihre Stille, das geheimnisvolle Anschlagen des Wassers an ihre schweigenden Paläste, ihre
Todesvornehmheit umgab mich wieder. Kirchenfassaden, Platz und
Stufen, Brücken und Gassen mit vereinzelten Fußgängern erschienen unverhofft und entschwebten. Die Gondoliere tauschten ihren
Ruf. Ich war zu Hause...«[1]
Im Gleichnis Venedigs, Nietzsches geliebtem Venedig, enthüllt sich
die Verschwisterung von Schönheit und Tod, Form und Verwesung, griechischer Helle und arabisch verzauberter Gotik: wie Hofmannsthal[2] und Theodor Däubler erblickt auch Thomas Mann in
der alten adriatischen Metropole eine »Stadt, wo Orient und
Griechentum aus italienischer Substanz ein fernes Märchenwunder«[3] machen. Ost und West, Süd und Nord, Hellenisches und
Orientalisches, Aufstieg und Niedergang, Plastizität und Chaos –
Antithesen der verschiedensten Art und Herkunft lassen sich am geschichtlichen Bild der Adria-Stadt verdeutlichen und zum verbindlichen Symbol erheben. Thomas Mann hat von früh an darum gewußt: er kannte die Stadt seit seiner ersten italienischen Reise und hat
nicht gezögert, sie in Essay und Erzählung immer wieder zu zitieren.
Hier, an der Grenze von Europa und Asien, fand er jene »tödliche
Vollkommenheit« (Ernst Bertram), jene plastische Perfektion und
makellose Selbstgenügsamkeit, die er, als eine ebenso gefährliche wie
verführerische Möglichkeit, zeit seines Lebens in immer neuen Variationen zu umkreisen suchte. Schon der »Tod in Venedig«, Ausgangspunkt jeder Betrachtung, die sich mit Thomas Manns Verhältnis zur antiken Welt beschäftigt, erhellt die Problematik des
Schön-Vollkommenen in exemplarischer Weise: Griechisches er-

scheint hier zum ersten Mal als Inbegriff jener reinen Verklärung,
deren Meister der Tod ist. In seinem Zeichen macht Gustav Aschenbach sich auf, die Schönheit zu suchen. Als er, seiner überdrüssig
und der Verpflichtungen leid, eines Maiabends über den Friedhof
geht, begegnet er einem Mann, der einen Spazierstock schräg gegen
den Boden stemmt und die Krücke, bei gekreuzten Füßen, gegen die
Hüfte lehnt... ein Mann, dessen Lippen zurückgezogen sind, so daß
die Zähne weiß und lang hervortreten: kein Zweifel, daß hier auf die
antike Gestalt des Todes, wie sie Lessing und Schiller beschworen,
verwiesen wird. Der Wanderer mit gekreuzten Füßen und dem in die
Hüfte gestemmten abwärts gesenkten Stab entspricht der berühmten Lessingschen Schilderung »Wie die Alten den Tod gebildet« bis
ins Detail hinein. Aber es ist nicht nur Thanatos, der milde Bruder
des Schlafs, dem der Verwunderte vor der Aussegnungshalle begegnet: es ist auch Hermes.in der Gestalt des Totengeleiters, der durch
das Wanderhafte der Erscheinung – vor allem seinen breiten Hut,
den petasos – den Zögernden folgen heißt und ihn zu jener Reise er-
mutigt, von der er nicht mehr zurückkehren soll.
Wie Hans Castorp und der junge Joseph, wie Adam qadmon, der
Urmensch, und Adrian Leverkühn unternimmt auch Gustav
Aschenbach eine Reise in die Bezirke des Hades, aus denen allein die
göttlichen Figuren des Mythos – die »Joseph«-Tetralogie nennt sie
Attis und Adonis, Osiris und Tammuz – ans Licht der Sonne empor-
steigen können. Dem Dichter ist dergleichen nicht gestattet: von
Charon in der Gestalt eines Gondoliere, der keine Lizenz besitzt,
wird Gustav Aschenbach dorthin gefahren, wo ihn Hermes, nun in
der Gestalt des schönen Götterkindes, erwartet.
Tadzio, der polnische Knabe, übernimmt die Rolle des von weither
kommenden Fremden und geleitet den Folgsamen, erst langsam,
dann schneller, zum vorausbestimmten Ende: »Ihm war aber, als ob
der bleiche und liebliche Psychagog... ihm lächle, ihm winke; als ob
er, die Hand aus der Hüfte lösend, hinausdeute, voranschwebe ins
Verheißungsvoll-Ungeheure. Und wie so oft, machte er sich auf, ihm
zu folgen.« Der Knabe Tadzio, Hermes[4], wird zum Pädagogen, der
den alternden Aschenbach ins Reich der Schönheit einführt und ihn
auf diese Weise vernichtet... ein Grundgedanke Thomas Manns,
der das nur Schöne stets mit Mißbehagen und Zweifel betrachtete
und seit dem »Tod in Venedig« zu wissen erklärte, daß das Schöne in
der Vollkommenheit des Griechischen, das Griechische wiederum

in der Anbetung der makellosen Plastizität des Leibes kulminiere. Nicht zufällig erscheint Tadzio wie ein Abbild klassischer Statuen: »Sein Antlitz, bleich und anmutig verschlossen, von honigfarbenem Haar umringt, mit der gerade abfallenden Nase, dem lieblichen Munde, dem Ausdruck von holdem und göttlichem Ernst, erinnerte an griechische Bildwerke aus edelster Zeit...« In dem schalkhaft-ernsten Gotteskind begegnet Gustav Aschenbach das Formal-Schöne als Widerpart des Lebens[5] in leibhaftiger Gestalt. Wo die Schönheit herrscht, verlieren Maß und Kritik an Einfluß und Gewicht, und eine Antinomie zwischen der plastischen Gesinnung des Naturkindes und der kritischen Haltung des Geistmenschen tut sich auf, die Thomas Mann im »Tod in Venedig« zum ersten Mal aufzeigt und die er später, vor allem im neunten Fragment zum Problem der Humanität und in den operationes spirituales des »Zauberberg«, auf das genaueste analysiert. Griechisches erscheint als Verführung, Plastisches als gefährliches, nur in human-gesitteter Begrenzung vertretbares Extrem. Schönheit und Vollkommenheit verbinden sich leicht mit dämonischer Kälte, und der Übergang ins Grenzenlose des Todes ist schwer erkennbar. Was eben noch Anschaun phäakischen Glücks war, wird im nächsten Augenblick zu trunkener Versunkenheit und unkontrollierter Beglückung. Als Kind seines Jahrhunderts formuliert Thomas Mann die Ambivalenz dieses Zustands mit Nietzschescher Nomenklatur und läßt auf den Preis des klassischen Athen und die Beschreibung der Phaidros-Szene vor der Platane am Ilissos die Ankunft des dionysischen Gottes folgen. Wachheit und Bewußtsein, Plastizität und Kalkul verwandeln sich unversehens in Traum und Rausch, und im Trancezustand erfährt Gustav Aschenbach die Ankunft des von iu-Rufen und Flötenspiel begleiteten Gottes. Die Szenerie wechselt: die Choleraepidemie zerstört das heitere Bild Venedigs, die vergöttlichte, zur Mythenwelt erhobene Landschaft, in der das Meer zum Pontos, der Sonnenglast zum Abbild Athens, die Morgenröte zu Eos wird, erlischt, und allein das makabre Bild der qualmig-düsteren Landschaft bleibt übrig, in der sich die Epiphanie des fremden Gottes vollzieht.

Aschenbachs Tod ist die letzte Konsequenz einer Entwicklung, die mit der Aufgabe der Ironie und dem lässigen Abtun kritischer Analyse begann. Anfangs schien alles sinnvoll und distanziert: fachmännisch-kühle Billigung galt der Hermesgestalt mit den Zügen des Eros (»Das Haupt des Eros, vom gelblichen Schmelze parischen Mar-

mors«), und sokratische Überlegenheit wußte um Maß und Entfer-
nung: »Aschenbach war versucht, ihm mit dem Finger zu drohen.
›Dir aber rat ich, Kritobulos‹, dachte er lächelnd, ›geh ein Jahr auf
Reisen! Denn so viel brauchst du mindestens Zeit zur Genesung.‹«
Bald aber verwandelt sich der sokratische Eros, Distanz und Ironie
schwinden unmerklich, und am Ende, »unter der silbrig-flirrenden
Bläue des Äthers«, wird das Formale um seiner selbst willen gesucht.
Die Mythenwelt des elysischen Landes, der Lufthauch vom Okeanos
und das glutheiße Viergespann des Sonnengottes erweisen sich als
gefährliche Verführungen; mit der Anbetung der Schönheit verbindet sich selige Muße, und der Blick des Entrückten vertauscht am
Ende Schönheit der Form und Vollkommenheit des Geistes[6]. Nicht
zufällig schaut er die platonische Welt in einem von Platon selbst mit
nüchterner Kritik bedachten Zustand[7]: im logosfeindlichen Enthusiasmus, einem Rausch von Ekstase und Trunkenheit, der ihm den
Leib des Knaben als »Standbild und Spiegel« geistiger Schönheit erscheinen läßt.
Die vollkommene Form – im Sinne einer höchstmöglichen Anglei-
chung von Urbild und Kopie – birgt, nach der Auffassung des Dichters, die gleiche Möglichkeit wie die Krankheit in sich: auf der einen
Seite vermag sie zu befreien und den Blick des Besessenen zu beglük-
ken, auf der anderen Seite stürzt sie ihn in Verderben und Untergang. Liebe und Tod – ein Vorausblick auf den Ischtar-Tammuz-
und Isis-Osiris-Mythos der »Joseph«-Tetralogie sei auch hier gestattet – wohnen nahe beieinander, und nicht umsonst wird Gustav
Aschenbach gerade im Zeichen des Todes zum Plastiker von Worten, an deren erotische Herkunft er glaubt. Halb vor sich hindäm-
mernd, erkennt er nachbetend die Lehre des Platon, daß der Weg der
Schönheit ein Weg des Eros sei; aber der Aufstieg zum Geistigen und
der Blick aus der Höhlenwelt bleiben ihm versagt; denn als er den
Phaidros anspricht, ist er, der sich einst so selbstgewiß an Kritobulos
wandte, schon längst kein Sokratiker mehr. Die Katabasis ins Reich
der Schönheit bleibt unwiederholbar; Aschenbach, der sich dem erotischen Hermes als Seelengeleiter anvertraute und über der Anbetung der Form, im Sinne seines Schöpfers, das Leben, über ästheti-
scher Trunkenheit und homoerotischer Liebe Maß und Sitte vergaß,
muß mit dem Tode dafür büßen.
Thomas Mann ist nicht müde geworden, die Diskrepanz zwischen
sittlicher Verpflichtung und plastischer Schönheit, ethischer

Strenge und pseudo-platonischem Ästhetizismus in ständig neuen
Metamorphosen herauszuarbeiten. Ein Zeugnis dafür sind vor allem
das Drama »Fiorenza« und die Erzählung »Gladius dei«. In jedem
Fall erweist sich das »Gebot der Vernunft, Plato zum Gotte zu ma-
chen«, als gefährlich und einseitig; ästhetische Tändelei und antiker
Schönheitskult wecken Gegenkräfte, die ihrerseits allzuleicht extre-
men Charakter annehmen: der im Kreise Lorenzos de Medici übliche
Platonkult ruft die bilderstürmerische Bewegung Savonarolas auf
den Plan, und die im heidnischen Stil gemalte Madonna fordert die
Empörung des gläubigen Mönchs heraus, der mitten in den Straßen
Münchens die Nähe des göttlichen Gerichts verkündet: »Gladius dei
super terram... cito et velociter.«

Spätestens seit dem »Tonio Kröger« ist bei Thomas Mann mit der
Plastik-Kritik-Antonomie eine scharfe Antithetik von norddeutsch-
nüchterner Analyse und südlich-unverpflichtender Schönheits-Be-
jahung verbunden. Tonio ist die erste Gestalt im Werk des Dichters,
die um diesen Gegensatz weiß und die Gefahr südlicher Verführung
(das heißt: die Bedrohung durch Muße und schläfrige Sinnenlust)
durchschaut – deshalb die Abkehr von der Cesare-Borgia-Welt Ita-
liens und die Rückkehr ins düstere Hamlet-Reich Dänemarks: »Und
Tonio Kröger fuhr gen Norden.« – Noch schärfer, beinahe elemen-
tar-persönlich ist die Verdammung des (im »Tod in Venedig« als
verführerische Gefahr erkannten) hellenischen Südens in der sehr
viel später, 1930, publizierten Novelle »Mario und der Zauberer«:
»Gewiß, es ist der Süden, es ist klassisches Wetter, das Klima erblü-
hender Menschheitskultur, die Sonne Homers und so weiter. Aber
nach einer Weile, ich kann mir nicht helfen, werde ich leicht dahin
gebracht, es stumpfsinnig zu finden. Die glühende Leere des Himmels Tag für Tag fällt mir bald zur Last, die Grellheit der Farben, die
ungeheure Naivität und Ungebrochenheit des Lichts erregt wohl
festliche Gefühle, sie gewährt Sorglosigkeit und sichere Unabhän-
gigkeit von Wetterlaunen und -rückschlägen; aber ohne daß man sich
anfangs Rechenschaft davon gäbe, läßt sie tiefere, uneinfachere Be-
dürfnisse der nordischen Seele auf verödende Weise unbefriedigt
und flößt auf die Dauer etwas wie Verachtung ein.«

Hier ist allerdings nicht mehr die Rede vom »Gott mit den hitzigen
Wangen«, der »sein gluthauchendes Viergespann durch die Räume
des Himmels« treibt; vielmehr scheint der pathetische Preis einer
allzu nüchternen Betrachtung, die enthusiastische Feier platonischer

Schönheit einem prosaischen »die Sonne Homers und so weiter«
gewichen zu sein, so daß man fragen könnte, ob die alte klassische
Antithese von Süd und Nord, Schönheit und Maß, Plastizität und
Kritik nicht längst vom Dichter abgetan sei. Wer so fragt, kann eine
vielzitierte Stelle aus der Warschauer P. E. N.-Club-Rede vom Jahre
1925 für sich anführen, in der Thomas Mann betont, daß für das
deutsche Denken und Trachten heute das west-östliche Problem dieselbe Rolle wie einst das nord-südliche spiele – eine These, die durch
den dialektischen Agon der Herren Naphta und Settembrini in dem
ein Jahr vorher, 1924, abgeschlossenen »Zauberberg« nur zu evident
bestätigt zu sein scheint. Genauere Betrachtung lehrt freilich, daß
der alte, im »Tonio Kröger« und im »Tod in Venedig« so nachdrücklich interpretierte Gegensatz zwischen nordischem und antik-klassi-
schem Wesen nicht nur nicht verloren, sondern – wie könnte es in einem Lebenswerk, das durchgängig von geheimen Verweisen, Entsprechungen und Zitaten lebt, auch anders sein? – unter neuen Zeichen kräftig entfacht worden ist. Gerade das Kapitel »Schnee« im
»Zauberberg« zeigt die gewohnte Antithese in der denkbar knapp-
sten Vereinfachung: dem Anschaun der südlichen, beinahe george-
anischen Ideallandschaft entspricht das jähe Erwachen und die Teil-
nahme am schrecklichen Blutmahl im Tempel der Demeter und Persephone. Die nie gesehene, aber im Zustand der Anamnesis ge-
schaute Bucht am südlichen Meer verblaßt ins Unverbindlich-Un-
bedenkliche, bis plötzlich, ganz unversehens, die Schreckensszene
des Opfermahls in der Zyklopenwelt dorischer Tempel beginnt. Die
Interpretation ist die gleiche wie am Schluß des »Tod in Venedig«.
In jedem Fall wird die höflich-verständige Gemeinschaft der Son-
nenleute zersprengt und hinter ihnen, in ihrem Rücken, die chaoti-
sche, mit dem Namen des trunkenen Gottes bezeichnete Vorwelt
sichtbar gemacht.

Freilich geht der »Zauberberg« insofern über die frühe Novelle hinaus, als er die konventionelle Nietzschesche Antithese im Zeichen
des Ost-West-Gegensatzes auf den Gesamtbereich menschlicher
Bildung überträgt und ihn in zwei verschiedenen Persönlichkeiten,
einem Jesuiten und einem Literaten, konkretisiert. Die Antinomie
liegt also nicht mehr allein im Herzen des Betrachtenden, sondern, objektiviert, in der Gegenwelt des Betrachteten selbst. Aschenbach hat
sich gleichsam aufgespalten, ohne daß dadurch die Bedeutung des
erotischen Elements in irgendeiner Form verringert worden wäre.

Allerdings erfährt der Begriff des Eros jetzt eine ungeahnte Erweiterung, umfaßt »Wollust« und »caritas« zugleich und nähert sich, vergeistigt, jener Sympathie, die Thomas Mann in der »Pariser Rechenschaft« »ein Kind des Eros und der Vernunft« nennt, »eine versittlichte Lust, die auch den Namen der Güte führt«... womit er andeutet, daß die Antithese von Schönheit und Geist, Lust und Sitte im Zeichen der Güte sehr wohl überwunden werden kann. In den Gesprächen des »Zauberberg« ist davon freilich wenig zu spüren – platonische Dialektik herrscht vor, und die im »Tod in Venedig« angeschlagenen Motive werden unter dem Gesichtspunkt von Recht und Nutzen ausgeführt: Ästhetizismus erscheint jetzt – die Gespräche der Münchener Künstlerrunde im »Doktor Faustus« werden das verdeutlichen – als Bruder der Barbarei; aber auch Häßlichkeit und Terror fügen sich als antiklassische Elemente nicht übel zusammen... ein Wettkampf großen Stils ist entflammt, bei dem wiederum, wie im »Tod in Venedig«, viel Antikes Pate steht. Platon bleibt, auch wenn von Aristoteles und Vergil gesprochen wird, wie in der frühen Novelle Protagonist – abermals zitiert der Dichter den »Phaidros«: jetzt, um von jenem sagenhaften, einst von Stephan Daedalus in Joyces »Jugendbildnis« so enthusiastisch beschworenen ägyptischen Theut, dem Erfinder der Schrift und eigentlichen Paten des Literaten zu erzählen. Dieser Theut oder Thot aber ist – man sieht, die Motive kehren alle wieder – kein anderer als Hermes, der Totengott der Novelle, der dort auch als jugendschöner Verführer von göttlichem Liebreiz fungierte. In der Tat ist Hermes die eigentliche – wenn auch unsichtbare – Zentralgestalt des »Zauberberg«... einmal scherzhaft als Mercurius apostrophiert, einmal im Gewand des Psychopompos, ein andermal in orientalisch-hellenistischer Verkleidung, Theut oder Trismegistos genannt, als Herr des Geistes und der Bildung: nicht nur ein Totengott, sondern ein Beschützer des Lebens, wie denn die Antike im »Zauberberg« vor allem als lebensfrohe und todesfeindliche Epoche, Hüterin der Ordnung und Gesundheit, erscheint – ein Grund, warum Herr Settembrini, der Advokat des Lebens, sich besonders gern antiker Zitate, Sentenzen und Mythologeme bedient.

War Hermes im »Tod in Venedig« auf seine Funktion als Todeserote beschränkt, so präsentiert er sich im »Zauberberg« zum ersten Mal in der Fülle der Erscheinungen: »da war der blaubemantelte Tod als humanistischer Rhetor; und wenn man den pädagogischen Literaturgott und Menschenfreund näher ins Auge faßte, so hockte da statt seiner eine Affenfratze mit dem Zeichen der Nacht und der Zauberei an der Stirn«. Auch der »Zauberberg«, eine »hermetische Geschichte« kat' exochen, ist ein Bericht von einer Katabasis, auch hier gibt es Fährleute und Seelengeleiter, Minos und Rhadamanthys sprechen Recht – das Ganze ist, nach der Ansicht des Herrn Settembrini, ein einziger großer Hades, ein Totenreich, in das der junge Hans Castorp ebenso sicher mit der Eisenbahn gelangt wie Gustav Aschenbach mit Dampfschiff und Barke. Daß der Abstieg streng geographisch in Wahrheit eine Anabasis ist, darf dabei nicht stören, denn die Erkenntnis des Joseph, oben und unten seien durchaus variable Größen, liegt auch schon dem »Zauberberg« zugrunde. – Mit Recht hat man, um den Roman in die mit der Antike beginnende europäische Erzählertradition einzuordnen, von einer modernen Odyssee gesprochen, und in der Tat sind es gerade Odysseus' Abstieg in die Unterwelt, seine Visionen im Totenreich und seine Gespräche mit den blutleeren Schatten, die der moderne Dichter in der ihm eigenen ironisch-sokratischen Weise kommentierend variiert. Auch die Menschen des »Zauberberg« entbehren ja des Bluts und Lebensmarks und vegetieren fern der realen Welt des Flachlands als »tief gesunkene Wesen«. Auch in den luftigen Höhen der Schweizer Berge bedarf es, um sich auszukennen, eines Ciceronen und Psychopompos' in mancherlei Masken und Gewändern. Und wer wäre da geeigneter als jener griechische Gott, dessen Wesen die Vielheit und Variabilität seiner Erscheinungen ist?

Wir begegnen ihm wieder – nun beinahe Kapitel für Kapitel und in immer anderer Gestalt – in der mythischen Welt der Tetralogie. Aber ehe wir sie betrachten und die mannigfachen Erscheinungsformen des Gottes und seines menschlichen Imitators untersuchen, erscheint es angebracht, wenigstens im Vorbeigehen zweier theoretischer Analysen zu gedenken, die wie Vorstudien und Kommentare, eigens im Hinblick auf das große Erzählwerk geschrieben, anmuten. Da ist zunächst die »Pariser Rechenschaft« vom Jahre 1926, in der der Joseph-Plan zum ersten Mal entwickelt und die ihm zugrunde liegende Problematik des Mythischen analysiert wird. Wieder, wie schon so oft, reizt den Dichter eine – hier auf Baeumlers Vorrede zu einer Auswahl aus Bachofens Schriften basierende – Analyse von Dionysischem und Apollinischem, von mythendunkler Vorwelt und klarer Tagesbewußtheit, von romantischem Volks-, Natur- und

Erdkult und klassisch rationalistischer Mythendeutung zu vertiefter Betrachtung. Die Entscheidung zwischen den Extremen bereitet dabei wenig Mühe, sie fällt zugunsten der klassischen Interpretation aus und zielt – schon hier – auf eine Humanisierung und ironisierende Vergeistigung des mythischen Geschehens hin. Genauere Aufschlüsse gibt die Festrede »Freud und die Zukunft«, in der das Mythische selbst, eingehend analysiert und von psychologischer Warte aus kommentiert, in seiner Besonderheit erscheint. Dabei erweist es sich als Wesen des Antiken, daß ihm der moderne Individualitäts-Begriff durchaus fehlt: »Das antike Ich und sein Bewußtsein von sich war ein anderes als das unsere, weniger ausschließlich, weniger scharf umgrenzt. Es stand gleichsam nach hinten offen und nahm vom Gewesenen vieles mit auf, was es gegenwärtig wiederholte, und was mit ihm ›wieder da‹ war. « Wesen des Antiken ist also die Wiederholbarkeit des Vergangenen als eines ständig Präsenten, die Fähigkeit zur Reinkarnation des Mythos im hic et nunc des (festlichen) Augenblicks – das Zitat als Mittel der Iteration[8]. Indem der Mensch, zumal beim Fest, der Ahnen gedenkt, identifiziert er sich mit ihnen, löst sich aus seiner Vereinzelung und wird seines nunmehr exemplarischen Schicksals inne. Der Augenblick verliert den Charakter des Einmalig-Momentanen und erscheint in der Dimension des »schon immer« und »jetzt wieder« vertraut und selbstverständlich. Diese, gerade von der klassischen Philologie in den letzten Jahrzehnten herausgestellte Vergegenwärtigung des Vergangenen[9], die über die Wiederholung zu lebendiger Neuschöpfung führt, zeigt sich, nach Thomas Mann, vor allem bei der Zelebrierung eines festlichen Ereignisses: »Das Fest ist die Aufhebung der Zeit, ein Vorgang, eine feierliche Handlung, die sich abspielt nach geprägtem Urbild; was darin geschieht, geschieht nicht zum ersten Male, sondern zeremoniellerweise und nach dem Muster; es gewinnt Gegenwart und kehrt wieder, wie eben Feste wiederkehren in der Zeit und wie ihre Phasen und Stunden einander folgen in der Zeit nach dem Urgeschehen. «

Diese in der »Pariser Rechenschaft« und in »Freud und die Zukunft« entwickelten Thesen hat Thomas Mann vor allem am Beispiel des alten Eliezer (der, während er erzählt, sich in das Erzählte verwandelt, also »kein scharf umgrenztes Ich« hat), und am Bericht vom Adonis-Fest verdeutlicht. Joseph, der Held des Buches, ist ja geradezu ein Musterbeispiel der »Repräsentation«. Durch seine doppelte

»Höllenfahrt« in den Brunnen und in die ägyptische Verbannung
re-präsentiert er wortwörtlich das Tammuz-Osiris-Adonis-Schick-
sal und wird zum »zerstückelten« Dionysos-Zagreus, der in neuer,
vollkommenerer Gestalt als seliger Gott wieder aufersteht. Im Sinne
der mythischen Identifikation bringt er es dabei so weit, daß er, der
Nachahmende, jedenfalls in der Vorstellung seiner Mitmenschen,
zum Gott selbst wird: »einen Gott zu spielen, das bedeutet nach pri-
mitiver Denkweise immer ein wenig auch Gott zu sein«. In Joseph,
dem Schönen und Klugen, dem vollkommen Gestalteten, aber auch
Geistmächtigen wird jene große Antithese gelöst, die Thomas Mann
dreißig Jahre vorher in den »Buddenbrooks« und dem »Tonio
Kröger« analysiert hatte. Zugleich überwindet Joseph aber auch den
Gegensatz zwischen Apollinischem und Dionysischem, da er sich,
anders als der flötenspielende Esau, beiden Göttern zugleich verbunden fühlt. Er ist der kaloskagathos im griechischen Sinne, der
geistgewaltige Schöne, dessen vielfältig schillerndem Charme auf die
Dauer niemand zu entgehen vermag... ein echter Bruder des Hermes, Abbild und Kopie des Gottes; ein Bruder auch jenes anderen
Felix, der sich nicht minder hochstaplerischer Manipulationen bedient als der mythische Schalksknecht.
Wiederum, dieses Mal sichtbar, ist Hermes die eigentlich beherr-
schende Figur des Buches. Er ist der Seelengeleiter, der die Toten in
ihre Heimat bringt. Als Joseph, vom Vater ausgesandt, seine Brüder
zu suchen, in der Wüste umherirrt, begegnet ihm der Mann auf dem
Felde – Hermes, als Sterblicher verkleidet, aber doch so sehr er
selbst, daß er sich nicht enthalten kann, aus dem Behange des Esels
ein Körbchen mit Preßobst und ein anderes mit gerösteten Zwiebeln
zu stehlen und beides in seiner Gürtelfalle zu verstauen. Er ist eben
nicht nur »Bote, Führer und Wächter«, dieser Hermes, sondern
auch, wie die Tradition es nun einmal vorschreibt, ein meisterlicher
Dieb... eine Eigenart, von der insbesondere der homerische Her-
mes-Hymnus berichtet, den Amenhotep-Echnaton in seinem großen
Gespräch (dem eigentlichen Höhepunkt der Tetralogie) dem halb
staunenden, halb wissenden Joseph bis in alle Einzelheiten hinein
wiedergibt. Aber Hermes ist noch mehr: nicht nur der Seelengeleiter, der mit Fug und Recht im Spiel ist, wenn der junge Joseph ins
»äffische Totenreich Ägypten« hinübergeht, nicht nur der Meister
der diebischen List und Hochstapelei, sondern auch der affenköpfige
Naturdämon des »Zauberberg«, jener von Herrn Naphta so hart ge-

scholtene Pavian mit der Mondsichel an der Stirn, der hier schakalge-
staltig, als Anup, dem träumenden Jaakob begegnet und ihn in der
Gestalt des neapolitanischen Lysipp-Hermes darauf aufmerksam
macht, daß er seinen Kopf schon noch verlieren würde, um sich zum
Gott in Menschengestalt aufzuschwingen und Totengott, aber auch
Herr des Geistes und der Bildung zu werden. Gerade das ist ja sein
eigentliches, im »Zauberberg« von Herrn Settembrini so enthusiastisch gefeiertes Muster: als Thot und Trismegistos den Menschen
die Künste zu lehren und ihm das Licht des Geistes und der verständigen Sitte zu zeigen. Doch nicht genug mit dieser Verwandlung –
wo man Lesen und Schreiben beherrscht, da steht auch Musik in Ansehen und Ehren, und auch auf diesem Felde ist Hermes unschlag-
bar... er, der Erfinder der Laute, zu der die Schale der Schildkröte
den Resonanzboden gab. Als Gott der Sitte und geistigen Höflichkeit ist er schließlich auch Lenker von Verkehr und Handel, Mercurius, Schirmherr der Gläubiger und Bankiers. In seinem Zeichen beginnt der junge Joseph seinen Weg; das Signum des Gottes Thot
steht über der Schilderung seines auserwählten Charakters, und
Jahrzehnte später, kurz vor dem Höhepunkt seiner Laufbahn, unmittelbar nach der ägyptischen Verbannung, wird er sich durch die
Ansprache Echnatons auf bedeutsame Weise an die Sterne seiner
Kindheit erinnert fühlen. Ihn, der durch die Gaben des Thot schon
so oft aus Elend und Not errettet wurde, erkennt pharaonische
Gnade als einen im Geiste Verwandten: »Ich sehe... daß du dich auf
die Künste des Thot verstehst und ein Schreiber bist. Ich denke, daß
das mit der Würde des Ich zusammenhängt, worin sich das bindende
Muster der Tiefe erfüllt.«
Als Gesandter des Thot-Trismegistos beherrscht Joseph das Lesen,
Rechnen und Schreiben; als Diener des Hermes übt er die anmutig
trugreiche Rede und vertraut dem ἑρμαῖον, dem glücklichen Fund
eines Zufalls. Indem er die Gaben des Gottes zu seinen eigenen
macht und den vergangenen Mythus im Gegenwärtigen wiederholt,
hebt er die Vergleichsebene auf und wird selbst zum Gott – ein großer Bankier am pharaonischen Hof, ein schlauer und listiger Wun-
dermacher, ein redlicher Wahrsager und Führer, der immer um Maß
und Ausgleich weiß und die Aufhebung der Extreme in einer geordneten Mitte erstrebt.
Nicht zufällig nennt Joseph als Diener einer Mondgottheit gerade Selene seine vertraute Herrin. Gleich weit entfernt vom männlichen

Helios und der weiblichen Gaia hat er seine Zelte an der Grenze zwischen Leben und Tod im Mondreich aufgeschlagen, dort, wo Weibliches und Männliches, Anmut und Geist sich in schönem Austausch verbinden. Schalkheit und Witz, Schönheit und Charme sind die Tugenden, denen er auf seiner hermetischen Bahn vertraut, denn gerade Geist und Witz sind ja Funktionen des Hermes, Elemente, recht geeignet, Führer, Wächter und Boten in einer Welt höherer Gesittung zu sein: »Wir sprechen von Witz, weil dieses Prinzip seinen Platz hat in dem kleinen Kosmos unserer Geschichte und früh die Bestimmung fiel, daß der Witz die Natur hat des Sendboten hin und her und des gewandten Geschäftsträgers zwischen entgegengesetzten Sphären und Einflüssen.«

In der Gestalt des Joseph-Hermes, jenes schalkhaft-hochstaplerischen Imitators, der sich die Züge seines Gottes so sehr zu eigen macht, daß am Ende die Grenzen seiner Individualität nicht mehr genau bestimmbar sind und es unklar bleibt, wo Göttliches endet, Menschliches beginnt, werden zum ersten Mal die feindlichen Antithesen »Apollreich hier – Dionysosreich dort« zu höherer Synthese vereinigt. Wo Joseph regiert, bleibt Böses unbekannt, und Dämonen, wie der flötenspielende Esau oder die als Bacchantin gezeichnete Mut-em-enet, ziehen nur am Rande vorbei.

Das bedeutet freilich nicht, daß der alte, in der Rede über »Humanismus und Humaniora« und dem Vortrag über Nietzsches Philosophie so nachdrücklich zitierte Gegensatz im Werk des Dichters nicht mehr weiterlebt. Im Gegenteil, das schon Überwundene wird im »Doktor Faustus« noch einmal zu schärfster Antithetik zugespitzt. Klare Bewußtheit, nüchterner Biedersinn und humanistische Emphase erweisen sich als unzureichend, um die geheime Verbindung von Barbarei und Ästhetizismus zu zerstören. Noch einmal, wie im »Tod in Venedig«, im »Zauberberg« und in der »Joseph«-Tetralogie werden wir zu Zeugen einer herakleischen Katabasis; noch einmal begegnen wir dem Psychopompos, aber dieses Mal nicht in der Gestalt des freundlichen Mondgottes und Seelengeleiters, sondern in der Maske des christlichen Teufels und im Gewand des diabolischen Widergeists. Stärker als im Frühwerk und intensiver als im »Tod in Venedig« tritt jetzt das Dämonische einer kalten Schönheit zutage, auf das schon Riemer, ein Vorfahr Zeitbloms, bei Gelegenheit seiner Goethe-Analyse verwiesen hatte. Abermals verbinden sich Kälte, Disziplin und Todesschönheit zu einer teuflischen Dreieinigkeit,

aber nicht der platonischen Reinkarnation, nicht Tadzio-Phaidros –
auch Aschenbach »verschreibt« sich ja dem Schönen –, nicht dem
göttlichen Kinde, sondern dem leibhaftigen Teufel gilt es jetzt zu folgen. Schwach nur, in einem Zitat, das das Ring-Motiv aus dem Ech-
naton-Gespräch wiederholt, schimmert im Anfang des kallimachei-
schen Apollon-Hymnus ein Gegenbild durch, aber auch in ihm
überwiegt der Schrecken bei der Epiphanie des niederstürmenden
Gottes. Inmitten von Terror und Chaos erscheint die Position des alten Humanismus brüchig. Das antikisierende Pathos des fortschritt-
gläubigen Settembrini ist zur müden Resignation eines alten Philologen geworden, der die dämonischen Kräfte nicht nur im Pakt von
Ästhetik und militanter Theologie, sondern auch auf dem eigenen
Felde, im eng umzirkten Raum der Humaniora erkennt: selbst nüchterne Bewußtheit hat sich immer wieder des fremden Gottes zu er-
wehren und die chthonischen Mächte in geordneter Harmonie zu
bändigen: »... als ich von der Akropolis zu der Heiligen Straße hin-
ausblickte, auf der die Mysten, geschmückt mit der Safranbinde und
den Namen des Iacchus auf den Lippen, dahinzogen, und dann, als
ich an der Stätte der Einweihung selbst, im Bezirke des Eubuleus am
Rande der vom Felsen überhangenen plutonischen Spalte stand. Da
erfuhr ich ahnend die Fülle des Lebensgefühls, welche in der initiato-
rischen Andacht des olympischen Griechentums vor den Gottheiten
der Tiefe sich ausdrückt, und oft habe ich später meinen Primanern
vom Katheder herab erklärt, daß Kultur recht eigentlich die fromme
und ordnende, ich möchte sagen, begütigende Einbeziehung des
Nächtig-Ungeheuren in den Kultus der Götter ist.« Hier, in diesen
Worten, spricht Thomas Mann selbst, denn die Sätze, die er Serenus
Zeitblom in den Mund legt, wiederholen, frei zitierend, die Worte,
die der Fünfzigjährige im Reisebericht von 1925 über Athen schrieb.
Auch er, auf einer Reise durch das Mittelmeer: von Ägypten kom-
mend und nach Italien zurückkehrend, gedenkt des Blicks auf die
Heilige Straße und des »heroischen Jugendlands« der europäischen,
den Barbaren verwehrten Gesittung. In diesem Zusammenhang, da
er erkennt, »daß wahrhaft nur der Europens Sohn ist, der sich in seinen besten Stunden auf Hellas im Herzen zurückzubeziehen weiß«,
beschreibt er, bei einer Aufzählung der betrachteten Denkmäler, unter anderem auch die Arbeitsweise jenes »Phidias, auch Pheidias«,
der ein großes Talent mit ebenso großen menschlichen Schwächen
verband und als Materialdieb im Gefängnis starb... ein Nebensatz,

beinahe lässig hingeworfen, und doch ein Zitat aus dem »Krull«-Fragment von 1911, das für die jüngste Fortführung des torsohaft hinterlassenen Werks von großer Bedeutung werden sollte. Auch Krull ist ja, wie Phidias, ein Dieb, auch er – wie könnte es anders sein? – ein Plastiker und Bildner, wenn auch in anderem Bereiche tätig und an anderem Ort, im confinium von Logos und Eros, angesiedelt: ein human gesonnener Meister des Worts wie Tonio, Settembrini oder Imma Spoelmann, ein anmutiger Erote wie Tadzio, ein Diener und hochstaplerischer Nachahmer des Hermes wie jener biblische Joseph, dem er in vielen Punkten so überaus ähnlich ist und dessen mythische Attitüde er ins Parodistische transponiert[10]. Auch er, Krull, unternimmt eine Katabasis – wir glaubten dessen sicher sein und auf die Darstellung seines phidiasischen Gefängnisaufenthaltes vertrauen zu können. Jetzt, wo der »Krull« für immer Fragment bleiben wird, müssen wir uns mit dem vergleichsweise harmlosen Vorklang der hermetischen Begegnung mit den »Totenvögeln« in Frankfurt begnügen. Hermes aber, der Gott der Diebe, ist in der Gestalt des göttlich-schönen Kindes schon jetzt dabei, die Fäden zu spinnen, und wenn sich der Held, anders als der seinem Thot-Trismegistos so folgsame Joseph, auch nicht über die Beziehungen zu seinem göttlichen Ebenbild im klaren ist, und erst durch eine Geliebte, Madame Houpflé, auf seine Hermes-Beine und damit auf seinen Patron aufmerksam gemacht werden muß, kann an der bedeutsamen Rolle, die der Schalksgott auch im letzten Werk des Dichters spielt, dennoch nicht gezweifelt werden. Gerade Felix, der als echt mythische Figur, wie Joseph, »kein scharf umgrenztes Ich« hat und von dem Gedanken der Vertauschbarkeit aller Dinge fasziniert ist, wird sich wie kaum ein anderer als ein (wenn auch unfreiwilliger) Kopist des Vielgesichtigen bezeichnen lassen müssen. Wie sollte es auch ausbleiben, daß er, der Flügelbeschuhte[11], der wie Joseph klug und schön zugleich ist, sich an der Grazie jenes Gottes entzückt, der gleichsam die personifizierte Eleganz ist und schon durch seine Gestalt auf Harmonie und gerechten Ausgleich verweist? Ja, ist er am Ende nicht selbst in all seinem flirrenden (und darum ein wenig verdächtigen) Glanz so etwas wie ein »neurotischer Hermes«[12]? In Tadzio, Joseph und Felix verkörpert Hermes die Vollkommenheit der menschlichen Figur, die Form an sich, gepaart mit Anmut und Geist. Der griechischen Proportioniertheit seines Leibes, »der Form als Gottesgedanken«, entspricht die »Pfiffigkeit seines Gehirns« und die Schläue seines vielbeweglichen Geistes. Kein Zweifel, daß man mit Recht geglaubt hat, die Definition des Hermes ziele auf ein geheimes Selbstporträt des Dichters: »... Ordner und Führer, der durch die Windungen führe der Welt, rückwärts lächelnd mit aufgehobenem Stabe... ein milder Zauberer am Ende gar in aller Schläue« – das ist ganz offensichtlich, denn der Stock des Totengottes bezeichnet ja auch den Stab des Rhapsoden, und das Epitheton »Zauberer« deutet auf persönlichste, dem privaten Bereich entnommene Affinition.

In den Gesprächen zwischen Echnaton und Joseph, jenem in der heiteren Atmosphäre spätplatonisch-gnostischer Lichtfrömmigkeit veranstalteten Disput, und in der Unterhaltung zwischen Krull und dem portugiesischen Monarchen Carlos I., einem späten und nicht eben bedeutenden Nachfahren Amenhoteps IV., gewinnt die Lieblingsgestalt des Dichters ihre plastischen Konturen. Am Beispiel der problematischen Schönheit und mit Hilfe des Eros- und Katabasis-Motivs entwickelt Thomas Mann die Züge des Gottes. Katabasis, Schönheit, Eros und Hermes sind die stereotypen, sich in den Zentralwerken wiederholenden Zitate der Antike... wobei zu berücksichtigen ist, daß Eros (im platonischen Sinne) und Hermes als die beiden Vermittler zwischen Mensch und Gott, als Verbinder von hüben und drüben und Verwalter segensreichen Austausches einander von vornherein verwandt sind, ja, im Grunde für Thomas Mann nur als verschiedene Erscheinungsformen *eines* Phänomens figurieren, so daß Hermes, der Schalk und der Seelengeleiter, zugleich, als Eros, jene »große Freude« weckt, die dem Tode immer neues Leben schenkt. Fast scheint es, als fasse der Dichter seine Anschauungen, Kenntnisse und Erfahrungen des Griechischen im Bilde jenes vielgestaltigen, ironisch-heiteren Gottes zusammen, zu dem er, der Sokratiker, von den Tagen des »Tod in Venedig« bis hinauf zu den »Bekenntnissen des Hochstaplers Felix Krull« eine besondere Zuneigung hat. Nicht zufällig wird das im Reisebericht von 1925 im Anblick der Akropolis-Koren notierte Stichwort »geistig-elegant« immer wieder zur Charakterisierung gerade des Lieblingsgottes verwandt. Hermes: das ist gleichsam die Inkarnation des »Jugendlich-Europäischen«[13], der symbolische Ausdruck eines »europäischen Gemeinsamkeitsgefühls«, von dem der Dichter bei seiner Analyse der lebendigen antiken Tradition in einer Rede über »Humaniora und Humanismus« spricht. Hermes, der Lebensspender und Todesbote, der Listige und Geistvolle, Erotisch-Wendige und Beharrlich-Schlaue erscheint so als ein Gleichnis für jenes Bild des Menschen, »das oft versank und immer wieder zur Sonne stieg«.

[1] Thomas Mann, »Unterwegs« in: »Bemühungen«, Berlin 1925, S. 259.

[2] Hofmannsthal nennt (»Andreas oder die Vereinigten«, Gesammelte Werke in Einzel-ausgaben: Die Erzählungen, Frankfurt/Main 1949, S. 234) Venedig »eine Fusion der Antike und des Orients«. Vgl. dazu Karl J. Naef, »Hugo von Hofmannsthals Wesen und Werk«, Zürich und Leipzig 1938, S. 316 f., und Walter Jens, »Hofmannsthal und die Griechen«, Tübingen 1955, S. 125 f.

[3] Ernst Robert Curtius, »Hofmannsthal und die Romanität«, Die neue Rundschau 40, 1929, S. 659.

[4] Vgl. Karl Kerényi: »Romandichtung und Mythologie. Ein Briefwechsel mit Thomas Mann«, Zürich 1945, S. 83: »Den Psychopompos als wesentlich kindliche Gottheit gekennzeichnet zu sehen, mußte mich freuen: es erinnert mich an Tadzio im ›Tod in Venedig‹.« (Thomas Mann am 18. Februar 1941 an Karl Kerényi.) Zur Bedeutung des Hermetischen bei Thomas Mann vgl. auch Beda Allemann, »Ironie und Dichtung«, Pfullingen 1956, S. 137 ff.; außerdem Walter Pabst, »Satan und die alten Götter in Venedig, Entwicklung einer literarischen Konstante«, Euphorion 49, 1955, S. 335 ff.

[5] Vgl. Thomas Mann: »Über die Ehe« in: »Die Forderung des Tages«, Bln. 1931, S. 171: »Wo der Begriff der Schönheit obwaltet, da büßt der Lebensbefehl seine Un-bedingtheit ein. Das Prinzip der Schönheit und Form entstammt nicht der Sphäre des Lebens...« Einzelnes zu dem Verhältnis von Schönheit und Tod im wichtigen Buch von Hans Albert Maier: »Stefan George und Thomas Mann. Zwei Formen des dritten Humanismus in kritischem Vergleich«, Zürich, 2. Aufl. 1947, S. 64 ff.

[6] Die Entwicklung Aschenbachs liegt darin, daß sein »tiefer und geistiger Widerstand« um so stärker schwindet, je mehr er sich an »die Form als Gottesgedanken« verliert. Eine »tiefe Instinktverschmelzung« läßt ihn die platonische Unterscheidung von Kör-perlichem und Geistigem nicht mehr sicher erkennen und über den sinnlichen Dingen (die er als Voraussetzung begreift, um intellektuale Wesenheiten zu schauen) den Auf-trag des Geistes vergessen. Beide, der Tod in der Gestalt des Wanderers mit den ge-kreuzten Beinen und die Schönheit in der Maske des polnischen Knaben: Hermes und Eros erweisen sich als gleich verführerisch.

[7] Vgl. u. a. Hermann Gundert, »Enthusiasmus und Logos bei Platon«, Lexis II, 1 (1949), und Hellmut Flashar, »Der Dialog Ion als Zeugnis platonischer Philosophie«, Diss. (Masch.-Schr.) Tübingen 1954, S. 155 ff.

[8] »Das zitathafte Leben, das Leben im Mythus, ist eine Art von Zelebration; insofern es Vergegenwärtigung ist, wird es zur feierlichen Handlung...« Vgl. zum Problem der ständigen »Präsenz« der mythischen Zeit (im Gegensatz zur ›realen‹ Zeit) auch Hell-mut Brunner, »Zum Zeitbegriff der Ägypter«, Studium Generale, 8. Jahrg., Heft 9, 1955, S. 584 ff., eine Arbeit, die vor allem für die Auffassung der mythischen Re-prä-sentation der »Joseph«-Tetralogie viel hergibt.

[9] Vgl. vor allem Bruno Snell, »Mythos und Wirklichkeit in der griechischen Tragödie«, Die Antike 20, 1944, S. 115 ff. Außerdem Wolfgang Schadewaldt, »Zu Sappho«, Hermes 71, 1936, S. 363 ff.; Karl Kerényi, »Vom Wesen des Festes«, in: »Die antike Religion«, Düsseldorf/Köln 1952, S. 45 ff., und »Romandichtung und Mythologie« a. a. O. S. 71 ff. – Gerade an Zeugnissen der griechischen Literatur, vor allem an der frühgriechischen Lyrik, läßt sich das von Thomas Mann mit einem Hinweis auf Or-

tega y Gasset dargestellte Verhältnis des antiken Menschen zur Tradition besonders
deutlich zeigen. Die Besinnung auf den Mythos nimmt dem perönlichen Erleiden das
Moment des Ungewöhnlichen. Das Exempel der mythischen Analogie schützt vor
schuldhafter Isolation.

[10] Einen genauen Vergleich zwischen Joseph und Krull zieht Inez Diller in ihrer auch
für unser Thema außerordentlich bedeutsamen Studie, »Thomas Mann: Bekenntnisse des Hochstaplers Felix Krull«, Mädchenbildung und Frauenschaffen, 6. Jahrg.
Febr. 1956, S. 74.

[11] Beim Tennisspielen trägt Krull die »beflügelnden Schuhe« (»Bekenntnisse des Hochstaplers Felix Krull« a. a. O. S. 392). Eine überraschende Parallele im »Zauberberg«
weist Inez Diller a. a. O. S. 78 nach: auch der Skifahrer Castorp trägt, »wie Mercu-
rio«, »Flügelschuhe«! Das gleiche gilt übrigens von Eliezer (in der »Joseph«-Tetralo-
gie): »beflügelten Fußes« – und mit beflügeltem Hütchen! – bewegt er sich über die
Erde.

[12] Vgl. hierzu die höchst überraschende Charakteristik, die Klaus Mann, der Sohn, seinem »Felix«, Gustaf Gründgens, gibt: »Die erste Begegnung mit Gustaf bleibt mir
unvergeßlich. Mit dem Elan eines neurotischen Hermes drang er in unser Hotelzim-
mer ein. So leichtfüßig war sein Gang, daß man nicht umhin konnte, seine etwas ab-
getragenen, aber doch irgendwie sehr schicken Sandalen mit mißtrauischem Blick zu
streifen. Gab es dort keine Flügel? Nein; auch war es kein antikes Göttergewand, was
ihm da mit edler Nachlässigkeit um die Schultern hing, sondern nur ein ziemlich
schäbiger Ledermantel.« (Klaus Mann: »Der Wendepunkt«, S. Fischer Verlag,
o. O., 1952, S. 173.) In der Tat: das Götterkind mit der Maske mag in der Familie des
Dichters so etwas wie ein Hauspatron, ein schelmischer Behüter von Schönheit und
Geist, gewesen sein.

[13] Vgl. in diesem Zusammenhang die Hermes-Auffassung Theodor Däublers. Auch
für Däubler ist Hermes die Zentralgottheit; er »hat die Sprache gebracht. Der Neu-
gierige wollte Unterredung mit uns«. (Hierzu Walter Jens, »Theodor Däubler – der
letzte Grieche«, »Die Zeit« 17. 1. 57.)

Die Götter sind sterblich

Reisebericht

Für Inge

Morgens in Mestre hatte es geregnet, doch als wir vom Ca' d'oro auf
den Schlangenrücken des Kanals hinunter sahen, war die Sonne
gekommen, eine milde und sehr sanfte Sonne, die die Konturen des
Palasts noch zerbrechlicher und verspielter erscheinen ließ als zu
anderen Stunden. In der Tiefe aber blieb es dunkel und feucht.
Neonröhren, bleiche elektrische Stäbe, flammten über den Geschäften der Merceria, die Gassen waren glitschig und mit Unrat bedeckt,
und an den Ecken, auf den Karren der Gemüsehändler, leuchtete
Obst in giftigen Farben. Der Geruch des fauligen Wassers drang bis
in die Läden hinein und vermischte sich mit dem Duft aus Leder und
kostbarem Tuch.

Krüppel und Bettler bahnten sich ihren Weg – ein mittelalterlicher
Totentanz unter Lichtreklamen, eine beauty-show mit Skelett und
Gerippe. Triefäugige und Zwerge, aufgedunsene Matronen und
beinlose Veteranen... alles, was der Satyrblick römischer Dichter je
an Kuriositäten erspähte, schien an diesem Tag in Venedig versammelt zu sein. Nicht hinter Gittern und Mauern verborgen, offen und
freimütig präsentierte sich hier, vor den Reisebüros und den Schildern der Ärzte, der menschliche Aussatz und die Gebreste des Körpers. Ob Lourdes oder Rom: zu Jahrmarkt und Messe gehören die
Lumpen und Stümpfe. Wer sich bekreuzigt, wer zum Nickel greift,
tut recht, doch vergesse er nicht, daß auch der Gourmet nach dem
Volk vor der Oper verlangt. Sentiment und Zynismus vertragen sich
gut: dankbar, im Tanzschritt der Roben, erinnert man sich der Wä-
schefetzen über der Straße, und zärtlicher klingen die Kelche, wenn
sie des Armutsgeräuschs der tönernen Tassen gedenken.

Oder ist es ein Zeugnis der Einsicht, daß man die Armen nicht aus
den Straßen der Reichen verjagt, daß Brücke und Markt auch dem

Bettler gehören? Daß man die Irren, die Verstümmelten, die mit
dem Kropf und die mit dem halben Gesicht den Blicken der anderen
preisgibt, sie zu Einkehr und Vorsicht ermahnt, nicht nur zu
Raffinement und Genuß, sondern auch zum memento, zum blin-
zelnden Blick auf die Sense?

Im Süden ist alles nah beieinander. Hinterhof und Beletage, Neon
und Abfall... pittoreske Details! Verständlich, daß die alten Götter
sich am Spiel der Kontraste erfreuten und die Gegensätze beließen.
Der Farbenreichtum lockt zum Verweilen; die Leidenschaft, alles zu
werten, stumpft ab. Hell und Dunkel wechseln schnell. Die kolo-
rierte Szenerie zerstört die richterliche Strenge des Schwarz-
Weiß.

Nein, hier gab es kein Innen und Außen, kein Halbdunkel; keine
»Tiefe« besiegte die »Fläche«, oben war nicht besser als unten,
rechts galt nicht als vornehmer denn links. Licht und Schatten,
Schminke und Natur, Bleiweiß und Blut vermischten sich im gleichen Organismus. Gedanken wurden zu Gesten, und die Straße
schien der Schoß der Welt.

Die Gondeln aber glichen schwarzen Särgen, geschnäbelten Boten
des Todes, die ein uralter, zahnloser Hermes aufs Meer hinausgleiten
ließ.

Wir sahen ihn an: der dunkle, bis zu den Brauen hinabgezogene Hut,
ein Schutz gegen die Sonne, die hinter den rauchigen Türmen von
Mestre versank, warf einen bösen Schatten über sein Gesicht... eine
tintige Beule, war es ein Zeichen der Pest? Hatte er einst vor Jahren –
ein Charon ohne Lizenz! – Gustav Aschenbach hinüber zum Lido gefahren und sich später bei der morgendlichen Entenjagd als Staker
über Oberst Cantwell belustigt? Hatte er Platen gesehen, Nietzsche
und den sterbenden Wagner, drüben, im Palazzo Vendramin?

Als wir ihn entlohnten, zerknüllte er die Scheine achtlos in der Tasche, und ein Lächeln spannte sich um seinen Mund: wenn ihr noch
einmal kommt, vergeßt den Totenpfennig für den Fergen nicht.

*Der Obolos zwischen den Zähnen; im parlour-room erwartet die Greisin, ge-
schminkt, zum letzten Mal die Besucher. Im Frack ruht Tyrone Power, von
.spanischen Maskenbildnern verjüngt, auf der Bahre.*

Feierlich und heidnisch, theatralisch und allgegenwärtig ist der Tod
noch heute in Venedig. Funebrer Pomp vermischt sich mit dem
Leim- und Farbgeruch der Schmiere. Alles ist künstlich, voll Schein
und Unwirklichkeit. Die palazzi gleichen Teilen einer beinernen

Prothese, Treppen und Brücken bilden Scharniere. Die Kanäle –
Venen mit Formaldehyd; die Merceria, vom Uhrenturm bis zum
Ponte Rialto – eine illuminierte Aorta; der Markusplatz – ein totes
Herz; das Meer ringsum – das süßliche Wasser der Anatomie. Selbst
der Mond, eine wächserne Scheibe, ist künstlich. Neonlicht fällt auf
das bleiche, von wimmelnden Insekten zerfressene Herz, versenkt
den trunkenen Noah in tieferen Schlaf, gleitet, weißlich und glatt,
über die Pferde am Dom, die Nickelstühle vor den Cafés, über geschminkte Münder und die Mohren oben am Turm, über Nylon und
Stein, Diamanten und Tang, über Palast und Gefängnis, Hafen und
Reede...

Venedig, Gleichnis und Bild, eine Chiffre im luftleeren Raum, Opfer
der Beschwörung großer Gedanken, erstarrt in künstlicher Pose,
endlich eins mit dem erträumten, erwarteten, aufgezwungenen
Fresko, mumifiziert im Zauberklang der unablässig wiederholten Litaneien, geschmückt mit historischem Tand: um der Vergangenheit
willen die Zukunft verspielt! Venedig – von Künstlern verherrlicht,
selber zum Kunstwerk geworden, Inbegriff der Dekadenz, Symbol
des Alters und Spiegel der Verworfenheit, ein Luftreich aus Flitter
und Gaze! Weihrauch und Moder, Lorbeer und Straß: wie bald
wurde das anfangs Verschmähte begehrt...

Pisani, Vendramin und Ca'd'oro hatten Platen entzückt; »Paläste,
Brücken, der Lagune Duft«: an Venedig entzündeten sich die Ari-
stokraten-Träume Conrad Ferdinand Meyers; im Dunkel der Höfe
lauerten Wahnsinn und Nacht; Nietzsche stand auf der Brücke und
horchte auf die Melodien, uralte Lieder der Gondoliere. Theater-
welt, Lockung und Leichtsinn: ein maskierter Herr erwartet – Hofmannsthals »Andreas« – den verwirrten Fremdling... unter dem
Mantel nur das Hemd, und selbst die Schnallen von den Schuhen
versetzt!

Venedig, tizianische Stätte des Austauschs, Element der Vermischung, labyrinthische Zone, Wohnort des Schalkgotts! Wer ist seiner gewiß? Wer geht nicht, genEppt und genasführt, im Kreise, ver-
irrt sich im steinernen Rechteck der Höfe, sieht Tücher winken,
oben im Haus, Markisen und Wäsche, hört Gelächter hinter klappernden Stäben, wird von Kindern verfolgt, gejagt und verspottet,
fällt finsteren Ciceronen zum Opfer, findet sich ausgebeutet, beraubt
und verlacht in der Nähe des Fischmarkts, stolpert und hastet, ver-
irrt sich aufs neue, und von vorn beginnt das Spiel...

War's hier, bei dieser kleinen Kirche, wo einst die fromme Maria in
ihr Gegenbild, die lose Mariquita, schlüpfte? Berührte der Totenge-
leiter hier den alternden Dichter sanft an der Schläfe und wandte ihn
um? Träumte drüben beim Gritti der sterbende Oberst den Traum
seines Schöpfers: was geschah in der Nacht zum 8. Juli 1918 bei Fos-
salta di Piave? 273 Splitter im Bein, und dennoch zog's den Sanitäts-
soldaten Hemingway wieder zurück an den Ort der Verwundung,
zurück nach Venedig und an die Piave. »Verflucht noch mal«, dachte
der Oberst, »ich wünschte, ich könnte mein ganzes Leben lang in
dieser Stadt umherschlendern, mein ganzes Leben lang.«

Unterwegs

Das Meer ist silbern und klar mit einem blauen Schimmer in der Tiefe, in der Nacht schwarz und von Kronen aus blendendem Weiß
überspritzt. Land ist nirgendwo zu sehen, nur manchmal ein Frach-
ter, ein tuckerndes Boot oder ein Segel, braun und geflickt. Namen
tauchen auf, werden Form und Begriff, Erinnerungen kehren zurück: Golf von Manfredonia, Brindisi, die Straße von Otranto...
schon wieder vorbei. Mastwerk und Anker, Kompaß und Radar,
hundert Meter Länge, dreizehn Meter Breite: das ist unsere Welt, ein
kleiner Zeiger auf einer unermeßlich großen Uhr.

Korfu

Zwei Tage und zwei Nächte waren wir unterwegs. Der Schiffskiel
ritzte wie eine Pflugschar das Meer (älteste Schuld, nie vergessene
Hybris: das Pflügen des Meers, das Pflügen des Bodens; Rinnen und
Furchen in der Erde, die jungfräulich, im Wasser, das unberührt
bleiben sollte), ein blankes Messer zerteilte den Speichel Poseidons –
aber als wir den Hafen von Korfu erreichten, hatten wir den Schatten
Venedigs noch immer nicht verlassen: vom Gardasee bis nach Zy-
pern, von Kreta bis zu den Alpen reichte der Arm der Signorie. Von
Brescia bis Dalmatien blickte der Doge, und der Rat der Zehn, die
geheime Staatspolizei, überschaute Verona und Korfu zugleich.
Hinter Korfu aber – großer Thukydides! – schimmert Kerkyra
durch, und hinter Kerkyra, Griechenlands fruchtbarster Insel, liegt,

im Dunkel des Märchens verborgen, das Reich der Phäaken. Bis
hierher verfolgte der Zorn des Meergotts den vieles erduldenden
Mann, hier blitzte der Dreizack, hier ritt Odysseus auf schwankendem Baum, hier ergriff er Leukotheas Schleier. Athene entriß ihn
den Wirbeln, hemmte den Anprall der Winde und wies auf die Mün-
dung des Stroms und den Hafen.

Aus der Sicht des Odysseus erscheint Korfu zunächst als ein graues
Plateau, eine karstige Fläche aus Stein und schmutzigem Sand. Erst
wenn die Hügel hervortreten und die Häuser, gelbe Quadrate und
kalkige Höhlen, ihre Konturen gewinnen, gewahrt man auch Gärten
und Parks, ahnt, silbern in der Luft, den grünen Spiegel von Alkinoos' Palast und sucht in Gedanken die Wege, auf denen Nausikaa
ging.
Als wir in den Hafen einfuhren, beobachtete uns eine alte Frau. Sie
stand in einem roten Morgenmantel auf ihrem Balkon und folgte jeder Bewegung des Schiffes mit einer Drehung des altertümlichen
Glases, das sie, als wollte sie eine Wunde bedecken, an ihre Augen
gepreßt hielt. Die Fensterflügel waren weit geöffnet, die Wohnung
der Frau schien ärmlich und ein wenig verwahrlost zu sein. Aber sie
besaß einen Feldstecher, und dieses Glas war ihr kostbarster Schatz.
Vielleicht bedeutete er ihr Leben; denn sie war beschäftigt und niemals allein. Für diese alte Frau war der Balkon der Mittelpunkt der
Welt, ihr Kommandostand und ihr Altar, und das Fernglas war
Monstranz und Münze zugleich.
In der Sekunde, da ich ihre Augen auf mich gerichtet glaubte, winkte
ich ihr zu. Aber sie winkte nicht zurück. Sie war mit Wichtigerem
beschäftigt. Nichts durfte ihr entgehen, das Schiff glitt schnell vorbei, und jede verlorene Sekunde war für immer vertan. Erst später,
in der Küche, würde sie zu ihrer Tochter sagen: »Heute hat wieder
jemand gewinkt.«
Die alte Frau im roten Morgenmantel war die erste Griechin, der ich
begegnete. Ich kannte weder ihren Namen noch ihr Schicksal; aber
die Offenheit, mit der sie ihrer Beschäftigung nachging, rührte mich
tief. Ihr Tun hatte den Freimut des Natürlichen und die Grazie eines
selbstverständlichen Vorgangs. Diese Frau hatte nichts zu verbergen, sie gab sich, wie sie war; und so wie sie waren alle Griechen, die
wir an diesem Tag auf unserer Wanderung in Korfu trafen: das kleine
Mädchen mit den Blumen in der Hand, die Frauen vor den offenen

Türen, am Spinnrad wie zu homerischer Zeit, die Männer beim Bau eines Bootes, blaubemantelte Schwestern und freundliche Nonnen, Metzger mit blutroten Schürzen, politisierende Friseure und Salatverkäufer, die uns von ihren Schätzen kosten ließen.

Das Land ist reich, der Boden fruchtbar wie zur Zeit der Phäaken. Homer, Durrell und Miller: Chronos rührt sich nicht, Alkinoos regiert in Lorbeerwäldern und Olivenhainen, und der Pfad von Kanoni zur Altstadt wird von Zypressen umsäumt.

Von Korfu zur Insel Poseidons... das ist ein Weg in die Vergangenheit: du schreitest gelassen voran; in deinem Rücken aber schmilzt die Zeit. Zwischen zwei Steinen, in der Mitte von Reede und Sumpf, kehrt die Geschichte zum Anfang zurück. Der weiße Gouverneurspalast, ein Traum von Cecil Rhodes, die Asphalt-Avenue ist vergessen – versunken auch die Kastelle zu Häupten der Stadt: venezianische Bauten, ein letzter zärtlicher Schimmer Österreich-Ungarns. Am Meer flickt ein Fischer sein Netz, ein kleiner Junge wirft die Silbermuschel in die Luft. Halt dich nicht auf im Park von Monrepos, kehre zurück, vergiß die Cafés, den Marktplatz, die Gipfel, nach denen die Stadt sich benennt, den Lorbeer und den Asphalt; vertrau dich dem Schotterweg an und betrachte das Grabmal: »Menekrates, Tlasias' Sohn, Gesandter der Lokrer in Korfu, ertrank in der See.« Wende dich um, bald bist du am Ziel: dort ist die sumpfige Senke nahe dem Kloster, in der das Heiligtum stand, Artemis' Tempel am Rande der Altstadt.

Das vertraute, Mal für Mal sich wiederholende Bild: Hügel und Hafen, Berg und Bucht, die Akropolis und das Amphitheater der Senke ganz nah beieinander. Eine Bai, die geschützt war, ein Berg für die Götter, dazwischen die Stadt: mehr brauchte man nicht. Glücklich, wer in die Welt hinausfuhr und irgendwo ein Gestade erblickte, einen Strand, eine sanfte Erhebung – ein Bild, das dem Antlitz der Mutterstadt glich... er kehrte zurück und fuhr ein zweites Mal aus: so gaben einst die Korinther Kerkyra und Syrakus die Maße der Heimat.

Aber die Tochterstadt, Korfu, ein kostbarer Stützpunkt auf dem unendlichen Weg zum sizilianischen Westen, empörte sich gegen die Mutter, wurde zur Beute der anderen Schwester... Krieg folgte auf Krieg. Vergebens fletschte die Gorgo, im Giebeldreieck des Tempels, die Zähne, vergebens zischten die Schlangen, flog das gefiederte

Roß durch die Luft! So schnell die Meduse auch lief, die Löwenpanther sich bäumten – sie hielten die Feinde nicht auf. Korinther und Römer, Athener und Türken, Venezianer und Sikelioten begehrten Alkinoos' Schätze. Die Feldherren brauchen Paläste und Parks, die Söldner Weizen und Reben: es ist nicht gut, ein Phäake zu sein.

Das Haupt der Gorgo ruht in einem Pulvermagazin. Rauchgeschwärzt sind die riesigen Augen, der blutige Mund ist zur Schattennarbe erstarrt.

Wieviele Tode starb die Meduse?

PERSEUS UND DIE MEDUSE

Als Perseus in die Unterwelt kam und seine Mutter Danae suchte, die vor ihm hinabgegangen war, geschah es, daß er, des Lichts noch nicht entwöhnt, bei einem Feuer verweilte, das eine der untersten Grotten erhellte. In Gedanken verloren – er, ein Sohn des Zeus, im Dunkel des Hades, dazu noch in jenen finsteren Regionen, wo die Selbstmörder wohnen – bemerkte Perseus nicht, wie eine Gestalt auf ihn zutrat. »Wende sich um, Kind, und sieh mich nicht an.« Perseus, traumbefangen und vom langen Suchen ermüdet, folgte der Stimme; erst als er aufsah, wurde er sich der Bedeutung der Worte bewußt. Aber da war es zu spät. Mächtige Hände spannten sich um seinen Leib; ein Würgegriff nahm ihm den Atem. Tanzte vor seinen Füßen, vom Feuer verzerrt, der Schatten der Gorgo?

»Dreh Dich nicht um«, wiederholte die Stimme, »wenn Du mir nicht gehorchst, ist es um Dich geschehen. Erkennst Du mich, Perseus?«

»Du bist die Meduse.«

»Siehst Du die Kämme in meinem Haar?«

»Ich sehe die Schlangen.«

»Erinnerst Du Dich?«

»Ja, ich erinnere mich.«

»Hast Du Schmerzen?«

»Unerträgliche Schmerzen.«

»Und doch nicht unerträglich genug.«

»Du bist grausam, Gorgo.«

»Jetzt lockert sich mein Griff. Atme, Perseus, rühre die Glieder.«

»Du kannst auch gütig sein, Gorgo? Das wußte ich nicht.«

»Ich möchte, daß Du bei Besinnung bleibst. Der Schmerz ist nicht das Schlimmste. Ich bin gekommen, Dich zu quälen, Kind.«

»Ich atme, Gorgo, und ich sehe Deinen Schatten. Das Feuer wärmt meine Haut. Was kann schlimmer sein als der Schmerz?«

»Die Wahrheit, Kind. Willst Du sie wissen?«

»Erzähl mir von ihr.«

»Dann höre mich an und bewahre Geduld. Die Geschichte ist lang.«

Die Meduse beugte sich zu Perseus hinab und legte ihren Mund auf sein Ohr.

»Einmal im Jahre«, sagte sie leise, »besuchen die Götter den Hades, um die Menschen zu trösten: Athene tritt zu Odysseus, zärtlich plaudert Apollon mit Hektor. Dieser Tag ist heute gekommen. Die Stunde Deiner Ankunft, Kind, sieht auch den Einzug der Götter. Die Lebendigen grüßen die Schatten. Auch zu Dir, Perseus, kommt ein unsterblicher Gott; denn auch Du, ein Kind des Höchsten, mußtest altern und Deiner Mutter Danae folgen. Morgen wirst Du sie sehen. Sie wartet auf Dich.«

»Und heute, Gorgo? Welcher Gott wird mich trösten?«

»Schau Dich um, Perseus! Wir sind allein.«

»Du bist es? Du kommst zu mir? Aber ich tötete Dich!«

»Mich? Das Kind des Meergotts und der unsterblichen Keto tötetest Du?«

»Ich schlug Dir das Haupt ab, ich zeigte es Phineus, ich gab es Athene...«

»... uns sahst doch nicht, wie ich im Meer versank: hinab zu den Schwestern, zu Phorkys, dem Vater. Die Wellen kämmten mein Haar, das Seetanghaar mit der blitzenden Krone, die Muscheln wurden Augen und Mund, Algen und Feuerstein gaben mir Schmuck. Fühlst Du nicht, wie lebendig ich bin? Du wolltest die Wahrheit, Perseus!«

»Deine Worte sind dunkel. Ich verstehe Dich nicht.«

»Und doch warst Du seit je für mich bestimmt. Ich erwartete Dich; ich sah den goldenen Regen in Danaes Schoß. Ich bangte um Dich, als das Meer Dich davontrug; ich hörte Dich schreien im Dunkel des Kastens. Ich war es auch, die Diktys' Netze nie mehr leer sein ließ – Diktys, der Euch fand und Dich mit Deiner Mutter aus dem Gefängnis befreite. – Du wurdest älter und ich freute mich, weil Du so schön warst, groß und stark. Denn auch ich war schön.«

»Du, Gorgo?«

»Schöner als alle Gestirne der Nacht. Und Du, der stärkste unter den Menschen, warst für mich bestimmt nach dem Willen des Vaters.«

»Sag mir die Wahrheit!«

»Sehnst Du Dich schon nach den Schmerzen? Höre mich an. Weißt Du, daß ich mich vergaß, und meine Schwestern, die Gorgonen und Graien, in ihrer Häßlichkeit verhöhnte? Und auch Du vergaßt Dich, Kind. Besinne Dich! Erinnerst Du Dich an den Tag, da Polydektes um Deine Mutter warb und Du sie im Namen des Zeus mit schmähenden Worten verletztest? Von da an konnten wir uns nicht mehr entrinnen; wir waren aneinander gekettet. Als Polydektes Dich zum Okeanos schickte, um das Haupt der Meduse zu holen, folgtest Du ihm, Narr! Du erwartetest Ruhm und verspieltest Dein Leben.«

»Du lügst!«

»Verlangt es Dich nach dem Griff meiner Arme? Warte noch! Erinnere Dich, wie man Dir überall half: Athenes Zauberkappe und die Flügelschuhe des Hermes... Du erhieltst, was Du wolltest. Doch ich verfolgte Deinen Weg, und obwohl ich wußte, daß Du kamst, um mich zu töten, sehnte ich die Stunde herbei, in der Du meine Kammer betratst. Endlich war es so weit, ich hörte Deinen Schritt auf der Treppe. Die Tür öffnete sich, aber die Kappe verbarg Dich. Ich stellte mich schlafend.«

»Du schliefst nicht?«

»Ich wollte Dich sehen. Die Tarnkappe fiel, ich beobachtete Dich durch die Wimpern.«

»Du sahst mich, Gorgo?«

»Im Spiegel deines Schilds. Du gingst ja rückwärts, weil Du fürchtetest, mein Anblick würde Dich versteinern. O Kind, er hätte Dich versteint; denn auch die Schönheit kann töten. Aber das wußtest Du nicht. Du ließest Dich täuschen von Zeus und allen, die meine Schönheit beleidigt hatte, so, wie sie auch Deine Stärke verletzte. Du glaubtest wahrhaftig, ein Scheusal zu finden, ein Untier aus den Tiefen des Meeres, und als Du vor mir standst und – eine Sekunde, nicht länger; ich habe die Zeit aus Deinen Augen gelesen – in den Spiegel blicktest, meintest Du wirklich, die Schlangenhaare zu sehen.«

»Aber Dein Haupt!«

»Hast Du es jemals erblickt?«

»Phineus erstarrte zu Stein, als er es ansah.«

»Und das zu Recht; denn als Dein Schwert mich berührte, gebar ich
die Kinder, Pegasos und Chrysaor. Sie sprangen aus meinem
Rumpf, das ist wahr. Ich hatte Schmerzen. Phineus ertrug es nicht,
in ein Gesicht zu schauen, das von Wehen und Todesangst verzerrt
war. Hättest Du es ertragen? Und nun dreh Dich um, öffne die Augen. So, wie ich vor Dir stehe, lag ich auf dem Lager, als Du die
Kammer betratst. Sieh mich an, es hat nie eine Gorgo, nie eine Meduse gegeben. Alles war göttlicher Trug. Erst jetzt weißt Du die
Wahrheit. Versuche mit ihr zu leben und lerne, allein mit Deinen
Gedanken zu sein. Auch du bist verdammt, mich von nun an zu lieben. Erst jetzt sind wir einander gleich für immer. Der Spruch Deines Vaters hat sich erfüllt. In einem Jahr, wenn der Sommer sich
neigt, bin ich zurück. Sei geduldig und klage die Götter nicht an. Du
zitterst? Wußtest Du nicht, wie grausam die Unsterblichen sind?«

Verschwunden der Spuk, die Schlangen der Gorgo, das Hades-Ge-
spräch! Es begann Abend zu werden, das Silber des Ölbaums zerfloß
in dämmerndem Schiefer, von Westen kam Wind auf. Mit schläfri-
ger Hand bewegte Poseidon die Wellen: sanft überschlugen sie sich,
vom Klostersteg und den Steinen der Mäuseinsel gebrochen, am
Grat von Kanoni. Hier war Nausikaas Reich.
Hier hatte Homer den Mann und das Mädchen zusammengeführt;
drüben, im Dämmer des anderen Ufers, lag Odysseus am Strand,
weinend, die Glieder zerschunden, die Haut an Riffe und Klippen
verschenkt: blutiges Rinnsal, die Spur des verletzten Polypen auf
dem Gestein – Saugnapfspeichel, erzwungenes Opfer, Schorf und
Schleim, Tribut der Kreatürlichkeit... ein Mensch, gejagt vom
Atem der Götter!
Wieder, wie bei Kalypso, ruhte der Sohn des Laertes kraftlos am
Strand, der Sinne beraubt, Blut und Seetang im Haar, die Arme ge-
schwollen, die Brust wie zerschnitten von Glas. Als er erwachte –
hinter der Mäuseinsel, an der südlichen Zunge der Bucht, dort, wo
jetzt in der Dämmerung die Ruderboote kreisten –, verbarg er sich im
Gesträuch und wartete auf die Ankunft der Nacht, die eisige Luft,
den Rauhreif, das Schreien der Wölfe und die Einsamkeit, die dunkle
Einsamkeit des Meers, die ihn bis in die Wurzelhöhle verfolgte,
bis ins Verlies unter Ölbaum und Linde, deren Laub ihn bedeckten.
Es war dunkel geworden, goldene Spiegel tanzten über dem Wasser;

nun kam Athene, legte Odysseus den Schlaf auf die Augen, schloß seine Lider und ging hinein in die Stadt.

Ein kalter Mond wies uns den Weg, oder war es Nausikaas Stern, der uns der Göttin folgen ließ, zurück zur Palaeopolis, zur Reede und den Asphalt-Avenuen? Am Schnittpunkt der Zeit, auf der Phäaken- straße nach Korfu, verfielen wir der Magie der Kontraste: Odysseus und Nausikaa; der Mann und die Frau; das Meer und die Kammer; der Schlaf in der Eisluft der Wälder – friedlicher Schlummer am Herd; hier Ballspiel und Wäsche am Strand, Hochzeitsgedanken, das Bad und das Öl, Artemis' Zauber in Reigen und Tanz – dort Auf- ruhr, Donner und Blitz, Monologe auf schwankendem Floß, er- starrte Gedanken, Träume zwischen Leben und Tod, das würdelose Alleinsein.

Spät in der Nacht, auf einem zerbrechlichen Stuhl, vor einem zer- brechlichen Tisch, umgeben von hohen kalkigen Mauern, auf einem Hof offenbar, durch den, nicht sichtbar, eine Straße führt: nur die Spalten zwischen den Häusern, zwei schwarze Schnitte, deuten dar- auf hin, daß hier etwas endet und beginnt, etwas anfängt und auf- hört... je nachdem woher man kommt. Im Augenblick bin ich der einzige Gast dieses Hofs. Der Kellner, drinnen im Schankraum, ge- hört nicht dazu; auch die Menschen, die einzeln oder in Gruppen den Hof überqueren, auftauchend und wieder versinkend, Marionetten, die ein Mondlichtdraht über den Hof lockt, von Scharte zu Scharte, sind Fremde. Schweigend, den Blick ins Weite gerichtet, auf einem Seil, das ich nicht sehe, schreiten sie über das Pflaster, wie Geister- puppen, Olympias Schwestern. Nur wenn der Mond ihren Schatten vergrößert, segeln sie schneller. Dann rudern große Flügel in der Luft, schwerelos wie papierene Träume. Hadesgedanken, Neon- zauberei, homerische Beschwörung.

Im Hotel, am Fenster, zwischen Sims und Jalousie. Die Schwärmer sind zur Ruhe gegangen, die Stadt ist erstarrt im Sprühlicht des Mit- ternachtsmonds; sehr kleine Wellen schlagen an die Mole: wie Kin- derhände, die Einlaß verlangen, gleichmäßig pochend. Die Boote dümpeln am Kai.

Eine lange Nacht liegt vor uns, Zeit zur Bilanz, Zeit zum Vergleich, Zeit zum Absprung und zur Wiederkehr.

Die homerische Welt – die Moderne; der erste Erzähler – die Enkel: es gilt alles zusammenzusehen. Wer sich sucht, kehrt zurück. Nicht nach New York, nicht nach Moskau: altmodische Leute lieben nun einmal die Fahrt in die Tiefe der Zeit, nach Korfu und Kreta, nach Oran und Alexandrien, nach Delphi und Rom... dorthin zurück, wo es begann, die Sphinx über das Meer schritt, der Stiergott die schöne Europa entführte, Athene in die Kammer Nausikaas flog.

Wer war Homer, wer sind die Erzähler unserer Zeit?

Anfang und Ende
sind weit voneinander entfernt

HANDWERK UND ORIGINALITÄT

Homer war ein Handwerker: wie der Zimmermann und der Arzt; Mitglied der Zunft, ein Vertreter der Gilde. Er ging in die Schule und lernte, wie man das Fabel-Fleisch um das Gerüst der Formel-verse legt – Phantasie und Erfindung, gebunden an den beinernen Stab der Repetition! So weit er sich auch, auf Erinnerungskraft und Gedächtnis gestützt, vom Ufer entfernte: das Gesetz der Wiederho-lung, Technik und Vorschrift, sorgten dafür, daß er in Sichtweite blieb.

Heute stehen die Schulen leer; Originalität, eine Vokabel, die die Griechen nicht kannten, ist das Zauberwort der Moderne. Die Zünfte sind zerschlagen; jeder ist für sich allein; bei einem Meister zu lernen, gilt als verpönt. Die Eigenart, sagt man, zeigt sich bereits in der Stoffwahl: wie gewöhnlich, an schon Bekanntem die Kräfte zu üben! Horazens Ratschlag an die Adepten, sich einen vertrauten My-thos zu wählen... nur Schulmeisterei.
Dieses Geschwätz vom eigenen Stil! Beschränken wir uns: auch Ale-xandriens Metier ist von Wert. Metamorphose, Variation, Zitat und Montage – der Rhapsode hat ein Geschäft, das ihn ehrt.

Der Held und sein Kodex

Homers Blick ist so scharf, weil er nur einen winzigen Ausschnitt betrachtet. Seine Welt ist begrenzt, die Zahl der Personen beschränkt. Die kleinen Leute treten nur am Rande auf – und auch sie sind manchmal, wie Eumaios, noch von königlichem Blut. Götter und Aristokraten, beides große Herren, gebieten über die Welt. Der Adels-Kodex ist streng, man hat seine Ehre; wer die Gemeinschaft, den Clan seines Standes, verläßt, macht sich schuldig, verfällt der Isolation und büßt mit dem Tod. Die Höhe des Falls, der Sturz des tragischen Helden, ist jederzeit meßbar.

Begreift man, warum Homer so peinlich genau war, wenn es galt, den Charakter zu formen? Sind die Züge einmal einprägsam fixiert, wird auch die kleinste Veränderung Staunen erregen. Typus und Variation: nur weil Homer mit Hektor die Tapferkeit selbst veranschaulicht hat, stockt dem Hörer das Herz, wenn er, der Mutigste, flieht.

Die Anonymität aber kennt keine Größe; die Helden-Spur verliert sich im Insekten-Staat. Zum Kodex gehört nun einmal die Tafelschrift der Gesetze. Niemand darf die Normen bezweifeln. Nur solange die Gültigkeit überpersönlicher Mächte, Familie, Staat und Religion, noch nicht in Frage steht, kann der Held sich behaupten. Heute aber, wo es nicht nur eine, sondern dreißig Ehren gibt – und wir haben Zeiten durchlebt, da es die höchste Ehre war, keine Ehre zu haben –, hat die Stunde des großen Helden geschlagen. Wenn die Wirklichkeit herrscht, bleibt, jenseits aller Kommentare und Psychologie, nur die Reaktion des ganz und gar Betroffenen: Heimkehrer Beckmann, Josef K., der alte Mann.

Zog man einst aus, um die Welt zu erobern, hoffte zu reifen, sich zu bewähren, zum Meister zu werden? Erstarrtes Bild! Denk an Molloy: der Held ist zusammengeschrumpft; nur noch der Sand am Arm des Polypen zeigt an, wo er lag, in welcher Tiefe des Meers, wer ihn losriß und was ihn betraf.

Zerbrochener Spiegel! Ein Schemen gleitet vorbei, ein homerischer Schatten: der Fremde, der Bußrichter, der ohne Namen und ohne Gesicht. Trinkt er vom Blut, gewinnt er noch einmal Farbe und Frische, entsteht ein neuer Kodex jenseits von Entbehrung und Martyrium? Der Sieger, souverän und provokatorisch, hat die Bühne für immer verlassen; ihm folgt zu Recht keine Träne. Nur die Ironie gedenkt seiner noch manchmal mit Rührung. Wer aber füllt seinen Platz? Die Überlebenden brauchen ein Beispiel.

Die Ordnung der Zeit

Damit der Held sich entfalten kann, bedarf er der Herrschaft über die Zeit. Homer glaubte an Chronos, an Entwicklung, Folge und Ziel. Die Erinnerung reichte nicht weit, kein Gedanke zerbrach das Gebäude des Tags. »Die Menschen waren früher viel größer«, »Dein Vater war tapfer, und Du mußt es auch sein«... mehr wußte man von der Vergangenheit nicht. Reminiszenz und Erwartung waren fixiert, der Augenblick herrschte; keine Vergangenheit griff in die Gegenwart ein, keine Zukunft warf ihre Schatten. Tag folgte auf Tag; im Gleichmaß, kontinuierlich, Schritt für Schritt, ging Chronos voran. Voll Vertrauen in die Logik der Zeit überließ Homer die Helden der Konsequenz des »und dann«, der Ordnung des »während«, der unbezweifelten Folge von »früher« und »später«.
Anfang und Ende standen fest. Das Ziel war gegeben.

Heute ist Chronos gestürzt. Sein Thron steht verwaist. Im Dickicht der Gedanken verlor sich die Zeit. Zwischen Erinnern und Erwarten bleibt ihr kein Raum mehr. Die Gegenwart wird von der Säure des Gestern zerfressen, vom Biß des Morgen zernagt. Immer schneller der Schritt der Sekunden, immer unerbittlicher der Kampf der Zeiten untereinander: jeden Augenblick eine andere Lage! Keine Kontinuität, keine Entwicklung, kein Ziel... die Zeiger taumeln vor und zurück; jede Uhr schlägt eine andere Stunde. Das Nacheinander zerrinnt im Zugleich.
Wer da noch gemächlich die Fabel ausbreitet, geruhsam erzählt, »und dann«, »danach« und »während« nicht bezweifelt, wer einen Helden sich entwickeln läßt und alles geordnet zum Ziel führt, der wohnt, bei aller Träumerei vom souveränen Schöpfergott, in einem längst verstaubten Haus.

BESCHREIBUNG UND DEUTUNG

Homer hatte jederzeit die Möglichkeit der Wahl: mochte außer acht
bleiben, was ihm unwichtig schien, die Welt bot des Erfreulichen
wahrlich genug – Waffen und Schiffe, Kleider und Pferde, Wagen
und Schmuck! Man brauchte nur zu beschreiben, was vor einem lag.
Der Alltag war erfüllt von Poesie; selbst das Waschen am Meer, das
Spülen und Trocknen der Kleider vollzog sich mit der strengen An-
mut eines Rituals.
Phantasie und Erfahrung, Legende und Wissen ergänzten einander.
Märchen und Sagen nahmen schnell die Unerbittlichkeit des eigenen
Erlebens an; die Empirie, auf der anderen Seite, erhob sich, mit der
Patina des Mythos bedeckt, zu gültiger Satzung. Beauftragt von den
Kindern der Erinnerung, vom Hauch der Wahrheit umgeben, er-
schien Homer als allwissender Prophet.

Heute sind die Musen, Kinder der Erinnerung und des olympischen
Zeus, schon längst gestorben.
Wir sagen, was uns richtig scheint, die Wahrheit kennen wir nicht,
und niemand braucht uns zu glauben. Von den Schrecknissen der
Wirklichkeit verfolgt, haben wir die Möglichkeit verloren, uns in
Freiheit entscheiden zu können. »Urpflanze oder Steinsche Refor-
men?«... diese Frage gilt seit langem nicht mehr. Im Äon der künstlichen Sonnen scheint alles gleich wichtig: was heute in China geschieht, vernichtet morgen mein Haus. Ein Gedanke in Texas tötet
dein Kind. In der Tiefe der Zeit, in der Weite des Raumes ist die
Welt überschaubar geworden; und dennoch kenne ich sie nicht. Ich
kann nicht mehr beschreiben; ich weiß, wenn unsere Erfahrung sich
nicht in Erkenntnis verwandelt, wenn das Erzählen nicht getragen ist
von der Neugier, die fremde Welt zu entschleiern; wenn ich ruhig
bin im Anschaun des Bestehenden, ist alle Mühe umsonst: eine Beschreibung der terra incognita, die Darstellung des Unbekannten,
kann es nicht geben. Ich muß Deuter sein... Deuter einer Welt, an
deren Ordnung ich verzweifle, Interpret eines Kosmos, dessen Erscheinung mich ängstet.
Ich bin verdammt, das Geschriebene mit dem Blick der Erkenntnis
zu prüfen und nach einer Prosa zu suchen, die die Poesie der Wissenschaft mit dem Bewußtsein des Lyrismus vereint – eine Sprache, in
der sich die Logik des Bildlichen mit der Anschaulichkeit des Ironi-

schen paart. Erst wenn ich über das Handwerkszeug verfüge, kann
ich es wagen, einer Welt zu begegnen, von der ich weiß, daß ihre
Vielfalt durch keinerlei Nachahmung im Kunstwerk je reproduziert
werden kann. Nicht nur *die* Zeit ist vorbei, in der es genügte, daß
man seine Erlebnisse beschrieb – glückliche Zeiten: Erfahrungsraum
und Reich der Poesie waren identisch! – auch jene Epoche ist für immer dahin, da man glaubte, die Welt überlisten und selbst das Dispa-
rateste in einem großen Maschennetz bergen zu können. Das Expe-
riment der Simultaneität, der hybride Versuch, die Vielfalt durch
die Vielfalt zu kopieren, scheint längst historisch geworden zu sein.
Kakanien und Dublin, Combray und Brindisi. Ulrich und Bloom,
Vergil und Swann... das große Epos ist nicht mehr zu schreiben; na-
turalistisches Gleichmaß, alles wertungslos nebeneinander gestellt,
zerstört die Kunstform der Prosa.
Beschränken wir uns, erkennen wir, daß der Roman, in dem Bemü-
hen, dem alten Chronos zu entfliehen, geradenwegs in seine Arme
lief. Es ist nun einmal nicht möglich, sechshundert Seiten lang zu
versuchen, die Kontinuität in Frage zu stellen! Die Form der Zukunft
wird die Kurzform sein, Parabel und Gleichnis, Formel und Deutung; nicht Beschreibung einer Entwicklung, sondern Analyse der
Situation. Wir müssen bescheidener werden.

Anfang und Ende
sind nah beieinander

DAS PROBLEM

Während die geschwätzigen Epiker sich noch damit begnügten, mythische Geschehnisse in chronikalischer Folge zu unterbreiten und
versifizierte Historien schrieben, verstand es Homer, sich zu beschränken, und alle Ereignisse auf ein einziges großes Problem,
Achilleus' Zorn, zurückzuführen.
Beschränken auch wir uns darauf, ein Problem darzustellen, einen
Fall und nicht eine Fabel.

Die Situation

Im Gegensatz zu seinen Zeitgenossen schätzte Homer die Szene
mehr als die Beschreibung. Seine Vorliebe galt der Situation von bei-
spielhafter Bedeutung: Helena unter den Greisen, Priamos bei
Achill, Odysseus vor Nausikaa, der fliehende Hektor.
Auch in diesem Fall gilt es, Homer zu folgen. Allein die Situation, in
der die Existenz eines Menschen bedroht ist, wird das Interesse jener
Schreiber gewinnen, die sich um eine exemplarische Deutung be-
mühen, um Stil und Reduktion, die parabolische Schau dieser Welt:
Beschreibung des paradoxen Beharrens, der Zuständlichkeit.

Kunst und Moral

Anders geartet als seine Konkurrenten, war Homer Moralist. Seine
Verliebtheit ins Detail, sein Spiel mit Wahrheit und Schein und sein
Entzücken am Genre hinderten ihn nicht, unausgesprochen, dem
Leser Urteil und Richtspruch überlassend, ans »fabula docet« zu
denken. Wie der Bettler Odysseus den Freiern im Gleichnis die
Wahrheit verkündet – »nichts Vergänglicheres nährt die Erde als gerade den Menschen« –, verbarg der erste und größte Erzieher der
Menschen seine Lehren in Versen, die deshalb die Strenge unab-
weislicher Maximen besitzen, weil sie sich scheinbar nur auf eine
einzelne, niemals wiederkehrende Lage beziehen. Aber diese »Lage«
eben ist jene exemplarische Situation, die Homer herauspräpariert.
(Später, im 5. Jahrhundert, wird sie im Zentrum der Tragödie stehen.)
Dabei war Homer ganz und gar nicht didaktisch; sein erster Gedanke
galt immer der Kunst. Er war Artist wie kaum jemand nach ihm und
gewann Ruhm ohnegleichen. Obwohl es seine Sprache »nie gegeben« hat, überdauerte sie jeden Dialekt.
Ein letztes Mal tun wir gut, Homer zu folgen; unsere Übungen, spie-
lerische Experimente, werden sowohl das Pathos der Unterweisung
als auch die Kälte des Artifiziellen besitzen.

Ergebnis

In der Trennung wie in der Gemeinsamkeit bleiben wir Homer verpflichtet. So lange jemand sich müht, die Welt, wie er sie sieht und wie sie sich ihm aufdrängt, deutend zu beschwören, wird der große Vater Vorbild sein.

Ihn zu erreichen, ja nur in seine Nähe zu kommen, scheint unmöglich. Auch das gewaltigste Werk bleibt eine Schnitte von seinem Mahl.

Vor Ithaka

Bis hierher sind wir der Spur des phäakischen Traumschiffs gefolgt; nun gilt es Abschied zu nehmen. Wir verlassen den Westen, das sonnenlose Totenreich und überschreiten die Schwelle, die ins Haus der Lebendigen führt. Die Nacht ist kalt; die Sterne sind zu blitzenden Funken geronnen. Bleiche Fäden des Monds zerteilen das Meer in längliche Scheiben: silberne Barren, die sich nur langsam bewegen. Steht Penelope am Strand und schaut, wie jede Nacht, nach Leukas hinüber? Das Totenschiff ist nicht mehr weit: wie Geißeln durchpeitschen die Ruder das Wasser! Während die Vögel ermatten – nicht einmal der Falke vermag dem rasenden Lauf des Bootes zu folgen –, schlummert Odysseus, auf Polstern und Linnen, unter der Bank, hat die Matrosen vergessen (wehe sie bringen ihr Schiff nicht nach Korfu zurück, Poseidon wird es versteinen!), die Zwerge und Riesen, Harpyien und Greifen, die Ertrunkenen und die Toten aus Troja. Die Leere verzaubert sein Herz und tilgt das Alter aus seinem Gesicht. Lethes Zeichen über der Stirn: alles, was war, wird Traum und Gedanke. Aber nur für einen einzigen Tag.

Später

Kurs Südosten.

In den Schleiern der Nacht, im Schoß des beinernen Meers versinken Ithakas Berge, Eumaios' Gehöft und der Landsitz des alten Laertes.

Gedanken im Dunkeln, zwischen dem deck-chair-Stapel und der Tischtennisplatte, zwischen Reeling und Bar. Schiffermärchen, Geistergeschichten: was geschah, als Odysseus zurückkam, als er erwachte und Lethes Zeichen verblaßte? Zehn Jahre Krieg und zehn Jahre Heimkehr: Penelope war eine alte Frau, sein Sohn ein Mann mit fremden Passionen. Ertrug er es wirklich, daß alle so taten, als wäre er immer noch dreißig? Selbst Straßen und Häuser erkannte er nicht. Wie oft verlief er sich, wenn er nicht achtgab: wo war sein Ithaka hin?

Noch einmal: ertrug er Lüge und Traum? Vergaß er die Toten? Oder kehrte er um und brach ein zweites Mal auf: leidbegierig, dem Abenteuer verfallen, ein Ahasver der Danteschen Hölle, geflohen aus den sibirischen Lagern, totgeglaubt und wiedergeschenkt, in Korea verschollen, in Schottland gesehen, verwundet, dem Irrsinn verfallen, entmannt und geschändet, aufgefahren zum Himmel, unter die Sterne versetzt... Odysseus, Kragler, Stiller, Edward Allison: die Geschichte ist niemals zu Ende erzählt.

Olympia

Es war sehr still. Die Sonne stand hoch am Himmel, die Schatten waren kurz und schwer, Pan schlief. Auf Kiefern und Ölbäumen lag mehliger Staub, die Schritte eines Maulesels erstickten im Sand. Der Fluß lag reglos und unbewegt, das Wasser vermischte sich mit Schlamm, der Schlamm mit Lehm, der Lehm mit Erde, mit der uralten heiligen Erde von Olympia.

Die Stille war vollkommen. Kein Ruf und kein Fluch, kein Schrei und kein Lachen unterbrach das Schweigen. Die Bäume träumten den hellen Schlaf des sommerlichen Mittags, der Alpheios trug die leblosen Züge einer physikalischen Karte, und der Kronoshügel in unserem Rücken – nur Ruhe, Abwehr und zeitloses Gleichmaß – ging in einen Himmel über, der blaß und fahl und ganz und gar nicht südlich war. Unser Rastplatz lag etwas außerhalb des Stadions, auf der Höhe der Schatzhäuser, nicht niedriger als die obersten Reihen der Arena: hier waren sie eingezogen. Das steinerne Tor in der Tiefe hatte noch den dumpfen Hall ihrer Schritte gehört. Hier hatten sie gekämpft, in jedem fünften Jahr fünf Tage lang. Hier hatten sie gelegen, in der Zeit des Vollmonds, unter freiem Himmel oder im eilig zusammengefügten Zelt. Der Lohn schien gering – ein Ölzweig vom heiligen Baum –, der Ruhm aber war groß, und der Sieger kannte keine Sorgen im Alter.

Die Spiele begannen im Zeichen des Pelops, der einst, durch Myrtilos' Betrug, Oinomaos, den König des Landes, im Wagenrennen bezwang. Aber der Name ist ohne Belang, auch die Zahl hat keine Bedeutung, denn in Olympia rechnet man nicht mit zeitlichem Maß. Am Anfang steht die Sage, das Märchen von Herakles, der als erster den Bezirk umschritt und die Lage der Tempel markierte – und am Ende wird wieder eine Legende stehen; die Erzählung von Menschen und Göttern, der Mythos des »es war einmal«.

Zwischen Märchen und Mythe, Anfang und Ende liegt die Geschichte. Aber Olympia hat keine Geschichte. Die Zeit ist eingegangen in den Stein, und die Namen der Kämpfer sind, in Bild und Gedicht, längst zum Gleichnis geworden.

Vielleicht war es frevelhaft, die Zeit nach den Spielen zu messen; vielleicht wollte ein Gott sich rächen, Apoll, der das Gleichmaß liebt, oder Gaia, die Erde... irgendein Gott, der sich darüber empörte, daß die Menschen es wagten, über Herbst und Frühjahr hinauszublicken und das Gestern mit dem Morgen zu verknüpfen.

Heute gibt es nur noch Gegenwart in Olympia, die Uhren stehen still, und man mißt nach Sonne und Schatten, nach Dürre und Frost. Träge und zäh ist alles, der Fluß gerinnt zu Schlamm, und um die Steine legen sich Hüllen aus glasigen Muscheln.

In Räumen wie diesen verlangsamt das Herz seinen Schlag, die Gedanken gehen im Kreise, Zeus und Hera sind zurückgekehrt. Der Glanz der heiligen Ehe liegt immer noch über den Kiefern und Eichen, mittags, wenn Minze und Thymian duften. Durch Eukalyptus-Alleen, an Oleandersträuchern vorbei, schritten die Mädchen zum Tempel der Mutter, hängten die Gaben, Tafeln und Vasen, Lekythen und Kannen, in die Zweige der Bäume und umschritten die Altis im Tanzschritt des Reigens.

Der Ausgräber sagt:
Drüben, unter der Kirche, im Süden des Grabungsbezirks, lag Phidias' Werkstatt – dort schmolz er die goldenen Platten, Blattwerk, millimeterdünn: bestimmt, den hölzernen Leib mit dem strahlenden Gelb des Gewands zu bedecken.

Der Ausgräber sagt:
Unsere Beute war groß: Negativformen, Schmuck und Behang, traten ans Licht; Elfenbeinproben, Hämmer und Meißel, Bronze und

Stein, Goldblech und Ton, Leisten und Sterne aus milchigem Glas. Ein gläserner Regen sollte den goldenen Mantel des obersten Gotts überrieseln. Metallener Glanz, Reflexe und Blitze, gedämpft durch den schwarzen eleusischen Stein des Parketts, gespiegelt im Muster pentelischen Marmors! Zwölf Meter hoch das Bild, gehalten von einem mächtigen Mast, an dessen Verstrebung die emporgestreckte Hand gebunden war ... ein triumphierender Christus am Kreuz!

Der Ausgräber sagt: Es ist sehr seltsam, nach so langer Zeit in das Gesicht eines Menschen zu sehen, der, von Ehrgeiz verzehrt, sich wie Prometheus im Finstern anband ... ein gigantischer, böser Asket, Balzac zwischen Fron und Genuß. – Mochten draußen Prozessionen gehen, die Athleten ins Stadion ziehen ... Phidias scherte es nicht. Er tat seine Arbeit, sein einsames Werk, und schuf das Bild eines Gottes, dessen Tempel sein Hämmern und Klopfen verbot, so daß er sich vergraben mußte im Dunkel der Hütte: ein unerbittlicher Herr der Gesellen, Hephaistos' kundigster Diener und doch ein großer Betrüger. – Sehen Sie dies: Elfenbein-Imitation, Knochen, kunstvoll präpariert!

Es wurde Abend, ein schmaler, silbern profilierter Mond stieg über dem Alpheios empor, die Nacht kam herauf, eine kalte und sternklare Nacht, die den Eiswind des fernen Erymanthos-Gebirges hinab in die Ebene trug. Wir setzten uns, nicht weit von unserem alten Platz entfernt, auf einen Stein vor der Schatzhausterrasse, und der Ausgräber fing an zu erzählen: von dem dampfenden Öl, das, in schmalen Rinnen gesammelt und von Dienern gewissenhaft temperiert, das Zeus-Bild schützen sollte, vom kalten Lächeln Apollons und von den Gaben, die der Athlet den Göttern stiften mußte, wenn er sich gegen die Kampfgesetze verging. Je länger der Ausgräber sprach, desto mehr begannen wir seine Gegenwart zu vergessen; nur seine Stimme war noch da, diese sanfte, von sächsischem Melos getönte Stimme; aber endlich schwieg auch sie. Es wurde still. Die Grillen zirpten. Äste, Gräser, Asphodelos und Pfauenanemone bewegten sich leise im Wind, der plötzlich von überallher, vom Meer und von den Bergen, zu kommen schien. Meine Hand glitt über den Stein: hier hatten einmal die Chöre ge-

standen, Festgesandtschaften waren eingezogen, Freunde einander –
mitten im Kriege, während der Perser im Land stand! – freundlich
begegnet. Hier hatte Gorgias gesprochen, und in den Vollmond-
nächten tönten die Steine vom Widerhall pindarischer Worte:

>>O Mutter der goldenen Kränze,
der Kämpfe, Olympia,
Herrin der Wahrheit,
die Priester versuchen,
aus flammenden Opfern
den Willen des Zeus zu enträtseln.<<

Der Mythos von Olympia

Als Myrtilos von seinem Vater, dem geflügelten Hermes, unter die
Sterne versetzt worden war, kam Selene, die silberne Möndin, und
bat ihn, er möge ihr seine Geschichte erzählen.
>>Ich war Wagenlenker des Oinomaos<<, sagte Myrtilos leise, Stimme
unter den Stimmen des Himmels, Begleiter der surrenden Spindeln,
um die das Gewölbe des Weltalls sich dreht, >>ich hatte die Pferde zu
pflegen.<<
>>Erzähl mir von ihnen<<, sagte Selene.
>>Die windschnellen Rosse des Kriegsgotts<<, sagte der Lenker, >>mit
denen der König jeden Reiter im Wettkampf besiegte.<<
>>Belehre mich<<, sagte die Möndin, >>und vergiß nicht, daß ich unwis-
send bin. Denn am Tage sind meine Lider geschlossen.<<
>>Oinomaos von Elis hatte eine Tochter<<, sagte der Fuhrmann.
>>Hippodamia<<, sagte die Möndin. >>Ich kenne ihre Gedanken. Die
Träume sind mir vertraut.<<
>>Sie war schön wie Selene<<, sagte das Sternbild, >>und viele warben
um sie. Doch der König wollte sie nur demjenigen geben, der ihn im
Rennen besiegte.<<
>>Besiegte ihn jemand?<< fragte Selene.
>>Es war unmöglich<<, sagte das Sternbild, >>vergiß nicht, daß Oino-
maos das Kind des Kriegsgottes war. Ares' Rosse aber laufen schneller als der Wind.<<
>>Was also tat der König?<< fragte die Möndin.
>>Er verstellte sich<<, sagte der Lenker, >>und gab den Bewerbern einen

mächtigen Vorsprung. Erst in der Nähe des Ziels rief er den Pferden das Zauberwort zu, schnellte von hinten heran und durchbohrte die Freier mit seinem Speer.«

»Und doch hat ihn Pelops bezwungen?« fragte Selene.

»Weil ich ihm half«, sagte das Sternbild, »und am Morgen des Rennens die eisernen Nägel der Naben durch wächserne Stifte ersetzte.«

»Hättest Du es doch schon eher getan«, sagte die Möndin. »Dann wären nicht dreizehn Männer, sondern nur einer gestorben.«

»Oinomaos liebte die Pferde«, sagte der Lenker, »deshalb traute ich ihm; und da er freundlich zu mir war, hatte ich keinen Grund, ihn zu töten.«

»Und dennoch bist Du sein Mörder geworden?«

»Hippodamia dauerte mich«, sagte der Lenker. »Sie hatte Angst vor den Kämpfen, doch Oinomaos zwang sie zum Zuschauen.«

»Liebtest Du sie?« fragte die Möndin.

»Ich liebte die Pferde«, sagte der Lenker. »Ich bin ein einfacher Mann, ich habe den geraden Sinn meiner Mutter geerbt. Hermes, mein Vater, hat mir nur die Fingerfertigkeit geschenkt, die man als Wagenlenker braucht. Die Klugheit jedoch...«

»Schweife nicht ab«, sagte Selene. »Warum hast Du Pelops geholfen?«

»Weil Hippodamia mich darum bat«, sagte das Sternbild. »Dazu erinnerte ich mich eines Befehls meines Vaters: ›Hilf dem Mann mit der künstlichen Schulter.‹«

»Ich verstehe«, sagte die Möndin, »Pelops war Tantalos' Sohn: den Göttern zum Mahl vorgesetzt.«

»Aber die Götter erkannten den Frevel«, sagte der Lenker. »Nur Demeter, in trauernde Gedanken um Persephone versunken, aß ein Stück von der Schulter, so daß dem Wiedergeborenen das Schlüsselbein fehlte.«

»Asklepios gab ihm das Elfenbeinglied«, sagte die Möndin. »Es war nicht schwer für Dich, Tantalos' Sohn zu erkennen. Gefiel er Dir gut?«

»Er war feige«, sagte der Fuhrmann. »Als er am Tor des Königspalastes die Totenköpfe seiner Mitbewerber sah, wollte er fliehen. Doch Hippodamia hielt ihn zurück und gab mir die wächsernen Stifte. Ihr zuliebe tat ich es – und weil den Pferden nichts geschah.«

»Was aber war mit dem Geld?« fragte die Möndin.

»Wovon sprichst Du?« sagte das Sternbild.

»Die Goldmünzen, die Du von Pelops empfingst.«

»Wer behauptet das?« fragte der Lenker.

»Die Menschen«, sagte die Möndin, »sie erzählen sich, daß Du bestechlich warst.«

Das Sternbild schwieg.

»Ich vertraue Dir«, sagte Selene, »und sehe, daß Du ehrlich bist. – Doch wie ging es weiter?«

»Oinomaos' Wagen verlor seine Räder«, sagte der Lenker. »Die Pferde schleiften den König zu Tod.«

»Warst Du dabei«, fragte die Möndin, »als es geschah?«

»Er blickte mich an«, sagte das Sternbild.

»Du meinst, er hätte den Betrug durchschaut?« fragte Selene.

»Ich bin mir ganz sicher«, sagte der Lenker, »und deshalb war es gut, daß ich starb. Das Leben galt mir nichts mehr.«

»Du warst krank?« fragte Selene.

»Nein«, sagte der Lenker.

»Wer tötete Dich?«

»Pelops«, sagte der Fuhrmann. »Vielleicht auch Hippodamia. Einer von beiden warf mich vom Felsen herab.«

»Du warst Zeuge«, sagte die Möndin, »sie fürchteten Dich.«

»Ich habe sie verflucht«, sagte das Sternbild, »sie und ihr ganzes Geschlecht.«

»Der Fluch wird in Erfüllung gehen«, sagte Selene, »es gibt keinen Frieden in Tantalos' Haus. Furchtbares steht noch bevor, und selbst die Sonne wird ihre Bahn verlassen, wenn Atreus seinem Bruder Thyest die eigenen Kinder vorsetzt, wenn Klytaimestra das Netz spannt und Orest seine Mutter ermordet. Du wirst sehen, wie Dein Fluch sich erfüllt!«

»Muß ich es sehen?« fragte der Lenker.

»Du mußt«, sagte die Möndin, »das ist Oinomaos' Strafe. Du bist verdammt, die Gedanken der Mörder zu schauen, ihre Lügen und ihre Gebete, die Träume und die Spuren der Angst – und das bis zum Ende der Tage. Solange die Sterblichen leben, wirkt Tantalos' Frevel weiter.«

»Ich wußte nicht, daß es so jammervoll ist, ein Sternbild zu sein«, sagte der Lenker. »Ich wünschte, ich wäre im Hades.«

»Die Menschen glauben, Du wärst dort«, sagte die Möndin. »Doch Zeus kennt härtere Strafen.«

»Im Hades?« fragte der Lenker. »Sie sehn doch mein Bildnis am Himmel, das Zeichen des Fuhrmanns.«

»Sie sehen die Sterne«, sagte Selene, »aber nicht Dich.«

»Wen sonst?«

»Phaeton«, sagte die Möndin, »Helios' Sohn. Ihn verehren sie in Deinem Bild.«

»Phaeton?« fragte der Lenker, »der den Sonnenwagen stahl, die Feuerrosse des Vaters?«

»Phaeton«, sagte Selene, »den schlechten Lenker.«

»Den am Zenit ein Schwindel ergriff? Der zur Erde hinabfiel?«

»Denselben.«

»Das ist unmöglich«, sagte das Sternbild.

»Denk an die Spur seines Sturzes«, sagte die Möndin, »die Milchstraße quer durch den Himmel; denk an die Pferde, die zügellos die Kreisbahn verließen.«

»Und wo ist Phaeton jetzt?« fragte der Lenker.

»Im Hades«, sagte die Möndin.

»Das ist furchtbar«, sagte der Fuhrmann.

»Furchtbar?« sagte Selene. »Ich glaube, daß es gerecht ist.«

»Gerecht?«

»Der gute Lenker«, sagte Selene, »führt sein Gespann durch die himmlische Bahn.«

»Und schaut auf die Erfüllung des Fluchs.«

»Er lenkt«, sagte die Möndin, »er darf tun, worauf er sich versteht.«

»Aber die Menschen erkennen ihn nicht.«

»Denk an Phaeton«, sagte Selene, »geht es ihm anders? Auch er bleibt unerkannt und muß das Licht der Sonne entbehren.«

»Wie ich«, sagte der Lenker.

»Du bist nicht Helios' Kind«, sagte die Möndin. »Du kennst nicht das Schlimmste: als Sohn der Sonne im Hades zu leben.«

»Auch ich bin Helios' Kind«, sagte der Lenker. »Auch in Olympia leuchtet das strahlende Licht.«

»Verlang nicht Unmögliches«, sagte Selene. »Der Fuhrmann darf lenken. Ist das nicht viel?«

Das Sternbild schwieg.

»Vergiß Oinomaos nicht«, sagte Selene. »Zeus ist gerecht!«

Vorbei an den weißen Bergen von Kreta

Zurück zum Anfang, zur Vergangenheit, dorthin, wo es begann und der stiergestaltige Zeus Phöniziens erlauchteste Tochter, die thrakische Europa, bei der Platane von Gortyn zu Boden gleiten ließ.

Abwärts in die Schächte des Mythos, nach Knossos und in die Höhlen des Diktegebirges, wo der Waffentanz der Kureten die Schreie des Kronos-Sohns übertönte: listige Rheia, Dein Kind ist gerettet.

Hinab in Rhadamanthys' Totenreich, ins Kreta homerischer Lügner – noch einmal der Spiegel des weit gewanderten Mannes!

Zur Sohle der ältesten Flöze hinunter, dem Silbergeäder minoischer Steine – Doppelaxt-Träume, Labyrinthe der Nacht! Sieh doch: die Priesterin mit zerschlitztem Gewand, die Schlangen, wie ein grüner Schmuck, auf den Keilen der Brust, der verworfene Tanz auf schimmernden Graten! Knaben mit riesigen Köpfen, spitzen ägyptischen Schädeln, lässigen Gliedern: geht Ariadne vorbei?

Perlender Tau, Daidalos-Tränen: Ikaros stürzte ins Meer. Safran und Krokus: zierliche Hände durchwühlen das Gras, Finger, die ein türkisener Schimmer in Schlinggewächse und Algen verwandelt.

Hiraklion

Wir hatten Angst vor dieser Stadt; wir wußten, was geschehen war, als sich die Fallschirme spannten. Die schwarzen Puppen brachten den Tod. Der Himmel verdüsterte sich; ein schwaches Echo, Schreie und Flammengeprassel, folgte den sich entfernenden Bombern. Was kümmert den Schnitter die aschene Ernte?

Ja, wir fürchteten uns vor den Blicken der Menschen: Waisengesichter, Witwengesichter, klagende Mütter, Augen, die sich erinnern. Ein Gerücht flog voran – noch am Abend zuvor, so erzählte man uns, hätten Scharen von Kindern die Gräber deutscher Soldaten mit Steinen beworfen und das Gefallenen-Mal mit den Worten bedeckt: *Dies taten griechische Kinder, Söhne der friedlichen Stadt Hiraklion, deren Väter man erschoß, weil sie die Freiheit liebten.*

Doch die Geschichte war erfunden. Niemand erwartete uns; kein Trauerzug stand an der Mole. Die Schleier waren zu Asche geworden, eine Beute der Zeit, wie der farbige Spruch auf dem steinernen

Mal. Von der Sonne verbrannt, hatte die Schrift sich verflüchtigt. Kein Grab war geschändet.

Die Kinder, denen wir auf unserem Gang durch die zerstörten Straßen von Hiraklion begegneten, grüßten uns arglos und freundlich, Männer saßen in dunklen Zimmern und spielten mit klappernden Steinen ein Dominospiel; Frauen hockten im Schatten der Häuser und nickten uns zu. Ihre Bewegungen waren gemessen und langsam, eher würdig als grazil, und auch die Kinder, so lärmend sie uns umringten, hatten wenig von südlichem Pathos. Schützend legte sich um jeden Schrei sogleich ein schweigender Ring; stille Kreise dämpften alle Geräusche, bevor sie sich fortpflanzen konnten. Auf einen Punkt beschränkt, unfähig, Wellen zu bilden, erstickte der Lärm wie von selbst.

Auch das Gelächter, schrill und ungewohnt in den staubigen Straßen, erstarb schnell. Man duldete es, doch es blieb fremd. Die Bewohner dieser Gegend, Menschen einer provisorischen Existenz, die Lungen voll Staub, das Leben im Keller, den Schlaf im Dunkel gewöhnt, Insassen einer vergessenen Zone – überall Unkraut, Mörtel und Schutt, und beim Morosini-Brunnen gingen die Fremden durch die Bazare –, sie alle, die Verteidiger eines von Bomben zerfressenen Viertels, waren in ihrem Kampf nicht verbittert geworden. Würdig und vornehm, die Frauen, der Umgebung angemessen, von matronenhaftem Ernst, die Männer listig und gewandt, die Kinder reinlich, manche wie Prinzen gekleidet, so standen sie, aufmerksam und selbstbewußt, vor ihren zerfallenen Häusern: spanische Granden, die einen Wasserkrug mit der gleichen, ganz und gar nicht servilen Eleganz zu reichen wissen, wie den sektgefüllten Kelch.

Als wir sie sahen, diese Armen von Hiraklion, fiel uns plötzlich ein, daß hier die Heimat des El Greco war, des Griechen, wie ihn die Spanier nannten, Domenikos Theotokopulos aus Fedele. Kein spanischer Fürst, sondern ein Bauer oder ein Seemann aus Kreta hatte dem heiligen Franz von Toledo die Züge geliehen, der Junge mit der glimmenden Kohle – die rustikale Putte von Neapel – war ein griechischer Hirte und die Dame mit dem Weißfuchspelz eine einfache Frau aus Fedele.

Die Reise der schönen Europa, in Kreta begonnen, war weit und beschwerlich. Vom Ida-Gebirge kam sie, zu Perikles' Zeit, nach Athen – sah jemand empor, als sich die Sterne vom Himmel befreiten und,

wie Mückenschwärme am Abend, ziellos durcheinanderwirbelten?
Durchschaute ein kühner Gedanke die Ordnung des Bilds?

Spitz und gleißend traten zwei Hörner hervor, Hufe flammten auf,
ein gestirnter Nacken, auf dem, durch flammende Punkte in ihren
Konturen umrissen, eine Frau saß: wie ein Komet durchschritt Europa den Weltraum, eine Reiterin inmitten der nächtlichen Steppe.
Über die Adria flog sie hinüber nach Rom, in den Zirkus, zum Kreuz
des heiligen Petrus, und weiter – die Mönche feiern die Mitter-
nachtsmesse – zum Monte Cassino, ans Sterbelager Friedrichs II., zu
Leonardo an die Loire, nach Basel in Johannes Frobens Druckerei,
und schließlich, von Scheiterhaufen angelockt, ins Spanien der In-
quisition. Dort, in Toledo, hält sie inne und betritt El Grecos Ate-
lier.

Erkennt sie der Maler? Gedenkt er der kretischen Heimat? Besinne
Dich, Domenikos! Das dunkle Silber Toledos, die Farben der Klö-
ster und Brücken, schimmerndes Braun und schwefliges Gelb,
Krapprot und Ocker, Wasserblau und Violett, der Kerzenglanz in
Kirchen und Zellen, Ignatius' Schatten über der Stadt, der weiße
Strahl des Wahnsinnstraums, Phosphorglanz in Kerkern und Kam-
mern: o schreckliche Vision Teresas, der Widerschein der Fackeln
auf dem Platz des Ketzertribunals, die Scheiterhaufen nahe der Pu-
erta del Cambron... alles gespiegelt im eigenen Bild: Verdammte im
Rachen des Walfisches, Skelette, Rümpfe und Schenkel, der Ache-
ron in brennendem Gold, winzige Balken, Puppen an Drähten und
Schnüren!

Und dann das andere Bild! Sturm über Toledo, Gewitter und Brand
– im Vordergrund ein fahles Grün, Büsche und Hecken: der Garten
von Gethsemane; in der Mitte, von Blöcken durchschnitten, der
Tajo, dahinter, wie eine granitene Spur, Brücke und Wehrgang.
Und darüber, Stunde des Gerichts, der asphaltene Finger der Kir-
che, die windschiefen Mauern des Klosters, Traumperspektiven, das
Nahe fern, das Große klein, der Himmel von spanischen Klingen
zerfetzt, ein Streit zwischen wirbelndem Grau, zerfasertem
Schwarz, Olivgrün und beinernem Weiß: *es sind doch die Farben der
Heimat; ich habe Europa erkannt; ich erinnere mich.*

Hinter den Felsen Toledos, tief in der Erde beginnend und im Mörtel
der Häuser zerronnen, hinter der ganzen, ungeheuren, großen, in
den Berg hineingetriebenen Stadt aus Asche und Stein, stehen wieder die Straßen von Kreta, die Wege zum Hafen, granitener Schnee

auf dem Ida-Gebirge. O dunkle Insel zwischen Afrika und Griechenland! Noch immer wohnt Zeus in den Bergen, Dionysos schweift
durch die Wälder, ein syrischer Tischler schnitzt die Kammern seines Labyrinths in ein Stück Holz. Mosaike und Fliesen in den Mo-
scheen, dunkles Gewirr des maurischen Viertels, die Malvenaugen
der Frauen... *ich bin wieder in Kreta.* Oliven schaukeln vorm Fenster;
nun klappern die Dominosteine; da ist die Stimme der Mutter, die
vom Feld nach Hause kommt. Der Eimer scheppert, rasselnd bewegt
sich die Kette; mein Spiegelbild, Europas Gesicht, haselnußgroß, im
Brunnenschacht von Fedele.

Knossos

Riesige Sonnen! Über den Treppen von Knossos, dem Hof und den
Bergen, leuchtet Pasiphaes Licht. Hier paaren sich Anmut und
Geist, Eleganz und Intellekt, Schwermut und Klarheit. Einzigartige,
nie wiederholte Versöhnung zwischen diffusem Verdämmern und
vivisektorischer Schärfe! Widersprüche heben sich auf; selbst die
Gewalt trägt noch die Züge einer müden Frömmigkeit. Lässige Anmut schließt Würde und Strenge nicht aus: wer hier, auf diesen Stufen, den Stierspringern zusah, den Artisten und Gauklern, war auch
mit dem Tode vertraut. Über dem zaubernden Spiel der Reflexe –
Wasserkünste, illuminierte Paläste, irisierende Reize – lag der Schatten des Reißwolfs, Dionysos unter der Maske! Tändelei und höfische
Sitte, Galanterien, artiges Nippen, Tanzschritt und Courtoisie...
leer stand der Saal, wenn der Thyrsos-Schwinger das Szepter erhob.
Sprach man griechisch in Kreta? Hat die Schrift ihr Geheimnis enthüllt? Wohnten hellenische Götter in Minos' Palast? Kehrt auch
Dionysos, als Bruder Apollons, in die Gemeinschaft der anderen
Götter zurück? Nicht vom Osten, nicht aus Thrakien, in orgiasti-
schem Taumel die Berge durchschweifend, sondern vom Süden her
zog der Meister der Spiele mit dem *currus navalis* in Griechenland
ein? Wer in Knossos steht, muß daran glauben. Später kommen die
Zweifel.

In der Ägäis

Von Kreta über Naxos, wo sich der Rickenwolf von Knossos mit
Ariadne, der Herrin des Labyrinths, verband, mitten durch die Kykladen hindurch, an Delos, Syros und Kythnos vorbei – hinüber zur
rossereichen Argolis Homers, nach Epidauros, Tiryns und Mykene,
und dann nordwärts durch den saronischen Golf nach Athen...
das war auch unser Weg, eine Fahrt vom 36. zum 38. Meridian:
die Straße des Dionysos und die Fahrt jenes sagenhaften Theseus,
Athens erstem König, dessen Route wir folgten, bis wir unsere Reise
auf Delos und in Mykonos unterbrachen.

Delos

Delos – das heißt »die Erscheinende« – ist die kleinste Insel der Kykladen; aber sie ist ihr Herz und einmal war sie der Mittelpunkt Griechenlands: Heiligtum und Sklavenmarkt, Handelsplatz und Um-
schlaghafen. In Delos wurde Apollon geboren. Von hier aus ging das
Licht über die Welt. Delos war Bethlehem... ein winziges Eiland,
von Poseidon mit riesigen Balken am Grunde des Meeres verankert.
Heiliger Boden: Wallfahrtsort und Sühneplatz, Einsiedeln und
Lourdes, Jerusalem und Rom zugleich!
Hier fand die von Land zu Land gejagte Leto Hilfe und Zuflucht. An
eine Palme gelehnt gebar sie die Zwillinge Apoll, den Herrn des
Lichts, und Artemis, die auf den Bergen jagt und den Frauen die
Wehen bringt. Ihnen galten die Spiele, zu denen man alljährlich aus
Griechenland kam – fromme Spiele, bei denen Mädchen und Jüng-
linge den Tanz der Kraniche tanzten. Niemand durfte getötet wer-
den, solange die Wallfahrerschiffe unterwegs waren. Auch Sokrates
konnte den Schierlingsbecher erst trinken, als die athenischen Boote
wieder am Piräus vor Anker lagen. Niemand durfte auf Delos sterben, niemand dort geboren werden, denn Verwandlung und Alter,
Verfall und Siechtum beleidigt den Gott. Wenn die Augen erstarren,
wendet Apollon sich ab.
Auch heute ist die Insel, bis auf einen Wächter, unbewohnt. Die
Händler, die ihre Ware in kleinen Körben feilbieten, wohnen auf der
Nachbarinsel Rheneia, und die Schiffe ankern im offenen Meer oder
fahren nach Mykonos weiter.

Zwischenspiel in Mykonos

Fremdenverkehr an der Grotta Azzurra!
Die Promenade gleicht einer von Läden und Tischen umsäumten
Avenue: Frauen öffnen die bunten Schirme, Männer spazieren in
grünem und gelbem Frotté. Farben und Formen, Gesten und Flüche, italienische Suada! Seepferdchen, Taschen und Shawls, Sandalen und Hüte wechseln ihre Besitzer. Kellner rücken die Stühle
zurecht, fröstelnde Herren in Buschhemd und Cord preisen den
Vorzug ihres Domizils – einer Niederlassung der Athener Akademie
der bildenden Künste –, und ein vornehmes Hotel, europäisch und
teuer, bittet zum Tee. Französische Kleinbürger, Baskenmützen,
Rotweingesichter, Puder auf kalkiger Haut und blutige Nägel, feil-
schen, mäkelnd und verwöhnt (zu Hause essen sie in der Küche), mit
einem bärtigen Patriarchen um hölzerne Kästchen, made in Mykonos; skandinavische Studenten mit weißen Schülermützen untersuchen eine Spieluhr, made in Mykonos, und ein Deutscher in sorgfäl-
tig gebügelten shorts, made in Mykonos, erzählt von einem Gast-
wirt, der ihn mit gepanschtem Wein übervorteilen wollte.
Genug! Die Zeit ist kurz. An der Mole wartet das Boot.
Die Fahrt von Mykonos nach Delos dauert nicht ganz eine Stunde...
aber in Wahrheit ist es ein Weg, der über Jahrtausende führt. Ein
Abschied von Menschen, ein Weg zu Gräsern und Steinen. Vielleicht eine Reise in den Tod, gewiß ein Aufbruch in die Wüste.

Abermals Delos

Drei Stunden auf Delos... ein Gang vom Hafen durch den Tempelbezirk hinauf auf den Kynthos und zurück zum Kai. Die Sonne
brannte, und die Steine – weißer, gesprenkelter, bläulicher Marmor
– flimmerten in der Hitze. Der Boden war rissig und hell, eine Mischung aus Sand und halb vertrocknetem Gras. Wir waren ganz allein auf der Insel... allein in einem unermeßlichen Trümmerfeld,
halb Marmor halb Macchia, Unkraut und zerbrochener Stein.
In Mykonos hatte man uns gesagt, daß bei der Ankunft großer Dampf-
fer die Händlerinnen aus Rheneia kämen, um ihre Andenken in kleinen Körben hinüberzutragen. Aber es war wohl kein Dampfer in
Sicht, denn soweit wir auch gingen, wir trafen keinen Menschen.

Auch Schafe und Ziegen, Hunde und Katzen schien es hier nicht zu geben. Eine Eidechse, die unter der Schwelle des geschlossenen Museums verschwand – es war ja Sonntag –, ein Zitronenfalter auf einem Macchiabusch und sehr hoch in der Luft einige Schwalben: sonst nichts. Kein Laut und kein Schatten, kein Ruf und keine Bewegung. Nur Meer und Sonne, Himmel und Steine... Steine aller Größen und Formen: Blöcke und Quadern, Kugeln und Kuben, Trapeze und Dreiecke.

Delos: das ist der Spielzeugkasten eines Giganten, der Tummelplatz eines Riesen, der mit Tempeln und Häusern wie mit Bauklötzen umging. Ein Kyklop oder ein Titan, dessen Hand die Insel mühelos umspannte und die Gebäude mit einem einzigen Druck zu Scherben und Splittern zerhackte. Vereinzelt stehen noch Marmorsäulen herum, weiße Pfähle, die Beleuchtungsmasten ähneln. Altertümliche Löwen, die Beine amputiert, die Mäuler zu Grimassen zerschlagen, kauern auf flüchtig zusammengetragenen Blöcken. Unkraut wuchert zwischen den Steinen der Fundamente, Mauerwerk zerbröckelt im Gras, Sträucher und Büsche färben sich kalkig und grau. Stein wird zu Mörtel, Mörtel zu Geröll, Geröll zu Sand, Sand zu Erde; und aus Erde wird wieder Mörtel und Stein. Die Elemente vertauschen sich von Jahrtausend zu Jahrtausend... ein ewiger, niemals endender Kreislauf.

Seit jenem Tage, da alte Leute und schwangere Frauen, Gebärende und Sterbende, die Insel verlassen und nach Rheneia hinüberfahren mußten, ist das Leben auf Delos erstorben. Nur die Fremden machen, ein oder zwei Stunden, ein wenig Lärm, wenn ihre Füße gegen die Steine stoßen oder sie sich durch Rufe und Winken ihrer Lebendigkeit vergewissern wollen. Nachts aber und in der Hitze des Mittags ist es still auf Delos, und im Winter meiden die Boote die Insel. Der heilige See ist ausgetrocknet – aber nicht lange mehr, und er wird überlaufen, denn Poseidons Balken sind morsch. Apoll hat die Insel verlassen, und Delos, die Erscheinende, wird wieder im Meer versinken.

Nachts in der Ägäis

Es war dunkel und kalt; die Nacht lag zwischen Himmel und Meer; schwarze Arme, die Glieder des Kindes, trennten die Eltern. Verge-

bens suchte Uranos die mütterliche Gaia zu umfangen. Nyx verhüllte sein Antlitz; nur die Räder des Wagens, die Krallen des Bären,
schimmerten schwach durch die samtenen Schleier hindurch. Doch
die Ägäis, menschlich wie kein anderes Meer, gibt auch der Dunkelheit sanfte Konturen. An allen Ufern glitzern, im leuchtenden Amphitheater der Buchten, die Lichter; flimmernde Bojen weisen den
Weg, Leuchtfeuer über den Wassern von Lesbos bis Rhodos, von
Knidos bis an den Strand des saronischen Golfs!

Lyrische Meditation
auf sapphischen Meeren

DAS ICH

Im Fackelschein der Nacht, zwischen Insel und Meer, gewahrte der
Mensch sein eigenes Ich, warf seinen Schatten über den Stein und
entdeckte das Lächeln: »Schau her, dies bin ich; sieh, wie lebendig
ich bin.«
Auf Inseln, ausgesetzt im Meer, den schwankenden Booten mißtrau-
end, im Zwiegespräch mit Göttern und Sternen: in schattigen Hainen,
auf karstigen Klippen über dem Strand, trat er aus dem Dunkel heraus
und bemerkte sein Bildnis im Wasser. Von nun an war er allein, gewann das Gefühl seiner Grenzen, wandte sich ab von der Welt, verließ
die Gemeinschaft, zerbrach die Tafeln der Väter, verkündete das Gebot seines Leidens und gab der Zeit die Gesetze der Liebe.

> »Die einen mögen die Reiter, die andern das Fußvolk,
> die dritten Schiffe für das Schönste halten,
> was es auf der schwarzen Erde gibt.
> Ich aber halte das für das Schönste,
> was Du in Liebe ersehnst.«

Eros, in Leid und Ohnmacht erfahren – Sturmwind über den Wäldern, Hornisse und Bremse, unbezwingliche Macht, Jäger und Töter, Kerkerwärter, der die Einsamkeit gibt, das dunkle Alleinsein,
von dessen Mauern der Name zurückhallt: ich bin Sappho, ich Alkaios, ich Archilochos!

Wer aber »ich bin« und nicht mehr »er ist« sagt, zerbricht den Stab
des Rhapsoden und verläßt die Gebirge riesiger Epen. In der Ebene
singt man ein anderes Lied. Das Allergeringste, die zärtliche Disti-
chen-Anmut, das winzige Maß einer Strophe, erfreut dort die Menschen:

> »Ich bin des Kriegsgottes Knecht,
> ich verstehe mich auch auf die liebliche Gabe der Musen.«

Das lyrische Ich, im siebenten Jahrhundert vor Christus geboren,
aufgezogen in Rom, verschollen, von Minnesängern wiedergefunden, gewachsen im Schatten der Neuzeit: Prometheus fordert die
Welt in die Schranken – heilig, allgewaltig ist das Ich! –, ermüdet,
gealtert, entwürdigt, ist heute zum Spiegel geworden, Spiegel unter
den Spiegeln: kein Schatten streicht vorbei, die Sonnen sind zu hell,
um sich fangen zu lassen. Bildnis im verhängten Raum; Symbol, aber
wofür? Gleichnis, aber für was?
Die Wirklichkeit hat sich gerächt. Das Ich ist eingeholt, zurückgekehrt, besiegt von der listigen Schläue der Welt.

DIE ZEIT

Der zweite Schritt war die Entdeckung der Zeit.
Da die Gebote der Welt dem Ich nichts mehr galten – kehre mit dem
Schild heim oder auf ihm, als Sieger oder tot, sagten spartanische
Mütter zu ihren Söhnen; Archilochos jedoch kam waffenlos zurück:
er war ja lebendig, was sollte ihm der Schild? –, da das Adelsgesetz,
die Rede von Ehre und Ruhm, längst verblaßt war, schaute der
Mensch, auf der Suche nach neuen Geboten, sich um und entdeckte
die Schätze der Welt in den Tiefen der eigenen Seele. Dort, im Abys-
sos des Herzens, fand er die Zeit.
Von nun an gab es, persönlich gefärbt, Reminiszenz und Erwartung;
von nun an konnte man sich, um den Tag zu bestehen, des »schon
einmal« erinnern, des Erlebnisses von gestern, der Vielzahl verges-
sener Stunden.
Der Stierkampf-Schritt zurück zur Barriere, ein schützendes Sich-
Vergewissern, Atempause, Anhalt im Mythos, Analogie und Trost
in der Gefahr der Gegenwart: das ist das Geheimnis griechischer Ly-

rik, der sapphische Zweischritt, wiederholt im Schritt des Toreros –
aus dem Licht der Sonne ins bergende Dunkel des Mythos und wieder zurück.

Wo Sappho sich fand, sucht sich auch heute das lyrische Ich. Mag
der Abgrund uns tiefer erscheinen als zu der Zeit, da im Brunnen
noch nicht die Alpträume hockten, historische Fratzen, die schrecklichen Zeichen der Ahnen… der Weg ist immer der gleiche geblieben. Man springt hinab und steigt hinauf, man schaut hinunter und
kehrt, beladen mit dem Trost des »schon einmal«, zurück, wissend,
daß sich alles wiederholt und nichts verloren geht.
Archetypus, Mythos, Exempel, Katabasis-Lohn: du bist nicht vergessen. Du leidest? Bedenke, auch Sisyphos litt! Bitterlich schmerzt
dich die Liebe? Erinnere dich, wie groß ihre Macht ist, wie viele
Menschen um Helena starben. Was du auch tust… es gibt für alles
ein Beispiel. Du bist nicht allein.
Die Worte wechseln; dennoch bleibt, heute wie damals, das Wissen,
daß ein riesiges Auge uns zuschaut. Auch die Zerstreuten erfaßt ein
gewaltiger Blick und zeichnet die Spuren der Einsamkeit auf.
Jagt man uns abermals? Kehrt Eros, der Töter, wieder im Sternbild
des mordenden Bären? Bleibt uns noch Zeit? Sind wir verdammt,
verurteilt, erlöst? Wir wissen nur eins: daß wir beobachtet werden.
Hinter der rußigen Scheibe sehn wir Eros' kyklopisches Auge.
Herrische Rufe über die Zeiten hinweg! Wer dem Gott begegnet ist,
kennt nur noch Befehle, empfangen und wiedergegeben, aus der Distanz planetarischer Räume: Versuche, die Welt aus unendlichen
Höhen zur Ordnung zu rufen…

In der Ägäis

Die Nacht ist schwärzer geworden, Kythnos liegt in unserem Rük-
ken, wir haben die Kykladen passiert und halten Kurs auf Nauplia.
Kleine Lichter, glühende Dochte, verglimmen im Westen. Aber das
Sternbild, die Achse des Wagens, weist uns den Weg.

> »Großer Bär, komm herab, zottige Nacht,
> Wolkenpelztier mit den alten Augen.«

Ein letzter Gedanke an Tempel und Haine, an dampfende Altäre und den Tanz der kretischen Mädchen, an Dill und Anis, an das Mondlicht über der Salzflut, das Lied der Zikaden, den lesbischen Hochzeitsgesang, an den Abendstern und den Kranz der Chariten.
Wie dunkel es war!

> »Untergegangen ist nun der Mond,
> untergegangen sind die Plejaden.
> Es ist Mitternacht.«

Ich ging an Deck, es war zugig, von Osten blies ein schneidender Wind, ein Eishauch von fernen arkadischen Bergen. Das Schiff kämpfte sich mühsam voran, die See war steif, tintige Wolken zogen vorbei, ein Sturm kam auf.
Nun verbarg auch der Bär, der wandernde Eros, sein Antlitz.

Nauplia

In dieser Morgenstunde zwischen Nacht und Tag ist der Himmel ein riesiges Laken. Über der Argolis, Heras heiliger Erde, liegt als milchiges Segel das Karfreitagstuch. Noch wartet die Sonne im Meer; nur eine Glocke, oben in der Rauchluft über der Stadt, verkündet die Nähe des Tages. Die Gassen sind leer – jetzt ist die Stunde des Henkers.
Erinnerst du dich? Am Rand des Kastells, dem Schattengebirge mitten im Wasser, erwartete er seine Opfer. Die Nacht hatte ihn wachend gesehen, abgesperrt wie eh und je von den Lebendigen, in der Hand das brüderliche Beil, die Blicke unverwandt auf die Mole gerichtet. Dort lag das Boot, dort tönte die Glocke; das Mahl war vorbei, der Priester hob die Laterne, die Ruder berührten das Meer.
Henkersgedanken, Rechenschaft zwischen Abfahrt und Ankunft des Boots: geh an dein Werk. Scheue dich nicht, auch Hera ist schuldig. Sie selbst, die Himmelskönigin, entriß dem Meergott das Land: Blutschuld am Anfang, Blutschuld am Ende! Über der rossenährenden, durstigen Erde liegt noch immer das Zeichen der Sense. Die Fruchtbarkeit liebt das Verderben, Homers Teppich ist rot. Der Wind streut Schatten über das Korn – sucht er Poseidon zu trösten,

und träumt der Meergott von der Zeit, da seine Herrschaft noch bis zum Spinnenberg reichte, bis zu den kahlen arkadischen Graten?

Würgeengel, tu deine Pflicht! Auch zwischen den Lidern der kuhäugigen Herrin von Argos schimmert das Beil. Bedenk: hier ist Atreus zu Hause, Aigisth, Klytaimestra; hier ist die Heimstatt der Mörder.

Das Boot mit dem Opfer! Ehe der Priester zu murmeln beginnt, ehe der Kiel knirscht, schau zum Berg Palamidhi empor, dem Kalkfleck am Rande des Lakens. Denk an Odysseus, erzähl dir die alte Geschichte, sie hat dich noch immer getröstet. –

Vorbei, schon vorbei. Kastell und Henker lagen hinter uns. Wir hatten den Hafen erreicht und waren zurückgekehrt in den weit gefächerten Schatten Venedigs, nach Napoli di Romania, dem Zentrum des venezianischen Ostens, der ersten Hauptstadt des befreiten Griechenlands. Von hier aus wurde Hellas wieder ein Staat, hier begann, vor vierzig Jahrhunderten, seine Geschichte, als die Achäer, von Korinth her, den Derwenaki-Paß erstürmten und, in einem Halbkreis zwischen den Hügeln Elias und Zara, den Burgberg von Mykene erbauten.

An diesem Morgen lag die Argolis in Wolken und Nebeln; milchige Schleier bedeckten die Pusteln der Berge, die argivische Burg und den Kegel von Tiryns. Voll Argwohn und Neid verhüllte die Zauberin Hera ihr Reich: genau wie damals, als die Hekatomben dampften und Opferschwaden die Glieder der uralten Mutter bedeckten, wenn sich die Herrin der Ehe im Kanathos wusch und Jahr für Jahr wieder jungfräulich wurde.

Ein kläglicher Ausblick – und der Weg zum Kastell Palamidhi war steil und beschwerlich gewesen. Ein Passionsweg voll Erinnerung… der Frühlingstag vor zehn Jahren!

Damals stiegen wir, aus der Tiefe einer süditalischen Stadt zum Gipfel hinauf. Es war ein heißer Tag, wir hatten Zeit genug, um auf die Frauen am Brunnen zu achten: klappernde Eimer, Gesten und Kindergeschrei, die Katzen im Dunkel der Türen, zwei alte Männer beim Brettspiel, weit weg die Rufe eines Fischverkäufers.

Plötzlich schrie ein Mädchen auf und wies mit den Fingern auf uns: »Sie sprechen deutsch!« Eine Sekunde der Stille trat ein, dann begann das Schweigen des Spießrutenlaufs: man verschränkte die

Arme, nahm die Kinder fest bei der Hand, und wenn wir näherka-
men, wandte man sich ab. Selbst die Mädchen rührten sich nicht, ein
kleiner Junge spuckte aus, der alte Mann, oben am Fenster, hob seinen Stock. Das war die einzig laute Gebärde; sonst hörten wir nichts
als ein raunendes Murmeln: »Sie kommen vom Tal herauf, eine Frau
und zwei Männer. Ruggiera sagt, sie sprechen deutsch. Auch Luigi
Mercati hat es gehört.«

Wenn wir vorausblickten, zum Gipfel hinauf, der immer noch weit
war, konnten wir sehen, wie die Rufe, viel schneller, als irgendein
Mensch zu laufen vermochte, die Häuser durcheilten. Überall traten
sie nun auf die Schwelle. Während unten die Stadt um die Mittagszeit summte und kochte, waren wir eingesperrt in das Gefängnis des
Schweigens. Wir selbst wagten nicht mehr zu sprechen und hofften
doch noch, daß hinter der nächsten Biegung, am Ende der Treppe,
der Spuk zuende sein würde. Hörten die Häuser nicht auf? Hatte
hier niemand Mitleid? Sprach keiner uns an? Dichter und dichter
wurde die Mauer, und als wir die große Treppe erreichten, die geradenwegs auf den Gipfel des Berges hinaufführte, als wir sahen, daß
immer noch Menschen uns erwarteten – Lemuren von überall her,
eine dunkle, schwebende Wand, in der Ferne bewegt, schwarz-
köpfig, ameisengleich, in der Nähe von tödlicher Starrheit –, da kehrten wir um. Man lachte uns aus; wir spürten das Näherkommen der
riesigen Welle, die uns verfolgte, den Hang hinabstürzte. Als wir die
Altstadt erreichten, schlug sie in unserem Rücken zusammen.

Ein paar Jahre später winkte man uns an der gleichen Stelle freundlich zu. Aber die Tafeln hingen noch an den Häusern: 1944, immer
die gleiche Zahl; das gleiche Zeichen, ein Kreuz, die gleichen Worte:
erschossen, ermordet, hingerichtet, getötet. (»Weine nicht, Frau«:
denkt daran, Kinder, daß dies die letzten Worte sind, die ich hörte,
ehe Euer Vater starb. Es war nicht viel; und ich will nicht, daß Ihr
mehr Deutsch könnt als ich.)

Dunkle Gedanken, Nachtgesichte unter dem Karfreitagshimmel,
Erinnerungen an Palamedes, den Heros dieser Stadt, der als erster
seine Kunst verriet, weil es ihm nicht genügte, das Alphabet und das
Schachspiel erfunden zu haben. Wer über Zahlen und Schriftzeichen
herrscht, den Rhythmus der Sätze versteht und die Rätsel der Wissenschaft kennt, sucht auch über Menschen zu herrschen... das ist
Palamedes' Geschichte. (Wann war es nur, daß ein erstaunter Präsi-

dent am Ende eines Briefes, der ihm die Geheimnisse unerhörter Vernichtungswaffen enthüllte, die Namen der Palamedes-Enkel entdeckte?)

Die Geschichte ist simpel, man kennt sie genau, sie hat sich oft wiederholt... mögen die Namen sich ändern, das Modell bleibt gleich: ein Mann des Geistes, Palamedes, verkauft sein Wissen für Geld und wird ein Knecht Agamemnons. In dessen Gefolge begeistert er alle Hellenen zum Kampf gegen Troja. Nur Odysseus durchschaut ihn, und als die Gesandtschaft kommt, ihn zu holen, spannt er den Stier und ein Pferd vor den Pflug und streut Salz in die Furchen. Agamemnon läßt sich täuschen – »da haben wahrhaftig die Götter den Sohn des Laertes mit Wahnsinn geschlagen«. Palamedes jedoch, vor die Entscheidung gestellt, zu schweigen (»wir können nichts tun, Agamemnon, der Mann ist nicht bei sich«) oder für immer zum Söldling zu werden, entscheidet sich für die Macht und verrät seinen Bruder.

Während Odysseus ihm lächelnd, das Salz in der Hand, ins Gesicht sieht, schalkhaft, der Klugheit und Güte des andern vertrauend, ergreift Palamedes, sehr langsam, Telemachs Arm und setzt das Kind vor den Pflug. Odysseus blickt auf; ein großes Erstaunen liegt zwischen Augen und Mund, Tränen rinnen die Wangen hinab. »Komm, Telemach«, sagt er sehr leise. Dann geht er zum Hafen, rüstet die Schiffe und segelt nach Aulis.

Nun ist er endlich Odysseus: listig und böse, verschlagen und tückisch. Nun schreibt er in Priamos' Namen den Brief: »Verwahre die Bestechungsgelder gut, Palamedes«, nun vergräbt er selber das Gold, beruft das Tribunal und lächelt, während Palamedes im Steinhagel blutet. (Warum wehrt er sich nicht? Ahnt er, was er getan hat, als er Odysseus verriet, den Bruder, der ihn nun wieder verrät? Kennt er die Folgen? Weiß er, daß die Gedanken, einmal der Lockung erlegen, für immer die Sklaven der Macht sind? – Er weiß es genau: ganz zu recht trifft ihn der Tod; durch seine Schuld ist nun der fahle Glanz der Silberlinge in der Welt.)

Unterwegs

Früher als geplant, gegen Mittag, haben wir Nauplia wieder verlassen. Inmitten der Henkerinsel und des Bergs Palamidhi erscheint der

Korso venezianischer Cafés ein wenig flitterhaft: fragil und provisorisch, Dekoration zwischen kyklopischen Mauern, schnell aufgebaut, schnell abgebaut, eine Fasnachtsfassade.

Hier oben in den Bergen aber zeigt Hera ihr wahres Gesicht. Es geht nach Epidauros, das Spinnengebirge liegt vor uns. Die argolische Kammer, zum Meer hin stufenartig gegliedert, mit der Reede von Nauplia als prunkvollem Eingangsportal, verliert sich am nordöstlichen Steinsaum in trostloser Hinterhausöde.

Die Route führt nun geradenwegs zum Meer – könnten wir fliegen, wir wären bald in Troizen, wo Phaedra um Hippolytos warb, und erreichten, auf Theseus' Spuren, den Strand des saronischen Golfs.

Epidauros

Nun, da es Abend zu werden beginnt, kehrt die Stille zurück. Die Autobusse sind weitergefahren; nur vor dem Rasthaus sitzt noch ein Grieche. Das schwarze Mützchen hoch auf dem Scheitel, der Bart gepflegt, die Wachstuchkladde auf dem Tisch: wie ein Pariser Rentner malt er, akkurat und feierlich, die Zahlen in sein Buch. Ein Theokrit-Idyll im 20. Jahrhundert, eine kleine vergilianische Reminiszenz zwischen Kiefern und Moos. Die Dämmerung kommt, und Tityrus, draußen im Hof, erwägt unter Erlen und Buchen Verlust und Gewinn.

Seltsam, während ich oben, am Rand des Theaters, die Nacht erwartete – schon sammelten sich die Schatten im Tal, dunkle Narben krochen die Hänge empor –, kamen mir wieder und wieder Hexameter aus der ersten Ekloge ins Ohr: Vergils friedliche Insel, ein Genre-Bild im Zentrum des Zyklons, schien hier, in Epidauros, vorgebildet zu sein. Ganz in der Nähe die schrecklichen Öden, Halden aus Schutt und Geröll, kahl gefressene Berge, krankes Gesträuch und steiniges Moos, Termitenzonen, staubige Straßen, von Insekten zerbissene Hänge – doch rings um mich her, in erquickendem Dämmer, der Widerpart mathematischer Ordnung... menschliches Maß, sich behauptend gegen die Anarchie des Gesteins! Treppen und Stufen, Bögen und Pfeiler, die Tholos und das Stadion hatten die Landschaft besänftigt. War nicht erst später, lieblich und erfüllt von Grazilität, das Waldtal entstanden, ein grüner Schimmer, bestimmt, den Menschen zu danken, die es als erste gewagt hatten, in der Öde Theater und Tempel zu bauen?

Doch hinter der Sanftmut des Maßes, hinter Quelle, Schatten und Licht, lauert auch hier das dunkle Gesicht der Herrin von Argos. Selbst Polyklets Theater hatte nicht vermocht, den düsteren Glanz zu vertreiben, der vom Spinnengebirge hinabsank. Wenn die Athleten sich im Stadion salbten, glotzten die Krüppel, die zu der heiligen Quelle gewallfahrtet waren. Aussätzige hockten auf steinernem Sitz im Theater, Verdammte, Schwestern Medeas, Brüder Orests, voll Gier und Erwartung, daß der Schrei die Maske verließ und zu den Rängen empordrang: Einbeziehung, Vermischung der Schrecken, Versöhnung im blutigen Dampf...

Widerspruch allüberall! Auch der Heilgott kam ja in Trance und Nacht, im Tempel zischten die Schlangen. Wenn es dunkel war, glühten die Augen, und Basiliskenblicke kreuzten sich – hier die silbernen Schlitze der Vipern, und dort, von jähem Erschrecken gespannt, die Netzhaut der Kranken: eine ganze Nacht lang waren sie durch die Gänge geirrt, durch Höhlen und Grotten, labyrinthische Pfade, durch Eiter und Schleim, durch Lehm und sumpfiges Wasser, einzeln, in Gruppen, hautnah aneinander geklammert, verloren und wiedergefunden, von Jubelschreien genarrt, vom Echo getäuscht, erschöpft und ermattet, gestützt und getragen – wer liegen bleibt, steht nie mehr auf –, auf Krücken und Rollen... wann sehn wir die Schlangen, wann blitzen die Stäbe des Käfigs?

Der Blinde wird sehend, der Lahme springt die Treppen hinauf, der Stumme schreit: gebenedeit sei der Gott von Malea, gebenedeit Bernadette Soubirous!

Genesung in Wirbeln der Angst, Schamanengesang; der Gott naht im Traum, gebt alles dahin, seid müde, trinkt von der Quelle, die Schlangen sind heilig, heilig ist die Piscine! Wallfahrtszauber, Wunderprotokolle, Reliquien, künstliche Glieder: was einst in Epidauros begann, geht in Lourdes nicht zu Ende.

Lächelt der Gott von Malea? Braucht er den Krieg, damit der Kreislauf nicht stockt, das Elend nicht abnimmt; ist Ares sein Brotherr? Solange die Herren von Mykene noch leben, steht nicht zu befürchten, daß die Elendsbaracken sich leeren. Der uralte Wechselgesang: Epidauros – Mykene; das Pentagon und die Piscine.

Mykenische Vision

Als wir den Mauerring erreichten, der Mykene von der Außenwelt abtrennt, war es kurz nach 17 Uhr und schon beinahe dunkel. Auf der Höhe von Argos, mitten zwischen Tiryns und Mykene, hatte uns ein Gewitter überfallen, und wir waren froh, uns unter dem von Löwinnen geschützten Burgtor vor dem peitschenden Regen verbergen zu können. Von der Ebene her, aus der Gegend von Nauplia, kam milchiger Nebel herauf: bleiche Schwaden, die dem Talverlauf mit schlangengleichen Bewegungen folgten. Die Straße vom Derwenaki-Paß lag in dunstigen Wolken, und der Himmel war schwammig und ohne Kontur, von langgestreckten, zerfaserten Bänken durchbrochen. Die Blitze folgten einander in sehr kurzen Abständen; harte, ungewöhnlich laute Donnerschläge füllten die Pausen.

Die Mauern, geschichtete Quadern, schimmerten hell wie bläuliche Spiegel; die Gräser perlten vor Schwärze, und der Boden hatte sich in breiigen Morast verwandelt. In den kantigen Rillen der Straße, die vom Palast, am Plattenring vorbei, durchs Tor hinabführte, schoß schäumendes Wasser zu Tal. Hier waren früher, zweirädrig und leicht, die Streitwagen gefahren, zur Jagd und zum Krieg.

Eine Gruppe amerikanischer teenager stand fröstelnd herum. Die Mädchen in dünnen Sommerkleidern hatten ihre Zellophanhäute um die Schultern geschlagen. Sie schienen sich zu langweilen, manche hatten auch ein wenig Angst. Die Jungen rauchten und hielten ihre Reiseführer in nordsüdlicher Richtung, um den Standort zu bestimmen. Ein kleiner Dicker mit einer altmodischen Brille sagte bei jedem Donner: »Listen boys, that's Zeus.« Es sollte ein Witz sein, aber niemand lachte. Wenn der Himmel dunkel wird und die aufgeweichten Straßen die Rückkehr fraglich machen, gewinnen Mythologeme unversehens an Realität.

Aber die teenager hatten noch einmal Glück. Gegen 18 Uhr wurde die Wolkendecke lichter, der Nebel klärte sich zu zartem Dunst und die Straßen traten wieder hervor. Auch wir verließen jetzt unseren Unterstand und gingen zum Plattenring hinüber. Später, als die Dämmerung hereinbrach, stiegen wir zur Burg empor.

Die Sonne versank; es wurde kalt. Sehr weit weg flammten die Lichter von Nauplia auf: wir konnten sie nicht sehen, aber wir ahnten ihren Widerschein – auch das Dunkel über den Mauern von Tiryns, Mykenes Sommerresidenz, dessen Kasematten und Forts wir am frühen Nachmittag durchstreift hatten. Dort, in Tiryns, war Frieden, Wohlstand und laissez faire nach kretischer Weise gewesen. In Mykene aber herrschte der Krieg. Die Mauern waren blutbespritzt; Mißgunst und Neid, Verfolgungswahn und Traum hatten die Gemächer zu Kammern, die Wände zu Verliesmauern und die Gebrauchsgegenstände zu Folterwerkzeugen und Marterinstrumenten gemacht.

Später, als es Nacht wurde – ein dünner, greisenhafter Mond stand über den Bergen und die Sterne waren klein und blaß –, stiegen wir noch einmal zum Palast hinauf. Wie ungeheure schwarze Tiere lagen die Mauerblöcke da, die Treppen schimmerten wie Seile und die Steinsockel der hölzernen Säulen weiteten sich, von Schatten vertieft, zu mächtigen Quadern.

Hier, vor dem Tor des Palasts, wenige Meter von der Treppe entfernt, hatte Klytaimestra gestanden, als sie das Feuerzeichen erwartete, den Fackelschein vom Arachnaiongebirge, der ihr die Ankunft Agamemnons melden sollte. (Arachnaion ist der Spinnenberg. Die Feuerstaffette, auf dem troischen Ida entzündet und dann von Gebirge zu Gebirge weitergetragen, endete auf dem gewölbten Rücken des Insekts.)

Klytaimestras Blicke gingen nach Südosten, über die Berge hinweg zum Meer, an den saronischen Golf und nach Epidauros, wo die Kranken in riesigen Hallen, Massenspitälern des Elends, ihre Genesung erhofften... Pilger aus aller Welt, die zum Heiligtum des Asklepios gewallfahrtet waren, um von der Quelle zu trinken und nachts, auf ihren Lagern – einer neben dem anderen, in Fieberträumen und bleiernem Schlaf, im Brodem der Angst, im Armeleutegeruch des Asyls – den Gott zu erwarten.

Wir schauten hinüber. Unter uns fiel der Abhang zum Chaos hinab, einem schmalen, vielfach gewundenen Fluß, der in einer steilen Schlucht an Mykene vorbeifloß. Von da, aus dem Tal herauf, war Agamemnon gekommen. Klytaimestra hatte ihn reiten sehen: zuerst im Tal, dann, auf halber Höhe, am Plattenring, dann auf der Treppe – ächzend, vom jahrelangen Kampf ermüdet, ein alter Mann, der endlich nach Hause will –, dann vor dem Palast. Aber sie war ihm erst entgegen gegangen, als er die Tür beinahe erreicht hatte. Mehr als eine Stunde lang waren ihre Augen dem Zug der Wagen gefolgt... Zeit genug, um sich den Plan zu überlegen und die Einzelheiten zu bestimmen. Aus dem Dunkel ihrer Zimmer heraus hatte sie

ihn beobachtet: wie er sich mit leeren Gesicht umwandte – ja, es war
alles noch unverändert –, wie er vom Wagen stieg und die letzten Stufen mit vorsichtig-kleinen Schritten hinaufstieg. Erst in diesem Augenblick hatte sie, am Fuß der Treppe, unbeweglich auf einem Wagen kauernd, Kassandra gesehen... und erst da hatte sie ihr Zimmer
verlassen, um Agamemnon zu begrüßen. Es war ein heißer Nachmittag; die Sonne stach, das Gras war verdorrt, und die kahlen Berggip-
fel glichen ausgebrannten Steppen.
Jetzt begann Klytaimestra zu sprechen, von ihrer Angst und von
den Jahren des Alleinseins. Sie brauchte sich nicht zu verstellen;
wenn Agamemnon klug war, würde er schon merken, wie sie es
meinte. Aber Agamemnon hörte nicht zu. Er war müde und wollte
ins Haus. Klytaimestra sprach klar und sehr deutlich. Sie hatte
lange Zeit gehabt, zehn Jahre lang, um sich auf diesen Augenblick
vorzubereiten. Sie war ausgeruht und frisch und sie wußte, daß ihre
Stunde gekommen war.
»Wie es mir ging, solange Du in Troja warst...«, sagte Klytaimestra
damals, ... oder sagte sie es jetzt? Stand sie vor uns? Ein roter Schatten mit weit geöffnetem Mund? Begannen die Mauern zu reden? Sie,
die so oft gesprochen hatten, sprachen noch einmal?
»Wie es mir ging, solange Du in Troja warst...«

Nein, kein Traum.

»... sollst Du erfahren, Agamemnon, hör.«

Wir waren ganz wach. Wir schrieben den 14. März. Die Konturen
waren scharf und exakt.

»Schon, daß die Frau, allein und einsam, ohne ihren Mann, zu Hause
sitzt, ist jammervoll und schlimm.«

Alles war klar, überdeutlich klar.

»Gerüchte hört sie, eins, ein zweites, viele: alle widersprechen
                                                              sich.
Es kommt ein Mann, ein zweiter, viele: alles Unglücksboten. Das
Leiden schreit im Haus und hört nicht wieder auf.«

Mykene, den 14. März. Schatzhaus des Atreus. Entführung des Weinberger Babys.

»Wenn Agamemnon so viel Wunden hätte
wie's die Gerüchte Tag für Tag mir hinterbrachten:
er wäre mehr durchlöchert als ein Netz.
Um dieser Leiden willen, dieser unerträglichen Gedanken,
                                        habe ich
mir mehr als einmal eine Schlinge um den Hals gelegt.
Es waren andere, die sie dann lösten, ohne daß ich's wollte.«

Der Verteidiger hat das Wort. Ich darf die Geschworenen bitten.
Das Plädoyer dauert drei Stunden. – Wir warten auf Orest.

»Mir sind die Tränen ausgetrocknet, Agamemnon,
leer der Quell, kein Tropfen Wassers auf dem Grund.
Die Augen schmerzen mich, sie haben allzulange
wachen müssen, in den Nächten,
wenn ich auf das Feuerzeichen wartete,
das Zeichen, das nicht kommen wollte.«

Mykene, 14. März. Friedland, 15. März. Ein neuer Transport. »Sibirien«, sagte die Frau mit dem Kopftuch, »Kammergrab 505.«

»Und wenn ich einschlief, weckte mich im Traum sogleich
das leise Surren einer Mücke; zartes Schwirren schon
genügte, um mich hochzuschrecken.
Es war die Angst um Dich. Ich sah Dich so viel leiden,
wie in so kurzer Schlafenszeit Du gar nicht leiden konntest.
Doch ist es überstanden und der treue Wachhund hier
in Deinem Haus hat ausgelitten.«

Der Himmel bewölkte sich. Es wurde dunkler. Der Mond trat nur noch selten hervor. Vom Westen kam Wind auf.

»Komm, laß mich jetzt Dich preisen: als das Ankertau, das
                                Schiffen Rettung bringt
und als das Fundament des Hauses, als des Vaters einzigliebes
                                                        Kind

und als das Land, das zu Gestrandeten die Hoffnung trägt.
Laß mich Dich nennen: schöner Tag,
der nach den Stürmen neu erstrahlt.«

Jetzt war es ganz dunkel. Der Wind wurde stärker. Ein neues Gewitter zog heran.

»Laß mich Dich nennen: Flut und Quell,
dem Wandrer Segen, der vom Durst gepeinigt ist.
O herrlich ist's, wenn man der Not entkam.
So, mein Gebieter, spreche ich Dich an.
Der Neid sei fern. Denn schlimm genug war, was vergangen ist.
Jetzt aber, liebes Haupt, steig Du herab vom Wagen. Komm!«

Unsere Hände fuhren tastend über die Mauer. Ein wenig Mörtel drang unter die Nägel und der Sand knirschte körnig und schabend.

Jetzt legte sie den roten Teppich aus, den Purpurweg, auf dem Agamemnon, schläfrig und durch die lange Rede verwirrt, ins Haus ging: zunächst in die Vorhalle, dann geradeaus zum Herd und dann seitlich zum Bad.

Wir warteten. Es war jetzt ganz still: die tiefe, saugende Stille vor dem Beginn des Bombardements. Schon war der Himmel eine große schwarze Ebene; in wenigen Minuten würde das Gewitter wieder beginnen.

Schrie da jemand? Ein Mann? Eine Frau? Ein gurgelndes Röcheln, im Wasser erstickt? Oder sangen die Steine? Begann das schwarze Bündel, unten am Fuß der Treppe zu brüllen? – Oder war schon alles vorbei, der rote Schatten zurückgekehrt, ein Blutmal und ein Mund und die mit Netz und Beil beschwerten Hände, ein Purpurfetzen und drei dunkle Mulden als einzige Zeugen der Tat?

»Ich habe diesen Kampf von langer Hand bereitet,
denn ich wußte, daß er kommen würde.
Reif war die Zeit. O großer Sieg. Ich hab's getan. Ich leugne
                                                    es nicht ab.
Mit diesem unermeßlich großen Fischernetz
hab ich ihn ringsum eingegarnt, mit einem kostbar-bösen Tuch.
Dann... schlug ich zweimal zu, und zweimal schrie er auf,

und seine Glieder wurden schlaff, und als er schon gefallen war,
gab ich ihm einen dritten Stoß, als Dank für jene Götter,
die die Toten schirmen.«

Die Stimme wurde schwächer. Von Norden und Osten kamen Blitze,
dann langanhaltender, ausrollender Donner.

»Röchelnd schlug er hin und spie den Strahl des Blutes aus
und traf mich, hier, mit einem roten Tropfen auf der Stirn.
Da hab ich mich gefreut, gefreut wie sich die Saaten freun,
im Mutterschoß, wenn sie der Segen Gottes trifft.
Das hier ist Agamemnon, mein Gemahl,
von dieser meiner Hand getötet.
Meisterlich gelang das Werk. Und auch gerecht.«

Das Gewitter war jetzt gerade über uns. Die Blitze, zuckende Adern
aus weißlichem Blech und silberne Drähte, kamen von überall her
und umringten die Burg in immer engeren Kreisen. Der Donner fing
sich im Tal, die Steine zitterten; Hall und Echo, Ruf und Antwort
waren nicht mehr zu trennen, und fast schien es, als wollten die Götter, angelockt von den Schreien des auf ihrem Wagen hockenden
Mädchens, von Kassandras Stimme herbeigezogen, das Haus, das
sich so oft gegen sie empörte, Agamemnons verhaßte Burg, noch
einmal zerstören.

»Verhaßt! Verhaßt das Haus! Es weiß zu viel.
Sieh da! Ein Selbstmord! Da! Ein abgeschlagnes Haupt!
Und dort das Blut im Opferbecken!
Und blutbespritzt der Boden auch. – Da, wehe, was ist das?
Das Todesnetz? Und da das Beil! Das Beil, das mit ihr schlief,
das Beil, das schuldig ist am Mord.
Sieh nur! Zu spät! Halt doch den Stier fern von der Kuh!
Im Bausche des Gewands fängt sie ihn ein,
stößt zu mit dem schwärzlichen Beil. Er gleitet zurück in das
                                                    Wasser.«

Es begann zu regnen. Große, schwere Tropfen klatschten auf die
Zweige der Büsche. Wir gingen hinunter, hastig, die Blitze erhellten
die Treppe. Wieder begann sich das dunkle Bündel zu regen. Ganz

langsam, mit saugenden Fühlern, kroch es die Erde entlang und
krallte sich in den Boden; doch plötzlich stieß es sich ab, schnellte
empor: in der Sekunde des Sterbens, verlassen und einsam, im
Zwiegespräch mit den künstlichen Sonnen der Blitze, gewann Kassandra ein letztes Mal Sprache und menschliches Maß.

»Noch einmal will ich sprechen. Keine Rede, nur den Grabgesang.
Dich bitte ich, Sonne am Himmel,
im Angesicht des letzten Lichtes, das mir scheint,
laß einst die Rächer, die die Mörder töten,
auch meiner dann gedenken, einer Sklavin,
die man leicht zu töten glaubte,
leicht und mühelos.«

Die Stimme erstarb, ging unter im Prasseln des Regens, verlor sich –
ein Rinnsal, das in der Erde versickert.

»O Leben der Menschen, wie rasch doch
wendet ein Schatten das Glück.
Das Unglück aber löscht ein feuchter Schmerz.
Der Name ist getilgt.
Und solch Vergessen schmerzt mich mehr als alles auf der Welt.«

Am Fuß der Treppe wandten wir uns um: das dunkle Bündel lag
leblos und ruhig. Kassandras Leib war wieder ein schwarzer, aus-
gehöhlter Stein.
Als wir das Löwentor erreichten, begann das Gewitter nachzulassen.
Die Blitze wurden schwächer. Aus der Ferne wirkten sie grazil und
gar nicht mehr schrecklich. Der Donner rollte aus. Strähniger, in der
Windlosigkeit senkrecht fallender Regen stürzte zu Boden.
Die Steine schwiegen, und wir rechneten wieder mit zeitlichem
Maß. Wir stellten uns ein, wir machten Pläne, wir waren wieder
Touristen geworden.

Athen

Der Marmor der Propyläen schimmerte wächsern und gelb, am
Nachmittag, als die Sonne sich nach Salamis senkte und die Strah-

len, schon im magnetischen Feld über den Gipfeln der Stadt, vom
Dunst der Häuser angezogen, sich verdunkelten.
Wir schauten hinab, wir dachten nach: was hatten wir gesehn?

Wir erinnerten uns...

Elegante Koren im Museum, lässig und von müdem Charme, Gewänder und Haare mit Tupfen, den Resten längst verblichener Farben, besprenkelt; der Gott aus dem Meer und die Totengöttin, Demeter und Persephone, Vögel und Katzen auf marmornen Stelen,
Gebärden des Abschieds, Rückkehr ins Leben, seid glücklich, ihr
schaut noch das Licht.

Wir erinnerten uns...

Autokolonnen am Platz der Verfassung, die Kreideschrift *Freiheit für
Cypern*, die Métro aus Paris, die Verwaltungsgebäude aus Bayern,
die Churchill-Straße und die Coca-Cola-Reklamen, Spiralen und
Schlangen aus farbigem Licht; in der Finsternis von Kerameikos
schlafen die Toten.

Wir erinnerten uns...

Die hölzernen Lauben der Plaka, ein blinder Musikant: Drachmen-
geklingel im speckigen Hut, Rhapsodengesang, ein Lied von Sinatra,
Phemios in Hollywood, Demodokos nimmt an der Bar einen drink,
tastend klappert der Stock durch die Grotten der Altstadt: klopf an
die Tür und warte, bis man dich einläßt.

Wir erinnerten uns...

Zeitungskioske und Lenin-Fassaden, die Männer im Kapheneion,
jedermann trägt seinen Hut; Lampen und Sessel im Stil des fin de
siècle, Bourgeoisie, Samowar und Ikone, Witwentücher und silberne
Kreuze, ein russischer Schimmer über den Bosporus hin; Bauern mit
Ziegen und Lämmern. Am Hühnerhof, auf sandigen Pfaden, beim
Pfefferbaum verliert sich die Stadt. Geh weiter, Salamis ist nah, bei
Eleusis stehn die Fabriken. Schornstein und Bohrturm: wenn du
aufmerksam bist, erhältst du noch heute die Weihen.

Wir erinnerten uns...

Matrosengespräche am Kai, San Franzisko und Hamburg, der milchige Glast des Piräus. Schwarzgekleidete Frauen am Gefängnispor-
tal: Mänaden beweinen Dionysos' Tod; wenn es Mittag wird, leuchtet das Zeichen des Schierlings.

Wir erinnerten uns...

Die cars aus den zwanziger Jahren, Photographen mit riesigen Kä-
sten, schwarze Tücher im Wind, ein Modell aus der goldenen Zeit:
1911, schon mein Vater war Photograph, die Schwammverkäufer
und die Schuster auf dem Trottoir, ein Straßenkehrer, der in seiner
Karre schlief.

Über allem aber, über Koren und Autos, Popen und Witwen, dem
Pfefferbaum und der Schlange lag der staubige Schimmer der Burg,
ein Widerschein des Parthenon, Standbild und Spiegel, Gleichnis
und Scherbe.
O Schatten des großen Jahrhunderts: marathonische Phalanx, Aischylos' Mund unter dem Bleiweiß der Maske, pindarischer Hymnus, Entsühnung und Scherbengericht, die Stimme der Jungfrau
über den Hügeln, vom Lykabettos zum Areopag, von der Akropolis
zur Pnyx, Echo und Hall, gefangen im steinernen Rund des Theaters.

Im Dionysos-Theater

Es ist noch Nacht, wir sind allein, niemand hat uns bemerkt. Wir
schauen uns um: dies ist das Ziel, hier weiß man von uns, hier sind
wir geborgen. Kein Gott verhüllt sein Gesicht, die Steine sagen die
Wahrheit.
Verbirg dich im Schatten, schau dich um, es ist dunkel, lösch die
Lampe, was hilft dir das Licht, schließ die Augen, sei blind, hab Vertrauen... jetzt siehst du den Tempel, das Standbild des Herrn, Orchestra und Umkleidebude, links ist der Hafen und rechts ist die
Stadt – in der Mitte Altar und Versatzstück. Die Geräte des trunkenen Gottes sind nüchtern.
Tauch tiefer hinab, denk an Korfu, vergiß die Zypressen, die

Elendsbaracken, die Straßenbahn und die Métro: Arbeiter fahren zur
Frühschicht, am Piräus dröhnen die Tore, Schuppen vier, Schuppen
sechs, Bananen und Feigen, Datteln und Äpfel, in den Barkassen
stehen schweigende Männer, aus den Mündern kommt Rauch, es ist
kalt.

Wag es, man wird dich belohnen: auf dem Boden des Meeres warten
die Schätze auf dich. Dort liegen die ältesten Steine, dort hörst du die
Märtyrerbotschaft: wir haben Pentheus getragen, Antigone weinen
gesehn, wir haben die Schreie Atossas bewahrt – willst du sie hören?

Dann vergiß auch das Nächste, die Gräser und Bäume, den römischen Tand, das Flitterwerk, die pathetischen Rufe. Komm in die
Orchestra, hier hat Thespis getanzt, hier geschah die Versöhnung:
auch Apollons Sprache, Logizität und Kalkul, erfüllte das Kreisrund
der Quadern.

Aber vergiß auch dies, vergiß die Steine und den Sand, die Krume
vom Hymettos-Gebirge, das Eridanos-Rinnsal, vergiß die Keramei-
kos-Träume der Toten, das Wunder im Hain von Kolonos, vergiß
den Tag, als das Schiff aus Delos zurückkam und der Wärter den
Schierlingstrank mischte, vergiß das Grüblergesicht im Spiegel des
Wassers – Euripides liebt es nun einmal, mit Bäumen und Quellen zu
sprechen: wer verstünde ihn sonst?

Vergiß das Lotsenboot am Piräus, den Wellenschlag, das Dunkel, die
grüne Laterne, die rote Laterne... *Laternen von überall her!* Goldene
Lichter über den Straßen, Sterne, die sich beim Tempel vereinen.
Nun endlich beginnt es zu dämmern, weißlicher Tau bedeckt den
Tanzplatz, Silhouetten verblassen. Gemurmel: der Gott betritt die
Orchestra, die Zeit steht still, das Spiel hat begonnen.

Weit weg, im Parodos-Tunnel, beginnt eine Flöte zu singen, ganz
leise zunächst, dann unerbittlich und scharf; anapästische Rhythmen
reißen die Füße empor, Sand wirbelt auf, die Roben peitschen den
Boden. O Blutkleid, Herodes' Gewand, purpurner Zeuge der
Schuld! Während du tanzt, verläßt, zwischen Salamis und Eleusis,
eine orangene Sonne das Meer.

Hände, Mäntel, Gesichter und Arme färben sich rot. Auf dem Mu-
senhügel liegt der Schein von Golgatha, ein fahler Ölberg-Glanz am
Hymettos. Aber die Tänzer spüren es nicht, jubelnd feiern sie den
Einzug des Lichts, die Lebendigen grüßen die Sonne.

»Helios' Strahl, du schönstes Licht,
das dem siebentorigen Theben jemals erschien,
aufgegangen bist du, Lid des goldenen Tags!«

Plötzlich verstummt der Gesang, das Lied bricht ab, jähe Stille tritt ein, dann die Verwandlung! Die Greise sehen sich an, sie scheinen erregt (welches Stück spielt man hier?), ihre Masken berühren einander... aber sind es noch Masken?
Die Konturen zerfließen, lösen sich auf und bilden sich neu. Die Steine scheinen zu schweben; die Bäume vertauschen Wurzel und Krone... Metamorphosen rings um uns her!
Leitern und Stufen sinken herab – aus wessen Händen? –, Seile zerteilen das Rund, Schatten formen ein hohes Podest, Treppen stehn in der Luft. Oben ist unten und unten ist oben... wie leicht und mühelos ein Baum entwurzelt werden kann, wie zärtlich Quadern und Blöcke zu schweben verstehn! Allüberall die grazile Schönheit des Austauschs: zarte Gebilde der Zeitlosigkeit, Träume des Nichts, Gedanken einer unendlichen Leere. Sanft ist der Flügel der Vernichtung, sehr behutsam der millionenfache weiße Schlaf: wenn das Weltall zerbirst, zirpt eine Grille, und die gelangweilte Hand fächert den Staub von der Stirn.
Still! Vergiß deine Träume; Bäume und Steine stehn aufrecht, in gewohnter Entfernung. Auch die Greise kehren zurück. Von überall strömen nun Menschen herbei... Schauspieler oder Theaterbesucher?
Das Spiel beginnt, die Alten treten zur Seite, das Volk verschwindet, schwankend schwappt die Kulisse, ein Vorsänger bahnt sich den Weg an die Rampe.
Es wird heller, wir sind im Theater, sechs Menschen stehn auf der Bühne, die Zeit ist ungewiß, der Ort nicht bestimmt, ein Platz zwischen Anfang und Ende, *Kouroi-Gedanken, teenager-Träume, Sokrates' Blick, die Reisegesellschaft, Panathenäen, besuchen Sie Princeton,* im Nirgendwo steht ein Podest, Wiederholung ist Chronos' Gesetz, die Geschichte spielt damals und jetzt, ist gestern geschehen und morgen noch möglich.
Der Vorsänger hat die Rampe erreicht, die Alten folgen ihm würdig und ernst. Die Verwandlung war kurz, es scheint alles im Lot. Hört die Legende vom glücklichen Pentheus.

DIE LEGENDE VON PENTHEUS UND TEIRESIAS

Apollon, der Gott des Kalkuls und der Vernunft, regierte die Stunde, in seinem Namen herrschte Pentheus über die Stadt. Die Bürger waren zufrieden, jedermann hatte zu essen, es gab keinen Krieg. Die Ernten waren günstig, milde Winter verschonten die Saat. »Die Selige« wurde Theben im Reigen der Städte genannt, und Pentheus, der zusammen mit Agaue und Melissa, seiner Frau, den Palast bewohnte, hieß von Sparta bis zum Parnass »der gottgesegnete Mann«. Seitdem sein älterer Bruder, der finstere Akribios, auf den Befehl des Großes Rats verbannt worden war, trübte kein Schatten das Glück der Thebaner.

Die Leute liebten den König; abends, um die Zeit der Dämmerung, wenn er, von Melissa und einem Schreiber begleitet (aber ohne Wachen), durch die Straßen ging, umringte man ihn von überall her, besprach die Sorgen und Nöte, Grenzstreitigkeiten, den Zwist mit dem Nachbarn, Fragen der Wasserversorgung, verabredete eine Audienz oder übergab eine Bittschrift.

Elf Jahre lang stand die Zeit still. Chronos schien gestorben zu sein; die Götter träumten ihren ewigen Schlaf. Pentheus, der am Mündigkeitsfest die Königswürde empfangen hatte, war nun 32 Jahre alt. Zu seinem Geburtstag kamen, wie alljährlich, die Menschen von überall her, um die Natalien feierlich zu begehen.

Unter den Gästen war auch ein spartanischer Bettler, ein Mann mit entstelltem Gesicht, den die Thebaner, wie jeden anderen Gast, ohne Angst und Argwohn begrüßten. Das verzerrte Antlitz, die Narben und Beulen erschreckten sie nicht: niemand ahnte, daß von nun an die Pest in Theben zu Haus war.

Am Tag der großen Prozession war der Spartaner plötzlich verschwunden. Die Seuche aber blieb, und je länger sie währte, desto größer wurde die Furcht.

Ohne sich um die Warnung der Ärzte zu kümmern, ging Pentheus wie jeden Abend durch die Straßen der Stadt. Aber die Menschen, von Angst erfüllt, der König könnte die Seuche von einem Viertel ins andere schleppen, blieben im Haus, versteckten sich hinter den Fenstern und mieden jede Begegnung. Das sorglose Glück war dahin.

Ein milder Winter gab der Pest neue Nahrung. Die Not wurde größer, die Speicher waren leer, Wanderprediger durchzogen die

Straßen: auf einmal stand das Zeichen des trunkenen Gottes, das verbotene Mal, über der Stadt.

Pentheus, Apollons getreuester Sohn, hatte es seinem Volk untersagt, dem thrakischen Unhold Dionysos Opfer zu bringen, und solange es den Bürgern noch gut ging, waren sie den Geboten des Königs gefolgt. Vergeblich erhob Teiresias – elf Jahre lang! – seine Stimme; man lachte ihn aus.

Nun aber war alles verändert, und die Seuche erschien als Strafe des ergrimmten Gotts. Hatte der Priester nicht wieder und wieder gesagt: »Ein blutiger Regen wird Eure Ernten vernichten, wenn Ihr dem Thyrsos-Schwinger die Opfer verweigert! Fürchtet die Rache und bedenkt, wie furchtbar Dionysos zu zürnen vermag!«

Die Leute begannen zu murren. Nicht Pentheus, sondern Teiresias regierte in diesem Winter die Stadt. Vergessen war die Zeit des Glücks, zwölf Jahre galten für nichts.

Dann aber, als der Frühling begann, verschwand die Pest so schnell wie sie gekommen war. Die Leute wagten sich wieder aus ihren Häusern, und wenn Pentheus durch die Straßen ging, umringten ihn die Menschen mit der gleichen ehrerbietigen Liebe wie einst. Nur ein paar Frauen schlichen abends, wenn sie sich unbemerkt glaubten, vor die Tore der Stadt: dort wartete Teiresias auf sie; dort bereiteten sie um Mitternacht dem Gott sein wölfisches Mahl.

Die Bürger erzählten dem König jeden Tag von den seltsamen Bräuchen da draußen. Die Weiber, wollte man wissen, seien mit Fellen verkleidet, trügen Efeu im Haar und führten die Rute des Gotts in der Hand; auch sollten sie tanzen, die Wälder in wildem Taumel durchstreifen und erst gegen Morgen, im Frühlicht, erschöpft und ermattet wieder in die Stadt zurückkehren.

Aber Pentheus ließ den Dingen ihren Lauf; er glaubte die Thebaner zu kennen und wußte, daß die Erinnerung nur langsam verblaßt: noch fürchteten die Menschen, von Teiresias' Drohung erschreckt, die Wiederkehr der Pest. Noch hatten die Worte des Priesters Gewalt über sie: »Wenn Ihr abermals lässig seid und den Gott ein zweites Mal erzürnt, wird auch die Seuche ein zweites Mal kommen.«

Doch dann kam die Zeit, da die Audienzen im Königspalast bis in die Nacht hinein währten und die Bürger, besorgte Ehemänner und erschreckte Väter, den Herrscher flehentlich baten, dem nächtlichen Treiben ein Ende zu machen, den Priester des Landes zu verweisen und den Schatten des rickenreißenden Wolfs für immer zu tilgen.

Pentheus aber folgte den Bitten auch jetzt nicht und vertraute der Zeit. Die Seuche hatte ihn belehrt, wie wenig mit Verboten erreicht werden kann. Deshalb ließ er die Frauen nicht nur gewähren, sondern duldete es sogar, daß Akmaion aus Eleusis im Haus des Teiresias wohnte und nachts, auf dem Tanzplatz über der Stadt, die Mänaden durch die Gewalt seiner Rede zu bacchischem Taumel davonriß.

Doch sehr bald schon merkten die Bürger, daß Pentheus sich geirrt hatte, als er, ein Kind der Vernunft, Lethes heilenden Kräften vertraute. Waren es anfangs dreißig Frauen gewesen, die nachts die Tore verließen, so wurden es, nachdem Akmaion die Stadt betreten hatte, mehr als hundert. Schneller als die Pest durcheilten die Begeisterung, der Taumel und die Raserei die Stadt: was in den Armenvierteln begann (dort hatte die Seuche am schlimmsten gewütet), erreichte schon bald die von Bürgern, Beamten und Lehrern, ehrbaren Leuten, bewohnten Bezirke, und endlich, in einer Juli-Nacht, gellte der bacchische Schrei auch durch den Königspalast.

Es war um zwei Uhr morgens, als Lais, eine achtzehnjährige Sklavin, die Tochter der Wäscherin Phryne, von ihrem Lager emporsprang, die Arme in die Höhe warf und zu tanzen anfing. Ihr Gesicht war schweißbedeckt, schaumiger Speichel stand vor dem Mund, die Haare glänzten klebrig und feucht; kleine, spitze Schreie, Vorboten gellender Rufe, erfüllten die Kammer und das Verständigungszeichen der Wut war an die Mauern des Gesindetrakts geschrieben.

Vergeblich versuchte Phryne, die den König verehrte und Melissa treu ergeben war, ihrer Tochter den Mund zuzuhalten – schon kamen die Frauen von überall her, umringten das ermattet am Boden liegende Kind, priesen es selig, nannten es »göttliche Braut, gebenedeit und auserwählt, eine Tochter des Höchsten« und erhoben betend die Hände.

Am nächsten Morgen begab sich Teiresias selbst, zum ersten Mal seit langer Zeit, in den Königspalast und erbat eine Audienz. Pentheus empfing ihn sehr freundlich, ging ihm entgegen und bat ihn, er möge sein Gast sein. Aber Teiresias verharrte unbeweglich in der Nähe der Tür und fragte den König, ob er bereit sei, Buße zu tun und dem Gott vom heutigen Tag an zu opfern.

»Von welchem Gott sprichst Du?« fragte Pentheus. »Ich kenne keinen Gott, der Dionysos heißt.« Er bewahrte noch immer Geduld und vertraute Apollon.

»Ich spreche von jenem«, sagt Teiresias ernst, »der der größte und
mächtigste unter den Unsterblichen ist. Auch Du, Pentheus, kannst
Dich seiner Gewalt nicht entziehen. Darum kehre zurück, beuge
Dein Knie und bete mit mir.«

»Bist Du nur deswegen gekommen?« fragte Pentheus verwundert,
»da hätte ein Bote genügt.«

»Ich wollte Dich warnen«, sagte Teiresias. »Niemand frevelt ungestraft. Denk an die Pest.«

»Ich denke daran«, sagte Pentheus. »Man hat mich belehrt.«

»Noch nicht genug«, sagte Teiresias. »Ein letztes Mal: wirf Dich zu
Boden und erflehe die Gnade des Gotts.«

»Ich habe geopfert«, sagte Pentheus und deutete auf Apollons Altar.
»Die Zeichen sind günstig; der Rauch war weiß und ohne Qualm.«

»Du irrst Dich«, sagte Teiresias und hob seine Stimme. »Apollon
wird Dich nicht schützen. Aber noch ist es Zeit. Kehr um, Pentheus,
die Dinge sind anders, als Du glaubst. Die Pest hat alles verändert;
seit der großen Seuche beginnen die Menschen wieder zu beten.«

»Und was taten sie vorher?« fragte der König. »Nicht erst seit gestern flammen die Opfer auf Thebens Altären.«

»Klägliche Opfer«, sagte der Priester verächtlich, »Lippengebete,
Gemurmel, das die Unsterblichen beleidigt hat. Jetzt aber herrscht
der gewaltigste Gott, der Meister des Schreckens und der Furcht, der
die Inbrunst verlangt, die Verzückung der Gläubigen und den nächtlichen Tanz. Frömmigkeit gibt es allein im Zeichen des Dionysos! Er
ist der Herr der Nacht, des Todes und der Pest.«

»Ich hasse ihn«, sagte Pentheus. »Ich liebe den Frieden, das Licht
und die Vernunft.«

»... und bist doch verblendet«, sagte Teiresias leise, »wenn Du versuchst, Dich dem Strom entgegenzustemmen. Vergiß nicht, daß Du
allein bist, Pentheus. Die ganze Stadt steht gegen Dich.«

»Das ist nicht wahr, Teiresias!«

»Warte nur ab. Nur eine Weile noch – und es wird keinen Bürger
mehr geben, der dem Gott sein Opfer versagt. Aus Deinem eigenen
Haus, Pentheus, bricht die Empörung hervor. Deine Mutter
Agaue...«

»Schweig«, sagte der König. »Du vergißt, wo Du stehst.«

»Wie du willst«, sagte Teiresias. »Du bist der Herrscher und kannst
mir Befehle erteilen. Ich gehe jetzt, es ist alles gesagt. Wenn Du mir
gefolgt wärst, hättest Du einen Freund an mir gehabt. Nun ist es zu

spät, vor Deinen Füßen gähnt ein schrecklicher Abgrund; Du aber hast die Blicke zur Sonne gerichtet.«

»Helios hat mir das Leben erleuchtet«, sagte Pentheus; »ich bin sein Sohn.«

»Du bist ein Narr«, sagte Teiresias leise. »Deine Zehen berühren die glühenden Kohlen; nicht lange mehr, und Deine Haut wird verbrennen. Doch ich sehe, daß Dir nicht zu helfen ist; denn Du bist blind und betest noch zur Sonne, während über Deinem Haupt schon längst das Todeszeichen steht.«

»Ich fürchte mich nicht«, sagte Pentheus; »ich kenne die Welt und weiß, ich muß sterben.«

»Bald«, sagte Teiresias und wandte sich ab.

»Du bist Deiner Sache gewiß«, sagte Pentheus und neigte zum Abschied das Haupt.

»Ich irre mich nie«, sagte Teiresias. »Ich *bin* meiner Sache gewiß. Und nun laß mich gehen.«

Von seinem Fenster aus sah Pentheus, wie der Priester die Treppe hinabschritt, eilig die Straße überquerte und zum Tempelbezirk lief.

Den Grund der Eile kannte er nicht. Hätte er gewußt, daß in diesem Augenblick Melissa in Teiresias' Haus sich mit Akmaion besprach – er wäre weniger ruhig gewesen.

Melissa aber schwieg, und so erfuhr Pentheus erst drei Tage später, durch seinen Freund Philoitios, von der Begegnung. Er war sehr erschrocken.

»Du irrst dich doch nicht?« fragte er hastig – unfähig, die Bestürzung zu verbergen. »Ich kann es nicht glauben.«

Philoitios, ein neunzehnjähriger Jüngling, Pentheus' Pflegesohn, sah den König voll Verwunderung an. »Ich dachte, Du hättest schon davon gehört.«

»Von wem?« fragte Pentheus.

»Von Melissa«, sagte Philoitios. »Hat sie Dir nichts erzählt?«

»Nein«, sagte Pentheus, »sie hat mich belogen. Ich besinne mich genau: sie sagte: ›Ich muß noch mit Agaue durch die Vorratskammern gehn.‹ Aber das war nur ein Vorwand. In Wahrheit wollte sie Akmaion besuchen.«

»Du täuschst Dich«, sagte Philoitios, »sie war auch bei Agaue.«

»Woher weißt Du das?« fragte Pentheus.

»Als ich sie aus Teiresias' Haus kommen sah«, sagte Philoitios,

»schöpfte ich Argwohn, ging hinter ihr her und belauschte das Gespräch mit Agaue.«

»Was hast Du gehört?«

»Melissa erzählte Deiner Mutter von Akmaion. Sie sagte: ›Pentheus ist klug, aber Akmaion glaubt an das, was er sagt. Pentheus weiß viele Wege; Akmaion kennt nur einen einzigen. Bei Pentheus muß man sich entscheiden; wer sich Akmaion anvertraut, ist geborgen.‹«

»Ich verstehe«, sagte der König. »Und was geschah dann? Sprich weiter, Philoitios. Warum zögerst Du noch? Ich muß die Wahrheit erfahren.«

»Deine Mutter«, sagte Philoitios, »hörte sie an. Dann erzählte sie selbst: Lais war am Morgen bei ihr.«

»Lais?« fragte Pentheus. »Das begreife ich nicht. Meine Mutter würde mich niemals verlassen.«

»Sie hat es schon getan«, sagte Philoitios. »Als ich die Treppe hinaufkam, stürzte sie an mir vorbei. Sie hatte den Thyrsos-Stab in der Hand; ihr Haar war mit Efeu bekränzt.«

Pentheus schwieg. Er dachte an Teiresias.

»Du wolltest die Wahrheit, Pentheus«, sagte Philoitios leise. »Hab Erbarmen mit dem Boten, der die Nachricht gebracht hat.«

Pentheus schaute aus dem Fenster. Unten auf dem Hof versammelte sich eine Rotte von Frauen, aber es waren auch Männer dabei. Langsam, von Teiresias begleitet, näherten sie sich dem Palast.

»Schau hinunter«, sagte Pentheus. »Siehst du Agaue?«

»Es ist schrecklich«, sagte Philoitios, »sie hat die Brüste entblößt und sieht genau wie Lais aus, die ihr zur Seite steht. Ich glaube, daß sie sprechen will.«

»Zeig mir Akmaion«, sagte Pentheus, »ich möchte ihn sehn. Du kennst ihn doch – oder nicht? Ist es der Mann im Scharlachmantel, auf dessen Schulter meine Mutter sich stützt?«

»Er ist es«, sagte Philoitios leise.

Pentheus wandte sich um. »Ich danke Dir, Philoitios. Gehe hinunter und versuche, mit Agaue zu sprechen. Du weißt, sie hat Dich gern. Vielleicht gelingt es Dir, das Schlimmste zu verhüten. Aber zuerst ruf mir Melissa. Ich muß mit ihr reden.«

Philoitios verneigte sich tief und schloß die Tür. Als sie sich wieder öffnete, erkannte Pentheus in Melissas Augen den Widerschein des trunkenen Gotts. Teiresias hatte Recht behalten: Pentheus war allein. Dennoch blieb der König sehr ruhig, nahm seine Frau bei der

Hand, sprach auf sie ein, und als sie sich zu beruhigen schien, ging er mit ihr, vorbei an der salutierenden Wache, die Treppe hinab und stellte sich, einen Schritt hinter Melissa, auf die unterste Stufe.

Die Frauen waren verstummt; auch Akmaion und Teiresias schwiegen. Melissa schaute empor: zur Linken, von Agaue geführt, standen die Weiber, in der Mitte warteten die Priester, zur Rechten winkte – ein kleiner bunter Punkt inmitten der steinernen Leere – Philoitios mit der Hand.

Langsam, Schritt für Schritt, ging ihm Melissa entgegen. Aber als sie ihn fast erreicht hatte, hob Akmaion den Thyrsos, die Frauen begannen zu tanzen, kamen näher und näher, Philoitios wich zurück, Melissa reihte sich ein; mit gellenden Schreien raste der Schwarm durch die Stadt.

Pentheus und Philoitios folgten den Frauen. Niemand begleitete sie, jedermann wich ihnen aus.

Als sie den Tanzplatz erreichten, war es Mitternacht und auf den Hängen des Kithairon lagen die Schleier Selenes.

Die beiden Männer fanden ein schreckliches Ende.

Über die Todesart schweigt die Legende. Einige sagen, Agaue selbst habe Pentheus getötet, und Philoitios sei den mordenden Händen Melissas erlegen. Doch das scheint ungewiß. Viel wahrscheinlicher ist es, daß der König, von Apollon verlassen, sich freiwillig vor die Füße der Tanzenden warf – Philoitios ist ihm gefolgt.

Als Agaue und Melissa gegen Morgen zu sich kamen – noch auf dem Hofplatz vor dem Palast hatten sie die Toten umtanzt –, sprach Teiresias, auf den nun alle Gewalt überging, das Urteil über die Frauen und verwies sie, zusammen mit Phryne und Lais, des Landes.

Wo sie geblieben sind, ob sie das Leben ertrugen, vermag heute niemand zu sagen. Die Verständigsten glauben, daß ein gnädiger Gott den Unglücklichen die Erinnerung nahm und sie, nicht weit von Theben entfernt, zu Stein werden ließ. Jedenfalls zeigt man noch heute zwischen Panakton und Hysiai vier mächtige Blöcke mit den Namen der Frauen.

Die Toten wurden bald vergessen. Nur wenige Bürger bewahrten das Bild ihres Königs im Herzen. Auch von Akmaion, der nach Pentheus' Ende die Stadt sehr schnell verließ, sprach man nicht mehr lange.

Akribios kehrte zurück und führte ein Regiment der Gewalt; Hungersnot und Armut zogen ein, Kriege verheerten das Land, die Häuser verfielen...

Teiresias hatte erreicht, was er wollte: die Menschen lernten wieder zu beten, die Not zwang die Thebaner zurück in die Tempel. Hatte das Glück ihre Münder faul und träge gemacht, so bewegte die Armut ihre Lippen rascher als jemals zuvor.

Zwei Jahrhunderte lang beherrschte der trunkene Gott den Ort seiner Geburt. Verzückung, Ekstase und der nächtliche Tanz der Mänaden gaben dem seligen Theben von nun an den Namen »die rasende Stadt«. Erst viel später, zu einer Zeit, als man schon wußte, daß die Pest, in deren Zeichen der dionysische Kult einst begann, durch Teiresias eingeschleppt worden war, wandten die Thebaner sich vom Thyrsos-Schwinger ab und kehrten zu Apollon zurück.

Damals fand man das Wachstäfelchen, in das eine unbeholfene Hand die Worte geritzt hatte: »Ich, Megistes, ein Bettler aus Sparta, erkläre, daß ich nach Theben gekommen bin, weil Akribios mir hundert Talente versprach und der Priester mich durch die Tore geschleust hat. Teiresias zwang mich auch, die Hetären Mykone und Pantippe zu küssen, die als erste dem Pesttod erlagen.

Teiresias ist schuldig. Ich habe alles getan, was er von mir verlangte. Ich bewunderte ihn. Obgleich er wußte, daß ich pestkrank war, sprach er mich an, denn er wollte lieber sterben als die Seelen der Thebaner verlieren.

Apollon und sein erlauchter Diener, der große König, mögen mir verzeihen.«

So endet das Märchen von Pentheus, den manche »den Glücklichen« nannten.

Vergessen das Schauspiel, die Vorsängerrede, das Zeugnis der Scherbe; vergessen der Streit zwischen König und Priester.

Es war Mittag geworden, wir verließen das Theater. Draußen, am Rande des Tempels, lärmte die Stadt.

Am gleichen Abend fuhren wir weiter nach Delphi; aber Apollon verbarg sein Gesicht. Neblige Wolken krochen die Hänge empor, weiße Pythia-Schlangen lagerten um den Parnass, die Phaidriaden sprühten von Nässe, und die Schieferarme der Olivenfelder, unten im Tal, schimmerten grau und metallen.

Milchige Nebel bedeckten den Stein, der einmal der Nabel der Welt war: hier kreuzten sich die Schnäbel der Adler.

Die Straße von Arachowa war lehmig; kotiger Schlamm spritzte empor, fiel klatschend auf die Schatzhäuser-Steine und bedeckte den Boden des Tempels. Durch morastigen Unrat führte der Weg zum Heiligtum des Gotts. Die Cella war leer. Kein Fluch traf das Antlitz Apollons, des schrecklichen Töters, des huldreichen Freundes vom Siphnier-Fries: Anmut und Klarheit, gespiegelt in der Leere des Auges, dessen Lid sich langsam und fast unbeteiligt senkt, wenn der Tod die Orchestra betritt: mag Pentheus fallen – auch Hektor blieb allein, als Achilleus die Lanze erhob. Der Gott des Geistes und der Vernunft schützte seine Lieblinge nicht. Er liebte die blutigen Opfer, Tribute am Dreiweg und Kreuze am Rande der Straße; er fraß seine Kinder, schlachtete Kassandra, tötete Achilleus; er mordete den Drachen, verzauberte die Nymphe, erhängte den Satyrn (Marsyas' Leichnam unter den Zweigen!), seine brennenden Pfeile, die Geschosse der Sonne, bringen noch heute den Tod.

Rom

Ich sitze auf einer Bank der Piazza Navona. Es ist Abend, im Dunkel verschwimmt die Riesenkuppel Sant' Agneses. Ich schließe die Augen: Kleider streichen vorüber, Nonnengesichter und Vögel, Schleier, zärtliche Stimmen, flüsternde Paare, verschwebende Gesten, einzelne Worte: *habt ihr den Priester geholt . . . sie waren verreist . . . hört auf Camilla.*

Beute des Netzes, Gedanken-Adern, Früchte des Tags: die glitzernden Schnüre der Bar, Pantheon-Katzen, die schwarze Haube der Schwester, verzerrte Gesichter im Glanz der Espresso-Maschinen, ein wackliger Tisch vor der Kneipe; hier sind die Armen zu Haus, hier kocht man auf Steinen, und im Kalk-Treppenhaus, zwischen Stufe und Stufe, sagte eine Frau: *komm nie mehr wieder, Tonino.*

Piazza Navona:
Mit Hilfe eines Spiegels schaut Cesare Tosi, ein seit vierzehn Jahren gelähmter Artist, auf die piazza hinunter. Der Ausschnitt ist klein:

eine Bank, ein Brunnen, ein Bein oder ein Hut vor der Bar; doch
wenn man bescheiden und klug ist, genügt es, um glücklich zu
sein.

Cesare schreibt auf, was er sieht: »Seit gestern ist die Katze verschwunden«, »das Fräulein mit dem Regenschirm«, »Marinos Lam-
bretta hat einen Kratzer«. Nachts, sobald es still wird und die Stimmen sich lösen, lauscht er begierig und notiert die Gespräche, Wort-
fetzen, die der Wind zu ihm ins Zimmer trägt: »Papino würde das
nicht tun.« »Bist Du so sicher?« »Denk an den Abend mit Carla.«
»Wenn Mama es erfährt, ist es um Tina geschehen.«

Am nächsten Morgen, in den lärmenden Stunden, hat Cesare Zeit,
die Geschichten weiterzuspielen: er weiß, Papino ist ein Kneipenwirt
aus Mantua, Carla seine Braut, Mama und Tina sind verarmte Ad-
lige.

Cesare macht Pläne; wie ein launischer Gott verfügt er über das
Schicksal seiner Figuren... jeden Morgen ein anderes Spiel, dazwischen die Träume: die Zirkusszenerie, das phantastische Meuble-
ment eines Gedanken-Hotels. Cesare liebt solche Häuser, Tag für
Tag baut er sie neu. Auf seinem Nachttisch liegt ein Stapel von Pro-
spekten, Reiseführern und Katalogen. Die Freunde kennen die Pas-
sion des Gelähmten: »Nach Tel-Aviv möchtest Du reisen? Das Ex-
celsior hat seit dem letzten Jahr auch im vierten Stock Apparte-
ments.« »Die Gicht, Emilio? Geh nach Ischia ins Matador. Du
findest dort eine Bäderabteilung im Keller und Doktor Canzitti ist ein
Spezialist von Rang.«

Cesare Tosi ist glücklich: er braucht keine Zeitung. Spiegelgesichter
zeigen die Veränderungen, die Gespräche unten auf der piazza sind
die Keimkerne unendlicher Mythen. Unvergeßlich ist die Erinnerung an den Zirkus und die Hotels, die Sanatorien und die Kurpro-
menaden. Nun endlich ist er wahrhaft wissend geworden. Erst jetzt,
in der Vergessenheit, da er erkannt hat: ich bedeute niemandem
mehr als ein Gesicht, das man vom Zug aus sieht, die Frau, die ein
Tischtuch ausschüttelt, das Kind vor den Kulissen der Vorstadt-Fas-
sade... erst in der Einsamkeit seiner Pläne, angeschmiedet an den
Beobachtungssitz, eine Beute der Stimmen von überall her – Spinne
und Opfer zugleich –, du kannst zu niemandem gehn, doch jeder
kommt zu dir... erst im Erinnerungskristall sieht er die wahren Konturen der Welt.

Jetzt erkennt er den Geruch des Asyls, den Fuselgestank, die Augen der Betrunkenen, den Wechselschritt von Ermattung und Schrei, die Spur des Drahtgeflechts – Matratzen gibt es hier nicht – auf der Haut; erkennt die Riten des Golfspiels unter Scheinwerferstrahlen, das Zeichen der Verachtung auf den Lippen der Caddies, erkennt die Gesten der Portiers und die Novembernebel im Kurort, wenn die Kassenpatienten, mit Schlägermütze und geflicktem Mantel, durch die Wandelhalle gehn; unbeholfen halten sie das Glas in der Hand, die Kapelle, eine erbärmliche Aushilfsbesetzung, spielt immer noch Grieg.

Cesare richtet den Spiegel auf mich. Im Mondlicht, unbarmherzig, frei von Illusion und Trug, beschaut er mein Gesicht, die Augen und die Stirn, dann die Hände. Ich bin gebannt, seine Blicke saugen mich fest, er entscheidet mein Schicksal, gnadenlos läßt er mich altern, gibt mir eine Frau, nimmt mir die Kinder, murmelt Jahreszahlen – o er weiß genau, wann 1967 Ostern ist –, die Pläne erhalten ihn jung: noch liegt Maria im Wagen, aber nicht lange mehr, und sie trägt das weiße Kleid der Kommunion. Bis in die Kirche hinein verfolgen sie Cesares Augen.

Jetzt wendet er sich ab, Block und Bleistift sind immer bereit. Ich denke: was weiß er von mir? Erkennt er mich, bin ich ihm wichtig? Oder denkt er an andere Dinge, an den Tod der Concierge um die Weihnachtszeit, 1972, an das eigene Begräbnis, den Sarg aus Zedernholz, das Trauergeleit und die feierliche Rede, die der Präsident der Artistenloge verliest? Oder begnügt er sich mit der Alltagsnotiz: »21 Uhr 14. Der Mond steht genau über der Kuppel, die Fliegenplage nimmt zu; ich denke an den Hauch, der in acht Monaten aus meinem Mund kommen wird; vor 15 Jahren trank ich mit Emilia Tee im Cavallino Bianco. Wir schauten auf Capri hinab, mir kam die Idee des Schleuder-Brett-Tricks.«

Unerträgliche Gedanken! Ich lege die Hand vor die Augen; ein fleischiges Gitter verbirgt mich. Durch einen Knopfdruck vom Bett aus rasselt die Jalousie oben vor Cesares Fenster hinunter. Jetzt bin ich gerettet, ich drehe mich um, endlich kehrt Mnemosyne zurück, ich sehe den griechischen Sklaven, die Frau aus Mexico-City, die Münder der Passanten öffnen sich wieder, ich höre die Worte der Römer.

Piazza Navona:
Hier war die Kampfbahn Domitians. Wenn die Tuben sich hoben, warf der Kaiser das Tuch in die Menge hinab.

Vor Zeiten war ich ein griechischer Sklave, ich habe den Kaiser gesehn. Ich ging auf der appischen Straße, die Toten Roms geleiteten
mich, Gräber, Rotunden und Stelen. Ich suchte den Brunnenschacht von Velitrae. Dort fand ich den Mond, einen tänzelnden
Ball, das weiße Pfauenauge der Nacht. Die Gräser bewegten sich leise, über den Feldern lag der Duft des Heus, ich habe an Marcella gedacht und an die großen Bassins im Gipfelgeschoß des trajanischen
Forums. Da stehe ich manchmal und schaue über die Stadt. Hinter
mir gleiten die Fische an gläsernen Scheiben entlang, ich aber blicke
hinunter – die sieben Hügel vor mir und das Kupferband des Tibers
in der Tiefe, das Häusermeer der vierzehn Bezirke, die Gärten des
Sallust, der Zirkus und der Aventin: zu meinen Füßen die Herrin der
Welt! O zärtliches Wiegen der Algen, sanftestes Antlitz der Muschel.

Piazza Navona:
»Hier sollte man bleiben«, sagte die Frau aus Mexico-City, »mein
ganzes Vermögen für ein einziges Haus! Mein Gott, laß mich die
Prozession auf der piazza sehn, im nächsten Jahr, im übernächsten
Jahr, die Bettler und die Prozession, die Paare und die Katzen und die
Prozession, die Straßenkehrer und die Droschken und die Prozession, die Kuppeln Borrominis und die Prozession, die Fischverkäufer
und den Mohrenbrunnen, die Nachbarn und den Himmel, den Obe-
lisken und die Prozession, die Pferde und die Lampen, den Leichen-
wagen und die Frau, die ihre Kinder ruft, das Haar, die Schminke
und die Prozession. Der Kirche hunderttausend Kerzen für meinen
Tod auf diesem Platz!«

Piazza Navona:
»Hast Du gehört«, sagte der Mann, »mit einem silbernen Hammer
hat er ans Stirnbein des Papstes geschlagen und ihn dreimal beim
Namen gerufen.«
»Ich erinnere mich«, sagte der andere Mann, »zu Zeiten der Kaiser
liefen zwei Männer, als Clown und als Seelengeleiter verkleidet, in
die Arena, klopften den toten Gladiatoren, den ermordeten Christen
mit hölzernen Knüppeln gegen die Stirn, und wenn die Antwort
nicht kam, riefen sie heiser: ›Auch dieser ist tot, auch dieser ist tot,
auch dieser…‹«
»Ich habe davon gehört«, sagte der erste. »Rom ist eine heidnische
Stadt.«

Rom ist eine heidnische Stadt, weder griechisch noch christlich, von Anfang an bestimmt, dem hellenischen Geist eine Heimat zu geben, ihn mit der christlichen Braut zu vereinen, das Kind dieser Ehe zu hüten, die Herberge zu sein, in der es heranwuchs. Keine Ökumene ohne das Imperium, kein griechisches Erbe ohne die Römer! Sie waren die großen Vermittler, Praktiker, Schutzherrn und Hüter; sie kannten die Forderungen des Tages, verwirklichten das Ideal – die fragilen griechischen Zeichen, Gedanken der Zeitlosigkeit, utopische Pläne – im hic et nunc des Augenblicks. Der Staat des Irgendwann und Nirgendwo, Platons sizilischer Traum, gewann im römischen Reich die Anschaulichkeit eines Musters.

Die Griechen erforschten den Himmel – die Römer bauten die Straßen. Die Griechen schenkten dem hungernden Volk die Tröstungen der Philosophie; die Römer schufen Aquaedukte und gaben den Dürstenden Wasser.

Die Griechen liebten den Typus, die Ewigkeit, das Ideal des »so und nicht anders«, »heute genau so wie morgen«; die Römer paßten sich an. Sie wußten: die Zeit verändert sich schnell, darum rechne genau – auch mit den Göttern. In einer Welt wie dieser muß man mit dem Gegebenen leben. Die Griechen dachten im Maß von Äonen: Zeus am Anfang, Zeus am Ende; die Römer waren Meister des Portraits, der Biographie und Jurisprudenz. Schlaue Bankiers verehrten die griechischen Lehren und schmolzen sie um in zählbare Münze: neben dem Tempel das Leihhaus, Symbol der machtvollen Schönheit des Goldes!

Anfällig und zart, luftleicht und schwebend bedurfte der griechische Geist der fest geprägten Form: in den Mauern der vierzehn Bezirke vollzog sich die große Synthese. Die Träume gerannen zu Taten, um ein zweites Mal, christlich verklärt, Gedanken zu werden. Äonen kristallisieren sich in Sekunden, um Ewigkeiten zu sein.

Rom ist eine heidnische Stadt; es gehen Geister um. Die Sprache ist mythisch; hinter den Sätzen steht, formend und prägend, die Logik des Bildes. Hier, wo der Ahnenkult noch mächtig ist und Heimat und Abkunft, die Sitte der Väter und der Gespensterglaube der nonna, bewahrt in den Riten der Kirche, die Erben verpflichten – im Raum der Mediterranée allein gibt es noch jene große Poesie, die von den Bauern und Bettlern die Sprache, Geheimnisse des Dialekts und die Weisheit des Sprichworts, erlernt.

ÜBER DIE HEIMATKUNST

I

Du, Schriftsteller, brauchst den Hintergrund, die Wand, die Kulisse, vor der deine Menschen sich abheben können. Du brauchst ·Schatten und Licht, Reaktion und Bewegung, das Gesetz, die Gesetzlosigkeit. Du brauchst die Gebote der Stadt, die unbezweifelten Normen der Heimat, die Geister und Toten, die Mythen und die Gespräche am Brunnen, die Gespenstergeschichten von Bronx und Oran: denk an Paveses Piemont und Vittorinis sizilische Träume, die Abruzzen Silones, Kafkas Prag und Durrells Alexandrien... die Speicher an der Trave und die Kneipen von Dublin!

II

Du brauchst die Polis: ihre Normen allein geben deinen Geschöpfen Leben und Blut – die Fähigkeit, sich bewegen, spielen und richten zu können. Nur die exakteste Topographie ermöglicht es dir, die Menschen im Gespräch zu belauschen, ihr Verhalten, Begegnung und Trennung, das Miteinander und Gegeneinander, genau zu notieren. Nicht nur Burckhardts patrizisches Basel, auch Berlin, Moabit und der Alex sind Polis, und selbst an der Bowery, am Picadilly, am Jungfernstieg und auf den Straßen der Oktoberrevolution sind die Gesetzestafeln nicht verblichen, auf denen du liest: »Bewähre dich im Tag, beschränke dich auf das, was du kennst, den Armenbezirk, in dem du heranwuchst, das Heimatdorf, die Kneipe, wo dein Vater die Löhnung vertrank. Schreib es auf, es gibt viel zu erzählen: die Märchen der indischen Magd, Geschichten der nonna, die Träume im Asyl, Lunapark-Gedanken, das Gemurmel der Bauern beim Heuen: »Sie haben den Pächter ans Hoftor genagelt.«

III

Den Gedanken Form, den Träumen realistische Tönung zu geben, ist römisch, ist das nüchterne Geschäft des Mittelmeers: sehn und erkennen, bemerken und schreiben sind eins. Man muß etwas vorweisen können, auch der Traum will fixiert sein. Der kalte Satyrblick kennt kein Pardon, er packt zu und zeigt seine Beute. Vom Nil bis zur spanischen Grenze, von den großen Oasen bis zu den Alpen treibt man das gleiche Gewerbe. Der Fremdling paßt sich an oder geht unter. Wenn er klug ist, gehorcht er der Sitte des Landes: Miller, Bowles und Durrell haben es getan.

IV

Camus und Buzzati, Vittorini, Silone, Bertó und die Kinder des anderen Südens, McCullers, Goyen und Faulkner kennen ein und dasselbe Geheimnis: die Mysterien mythischer Zonen.

In Texas und Georgia, im Piemont, in Oran und auf Korfu sind die alten Götter lebendig. Hera hütet den Herd, im Schuppen verbirgt sich Hephaistos, im karnevalischen Reigen leuchtet die Maske des trunkenen Gotts. Kein Dogma leugnet das Gegensatz-Spiel, kein System fordert die Zeit in die Schranken. Die Wildnis hat sich im Dschungel der Städte behauptet, und über den Uhren aus glänzendem Chrom schweben die Schatten der Vorzeit.

V

Das Thema dieses Jahrhunderts: der Kampf zwischen Gestern und Heute, zwischen Urwald und Technik! Mitten in unseren Tagen vollzieht sich der Einbruch der ältesten Mächte – Geisterbeschwörung in der Welt der Handelsvertreter, kindliches Wissen, Neger-Gedanken, Tschad-Phantasien, Schreie des Wahnsinns, große Anamnesis der Frau, die zurückkehren will, das Verlangen nach dem Mohnkorn der Vergangenheit: Blanche Du Bois, Amanda Wingfield, Christine Mannon, Rosa delle Rose.

Am Rande der Pfadlosigkeit, in »einer kleinen Stadt« zwischen Gestern und Morgen, an der Wende der Zeiten, leuchten die Mythen der Polis.

VI

Wer in der mythischen Landschaft, im Schatten des heiligen Meeres,
zu Haus ist, wer sich erinnert und zurückkehren kann, muß keine
Fabeln erfinden. Die Stoffe sind da, sie wollen wieder und wieder erzählt sein. Haltet euch an das Vertraute, noch ist der Mythos bekannt; ein einziger Satz, ein winziges Wort, die Beschwörung der
Metamorphose vermag den Komplex eines ganzes Romans zu be-
leuchten: welche Vielfalt in wenigen Silben, welche synthetische
Macht im Konzentrat der Symbole... Es ist alles schon da, man muß
es nur sehn und die Figuren, begabt mit dem Auge griechischer Meister, aus dem Gefängnis der Steine befreien.
Das Arsenal der Motive und Topen ist klein, doch es erschöpft sich
nie. Da ist der Heimkehrer, an dem sich alles entscheidet, der reiche
americano, ein Straßenarbeiter, der ein Dach sucht, um sterben zu
können, ein Abenteurer, der Mann aus dem Zuchthaus, ein Brigant,
der zurückkommt.
Da sind die Kinder: sie bewahren die Anamnesis, ihre Träume haben
sich noch nicht verbraucht – das Zerbrechen der Einheit, die Trennung zwischen sich selbst und den andern steht erst bevor –, sie
nehmen den Fremden auf, sie sind die Freunde des heimgekehrten
Odysseus. An der Grenze von Gestern und Morgen hüten die Söhne
des Hirten Eumaios die Schwelle des Tags.
Da ist das Fleckchen Erde, das Feld, die Trennungslinie zwischen
Sklaverei und Besitz, da ist das soziale Problem: Gleichnis und rebel-
lischer Schrei; das bittere Leiden der Armen, ihre Dummheit, die
Habgier der Reichen, die Empörung betrogener Bauern, der Trotz
der cafoni: wo sollen sie ihre Toten begraben, wenn der Patron sie
vertreibt? Solange sie unwissend sind und keine Bücher zu lesen verstehen, bleibt ihnen nur die Partisanenwürde des Rebellen.
Dann die hieratische Ordnung, der Sohn und der Vater, der Herr
und der Knecht, die Dorfgemeinschaft, das Familiengefüge: zu den
Kindern treten die Alten, die Wachsgesichter der Toten. Ein Schatten auf dem Antlitz des Greises, der schweigend, riesig und erschöpft, die Zichorienbrühe verschlingt, verändert die Welt! Und
endlich die Symbole – heidnisch und christlich, mythisch und historisch zugleich! Hier leuchten noch einmal die längst vergessenen
Zeichen: das Essigwasser, die Asche am Mittwoch, der Elefant, das
Abschiedsmahl mit den Jüngern – Aberglaube der Römer, Prozes-

sionsgespräche, Wallfahrerträume! Große Synthese zwischen den Bildern und den Gedanken, heidnischen Zeichen und christlichen Worten, zwischen weiser Frömmigkeit und marxistischem Kalkul. Die rote Nelke und die kupferne Sonne: Versöhnung im Zeichen des Mythos, Verschmelzung im Angesicht einer unendlichen Liebe zur Welt: »Er war ein großer Mann. Er konnte achtzehn Stunden am Tag arbeiten und war ein großer Sozialist, ein großer Jäger und groß zu Pferde bei der Prozession des Heiligen Joseph... Er konnte weder lesen noch schreiben, verstand aber etwas von Politik... Er konnte an den Heiligen Joseph glauben und Sozialist sein. Er hatte Verstand für tausend Sachen.« (Vittorini)

Dies ist das Bild eines griechischen Schusters zu Perikles' Zeit, dies ist das Portrait eines Sizilianers aus unseren Tagen.

VII

Der Geist weht, wo er will. Was im Westen verdämmert, leuchtet im Osten; auch Amerika hat seinen Süden. Auch dort ist der Mythos noch stark... die gleichen Zeichen im Abstand der Jahrhunderte, in der Distanz der Länder und Meere!

Kinder und Greise erinnern sich noch. Sie leben im mythischen Gleichmaß und kennen die alten Symbole: das Haus ohne Hauch, die Harfe, die Schlange, den Brunnen.

Wir aber verloren die Zeit und mit ihr die Einbildungskraft: unsere Sehnsucht gilt dem »Erinnerungshaus«, dort wartet das Mädchen auf uns, die Blinde, dort gilt die Grenze nicht mehr, die das Ich von der Welt trennt, dort herrscht Austausch, Vermischung und Kommunion, dort beginnen die Dinge zu reden.

Wo liegt dieser Ort, wo ist das Kind mit der Leier, das uns erzählt vom Frühling in Texas, wo ist das Baumhaus, die gläserne Kugel, die bläuliche Muschel, wo ist die Gemeinde, die das Zauberwort kennt, »Spanien« heißt es, wo spielt man mit der Glasmenagerie (und was geschieht, wenn man spielt?), wo finden wir die Gespenster, den weißen Hahn und den Staub, wo ist der Kuppelraum der Gedanken, die augustinische Höhle, der Traum von Madame delle Rose: wo der unverlierbare Platz der Beschwörung, da alle Dinge eine doppelte Bedeutung haben, den realen Sinn und den Sinn der Symbole?

VIII

Italiener und Amerikaner, Thomas Wolfe und Pavese, Capote und Bertó, Silone und Goyen: wer lernte von wem? Wer lehrte, wer ging in die Schule? Müßige Fragen, die Ahnen sind gleich – griechische Mythen, von römischen Blicken bewahrt, die Symbole sind gleich, die Technik ist gleich: das Erinnerungsspiel, Rendezvous in den Häusern der Kindheit, des Traums, der Phantasie.

Wir aber, die Gefangenen einer Landschaft, die schon längst in Poesie verwandelt worden ist, abgesperrt vom Strom der Legenden, nicht mehr ans Gestern gebunden, noch nicht heimisch im Morgen, aber schon wissend um die neuen Mirakel, das Zauberparadies des Neon und die Geisterreiche der Retorte, sagen mit der Stimme Hermann Brochs: »*Wenn die Poesie nicht zum Mythos zurückkehrt, geht sie zugrunde.*«

IX

Kommen wir zu spät? Rächt sich die Graekomanie? Wir haben die Römer verachtet und, als schwächliche Erben der Griechen: aber unendlich viel kleiner als sie, den Geist von allem Wirklichen, die Erkenntnis vom Anschaun getrennt – nun schweigen die Dinge, die Begriffe sind entleert, der Mythos, dessen vornehmste Leistung die Vereinigung von Bildnis und Gedanken ist, hat sich verflüchtigt.

Römische Moral: wer zwei Stufen auf einmal nehmen will, fällt. Darum verlangt nicht zu viel. Nach Griechenland wollt ihr? Bleibt eine Weile in Rom. Hier lernt ihr, wie wichtig es ist, daß jeder sein Bett hat, sein Stück Brot, seinen Krug, seinen Mantel. Betrachtet die Römer; wenn ihr aufmerksam seid, braucht ihr nicht weiter zu fahren.

Im Flugzeug

Das Ritual ist ernst und feierlich. Wenn der Lautsprecher verstummt und die Schranke sich öffnet, beginnt der Übergang in die andere Welt, das strenge Zeremoniell, dessen Würde sich niemand entzieht. Die Rollbahn leuchtet in schimmerndem Weiß; wie Todesengel,

grell geschminkt, mit Kepi und blauem Kostüm, schreiten die Ste-
wardessen voran. Es gibt kein Zurück, hinter dir schließt sich die
Schranke, das Personal ist schon in der Kanzel, ich habe mich verneigt, als der Kapitän, einen Schritt vor den andern – ein einsamer
Mann – aus dem Nebeneingang kam. Er hat es nicht gesehen, nur die
Adepten, Co-Pilot und Funker, lachten mir zu: kennst Du den Alten?

Niemand hatte es eilig, in diesem Geisterlicht, dem Widerschein der
bleichen Nacht, als erster an der Maschine zu sein. Noch sahen wir
die erleuchteten Fenster, illuminierte Waben, die Neon-Kojen der
Station, doch die Helligkeit nahm ab, sehr schnell, je weiter wir gingen. Angelockt von den Schritten zweier hermetischer Diven –
»Hollywood: Hades von heute« –, im Tunnel des Dunkels versunken, verzaubert von den Scheinwerferseilen der Nacht, die den
weißlich glänzenden Vogel genau in der Mitte durchschnitten, über-
querten wir das Riesenareal.

Dann flogen wir über die Alpen. Die Schwärze des Weltraums
umgab uns. Vergessen war das vertraute Gefühl: da unten ist Rom,
wir fliegen nach Mailand, die blitzenden Feuer sind Häuser, Sied-
lungen, Lager, Fabriken... auch dort leben Menschen, Milliarden
von Zellen, die Arbeit, die Kneipe, die Nachbarn, ein Zelt und ein
Dach, sich überschneidende Kreise, ein Licht geht aus, ein Licht
geht an; ein Sterbender hört jetzt das Surren des Flugzeugs, wir
sehen ihn nicht, aber er lauscht: nun überfliegt die Maschine das
Haus, er kennt das Geräusch genauer als alle Geräusche im Haus, das
Wasserlaufen, die hastigen Schritte, den Saxophonisten aus der
Bar nebenan; er denkt: es geht weiter, 4 Uhr 10, die Maschine nach
Stuttgart, morgen, wenn ich tot bin, fliegt sie zur gleichen Stunde
vorbei...

Unterwegs

Wir sind im Niemandsland zwischen Ludwigsstadt und Probstzella,
der Zug fährt sehr langsam, eine gelassene Hand bewegt die Kulisse,
die Lichter am Bahnhof sind Perlen aus Gold, die Schienen silberne
Adern. Um vier Uhr morgens gleichen die Kräne und Pumpen
künstlichen Gliedern einer Theatermaschine; aus unendlichen Höhen, vom Schnürboden herab, fallen die Flocken, Schnee sinkt auf

das Dorf. Die Hauptstraße, Znamenacek hat sie entworfen, schwankt im pendelnden Schein einer einzigen Lampe.

Dies ist die Stunde zwischen Abschied und Wiederbegegnen. Jetzt macht Antigone sich auf, um den Tod am Dreiweg zu treffen; der Sonne schon entwöhnt, noch nicht heimisch im Dunkel, taumelt sie, läuft im Kreise, wird zur Puppe und erstarrt: nun ist die Grenze erreicht, die magnetischen Kräfte heben sich auf, alles steht still, die Zeiten frieren ein, im Angesicht der Gegenwart erstirbt die Bewegung und der Atem stockt.

Jetzt endlich ist der Paß überquert, die Pforte durchschritten. Wir haben den raumlosen Grat überwunden, wir sind auf der anderen Seite des Bergs: ist es der Hades? Wir wissen es nicht, unsere Lider sind noch verklebt. Wir waren im Süden, Helios hat uns geblendet; jetzt sind wir im Dunkel. Wir sehn nur durch winzige Schlitze: es ist nicht viel, doch was wir sehn, hat scharfe Konturen, wir werden es niemals vergessen.

Die Menschen hier, stellen wir fest, scheinen uns ähnlich zu sein; doch sie bewegen sich anders, vorsichtiger, ein wenig bedächtig beinahe, aber niemals gelassen. Es sind Lernende. Wenn man sie anspricht, zwischen Station und Station, senken sie lauschend den Kopf. Sie wissen, die Zeiten verändern sich schnell, man muß auf der Hut sein. Es kommt darauf an, daß man die Gegensätze erträgt... dies ist das Schwerste von allem. Die Griechen wußten darum; auch wir müssen lernen. Athen liegt hinter uns. Wir fahren nach Berlin.

EIN TAG IN BERLIN

Morgens

Zweimal am Tage fährt der Autobus von West nach Ost, beginnt die Vier-Marks-Aventiure, der Nervenkitzel für die high society aus Boston und New York: »I've seen the Stalin-Allee and the Russians.«

Die Busse gleichen silbernen Schreinen, Antinous auf den Wellen des Nils, das Funkeln der Kolliers im bleichen Schatten der Quadriga. Der Cicerone ist ein Student, an seinem Revers steckt die Nadel der Reisegesellschaft: »Ich kenne mich aus, Sie können beruhigt sein, es wird nichts geschehen, nur photographieren sollten Sie nicht, ich habe Ansichtskarten bei mir.«

Auf gepolsterten Sesseln, gewiegt vom Musical-Takt, betrachten sie ihre Objekte: die verendende Fliege, den Dompteur und den Tiger, das Volk, das sich um Zigaretten-Kippen balgt; Schlafwagen-Augen über dem frierenden Pöbel am Bahnsteig!

Ein Massachusetts-Lorgnon vergrößert das Gesicht der Trümmerfrau, die Poren zeigen sich, Falten und Grate, die Sorgenspur auf der Kernseifenhaut, das staubige Haar und das Kopftuch, geknöpfte Schuhe: *in Bologna, darling, sind sie schon wieder modern;* die Masche im Wollstrumpf, Armeleutegeruch der dreißiger Jahre, Mottenpulver und Kalk.

Das Lorgnon fällt herab, Klytaimestra schminkt ihre Lippen. Sie wartet, die Maschen aus Nylon sind haltbar, die Spinne lauert in ihrem Netz. »Look here these people«, sagt der Student, und die Reisenden beugen sich vor, man ist auf feindlichem Boden. Zwei Kinder – da ist schon die Beute – strecken die Hand aus; »we've tipped in Murano, we've tipped in Berlin«; ein Scharlachnagel greift in das Netz, »gib ihm zehn Pfennige, Tom«, »please, Madam«, der Junge kann Englisch, nun schwebt das Blutbeil über Agamemnons Haupt, die Box aus Antilopenleder öffnet sich, »wirf das Geld aus dem Fenster«; wenn ihr klug seid, zehn Pfennig sind viel, sucht ihr den Purpur zu meiden, die Pest ist geschminkt, zehn Pfennig sind viel, betrachtet die künstlichen Zähne im Spiegel, den Puderstrich unter den Lidern; wenn du klug bist, zehn Pfennig sind viel, kehrst du nach Troja zurück; schon hebt sich das Massachusetts-Lorgnon, zehn Pfennig sind viel, »denk an Venedig: für einen Nickel tauchen sie bis zum Grunde des Meers«; wenn ihr klug seid, werft ihr den Silberling fort.

Mittags

Die Sonne ist warm; wenn es zwölf wird, sind die Stühle besetzt. Am Blockhaus spielen die Rentner, noch sind sie allein, die Kiebitze kommen erst später, auf den Tischen häufen sich die Pfennig-Berge an. Hier, zwischen Rost und Staub, am Trümmerfeld, beim Hinterhaus, beginnt das Paradies zur Traurigkeit. Die Wand ist schwarz, zerfranste Lampenschirme und verbeulte Eimer stehn auf den Bal-

kons, die Wanne aus der Beletagen-Zeit, der Tannenbaum vom letzten Jahr.

Kinder haben mit Kreide ein Tor an die Mauer gezeichnet, der
Grandplatz ist gesperrt, das Kirchentor, wilhelminische Gotik, vom
Küster verriegelt: ein Backsteinbau zwischen Destille und Schule.
Sogar um die Bäume haben sie Zäune gespannt. Vor seinem Sargge-
schäft steht der Besitzer, betrachtet rauchend die gestickten Kissen
und den violetten Pomp des Katafalks: die Zeiten sind ernst, aber der
Krämer schreibt an… doch was soll's? Seit dreißig Jahren der gleiche
Geruch, wir kommen hier nie wieder 'raus, wir werden hier sterben.
Neukölln, Sankt Pauli, La Villette, die Armut hört nicht auf:
schrecklich sind die Gesichter in der ersten Bahn um vier Uhr früh;
schrecklicher noch am Sonntag, beim Beischlaf, im Nachmittags-
traum, wenn die Gassen leer sind wie ein Gemälde von Bernard
Buffet, wenn ein einsames Radio singt und der Schrei von den Sport-
plätzen kommt: gleich gehn sie nach Hause, blaue Tabakwolken
schweben über den Mützen und Hüten, der Rasen ist zerstampft, die
Nelke im Knopfloch zerdrückt; wir haben wieder verloren. Die
Frühschicht beginnt in der Nacht. Aber was sollen wir tun? Zwischen Schrebergarten und Fabrik bleibt uns nur wenig Raum; der
Himmel ist rauchig, die Schrift auf der Mauer verblaßt. Rostige Polypen stehn rings um die Stadt.

Nachmittags

Nun ist die Zeit der Dämmerung. Durch die Spalten aschener Stores
sickert das Rauchgold des Tags. Schatten schweben im Kronleuch-
ter-Licht und dämpfen die Farben des Teppichs; persische Muster
brauchen andere Sonnen, aber die Mannequins schweben gelassen
vorüber, sehr sanft sind die Bewegungen: Tango-Schritte zwischen
Raum und Raum.

Die Kollektion hat achtzig Modelle; der Einkäufer macht sich Noti-
zen, es wird Sekt gereicht, aber die meisten bevorzugen Fruchtsaft.
Jedermann weiß: es gebührt sich, am Ende zu klatschen. Draußen,
hinter den Stores, liegt die steinerne Leere des Bayerischen Platzes,
verlassene Straßen, an den Mauern schweben die Kreuze: *wir sind bei
Martin in Pirna.* Es beginnt dunkel zu werden, hinter Mörtelfingern,
ein Bote der Wüste, schwebt jetzt der Mond.

Die Kleider heißen »Walzertraum«, »Azur« und »Chinoise«. Livrierte Diener tragen Teller mit Biskuits herein; dies ist das Zeichen, wir stehen am Rand jener zärtlichen Pause, an deren Ende man die Abendkleider zeigt. Madame Anita, das Chef-Mannequin, präsentiert das kostbarste Stück, »Teephantasie«, eine Kreation aus Berlin. Die Direktrice tritt zurück, der Chef des Hauses, Herr von Straaten selbst, wird sich erlauben, das Modell zu erläutern.

Abends

Die Nacht ist dunkel und kalt. Hier wohnte er also, Chausseestraße 125. Die Lichter sind erloschen; sehr hell steht der Mond am Zenit. Ich wäre gern in den Hof eingestiegen, um nachzusehn, ob an der Haustür noch sein Name steht. Doch es ist alles verschlossen.

Vom Baum aus hätte ich sein Fenster gesehn; er schaute manchmal hinaus, sagt man, aber nur selten, auch auf den Friedhof, an dessen Rande im Schatten des Ahorns sein Haus lag.

Jetzt liegt er am Rande des Hauses, nicht weit von Hegel entfernt. Ich kann die Gräber nicht sehn; es war schon spät, als ich kam, denn der Weg vom Bayerischen Platz bis hierher ist sehr lang. Ich bin ganz allein, um diese Zeit geht niemand nach Hause, ich spüre die Kälte des bröckelnden Rosts an den Fingern, das Friedhofsgitter zeichnet Muster in die Haut.

Von fernher, Rufe im tönenden Schweigen der Nacht, nähern sich Schritte.

»Aus dem Westen?« fragt der Volkspolizist, »es kommen viele an sein Grab. « Er legt die Hand an die Mütze, wendet sich ab und geht weiter... Weiß er Bescheid, kennt er sich aus im Ritual der Zeit?

Wie findige Tiere verlassen wir unsere Höhlen und suchen die Krumen im Dunkel, zwei Meter tief in der gefrorenen Erde, wo die Schicht der Toten beginnt und das Holz, der Stein, die Knochen und das Fleisch sich miteinander vermischen.

Trauert über James Dean, beweint Manolete, verneigt euch vor den Manen Bertolt Brechts.

B. in der Unterwelt*

Als der Stückeschreiber Brecht die kastalische Höhle erreichte (sie lag am Rande des Hades und war ihm von Charon zuerteilt worden), geschah es, daß ein Schatten hinter ihn trat, ein Mann in griechischem Mantel, der ihn sanft an der Schulter berührte. »Komm«, sagte er leise, »wir warten auf Dich, die Richter sind schon versammelt.«

B., von der langen Reise und den Gesprächen mit Charon, dem mürrischen Fergen, ermüdet, winkte vorsichtig ab, doch der Schatten lenkte ihn tiefer ins Dunkel der Höhle. »Vertrau Dich mir an, ich werde Dich sicher geleiten.«

Am Ende der Grotte saßen, hinter dem Tisch, die fünf Richter. Alle trugen Masken, es war keine Frau unter ihnen.

»Ist dies ein Verhör?« fragte B.

Der Schatten schwieg.

»Du liebst doch Verhöre«, sagte der erste Richter, »oder täusche ich mich?«

»Ich liebe Verhöre«, sagte der Stückeschreiber, »beginnt. – Ihr seid Griechen, nicht wahr?«

»Ja«, sagte der zweite, »wir wollen erfahren, was Du von uns lerntest.«

»Wenn es nur das ist«, sagte B., »... ich bin bereit.«

»Dann will ich beginnen«, sagte der dritte, ein Lehrer, »und Dich fragen: was erzählten unsere Dramen?«

»Den Mythos«, sagte B. »Ihr wart gute Erzähler.«

»Antworte weiter«, sagte der Lehrer. »War der Mythos bekannt?«

»Natürlich«, sagte B.

»Auch den Schneidern und Schustern?« fragte der Lehrer.

»Auch ihnen«, sagte B.

»Die Menschen sind aber vergeßlich«, sagte der Lehrer.

»Darum«, sagte B., »wurde der Mythos im Vorspruch noch einmal erklärt.«

»Gut«, sagte der Lehrer. »Ich sehe, daß Du ein Wissender bist. Bedenke aber: wenn die Theaterbesucher den Mythos sehr genau kannten, waren sie dann wohl gespannt auf den Ausgang des Stücks?«

---

* Die Anspielungen dieses Dialogs beziehen sich auf Brechts in den Anmerkungen zur Oper »Magagonny« entwickeltes Schema: episches – dramatisches Theater.

»Nein«, sagte B., »gespannt waren sie nicht.«

»Wie war also die Form unseres Schauspiels? Etwa dramatisch?«

»Nein«, sagte B., »sie war episch. Ich habe mich geirrt.«

»Du bist ein guter Verlierer«, sagte der Lehrer. »Unser Schauspiel war episch und aristotelisch zugleich. Deine Lehre ist falsch.«

»Frag weiter«, sagte der Stückeschreiber, »ich bin begierig zu lernen.«

»Ich will Dich belehren«, sagte der vierte, ein Staatsmann, »doch zuvor erkläre mir noch: was ist das – der Mythos?«

»Die Erzählung«, wiederholte B.

»Nicht die Handlung?« fragte der Staatsmann.

»Ich weiß nicht«, sagte B., »ich bin schwankend geworden. Ich bitte Dich nochmals, mich zu belehren.«

»Denk nach«, sagte der Staatsmann. »Was geschah in unserem Schauspiel? Was ereignete sich?«

»Nichts«, sagte B.

»Das ist eine vernünftige Antwort«, sagte der Staatsmann. »Du hast Recht, was geschah, wurde erzählt.«

»Es gab aber doch Taten«, sagte B. »Es gab Greuel und Schrecken, Morde und Monstrositäten.«

»Nur im Botenbericht«, sagte der Staatsmann. »Auf der Bühne herrschte allein dialektisches Spiel: Diskussion und Erklärung, die Analyse und das Argument.«

»Ich lerne«, sagte B. »Das Argument gehört zur epischen Form des Theaters. Ihr habt mich überzeugt. Ich erkläre mich ein zweites Mal für besiegt.«

»Du hast jetzt gesehen«, sagte der fünfte, ein Bauer, »daß unser Drama nur erzählend, voll von Argumenten, ohne Spannung war. Jetzt bedenke das Nächste: was stand am Ende des tragischen Spiels?«

»Ich verstehe Dich nicht«, sagte der Stückeschreiber, »Du mußt noch einfacher fragen.«

»Ich bin ein schlichter Mann«, sagte der Bauer, »ich will versuchen, ein Beispiel zu bringen.«

»Bringe ein Beispiel«, sagte B., »ich bin ein Freund des Exempels.«

»Denke an Oedipus«, sagte der Bauer. »Er wurde vernichtet und durchbohrte die Augen mit goldenen Spangen. Sein Untergang war entsetzlich.«

»Ich widerspreche«, sagte B., »Oedipus gewann ja Erkenntnis. Als König war er ein Blinder, in der Blindheit aber empfing er die Königswürde richtigen Wissens und sah.«

»Du hast mich verstanden«, sagte der Bauer. »Ich wollte sagen: am Ende des Schauspiels hat die Erkenntnis gestanden.«

»Euer Theater war episch«, sagte der Stückeschreiber sehr leise. »Ich werde viel von Euch lernen hier unten. Wenn Du willst, erzähl mir ein weiteres Beispiel.«

»Denk an Antigone«, sagte der Bauer. »Im Augenblick des letzten Gangs sieht sie die Dinge, wie sie wirklich sind: die Stadt, das Hochzeitslager und den Brautgesang.«

»Sie klagt«, sagte B.

»Sie erkennt«, sagte der Bauer. »Sie weiß nun, daß der Tod erbärmlich ist.«

»Sie hat auch Rechenschaft gegeben«, sagte B. »Sie hat gesagt: ›Wenn die Eltern noch lebten, hätte ich es nicht getan.‹ Das klingt grausam.«

»Es ist ein Argument«, sagte der Bauer; »wir Griechen sind nüchterne Leute. Das Weltbild gilt uns mehr als das Erlebnis.«

»Ihr beschämt mich«, sagte B., »auch das ist episch. Ich habe Euch Unrecht getan. Erst jetzt begreife ich, warum Eure Schauspiele immer noch am Leben sind.«

»Du selbst bist ein Zeuge dafür«, sagte der erste, ein Künstler. »Auch Du hast die Logik geliebt und gewußt, daß sie schön ist. Du schätztest die Luzidität des Gedankens. Du rühmtest die Eleganz des Kalkuls, die Lieblichkeit der Vernunft und den strahlenden Glanz, der den Erinnerungen eigen ist.«

»Ich bin erstaunt«, sagte B., »kennt Ihr mich denn?«

»Wir haben Dich erwartet«, sagte der Künstler. »Schau her, nimm ein griechisches Drama, betrachte das Gesetz seiner Glieder... worin liegt sein Geheimnis?«

»Es kommt alles zusammen zum Ganzen«, sagte der Stückeschreiber und verneigte sich voll Ehrfurcht, »und dennoch steht jede Szene für sich.«

»Du hast Recht«, sagte der Künstler, »unsere Dramatiker liebten die Sprünge von Auftritt zu Auftritt – plötzlich waren die Figuren verändert, Iphigenie schien nicht mehr Iphigenie zu sein –, und dennoch, wie sagtest Du doch, kam alles zusammen zum Ganzen.«

»Ich sehe«, sagte B., »Ihr beherrscht die Gebote der Kunst.«

»Wir waren Handwerker«, sagte der Künstler, »genau so wie Du; und wie Du bemühten wir uns, dialektisch zu sein. Unsere Komiker waren zugleich auch Tragödienschreiber, und die Tragiker verstanden sich auf Witz und attisches Salz. – Denk an Sokrates!«

»Den Philosophen?« fragte B., »den habe ich niemals gemocht.«

»Er war klug«, sagte der Künstler. »Er vereinte den Ernst und den Scherz, liebte den spanischen Schritt und dichtete einen Päan. Auch das Gastmahl ist ja ein Schauspiel: noch einmal stand die Erkenntnis am Ende.«

»Doch die Menschen wurden nicht besser«, sagte der Stückeschreiber, »weder durch ihn noch durch die Komödienschreiber.«

»Aber wissend«, sagte der Künstler, »und das ist viel mehr. Moral war nicht unser Geschäft. Wir hatten noch nicht einmal ein Wort für das Böse. Wir kannten nur das Schlechte; nicht die Sünde, sondern den Fehler.«

»Eine kalte Welt«, sagte der Stückeschreiber, »wenig behaglich.«

»Wir kannten die Nacht«, sagte der Künstler. »Jenseits der olympischen Götter begann das Nichts; wir aber waren Kinder des Prometheus.«

»Ich verstehe Euch«, sagte B.

»Du bist unser Schüler«, sagte der zweite, ein Gärtner, »sogar die Tricks hast Du von uns glernt.«

»Die Tricks?« fragte B., »wovon sprecht Ihr?«

»Denk an Euripides«, sagte der Gärtner. »Warum erscheint am Ende der Gott? Um zu lösen, was sich von selbst sehr viel einfacher löste?«

»Ich weiß es nicht«, sagte B.

»Was willst Du den Zuschauern zeigen«, fragte der Gärtner, »wenn Du die gleiche Technik von Stück zu Stück wiederholst?«

»Ich will ihnen zeigen«, sagte B., »merkt auf und laßt Euch nicht täuschen.«

»Alle Künstler sind gleich«, sagte der Gärtner, »auch Euripides dachte wie Du. Indem er die Götter, lügenhafte, grausame Gestalten, in der gleichen Art, ganz mechanisch, immer wieder seinen Zuschauern zeigte, wollte er sagen: denkt nach! Wie ist die richtige Lösung? Helfen die Götter uns wirklich?«

»Und was dachten die Zuschauer?« fragte der Stückeschreiber verwundert.

»Sie wurden aufmerksam«, sagte der Gärtner, »und beim Hinausge-

hen bemerkte wohl einer zum andern: ›Sind nun die Götter oder sind
sie nicht?‹«

»Dann waren die Zuschauer also die Richter«, sagte der Stückeschreiber.

»Ja«, sagte der Gärtner, »denn unser Schauspiel ist ein Tribunal. Die
Urform des Dramas hieß: das Verhör... ein Richter, der Angeklagte, die Zeugen; Vers auf Vers und Satz auf Satz: einer fragt und einer
gibt Antwort – bis zur Entscheidung.«

»Ihr habt mich überzeugt«, sagte B. »Auch in diesem Fall bin ich
Euer Schüler gewesen; auch ich liebte Prozesse.«

»Im Prozeß«, sagte der Künstler, »entfaltet der Mythos die Charaktere. Das wußten wir; das wußtest Du.«

»Der Prozeß«, sagte der Lehrer, »ist die höchste Form des Spiels.
Wir waren Spieler, Du warst Spieler, wir liebten beide Prozesse.«

»Der Prozeß ist gerecht«, sagte der Bauer, »der Schurke bekommt
seine Strafe... und bekommt er sie nicht, weiß der Zuschauer gleich:
das Gericht ist bestochen. Wir liebten das Recht, wir haßten das Unrecht, genauso wie Du.«

»Im Prozeßverlauf erweist es sich«, sagte als letzter der Staatsmann,
»daß es nicht gut ist, sein Leben allein zu verbringen. Der Prozeß
zeigt das Spiel der Gesellschaft: über den Fall des einzelnen hinaus,
über Oedipus und Grusche hinweg, betrachtet der Richter – Athene
und der Azdak – die Fundamente, auf denen das Recht steht. Da
wird die kleine Welt zur großen Welt: den Übergang wollten wir zeigen, den Übergang hast Du gezeigt.« Der Staatsmann schwieg.
Dann sagte er: »Das Verhör ist beendet.«

»Und das Urteil?« fragte der Stückeschreiber.

»Das Urteil?« wiederholten die Richter und erhoben sich von ihren
Plätzen. »Blick auf den Schatten.«

Der Stückeschreiber wandte sich um.

»Willkommen«, sagte der Schatten. »Seit hundert Jahren bist Du der
erste, den ich voll Sehnsucht erwarte. Wie freue ich mich, daß Du
hier bist! Komm, ich geleite Dich zu dem Platz, an dem Du wohnen
wirst bis zum Ende der Tage.«

»An Deiner Seite?« fragte der Stückeschreiber erschrocken.

»Zu meiner Rechten«, sagte der Tote. »Du hast mich nicht enttäuscht.«

Der Stückeschreiber verneigte sich tief. Im Lichte der Kerzen hatte er
plötzlich bemerkt, daß der Schatten das Gewand des Euripides trug.

Unterwegs

Sind es erst drei Tage her, seitdem wir Rom verließen und die salarische Straße uns an silbernen Höfen, an den Mondfassaden der Vorstadt, am Schattenweg vorbei, wo die Gräber der Märtyrer liegen, hinaus zum Flughafen leitete? – Waren wir gestern noch in Berlin, in Neukölln, am Bayerischen Platz und in der Stalin-Allee? Wir wissen es nicht. Es gibt keine Sicherheit mehr; vergebens suchen die Blicke einen Punkt zu erreichen, an dem sie sich festhalten können. Selbst die bekanntesten Bilder lösen sich auf – die Totenmaske Bertolt Brechts, das tönerne Antlitz des Satyrn; eine Geste Albert Camus': »Ich schaue Sisyphos zu, er steigt den Berg hinab, ich sehe ihn lächeln«; Karl Reinhardts Mienenspiel: »Es war ein thé dansant bei der alten Excellenz Schöne, wir sprachen über Usener und die Bonner Philologie, Nietzsche war noch nicht sehr lange tot.« Auch das Vertrauteste ist uns nun fremd – der Blick vom Stift über die Tübinger Altstadt, die Polonaise der Kurpromenade, ein Potpurri von Translateur, das Summen über dem Fußballfeld, wenn die ersten Jerseys den Kabinentunnel verlassen und bunte Flecken, von zaghaftem Klatschen begrüßt, die grauen Wälle besprenkeln. Die Erinnerung ist ausgetilgt, ausgelöscht auch das große Erschrecken, das Winseln im Keller: die Geschwader haben den Stadtkern erreicht; der Todesschatten über den Augen der Schwester, als im Krankenzimmer nebenan der Stuhl umfiel. Wir sind wieder im Niemandslandreich, in einem luftleeren Raum; was ist Bild, was ist Spiegel? Wer ruft, wer gibt Antwort?

Als der Schauspieler S. auf seinem Landsitz, einem alten Schloß an der Côte d'Azur im Sterben lag, verschwieg ihm seine Frau, daß unten im Salon die Gläubiger warteten, um Schloß und Hof zu pfänden. Sie wußte, wie sehr ihr Mann den Reichtum liebte – zeitlebens hatte er, ein galizischer Schuhmacherssohn, nichts mehr als Schulden und Armut gefürchtet –, deshalb hielt sie die Gläubiger ab und ließ den sterbenden S. in der Meinung, er könne noch immer, wie zur Zeit seines Ruhms, über Millionen verfügen. In Wahrheit aber war selbst das Totenbett schon lange verpfändet.

S., von der Klarsicht des Todes erfüllt, durchschaute den Trug, doch ahnte er, daß seine Frau, die er sehr liebte, ihm nicht glauben würde, wenn er ihr sagte: »Ich weiß, daß ich arm bin, aber es schmerzt mich nicht mehr.« Darum ertrug er ihre Lügen geduldig, nahm das Opfer an und schwieg.

Beide, der Mann und die Frau, wollten den anderen schonen; beide dachten:
»Sei glücklich in Deinem Wahn, die Wahrheit wirst Du niemals erfah-
ren.«
Doppeltes Versteckspiel, ein Gleichnis für die Unwirklichkeit unseres Stand-
orts: wer spielt hier mit wem, wo endet die Wahrheit, wo beginnt der
Trug?

Wir schauen hinaus, draußen graut schon der Morgen. Uralte Lampen glühen in der Dämmerung, Straßenlaternen von gestern. Ein
Ehepaar sitzt in der Stube beim Frühstück. Über den Dächern von
Leipzig, dem Rußbraun der Häuser am Bahnhof, steht zart und ver-
letzlich die Kindersichel des Monds.

Leipzig

Ich gehe zum Fenster und schaue hinab in den Hof; es hat zu tauen
begonnen. Ein warmer Föhnwind liegt über der Stadt; die Nacht
kommt sehr schnell. Schneemassen rutschen die Dächer hinunter,
zerfasern im Sturz und gleiten zu Boden. Manchmal lösen sich auch
mächtige Brocken, Zapfen und Klumpen; dann unterbricht ein klatschender Aufprall die Stille. Das Glasdach der Hotelküche ist von
schmutzigen Spritzern verschmiert; wie weiße Gnomen stehen die
Köche vor ihren Herden.
Ich beuge mich vor: in der Ferne flammen Lichter auf. Das ist die
Leuchtschrift auf dem Hochhaus gegenüber dem Bahnhof *Werktätige*
protestieren gegen die Kriegsverbrecher im Westen. Otto Grotewohl empfing
die befreundeten Delegationen aus Ungarn. Die Gewerkschaften fordern zum
Streik auf.
Die Sätze wiederholen sich, nur wenige Menschen schaun zu, ich
weiß es, ich bin gestern am Bahnhof gewesen, ich dachte: sie haben
für Riesen gebaut, aber statt der Giganten haben Zwerge die Züge
verlassen, Liliputaner, die nun verdammt sind, in viel zu großen
Kleidern zu gehen.
Welch Mißverständnis herrscht hier, welche Diskrepanz zwischen
Aufwand und Erfolg! Die Leuchtschriftfassade, ein elektrisches
Schauspiel, bestimmt für die Millionenszenerie: und sechzig Augen
folgen den flimmernden Zeichen; der größte Bahnhof Deutschlands,
aber der Verkehr ist provinziell, ein Viertel der Gleise täte es auch;

tausend Autos würden den Platz vor der Halle nicht füllen, doch es
stehn nur acht alte Taxis herum...

Für den Fremden ist alles gespenstisch, unwirklich, doppelbödig
hier; die Stadt ist eine Geisterstadt, erfüllt von Kontrast und geheimer Bedeutung. Am Brühl, zwischen Wagners Geburtshaus und
dem Marktplatz, wo man Woyzeck tötete, huschen Flitter und Farben die Steine entlang. Frauen prüfen ihr make-up in den Scheiben;
im Laden, zwischen den Osterhasen, steht ein Schild *Ich verpflichte
mich, jeden Tag für drei Mark mehr zu verkaufen;* vorm Eingang plaudern
zwei Männer in schäbigen Mänteln, der eine hebt seine Hand und
malt ein Zeichen in die Luft *45 Grad, in diesem Winkel sind die Kanonen
auf uns gerichtet,* aus Trümmerhäusern, inmitten riesiger Öden, brüllen die Radiostimmen, es ist der 22. März, *Atomaufrüstung,* ein jeder
hört heute die Schreckensnachricht aus Bonn.

Du schaust dich um, du siehst die Gesichter der Opfer und plötzlich
spürst du das alte Gefühl, kehrt der vergessene Geschmack auf die
Zunge zurück und du weißt, die Koffer sind noch gepackt, sei bereit,
tritt vor dein Haus und frag: wem hat es gehört? Denk an die alte Geschichte: ein spanischer Jude, dessen Urahnen man einst, vor drei
Jahrhunderten vertrieb, gab seinem Enkel den immer bewahrten,
verrosteten, heiligen Schlüssel und sagte: »Fahr über das Meer und
wenn Du nach Granada kommst, sieh zu, ob die Hütte noch steht,
oder ob sie schon Mörtel und Staub ist. Wenn Du sie findest, öffne
die Tür und schreibe mit Kreide ein Zeichen an die Wand, damit jedermann weiß: Du warst da.«

Du schaust dich ein zweites Mal um, siehst die Armut, die Arbeitsbriga-
den, den alten Mann, der aus dem Fenster sieht: »Hier habe ich schon als
Kind gesessen. Wenn Ihr wüßtet, wie es damals war, der König lebte
noch; und ich war jung und ging zum Weihnachtsmarkt.«

Du schaust Dich ein letztes Mal um, du siehst die Funktionäre,
Transparente und Lautsprecherwagen; aber auch die Ober, deren
Frackhemd weißer ist als im Royal und im Ritz (und sie bewegen sich
noch viel blasierter als ihre Kollegen in Cannes und Deauville, wenn
sie dem Herrn im Schillerkragen seinen Muckefuck bringen), du ge-
wahrst die zerschlissenen Kleider von gestern, Bratenröcke und Roben, Kolliers aus der Meininger-Zeit, mit denen sich der Bürger
schmückt, um im Theater proletarische Stücke zu sehn; und während du schaust und ein Leben betrachtest, das noch die Würde der
Armut und jene Ehrlichkeit des Provisorischen besitzt, die wir an-

dern, eingerichtet und verloren, nicht wahrhaben wollen, denkst du: dieses ist heute, das ist die Welt, in der du lebst, hier stell dich hin, behaupte dich und zeige die Beute! Du warst in Athen und Mykene, in Epidauros und Korfu: was hast du heimgebracht?

Es ist Nacht geworden, ich stehe noch immer am Fenster und schaue hinab. Der Tag ist zu Ende: jetzt weiß ich, es war gut, daß ich nach Leipzig fuhr, um das Reise-Résumé von jenem äußersten Punkt aus zu ziehen, den der große Schatten griechischer Götter nicht mehr zu erreichen scheint. Hier, jenseits der Elbe, glaube ich, beginnt eine Welt, die von der Antike nichts mehr weiß.
Doch ich hatte mich geirrt, die alten Götter waren mitgereist.

In meinem Kolleg saßen Chinesen, Malaien und Russen. Als ich von Hermes sprach, lächelten sie; und beim Disput im Hause der Wissenschaft wurde wieder und wieder der Name Homers beschworen. Der Schatten eines Kinderglaubens, rührend und naiv, fiel auf die strenge Diskussion und man erinnerte sich, daß Marx, befragt, warum die große Kunst, jenseits aller gesellschaftlichen Veränderungen, die Zeiten überdauern könnte, zu antworten pflegte: unaustilgbar sind die ersten und ältesten Spuren; auch ich habe als Kind den Homer gelesen und werde ihn niemals vergessen...
Am Nachmittag saßen wir dann, noch mit den gleichen Problemen, den Fragen des alternden Stalin beschäftigt – welche Konstanten gibt es in einer sich wandelnden Welt? – im Arbeitszimmer des witzigklugen Hans Mayer und sprachen zu viert, der Hausherr, Peter Huchel, der an einem Hymnus auf Persephone schrieb, Ernst Bloch und ich, über Artemis und Apollon.
Draußen, in der Düsternis einer wilhelminischen Straße, gingen die Menschen vorbei, Karren rollten über das Pflaster, Minister Strauß sprach von Krieg, Ulbricht hielt eine drohende Rede, zwei Jungen jagten einem Reifen nach. Im Zimmer aber, unter den Bildern von Karl Valentin und Bertolt Brecht, beschwor man die griechischen Sagen, und noch einmal zeigte es sich, daß die Chiffre des Mythos, *Apollon und Eros, Aletheia und Dike* – Zeichen und Bild, Formelspruch und Schlüsselwort zugleich –, exakter als alle Beschreibung und plastischer als jede Begrifflichkeit ist.
Der griechische Mythos, dachte ich wie vor Jahren, in einem Ge-

spräch mit Albert Camus... das ist vielleicht die einzige, die letzte und unverlierbare Sprache, in der wir uns noch verständigen können. Auch in Chicago ist Apollon zu Hause, und über den Reisfeldern Chinas weht das grüne Mäntelchen des diebischen Gotts.

Die Nacht ist warm und lau; langsam sinkt der Schnee in den Hofschacht hinab: ist es der Brunnen der Vergangenheit, auf dessen Grund Mnemosyne, die Erinnerung, wohnt? Beginnt die Reise noch einmal, liegt Venedig vor uns, das künstliche Netz seiner Adern leuchtet im Glanz der sinkenden Sonne; steht ein silberner Mond über dem Salzsee von Delos; sind die weißen Gnomen dort unten kretische Prinzen, und der Schnee fällt vom Ida-Gebirge herab; verwandeln sich die Feuerleitern in die schwarzen Narben des Spinnengebirges; schwebt ein Fledermausflügel über dem Zirkus des Kaisers, verdämmert das Lorbeergesträuch an der Reede von Korfu, und in Olympia, an der Schatzhausterrasse, wiegt sich eine Asphodelos-Blüte im Wind, der am Abend vom Meer kommt; beginnen Mykenes Mauern, die Steine des Dionysos-Theaters und der heilige Nabel von Delphi noch einmal zu sprechen, streckt Klytaimestra die Hand aus dem gläsernen Bus?
Zeiten heben sich auf, Räume versinken; nur eine Stimme ist noch da, sie kommt von sehr weit her, jetzt erkenne ich sie, es ist die Stimme Ernst Blochs; sie erzählt von dem Magier Simon, von Helena im Matrosenbordell und von dem hohen Paar, Apoll und Artemis, das immer wiederkehren wird, zu jeder Zeit, an jedem Tag.
»Die griechischen Götter, die Bescheidenen«, sagte die Stimme, »sind unsere treuesten Freunde, denn sie allein sind bereit, mit jedem Geschlecht, das vergeht, aufs neue verworfen zu werden. Sie, die so vielfältig sind, schillernd in der Erscheinung, widerspruchsvoll wie die Wirklichkeit selbst, teilen unseren Tod. Sie verlassen uns nicht, und wenn sie wieder auferstehn, geschieht es in neuer, verwandelter, menschlicher Gestalt.
Nur weil die Götter auch zu sterben vermögen, hat die Zeit keine Macht über sie und das Vergessen rührt sie nicht an. Ihr Tod läßt sie alterslos sein.«

Die Götter sind sterblich, sie sorgen dafür, daß das köstliche Salz dieser Erde niemals vergeht.
Sie machen uns frei. Wir sind ihre Kinder.

Das Testament des Odysseus

Erzählung

Für Joachim Kaiser

I

Mein Kind,
jetzt, an einem Wintermorgen, da ich diese Zeilen niederschreibe:
mit mancherlei Skrupeln und nicht ohne Bedenken, Dir ein liebge-
wordenes Bild zu zerstören, suche ich mir vorzustellen, zu welcher
Zeit und in welcher Gemütsverfassung Du diese erste Seite, der noch
viele (wie viele?) folgen sollen, öffnen magst. Wirst Du schon er-
wachsen sein? Ein Krieger, der in die Schlacht zieht? Ein Königs-
sohn, weise im Handeln, bedachtsam im Rate und tapfer – wie es die
Bücher verlangen – im Kampf? Oder ein Jüngling, ein wenig verzär-
telt, mit hochfahrenden Träumen? Ein Schriftgelehrter mit vom Lesen entzündeten Augen? Oder ein Priester, dessen Hände rot vom
Blut der geopferten Stiere sind? Wird es Abend sein, wenn Du die
Rollen im Innern des Hauses, nahe am Herd, entfaltest? Oder ein
Morgen im Wirtshaus? Ein Mittag auf einer Bank in den Bergen?
Oder wird es Nacht sein – Du hockst auf dem Boden und hast Angst,
es könnte Morgen werden, bevor Du alles gelesen hast?
Ich stelle mir vor, daß Telemach, Dein Vater, Dich fragt, was Du da
tust. Ich höre Dich antworten und ihm mit klarer und ruhiger
Stimme Bescheid geben.
»Ich lese alte Staatsverträge, Vater«, sagst Du und lächelst ihm zu,
denn Du weißt, daß die Ruhe eine Lüge wert ist. Außerdem kennst
Du Deinen Vater und hast gelernt, ihn durch geschickte Ausreden
zufriedenzustellen.
Du siehst, mein Prasidas, daß ich Deiner Klugheit vertraue und mich
in Deinem Bilde wiederzufinden hoffe. Als ich so alt war wie Du, ein
Bursche von sechzehn oder siebzehn Jahren – oder bist Du schon äl-
ter? –, verließ ich das Haus meines Vaters Laertes und begab mich
auf die Wanderschaft. Meine Erzieher, biedere Schullehrer, die ihr
Leben in der Provinz verdämmerten und bei Spiel und Wein die
Träume ihrer Jugend zu vergessen suchten, konnten mich nichts

mehr lehren; meine Mutter war früh gestorben, und mein Vater ver-
grub sich tagsüber in seiner Bibliothek und grübelte, wie es damals in
unseren Kreisen üblich war, über astronomische und mathematische
Probleme. Abends, wenn er für mich Zeit haben sollte, war er mürrisch und abweisend. Was sollte ich, geschwisterlos und ohne Liebe
aufgewachsen, also in Ithaka? Ich glaube kaum, daß mich jemand
vermißt hat, nachdem ich einmal außer Landes war. Im Gegenteil,
meine Lehrer werden froh gewesen sein, sich auch schon am Vormit-
tag betrinken zu können, und selbst mein Vater gestand mir später,
nach meiner Rückkehr, daß auch er sich über meinen Entschluß gefreut habe: denn was gäbe es für einen Astronomen Schöneres, als
den Himmel gerade während jener Abend- und frühen Nachtstun-
den zu beobachten, in denen er sich mit mir und meinen kindlichen
Sorgen abgeben mußte? Kurzum, als ich fortging, war mein Gewissen so rein und klar wie das Meer, dessen Wellen mich an einem heiteren Frühlingstag von Ithaka aus zum Festland hinübertrugen. Eigentlich hatte ich vor, mich nur ein paar Wochen lang umzutun;
nicht länger als nötig war, um meine Neugier nach anderen Menschen und Städten zu befriedigen. Aber als ich mich wieder ein-
schiffte, um in meine Vaterstadt zurückzukehren, waren fast zehn
Jahre vergangen, und ich hatte inzwischen beinahe das ganze Land,
von Sparta bis nach Thessaloniki, durchwandert.

Abgesehen von zwei erfreulich milden Wintern, die ich, mit Studien
beschäftigt, in Athen zubrachte, habe ich mich nirgendwo länger als
ein paar Wochen aufgehalten. Doch wenn Du mich nun fragst, mein
Prasidas, was ich in all den Jahren getrieben hätte, so wüßte ich Dir
keine Antwort zu geben: habe ich doch weder, wie Theseus, mein
mir in vielem so ähnlicher Freund, gewaltige Abenteuer erlebt, noch,
wie Herakles, Taten vollbracht, die uns, die Kinder einer späten
Zeit, mit Staunen und Verwunderung erfüllen. Ich habe die Meere
nicht von den Seeräubern befreit; Strauchdiebe und Bettler hatten
nichts von mir zu befürchten. Weder die Männer in der Versammlung noch die Frauen am Brunnen hielten in ihrer Beschäftigung
inne, wenn ein Bekannter von meinen Reisen erzählte. Kein Puls
ging schneller, kein Atem jagte rascher, kein Blick leuchtete heller,
wenn mein Name genannt wurde.

Um die Wahrheit zu sagen: es kannte mich niemand, und gerade das
war mir recht; denn ich wollte ja um jeden Preis unerkannt bleiben
und nicht, wie jener Herakles, den ich, bei aller Anerkennung seiner

Körperkraft, wegen seiner Dummheit herzlich verachtete, in das Gerede der Leute kommen. Von Anfang an war es mein einziges Ziel, die anderen zu beobachten, selbst aber von keinem gesehen zu werden. Mochten sie im Licht spazieren und den leuchtenden Glanz ihres Ruhmes genießen, die Narren – mir war es recht, solange ich im Dunkel bleiben konnte und mich niemand auf die Straße zerrte.

Ich wollte weder Abenteuer erleben noch große Taten vollbringen – mein Streben galt höheren Dingen. Ich wollte die Menschen kennenlernen, ihre Wünsche verstehen, ihre Leidenschaften begreifen und ihre Triebe bloßlegen. Ich wollte die Blindheit ihres Handelns entlarven und die Konventionen ihrer faden Geselligkeit lächerlich machen, indem ich sie dem Gespött der Bettler und Huren preisgab.

Gewiß, auch ich mußte Lehrgeld zahlen, denn der Weg zur Meisterschaft ist auch in der Kunst der Menschenbetrachtung mit Dornen gespickt, und zumal am Anfang irrt man sich häufig, weil man noch nicht genug vergleichen kann. Jede Dirne erscheint da als ein Gipfel der Verworfenheit, jeder Dorfschullehrer als ein Ausbund von Klugheit. Erst später, wenn man sich lange genug herumgetrieben und mit Ministern, Vagabunden und Kurtisanen seinen Tisch (und manchmal auch das Bett) geteilt hat, gewinnt man an Treffsicherheit und fehlt nur noch selten. Rückschläge freilich gibt es auch dann noch, und selbst ich wurde noch im fünften Jahre meiner Wanderschaft von einem Gauner geprellt, der sich für einen armen, vom Unglück verfolgten Studenten der Gottesgelehrsamkeit ausgab. Aber das war auch das letzte Mal, daß ich mich irrte: danach, so viel ist sicher, habe ich mich nie mehr getäuscht. Von da an brauchte ich die Menschen nur anzusehen, ihren Geruch zu spüren, den Tonfall ihrer Stimme zu hören, ihren Atem wahrzunehmen – und ich wußte, woran ich war. Ich hatte vom Baum der Erkenntnis gekostet und war wissend geworden. Endlich verstand ich, die Dinge beim Namen zu nennen: wo war das Wunder, das ich nicht enträtseln, wo die Larve, die ich nicht entpuppen konnte?

Nein, ich hatte keinen Ehrgeiz, es den anderen gleichzutun. Mochten sie tanzen und sich im Licht der Kerzen Artigkeiten in die Ohren flüstern: ich blieb auf der Galerie, nippte von meinem Glas Wasser und sah ihnen zu. Nichts entging mir, kein Lächeln, kein Erschrecken, kein Schrei und kein Stöhnen. Ein Neigen des Kopfes, ein Schrittchen zur Seite, ein huldvolles Winken – und ich wußte genug: das Ende war unausweichlich. Während die Paare in der Arena noch ihre Galanterien austauschten, sah ich, im Dunkel der Säule verborgen, schon ihre Liebesabenteuer vorgezeichnet. Noch spielte die Musik, aber ich hörte schon Wimmern und Seufzen, ahnte um Schmerz und Eifersüchtelei und bemerkte – nicht ganz ohne Schadenfreude übrigens –, wie die Ahnungslosen dort unten, längst ehe sie es fühlten, schon von tausend kleinen Verhängnissen, Intrigen und Nachstellungen umzirkelt waren.

Manchmal machte es mir freilich auch Spaß, ein wenig den Gott zu spielen. Dann stieg ich, wie Hermes mit den geflügelten Sohlen, in die Arena hinab, öffnete die Türen der Logen, beugte mich von der Höhe der obersten Stufe ins Dunkel und flüsterte ein paar warnende Worte: wohl wissend, daß man sie nicht hören wollte und bald vergessen würde.

Du siehst, mein Prasidas, wie ich damals, in den Jahren meiner Wanderschaft, die Fähigkeit erlernte, die Spuren des Augenblicks mit Hilfe von Beobachtung und Analyse bis in die Zukunft hinein zu verfolgen. Daß ein solches Studium nicht nur Geschicklichkeit, sondern auch Geduld und – vor allem! – Entsagung verlangt, liegt auf der Hand. Nur wenn Du selbst die Verlockung gespürt hast, Dich ins Gedränge des Jahrmarkts zu stürzen und Dein Ich, wenigstens für eine Sekunde, verlöschen zu sehen, wirst Du die dunkle Verschwiegenheit Deines Beobachtungsstandes wirklich begreifen. Du stehst auf einem verlorenen Posten. Schweigen umgibt Dich zuerst, später Vergessen; endlich wird man sich Deiner nicht mehr erinnern, und wenn Du auszubrechen suchst und die dunkle Höhle Deiner Einsamkeit verläßt, um die anderen zu warnen, wird man Dich verlachen. Das ist nun einmal unser Los: zu hören, aber nie gehört zu werden; zu sehen, aber unsichtbar zu bleiben; zu fühlen, aber ohne eigene Kontur zu sein.

Du siehst also, wie lange ich brauchte, um es in einer schwierigen Kunst bis zum Meister zu bringen, und wie wenig ich auf der anderen Seite Dinge wie Ruhm und Abenteuer mit nach Hause brachte – Heldentaten, auf die ich hätte verweisen können, wenn mich Laertes fragte, wie es mir ergangen sei.

Nun, Laertes fragte mich nicht. Als ich ihm zum ersten Male wiederbegegnete, saß er, genau wie vor zehn Jahren, in seinem halb verdunkelten Studierzimmer und unterhielt sich mit Chalkides, unserem Hofastrologen, über eine bevorstehende Konjunktion von Venus und Mars. Erst nachdem ich lange Zeit unbemerkt an der Tür gestanden, das Gespräch der beiden Alten belauscht und wiederholt durch Räuspern und Klopfen auf mich aufmerksam gemacht hatte, geruhte mein Vater, von meiner Anwesenheit Kenntnis zu nehmen.

»Wie sind Sie hier heraufgekommen?« fragte er unwillig. »Ich bin um diese Zeit für niemanden zu sprechen.«

Ich ging einen Schritt auf ihn zu, aber er erkannte mich immer noch nicht. Darauf forderte ich Chalkides auf, die Vorhänge zurückzuziehen. Laertes wollte es verbieten, aber der Astronom, der nun doch meine Stimme erkannt haben mochte, tat, wie ich ihm befahl. Ein helles und kaltes Nachmittagslicht stürzte in den kleinen, rings mit Globen, Tafeln und Rollen gefüllten Raum.

Mein Vater war sehr alt geworden, sein Haar war grau und schütter, die Hände zitterten, und seine Augen, kleine dunkle Schlitze zwischen rötlich wucherndem Fleisch, blinzelten mich wimperlos an.

»Wer sind Sie?« fragte er barsch, »hat Ihnen die Wache nicht gesagt, daß ich beschäftigt bin?«

Ich sah seinen Augen an, daß er mich nicht erkennen würde.

»Ich bin es, Vater«, sagte ich leise, »Odysseus, Dein Sohn. Ich bin zurückgekehrt.«

Ich sprach sehr langsam und vorsichtig, wie zu einem Kranken, denn ich hatte Angst, er könne zornig werden, mich hinausjagen oder sich doch zumindest über mein plötzliches Verschwinden vor zehn Jahren, mein langes Schweigen (ich hatte kaum mehr als zwei oder dreimal geschrieben, und wer wußte, ob die Briefe ihn überhaupt erreicht hatten?) und meine überraschende, mit keinem Wort angekündigte Rückkehr beschweren. Aber es geschah nichts dergleichen, sondern er stand nur langsam auf, ging auf mich zu und gab mir die Hand.

»Schön, daß Du wieder da bist«, sagte er freundlich und gerade so, als sei ich von einer kurzen Ferienreise zurückgekehrt, »ich habe Dich schon erwartet. Du warst ziemlich lange fort, glaube ich. Aber die Tage sind uns« – er deutete mit einem flüchtigen Lächeln auf Chalkides – »nicht lang geworden«.

Eine Sekunde lang fürchtete ich, er sei nicht bei Sinnen, aber dann verstand ich, daß die Zeit für ihn keine Bedeutung hatte – in diesem kleinen, abgedunkelten Raum, in dem er, wie er mir erzählte, auch zu essen und zu schlafen pflegte, war sie einfach nicht existent: ein wesenloses Nichts im Kreis der Sonnenjahre.

Nein, ich brauchte mir keine Vorwürfe zu machen. Mein Vater hatte
mich nicht vermißt. Fast schien es mir, als hätte ihn erst meine Rückkehr davon überzeugt, daß ich überhaupt fortgewesen sei.

»Zehn Jahre, wirklich«, fragte er überrascht, »Du irrst Dich doch
nicht? Dann müßtest Du ja ungefähr um die Zeit der großen Son-
nenfinsternis fortgegangen sein.« Er stand auf, kramte in vergilbten
Blättern, Rollen und Akten herum, die in wirrem Durcheinander vor
ihm auf der Tischplatte lagen, zog ein kleines Heftchen hervor und
begann zu blättern. »Tatsächlich, Du könntest recht haben. Die
Sonnenfinsternis war im April vor zehn Jahren.«
Er blickte mich forschend an, und dann fragte er beinahe demütig:
»Du wirst doch jetzt hierbleiben?«
Ich nickte schweigend.
Laertes seufzte; die scharfen Falten an den Rändern seiner Augen
vergrößerten sich zu Wülsten, und eine Sekunde lang zeigte sich hinter der Maske des wißbegierigen Astronomen das Gesicht eines alten
Mannes, der müde war und ausruhen wollte.
»Ich bin nicht mehr der Jüngste«, sagte er traurig, »es wird Zeit, daß ich
mich zurückziehe. Du bist im rechten Augenblick gekommen.«
Er fuhr sich mit dem Ärmel über die Stirn, und da ich diese Bewegung sehr genau kannte, fühlte ich Mitleid mit ihm. Ich schämte
mich plötzlich, ihn so lange allein gelassen zu haben, und als er mich
bat, an seine Stelle zu treten, und ihm die Last des Scepters, wie er
sagte, abzunehmen, willigte ich ohne Umschweife ein. Schon zwei
Wochen später wurde ich dem Kronrat vorgestellt, gegen Ende des
Monats nahm ich auf dem Balkon des Palastes die Huldigungen meiner Untertanen entgegen und gleich nach dem Krönungsfest begann
ich, mein hohes Amt zu verwalten. –
Meine erste Sorge galt dem Palast. Ich ließ eine Königshalle errichten, die aus einem großen, mit Marmorfliesen bedeckten Empfangsraum und einer kleinen, durch ein Podest erhöhten Nische bestand,
in deren Mitte sich der Thron meiner Väter erhob. Da sowohl der
Empfangsraum als auch die Nische fensterlos waren und nur die
Fackeln der Bediensteten im nächsten Umkreis der zur Audienz versammelten Bürger etwas Licht spendeten, konnte ich zwar meine
Untertanen ansehen, wurde aber selbst von niemandem erkannt. –
Du siehst, mein Prasidas, wie ich auch als König nicht von meinen
Gewohnheiten abließ; ja, eigentlich lernte ich erst jetzt, die Kunst
der Menschenkenntnis wirklich zu meistern.

Gewiß hatte ich auf meinen Reisen alles gesehen, was unter der Sonne den Namen des Menschen verdient: ich hatte mit Königen an einer Tafel gesessen und mit Mördern die Zelle geteilt; ich war Gast der großen Soireen gewesen und hatte in Spelunken zum Tanz aufgespielt; ich war mit Kaufherrn zum Rennen gefahren, aber ich hatte auch den Eiter aus den Beulen der Pestkranken gepreßt. Wenn die Menschheit ein Gesicht hat, Prasidas, so kannte ich es. Und doch hatte ich nur die Hälfte gesehen, denn alles, was mir auf meiner Wanderschaft begegnete, vollzog sich im alltäglichen Raum des Privaten. Mit den Bettlern verband mich die Kameraderie der Ausgestoßenen, mit den Königen verkehrte ich von gleich zu gleich. Zu den Liebenden sprach ich mit den Worten der Liebe, den Kindern schenkte ich Spielzeug oder erzählte ihnen Märchen, und mit alten Leuten ging ich wie mit meinesgleichen um. All das ergab sich wie von selbst, weil Verkehr und Gespräch den Geboten der Schicklichkeit und den Vorschriften natürlichen Verhaltens folgten. Man sprach als Bruder zum Bruder, und kein Standesunterschied konnte die Gesetze verwischen, die den Fremden im Verkehr untereinander Achtung und Rücksicht auferlegen.

Jetzt aber war ich ein König. Ich konnte richten und töten, begnadigen und verdammen, wie es meiner Laune gefiel. Ein Wink meiner Rechten genügte, um Hoffnungen zu zerstören, die ich selbst genährt hatte, und um Tränen und Klagen in Zuversicht und Freude zu verwandeln. Ich war ein Herrscher, aber man verehrte mich wie einen Gott. Erst jetzt lernte ich die Menschen wirklich kennen: im Angesicht des Königs fällt der letzte Schleier, die Angst tritt hervor, und die Kreatürlichkeit kennt weder Hemmung noch Maß.

Manchmal sehe ich noch heute, wenn ich abends nicht schlafen kann, eine graue Kette auf mich zukommen – Menschen, wie auf eine Perlenschnur gereiht: Sklaven, die um ihr Leben winseln, feilschende Patrone, Offiziere nach dem Schuldspruch des Kriegsgerichts, Minister, die um ihre Posten bangen, Frauen, die ihr Kind getötet haben. Sie alle liegen vor mir auf dem Teppich aus Scharlach, haben die Stirn zur Erde geneigt, den Rücken gekrümmt, das Gesäß dreist und schamlos gehoben.

Zwang ich sie dazu? Hatten sie Grund, mich zu fürchten? War ich jähzornig, unbedacht und launisch?

Nein, ich glaube, ich war milde und weise; ein wenig zerstreut wie Laertes und gerecht wie Prasidas, mein Großvater, von dem Du Dei-

nen Namen hast, Kind, und den man noch heute den Sanftmütigen
nennt. Wir Könige von Ithaka sind niemals Tyrannen gewesen. Wir
liebten Bücher und Musik und waren Träumer, die mit dem Leben
nicht ganz fertig wurden. Deshalb ist unser Reich so klein. – Unter
meiner Regentschaft ist niemand zum Tode verurteilt, gequält und
gefoltert worden. Ich habe selbst Schwerverbrecher begnadigt und
die kleinen Gauner nach kurzem Verhör wieder nach Hause geschickt. Aber was ich auch tat und wieviel ich auch half: die Angst
blieb immer die gleiche. War es das Beichtstuhldunkel meines
Throns, das sie verängstigte? Oder der Fackelschein auf dem weißen
Spiegel des Marmors? Ihre Augen flackerten, wenn sie sich mir nah-
ten, die Rollen in ihren Händen wurden naß vom Schweiß der Finger, und ihre Stimme stockte, sobald sie den Mund aufmachten, um
mit mir zu sprechen.
Ja, sie fürchteten mich. Sie nannten mich Skiaphoros, den Träger
des Schattens, und umgaben das Dunkel meines Throns mit dem
Glanz des im Schein seiner Blitze niederfahrenden Gottes. Aber je
mehr sie mich fürchteten, desto stärker liebte ich sie und suchte ihnen zu helfen. Langsam vergaß ich die Pose des wissenden Spötters,
und der Zynismus meiner Wanderjahre verwandelte sich in Mitleid
und erstauntes Begreifen. Ich hatte nicht nur die Galerie mit dem
Thron und die Arena mit dem Königssessel vertauscht – auch meine
Gedanken hatten sich verändert, seitdem ich zum zweitenmal wissend geworden war.
Ich war wie ein Jäger, der die Waffen aus der Hand gelegt hat; der
Thron war mein Hochsitz; ich beobachtete scharf und unerbittlich,
aber meine Pfeile blieben im Köcher. Nicht der Freiheit der Wild-
bahn, sondern der Ordnung des Reviers galt nun mein Augenmerk.
Was ich bei meinesgleichen einst gegeißelt hatte – Beschränkung, Eitelkeit und blinden Sinn –, gestand ich meinen Untertanen freiwillig
zu. Seitdem ich als König die Verstrickungen der Menschen voraus-
sah, war ich bedachtsam und milde geworden.
Doch dann kam die Zeit, da meine Vorhersagen eine solche Treffsicherheit erreichten, daß sie mich zu langweilen begannen und ich
plötzlich bemerkte, wie leicht sich Perfektion mit ödem Mittelmaß
verbindet. Damals schrieb ich einem Freund: »Um das Höchste zu
erreichen, muß man auch zum Scheitern bereit sein und die Möglichkeit einer Niederlage einkalkulieren. Wer das Einmalige, andern
Verwehrte erstrebt, begibt sich in den Raum des Unberechenbaren

und überläßt sich dem Zufall. Nur Dilettanten vollbringen Wunder, nur Narren und Wahnwitzige ändern die Welt. Wir aber sind zu klug dazu. Wir bestimmen die Folgen viel zu genau, als daß wir einen Planeten betreten möchten, auf dem man sich nicht mit Karte und Kompaß orientieren kann.« –

Immerhin wollte auch ich nun, da ich die Einfalt meiner Wanderjahre überwunden hatte, nicht länger nur Zuschauer sein, und so träumte ich in jenen Wochen manchmal davon, aus meinem Schatten herauszutreten, ohne doch meinen Platz verlassen zu müssen. Ich dachte damals viel über die Tarnkappe nach, und in meinen Träumen wiederholte sich häufig das Bild eines langen, von einer unsichtbaren Hand geführten Stabes, dessen mit Filz umwickelte Spitze die Figuren eines Schachspieles hin und her bewegte.

Das war zu der Zeit, als Laertes mich daran erinnerte, daß das Volk von Ithaka eine Königin brauche. Anfangs hatte ich mich gegen diesen Gedanken gesträubt, weil ich fürchtete, mich in bürgerlichen Grenzen meiner alten Leidenschaft nicht mehr mit der gebotenen Konzentration widmen zu können. Aber als die Bitten des Volkes drängender wurden, vermochte ich mich den Wünschen meiner Untertanen nicht mehr länger zu entziehen. Außerdem reizte mich, offen gesagt, die Aussicht, einen Gesprächspartner zu gewinnen, dem ich abends meine Gedanken darlegen konnte.

Leider waren die Prinzessinnen der benachbarten Königtümer, um für meine Pläne in Frage zu kommen, entweder zu alt oder zu dumm, und so mußte ich beinahe drei Jahre lang warten, ehe ich, mehr als dreißigjährig, endlich Gelegenheit bekam, meinen Vorsatz zu verwirklichen.

Als wir an einem regnerischen Sommermorgen absegelten, lag eine weite Reise vor uns, und der Ausgang des Unternehmens war in jeder Weise ungewiß.

Die junge Frau, die mich, nachdem sie schon fünfzehn Bewerber ohne festes Versprechen wieder nach Hause geschickt hatte, in Sparta erwartete, war zweiundzwanzig Jahre alt und galt als klug und verständig. Ihr Name war Helena.

II

Ja, mein Prasidas, sie war schön. Sie hatte langes blondes Haar und eine weiße, beinahe durchsichtige Haut. Ihre Augen waren silberne Sterne in einem Himmel aus kobaltblauer Nacht, ihr Mund hatte die Süße einer herbstlichen Frucht, und über ihre Nase lag der Glanz des flimmernden Schnees. Ihre Hände schienen zerbrechliche Wunder aus schimmerndem Wachs, und ihr Leib hatte die Vollkommenheit göttlichen Wuchses. Ihre Füße waren zierlich und klein, die Beine, noch in der Verhüllung des seidenen Mantels, wohlgeformt und von aphrodisischer Eleganz. Sie bewegte sich mit der selbstverständlichen Grazie des göttlichen Kindes. Ihre Gesten waren harmonisch: weder zu knapp noch von pathetischem Schwung. Ernst und Heiterkeit kleideten sie gleich gut. Sie war königlich, wenn sie sich erhob; und wenn sie sich setzte und die Füße übereinanderschlug, verlor sie nichts von ihrer Majestät. Ihre Stimme war leise, sehr klar und so tief, daß sie den Tonfall nicht zu ändern brauchte, wenn sie vom Spott zum Ernst und vom Scherz zur Würde hinüberwechselte. Was soll ich viele Worte verlieren: sie war schön, *und ich mochte sie nicht*. Sagte ich nicht, daß aller Perfektion immer ein Gran von Mittelmaß beigemengt ist? Die Makellosigkeit erregt wohl staunendes Verwundern, aber nach kurzer Zeit wird man müde und ertappt sich dabei, einen Fehler zu suchen – ein rührendes Versehen, das aufmerken ließe und neue Spannung erregte. Um beteiligt zu sein, bedarf es des tröstlichen Truges, selbst etwas Ähnliches vollbringen zu können. Die Fehlerlosigkeit aber schafft Langeweile; das Vollkommene ist uninteressant, das Unüberbietbare ohne Bedeutung für uns. Wo nichts geschehen kann, wo alles gleich ist und es kein Mehr oder Weniger gibt, braucht man den Schluß nicht abzuwarten, sondern kann das Theater schon vor der Pause verlassen.

Ging es mir bei Helena anders? Genügte nicht schon ein einziger Blick, ein erstes flüchtiges Erfassen ihrer Züge, um Bescheid zu wissen und den Rest, mit zum Gähnen vorgehaltener Hand, nach Belieben zu rekonstruieren?

Als ich ihre Augen sah, wußte ich, daß auch ihr Mund schön sein müsse, und während ich die Zierlichkeit ihrer Füße bewunderte, ahnte ich bereits, daß mich weder ihre Schenkel noch ihr Leib enttäuschen würden. Sogar das Verborgene, den Schoß und die Brüste, konnte ich mir mühelos vorstellen. Aber statt mich zu erregen, weckte der Gedanke daran nur Überdruß und Langeweile. Sie hatte die Schönheit einer Puppe und die Vollkommenheit einer Marionette. Ihre Haut bestand wirklich aus Alabaster und ihre Hände waren statt, wächsern zu schimmern, aus richtigem Wachs. Wie ermüdend, wie langweilig war das alles! Wie schmerzlich wartete ich – und wußte doch, während ich wartete, schon, daß ich vergebens hoffte! – auf ein Zucken oder ein Blinzeln, ein unvorbereitetes Zwinkern oder ein Hüsteln, das nicht einstudiert war!

Aber nichts dergleichen geschah. Helenas Gesicht blieb ausdruckslos und leer, ihre Gesten waren mechanisch, und ihre Bewegungen verrieten, wie oft sie sie vor dem Spiegel geübt hatte. Kein Rädchen fiel aus der Maschinerie, kein Rucken und Stampfen unterbrach den gleichbleibenden Rhythmus des Apparats. Das Uhrwerk war verläßlich und stabil.

Wenn doch wenigstens ihre Stimme ein wenig bewegter gewesen wäre! Wenn sie geschwankt, gezittert, gebebt und gelacht hätte! Nur die Spur einer Beteiligung in diesen wohlgebauten Sätzen, nur der Schimmer menschlichen Dabeiseins – und ich wäre glücklich gewesen und hätte Helena, wenigstens für den Bruchteil einer Sekunde, mit den Augen des Mannes betrachtet. Aber was ich auch sagte und wie sehr ich sie auch zu reizen versuchte, sie blieb wie ein Stein und rührte sich nicht.

Einige Jahre zuvor, zur Zeit meiner Wanderung, hätte mich diese Audienz vielleicht noch zu fesseln gewußt. Jetzt aber war mir das Gespräch von Anfang an zuwider. War ich nur darum ein paar hundert Meilen gereist und hatte alle Mühen und Strapazen einer Seefahrt auf mich genommen, um nach einem einzigen flüchtigen Blick erkennen zu müssen, daß ich umsonst gekommen war? O, ich Narr! Hatte ich denn wirklich geglaubt, eine Frau sei schon allein deshalb begehrenswert, weil fünfzehn Bewerber wieder ins Ungewisse davon gezogen waren?

Schon während ich im Vorraum darauf wartete vorgelassen zu werden, kamen mir erste Bedenken: hatte ich nicht übereilt gehandelt und war, wie ein Knabe, der ersten Regung gefolgt? Ich, ein Meister der Menschenbetrachtung, sollte mich selbst so wenig kennen? –

Ich mußte lange warten. Offenbar wollte man mir zeigen, daß ich als Bittsteller käme und mich zu gedulden hatte. Nun, mir war es recht, wenn man mich demütigte. Es gab mir Gelegenheit zu Besinnung und Einkehr.

Ich schlug die Beine übereinander und dachte nach. Es war an der
Zeit, Bilanz zu machen. Immerhin war ich beinahe zweiunddreißig
Jahre alt, und wenn ich mir überlegte, was ich bisher geleistet hatte,
so konnte ich wenig anführen, was der Betrachtung wert gewesen
wäre. Gewiß, ich hatte eine Reise gemacht und dem Leben fremder
Menschen zugeschaut; ich war ein mildtätiger König und meine Un-
tertanen hatten keinen Grund, mich zu fürchten. (Daß sie es dennoch
taten, war nicht meine Schuld.) Ich war gerecht und erfüllte meine
Pflicht. Aber welcher König tat das nicht?
Als ich diesen Gedanken zuende gedacht hatte, erschrak ich. Meine
Jugend lag hinter mir, und noch war nichts geschehen. In fremde
Gesichter versunken, hatte ich mich selbst aus den Augen verloren.
Ich wußte nichts von mir und hatte keine Ahnung, wohin mein Weg
mich führen sollte.
In dieser Sekunde erkannte ich, daß ich, so weit es mich betraf, noch
niemals über den Augenblick hinaus gedacht hatte. Während ich die
Spuren anderer oft genug bis in eine vage Ferne hinein verfolgt hatte,
kannte ich selber weder Erwartung noch Versprechen. Ich lebte im
Gestern und im Heute; an das Morgen dachte ich nie, und da das nun
einmal so war, wußte ich weder um Verpflichtung noch Regel. Wenn
ich anderen half, so geschah es aus einer Laune und war im nächsten
Augenblick vergessen und für immer abgetan.
Ich überlegte mir, daß ich bis zu dieser Stunde davon überzeugt gewesen war, inmitten einer schattigen Oase zu sitzen und mit gelasse-
nem Gleichmut auf die von Menschen wimmelnde Wüste zu sehen.
Aber während ich hier saß und darauf wartete, daß die Tür geöffnet
würde, kam mir auf einmal der Gedanke, es könnte umgekehrt sein:
grünendes Leben rings um mich her, und ich selbst auf einem weißen
Fleck, umgeben von der kalten Leere des Nichts.
Unmerklich geriet ich ins Träumen. Ich begann zu vergessen, wo ich
mich befand, und als sich endlich von fernher Schritte näherten und
die große Flügeltür aufgerissen wurde, hatte ich nicht einmal mehr
Zeit, um meine Kleider in Ordnung zu bringen. Bedienstete geleite-
ten mich durch ein Vorgemach zu einer zweiten, noch gewaltigeren
Tür, vor der ich abermals eine Weile warten mußte. Erst als ein
Trompetenstoß die Ankunft der Königstochter verkündete, eilten
die Diener zur Seite und ich durfte eintreten.
Der Thronsaal war ganz in bläuliches Licht getaucht. Gefärbte
Blenden vor den Fenstern brachen die Sonnenstrahlen und gaben ih-

nen den Glanz facettierender Steine. Der Fußboden bestand aus getöntem Marmor, die Wände waren mit zierlichen Ornamenten und Malereien in verschwebenden Farben bedeckt. An den Säulen standen Sessel aus schimmerndem Silber, und auch das kleine Kettchen, das, wie bei uns in Ithaka, den Raum des Königs vom Audienzsaal trennte, war aus silbernen Ringen geflochten.

Helena saß auf dem goldenen Thron Aphrodites und hielt ein mit Diamanten besetztes Scepter in der Linken. Als ich mich verbeugt hatte, lächelte sie mir zu und deutete mit einer graziösen Bewegung auf ein blau gepolstertes Schemelchen, das sich, dem Thron gegenüber, an der Außenseite der silbernen Schranke befand.

Ich setzte mich und sie eröffnete das Gespräch, indem sie sich erkundigte, ob ich eine gute Reise gehabt hätte. Ich bejahte es höflich und fragte sie meinerseits nach ihrem Befinden. Sie erklärte, daß es ihr gut ginge, fügte jedoch nach einer kleinen Pause hinzu: »... der Jahreszeit entsprechend.«

Diese Bemerkung gab uns Gelegenheit, einander ausführlich über die klimatischen Verhältnisse auf Ithaka und in Sparta zu unterrichten. Wir stimmten darin überein, daß wir beide das Bergklima »rauh, aber gesund«, die Luft im Tal dagegen »mild und gefährlich« fanden. Anschließend besprachen wir Fragen des Privathaushalts und der Repräsentation; auch der Dienstbotenärger wurde am Rande erwähnt, und nachdem wir, im Zusammenhang mit Urlaubsplänen, noch die Vorteile einer Sommerresidenz gestreift hatten und das Gespräch sich zu wiederholen drohte – vom Sommer zum Wetter ist nur ein kleiner Schritt – erhob ich mich von meinem Schemel und bat, in Ehren verabschiedet zu werden.

Zu meiner Überraschung hatte auch Helena ihren Thron verlassen – sie ergriff meine Hand und versicherte mir mit einem langen Blick, wie außerordentlich es sie gefreut habe, gerade mich, den Fürsten Odysseus, in ihrem Lande begrüßen zu dürfen.

Während ich mich verbeugte, um den Diamanten an ihrer linken Hand zu küssen, strich sie mit der Rechten über mein Haar und sagte leise: »Komm bald wieder, mein Freund.«

Ich fuhr erschrocken hoch, aber versunken in den Anblick meiner Locken, schien sie es nicht zu bemerken. »Du gefällst mir«, sagte sie zärtlich, »Du bist schön und klug... so gar nicht wie die anderen.« Sie trat einen Schritt zurück und schüttelte traurig den Kopf: »Wenn Du wüßtest, *wie* sie mich gelangweilt haben.« Dann winkte sie mir

noch einmal zu – »adieu, mein Freund, wir werden uns wiedersehen« –, wandte sich um und verschwand durch eine kleine, in der
Wand verborgene Tür.

Als sich die Tür wieder schloß, ertönte draußen im Vorraum eine
schrille Klingel, Schritte näherten sich, Diener – mit Hellebarden
bewaffnete Leibjäger – kamen herbei und geleiteten mich zum Ausgang.

Vor dem Palast war es gleißend hell. Vom Himmel brannte eine sen-
gende Sonne; es war glühend heiß, und außer mir befand sich niemand auf der Straße. Ich schloß geblendet die Augen und tastete
mich an einer weißen, von der Hitze versengten Mauer entlang.
Trotzdem kam ich nur langsam vorwärts, und als ich nach vielen
Umwegen endlich ein kleines Rasthaus erreichte, wo ich, zu Füßen
einer hohen Zypresse, noch Platz fand, fürchtete ich, durch den jä-
hen Wechsel berauscht, die Sinne zu verlieren. Eine Schale unver-
mischten Weins brachte mich indessen wieder zu mir und bald begann ich eine wohlige Erschöpfung zu verspüren, die sich in erregender Weise mit Klarsicht und visionärem Scharfsinn vermischte.

Ach, hätte ich doch weniger deutlich gesehen! Etwas Nebel, Dunkel
und verschwommene Kontur – und der trojanische Krieg wäre ver-
mieden worden! Doch statt zu träumen, sah ich alles überscharf; die
grelle Hitze und der kräftige Wein versetzten mich in einen Zustand
wacher Trance, in deren Verlauf ich Helenas Geheimnis mühelos zu
entschlüsseln vermochte.

In einer Mittagsstunde – nahe dem Marktplatz von Sparta, im Schatten eines halbbesetzten Rasthauses, wurde mir (bei einer dritten
Schale harzigen Weins) plötzlich klar, warum jeder der fünfzehn
Freier gerade sich für den Auserwählten hielt. Mit wem ich auch gesprochen, wen ich auch auf meiner Reise besucht hatte: Ajas oder
Agamemnon, Diomedes oder Menelaos – jeder war überzeugt gewesen, daß er und niemand anders Helenas Erwählter sei; aber jeder hütete sich auch, dem anderen den Grund seiner Hoffnung zu nennen:
im Gegensatz zu heute war man, als ich jung war, in Dingen des Herzens verschlossen – und auf diese Verschwiegenheit hatte Helena gebaut.

Jedem machte sie die gleichen Hoffnungen, jedem sagte sie dieselben
Worte. Sie kannte die Eitelkeit ihrer Bewerber und ahnte, wie sehr es
einem Manne schmeichelt, wenn er sich auf Kosten seiner Vorgänger
erhoben sieht. Sie wußte aber auch, daß der Erwählte mit dem Haß

seiner Mitbewerber rechnen mußte. Bald schon – so vermutete sie – würden sich die enttäuschten Freier verbünden, das Land des unglücklichen Siegers zerstören, ihn töten und seine Vaterstadt in Schutt und Asche legen. Später würde man sich dann über der Beute entzweien und aufs neue um Helena kämpfen. Feinde würden zu Freunden, Freunde zu Feinden werden, und am Ende blieb nur der Kampf von allen gegen alle.

In meinen Gedanken sah ich Helena in einem großen, mit Eichen und Kiefern bestandenen Park. Sie ruhte in einem Schaukelstuhl, den sie mit ihren Zehenspitzen auf- und niederschnellen ließ. Ihre Hände fielen träge und lässig zu beiden Seiten der Lehnen herab, ihr Kopf lag im Schatten des weißen Schirmes, den ein hinter dem Stuhl stehender Diener schützend über sie hielt. Von Zeit zu Zeit näherten sich huschende Schritte – dann kamen häßliche Zwerge herbei, Verwachsene mit aufgedunsenen Gesichtern, hängenden Kröpfen und riesigen Buckeln. Sie verbeugten sich mit einem Kratzfuß und gaben mit hohen Stimmen Schreckensmeldungen weiter: Untergänge von Städten, Verwüstungen ganzer Länder, Tod und Hungersnot. Manchmal übergaben sie auch kleine Zettel, auf denen Zahlen oder Namen standen: Verlustziffern oder Verschollenenlisten. Sie freuten sich, wenn sie von Pest und Ernteausfällen, Mord und Vergewaltigung berichten konnten; sie waren traurig, wenn es ruhig war und höchstens ein im Krieg Verwundeter, der nach langer Krankheit gestorben war, der Herrin ein wenig Abwechslung brachte.

Während mein Blick zum Marktplatz hinunterschweifte, glaubte ich, Helena zum erstenmal ganz durchschaut zu haben: nur weil sie nicht allein sein wollte und weder Luxus noch Zerstreuung ihre Einsamkeit vertreiben konnten, hatte sie das Spiel mit den Freiern erfunden. Noch begnügte sie sich damit, sich an der Vorstellung ihres Triumphes zu berauschen, bald aber würde sie ihre Entscheidung treffen und denjenigen wählen, der ihr am gleichgültigsten war und von dessen Untergang sie sich das größte Unheil versprach.

Ich bestellte eine vierte Schale Wein. Aber als man sie mir brachte und ich sie zum Mund führen wollte, erschrak ich. Im schwarzen Spiegel sah ich Helenas Gesicht. Sie schien alt und grauhaarig, ihre Haut war speckig, sie trug ein verdrecktes Gewand und saß im dunkelsten Winkel eines verkommenen Zimmers. Tote umtanzten sie mit lautlosen Schritten. Fledermäuse huschten herum, und manchmal kam auch noch eine Botschaft irgendwoher – die Nachricht, daß immer noch Krieg sei und beide Seiten sich entschlossen zeigten, bis zum letzten zu kämpfen.

Ich fuhr mit der Hand über die Stirn und sah auf die Straße. Im Rinnstein spielten Kinder mit gläsernen Kugeln. Ein alter Mann sah ihnen zu und freute sich über jeden gelungenen Wurf. In diesem Augenblick wußte ich, daß ich nicht geträumt hatte. Das Spiel war eröffnet und ich durfte keine Zeit mehr verlieren. Hastig stand ich auf und ging zu meiner Herberge zurück.

Noch am gleichen Abend verließ ich die Stadt und reiste in Eilmärschen durchs Gebirge nach Mykene. Dort gelang es mir, Agamemnon und Menelaos davon zu überzeugen, daß es um uns geschehen sei, wenn wir in der Stunde der Not nicht zusammenhielten. In langen Reden beschwor ich die Gefahr eines allgemeinen Zerfalls und brachte so die beiden Könige endlich dazu, die Freier unverzüglich nach Mykene zu rufen. Schon am nächsten Tage zogen die ersten Boten aus und nach einigen Wochen des Wartens, die ich in Agamemnons kostbarer (aber nur selten benutzter) Bibliothek verbrachte, fand die Versammlung noch im gleichen Winter statt.

Nachdem ich aufkeimende Widerstände in privaten Gesprächen gebrochen hatte – wobei ich mich übrigens Helenas Methode bediente und allen das gleiche versprach –, verpflichteten sich die Freier durch einen feierlichen Schwur, dem Erwählten in allen Gefahren zur Seite zu stehen.

Von nun an galt ich als der Retter Griechenlands. Ich hatte nicht nur die Fürsten geeint, sondern mir auch noch dadurch Ehre und Ansehen verschafft, daß ich, um der gemeinsamen Sache willen, meine Bewerbung in aller Form zurückzog – ein Schritt, der gewiß nicht schwer war und mir viele neue Freunde machte.

Als Helena sich später für Menelaos entschied, war ich nicht überrascht. Ihm, ihrem ersten Bewerber, den sie nicht über andere erheben konnte, hatte sie am wenigsten Hoffnungen gemacht. Daß sie ihn aber gerade deshalb erwählte, bestärkte mich in meiner Überzeugung, recht getan zu haben, als ich die griechischen Fürsten vor den Launen des spartanischen Hofes bewahrte.

Um viele gute Freunde und eine unversöhnliche Gegnerin reicher fuhr ich im Frühjahr nach Ithaka zurück. Mein Name war nun in aller Munde; ich war berühmt und hatte die ersehnte Tat getan. Aber ich hatte auch den Schatten verlassen und mit hohem Einsatz gespielt. Schon ballten sich die ersten Wolken über meinem Haupt zusammen.

Ich hatte den Krieg verhindert; doch nur, um einen zweiten, größeren zu entfachen.

Der Würfel rollte auf abschüssiger Bahn.

III

Es ist ein Winterabend, Prasidas; die Fackel spendet mildes Licht, das Feuer im Herd brennt gleichmäßig und sanft, manchmal knistert ein Ast und ein hellroter Funken fällt glühend auf die Fliesen, wo er rasch und lautlos verglimmt.

Um mich herum ist es sehr still. Die Sklaven, Trachys und Philistos, schlafen schon lange, der Hund an der Tür knurrt leise vor sich hin und die Ziegen im Stall rühren sich nicht. Draußen ist es kalt, in der letzten Nacht hat es wieder heftig geschneit; wir haben schon Februar, aber das Ende des Winters ist noch immer nicht abzusehen.

Vor einer Stunde bin ich hinausgegangen und habe nach dem Vieh geschaut. Der Himmel war gläsern und kalt, die Sterne froren in hartem Glanz und das bleiche Licht veränderte Kontur und Entfernung. Die Kiefern und Eichen, silberne Grate in der blauen Nacht, schienen zu schweben; die Bergklippen hatten sich in sanfte Hänge verwandelt und das Meer war wie ein Spiegel aus zersplittertem Kristall. Fast glaubte ich, das Zauberreich der Kalypso sei wieder erstanden – eine Welt, in der es weder Wachstum noch Altern gibt; ein Raum, in dem die Uhren still stehen und die Zeiger nicht weiterwandern.

Wenn man alt wird, gerät man leicht ins Träumen, Prasidas. Verzeih die Abschweifung und laß mich neu beginnen... nicht von meinen Reisen und den Meditationen der ersten Königsjahre, nicht von meiner Fahrt nach Sparta und den Begebenheiten in Mykene, die mich berühmt machten, will ich Dir heute erzählen, sondern von meiner Ankunft auf Delos und der ersten Begegnung mit Penelope, der Mutter Deines Vaters Telemach.

Du weißt, daß es ursprünglich meine Absicht war, unverzüglich nach Ithaka zurückzukehren und meine Untertanen über den Ausgang der spartanischen Mission zu unterrichten; aber als ich in die Nähe von Korinth gekommen war, änderte ich meinen Entschluß und fuhr nach Osten.

Viele meiner Freunde haben diese Sinnesänderung niemals verstanden, sie warfen mir Selbstsucht und Eigennutz vor und schalten mich pflichtvergessen, weil ich mein Volk so lange allein ließ. Dem redlichen Biedersinn ist es nun einmal unverständlich, daß auch Könige bisweilen der Ruhe und Einkehr bedürfen – mir jedenfalls taten ein paar Wochen der Besinnung bitter not, nachdem ich Helena besiegt und die griechischen Fürsten zu gemeinsamem Schwur vereinigt hatte. Um Frieden und Eintracht zu wahren, war ich aus dem Dunkel der Loge ins Licht der Arena getreten... ehe ich in den Schatten meines ithakesischen Thrones zurücktauchte, war es nötig, einen Augenblick innezuhalten, ein Gebet zu sprechen, dem Gott zu danken, daß er gnädig war, und seinen hilfreichen Beistand auch für die Zukunft zu erflehen.

Du siehst, Kind, daß ich nicht leichtfertig und aus einer Laune heraus meine Reise nach Ithaka in Korinth unterbrach: Apoll zu befragen und ihn um Reinigung und Schutz zu bitten, war das Gebot der Stunde – ihm folgte ich, als ich mich unter die Wallfahrer mischte, um, unerkannt und namenlos, nach Delos hinüberzufahren.

Als wir die Insel an einem hellen Maimorgen erreichten und die Boote im heiligen Hafen vor Anker gingen, war mein Herz voll Freude und ich hoffte zuversichtlich, daß der Gott, der mir schon so oft geholfen hatte, mich auch dieses Mal nicht im Stich lassen würde. Seit meiner frühen Kindheit, Prasidas, ist Apoll mein Vertrauter gewesen: nicht als ein Gott in einem fernen Himmel, sondern als Ratgeber in Stunden der Not und als ein älterer Bruder, den ich um Hilfe rufen konnte, wenn ich in Bedrängnis geriet. Schon als Kind fragte ich ihn, wenn ich nicht weiterwußte, und als ich älter wurde und der Märchenwelt meiner Mutter entwuchs, machte ich es mir zur Aufgabe, ihm nachzueifern und in allem so wie er zu werden: klug und besonnen, maßvoll und überlegen, weise und beherrscht. Nicht umsonst nannten mich die Bürger von Ithaka das Kind des Apoll; denn noch als ich König war und die Kunst des Regierens beherrschte, hörte ich nicht auf, mich bei allen Entscheidungen zu fragen, ob die Entschlüsse auch mit den Geboten meines göttlichen Bruders übereinstimmten.

Damals, als ich Mykene verließ und mein Name bei allen Völkern gerühmt wurde, beschloß ich, meine Herrschaft von nun an ganz unter das Zeichen des Gottes zu stellen. Ein großer Tempel sollte seine Macht verkünden, und ihm, nicht mir, hatten meine Untertanen

Ehrerbietung und Gehorsam zu zollen... so jedenfalls nahm ich es mir vor; aber als die Säulen ein paar Jahre später aufgerichtet waren und das Kultbild eingeholt werden sollte, begann der Krieg und die Arbeit blieb so lange liegen, bis der Tempel zerfiel.

Ein kleines Weihgeschenk aus grauem Ton auf einem hölzernen Sokkel mir gegenüber an der Wand: das, Prasidas, ist alles, was mir von meinem Gott blieb. Und doch, wenn ich jetzt aufblicke und das Bild betrachte; wenn ich zusehe, wie die Fackeln Licht und Schatten auf dem göttlichen Gesicht verteilen, wenn meine Finger über den körnigen Sand fahren und Grate, Täler und Mulden nachzeichnen: dann sehe ich Apollon mit der gleichen unumstößlichen Klarheit wie damals vor mir, da ich als einer der Letzten das Boot verließ und mich der Prozession anschloß, die über die heilige Straße zum Tempel emporschritt.

Während ich dies schreibe, fühle ich, wie der Blick seiner Augen mich trifft. Er hat den Kopf gesenkt; die Haare, von einer Binde gehalten, fallen wie gelbe Schlangen auf die Schultern herab. In seiner Linken hält er die Leier, die Fingerspitzen der Rechten berühren den Bogen. Er sieht nachdenklich aus, beinahe traurig; die Lippen ruhen nur leicht aufeinander, und unter den Brauen liegen Schattenkeile. Träumt er von Troja? Sinnt er dem Krieg nach, den er nicht verhindern konnte? Oder denkt er an den knabenhaften Leib des schönen Hyakinthos, seines Lieblings, den er mit dem Diskus an der Schläfe traf?

Herr des Geistes!

Nicht Du bist Schuld, daß der Krieg mein Leben zerstörte.

Gott des Friedens, der das Rechte liebt in der Welt, die Harmonie der Musik und die Eintracht der Töne, das Maß der Silben und den Ausgleich der Takte,

Fürst der Ordnung und Meister der Regel, verlaß micht jetzt nicht.

Ich sehne mich nach Deinen Pfeilen, den sanften Geschossen, die leise und schmerzlos den Todesschlaf bringen.

Komm mit den vierfach geflügelten Rossen und nimm mich auf in den Zug Deiner Schwäne...

Verzeih mir, Kind, daß ich mich noch einmal vergaß und das Bild des Gottes mich verwirrte: zu nahe stand der Morgen in Delos wieder vor mir, zu greifbar die Stunde, da ich mich in den Zug einreihte und Apoll, von Nachtigallen und Zikaden begleitet, in das Dunkel seines

Hauses zurückkehrte. – Frohen Herzens feierten wir seinen Einzug, verbrachten den Tag bei Opfern und festlichen Spielen und kehrten erst zu unseren Booten zurück, als die Priester die Tempeltüren verschlossen und das Antlitz des Gottes vor dem nächtlichen Dunkel verbargen.

Ich hatte mich während der ganzen Zeit etwas abseits gehalten und mit Bedacht das lärmende Treiben meiner korinthischen Reisegenossen gemieden: so kam es, daß ich mich, in fromme Betrachtung vertieft, ein wenig verspätete und die zur Rückkehr verabredete Stunde versäumte. Aber als ich am Hafen erfuhr, daß mein Boot nach kurzem Warten abgefahren und ein anderes Schiff nicht verfügbar sei, war ich im Grunde nur froh, bis zum nächsten Morgen im Tempelbezirk bleiben zu können.

Die Nacht war klar und sehr kalt, vom Meer her kam ein frischer und trockener Wind auf. Ich begann zu frieren und mußte meine Gebete immer wieder durch einen Gang zu der hoch am Berg gelegenen Grotte, in der – wie es die Sage will – der Gott geboren wurde, und den benachbarten Heiligtümern unterbrechen.

Als ich kurz nach Mitternacht wieder einmal auf den heiligen Berg hinaufgewandert war und meinen Blick über die Insel schweifen ließ, glaubte ich, in der Nähe des Artemis-Heiligtums einen schwachen Lichtschein zu erkennen. Ein wenig verwundert, daß außer mir noch jemand die Nacht in dieser unbewohnten Gegend verbrachte, stieg ich wieder hinunter und bemerkte schon von weitem, daß ich mich nicht getäuscht hatte. Vorn, vor den verschlossenen Schranken des Artemis-Tempels, kniete eine junge Frau und betete. Sie trug ein langes schwarzes Kleid und war von zwei Dienerinnen begleitet, die, im Rücken der Herrin, ein kleines Reisigfeuer entzündet hatten.

Obwohl die junge Frau kaum älter als 18 oder 19 Jahre sein konnte, waren in ihrem Gesicht weder Züge mädchenhafter Anmut noch Spuren kindlichen Charmes; sie wirkte streng und sehr ernsthaft, und ihre Bewegungen waren von einer so gelassenen Sicherheit, daß sie mir eher als Ausdruck des Alters denn als Gebärden der Jugend erschienen.

Unter ihrem dunklen, enganliegenden Kopftuch lag ein schwarzes Dreieck glattgekämmter Haare; die Brauen waren nach oben gebürstet und starr; ihre Augen hatten den Glanz glühender Asche, die Nase war schmal und von Schatten umzeichnet. Auf der Oberlippe, dem scharfen Strich eines roten Messers, ruhte dunkler Flaum; die

Unterlippe war weich und geschwungen. Das Kinn schien spitz und ein wenig knöchern: ein heller Winkel, der die Dreiecksform des Haares wieder aufnahm.

Ihr Körper war schmal und beinahe zerbrechlich; trotz des Feuers, das, jedenfalls am Boden, eine mäßige Wärme verbreitete, schien sie heftig zu frieren; aber als ich auf sie zutrat und ihr meinen Mantel über die Schultern legte, bemerkte sie es nicht. Ihre Augen waren unbewegt auf die großen Türen gerichtet, hinter denen sich das Bild der Göttin verbarg. Sie hatte die Hände gefaltet und den Kopf in den Nacken geworfen. Ihr Mund formte lautlose Worte: heisere Rufe und Schreie, die tief im Halse erstickten.

Je länger ich sie ansah, desto mehr schien sie mir das Geschöpf ihrer Göttin zu werden: wild und verwegen, überlegen und kalt, trotzig und kühn. Du, Prasidas, kennst sie ja nur aus den Erzählungen Deines Vaters und den Geschichten, die Dir die alten Frauen auf den Straßen berichtet haben. Wenn Du an Deine Großmutter denkst, siehst Du eine müde Frau in einem Lehnstuhl vor Dir – ich weiß, so hat man es Dir erzählt –: eine Greisin, grauhaarig und ein wenig seltsam, und doch noch nicht einmal fünfzig Jahre, als sie starb; eine Frau mit einer brüchigen Stimme, die viel mit sich selbst spricht – ein lichtloser Spiegel, eine Scherbe ohne Glanz. Aber hat man Dir auch erzählt, daß sie in all ihrer Wunderlichkeit immer noch schön blieb? Daß man sie verehrte und liebte und wenigstens in den kraftlosen Gesten den Abglanz ihrer strengen Anmut bewunderte? Damals aber, als ich sie zum erstenmal sah, war sie das Kind der Artemis, ja, sie war Artemis selbst: so wenigstens schien es mir, als ich in jener Nacht an ihrer Seite stand. Ihre Gebete hatten das Gesicht längst zur Maske gewandelt – war sie die Jägerin, die im Mondlicht die Schluchten durchwandert? Die Herrin der Tiere, von Löwen und Tigern gefolgt?

Ihre Hände waren schmal, aber voll Stärke und sehniger Kraft: sie hatten gelernt, die Fackel zu tragen, und fast glaubte ich, sie seien, statt zur Liebkosung, zur Bändigung wilder Tiere bestimmt: zur Zähmung der Leoparden und Panther.

Aber zu gleicher Zeit war sie auch milde; ihr Mund konnte lächeln und ihr Kopf sich in Demut verneigen: dann war sie der Vogel, der an einem Sommerabend über die Kornfelder fliegt, oder der Mond hinter den Bergen, dessen Strahlen die Kammer des Geliebten suchen, Endymions, der sich in seiner Hütte verborgen hält. Dann war sie die Schwester Apolls, die sanfte Herrin mit den schlafbringenden Pfeilen aus Silber und Stahl.

Aber schon in der nächsten Sekunde riß sie die Hände wieder empor und während das Gesicht sich verzerrte, krümmte sich ihr Leib unter furchtbaren Schmerzen: dann war sie die Löwin der Frauen, die mit harten Schritten verschlossene Türen durchschreitet und eintritt, wo es ihr gefällt... eine Mörderin, die den giftigen Schlamm der Sümpfe verläßt und das Fieber in die Städte hineinträgt, an dem die Mütter im Kindbett sterben.

Ein Gesicht folgte dem anderen; das Antlitz der Betenden veränderte sich unaufhörlich und erst als der Morgen schon zu dämmern begann, verloren die Visionen an Macht. Erschöpft und kraftlos sank die junge Frau in sich zusammen. Ihr Gesicht war leer und ohne Ausdruck, wie eine Tafel, über die ein feuchter Schwamm geglitten ist. Unter den Augen lagen dunkle Ringe, das Haar war klebrig und feucht, die Lippen hatten große trockene Sprünge und auf der Stirn verbreiteten sich Kerben und Risse. Du weißt, mein Kind, wie ein Theater aussieht, wenn die Vorstellung vorbei ist: die Götter haben den Tanzplatz verlassen, die Menschen gehen hinaus; auf den Sitzen liegen Flaschen und Papierreste – oder eine Arena nach dem Ende des letzten Kampfes: der Rasen ist braun und zerstampft, die Fahnen sind schmutzig, auf den Rängen sammelt ein Ordner die Abfälle ein... das mußt Du Dir vorstellen, wenn Du begreifen willst, wie mir damals zumute war. Fast schämte ich mich, dabei gewesen zu sein. – Erst als es hell wurde und die Sonne schon längst aufgegangen war, kam die Betende wieder zu sich, aber sie war sehr müde und es dauerte lange, ehe ihr Gesicht wieder Farbe und Ausdruck gewann.

Später, als sie sich ein wenig erholt hatte und der heilige Bezirk sich mit den ersten Ankömmlingen füllte, geleitete ich sie zum Schiff und brachte sie zu ihrer Herberge auf der benachbarten Insel Rheneia. Danach ging ich in mein Rasthaus und schlief bis zum Abend. Dann kleidete ich mich an und erwartete sie in einem kleinen Park vor ihrer Wohnung. Schweigend gingen wir in der Dämmerung nebeneinander her; erst später, als es wieder Nacht wurde, begannen wir zu sprechen, nannten unsere Namen und erzählten von unseren Erlebnissen.

Die Fremde hieß Penelope. Sie war die Tochter des Ikarios und der Periboia und stammte aus Athen. Sie hatte eine leise, ein wenig

spröde Stimme: eher unbeteiligt als warm, aber ihre Worte waren
sanft und verrieten Vertrauen und Freundschaft. Uns, die Diener
der geschwisterlichen Götter, verband von Anfang an das herzliche
Einssein von Bruder und Schwester.

Schon an diesem ersten Abend kannten wir keine Geheimnisse. Wir
waren Freunde, die sich achteten und einander vertrauten, aber wir
hüteten uns, den Abstand zwischen uns zu verringern und die von
der Natur gesetzte Kluft zu verkleinern.

Wir wurden Verbündete, aber wir waren niemals ein Paar. Wir wußten, daß wir beide, um leben zu können, die Fremdheit des Ungewohnten brauchten. Danach handelten wir: an jenem ersten Abend
und auch später, in den Jahren unserer Ehe.

IV

Weiße und graue Gesichter; Lippen, die mitten im Schrei kalkig
werden; das Tänzeln der Speerspitze auf dem bläulich schimmernden Panzer; die Aschespuren im Haar des Sterbenden; Entsetzen,
das die Pupille vergrößert; die Zwergenschritte der geduckten Kinder, die am Abend ihren Vater suchen – ich bin wieder ins Träumen
geraten, mein Kind. Jeden Mittag, wenn ich, wie jetzt, unter der
großen Eiche am Rand der Terrasse sitze (dort, wo die kleinen run-
den Steine sich in Staub und Sand verlieren), träume ich die gleichen
Dinge. Immer wieder sehe ich mich mit einigen anderen, Thestios,
Magieus und Ajas, in einen Hinterhalt geraten: troische Lanzen
schießen wie Zweige ungeheurer Pflanzen aus der Wildnis der Macchia empor, Menschenleiber formen sich zu undurchdringlichen
Mauern, von fernher kommt Pferdegetrappel, dichter fliegen die
Speere; der Himmel wird dunkel und die Erde beschattet sich mit
dunstigem Blut.

Ich sitze auf einem roh zurechtgezimmerten Schemel und habe den
Kopf gegen den rissigen Stamm der Eiche gelehnt. Es ist Mittagszeit,
die marmornen Berge im Rücken der Hütte verschwimmen im
Dunst, und die große Freitreppe, die von der Terrasse aus ins Tal,
zur Hauptstadt und zum Meer hinunterführt – es ist hinter den Wäldern verborgen, aber in der trägen Stille deutlich zu hören –, verliert
den Schimmer ihres Gesteins und wird farblos und stumpf. Es ist die
Stunde der Eidechsen und Schlangen. Pan sitzt auf dem Rücken des

Esels und schläft im Schatten eines Ölbaums; Zephyr und Notos ruhen im Schoße der Wolken.

Über ein halbes Jahr ist vergangen, seitdem ich das letzte Kapitel be-
endete. Ich war sehr krank inzwischen, und die Ärzte machten mir
nicht mehr viel Hoffnung. Aber seit einigen Tagen darf ich wieder
aufstehen und wenigstens die Mittagsstunde hier draußen im Schatten verbringen.

In den letzten Wochen habe ich viel an Troja gedacht; wenn man
krank ist, sind die Toten nah und verlangen ihr Recht. Aber jetzt, da
es heller Tag ist und ich mich nach einem kurzen Schlummer gesund
und kräftig fühle, will ich den Krieg für eine Weile vergessen und Dir
von jenen Jahren erzählen, als ich, zufrieden und dankbar, an der
Seite Penelopes lebte und die Ruhe eines friedlichen Daseins
genoß.

Die Tage vergingen im Gleichklang des Alltags; Pflicht und Muße
wechselten mit harmonischem Maß, und ich war glücklich, denn die
Sorge um Penelope ließ mich meine eigenen Grübeleien vergessen.
Alle Gebete und Wünsche galten von nun an dem Wohl meiner Frau
und der Gesundheit unseres Sohnes Telemach, den mir Penelope im
dritten Jahr unserer Ehe gebar; und bald schon kam die Zeit, da mir
das Weinen meines Kindes wichtiger wurde als alle Affairen der großen Welt. – Um eines neuen Backenzahns willen ließ ich Gesandt-
schaften warten und wegen einer harmlosen Erkältung sagte ich die
wichtigsten Audienzen ab. Ich war ein Vater wie jeder andere auch;
aber statt daß man mir Pflichtvergessenheit vorwarf, brachten mir
meine Versäumnisse nur Freundschaft und Verständnis ein. Das
Dunkel meines Throns begann sich zu lichten und man sprach offen
und weniger furchtsam mit mir.

Alles Feierliche, Würdig-Starre fiel nun von mir ab; ich verlor meine
angemaßte Güte und verkehrte mit jedem natürlich und frei. Frau
und Kind hatten mich den anderen näher gebracht: ich teilte ihre
Sorgen und war einer der ihren geworden. Abends, wenn es zu
dämmern begann und das Tagwerk hinter mir lag, ging ich durch die
Felder und sprach mit den Bauern über Aussaat und Ernte, während
Penelope sich bei den Frauen nach dem Ergehen ihrer Kinder und
dem Zustand des Viehs erkundigte.

Sie war eine gute Königin: verständig und sicher, freundlich und
mild; ohne daß es jemand bemerkte, hielt sie Abstand und kluge Reserve. Sie war gerecht und auf Ausgleich bedacht; aber sie maßte sich

niemals ein Schiedsrichteramt an. Wenn es die Gelegenheit erforderte, konnte sie abweisend und streng sein; aber sobald man sie um ihr Vertrauen bat, war sie zur Stelle und half wo sie konnte. In aller Milde und gewährenden Güte blieb sie die Priesterin der Artemis und wahrte einen Raum der Fremde, den niemand betreten durfte.

Ja, mein Kind, ich war ein Bürger und ich wollte es sein. Die Attitüde einsamer Unnahbarkeit, hinter der ich mich früher verbarg, erschien mir nun ebenso lächerlich wie die pathetische Geste priesterlicher Hoheit und das aufdringliche Zurschaustellen eines entsagungsvollen Zölibats. Ein abendliches Gespräch über Telemach oder eine Stunde beim Schachspiel bereiteten mir jetzt reichere Freuden als die armseligen Teichoskopien meiner Wanderjahre, und dafür, daß ich mich nicht in träger Beschaulichkeit verlor, sorgte schon das Memorial, das ich in jenen Jahren zum Zweck einer vernünftigen Selbstüberprüfung führte – anfangs ein dilettantisches Vergnügen, bald aber schon eine Aufgabe, der ich mich mit Ehrgeiz und Leidenschaft unterwarf.

Schon vor meiner spartanischen Reise hatte ich mich viel mit Fragen des Stils und der Grammatik beschäftigt und bei meinen Erlässen auf genaueste Formulierungen Wert gelegt: ein Laie kann ja nicht ermessen, wieviel Mühe, Sorgfalt und Akkuratesse notwendig ist, ehe auch nur ein einziger sinnvoller Satz dasteht! Wie zahlreich sind allein die Möglichkeiten der Zusammenfügung! Wieviele Klippen und Hinterhälte gilt es zu umgehen! Und wie bedeutsam ist es, das Rechte zu treffen; wie wichtig, nicht zu straucheln! – Überlege, mein Prasidas: »hiermit befehle ich, der König« – das ist eine harmlose Ankündigung, eine Eingangsfloskel ohne Belang, ein Nichts von einem Satz, eine stehende Redensart, die man überlesen kann; eine Zeile, in der nur der Doppelpunkt am Ende wichtig ist. Aber »ich, der König, befehle hiermit« – das klingt nach Alarm, da werden Trommeln gerührt; da spricht die heilige Majestät selbst, da heißt es in die Knie zu sinken und aufzumerken: das ist ein Satz wie ein Fels, eine Linie mit Anfang und Ende; hinter dem letzten Wort steht ein Punkt, und der Herold ist angewiesen, danach eine Pause zu machen...

Welche Wunderwelt ging mir auf, als ich, in die Arbeit am Memorial versunken, das Mysterium der Sprache entdeckte! Wie zitterte ich vor Freude, als ich zum erstenmal den Unterschied zwischen einer Parataxe und einer Periode verstand! Wie glücklich war ich, als mir

das Geheimnis des Dreischritts aufging! Wie ein Taucher, der in die
Tiefen des Meeres hinabsteigt, holte ich die Schätze vom Boden empor: reizvolle Rhythmen, geheimnisumwitterte Klauseln, verborgene Reime und klangreiche Assonanzen. Kein Pirschgang konnte
verwegener, keine Expedition erregender sein als meine Entdek-
kungsreisen in der Wildnis der Sprache. Wie ein Jäger auf der Fährte
des Wilds tastete ich mich vorwärts und bahnte mir den Weg durch
das Dickicht. Kein Gang, bei dem ich nicht gelernt, kein Engpaß,
den ich am Ende nicht doch durchquerte!

Ihr, mein Prasidas, die Ihr das Alphabet in der Schule lernt und aus
Grammatikbüchern Regeln und Ausnahmen entnehmt, werdet
Euch nicht mehr vorstellen können, was es bedeutet, wenn man als
Erster den Zauberklang der Alliteration oder den lockenden Reiz der
Anapher verspürt! Noch heute überkommt mich ein Rausch, wenn
ich daran denke, wie ich zum erstenmal mit Bewußtsein eine Litotes
verwandte und, im gleichen Satz, den Faden mit einem kühnen Ana-
koluth wieder aufnahm. – Die Eroberung eines Satzes, das geglückte
Wagnis einer rhetorischen Figur, die zärtliche Schöpfung einer Flos-
kel und der verwegene Entwurf eines Gleichnisses: das, mein Kind,
sind Freuden, für die es sich zu leben lohnt. Was zählt die Eroberung Trojas gegen die Erfindung des Alphabets! Wie leicht ist ein
Sieg und wie schwer wiegt ein Satz! Wie wenig gilt ein Triumph
im Kriege und wie gewaltig verändert eine gelungene Periode die
Welt!

Ich weiß, Du wirst mich jetzt vielleicht pathetisch nennen und über
meine Emphase ein wenig belustigt die Nase rümpfen. Aber ehe Du
weiterliest, halte einen Augenblick inne und bedenke, daß ich das
Handwerk des Krieges nicht minder gut kannte als das Geheimnis
der kunstreichen Schrift. Vertraue also meinem Urteil und glaube
mir, daß ich den Sieg über Troja und die Vernichtung meiner Feinde
für einen einzigen guten Satz, ja, schon für die Andeutung einer
Pointe hergeben würde. Aber es ist wohl mein Schicksal, daß alle
Welt der Taten gedenkt, die ich verfluche, während mein Memorial
unbekannt blieb (freilich, wie sollte man es auch kennen, da ich es
niemandem zeigte) und meine Gedichte in alle Winde zerstreut sind.
Erstaunt es Dich, daß ich auch Gedichte schrieb? Erschrick nicht,
Prasidas, ich habe sie niemals veröffentlicht. Ich wußte vorher, daß
man sie nicht schätzen würde: die Kritiker gehen nun einmal nur
nach dem Inhalt und, statt daß sie Deine Perioden goutieren oder sich

über den Mißbrauch eines Konjunktivs erzürnen, zählen sie Dir
Deine Lehrmeister auf.

War es also ein Wunder, daß ich unter diesen Umständen wenig Neigung verspürte, mich mit der ehrgeizigen, auf Gelderwerb angewiesenen Meute berufsmäßiger Dichter im Wettkampf zu messen? Als
echter Sonntagsliterat schrieb ich allein zu meinem Vergnügen, und
wenn ich auch im Halbdunkel meines Studierzimmers, mit einer
Untersuchung über die Bedeutung des Semikolons beschäftigt (ein
Zeichen, das ich neben dem Doppelpunkt besonders liebte), diese
Arbeit für wichtiger als alle Staatsgeschäfte hielt, so ließ doch ein Ritt
durch das Land dergleichen Phantastereien bald wieder vergessen.
Ich war ja noch jung, kein Philosoph, der die Einsamkeit liebte und
kein Stubengelehrter nach der Art meines Vaters.

Wenn ich heute, als alter Mann, an jene wenigen glücklichen Jahre
meines Lebens zurückdenke – fünf kurze Jahre! – dann sehe ich mich
an der Seite Penelopes auf einem venezianischen Reitpferd durch die
Berge streifen... es ist ein Sommertag, die Siesta der Pansstunde
liegt hinter uns, Strauch und Busch haben wieder ihre Schatten und
die Berge gewinnen im Nachmittagslicht noch einmal die scharfen
Konturen des Morgens. Wir lassen uns viel Zeit, denn wir wissen,
daß wir ganz ungestört sind: die Diener werden die Hauptstraße weiterziehen und uns erst spät in der Nacht wieder finden. Im Dunkel
der Äste beginnen die Vögel zu singen; Eidechsen suchen die Sonne;
weit entfernt, in der Nähe des Gehöfts, von dessen Dach ein träger
Rauch aufsteigt, bellt manchmal ein Hund. Sonst ist es sehr still –
auch das Meer hinter den Wäldern schweigt. Gegen Abend erreichen
wir, nahe am Wasser, einen großen verwilderten Park. Dort setzen
wir uns an die Böschung der Steilküste und schauen aufs Meer. In
unserem Rücken sind schwarze Zypressen, schlanke Totenbäume
und Zedern, in deren Ästen Eulen und Falken nisten – manchmal
kommen auch einige Krähen über das Wasser, die uns mit heiserem
Krächzen umschwirren. Aufmerksam beobachten wir ihren Flug
und verfolgen sie, bis sie in den Zweigen einer Kiefer verschwinden.
Später, wenn es Nacht wird und der Mond über den Inseln emporsteigt, setzen wir uns in eine kleine, von Reben überwachsene Grotte, in deren Höhlung sich die Tageswärme noch nicht ganz verflüchtigt hat.

In solchen Stunden, Prasidas, wünschte ich mir manchmal, die Zeit
möchte stillstehen, und klopfenden Herzens verspürte ich zum er-

stenmal die Nähe des Todes. Doch statt darüber zu erschrecken, sehnte ich das Sterben geradezu herbei, und die Sekunde, in der Erwarten und Erinnern miteinander verschmolzen und der flüchtige Reigen unverbindlicher Impressionen zum Bilde erstarrte, erschien mir als lockender Reiz.

Aber das waren Stimmungen, die schnell verflogen und nicht sehr ernst zu nehmen waren: schließlich war ich ein junger Mann und das Leben lag, wie ich glaubte, noch vor mir. Unaufhörlich machte ich Pläne und stellte mir vor, wie alles später einmal werden sollte: bald sah ich mich als Fünfzigjährigen im Kreis meiner Kinder, bald siebzigjährig bei der Einweihung einer Schule, bald, als achtzigjähriger Greis, noch immer beim abendlichen Schachspiel mit Penelope. Auch den Lebensgang meines Sohnes hatte ich längst vorausbestimmt, und, befragt, was einmal aus ihm werden solle, hätte ich bis in sein Alter hinein über jedes Jahr Auskunft geben können.

Aber daneben gab es auch Stunden, in denen ich aus meinen Träumen erwachte und der Gedanke an Helenas Rache mir keine Ruhe mehr ließ. In solchen Augenblicken begann ich darüber nachzudenken, wie ich ihren Anschlag vereiteln könnte, und manchmal glaubte ich auch, einen Ausweg gefunden zu haben – einen rettenden Plan, der mir helfen und den Frieden bewahren würde.

Penelope wußte um diese Gedanken; sie schwieg, wenn ich beim Essen aufsprang und hinauslief, eine begonnene Audienz unterbrach oder mitten im Gespräch stockte und einsilbig wurde – aber was half alles Forschen und Grübeln, solange ich im Dunkel tappte und den Schlachtplan des Gegners nicht kannte?

Noch zeigte sich Helena, die zur Zeit von Telemachs Geburt dem Menelaos eine Tochter geboren hatte, allen als glückliche Frau; aber ich wußte, daß sie mich nur deshalb in Sicherheit wiegte, um uns später durch einen überraschenden Angriff um so schneller zu überrumpeln; und je länger ich mich sorgte, desto leichter würde ich einmal ihre Beute werden, wenn sie das Netz zuzog. Oft glaubte ich, das Warten nicht mehr länger ertragen zu können, und sobald im Hafen ein Schiff vor Anker ging, das aus dem Süden kam, stürzte ich in die Stadt hinunter, um mich bei den Schiffern nach Neuigkeiten vom spartanischen Hof zu erkundigen. Wenn ich dann hörte, daß noch alles beim alten sei, eilte ich wieder zum Palast hinauf, umarmte Penelope, beschenkte meinen Sohn und opferte dem Apoll einen Stier. Doch schon nach wenigen Wochen, die mit Geschäften, Studien und

Ritten durch das Land nur allzuschnell vergingen, wurde ich von neuer Besorgnis erfaßt und wartete auf den Ruf des Herolds, der die Ankunft des nächsten Schiffes verkündete. Aber ein Jahr nach dem anderen verging, ohne daß uns eine Nachricht aus Sparta beunruhigte.

Doch dann, im fünften Jahr unserer Ehe, als ich schon aufatmen wollte und anfing, an Helenas Wandlung zu glauben, kam jener 27. Juni, der über mein Leben entschied. Ich weiß es noch genau: es war ein heißer und schwüler Tag; erst gegen Abend, nach einem kurzen, aber heftigen Gewitter, ließ die Hitze etwas nach. Ich hatte mich auf den Balkon gesetzt und beobachtete das Spiel der abziehenden Wolken. Das war ungefähr um halb zwölf Uhr nachts. Eine Viertelstunde später leuchtete das Flammenzeichen über dem Vorgebirge auf und kurz nach Mitternacht fuhr das Schiff des Menelaos in den Hafen ein.

Ich weiß, Prasidas – ich sollte jetzt ruhig bleiben, Dir alles der Reihe nach erzählen und, wie der Prophet, der über ein vergangenes Jahrhundert berichtet, aus dem Abstand des Alters beschreiben, wie ich Penelope zum erstenmal verließ und nach Korinth zog, wie ich wiederkehrte, Pläne schmiedete und dann doch, durch plumpe List übertölpelt, den anderen nach Troja folgen mußte... aber ich vermag es nicht. Zu groß ist noch jetzt die Erregung, als daß ich jene Gelassenheit und heitere Zuversicht fände, die allein die Dinge ins rechte Licht zu rücken vermag. Verzeih mir also, wenn mich die Leidenschaft hinreißt und Scene, Rede und Ausruf zuweilen den bisher so geordneten Bericht ersetzen: wie viel besser ist das Pathos der direkten Rede als eine Flucht in Ironie, Metapher und Sentenz! –

Das Feuerzeichen, Prasidas, von dem ich Dir erzählen will, war mehrere Minuten lang deutlich zu sehen. Ich bemerkte es zunächst auf dem Balkon; später leuchtete es mir, als ich mich umkleidete; und als ich, von zwei Dienern begleitet, das Haupttor verließ, war es noch immer nicht erloschen, sondern wies uns den Weg durch das Dunkel der Gassen zum Hafen hinunter.

An den Kais war es öde und still, sogar die beiden Wirtshäuser, an dessen Tischen sonst die Matrosen mit ihren Mädchen herumsaßen, lagen verlassen im Dunkel. Schweigend, wie Charons tintiger Nachen, glitt Menelaos' Staatsschiff in den Binnenhafen hinein. Im Schatten eines Ladeschuppens verborgen, wartete ich, bis die Matrosen die Trossen um die Poller gewunden und das Fallreep herun-

tergelassen hatten. Erst dann trat ich näher und erwartete meinen
Gast vor der untersten Stufe der Treppe.

»Sei willkommen, Menelaos«, sagte ich leise und verbeugte mich
tief.

»Die Schiffer und Bauern von Ithaka grüßen Dich durch mich, ihren
König und wünschen Dir Segen und Glück.«

Menelaos schien sehr verwundert, daß ich ihn bereits ewartete. Er
stockte und wandte sich hilfesuchend nach seiner Begleitung um. Ich
fühlte, daß er unsicher wurde und nicht recht wußte, wie er sich verhalten sollte.

»Ich habe Dich schon erwartet, Menelaos«, sagte ich gleichmütig
und meinem Ziel, aus dem Staatsempfang ein vertrauliches Gespräch unter vier Augen zu machen, schon ganz nahe, »gesegnet sei
die Stunde, da Du mich besuchst«.

Ich sah ihn aufmerksam an und bemerkte jetzt auch die Ringe unter
seinen Augen. Er sah krank und übernächtigt aus, und seine Backen-
knochen traten scharf und spitz hervor.

»Ich sehe, daß Du allein kommst«, sagte ich lächelnd, »aber da Helena nun einmal nicht gern verreist...«

Erst jetzt, als er mir antworten mußte, schien ihm zum Bewußtsein
zu kommen, daß ihn die Diener verwundert betrachten – und in der
Tat war die Situation: ein Königsgespräch vom Fallreep zum Pier
ohne Beispiel in der Hofetikette. Dennoch war ich entschlossen,
Menelaos um keinen Preis an Land zu lassen, sondern ihn zu zwingen, mich auf seinem Schiff zu empfangen.

»Ich nehme an, sie ist in ihrer Sommerresidenz«, sagte ich arglos,
»im Juni lebt man in den Bergen besser als im Dunst der Hauptstadt«. Er sah mich traurig an und zuckte die Achseln. »Nicht in den
Bergen und nicht in der Hauptstadt, Odysseus. Sie hat mich verlassen und ich weiß nicht, ob sie zurückkehren wird. Aber komm herauf, denn auf der Treppe spricht es sich nicht gut.«

Offenbar schien er gar nicht zu bemerken, wie sehr ich mit meinem
Verhalten Sitte und Anstand verletzte: so höflich und achtungsvoll
geleitete er mich zu seiner Kajüte, und erst nachdem ich Platz genommen und einen Schluck Wein getrunken hatte, erzählte er mir
die Geschichte von Helenas Raub im Tempel der Kythere.

Du, Prasidas, kennst diese Geschichte aus Deinem Schulbuch: das
schattige Dunkel des Tempels... Helena in stummen Gespräch mit
Aphrodite... der Eintritt des schönen Paris... ein erstes Verwun-

dern, ein Lächeln, ein Liebkosen der Blicke... getuschelte Worte und versteckte Zeichen: wie leicht verstehen sich die Kinder des Eros und wie geschickt wissen sie ihre Lust zu verbergen! Und dann das Wiedersehen im Park... die zärtliche Abschiedsscene am Tor... die fernen Trompetenklänge, der Hufschlag vor dem Palast... und dann die Abfahrt nach Troja, die Flucht über das Meer, der Einzug in Priamos' goldenes Haus – eine Geschichte, bei der heutzutage kein Kind mehr errötet. Aber damals, in der Nacht, als ich sie zum erstenmal hörte, war alles ganz anders: Menelaos glaubte noch nicht, daß Helena ihn für immer verlassen habe – er sprach von einer abenteuerlichen Reise, unverbindlich und ohne Gewicht, machte sich Vorwürfe und bezichtigte sich der Lieblosigkeit und Härte.

Armer Menelaos, wie wenig verstandest Du die Zeichen der Stunde! Du sprachst von glücklichen Jahren an Helenas Seite, von Deinen Kindern und Euren gemeinsamen Plänen. Du nanntest sie klug und bescheiden, eine liebende Mutter und sittsame Frau: kein auszeichnendes Attribut, kein feierliches Epitheton, das Du ihr nicht bereitwillig zuerkannt hättest.

Armer Menelaos, wie blind warst Du, wenn Du nicht spürtest, daß Helena seit Jahr und Tag nur darauf wartete, sich endlich für die erfahrene Kränkung zu rächen. Freilich – Du kränktest sie nicht, Menelaos; Du warst ihr so gleichgültig, daß sie Dich noch nicht einmal hassen konnte: ich glaube, daß Sie Dich in der gleichen Sekunde vergaß, als sie Paris zum erstenmal nach seinem Namen fragte.

Mir und keinem anderen galt ihre Rache: ich allein hatte sie durchschaut, ihre Pläne durchkreuzt und den Launen ihrer Phantasie ein Ziel gesetzt.

Aber die Partie war noch nicht zu Ende: auch in dieser Erwartung hatte ich mich nicht getäuscht. Jahrelang hatte Helena ihre Stunde ersehnt, und als sie kam, zögerte sie keine Sekunde, ihre Chance zu wahren und mich an der verwundbarsten Stelle zu treffen. Wie muß sie frohlockt haben, als sie erkannte, daß ausgerechnet der Schwur des Odysseus ihre Pläne begünstigte – eine einzige flüchtige Liebschaft mit einem Fürsten des Auslandes: und schon war ganz Griechenland in einen Krieg von unübersehbarem Ausmaß verwikkelt; nur eine harmlose Tändelei: und die durch ihren Eid gebundenen Fürsten mußten für Menelaos ins Feld ziehen.

Armer Menelaos, wie dauertest Du mich, als Du, alt und gebrechlich, vor mir saßt und von Deinen kleinen Fehlern und Irrtümern

sprachst. Und doch warst Du glücklich, weil Du noch hofftest und
fest daran glaubtest, daß Deine Gesandtschaft Helena nach Sparta
zurückbringen würde. Armer, glücklicher Narr! Du brauchtest das
Festgeleit nicht zu sehen, mit dem die Troer die Gemahlin des Paris
durch das skäische Tor einholten. Du hörtest nicht den Jubel, die
Schreie der Verzückung und die brausenden Willkommensrufe, mit
denen die trunkene Meute ihre neue Herrin empfing.

Ich aber hörte diese Schreie; ich sah den weißen Elefanten, auf dem
Helena, von einem Baldachin geschützt, durch Trojas Straßen ritt;
ich sah den Fächer aus bemalter Seide, mit dem sie den Menschen
zuwinkte und erschrak über den Hohn, der sich auf ihrem Antlitz
verbreitete, als sie vor dem Palast die Gesandtschaft aus Sparta bemerkte... »wer sind diese Fremden?« schien sie zu fragen, »bringt
sie fort, ich mag ihre Gesichter nicht«.

Nein, Prasidas, ich hatte schon an diesem Abend keine Hoffnung
mehr; das Ende war leicht abzusehen: die Gesandtschaft, verhöhnt
und verspottet, wieder daheim... eine Versammlung der Fürsten...
eine Drohung an Troja... ein Schiff mit schwarzen Segeln im Hafen
von Ithaka... und schließlich der Krieg, ein jahrelanges blutiges
Ringen ohne Hoffnung und Ausweg.

Nein, ich wußte keinen Rat für Menelaos: bedachtsam zu sein, nichts
zu übereilen und das private Unglück nicht mit einer allgemeinen
Katastrophe zu verwechseln – das war alles, was ich von ihm erbitten
konnte. Schweigend, mit einer flüchtigen Verneigung, verabschie-
dete ich mich und ließ den alten Mann mit seinen Gedanken allein.

Gegen vier Uhr morgens, als es schon zu dämmern begann und eine
bleiche Helle aus den grauen Wolkenfeldern über den Bergen empor-
stieg, verließ ich den Hafen und kehrte zum Palast zurück. Schon
regte sich das Leben wieder in den Straßen: Bäckerjungen sahen mir
neugierig nach, Bauern trieben ihr Vieh auf den Markt und Kolon-
nen von Arbeitern eilten, den kleinen Hanfsack über der Schulter,
zum Hafen.

Je weiter ich ging, desto belebter wurden die Gassen. Mädchen mit
Hacken und Schaufeln zogen hinaus auf die Felder, Priester in langen Gewändern bereiteten das erste Opfer und die Kinder hakten
sich unter und eilten zu dritt und zu viert in die Schule. Sie alle warteten auf die Rast am Mittag, die Heimkehr nach Hause und die
freien Stunden am Abend; sie freuten sich darauf, vor den Türen zu
sitzen und mit dem Nachbarn über die Ernte zu sprechen; sie freuten

sich auf die Sterne, nachts, und auf die Schiffergeschichten im Wirtshaus; sie freuten sich auf den Gruß ihrer Freunde und auf die Kühle ihrer fensterlosen Zimmer. Sie blickten zum Himmel und waren dankbar, daß die Wolken vergingen und das schimmernde Gold der Sonne einen guten Tag versprach. Sie liebten das karge Korn ihrer Insel und vertrauten den scharfen Schneiden der Ruder – nur vom Krieg wußten sie nichts. Die jungen Leute unter ihnen hatten noch nicht einmal einen Toten gesehen.

Schweigend und traurig ging ich an ihnen vorbei zum Palast. Dort fand ich Penelope immer noch wach. Sie kniete vor dem Bild der Artemis und hatte die Augen weit offen, aber als ich eintrat und sie ansprechen wollte, bemerkte sie mich nicht.

Sie betete lange, Prasidas, und sie hatte das gleiche Gesicht wie an jenem Abend in Delos, als ich sie zum erstenmal sah. Wieder war sie sanft und wild zugleich; wieder sank sie am Morgen erschöpft zusammen und wieder erschrak sie, als sie erwachte.

Danach betete auch ich und flehte zu Apoll, er möchte den Krieg an mir vorbeigehen lassen und den Troern Vernunft und Weisheit schenken. Aber während ich betete, fühlte ich schon, daß ich vergebens hoffte und daß niemand, kein Gott und kein Mensch, mich von jenem Schwur entbinden konnte, den ich, um Helena zu treffen, den anderen vorgesprochen hatte.

Bald schon, allzubald, würden die schwarzen Segel die Sonne verdüstern – ein Zeichen, daß die Bauern und Schiffer von Ithaka aufgerufen waren, das Licht mit dem Dunkel und den Tag mit der Nacht zu vertauschen.

V

Als ich Penelope verließ, war ich ein Mann in den besten Jahren: das Leben lag vor mir und ich hatte noch viel zu erwarten. Zehn Jahre später, als wir Troja endlich erobert hatten, war ich müde und verbraucht; der Krieg hatte mir das Mark aus den Gliedern gesogen, ich war ausgebrannt und leer und hatte keinen Mut mehr, noch einmal zu beginnen. Ich zitterte bei der kleinsten Erregung, meine Bewegungen waren fahrig und kraftlos, und wenn ich allein war und mich niemand beobachtete, sprach ich zu mir wie zu einem Fremden, dessen verlorenes Glück ich beweinte. Das Lagerleben hatte mich erschöpft, der Hunger meinen Leib zernagt; Regen und Schnee hatten die Uniform zerfetzt, Tau und Nässe die Glieder steif werden lassen. Wie oft besaßen wir nicht einmal mehr ein Stück Brot und wie lange mußten wir warten, um einen einzigen Teller warme Suppe zu bekommen! Und dann die Kälte, der wir preisgegeben waren – diese eisigen Winter Asiens, in denen die Vögel erfroren und das Wild im Schnee verendete...

Dennoch wäre alles – die Glut des Sommers und das Eis des Winters, das Ungeziefer und die Schreie der Verwundeten – zu ertragen gewesen, wenn mir wenigstens die Toten meinen Schlaf gelassen hätten.

Aber so sehr ich mich auch mühte, ich konnte sie nicht vergessen. Ihre Gesichter verfolgten mich noch, wenn ich schlief... diese Kindergesichter mit blauen Augen und blondem Haar, das feucht und strähnig auf der Stirn lag: Puppenköpfe aus Pappe und Ton, graue Schädel und Masken mit grinsendem Mund.

Ich weiß, mein Prasidas, daß Du mir vorwerfen wirst, ich übertriebe und vergäße über dem eigenen Leid das Elend der anderen – litten sie nicht genau so wie ich? Trafen Hunger und Kälte allein den Odysseus und machten vor den Zelten der anderen halt?

Nein, Kind, auch die anderen litten; aber sie alle – Ajas und Menelaos, Agamemnon und Achill – glaubten wenigstens noch für eine gute Sache zu kämpfen; sie sprachen von Treubruch und Verrat, den es zu rächen gälte, und ermunterten sich zum Aushalten, um der Gerechtigkeit zum Sieg zu verhelfen. Mir aber war dergleichen Trost versagt; ich kannte die Sinnlosigkeit dieses Krieges, den der gemeine Mann verfluchte und den auch die Trojaner längst bereuten. Ich wußte aber auch, daß keine Partei von sich aus bereit war, dem Feind entgegenzukommen und einen Waffenstillstand in die Wege zu leiten.

Als daher auch das zehnte Jahr vorüberging und ein Ende des Krieges immer noch nicht abzusehen war, beschloß ich, den Frieden auf eigene Faust zu erzwingen. Zu diesem Zweck ließ ich ein großes Pferd aus Holz erbauen, in dessen Leib sich zehn Männer verbergen konnten – die einzigen, die in der Nähe Trojas auszuharren und darauf zu warten hatten, daß die Feinde ihre Mauern verließen und das Pferd in die Stadt hineinzogen. Alle anderen Griechen, so sah mein Plan vor, sollten inzwischen ihren Abzug vortäuschen, sich auf Tenedos, die benachbarte Insel, zurückziehen und erst wiederkehren, wenn ihnen

entweder einer der zehn das vereinbarte Fackelzeichen gab oder
mehr als vier Tage seit dem Aufbruch verstrichen waren.
Freilich stellte sich bald heraus, daß die Troer ihre Neugier zu be-
zähmen wußten und zunächst einmal nur ihrer Vorsicht vertrauten:
jedenfalls warteten sie bis zum Abend des vierten Tages, ehe sie das
Pferd durch das skäische Tor zogen und es auf dem Marktplatz, im
Schatten des Rathauses, abstellten. So kam es, daß ich die Luke erst
drei Stunden vor dem vereinbarten Sturm, in der neunten Abend-
stunde des vierten Tages verlassen konnte.
Was dann geschah, Prasidas, weißt Du aus Deinen Büchern: zunächst war es tatsächlich meine Absicht gewesen, das Haupttor zu
öffnen, meine Landsleute hereinzulassen und die überraschten Troer
zu einer schnellen und unblutigen Übergabe zu zwingen. Aber als
ich an diesem Abend durch die Straßen ging und die Menschen in ihren Häusern beobachtete, kamen mir plötzlich Bedenken: konnte ich
mich denn dafür verbürgen, daß die Soldaten in der entscheidenden
Stunde Zucht und Ordnung bewahrten, mußte man, nach so langer
Zeit der Entbehrung, nicht vielmehr mit Willkür und Ausschreitung
rechnen, ja, waren nicht Plünderung und Mord zu befürchten, so
daß mein Plan sich all zu leicht ins Gegenteil verkehren würde?
Schweigend und nachdenklich, in der Maske eines alten Troers, ging
ich durch die Stadt. Es war ein warmer Sommerabend, weich und
mild...ein Abend, wie es ihn hierzulande nicht gibt. Es hatte geregnet, und die Luft war würzig und frisch. Die Leute hatten ihre Fenster geöffnet, beugten sich heraus und plauderten mit den Nachbarn.
Junge Paare flanierten auf dem breiten Korso und machten Pläne für
die Zukunft. Manchmal traf mich auch ein Scherzwort, ein lustiger
Zuruf oder ein ermunterndes »Heda, Alter, willst Du nicht 'rauf-
kommen?«
Zehn Jahre lang hatten die Menschen in Troja Not und Entbehrun-
gen ertragen, aber nun, da die Griechen abgezogen und der Friede
wiedergekehrt war, konnte man von alledem nichts mehr bemerken.
Alte Frauen saßen auf Korbstühlen vor ihren Wohnungen und strick-
ten; alte Männer hatten die Arme über der Brust verschränkt, blickten mit ruhiger Zuversicht in den Abendhimmel und tranken ein
Glas Wein. An den Ecken standen junge Burschen mit Narben an
den Händen und zerschossenen Gliedern – auch sie waren froh, daß
alles vorbei war und sie noch einmal von vorn anfangen konnten.
Ich sah junge Mädchen, die sich im Schein einer Kerze ihr Sommer-

kleid nähten, und kleine Kinder, die drinnen im Hause mit den Perlen der Vorhänge spielten. Aber während ich sie noch anschaute und mich an ihren scherzhaften Rufen erfreute, sah ich sie in Gedanken schon mit roten Striemen am Hals im Rinnstein liegen; Blut floß über die Kleider der Mädchen, die jungen Burschen hatten sich zu früh gefreut und die zufriedenen Augen der Alten öffneten sich vor Angst und Entsetzen.

In dieser Sekunde wußte ich, daß ich handeln mußte. Zum erstenmal in meinem Leben hatte ich Gelegenheit, Menschen zu retten: wenn es mir gelang, die Troer zu warnen und die Frauen und Kinder vor dem Zugriff der Soldaten zu schützen, waren die Jahre der Not und Entbehrung nicht vergeblich gewesen.

Allein von mir hing es ab, von meinem Mut und meiner Entschlossenheit, ob diese Kinder starben oder nicht. Es war keine Minute mehr zu verlieren: noch wenige Stunden – dann würde der Angriff der Griechen beginnen. Eilig verließ ich die Hauptstraße, durchquerte das Tempelviertel, stürzte in eine dunkle, menschenleere Gasse und öffnete die Tür, die zum Haus des Laokoon führte.

Als ich eintrat, war der Priester gerade dabei, mit einem großen Haken aus schwärzlichem Kupfer die Scheite im Herd auseinander zu zerren. Anfangs glaubte ich, er habe mich gar nicht bemerkt, so versunken schien er in seine Beschäftigung; aber nach einer Weile hob er den Kopf und deutete auf einen Stuhl in der Ecke.

»Setz Dich, Fremder. Aber bleib nicht zu lange; die Opfer stehen schlecht. Wenn Du klug bist, versuchst Du zu fliehen. Die Wachen am skäischen Tor sind bestechlich.«

Er sprach in kurzen, abgehackten Sätzen, ein wenig keuchend und mit großer Anstrengung. Als er geendet hatte, ging ich einen Schritt auf ihn zu und bat ihn, mich anzuhören und eine bedeutsame Nachricht entgegenzunehmen.

Ich sprach sehr ernst, Prasidas, und wählte absichtlich Worte, die gewichtig und feierlich klangen; aber zu meinem Erstaunen schien ihm gar nicht der Sinn meiner Rede, sondern allein der Tonfall am Herzen zu liegen.

»Ich kenne Deine Stimme, Fremder«, sagte er langsam und sicher, »es ist schon lange her, aber ich erinnere mich noch deutlich. War es in Griechenland, daß ich sie hörte? Bei einer Festgesandtschaft in Korinth? Oder... warte einen Augenblick... begegneten wir uns in Athen?«

Plötzlich schien er sich zu erinnern, sein Blick verklärte sich, er ergriff meine Hände und setzte sich an meiner Seite auf den Boden. »Wie konnte ich das nur vergessen?« sagte er leise, »es war doch Dein Hochzeitstag, nicht wahr? Du knietest vor dem Tempel der Jungfrau Athene, ich stand nur wenige Schritte von Dir entfernt, ganz in der Nähe einer Statue aus parischem Marmor, die ich, als Gastgeschenk der Troer für Athen, an diesem Morgen geweiht hatte. Weißt Du noch, wie ich Dich auf das Bildnis aufmerksam machte?«

Obgleich er sehr leise sprach und ich mich tief zu ihm herabbeugen mußte, um seine Stimme zu hören, entging mir kein einziges Wort, und je länger er sprach, desto greifbarer, unverrückbar und fest, stand jener hochzeitliche Tag wieder vor mir. Ein erster Schimmer des Friedens, der ferne Glanz einer glücklichen Zeit berührte mich sanft, und die düsteren Bilder verblaßten. Ein einziges Lächeln, ein zarter Meißelschlag im Antlitz der Kore genügten, um die Schatten des Krieges zu bannen.

Von seinen Worten gefangen, eingesponnen ins Geflecht seiner Sätze, versunken in der Tiefe seiner Stimme: so, mein Kind, begann ich die Zeit zu vergessen – ein Schlafwandler zwischen Traum und Erwachen, ein Tänzer, den Hermes' goldener Stab an der Schläfe berührte.

An der Grenze von heller Bewußtheit und dämmerndem Schlaf sah ich noch einmal das Lächeln der Kore; sie hatte die Augen der Penelope und winkte mir, ihr zu folgen. Ich stand auf, schritt ihr entgegen, und schon als ich die ersten Schritte gegangen war, veränderte sich der Schauplatz: Tempel und Säulen versanken im Nebel, der Nebel wurde zum Meer – zur silbernen Fläche mit Wellen und Inseln, blauen Küsten und Schiffen, die einen Ankerplatz suchten. Eine Bucht tauchte auf, der Hafen von Ithaka, eine festlich geschmückte Reede, Uferstraßen mit Fahnen und Lampions, buntgekleidete Menschen und ein blumenumkränztes Podest. Penelope trug ein Kleid aus heller Seide, Telemach, an ihrer Seite, einen weißen Umhang. Beide schauten aufs Meer und beobachteten das Schiff, das langsam in den Hafen hineinglitt. Als es die Mole erreichte und die Matrosen die Ankertaue hinunterwarfen, durchbrach die Menge die Absperrung und stürzte dem Schiff entgegen. Aber während man das Fallreep herunterließ und der bärtige sonnenverbrannte Mann an der Reeling erschien, wurde es plötzlich sehr still; die Menge sank in die Knie, berittene Ordner bahnten sich ihren

Weg und legten einen roten Teppich aus, der vom Schiff bis zur untersten Stufe des Podestes führte. In der gleichen Sekunde, als Penelope, von Telemach gefolgt, das Podium verließ, ging auch der Mann an der Reeling zur Treppe und stieg langsam am schwarzen Leib seines Schiffes entlang auf den Teppich zu. Penelope kam ihm entgegen; sie hatte das Lächeln der Kore und winkte dem Mann, ihr zu folgen.

Ich sah, wie er nickte und noch einen Schritt auf sie zuging. Aber dann stockte er plötzlich, sank in die Knie, neigte den Kopf zur Erde und küßte den Boden.

In diesem Augenblick, Prasidas, als ich mich im Traum am Strand von Ithaka sah und meine Lippen die steinige Erde berührten, glaubte ich zum erstenmal wieder zu wissen, daß auch für mich die Stunde der Heimkehr kommen würde. Mord und Hunger hatten mich vergessen lassen, daß ja nicht überall Krieg war; daß man an anderen Orten in seinem Studierzimmer saß und, über ein Buch gebeugt, den Morgen erwartete...

Aber jetzt, da mir Laokoons Worte den Glanz der Hochzeitswochen in Athen – die Stunden an Penelopes Seite, abendliche Gespräche mit Ikarios, Ritte nach Eleusis und Kap Sunion –, wider nahegebracht hatten, spürte ich noch einmal den Zauber des friedlichen Glücks, das mir an jenem Abend aufgegangen war, als Menelaos nach Ithaka kam.

Damals hatte ich tatenlos auf die Ankunft des schwarzbesegelten Schiffes gewartet; jetzt aber beschloß ich zu handeln und den Krieg mit einem einzigen Streich zu beenden.

Rückhaltlos vertraute ich mich Laokoon an, erzählte von meinem Kampf mit Helena, beklagte den Schwur, der mich gezwungen hatte, Menelaos zu helfen, beschwor die Greuel des Krieges, den Hunger und das erbärmliche Sterben, das Los der Krüppel und die Not der Waisen, erwähnte freimütig meinen Plan: dem allen mit Hilfe der List ein Ende zu machen, beschrieb Bedenken und Reue, die mich beim Anblick der vor ihren Häusern sitzenden Menschen erfaßt hatten und schilderte meine Erlebnisse auf dem Gang durch die Stadt... kurz, ich begab mich ganz in Laokoons Hände und wartete darauf, daß er, der blinde, mit den Geheimnissen des Dunkels vertraute Seher, einen Ausweg wüßte.

Ja, Prasidas, ich war bereit, den Sieg der Griechen zu vereiteln; was zählte ein Triumph, wenn es um Kinderträume ging! Von Mitleid

bezwungen, zögerte ich keine Sekunde, Ruhm und Ehre des Erobe-
rers für das Leben der mir anvertrauten Menschen, die Wünsche der
Frauen, den Schlaf der Kinder und die Erinnerungen der alten Leute
preiszugeben. Mochte ich in Agamemnons Augen ein Verräter sein,
mochten ehrgeizige Patrioten mein Handeln verdammen – ich wußte, daß man mich nicht liebte. Es hätte nicht der Warnung des Laokoon bedurft: ich hatte meine Gegner längst durchschaut und ahnte,
daß sie auf den Zeitpunkt warteten, da ich mir eine Blöße gab und sie
mich gemeinsam angreifen konnten.

Nein, ich hatte keinen Grund, die Konsequenzen meiner Tat zu unterschätzen; ich kannte die Methoden der Gerichte zu genau, um
nicht zu wissen, daß man mich steinigen würde... die Menge liebt es
nun einmal, zögernde Vorsicht mit Schwäche und Angst zu verwechseln; warum also sollten sie nicht zuschlagen, wenn sie den Klugen auf den Spuren des Verrats ertappte?

Dennoch, so ernst die Lage auch war: noch lag es in meiner Hand, die
Katastrophe abzuwenden und nicht nur die Troer zu retten, sondern
auch den eigenen Kopf aus der Schlinge zu ziehen. Wenn ich bedachtsam blieb und Überlegenheit und Ruhe nicht verlor, konnte alles noch ein gutes Ende finden.

Zunächst einmal mußte Laokoon unverzüglich zu Priamos gehen
und ihn von meiner Ankunft in der Stadt verständigen; später galt es,
die Überraschung der Troer zu nutzen und, gegen Zusicherung
freien Geleits, sich der Versammlung der Fürsten zu zeigen. Bei kluger Beachtung der allgemeinen Verwirrung – der Feind im Herzen
der Stadt! – durfte es nicht schwer sein, die Troer von der Existenz
eines geheimen Ganges zu überzeugen, ihnen Angst und Schrecken
einzujagen und sie schließlich so weit zu bringen, daß der Gedanke an
ein großes unterirdisches System von Schächten, in denen sich die
Griechen auf den Angriff vorbereiteten, ihnen nicht mehr als Lug
und Phantasiegespinst erschien. Glaubten sie erst einmal an einen
unmittelbar bevorstehenden Sturm, dann, so rechnete ich, würden
sie auch die griechischen Forderungen annehmen, Helena ausliefern
und eine angemessene Buße zahlen; und sobald das geschehen war,
konnte ich, im Schutze des Dunkels, gefahrlos ins griechische Lager
hinübergehen, von Verrat und Entdeckung sprechen, unglückliche
Zufälle vortäuschen und vor allem meinen alten Gastfreund Laokoon
erwähnen, dessen Söhne mich – verwünschtes Mißgeschick! – auf
meinem Pirschgang erkannt hätten. Je düsterer ich die Lage schilder-

te, je schwärzer ich das Verhängnis ausmalte, desto nachdrücklicher konnte ich dann auf eigene Verdienste verweisen.

Kein Zweifel, die Geschichte mit den unterirdischen Gängen würde nicht nur Gelächter über die genasführten Troer – nicht nur Bewunderung und ehrfürchtiges Staunen erregen, sondern auch aufkeimende Bedenken schnell zum Schweigen bringen. Am Ende, so war mit Sicherheit zu erwarten, würden alle froh sein und mich mit Dank und Lob überschütten, weil ich in hoffnungsloser Lage kühle Überlegenheit bewahrt, die griechischen Forderungen durchgesetzt und den langersehnten Frieden herbeigeführt hatte! Wie zufrieden konnte ich dann nach Troja zurückkehren, meine Gefährten heimlich aus dem Pferdeleib befreien – Angst und Erschrecken mochten sie für jüngst aus den Schächten entstiegene Griechen halten! – und Trojas Fürsten und Völker von unserem Einverständnis und der Bereitschaft zum Frieden unterrichten.

Wahrlich, ein wohldurchdachter Plan, mein Prasidas, ein Kalkul von höchster Simplizität und eine Rechenaufgabe von so bezwingender Logik, daß sogar Laokoon seine Bewunderung nicht verbergen konnte: so und nicht anders, meinte er lächelnd, könne nicht allein Griechen und Troern, sondern auch ihm, meinem Gastfreund, geholfen werden, der mich nicht ein zweitesmal verlieren möchte. Freilich sei keine Zeit mehr zu vergeuden, und da er noch einmal zum Strand hinunter müsse, wo seine beiden Söhne ihn bereits beim Opfer erwarteten, wolle er sich unverzüglich auf den Weg machen: zunächst zum Meer und gleich darauf zu Priamos in den Palast. Eine Begleitung sei nicht notwendig: er kenne den Weg und wünsche nicht, daß ich mich in Gefahr begäbe.

Mit diesen Worten erhob er sich, umarmte mich und versprach, noch in der gleichen Stunde zurückzusein; »Du mußt müde sein, Odysseus... ruhe Dich aus und genieße den Frieden meines Hauses.« Er verbeugte sich lächelnd und nickte mir zu. Die Tür fiel ins Schloß, ich hörte seine Schritte auf der Straße verhallen.

Was dann kam, weißt Du wieder, Prasidas: als er den Strand erreichte und gerade dabei war, dem Poseidon nahe am Wasser ein geschlachtetes Rind zu opfern, stieg eine graue Schlange aus dem Meer – der Geruch des geronnenen Blutes oder die in einer kupfernen Schale bewahrten Eingeweide mochten sie angelockt haben, Laokoon, in Gebete und fromme Gedanken versunken, spürte die Nähe des Ungeheuers nicht; er betete – dessen bin ich gewiß – um das Gelingen unseres Plans, und als die Schlange seinen Leib berührte, als er sich wehren wollte und die Söhne schreiend um Hilfe rief, war es zu spät. Von den Polypenarmen erdrosselt, mit blauen Gesichtern, gequollenen Adern und aufgedunsenen Gliedern – so fand ich alle drei erstickt am Strand.

Mein armer Freund, ich kam zu spät; zu spät um Dich zu retten, zu spät, um meine Tat zu tun. Schweigend mußte ich zusehen, wie man den Leib der Schlange mit großen Messern zerschnitt, die Toten von ihren Fesseln befreite und die mit einem Scharlachtuch bedeckten Leichen auf einen hölzernen Karren hob.

Trauernd verharrte ich in stummen Gebet, und erst als die schwarzgekleideten Frauen, troische Klageweiber, sich dem Wagen näherten, und, in einem Halbkreis aufgestellt, die Toten mit schrillen Schreien beweinten, entfernte ich mich und ging langsam in die Stadt zurück.

Der Gesang wurde schwächer, in Troja war es still. Die Menschen schliefen, und nur aus einem Wirtshaus kam eine leise, beinahe zärtliche Musik. Später irrten kleine Trupps durch die Straßen; ihre Rufe brachen sich an den Mauern, hallten lange nach und wurden irgendwo in der Höhe von riesigen Tüchern erstickt.

Die Nacht war klar und sehr kalt. Der Mond hatte einen kleinen, rosafarbenen Hof und die Sterne leuchteten hell. Es war elf Uhr abends: in einer Stunde sollte der griechische Angriff beginnen. Ich fühlte mich elend und müde; mein Plan war gescheitert und mir blieb nichts anderes übrig, als die Gefährten zu wecken und meinen Landsleuten das verabredete Zeichen zu geben.

Als ich die Stadt beinahe ganz durchquert hatte und mich wieder in der Nähe des Rathauses befand – der mächtige Schatten des Pferdes war im Mondlicht deutlich erkennbar –, kam mir abermals eine Gruppe von Nachtschwärmern entgegen: Männer und Frauen, die sich untergehakt hatten und, eine wogende Kette, die Straße versperrten. Als sie mich bemerkten, stürzten sie lärmend auf mich zu, umringten mich und drohten mir lachend an, mich nur gegen Zahlung eines angemessenen Lösegelds wieder freizulassen: offenbar hatten sie ihr Geld vertrunken und versuchten nun, halb scherzhaft und halb ernst, wenigstens ein paar Pfennige aus mir herauszupressen.

Ein wenig verärgert, daß ich abermals Zeit verlor, gab ich ihnen einige Münzen: griechisches Geld, wie sie zu ihrer Überraschung bemerkten... die erbeutete Habe eines Gefallenen?

Ich schüttelte lächelnd den Kopf, und da sie mich, ein wenig ernüchtert, nun doch etwas genauer betrachteten – einer hielt mir sogar eine
kleine Laterne vor das Gesicht – beschloß ich, alles auf eine Karte zu
setzen und ihnen die Wahrheit zu sagen.

»Ich bin Odysseus, Freunde, der Sohn des Laertes. Ithaka ist meine
Heimat, eine Insel im griechischen Westen.«

Welch ein Gelächter, Prasidas, als ich geendet hatte! Was für ein Jubel, welche Begeisterung brach aus! Männer umarmten mich,
Frauen tätschelten meine Wangen, nannten mich zärtlich »Possenreißer« und »Schalksnarr«... und am Ende hoben mich alle auf ihre
Schultern, trugen mich im Triumph durch die Gassen und brachten
mich zu einem Wirtshaus, wo sie sich lärmend Einlaß verschafften
und mich mit den Worten »er ist Odysseus aus Ithaka, ein reicher
Mann. Wir wollen heute sein Geld vertrinken« Mal für Mal hochleben ließen.

Wen die Götter verderben wollen, Kind, in dessen Augen träufeln
sie Pech; sie schlagen sein Herz mit Blindheit und verdüstern den
Geist mit dem Dunkel der Nacht. Doch wo ist der Mensch, der verspürte, wenn ihn die Hände des Gottes betasten? Wo der Sterbliche,
der nicht noch hoffte, wenn seine Füße bereits die glühenden Kohlen
berühren?

Fluch über Euch, unselige Schwärmer; keiner hat diese Nacht überlebt! Und Fluch auch über Euch, unglückliche Wächter am Königspalast! Auch Ihr kanntet meinen Namen – ich schrie ihn Euch zu.
Aber als ich Euch bat, mir zu helfen und den König zu wecken, lachtet Ihr mich aus und einer spie mir sogar ins Gesicht.

Ihr hattet noch zehn Minuten Zeit, aber statt sie zu nützen, packtet
Ihr mich und hieltet mir den Speer vor die Brust. Und als ich alles
verriet und, wenige Minuten vor zwölf, die Geschichte des hölzernen
Pferdes erzählte, glaubtet Ihr, ich wäre betrunken, fesseltet mich
und führtet mich mit Schlägen ins Verließ hinunter. Dort warft Ihr
mich in eine Ecke und drohtet mir für den nächsten Morgen die
Strafe des Schnellrichters an.

Aber als der Morgen graute und meine Landsleute mich endlich befreiten, hing der Richter längst an einem Baum. Ein alter Grieche
zeigte ihn mir: warum habe er sich auch gewehrt, sagte er achselzukkend, als die Soldaten seine Frau umarmen wollten? –

Es war ein Bild des Schreckens, Prasidas. Die Stadt brannte noch
immer. Plündernde Truppen durchkämmten die Häuser – drei Tage

lang durften sie tun, was sie wollten; auf der Straße lagen Kinder mit offenem Mund, die Bälle, Klötze und Puppen noch im Arm; aus halb zertrümmerten Häusern drangen die Schreie der Verwundeten; eine heisere Stimme verlangte nach Wasser; Frauen liefen mit irrem Blick durch die Stadt und riefen Worte, die niemand verstand: die Namen ihrer toten Kinder vielleicht, oder Flüche, die den Siegern galten; Greise saßen im Rinnstein und bettelten um ein kleines Stück Brot.

Aber schlimmer noch als die Schreckensvisionen der brennenden Stadt war die Befriedigung, die man im griechischen Lager über ein solches Ende empfand. Wahrlich, Prasidas, wir waren klägliche Sieger! Statt daß wir uns um die Verwundeten kümmerten, feierten wir prunkvolle Feste; statt uns der Geschändeten anzunehmen und wenigstens den Alten und Krüppeln einen Teller Suppe auszuteilen, verpraßten wir die Beute mit Flötenspielern und Huren. Während die Troer hungerten, gossen wir den Wein auf die Straße – ein Gelage folgte dem anderen, die Siegesfeiern jagten sich, und die Trunkenheit der Liebesmähler ließ das Elend der Besiegten nur zu schnell vergessen.

Niemand gedachte jetzt noch der Leiden des Krieges. Die Toten waren begraben und die Lebenden verlangten ihr Recht. Noch wenige Wochen... dann würde man in die Heimat zurückkehren, sich zu Hause einrichten und dort wieder anfangen, wo man vor zwölf Jahren aufgehört hatte.

Alles schien wieder beim alten zu sein; sogar Helena war zurückgekehrt und hatte sich mit Menelaos versöhnt... eine alte Frau mit blond gefärbtem Haar und einer Puderschicht auf dem Gesicht, die die Falten und Krähenfüße nur noch unterstrich. Aber wer erinnerte sich jetzt schon daran, daß man vor langer Zeit um dieser Frau willen in den Krieg gezogen war?

Vielleicht war ich der einzige, der manchmal davon sprach. Man hörte es nicht gern, aber da ich nun einmal ein Held war und allein meiner List Triumph und Sieg zu verdanken waren, ließ man mich gewähren und duldete sogar, daß ich noch eine Zeitlang in Troja blieb und, unter dem Vorwand, die Eintreibung der Sühnezahlungen zu überwachen, wenigstens den schlimmsten Mißständen abhalf.

Ich wohnte im Palast des Königs, Prasidas. Früher hatten die Dichter von »Priamos' goldenem Haus« gesprochen; jetzt erinnerte nur noch

eine rauchgeschwärzte Fassade an den vergangenen Glanz. Das
Dach war halb zusammengestürzt, die Fenster glichen erblindeten
Augen; Unkraut wuchs auf Treppen und Fluren und in den Mar-
morbecken der Teiche wucherten Schilfrohr und riesige Farne.
Im Innern des Hauses zeugten gewaltsam geöffnete Schränke,
durchwühlte Kommoden und zerschlagene Vitrinen von der Plünderung durch trunkene Soldaten. Nur ein kleiner Seitentrakt, der
Prinzenflügel, wie die Troer ihn nannten, war halbwegs verschont
geblieben. Hier hatte ich mir eine kleine, nicht unbehagliche Wohnung und einen Königssaal von angenehmen Ausmaßen herrichten
lassen – beide Räume ganz in der Nähe des bescheidenen Gemachs,
in dem Priamos, einstmals König von Troja, seinen Lebensabend
verbrachte.
Nicht ohne Rührung, Prasidas: mit Gefühlen feierlicher Trauer,
spreche ich den Namen des Mannes aus, der einmal vierzehn Söhne
besaß und nun, einsam und kinderlos, die Stunde seines Todes
erwartete.
Damals, als der altmodische, von zwei ausgemergelten Kleppern ge-
zogene Wagen vor meinem Lager hielt und Priamos in angemessener
Entfernung vor mir niederkniete, um den Sohn seines Gastfreunds
Laertes zu sich zu bitten – er sei sehr allein und fürchte sich vor den
Schrecken des Winters –, damals, Prasidas, wollte ich, von Scham
und Reue bewegt, seinen Wunsch mit höflichen Worten zurückwei-
sen. Aber als er dann in mich drang und das elende Los seines Alters
beschrieb, seine Einsamkeit und das Dunkel des leeren Palasts, als er
weinte und mir die Arme flehend entgegenhob, ergriff ich seine
Hand und versprach, so schnell wie möglich zu ihm zu kommen.
Auf einen Stock gestützt, empfing er mich noch am gleichen Abend
am Tor, ein Sklave entfachte die Fackel, ein zweiter öffnete die
Tür... dann waren wir allein und unsere Wanderung begann.
Priamos ging voran, ich folgte ihm schweigend. Wir gingen über
Mörtel und Schutt, durchquerten endlose Flure, schritten durch
Hallen und Säle, verweilten in Zimmern und Nebengelassen, taste-
ten uns durch Korridore und halb verfallene Gänge, erklommen
Treppenhäuser auf zerbrochenen Stufen, durchmaßen ungeheure
Fluchten, stiegen über Gerümpel, zertrümmerte Schränke und um-
gestürzte Tische, die uns den Weg versperrten, verweilten im Keller
und durchsuchten die Abstellkammern des Speichers, mußten immer wieder Umwege machen, verliefen uns, gingen im Kreise und

fanden uns, nach langen Irrwegen, am Ausgangspunkt wieder... es war eine Wanderung, die bis in den hellen Morgen hinein dauerte, bis zum Aufgang der Sonne, bis zur Rückkehr in den Prinzenflügel, den wir, gegen vier Uhr früh, verwirrt und erschöpft, mehr schlafend als wachend, endlich erreichten.

Dieser Gang, mein Prasidas, dieser Marsch durch ein Museum des Schreckens, war ein Passionsweg von riesigem Ausmaß.

Da war das Zimmer, in dem Hektor von Andromache Abschied nahm; an den Wänden, von Messern durchbohrt, hingen noch Bilder: Soldaten hatten sie als Zielscheibe benutzt.

Da war der Raum, in dem Priamos' Jüngster, der sechzehnjährige Deiphobos, sich mit Helm und Panzer gewappnet hatte, um heimlich, dem Befehl des Vaters zum Trotz, mit seinen Brüdern in die Schlacht zu ziehen. Seine Laute lehnte noch in der Ecke; die Hefte lagen verstreut auf dem Boden.

Da war das Gelaß der Andromache: nur ein zierliches Tischchen mit abgeschlagenen Beinen und entleerten Laden erinnerte an das Gemach einer Fürstin.

Da war, geschändet und von fiebrigen Händen durchwühlt, die unermeßliche Halle, Paris' und Helenas Haus: Kissen und Decken waren zerfetzt, der Kopf der Aphrodite, zu Häupten des Bettes, von einem Axthieb zerspalten. Der Mund der Göttin klaffte mit offener Wunde, die Nase war auseinandergebrochen, der Riß zwischen den Augen hatte den Liebreiz verstümmelt, das Lächeln war zur Grimasse des Fauns, die Anmut zum zynischen Grinsen des Satyrn geworden.

Und da war schließlich, ein kleines muschelförmiges Oval, Helenas Frauengemach, der einzig unzerstörte Raum im ganzen Haus. Silberne Spiegel standen in Nischen aus rötlichem Holz, Schemel und Stühle waren unversehrt, kein Riß hatte das Polster zerschlitzt, keine Hand die Schalen, Fläschchen und Tiegel aus ihrer Ordnung gebracht. Fast schien es, als ruhe das Bild der Königin noch immer auf dem weißen Kristall. Hatte man innegehalten? War man, geblendet und verzückt, zurückgeschreckt? Hatte der Schimmer der Schönheit, der Widerschein leuchtenden Glanzes, die Trunkenen jählings ernüchtert und ihre Schritte gehemmt? Waren sie, vom Licht der Jugend geblendet, niedergesunken und ehrfürchtig weitergezogen?

»Ein Wunder«, sagte Priamos leise, »es ist ein Wunder, mein Freund. Auch wir wollen die Schwelle nicht überschreiten. Die Göttin könnte uns zürnen«. Schweigend hob er den Stab ins Leere hinein, beschrieb einen Halbkreis und deutete lächelnd auf die drei großen Spiegel, die den glühenden Ball der erhobenen Fackel in ein Herz aus rotem Gold verwandelten. »Wer diesen Raum betritt, ist verzaubert. Wir alle waren von ihrer Schönheit berauscht: Paris und Andromache, Hekabe und Hektor... und auch ich, mein Freund.«

»Ich habe sie sehr geliebt«, sagte er ruhig, »mehr als meine eigenen Kinder, und ich weiß, daß die Götter mir deswegen zürnen: hätten sie mir sonst meine Frau und all meine Söhne genommen? – Und dennoch liebe ich sie auch heute noch, denn es ist ein großes Glück für einen Sterblichen, wenigstens einmal, ein einziges Mal in seinem Leben, dem Vollkommenen selbst begegnet zu sein.

Helena, weiß Du, (ich kann ihren Namen nicht oft genug nennen) war nicht nur – wie viele – sehr schön; sie war auch nicht schöner als andere, bewunderswert und rein: sie war die Schönheit selbst, der Spiegel, nicht sein Widerschein; sie war die Sonne, nicht das Licht.«

»Aber sie war nur ein Mensch«, sagte er traurig, »und so sehr sie sich auch zu wehren suchte und nach Pudern und Salben, Räuschen und Giften verlangte: die Stunde des Alterns war unausweichlich.« Er hob seine Stimme: »Du siehst die Sonne von Wolken verdunkelt – bald wird sie wieder scheinen; die Sterne verblassen, um am Abend hell zu erstrahlen; der Mond wird schmal und rundet sich neu; die Menschen aber kennen weder Dauer noch Halt, sie wissen nicht um Wiederkunft, Rückkehr ist ihnen versagt: der Schatten der Falte zerstört die Schönheit für immer, das Zögern des alternden Kriegers begräbt seinen Ruhm, und das erste Zeichen von Angst vertreibt den Athleten aus der Arena. Ach, es ist besser, die Kampfbahn zur rechten Zeit zu verlassen.«

Er zuckte müde mit den Achseln. »Aber was wollte sie tun? Um ihrer Schönheit willen waren die Troer ins Feld gezogen; für eine alte Frau hätte niemand gekämpft. Was blieb ihr deshalb anderes übrig, als die Natur an jedem Tage neu zu überlisten? – Am Ende freilich halfen weder Puder noch Schminke; sie wurde sehr einsam, verschloß sich in ihrem Zimmer und zeigte sich auch bei hohen Festen dem Volk nur von fern auf dem Balkon. Schließlich fuhr sie in einem verhängten Wagen in griechische Lager: die Troer hätten sie sonst mit Steinen beworfen. – Arme Helena, nur noch die Spiegel bewahren das Bild ihrer Jugend.« –

War es schon in dieser ersten Nacht, daß Priamos mir in feierlicher, zu Bild und Gleichnis erhobener Rede seine Geschichte erzählte? Oder erst später? Ich weiß es nicht mehr. In meinem Alter, Prasidas, verliert das Gedächtnis an Kraft, gestern und früher sind ein und dasselbe, jüngst Verflossenes reicht in die Kindheit zurück.

Ein Jahr und mehr kam ich beinahe jeden Tag zu ihm: anfangs, um mir erzählen zu lassen – Geschichten, wie sie bunter kein Dichter erfände! – später, als seine Kräfte zusehends schwanden und er das Bett nicht mehr verlassen konnte, um auch von mir und meinem Leben zu berichten. Das Leid, das uns beide verband und das Wissen um Vergänglichkeit und schnelles Altern ließen uns nichts voreinander verbergen, und so dauerte es nicht lange, bis Penelope und Telemach auch Priamos' Vertraute wurden.

Aber so gern er mit seinen Gedanken in Ithaka weilte – am meisten bewegten ihn doch die Neuigkeiten aus Troja: Gespräche am Markt und Klatschgeschichten vom Hafen, die Märchen der Schiffer und Gerüchte, die die Stadt durcheilten.

Lächelnd, nicht ohne Verständnis für das verzeihliche, auch im Alter noch wache Laster der Neugier, gab ich ihm freundlich Bescheid. Da ich beim Einzug der Kriegsschuld Toleranz und Milde walten ließ, hatte sich das anfangs so feindliche Verhalten der Troer langsam in Vertrauen und Achtung verwandelt; ich hatte teil am Leben der Stadt und konnte Priamos von mancher Heimlichkeit berichten, die er anders nie erfahren hätte.

Als er im Winter darauf heftig erkrankte und die Ärzte ihm nicht mehr viel Hoffnung ließen, blieb ich, auch über das mir selbst gesetzte Jahr hinaus, an seiner Seite, pflegte ihn, so gut ich es vermochte und erzählte ihm Märchen und Fabeln – Sagen, die später durch das Unverständnis eines Sklaven (oder war es der Leibarzt?) als meine eigenen Abenteuer ausgegeben wurden und schon bald in aller Munde waren: Geschichten von Ungeheuern und Vampyren, einäugigen Riesen und mißgestalteten Zwergen, aber auch von Felsen, die wie Vögel zu singen vermögen.

Später, als Priamos' Geist sich zu verwirren begann – er träumte viel und redete irre –, las ich ihm aus einem alten Märchenbuch vor. Wie glücklich war ich, endlich wieder lesen zu dürfen! Erst jetzt, mein Kind, begann ich langsam den Krieg zu vergessen: der Geist braucht, um sich entfalten zu können, nun einmal die Muße des Friedens und die Abgeschiedenheit beschaulicher Stille.

Bis zuletzt erfreute sich Priamos an den alten Geschichten – bis hin
zu jener dunklen Nacht im März, in der er, friedlich und kampflos,
verstarb. Wenige Tage darauf begruben wir ihn an der Seite der
Söhne, und als die Trauerwoche vorbei war und das Leben wieder
seinen gewohnten Gang ging, kam auch für mich die Stunde des Abschieds heran.

Ein Ehrenzug geleitete mich zum Kai, Kinder bestreuten das Fallreep mit Blumen, und als ich an Bord ging und die Matrosen salutier-
ten, gab es viele, die um mich weinten.

In meinem Herzen aber war Frieden und ich fühlte mich glücklich
und beinahe froh. Der Eroberer Trojas schied als ein Freund der
Stadt.

In der hellen Frühe eines sommerlichen Tags verschwamm die
Ebene der Troas in dunstigem Schleier. Vor uns lag offenes Meer,
das Schiff nahm Kurs auf Ithaka. Freudig bewegt spendete ich Apollon ein Lamm, erflehte den himmlischen Segen und bat um Schutz
und Geleit auf der langen Reise nach Hause.

VI

Dreißig Tage lang waren wir mit günstigem Wind gesegelt, ehe uns,
auf der Höhe der Insel Ogygia, plötzlich der Sturm überraschte.

Ein schreckliches Schauspiel, Kind: das Land wurde Meer, der
Himmel zu Wasser, die Wolken entluden sich in Hagel und Regen,
der Orkan peitschte die Wogen, riesige Brecher überspülten das
Schiff, es wurde Nacht, ein Gewitter zog auf, unsere Bark begann
auf den Wellen zu tanzen, Wasser drang durch die Planken, der Mast
zerbrach, die Boote rissen sich los, und ein Leck war nicht mehr zu
flicken.

Von Todesangst gejagt, versuchte ich das Deck zu erreichen, um
wenigstens das Floß zu retten; aber kaum daß ich oben war, schoß
eine ungeheure Welle auf mich zu und überschlug mich mit sausen-
dem Klatschen. Vergebens klammerte ich mich an die Reeling und
griff, um Halt zu finden, nach einem Balken, der sich vom Segelwerk
gelöst hatte. Die Woge spülte mich über Bord, ich fühlte einen ste-
chenden Schmerz an der Schläfe und sah noch im Sturz, wie der silberne Schleier der Gischt sich über mir schloß. Ein klatschender
Aufschlag verbrannte mir Haut und Gesicht, Wasser drang in Nase

und Mund, es wurde dunkler, die Farben verblaßten zu wässrigem
Grau... dann sah ich mich plötzlich in einem Gang aus Tuffstein
und Lehm und bemerkte erstaunt, wie aus einer Grotte – oder war es
ein einfacher Schacht? – ein dämmerndes Licht drang, das auch den
Gang mit schwachem Schimmer erhellte.

Als ich die Grotte erreichte und meine Augen sich an das Dunkel gewöhnt hatten, erkannte ich plötzlich, daß ich mich in einer Höhle befand, deren zugleich matte und unstete Beleuchtung von kleinen
Fackeln herrührte, die man, in sehr großer Höhe, mit Eisenklam-
mern an den Wänden befestigt hatte.

Um mich herum bewegten sich Schatten, die wie Fledermäuse
schwirrten –, körperlose Wesen aus Gaze und Haut, mit Köpfen, die
verkohlten Früchten glichen, mit Armen aus getöntem Glas und einem Leib aus schwarzer Seide. Alle schienen zu schweben und
flogen mit einem unendlich sanften, kaum noch hörbaren Zirpen an
mir vorbei. Anfangs glaubte ich, es seien Tiere – Lebewesen aus der
Tiefe des Meeres. Aber als ich die Hände ausstreckte und nach ihnen
greifen wollte, spürte ich verwundert, daß man sie überhaupt nicht
fassen konnte. Der Schwerkraft entzogen, raumlos und ohne Gewicht, schwebten sie in verwirrendem Flug durcheinander – manche
kauerten, wie schlafend, am Boden, andere hockten in Spalten und
Nischen der Mauer, wieder andere schwirrten taumelnd umher oder
wallten, zu einer Gruppe versammelt, in feierlichem Zug an den
Wänden entlang.

Erst jetzt bemerkte ich, wie groß die Höhle war; steinerne Treppen
und schwankende Leitern führten in unendliche Höhen, Myriaden
von Schatten, geisterhafte Insekten aus Watte und Blei, erklommen,
mit Fackeln bewehrt, die hanfenen Sprossen, trugen Krüge und
Schalen, Säcke und Körbe, musizierten auf tonlosen Flöten und Zi-
thern, schärften Äxte, Hämmer und Beile und taten, als seien sie alle
mit wichtigen Diensten beschäftigt.

Verwirrt und erschrocken kniete ich nieder, sprach ein Gebet, ritzte
meinen Arm an einem spitz hervortretenden Stein und opferte den
Göttern mein Blut.

Und da, mein Prasidas, geschah es: die Schatten stürzten auf mich
zu, umarmten mich mit schrillem Geschrei, schlugen mit Armen
und Beinen, hockten sich kauernd auf die Erde, schlürften mein
Blut... und in der gleichen Sekunde gewannen sie plötzlich Schwerkraft und Kontur, ihre Züge belebten sich, Nase und Augen traten

hervor, Kerben wurden zu Falten, Grate zu Adern, und dunkle Striche enthüllten sich als Sehnen und Muskeln. Auch die Sprache kam wieder: Laute, griechische Worte, entströmten den Mündern, Erinnerungen stellten sich ein, Namen und Herkunft wurden genannt, der Geist kehrte zurück, die Herzen begannen wieder zu schlagen – und dennoch schien es mir, als würden die Schatten, nachdem sie sich sattgetrunken hatten, plötzlich von einer seltsamen Lähmung befallen. Die Arme fielen hölzern und steif am Körper herab, die Beine, gleichsam verselbständigt, bewegten sich mit ruckhaften Stößen. Der elegante Flug war zu hilflosem Taumeln, das graziöse Gleiten zu mühsamem Stampfen geworden. Schweigend, beinahe teilnahmslos: von einer fernen Maschine gelenkt, stellte man sich mir gegenüber an der Höhlenwand auf. Die Augen blickten starr ins Leere, ein Zug von Überdruß lag um den Mund, und das Lächeln erstarrte sogleich zur Grimasse.

Erst jetzt, da ich mich wieder frei bewegen konnte – es war still geworden und auch die letzten Schatten hatten sich eingereiht –, war es mir möglich, die Gesichter etwas genauer zu betrachten: aber waren es wirklich Gesichter?

Menschen, Prasidas, Wesen aus Fleisch und Blut, waren diese Schatten jedenfalls nicht – leblose Bilder vielleicht, Symbole und vage Erinnerungen: aber keine Menschen. Ihre Haut war faltig und bräunlich gefärbt, eine zarte Pergamentschicht über knöchernem Gerüst. Die Hände glichen Spinnengliedern, an den Fingern klebten noch Reste von Erde und Lehm. Die Nägel waren bläulich getönt, am Rande schwarz und violett. Zerfetzte Kleider, Lumpen und Uniformreste hingen um ihre Leiber, auf den Schädeln saßen altmodische Helme und zerschlissene Mützen aus farblosem Leder. Die Augen lagen tief in den Höhlen, Iris und Pupille waren zerstört, die Bälle längst zu schwarzer Haut zusammengeschrumpft.

Manche hatten noch riesige Wunden über den Knochen und verkrustete Narben, die das Gesicht in ungleiche Hälften zerteilten. Andere bewegten sich beinlos auf schwankenden Krücken, zuckten mit rötlichen Stümpfen und hatten die Köpfe mit blutigen Laken umhüllt. Am entsetzlichsten aber – weit entsetzlicher noch als die Verstümmelten, Augenlosen und Krüppel – waren die Irren, die mit lippenlosen Mündern grinsten, ihre Zunge herausstreckten und immer wieder in ein heiser prustendes Gelächter ausbrachen.

Einige hatten auch noch ihre Waffen bei sich, rostige Pfeile und Äxte mit zerbrochenem Stiel, abgewetzte Messer und Dolche, die sie in einförmigem Rhythmus auf- und niederschnellen ließen. Andere wiederum waren so schwach, daß sie nicht einmal mehr stehen konnten. Ermattet auf der Erde liegend, knöchern, bewegungslos und grau, schienen sie, selber Stein, in den Fels hineingewachsen zu sein. An manche konnte ich mich noch deutlich erinnern – an Magnes zum Beispiel, der bei einem troischen Angriff die Arme verlor. Auch Typides kannte ich wieder, dem vor Jahren ein Pfeil das linke Auge durchbohrte. Neben ihm, auf seine Schulter gestützt, bemerkte ich Phrontidas, einen der Verwegensten meines Gefolges: ein Axthieb hatte ihm die Schläfe gespalten.

Diese drei, mein Prasidas, traten auf mich zu und stellten sich, zehn Schritte von den anderen entfernt, in einer Reihe vor mir auf. Dann begannen sie zu sprechen: Magnes zuerst, als zweiter Typides, am Ende Phrontidas.

»Ich war ein Gärtner«, sagte Magnus mit leiser, aber überall hörbarer Stimme. »Ihr kennt mich alle: Magnus, Sohn des Knidios, aus Ithaka. Ich hatte eine Frau und drei Söhne. Ich liebte sie sehr, und als ich in den Krieg ziehen mußte, weinte ich um sie. Doch Odysseus tröstete mich und versprach mir, daß ich in ein paar Wochen wieder bei ihnen sein werde.

Aber er log. In Wahrheit habe ich mehr als zehn Jahre vor Troja verbracht, und jetzt bin ich ein Krüppel und kann nichts mehr tun. Es ist gut, daß ich tot bin. Denn als ich nach Hause kam, hatte meine Frau einen anderen Mann, die Söhne waren verheiratet, und ich mußte froh sein, wenn man mir etwas Stroh in eine Ecke schüttete. Ein Gärtner, der nicht mehr säen kann, ist zu nichts nütze. Daß ich meinen Arm verlor, ist Schuld des Odysseus. Ich klage ihn an, denn er hat mich belogen.«

»Ich bin ein Schreiber gewesen«, sagte Typides, der als zweiter vorgetreten war. »Typides, der Sohn der Phanidis, vaterlos erzogen, doch durch Kunst und Fleiß ein Meister im Lesen und Schreiben geworden.

Ich liebte den Geruch des Papyrus und freute mich am gleitenden Schwung des Pinsels. Blei und Kreide waren mein Werkzeug. Aber eines Tages befahl mir Odysseus, mit ihm als Schreiber nach Troja zu ziehen. Ich hatte Angst, denn ich bin niemals ein Held, sondern immer kränklich und furchtsam gewesen. Aber Odysseus war König und ich konnte ihm nicht widersprechen.

Ich habe meine Frau, die beiden Töchter und das Haus, in dem ich schrieb, nicht wiedergesehen, denn als ich heimkam, war ich erblindet. Ein Schreiber, dessen Augen die Schrift nicht mehr sehen, wird zum Gelächter der Leute. Ich bin glücklich, nicht mehr leben zu müssen.

Ihr wißt, daß ich den Frieden liebe und niemandem etwas zu Leide tun kann. Aber die Gerechtigkeit verlangt, daß ich spreche, und deshalb klage ich Odysseus an. Er hat das Leben des Schreibers zerstört und ist schuldig.«

»Ich war ein Krämer und verkaufte Öl«, begann Phrontidas als Letzter seine Rede, »Phrontidas ist mein Name. Auch ich bin aus Ithaka. Ich lebte mit meiner Mutter zusammen, sie hatte ein kleines Haus am Rande der Stadt. Wir waren arme Leute, doch es war schön, am Abend vor dem Hause zu sitzen und mit den Hunden zu spielen. Ich mußte viel arbeiten und kam wenig unter die Menschen. Aber zu der Zeit, als der Krieg ausbrach, lag das Schlimmste hinter uns und meine Mutter sagte zu mir: »Ich glaube, Phrontidas, es wird Zeit, daß Du Dir eine Frau suchst; denn ich bin alt und werde nicht mehr lange leben.« Meine Mutter hatte einen geraden und einfachen Sinn, und als der König ihre Pläne durchkreuzte, verfluchte sie ihn und bat Hera, die Herrin der Ehe, um seinen Tod.

Aber Hera erhörte sie nicht, und so war ich mehr als zehn Jahre im Dienste des Königs; er nannte mich tapfer und den Besten seiner Wache. Aber heute verfluche auch ich ihn. Meine Mutter ist tot, und ich habe sie nie mehr wiedergesehen. Das Haus des Ölhändlers steht leer, die Krüge sind zerschlagen, das Öl ist geraubt. Ich klage Odysseus an, denn es ist seine Schuld.«

Als Phrontidas seine Rede beendet hatte, trat er, wie vor ihm Magnes und Typides, schweigend in die Reihe zurück. Eine Sekunde lang herrschte bewegungslose Stille – dann löste sich plötzlich ein Mann aus der Kette, der mir, schwarzgekleidet, bärtig und mit einem weißen Stab in der Hand, langsam entgegenging. Ich hatte ihn noch niemals gesehen, aber ich kannte das Scepter und, als die Schatten zur Seite traten und sich tief vor ihm verneigen, wußte ich, daß Rhadamanthys, der Richter der Toten, vor mir stand.

Wortlos schritt er auf mich zu und nahm mir mit einer sanften Bewegung des Stabes das Licht von den Augen: »Im Namen der Gerber und Gärtner, der Tischler und Schreiber, der Dichter und Maurer, der Handwerksmeister und Matrosen: der Krieg ist vorüber, die

Stunde des Gerichts gekommen. Die Kläger stehen vor Dir, ich spreche das Urteil. Du hast getötet: nun stirb. Du hast geschwiegen: ich lösche Dich aus.«

Im gleichen Augenblick, als er diese Worte sprach, wurde die Höhle plötzlich weit und hell, Licht drang ein, die Schatten verblaßten, Rhadamanthys' Gestalt verlor sich in weißlichem Nebel, und das dämmernde Dunkel erstrahlte in silbernem Leuchten. Mondlicht sickerte durch die Ritzen der Felsen, ein Spalt tat sich auf, ein glühender Riß, die Mondeshelle verwandelte sich in den Glanz einer rötlichen Sonne, Strahlenbündel sengenden Lichts breiteten sich aus: weithin brennende Fächer rotierten in kaleidoskopischen Kreisen. In einem verwirrenden Spiel von Trennung und Wiederbegegnung gewannen die Farben langsam an Umriß und Kontur, zerfließendes Oker sammelte sich zu einem goldenen Ball, schwebendes Weiß bedeckte die linnenen Flächen des Tuches, zartes Blau zerrann in der seidigen Tiefe des Himmels, Grün und Braun vereinten sich zu Ästen und Blättern... es war Sommer, mein Kind, ich lag in einem Fischerhaus am Strande von Ogygia.

Neunzehn Tage waren vergangen, seitdem mich ein alter Mann an der Küste fand, neunzehn Tage hatte ich, bewußtlos und durch den Aufprall des Balkens der Sinne beraubt: fiebernd und träumend, dem Hades näher als dem Licht Apolls, in der Hütte verbracht. Aber nun war die Gefahr vorbei, und wenn auch die Wunde, ein eiternder Riß über der Schläfe, immer noch schmerzte, so waren doch Gedächtnis und Erinnerung zurückgekehrt: ich wußte, wer ich war und wo ich mich befand. Traum und Wachen trennten sich wieder, die Ahnung schied sich von heller Bewußtheit, das Licht des Tags zerschlug die Dämmerung: ich war der Erde neu geschenkt.

Noch einmal, ein letztes Mal, begann ich zu hoffen – das Totenreich lag hinter mir, die Schatten hatten mich freigegeben, der Krieg versank im Nebel ferner Zeiten. Die dunklen Gesichte verloren an Macht, die Klageschreie der Verdammten erreichten mich nicht mehr; ich war zurückgekehrt und wandte mich nicht um. Von Orpheus' Schicksal belehrt, galten meine Gedanken jetzt, statt im Gestern zu verweilen, allein dem Versprechen der Zukunft, und fast schien es mir nun, als enthülle das Gleichnis des Traums eine verborgene Wahrheit: »Ich lösche Dich aus« – was hieß das anderes als »vergiß das Gewesene, beginne von Neuem«?

Woche für Woche, Monat für Monat, geduldig und voll Zuversicht wartete ich auf meine Genesung – wartete, daß die Wunde sich schloß, der Eiter versiegte und die Schwindelanfälle, die mich immer noch bei der kleinsten Bewegung ergriffen, endlich verebbten.

Noch einmal, Prasidas, sehnte ich klopfenden Herzens die Stunde der Heimkehr herbei; noch einmal stand mir die festlich geschmückte Stadt vor den Augen; noch einmal, heller als vor Jahren in Troja, sah ich die bunten Lampions in den Straßen, den Blumenkorso und das von Girlanden umrankte Podest, auf dessen höchster Stufe mich Penelope erwartete; und als ich ein Jahr später, hoffnungsfroh und völlig genesen, um die Zeit der Dämmerung in den Hafen von Ithaka einfuhr, als ich das Fallreep hinabstieg und mit den Lippen den Boden der Heimat berührte, – da waren die Straßen wirklich erleuchtet und auf den Bergen brannten Freudenfeuer. Die Menschen tanzten auf den Märkten, Trunkene zogen singend umher, Fremde und Freunde umarmten einander, es roch nach Braten und Wein, nach Weihrauch und Myrrhen; die Türen waren geöffnet, aus allen Fenstern hingen Fahnen und Lampions, Soldaten führten ihre Mädchen durch die Stadt, Offiziere und Gemeine hakten sich unter, Damen des Hofes tanzten auf der Straße, Hökerfrauen saßen im Palast.

Es war ein Fest, mein Kind, eine Orgie lärmender Freude, ein Rausch des Frohsinns und der Lust... aber nicht mir und meiner Rückkehr, nicht dem Odysseus, galt dieses Fest.

Odysseus – in einer kleinen Kneipe, aus dem Mund eines Krämers erfuhr ich die Wahrheit – war tot, auf der Höhe der Insel Ogygia, irgendwo im Osten, von einer Springflut an die Küste geworfen. Sein Körper war zerschellt, sein Leib eine Beute der Vögel und Hunde geworden: so hatten es die Matrosen berichtet; so hatten es die Fischer mit eigenen Augen gesehen.

Aber heute war das Jahr der Trauer vorbei; das Volk konnte jubeln, Penelope, die Herrin des Landes, hatte sich wieder vermählt: nicht Telemach, der unbedachte Sohn des Odysseus, der Kriegerische, all zu leicht Entflammte, sondern der alte Amphinomos, siebzigjährig und weise, würde von nun an mit sanfter Milde regieren.

Noch einmal, mein Kind, wie vor Jahren in Troja, ging ich durch die Straßen der Stadt. Es war eine weiche, mondhelle Nacht. Junge Paare, Burschen in offenen Hemden und Mädchen mit Blumen im Haar saßen vor ihren Häusern. Alte Leute hatten sich Tische und Stühle vor die Türe gestellt; in den Kelchen funkelte schwärzlicher Wein;

Lampions und Laternen spiegelten sich in geschliffenem Glas. Gaukler zogen durch Gassen und Höfe, dressierte Bären und Affen, wie Menschen gekleidet, zeigten ihre Künste auf Leitern und Schaukeln, Tänzer spannten die Seile, Artisten sprangen auf schimmernde Drähte, Harlekine und Clowns durchstreiften die Häuser. Der Jahrmarkt der Freude beherrschte die Stadt; die dunklen Kleider verbrannten auf Scheiten von duftendem Holz. Schweigend ging ich durch die Straßen, schweigend an den erleuchteten Fenstern des Königshauses vorbei, schweigend, auf Rhadamanthys' Stab gestützt, schritt ich dem Dunkel der Berge entgegen. Eine einzige Geste, mein Kind, ein Lächeln, ein Winken – und der Bürgerkrieg, hier Odysseus, dort Amphinomos, würde beginnen. Aber ich wollte keinen Krieg; Troja brannte noch immer und ich durfte nicht zum zweitenmal schuldig werden. Damals hatte ich versagt; jetzt konnte nichts mich hindern, meine Tat zu tun. Ich mußte mich opfern; es gab keine andere Wahl.

Schweigend, mit einem flüchtigen Gruß, verließ ich das Tor: die Wache erkannte mich nicht; ich ging meinen Weg, und je weiter ich kam, festo leiser wurde die Musik, die Lichter verblaßten; nur ein fahler, rötlicher Schein erinnerte, draußen auf der Straße, noch an das Fest in der Stadt. Die Berge erwarteten mich, die Dunkelheit, das einsame Warten am Fenster, das Messen der Zeit, *schon wieder der erste Schnee, schon wieder der Einzug des Hofs in den Sommerpalast,* die Selbstgespräche, die Angst vor dem Tod und die Stille des Alters. Odysseus lebte nicht mehr. Ich selber hatte sein Grab am Strand von Ogygia gesehen.

Nimm die Asphodelosblüte, Penelope, und betrachte die Erde an ihrer Wurzel: es ist die Erde seines Grabs. Vergiß Deinen Mann, Amphinomos ist weise und alt – Du hattest recht, Dich den Wünschen des Volkes zu beugen; die Menschen vermögen nur kurze Zeit ohne Herrscher zu leben; ich lobe Deinen Entschluß.

Klage nicht, Telemach: Odysseus ist fern, im Dunkel der Schatten, gönn ihm die Ruhe des Grabes. Trinkt weiter, Ihr Zecher, spring durch den Reifen, Artist, lebt wohl, Musikanten: ein langer Friede wartet auf Euch, der König ist tot.

Und auch Du, mein Prasidas, leb wohl. Die Schatten sind lang, es ist Winter und ich fühle mich müde und krank. Die Arbeit ist getan, meine Arme sind schwach, die Feder entgleitet den Händen.

Von fernher kommt leise Musik: Apollon berührt mit beinernem

Knöchel die Leier... oder ist es der Bogen, der schwirrt? Ich kann es
nicht mehr so recht unterscheiden; aber ich weiß, daß der Gott sich
nähert, ich spüre den sanften Druck seiner Hand – schon löst sich der
Pfeil von der Sehne; ein leises Surren und mein Herz steht still.

Bald werde ich Rhadamanthys wieder begegnen, Magnes und Typides werden mich freundlich begrüßen, und Penelope wird meinen
Schatten umarmen... vor vielen Jahren habe ich sie noch einmal gesehen, sie trug ein schwarzes Kleid, ihr Gesicht war verstört, und sie
sprach mit sich selbst. Es war in einem Park, Du spieltest mit einem
hölzernen Pferd; ich erschrak und wollte es Dir entreißen, aber Penelope saß auf der Bank und sah Dir aufmerksam zu – da wagte ich es
nicht und ging langsam vorüber.

Der Tag war klar und warm, die Mädchen trugen helle Kleider und
die Kinder tanzten Ringelreihn; ein Schiff lag im Hafen, und die Matrosen hockten vor den Kneipen und blinzelten träge in die Sonne.

Gassen und Plätze lagen in leuchtendem Licht, aber die Straßen waren mir fremd; ich verlief mich und ging in die Irre – ein alter Sklave
brachte mich nach Haus.

Seit diesem Tage habe ich die Stadt nicht mehr gesehen.

Odysseus ist tot, allein die Gedanken bewahren sein Bild – das Antlitz eines Freundes, der mich früh verließ: eine kurze Spanne des
Glücks... ein langer Krieg... der Schatten eines Traums... vorbei.

Vergiß mich, mein Kind, aber gedenke der Gerber und Gärtner, bewahre Geduld, ich hüte den Frieden.

Mögen die Götter Dir gnädig sein und Apoll und Artemis Dich
schützen.

Sei glücklich, Prasidas, leb wohl.

Die Verschwörung

Fernsehspiel

Für Ernst Zinn

Vorbemerkung

Das Fernsehspiel »Die Verschwörung« wurde im Juli 1969 in den Fernsehstudios des Bayerischen Rundfunks, München-Unterföhring, aufgezeichnet. Dekoration und Kostüm waren im Vor- und Nachspiel naturalistisch (Mosaik und Wandbild, Säulen, Sandalen, schleppende Togen), im Hauptteil stilisiert und streng; ein Rundhorizont mit glänzend hellen Aluminiumsäulen. Auch Tisch und Schemel waren aus Aluminium. (Die Gewänder: eng anliegend und grau.) Es sollte angedeutet werden, daß sich Caesars Gedanken-Experimente in einer Art von Labor-Atmosphäre vollziehen: Phantasievolle Rationalität markiert den Ablauf des Stücks.

Das technische Hauptproblem – Caesar spricht mit einem imaginären Gegenüber – löste der Regisseur Franz Josef Wild derart, daß er den »Brutus« von einer Kamera spielen ließ: Um anzudeuten, daß der Caesar-Mörder keine Figur aus Fleisch und Blut, sondern ein Gedankengeschöpf des Diktators ist, wurde sein Part von Operateur Peter Czegley übernommen. Mehr als eine Viertelstunde lang sah sich der Darsteller der Hauptrolle, Hannes Messemer (während über ein Tonband die von ihm gesprochenen »Brutus«-Sätze abliefen), eingezirkelt von einer tanzenden, schwebenden, wippenden, nikkenden Kamera, die jeder seiner Bewegungen folgte und derart andeutete: Jetzt geht Brutus zur Seite, jetzt senkt er den Kopf, jetzt springt er auf, jetzt stürzt er zum Fenster. Ein Monolog in dialogischer Form – ein Zwiegespräch, das Caesar später, bedroht nun und voll Todesangst, zu wiederholen sucht. Da aber wechselt die Optik, da zeigt die Treibjagd der vier Kameras an: der hier durch den Raum wirbelt, die Hände ausstreckt, Tisch und Stein zum Sprechen zu bringen versucht und seinen imaginären Partner wieder herbeizaubern möchte... dieser Mann hat keine Kraft mehr, dem Schatten Kontur und Sprache zu geben.

Personen

Caesar
Brutus

Nur im Vorspiel:
Cassius
Tillius Cimber
Casca
7 weitere Verschwörer

Nur im Spiel:
Servius
Caecilius
Caesar als Brutus
Antonius
Calpurnia
Arzt
Opferschauer
2 Boten
Sprecher (off)

Dekoration: Historisch genau; realistisch gebaut der Ort der Ermordung des Gajus Julius Caesar.

Gesichter der Mörder. Alle Augen sind auf einen einzigen Punkt hin gerichtet; Unruhe im Mienenspiel und in den Gebärden. Es wird nicht gesprochen; die Gesten – Achselzucken, Fingerbewegungen, Lidschließen – deuten Erregung an.
Später fallen einzelne Sätze, sehr leise, ohne Kopfdrehung, mehr zu sich selbst als zum Nebenmann gesprochen.

CASCA: Jetzt kommt er nicht mehr.
CASSIUS: Irgend jemand hat uns verraten.
CAECILIUS: Aber wer?
1. VERSCHWÖRER: Tillius.
CASCA: Nein, Tillius nicht.
2. VERSCHWÖRER: Wenn er getrunken hat, wird er geschwätzig.
3. VERSCHWÖRER: Hast du Brutus gesehen?
4. VERSCHWÖRER: Er kann nicht mehr schlafen, sagt man.
CASSIUS: Es war ein Fehler, ihn einzuweihen.
5. VERSCHWÖRER: Ich habe immer dagegengestimmt.
TILLIUS: Er soll krank sein.
5. VERSCHWÖRER: Wer?
TILLIUS: Caesar, wer sonst.
6. VERSCHWÖRER: Und wenn er doch noch kommt?
7. VERSCHWÖRER: Da sind seine Diener.
CAECILIUS: Sie tragen den Sessel hinaus.
CASCA: Nun ist es zu spät. Ich hab's ja gewußt. Jetzt ist alles verloren.
CAECILIUS: Brutus!
Brutus tritt zu Casca und schüttelt den Kopf. Fragende Geste des Casca.

BRUTUS: Alles gewonnen.

Jetzt tritt Caesar ein: Das Gesicht Cascas bezeichnet die Ankunft des Opfers. Grimm verwandelt sich in Staunen, Staunen in Triumph. Casca beugt sich vor, winkt mit den Händen.

Die Verschworenen wenden sich einander zu. Erleichterung wird angezeigt. Alle verneigen sich und deuten Ehrerbietung an. Das Spiel kann beginnen. Es rollt wie eine Pantomime ab.

Cassius fungiert als Regisseur und markiert jeweils den Beginn einer neuen Phase der Aktion.

CASSIUS: Jetzt, Tillius – aber nicht wieder so laut.

Die Kameras begleiten Tillius Cimber, bis er sich vor Caesars Sessel niederwirft. Sein Gesicht zeigt das Vertrauen eines Bittstellers.

TILLIUS: Ich bitte dich, Caesar, um Gnade für meinen Bruder. Seine Schuld ist gesühnt. Sieben Jahre der Verbannung für eine Sekunde Schwäche...

Caesar scheint ungehalten zu sein.

... nun gut, des Versagens, auch der Feigheit, wenn du so willst... ist das nicht genug? Sieben Jahre im Exil, Caesar, zweitausend Tage nichts als Baracken und Bretterverschläge. Mein Bruder hat gebüßt. Ich bitte dich, Caesar, hab Mitleid mit ihm.

Erwartung in Cimbers Gesicht, Spannung in den Augen der Verschworenen. Dann kommt Caesar zum ersten Mal ins Bild.

CAESAR: Dein Bruder, Tillius, war ein Verräter. Du hättest Grund, mit dem Urteil zufrieden zu sein. Ich nenne es milde.

TILLIUS: Aber die Zeugen waren bestochen!

CAESAR: Und seine Aussage...

TILLIUS: ... unter Foltern erzwungen.

CAESAR: Wäre ich nicht gewesen, seine Soldaten hätten ihn geschlachtet wie ein Stück Vieh. Aber ich wollte das nicht, ich hatte Mitleid mit ihm. Doch auch Mitleid kann sich erschöpfen.

TILLIUS: Lies seine Briefe! Hier! Er ist krank! Wenn du nicht hilfst, wird er sterben.

Cassius gibt den Verschworenen einen Wink.

CASSIUS: Kommt, es ist Zeit.

Die Verschworenen umringen Caesar, so, als wollten sie Tillius' Antrag zu ihrem eigenen machen.

CAESAR: Ich sehe, du hast Freunde, Tillius. Ehrenwerte Männer. Das nimmt mich ein für dich. Was aber deinen Bruder betrifft...

Tillius faßt Caesar am Gewand, tastet sich mit den Händen empor.

TILLIUS: Gnade, Caesar! Ein letztes Mal: Hab Erbarmen mit ihm!

Die Verschworenen kommen näher, fassen Caesars Toga an und rufen.

ALLE: Gnade, großer Caesar, Gnade für ihn.

Der Bittgesang wird zum Ritual: Ein Zerren, Tanzen und Klatschen. Tillius reißt Caesars Toga herunter, die Schulter wird entblößt: Dies ist das Zeichen.

CAESAR: Zu Hilfe! Das ist Gewalt!

CASSIUS: Casca, fang an!

Casca umspannt mit seinen Händen Caesars Hals.

CASCA: Erbarmen, Caesar, kein Erbarmen mit uns?

Caesar sucht sich zu wehren, benutzt seinen Schreibgriffel als Waffe, die Verschworenen ziehen die Dolche.

CASSIUS: Es lebe die Republik!

ALLE: Es lebe die Freiheit!

Die Verschworenen stürzen vor, stechen, von Cassius eingewiesen, zu, springen wieder zurück. Eine Pantomime, schauerlich und graziös zugleich: Cassius, als erster, zielt ins Gesicht, die anderen treffen den Körper. Caesar lehnt sich an das Standbild des Pompejus; der Tanz wird wilder, die Ordnung zerfällt, die Mörder verwunden sich gegenseitig. Als letzter geht Brutus auf Caesar zu.

CASSIUS: Ziel auf sein Herz, Brutus.

Caesars Gesicht ist blutig, seine Augen sind voll Entsetzen auf Brutus gerichtet.

Die Szenerie, grell, bunt und monströs, verschwimmt. Über einem Standbild aus dem Todesritual erscheint der Titel DIE VERSCHWÖRUNG.

Dann, während der folgenden Ankündigung des Sprechers, rollt das Finale der Ermordung noch einmal in extremem Zeitlupentempo ab. Die Geschwindigkeit der Bilder verändert sich in Übereinstimmung mit dem Text.

SPRECHER: So also, sagt man, sei es gewesen, am fünfzehnten März des Jahres vierundvierzig vor Christi Geburt: so wurde Caesar ermordet. Ein hilfloser Mann ging in die Falle... als Opfer eines Komplotts, von dem er nichts ahnte. Die Zeugnisse sprechen für sich, das Quellen-Material ist vorzüglich.

Aber ist es überhaupt möglich, daß ein Diktator mit einem so vollkommenen Spitzel-System, wie es Caesar besaß, nichts von einer Verschwörung bemerkt haben soll, zu der beinahe hundert Männer gehörten? Und wie viele Abenteurer, wie viele zwielichtige

Gestalten waren darunter! Wenn es für Spitzel jemals eine günstige Gelegenheit gab, sich unter die Rebellen zu mischen... hier war sie gegeben. Aber Caesar hätte noch nicht einmal einen Spitzel gebraucht: Servilia, Brutus' Mutter, war immerhin ein Jahrzehnt lang seine Geliebte gewesen. Soll man annehmen, ihr, die bis zum Mordtag Caesars Freundin und Vertraute war, seien die Pläne verborgen geblieben, über die im Haus ihres Sohnes selbst die Dienstboten sprachen?

Und darf man glauben, Servilia hätte geschwiegen, als sie von der bevorstehenden Ermordung ihres Freundes erfuhr?

Ob *sie* nun Caesar gewarnt hat oder ob es ein Dossier der Geheimpolizei war, das dem Diktator die Verschwörung verriet, ist ohne Belang. Er war unterrichtet. Darauf allein kommt es an. Wenn er gewollt hätte – nichts wäre für ihn leichter gewesen als ein Zerschlagen dieser dilettantischen Konspiration. Warum also tat er es nicht? War er zu alt oder zu krank, hatte keine Kraft mehr, sich der Verschwörung entgegenzustellen? Oder kam sie ihm am Ende sogar gelegen; wollte er sterben; ersehnte sich, von der Fallsucht gezeichnet, einen raschen, gewaltsamen Tod, so daß er die Revolte förderte? Ja, wäre es nicht sogar denkbar, daß er es war, der die Verschwörung gegen sich selber erdachte? Eine Revolution – erfunden, um den Tod zu bringen, den er sich wünschte; ein Komplott – ersonnen, um sein Leben durch eine Verschwörung zu krönen, deren Scheitern er vorausberechnete; eine Konspiration – ausgedacht, um der eigenen Unsterblichkeit willen: war das seine letzte und verwegenste Idee? Das jedenfalls ist die Theorie unseres Spiels – eine Annahme, die überzeugender ist als das Märchen von dem ahnungslosen Mann, der seinen Widersachern schnurstracks in die Fänge lief. Nicht er – sie waren die Marionetten an den Iden des März... wie sehr, das beweisen Caesars Gedanken und Handlungen in der Nacht vor dem Mord.

An die Stelle der Senats-Szenerie tritt ein streng stilisierter Spielraum: Ein Schreibtisch, einige Stühle, Andeutung einer Tür und eines Fensters. Caesar – Caesar, der Redner und Planer, nicht Caesar, das Opfer – sitzt am Tisch. Dann winkt er flüchtig mit der Hand. Der Sklave Servius tritt auf.

CAESAR: Wenn Caecilius kommt, laß ihn herein. Es ist eilig.

SERVIUS: Er wartet schon in der Halle.

CAESAR: Gut, ich möchte ihn sprechen.

Caesar blättert, mit seinen Gedanken mehr beschäftigt als mit den Vorgängen um ihn herum, in den vor ihm auf dem Tisch liegenden Papieren. Ein Kopfnicken: ›Ja, du kannst eintreten, setz dich drüben auf den Stuhl‹, zeigt an, daß er Caecilius überhaupt bemerkt hat. Caecilius sitzt jetzt Caesar gegenüber, Servius, das gehört zum Protokoll – kein Gespräch ohne Zeugen – steht an der Tür.

CAESAR: Nun?

CAECILIUS: Sie beraten noch immer.

CAESAR: Hast du die Liste? Gut. Dann laß hören.

CAECILIUS: Quintus Ligarius, Pontius Aquila, Publius Turullius, Lucius Minucius, Basilius...

CAESAR: Basilius? Ja, das leuchtet mir ein. Er wollte eine Provinz von mir – und ich gab ihm nur Geld.

CAECILIUS: Immerhin sechstausend Sesterzen.

CAESAR: Die Provinz hätte ihm das Dreißigfache gebracht. Wer noch?

CAECILIUS: Cassius Parmensis, Antistius Labeo, Junius Albinus...

CAESAR: Ein Prolet, den ich groß werden ließ.

CAECILIUS: Caecilius Bucilianus, Sulpicius Galba...

CAESAR: *(zu Servius)* Steht wie hoch in Kreide bei uns?

SERVIUS: Dreitausend Sesterzen.

CAESAR: Nicht eben viel – für einen Mord.

SERVIUS: Zinsschulden noch einmal tausend Sesterzen.

CAESAR: Weiter, Caecilius.

CAECILIUS: Rubrius Ruga, Manius Spurius, Servilius Casca...

CAESAR: Zum Dank dafür, daß ich ihn Tribun werden ließ. Oder war es sein Bruder?

SERVIUS: Der ist schon lange tot. Ihr habt selber die Leichenrede gehalten, Herr.

CAESAR: Ja, ich erinnere mich. Sie hatten beide kein Geld.

CAECILIUS: Lucius Cornelius Cinna, Sextius Naso, Tillius Cimber.

CAESAR: Das hab ich erwartet: Eine illustre Gesellschaft, fürwahr. Nun, er wird Hof halten nach meinem Tod, dieser Cimber.

CAECILIUS: Gajus Trebonius.

CAESAR: Wie immer betrunken.

CAECILIUS: Trebonius?

CAESAR: Verzeih, ich war noch bei Cimber. – Trebonius also. Das ist

jetzt sein dritter Versuch: zweimal begnadigt, endlich am Ziel. Ihr seht, man muß nur hartnäckig sein, dann kommt man voran.
Imitiert Trebonius
»Der Freundschaft eines einzelnen ziehe ich die Freiheit des römischen Volks vor«... so kann man es auch sagen, wenn man vergißt, was man... diesem Einzelnen verdankt. – Noch lang, deine Liste? Wie steht's mit Cicero?

CAECILIUS: Nein, Cicero nicht.

CAESAR: Schade. Cicero mit einem Dolch in der Hand – das hätte ich gerne gesehen. Brutus und Cicero: zwei Träumer unter einer Bande von Räubern. – Wann sind sie zusammengekommen?

CAECILIUS: Gegen zehn in Cassius' Haus; es waren vierundzwanzig – mit mir.

CAESAR: Wer wird es tun?

CAECILIUS: Alle.

CAESAR: Und wo? Hier im Haus? Auf offener Straße? Oder doch morgen abend im Circus? Hat Ligarius immer noch nicht seinen Plan aufgegeben, das Gerüst anzusägen, um dann von einem Unfall zu sprechen?

CAECILIUS: Nein, es bleibt dabei: im Senat – dort, wo du dich am sichersten fühlst.

CAESAR: Von Männern umgeben, die ihr Leben verpfändeten, um mich zu schützen. Ja, ich verstehe. Gut überlegt – und nicht ohne Witz... ich wette, das war Trebonius' Einfall: Caesar ermordet unter den Augen des Opfers... der Tote nimmt Rache. – Ein wenig grell vielleicht, etwas deutlich, aber nicht ganz ohne Feierlichkeit für die Leute, und so recht nach dem Herzen der Priester. Der fromme, patriotische Trebonius... dieser Plan paßt wirklich gut zu ihm. – Wie wird es geschehen?

CAECILIUS: Sobald du angekommen bist, geht Cimber auf dich zu, mit einer Bittschrift; du verweigerst dich ihm, er dringt auf dich ein, zerreißt deine Toga – das ist für Casca das Zeichen, dich an der Kehle zu packen. Casca ist der Fingermann. Wenn er winkt, stechen sie zu. Die Reihenfolge wurde ausgelost – mit zwei Ausnahmen freilich: Brutus soll als letzter treffen und als erster – Cassius... und zwar ins Gesicht!

CAESAR: Nicht ins Gesicht! Hörst du, Caecilius, das mußt du verhindern. In die Brust, in den Leib meinethalben, in den Arm – aber nicht ins Gesicht.

CAECILIUS: Hier, zwischen den Augen, wird er dich treffen. Das hat er sich ausbedungen.

CAESAR: Und niemand widersprach?

CAECILIUS: Doch, Brutus.

CAESAR: Dann geh zu ihm.

CAECILIUS: Er wurde überstimmt.

CAESAR: Du weißt, wie sehr er dir vertraut. Geh zu ihm und versuch ihm zu erklären, was das für ihn heißt: Brutus, ein reiner, unbefleckter Mann, hat zugesehen, wie man Caesar abstach – abstach, wie man Tiere nicht abschlachten würde. – Beeil dich, ich habe nicht mehr viel Zeit. Geh zu Cassius zurück und versuche, mit Brutus zu sprechen. Ich bin sicher, er wird auf dich hören.

Ohne auf Caecilius zu achten, der von Servius hinausgebracht wird, geht Caesar zum Fenster und schaut hinaus.

CAESAR: Nein, das wirst du nicht zulassen, Brutus. Hast du unsere Gespräche vergessen: Es gibt nichts, das verächtlicher als die Grausamkeit ist? – Außerdem wäre es unklug, um eurer Sache willen, verstehst du: das ist es, was du deinen Freunden klarmachen mußt. Schließlich geht es nicht um einen Anschlag aus dem Hinterhalt... dann könnte Cassius tun, was er mag – sondern – wie sagst du doch immer? – um eine zum Wohl des Volkes verübte Tat, eine Opferzeremonie im Theater, wenn du so willst, für deren Verlauf du verantwortlich bist.

Pause

Natürlich du! Wer denn sonst? Schließlich bist du das Symbol dieser Revolution und der Garant ihrer Reinheit.

In anderem Ton

Wußtest du, daß man von diesem Fenster aus sein Haus sehen kann, Servius.

Servius träumt vor sich hin und versteht nicht.

In der Bibliothek ist noch Licht.

Wer weiß, vielleicht steht er jetzt auch am Fenster und schaut herüber zu uns und spricht mit seiner Frau: »Ich muß es tun, Porcia, glaub mir, ich habe keine andere Wahl. Was würde Cato sagen, dein Vater, der sich tötete, um nicht in der Knechtschaft leben zu müssen... was würde er sagen, wenn ich...« Ich bin sicher, Servius, er spricht auch jetzt noch seine langen griechischen Sätze: was würde... der sich tötete... wenn ich...

Anderer Tonfall

Meinst du, ich wüßte nicht, Brutus, wie du Tag für Tag die gleichen Litaneien sprichst: Er ist ein Tyrann, ein Tyrann, und ein
Tyrann, das habe ich aus meinen griechischen Büchern gelernt,
hat das Recht auf sein Leben verwirkt; meine Hände sind rein.

Anderer Tonfall

Morgen früh ist das anders, Brutus, dann wird es ernst; deine griechischen Helden sind plötzlich verschwunden, nur noch Brutus
ist da und der hat Angst, weil statt des Tyrannen plötzlich ein alter
Mann vor ihm steht, den Kopf ein wenig zur Seite gedreht – das
linke Ohr ist taub – und auf den sollst du nun zielen.

Anderer Tonfall

Dein Haß wird klein sein, morgen früh, wenn du die Warze siehst,
hier, oder die Falten meines Rocks, die dann schmutzig und naß
sind. Du denkst – stelle ich mir vor –: Wie kläglich das aussieht; er
war immer so sauber, und nun dieser Schmutz, diese Kruste unter
dem Nagel, das paßt nicht zu ihm; und ich sehe dich an – du weißt
nicht einmal, ob ich noch lebe – und dann mußt du es tun.

*Aus dem Monolog wird ein Gespräch; Caesar kennt Brutus' Gedanken so
gut, daß seine Stimme die Antworten des Brutus formuliert.*

CAESAR-BRUTUS: Ich werde an Cato denken. Zögerte er, als er den
Dolch nahm, um sich zu töten?

CAESAR: Tapfer sterben kann jeder. Wir reden von Mord.

CAESAR-BRUTUS: Hat Servilius gezögert?

CAESAR: Vor dreihundert Jahren den Tyrannen Maelius zu erschlagen? Nein, er zögerte nicht; man war immer schnell bei der Sache,
in eurer Familie, wenn's darum ging, Blut fließen zu lassen. Ich
kenne Roms Geschichte besser als du; aber ich weiß auch, daß dir
alle deine Ahnen morgen früh so wenig nützen werden wie die
griechischen Bücher.

CAESAR-BRUTUS: Bist du so sicher, Caesar? Ist es nicht ein alter Fehler von dir, dich für einen Gedankenleser zu halten?

CAESAR: Sagen wir's schlichter: Man hat seine Spitzel.

CAESAR-BRUTUS: Was ich denke, steht nicht in den Dossiers deiner
Geheimpolizei.

Caesar holt ein Konvolut aus der Schublade, blättert darin.

CAESAR: 4. Februar: hat die dritte Nacht nicht geschlafen, klagt über
Kopfschmerz. Gespräche mit Porcia: ob man besser an der See
oder in den Bergen Ferien mache. 13. Februar: Servilia zu Besuch.

Gespräch über C.

Aufblickend

Ich nehme an, deine Mutter hat mich verteidigt. 18. Februar: Bankett bei Ligarius B. wieder betrunken. Wurde nach Hause gebracht. Schloß sich ein. 20. Februar... das genügt, denke ich.

CAESAR-BRUTUS: Jedenfalls weiß ich jetzt, wie sehr du dich sorgst um mich, Caesar. Habe ich dir Kummer gemacht? Es liegt bei dir, das zu ändern. Du könntest mir helfen...

CAESAR: ... Stelle die Republik wieder her. Verzichte auf die Diktatur. Das wolltest du doch sagen, nicht wahr?

CAESAR-BRUTUS: Ich könnte dich auch an unsere Gespräche erinnern: nicht der Herrscher, nur der Weise ist selig – hieß es nicht so, und du stimmtest zu?

CAESAR: Das heißt also: Werde wieder der freundliche alte Herr, den wir verehren, der milde Caesar, in dessen Bild wir uns selber erkannten.

Tonwechsel

Ich muß dich enttäuschen, Brutus: ich bin in meinem ganzen Leben weder milde noch freundlich gewesen. Meine Nachsicht war eine Parole, ein Programm, das wirksam war und mir Erfolge verbürgte, mehr nicht. Was ich erreichen wollte, hab ich erreicht; ich bin alt geworden und ich kann nicht mehr Ruhm erringen als ich jetzt habe.

CAESAR-BRUTUS: Was also willst du noch?

CAESAR: *(die Silben betonend)* Ster-ben... und zwar den richtigen Tod. Oder meinst du, ich hätte Lust, noch zehn oder zwanzig Jahre in dieser dreckigen Krämerstadt spazieren zu gehen, in der die Leute, als ich aus Afrika oder Spanien heimkehrte, noch immer am gleichen Fleck wie bei meiner Ausreise saßen: über ihren Schuldscheinen und Kontokurrenten – Senatoren!! – und ich hatte inzwischen ein Weltreich erobert?

CAESAR-BRUTUS: Dann brich doch wieder auf, wer hindert dich denn, immer neue Kriege zu führen? Vorgestern Gallien, gestern Ägypten, morgen die Parther. Hast du deine Pläne geändert?

CAESAR: Und dann zum Kaspischen Meer und nach Indien, und zur Nordsee und in die lybischen Wüsten... die Legionen wollen marschieren; was Alexander konnte... warum kann's Caesar denn nicht? Ich will es dir sagen: Weil es mich anekelt, immer die gleichen Triumphe über immer die gleichen weißen, gelben und

schwarzen Menschen zu feiern; weil ich es hasse, mich wiederholen zu müssen, ohne an Erfahrung oder meinetwegen auch an
Ruhm zu gewinnen. Weil es für mich nur noch ein einziges Abenteuer gibt – und das möchte ich so schnell wie möglich erleben.

CAESAR-BRUTUS: Dann tu's doch!

Deutet auf Servius

Er wird dir das Schwert schon halten, wenn du ihn darum bittest.
Oder bevorzugst du Gift? Mein Sklave Caebio kennt eine ägyptische Droge, die in Sekunden wirken soll.

CAESAR: Drogen habe ich selbst, und Handlanger auch. Aber ich will
nicht. Ich will nicht, daß die Leute sagen, ich sei am Ende gewesen... ein alter Epileptiker – wie schnell entstehen solche Gerüchte –, der ohnehin nicht mehr lange gelebt hätte. Sag selbst, ist
das ein Tod, der zu mir paßt... ein Caesar-Tod?

Sieht sich um, schaut zuerst seinen imaginären Partner, dann Servius an:
so, als erwarte er eine Bestätigung.

Ich wünsche, daß die Menschen glauben, ich sei in jenem Augenblick ermordet worden, da ich mich anschickte, die Welt für immer zu ordnen, ihr Gesetze zu geben, die dauern und ein neues
Zeitmaß zu finden.

Plötzlich ausbrechend

Ich will nicht zum Krüppel werden. Ich will kein sabbernder Greis
sein! Ich will als Caesar sterben – und dabei mußt du mir helfen,
ob du willst oder nicht!

Caesar hat sich in Ekstase geredet, ein Anfall droht, Servius, dessen Gesten
zeigen, daß ihm solche Ausbrüche vertraut sind, holt einen Becher und gibt
Caesar zu trinken: routiniert, beinahe angeekelt.

CAESAR-BRUTUS: Und wann hast du von uns erfahren?

CAESAR: Erfahren! Erfahren! Begreifst du denn immer noch nicht,
daß es *mein* Einfall war, euch eine Revolution machen zu lassen?
Ich habe sie geplant, nicht dieser Cassius, der war nur ein Strohmann von mir.

Anderer Ton

Was würdest du tun, Brutus, wenn du einen Tod haben möchtest,
der schnell kommt und dir Ruhm einbringt? Der Tod im Bett ist
nicht rasch, der Selbstmord bringt keinen Ruhm – bleibt also der
Mord. Das ist logisch, nicht wahr?

CAESAR-BRUTUS: Jetzt sprichst du wie ein Geschäftsmann.

CAESAR: Das bin ich auch. Ich kann nämlich rechnen. Im Grunde, weißt du, sind Kalkulationen mit Menschen nicht schwerer als Zahlungsbilanzen... nur etwas aufwendiger. Was hatte ich denn schon zu tun? Eine Opposition war vorhanden, an Abenteurern fehlte es auch nicht, ich brauchte euch also nur noch ein wenig zu reizen, den Diktator zu spielen oder mir die Königskrone anbieten zu lassen... und schon zückten meine Republikaner die Dolche.

CAESAR-BRUTUS: Das ist...

CAESAR: ... ein geniales Theaterstück, wolltest du sagen? Ja, das finde ich auch – und vor allem: gut inszeniert. Die Hauptdarsteller vortrefflich und die Statisten... Statisten.

CAESAR-BRUTUS: Die Diademe auf deinen Statuen?

CAESAR: Aufgehängt von meiner Polizei.

Pause

Und auch wieder abgerissen natürlich.

CAESAR-BRUTUS: Und dein Paradebett?

CAESAR: Angefertigt nach meinem Entwurf. Hat 10000 Sesterzen gekostet.

CAESAR-BRUTUS: Das Vierfache wurde genannt.

CAESAR: Um euch zu reizen und die Sache zu beschleunigen.

CAESAR-BRUTUS: Und der Sonderwagen für deine Standbilder? Die göttlichen Ehren? Das bedeutete überhaupt nichts für dich?

CAESAR: Bin ich vielleicht ein Tyrann?

Ach, Brutus, wenn du wüßtest, wie ekelhaft mir diese Maskerade war! *(trinkt)*

Die rote Robe und der Lorbeerkranz... meinst du, ich sei mir nicht wie ein Harlekin vorgekommen, wenn ich zum Kapitol hinauffuhr und dabei noch ernst bleiben mußte? Warum habt ihr nur so lange gezögert? Hätte nicht der eine Auftritt genügt – du erinnerst dich –, als ich sitzen blieb, im Senat, während ihr mir eure Aufwartung machtet?

Hättet ihr doch zugeschlagen, damals, statt mich zu zwingen, immer gröbere Mittel zu wählen: Heiligsprechung, Verherrlichung meines Geburtstages... manchmal glaubte ich, ihr würdet noch warten, bis mich der Senat zu Jupiters Nachfolger machte. Ich kann das Spiel so weit treiben – wenn ihr morgen nicht zuschlagt.

CAESAR-BRUTUS: ... sagte die Katze zur Maus.

CAESAR: Verzeih mir, daß ich dich berichtige: ich glaube nicht, daß Mäuse feige sind.

CAESAR-BRUTUS: Aber Katzen verschlagen.

CAESAR: Ich würde sagen, einfallsreich. Und konsequent.

CAESAR-BRUTUS: Wenn es dir aber nur darauf ankam, uns zum Mord anzutreiben, warum hast du dann ausgerechnet die beste Gelegenheit vorbeigehen lassen?

CAESAR: Du meinst, als ich die Königskrone zurückwies, die mir Antonius hinhielt?

CAESAR-BRUTUS: Weil das Volk murrte. War das konsequent?

CAESAR: Ich glaube ja, denn mein Spiel mußte glaubwürdig sein. Ein Freund des Volkes wird schließlich nicht in einer Nacht zum Tyrannen. Außerdem hat mir, offen gesagt, der Gedanke gefallen, wie da nach meinem Tod die Geschichtsschreiber rätseln: wollte er nun oder wollte er nicht? Wenn Caesar stirbt, muß die Welt den Atem anhalten: nur noch Fragen, keine Antworten mehr.

CAESAR-BRUTUS: Und wir haben alles geglaubt, deine Wünsche und deine Bedenken.

CAESAR: Das pflegt so zu sein im Theater.

CAESAR-BRUTUS: Du hast gewonnen, Caesar: Ich gebe auf.

CAESAR: Das täte mir leid.

CAESAR-BRUTUS: Wozu noch weitersprechen; du machst keinen Fehler.

CAESAR: Ich habe bereits einen Fehler gemacht.

CAESAR-BRUTUS: Dein Spiel verlief genau wie geplant... was willst du mehr?

CAESAR: Du irrst dich, Brutus, eine Prognose war falsch, und gerade auf die kommt es mir an.
Sehr langsam und akzentuiert
Ich habe nicht geglaubt, daß du durchhalten würdest bis heute.

CAESAR-BRUTUS: Manchmal können sich auch Geschäftsleute irren.

CAESAR: Und dabei war alles so gut überlegt. Cassius machte sich Hoffnungen, Praetor zu werden, er war an der Reihe, du warst es nicht, ihn ließ ich fallen, dich zog ich vor... ihr *mußtet* doch Feinde werden! Er *mußte* doch in Caesars Günstling eine Gefahr für die Verschwörung sehen! Es war ja gegen alle Regeln der Vernunft, daß ihr euch versöhntet! Cassius als Friedensbote... nein, darauf konnte ich wirklich nicht kommen, das ist ja Narretei!

CAESAR-BRUTUS: Ich habe eingesehen, daß man mich braucht. Mag sich lieben, wer will: Ohne Brutus gibt es keine Verschwörung.

CAESAR: Da hast du recht. Wen, außer dir, hätte man auch nehmen
sollen, nachdem Cicero wegen Unzuverlässigkeit ausschied? Ganz
ohne Symbole können selbst Revolutionen nicht leben, und ein
Heiliger an der Spitze der Verschwörung... das ist schon ein Programm. Aber ich warne dich, Brutus – unser Heiliger wird bald
im Blut waten müssen.
Eindringlich
Laß es mit einer Geste bewenden, geh nicht in den Senat morgen
früh. Schau mich an. Meinst du wirklich, deine Hand würde nicht
zittern?
Brutus senkt den Kopf.
Na, siehst du. Wir müssen jetzt genau überlegen, ob es nicht doch
eine Möglichkeit gibt, den Satz A: Ohne Brutus keine Verschwörung, mit dem Satz B zu verbinden: Aber Brutus kann Caesar
nicht töten. – Wenn du nun sagtest: ›Ich weigere mich, einem Senat anzugehören, der dem Diktator Ehren zuerkennt‹... wäre das
nicht ein Ausweg? Du bleibst zu Hause, erfährst durch Boten von
der Tat, kommst hinzu, billigst den Mord... und stellst dich an
die Spitze der Revolution!
CAESAR-BRUTUS: Dafür ist es zu spät.
CAESAR: ... doch eurer Sache würde es nützen. Symbole müssen
sauber sein – ein blutbefleckter Brutus kann euch nur schaden!
Außerdem weiß jedes Kind, daß man die besten Trümpfe aufbe-
wahrt.
CAESAR-BRUTUS: Ich sehe, die Verschwörung liegt dir am Herzen.
CAESAR: Sie ist schließlich mein Werk – durchgeführt hätte ich sie al-
lerdings besser.
Anderer Tonfall
Ich will dich retten, Brutus, verstehst du denn immer noch
nicht?
CAESAR-BRUTUS: Mich? Oder deine Kalkulation?
CAESAR: Das kommt aufs gleiche heraus. Es ist eine Frage der
Grammatik, ob du sagst:
Tippt buchstabierend mit dem Finger auf den Tisch
›Brutus darf Caesar nicht töten‹ oder ob du es umdrehst: ›Caesar
darf nicht von Brutus getötet werden.‹
CAESAR-BRUTUS: Ich habe geschworen, Caesar.
CAESAR: Aber hast du nicht auch geschworen, deinen Vater zu rä-
chen und dich dann doch mit seinem Mörder Pompejus versöhnt?

Mit Pompejus! Der ihn hinrichten ließ! Dem gabst du die Hand! Ich glaube, ich verlange weniger, Ehrenmann Brutus, wenn ich dich bitte, deinen Schwur wenigstens noch einmal zu überdenken!

Brutus wendet sich ab.

Gut, wie du willst; dann spielen wir also unseren Part, morgen früh: Ich waffenlos, und du mit einem Dolch. Am Ende geschieht es mir recht. Wie konnte ich auch hoffen, dich von einer Tat abzubringen, zu der ich dich selbst überredete.

CAESAR-BRUTUS: Du, Caesar? Es war mein Entschluß, und niemand hat mich beeinflußt... du am allerwenigsten.

CAESAR: Und trotzdem die Skrupel?

CAESAR-BRUTUS: Ich hoffte immer noch, du würdest deine Ansichten ändern.

CAESAR: Ansichten haben Schulmeister oder Matrosen. Ich fasse Entschlüsse.

CAESAR-BRUTUS: Du warst zu lange im Feld, Caesar; befehlen und gehorchen, das ist alles, was du kennst. Aber Senatoren sind keine Soldaten.

CAESAR: Da hast du recht. Meine Soldaten hätten mir wohl kaum göttliche Ehren verliehen. Das blieb der Elite der Republik vorbehalten: den Zivilisten im Senat.

CAESAR-BRUTUS: Warte bis morgen. Dann weißt du, was sie in Wirklichkeit denken.

CAESAR: Wir werden ja sehen. Du jedenfalls, Bürger Brutus, hast lange gewartet, dir die Sache der Freiheit zu eigen zu machen.

CAESAR-BRUTUS: Die Tat wollte bedacht sein. Die Folgen auch.

CAESAR: Richtig. Schließlich ist ein Mord ja keine Kleinigkeit – für einen Philosophen wie dich. Man mußte dich drängen...

CAESAR-BRUTUS: ... und hat mich überzeugt.

CAESAR: Cassius, nehme ich an, Trebonius, Casca...

CAESAR-BRUTUS: Die auch. Aber vor allem das Volk.

CAESAR: *(sehr ironisch)* Ach so... das Volk! Ein Angehöriger des junischen Hauses verkehrt mit dem Volk! Der Sohn einer der großen Familien Roms geht unter die Handlungsgehilfen, Bäcker und Wirte! Das ist freilich neu für mich!

Caesar lacht laut, sieht Servius an und zwingt ihn, mitzulachen, obwohl der gar nicht versteht, worum es geht, sondern nur aus den Gesten erschließen kann, was Caesar denkt.

Oder solltest du mit deinem Volk vielleicht nur die Maler meinen, die Schreibsklaven etwa und die Plakatekleber? Du weißt, die Leute, die nachts deine Haustür mit Kreide beschmieren: ›Brutus, wie lange willst du noch schlafen? Brutus, wach endlich auf!‹ Oder die andern, die deinen Stuhl im Senat immer mit diesen albernen Zetteln beklebten: ›Brutus, die Republik wartet auf dich… Brutus, denk an die Freiheit…‹ das Volk meinst du doch hoffentlich nicht?

CAESAR-BRUTUS: Welches denn sonst? Seinem Ruf bin ich gefolgt.

CAESAR: Dann bleib zu Haus, morgen früh. Diese Zettel hier
kramt in der Schublade, holt einen hervor
stammen nämlich aus meiner Kanzlei, und die Malkolonnen wurden von meinem Konto bezahlt. Du kannst die Auszüge sehen.
Steckt die Zettel wieder ein
Die Texte der Plakate waren übrigens von mir.
Caesar nickt beifällig: ›endlich begreifst du mich…‹

CAESAR-BRUTUS: Jetzt verstehe ich. Du wolltest sterben, du erfandest eine Revolution, su sahst in mir den Mann, den du brauchtest, das Werkzeug, ohne das deine Revolution nicht stattfinden konnte, du hast mich beobachtet, du spieltest mit mir… und nachdem du alles erreicht hast, willst du, daß ich dir auch noch die letzte Bitte erfülle und zu Hause bleibe: sollen's doch die anderen machen, Brutus hat seine Schuldigkeit getan! – Glaubst du wirklich, ich würde das tun… jetzt, wo ich alles weiß, auch noch meine Freunde verraten?

CAESAR: Aber wer spricht denn von Verrat! Wozu solche Worte? Warst du nicht – mehr als einmal! – nahe daran, mir dein Geheimnis anzuvertrauen?

CAESAR-BRUTUS: Um dich zu warnen, Caesar, weil ich hoffte, du könntest dich vielleicht doch noch besinnen, wenn du ahntest, was dir bevorstünde, falls…

CAESAR: Und über all diesen ›konnte‹ und ›falls‹ und ›wenn‹ und ›vielleicht‹ verging dann die Zeit.

CAESAR-BRUTUS: Nein, ich traute dir nicht.

CAESAR: Das war gut! Ich traute dir übrigens auch nicht. Erinnerst du dich noch an den Tag, es war Anfang Januar, glaube ich, als ich zum letzten Mal in deinem Hause war?
Unser Gespräch unter der Ahnentafel, der kleine Streit, du weißt, über die Freiheitshelden, wie du sie nanntest, und ihre Pflich-

ten... ich hatte das Gefühl, du wolltest mich warnen, damals; du sprachst so viel von Tyrannen, von Gift und Verschwörung – und ahntest zugleich, daß ich sehr viel genauer im Bild war, als ihr – du und Cassius – glaubtet. Ich bat dich, du möchtest weniger trinken, sonst würde deine Hand unsicher werden. Meinst du, ich hätte noch deutlicher werden sollen? Ein Spiel mit offenen Karten? Ja, ich habe mir auch das überlegt... nur war ich nicht sicher, ob ich dich überzeugen konnte, daß die Revolution auf jeden Fall stattfinden mußte – in der letzten Phase freilich ohne dich.

CAESAR-BRUTUS: Ich kann immer noch zu Cassius gehen. Noch ist es nicht zu spät.

CAESAR: Und du meinst wirklich, er würde dir glauben, wenn du ihm sagst: ›Ich komme gerade von Caesar, und da hab ich erfahren, daß dies gar nicht unsere, sondern seine Revolution ist; und die Plakate an meiner Haustür, die Wandparolen und die Zettel auf meinem Stuhl im Senat... die stammen auch von ihm!‹ Was glaubst du wohl, was dann geschieht? Ich will es dir sagen: sie werden meinen, daß du den Verstand verloren hast, und zwar vor Angst. Sie werden dich so lange einsperren, bis alles vorbei ist. Dann, sagen sie, wird er schon zu sich kommen, es ist nur ein Anfall, der geht schnell vorbei. – Lauf nur zu Cassius. Beeile dich – dann hab' ich nämlich, was ich will.

CAESAR-BRUTUS: Ich werde dich töten, Caesar, und ich werde keine Angst haben. Das ist nun vorbei. Wenn du nur ein Tyrann wärest, wer weiß, vielleicht hätte meine Hand wirklich gezittert, morgen früh.

Aber du bist schlimmer als ein Tyrann: du spielst mit uns, als ob wir Ameisen wären... Insekten. Ich verachte dich, Caesar, du ekelst mich an. – Ein geniales Stück, sagst du? Du solltest nicht so überheblich sein: ein gut durchdachter Feldzugsplan, exakte Generalstabsarbeit, mehr nicht. Eine Prise Zynismus, ein Quentchen Intelligenz, gemischt mit Skrupellosigkeit... das bewährte Rezept. Erwartest du, daß ich dein Schachspiel mit unseren Köpfen noch lobe? – Warum lachst du?

CAESAR: Verzeih mir, Brutus, aber wenn du zornig wirst, siehst du genau wie Servilia aus. Deine Mutter hat auch immer so mit den Nasenflügeln geschnaubt.

CAESAR-BRUTUS: Noch sechs Stunden, Caesar, dann bist du tot. Zum erstenmal in meinem Leben bin ich froh, weil jemand stirbt.

– Es macht mich glücklich, daß ich dich töten darf... morgen
früh.

CAESAR: Im Namen des Volkes natürlich.

CAESAR-BRUTUS: Gewiß. Oder meinst du, das Volk würde uns nicht
zujubeln, wenn es erfährt, welch ein Spiel du mit uns gespielt
hast.

CAESAR: Mit euch... das stimmt.

CAESAR-BRUTUS: Und mit dem Volk.

CAESAR: Das kenne ich besser als du. Das Volk bewundert mich. Wie
sehr, das wirst du in wenigen Tagen erleben.

*Caesar steht auf; seine raschen und zielstrebigen Bewegungen deuten dem
Zuschauer an, daß er seine Gedankenarbeit, das Zwiegespräch mit Brutus,
beendet hat und sich wieder den Geschäften zuwendet.*

Zu Servius

Sieh nach, ob Antonius wartet und laß ihn herein.

*Caesar beginnt erneut, in seinen Papieren zu lesen. Er nimmt einen Stift,
streicht etwas an, schreibt ein paar Zeilen. Inzwischen tritt Antonius ein.*

ANTONIUS: Verzeih, ich wurde aufgehalten durch Caecilius.

CAESAR: Wann kommt er zurück?

ANTONIUS: Spätestens in einer Stunde.

CAESAR: Dann haben wir nicht mehr viel Zeit.

Blättert

Ich habe inzwischen das Testament abgeändert. Du wirst gleich
hören. Das Original liegt im Geheimfach.

Macht eine Geste

Die Notare wissen Bescheid: Es ist vier Tage nach meinem Tode,
also am 19. März gegen Mittag, zu öffnen und einen Tag später,
während der Leichenfeier, dem Volk zu verlesen.

Zu Antonius

Diese Kopie ist dür dich. Du mußt die Hauptpunkte auswendig
lernen. Zum Beispiel dies: »Ich bestimme, daß jeder Plebejer, wer
immer er sei, dreihundert Sesterzen erhält.«

ANTONIUS: Ich bin kein guter Redner, Caesar.

CAESAR: Aber glaubhaft. Darauf kommt es an.

ANTONIUS: Wenn es im Feld wäre, vor den Soldaten...

CAESAR: Du *bist* im Feld, Antonius. Glaub mir, du wirst eine Rede
halten, von der man noch nach Jahrhunderten spricht.

Vorsprechend

Ich bestimme...

ANTONIUS: *(einfallend)* ... daß jeder Plebejer, wer immer er sei, dreihundert Sesterzen erhält.

CAESAR: Die Pause vor der Zahl muß länger sein. Dreihundert... das
ist schließlich viel Geld für einen Proleten. Mit achtzig werden sie
rechnen, vielleicht auch mit hundert. Aber dreihundert, das ist
beinahe ein Vermögen für die meisten von ihnen.
Spricht vor
... wer immer er sei, dreihundert Sesterzen... Du wirst sehen,
das tut seine Wirkung. –
Und dann dies: »Ich bestimme, daß aus meinen Gärten jenseits des
Tiber öffentliche Anlagen werden. Auch meine Häuser und den
gesamten Besitz an Grund und Boden vermache ich mit dem heutigen Tage dem römischen Volk.«
Blickt auf, prüft die Reaktion, nickt dann befriedigt.
Schon nach diesem Satz dürfen die Verschwörer keine Chance
mehr haben. Mit Caesar wurde der größte Freund des Volkes er-
mordet... das ist der Sinn des Testaments. – Aber hör weiter:
»Als meine Erben setze ich ein...«
Blätternd
das ist der dritte Paragraph: Cajus Octavius, Marcus Antonius,
Servilius Casca...

ANTONIUS: *(aufspringend)* Casca? Aber hat Caecilius dir denn nicht
gesagt...

CAESAR: Daraufhin habe ich ja das Testament abgeändert. Das Opfer
setzt – wie sagt doch Caecilius immer? – den Fingermann zum Er-
ben ein: so ahnungslos, Freunde, ist Caesar gewesen. –
Und noch ein letzter Paragraph.
Zu Antonius
Es ist allerdings möglich, daß du ihn nicht mehr vorlesen kannst,
weil das Volk inzwischen etwas... unruhig geworden ist.
Liest
»Sollte mir nach meinem Tod ein Sohn geboren werden, so er-
nenne ich zu seinen Vormündern meinen Gefährten Antonius
und meinen alten Freund... Marcus Brutus. – Und nun deine
Rede, Antonius.«
Servius gibt Caesar ein Zeichen.
Natürlich, wir haben die Tafel vergessen.
*Eine Wandtafel wird hereingefahren. Caesar nimmt ein Stück Kreide,
zeichnet, während er spricht.*

Das ist das Forum; in der Mitte, hier ungefähr, die Rednertribüne,
und davor die Bahre mit dem Totengewand,
schaut an sich herunter
das ist schwarz von Blut. Wenn man es gegen das Licht hält, sind
sogar die Löcher zu sehen. Unter dem Hemd liegt eine Puppe aus
Wachs. Man hat sie mir heute morgen gezeigt. Basilius hat sich
selbst übertroffen. Nein, ich möchte nicht, daß ihr sie seht. Es ist
Sache der Ärzte, die Wunden einzuzeichnen.
Außerdem muß noch der Mechanismus überprüft werden: es ist
nämlich keine gewöhnliche Puppe. Wenn man auf einen Knopf
drückt, richtet sie sich auf.
*Caesar blickt empor, als sähe er, entzückt von solcher Phantasmagorie, die
Puppe deutlich vor sich. Dann geht er auf Antonius zu, stellt sich neben ihn
und zeigt ihm die Szenerie auf dem Forum.*
Siehst du die Menschen? Es sind mindestens zehntausend, die stehen bis zum Palatin. Da drüben die weinenden Frauen, und da
meine alten Soldaten in Waffen, die Veteranen mit ihren Orden.
Hörst du? Jetzt schlagen sie mit den Schwertern gegen die Schil-
de... und jetzt die Klagegesänge der Kinder! Das ist dein Stich-
wort, Antonius. Mach schnell, du mußt auf die Tribüne. Nun ist
es still.
Caesar gibt Antonius das Zeichen zum Einsatz.
ANTONIUS: Caesar ist tot, er war mein Freund...
CAESAR: Nicht so schnell, du mußt viel langsamer sprechen, und fei-
erlicher. Man versteht dich sonst nicht.
Spricht vor
Caesar ist tot, er war mein Freund wie er ein Freund von allen
Gutgesinnten war.
ANTONIUS: Ein Freund des Volkes und ein Freund auch...
CAESAR: Jetzt die lange Pause.
ANTONIUS: ... des Senats.
CAESAR: Das Wort muß wie ein Peitschenschlag sein.
ANTONIUS: War es nicht der Senat, der ihm ein Denkmal erbaute mit
der Inschrift: »Dem unbesiegbaren Gott...«?
*Während Antonius deklamiert, bezeichnet Caesar mit den Händen die
Satzmelodie.*
Hat nicht der Senat, dieser Senat, das Bildnis Caesars auf dem Ca-
pitol neben die Bilder der Götter gestellt? Der Senat ihm Trium-
phe bewilligt...

CAESAR: *(einfallend im Stil der Litanei)* Ihm, der die Küstenvölker unterwarf, die Britannier besiegte, die Usipeter und Tencterer
schlug,

ANTONIUS: ... Sizilien eroberte, Sardinien und Korsika...

CAESAR: Spanien und Ägypten...

ANTONIUS: ... dem Helden von Bibracte und Thapsus, von Marsilia
und Alexandrien, von Pharsalus und von Munda.

CAESAR: Wer bin ich denn...

ANTONIUS: Ich, ein sterblicher Mensch, daß ich ihn preisen könnte,
wie er es verdient? Einen Caesar zu rühmen, das vermag nur der
Staat... und dieser Staat hat gesprochen durch die Gesetze, die
ihr, das Volk von Rom...

CAESAR: ... und der Senat...

ANTONIUS: ... zu seinen Ehren erließet.

CAESAR: Ja, so ist es gut. An dieser Stelle gehst du einen Schritt weiter zur Seite, ungefähr bis zur Bahre, und läßt den Herold den Se-
natsbeschluß verlesen, durch den *(rezitiert geschäftsmäßig)* Caesar
der Titel eines Vaters des Vaterlandes und das Recht zuerkannt
wurde, sein Bild auf die Münzen zu setzen... eine Ehre, die vorher noch nie einem Lebenden... und so fort und so fort.
Mit einer Handbewegung
Nun wieder du!

ANTONIUS: Und dieser gleiche Senat, Sprecher des Volkes von Rom,
hat sich verpflichtet, sein Leben zu schützen und hat geschworen:
›Den Rachegöttern sei geweiht, wer nicht zu Caesars Rettung
herbeikommt, wenn ihm Gefahr droht.‹

CAESAR: *(leise)* Wendung des Kopfes. Die Veteranen –

ANTONIUS: *(weit vorgebeugt, den rechten Arm ausgestreckt)* Du, Faber,
hast deinen Feldherrn geschützt, vor Bibracte; du, Niger, hast
seinen Leib mit deinem eigenen Körper gedeckt, als Vercingetorix
angriff; zeig ihnen die Narben, Metellus: der Speer, der dich traf,
war für deinen Feldherrn bestimmt. Aber du hast ihn geschützt,
während diese hier zusahen, du da und du hier, du hier und du...
zusahen, wie man ihn ermordete!

CAESAR: *(in höchster Erregung)* Und nun die Toga! Hoch damit! Und
ausgebreitet und geschwenkt!

ANTONIUS: *(schreit auf, als sei er die Menge, die in diesem Augenblick das
Totenhemd sieht)* Schaut euch die Toga an, Soldaten. Es ist das
Kleid, das er im Felde trug. Euer General ist tot!

CAESAR: Jetzt läßt du die Toga sinken, gehst ganz langsam zur Bahre und fällst nieder; die Puppe richtet sich auf, und alle sehen das Blut. Die Soldaten stürzen nach vorn, küssen das zerfetzte Kleid, deine Stimme wird leise.

ANTONIUS: Er war voll Sanftmut – ihr habt ihn ermordet. Großmütig war er – ihr aber bewahrtet ihn nicht vor seinen Verfolgern. Er war milde, schützte die Kleinen und hat das Brot mit den Armen geteilt – doch ihr danktet ihm nicht. Er war der Herr der Welt – und ist gestorben wie ein Vieh.

CAESAR: *(klatscht begeistert in die Hände)* Und nun das Testament! Das ist vorzüglich. Antonius! Selbst Cicero wird dich bewundern!

Für sich

Und dann erst die Klagechöre und der Scheiterhaufen: Bretter, Bretter von überall her! Wie sie laufen und suchen, die Bänke zerbrechen, die Stühle zerschlagen, wie sie trampeln und brüllen, die Kränze und den Schmuck in den Brand hineinwerfen, ihre Waffen und Kleider! Und ich brenne und brenne und der Himmel wird hell sein über der Stadt, hell wie am Tag, und Krieg wird kommen, überall Blut, die Erde wird in Aufruhr geraten, Städte sinken in Asche, Seuchen breiten sich aus, die Frucht verfault im Leib, und die Sonne wird sich verdunkeln.

Anderer Tonfall

Ich fürchte, Brutus' Sache steht nicht gut; ich sehe die Treibjagd voraus, in der Nacht nach dem Leichenbegängnis, und es mag sein, daß nicht allein der Scheiterhaufen brennt. Die Leute sind so leicht erregbar.

ANTONIUS: Und sehr vergeßlich!

CAESAR: Aber wenn Caesar stirbt... der Bürgerkrieg wird dafür sorgen, daß die Tränen so bald nicht versiegen.

Caesar setzt sich an seinen Tisch, spricht wieder wie vor der Inszenierung des Leichenbegängnisses.

Es sieht so aus, als wären sie mit ihren Vorbereitungen fertig. Caecilius schreibt hier, daß Trebonius... wo steht es denn... dich... ja hier... am Eingang zur Kurie aufhalten wird.

Winkt Antonius zu sich her

Wenn dies das Theater ist, also ungefähr dort.

ANTONIUS: Ich bleibe bei dir, General.

CAESAR: Auf keinen Fall! Hörst du, das ist ein Befehl. – Trebonius wird versuchen, dich in ein Gespräch zu verwickeln... also geh auf ihn ein. Mach ruhig einen kleinen Spaziergang mit ihm, möglichst weit weg, damit du nicht hörst, wenn ich schreie. Es wird ganz schnell gehen, das verspreche ich dir... nur ein paar Minuten, dann stürmen alle davon und du bist mit mir allein. – Es könnte sein, daß ich verstümmelt bin.

Zynisch

Ich hoffe, sie werden auf mein Herz zielen... schließlich sind es ja Senatoren und Ritter... trotzdem: gewiß ist das nicht. Du mußt dich also darauf einstellen, daß meine Augen... oder der Mund... es ist möglich... vielleicht erkennst du mich gar nicht, Antonius. Ich weiß, was ich von dir verlange, wenn ich dich bitte, zu Cassius und Brutus freundlich zu sein, ihnen die Hand zu geben und versöhnlich mit ihnen zu reden. Du sollst traurig wirken, Antonius, von Schmerz um mich erfüllt, aber nicht rachsüchtig. Natürlich fällt es dir nicht leicht, dem Haß zu entsagen, und das sollst du auch zeigen; doch um Roms willen bist du bereit, mit meinen Feinden zusammenzugehen. Du mußt sie in Sicherheit wiegen; wenn aber deine Stunde kommt, beim Leichenbegängnis, dann schlag zu! Versprichst du mir das?

ANTONIUS: Ich will es versuchen, Caesar... das verspreche ich.

CAESAR: Gut, dann laß uns allein, einen Augenblick lang. Das Gespräch hat mich angestrengt. Warte draußen und hol dir zu trinken.

Zu Servius

Und du, lies mir etwas vor, Servius.

Zu Antonius, der abgeht

Wenn Caecilius kommt, führ ihn herein.

Zu Servius

Aus dem Euripides vielleicht, nimm die ›Alkestis‹. Es ist das Stück, weißt du, das an dem Tag beginnt, wo – jemand stirbt, ein Mensch, der lange auf den Tod gewartet hat... was schaust du mich so an?

Caesar lehnt sich zurück; während Servius liest, beginnt er, seine Nägel zu feilen.

SERVIUS: O Haus Admets, in dem ich am Gesindetische saß und, als ein Gott...

CAESAR: Nein, den Anfang nicht. Fang später an – beim Abschied Admets.

SERVIUS: *(blättert zuerst und liest dann)* Die Freude ist dahin, wenn du gestorben bist...

CAESAR: Ja, das ist schön. Lies vor.

SERVIUS: Die Freude ist dahin, wenn du gestorben bist.

Ein Marmorbild, von einer Meisterhand geformt,
soll neben mir an meiner Seite ruhn – ein Traum, mit dem ich
sprechen kann. Doch hätt' ich Orpheus' Stimme, seinen Mund,
daß ich den Totenkönig und Persephone mit meinem Lied verzauberte:
ich stieg hinab und holte dich.
Kein Höllenhund, kein Fährmann hielte mich zurück.
Ich brächte dich ans Licht
und schenkte dir das Leben neu.

CAESAR: Nun, wenn ich Euripides wäre – ich würde ein anderes
Stück machen aus dieser Fabel.

Spricht, wie schon so oft, wieder im Tonfall des Strategen und Planers

Admet soll sterben – es sei denn, daß er jemanden fände, der für
ihn – an seiner Stelle – in die Unterwelt ginge. Der Vater sagt
nein, die Mutter sagt nein, der Gefährte sagt nein. Nur Alkestis
erklärt sich bereit, denn sie liebt Admet. Soweit bleibt alles beim
alten. Dann aber wird Alkestis klar, in den letzten Gesprächen vor
ihrem Tod, daß ihr Mann ein Feigling ist. Und nun stell dir vor: sie
stirbt – Herakles entreißt sie dem Tode wieder und sie kehrt auf
die Erde zurück – zu Admet nämlich, den sie verachtet. Was geht
da vor, wenn die beiden einander begegnen und was geschieht in
den Jahren danach? Alkestis und Admet... ein altes, mürrisches,
sich stumm gegenübersitzendes Paar; er: ein verkommener Feigling; sie: eine Frau, die sich fragt, warum sie diesen Mann nicht
endlich erwürgt, nachts, wenn er daliegt, nach Fusel stinkend und
schnarchend: ich finde, diese Überlegung ist zwingend. Caesar ist
größer als Euripides. Hättest du das gedacht?

Caecilius und Antonius treten ein.

CAESAR: Da wir gerade von Kunst sprechen
macht eine Geste, Servius bringt einen weiteren Stuhl
– was machen die Schmierereien beim Forum? Trebonius wieder
am Werk? Lies sie nur vor,
macht eine Geste
deine Maueranschläge. Wir wollen sehen, was der Opposition
heute nacht einfiel.

CAECILIUS: *(liest)* Die Freiheit, Römer – sind wir nun los!

CAESAR: Nicht sehr witzig.

CAECILIUS: Er muß wohl viele fürchten, er, den viele fürchten.

CAESAR: Schon besser. Schreib's auf, Servius. Die Antithese gefällt mir.

CAECILIUS: (*überblättert einen Zettel*) Nein, das ist geschmacklos.

CAESAR: Wieder mal ein Vers von mir selbst?

CAECILIUS: Nein.

CAESAR: Trotzdem, lies vor.

CAECILIUS: Aufruf an alle Käfer: Nehmt euch in acht. Es könnte sein, daß er stürzt.

CAESAR: (*nickt anerkennend*) Ganz gut eigentlich; nur das »stürzt« gefällt mir nicht. Was macht ein Epileptiker, wenn er vom Anfall gepackt wird? Er fällt. Natürlich! »Es könnte sein, daß er... fällt.« Nun sitzt die Pointe: Caesars Fall wird euch zerquetschen. –
Zu Caecilius
Warst du bei Brutus? Hast du mit ihm gesprochen?

CAECILIUS: Ja, vor einer Stunde.

CAESAR: Und hat Cassius sich umstimmen lassen?

CAECILIUS: Brutus hat es versucht.

CAESAR: Also bleibt es dabei?
Caecilius senkt den Kopf.

CAESAR: (*legt die Feile zur Seite*) Schau auf meine Hände morgen früh, Antonius. Jedenfalls an ihnen wirst du mich erkennen. – Was sonst?

CAECILIUS: Ein Antrag von Cassius, Antonius gleichfalls zu töten, fand keine Zustimmung. Brutus sprach dagegen und setzte sich durch.

CAESAR: (*zu Antonius*) Du siehst, du hast die Rede nicht umsonst gelernt.

ANTONIUS: Das werden sie mir büßen, die beiden. Oder meint ihr, ich sei auch so weich wie dieser Brutus?

CAESAR: Aber Antonius, wir kennen dich doch...

ANTONIUS: »Schlag zu!« hast du gesagt – und das werde ich tun...

CAESAR: Gut, Antonius.

ANTONIUS: Mir entkommt niemand.
Caesar sieht Antonius an, der wie ein Henker vor ihm steht, und betrachtet ihn mit jener Verachtung, die Schreibtischmörder für Folterknechte empfinden.

CAESAR: Es ist gut, Antonius. Du wirst es schon machen. – Und jetzt geht. Ich möchte noch schlafen.

Antonius und Caecilius gehen hinaus.

CAESAR: Wie lange habe ich noch Zeit?

SERVIUS: Drei Stunden, Herr.

CAESAR: Es wird bald hell, nicht wahr? Du solltest auch versuchen, noch etwas zu schlafen. Ich weck' dich schon, wenn's soweit ist.

Lauscht

Noch eine Stunde, dann kommen die Vögel. – Weshalb sagst du nichts, Servius?

SERVIUS: Ich werde mit euch wachen, Herr.

CAESAR: Was gäbe ich dafür, wenn ich wüßte, was du jetzt denkst. Seltsam, da kennst du nun alle meine geheimsten Absichten, meine Träume und Pläne, du kennst sogar meine Gedanken – und was weiß ich von dir? Nichts.

SERVIUS: Ich stamme aus Praeneste, Herr, mein Vater heißt Rarus, meine Mutter...

CAESAR: ... Populia, ich weiß. Du hast sieben Geschwister, kannst lesen und schreiben, sogar griechische Verse zitieren.

Aber das sind doch Äußerlichkeiten! Ich möchte wissen, was du denkst. Verstehst du nicht? Ich möchte ein Gespräch mit dir führen.

SERVIUS: Ihr wißt, daß ich euch dankbar bin, Herr. Ihr habt mich aus dem Zirkus befreit.

CAESAR: Ach, das war eine Laune von mir. Du sahst so traurig aus zwischen diesen rüden Gesellen. – Wie lange ist das jetzt her?

SERVIUS: Im April dreizehn Jahre. Es war der einundzwanzigste. Ich werde den Tag nie vergessen. Man wollte mich den Tigern vorwerfen, weil ich kein guter Mann mehr war. Ihr kamt zur rechten Zeit, Herr, ich hatte nur noch wenige Stunden zu leben.

CAESAR: *(plötzlich aufmerksam)* Und woran dachtest du damals? Versuch dich genau zu erinnern. Es ist wichtig für mich.

SERVIUS: Ich weiß es nicht mehr, Herr. Ich hatte Angst.

Bemerkt Caesars Unwillen

Ihr nicht? In Capri im vergangenen Sommer, als Maternus und ich euch am Rande der Steilküste hoch über dem Meer schwingen mußten...

CAESAR: Ich wollte wissen, was die Verbrecher denken, die man auf diese Art hinrichten läßt. Die letzten Sekunden, weißt du... das hat mich immer fasziniert. Darum bin ich auch so oft bei meinen Soldaten gewesen, wenn es ans Sterben ging.

SERVIUS: Damals in Capri hattet Ihr Angst?

CAESAR: Ich merkte, daß ihr euch ansaht, Maternus und du!

Servius macht eine schwingende Bewegung, sieht dabei Caesar undurch-
dringlich an.

SERVIUS: Natürlich, um im richtigen Rhythmus zu bleiben.

CAESAR: Es war nicht nur das. Zumindest eine Sekunde lang war da
auch eine Frage in deinen Augen: Und wenn wir ihn nun fallen
ließen und einen Unfall vortäuschten... was wäre dann? – Warum
habt ihr es eigentlich nicht getan, Servius? Ihr hättet manchen
Leuten viel Arbeit erspart, und es wäre so einfach gewesen, ganz
ohne Aufwand. – Servius, ich habe dich gefragt, warum ihr es
nicht getan habt, in Capri!

SERVIUS: Und wer wäre nach euch gekommen?

CAESAR: Nur deshalb also?

SERVIUS: Ihr wolltet wissen, was ich denke.

CAESAR: Bin ich dir ein guter Herr gewesen?

SERVIUS: Gut schon; aber ein Herr ist ein Herr.

CAESAR: Ich könnte dir die Freiheit schenken.

SERVIUS: Damit sie ein anderer mir wieder nimmt?

CAESAR: Du denkst an Brutus? Das überrascht mich. Auf wessen Seite, meinst du, ist das Recht – auf seiner oder... auf meiner?

SERVIUS: Ihr seid ein großer Mann, Herr. Brutus ist es auch.

CAESAR: Immerhin verspricht Brutus allen die Freiheit.

SERVIUS: Auch den Sklaven, Herr?

CAESAR: Nein, natürlich nicht. – Ich gab euch dafür Spiele und Brot.
– Nützliche Dinge.

SERVIUS: Wenn's in den Krieg geht, wie jetzt, kann man das brauchen.

CAESAR: Wirst du traurig sein, heute?

SERVIUS: Ja, Herr. Denn wenn es wirklich Krieg gibt, wie ihr sagt,
werden auch meine Söhne dabei sein.

CAESAR: Ich werde sterben, Servius!

SERVIUS: Sie sind so jung, die beiden – Metellus gerade erst achtzehn,
und Sextus...

CAESAR: Ich werde sterben!

SERVIUS: Ja, Herr. – Ich bin euch immer dankbar gewesen.

CAESAR: Ach, du willst mich nicht verstehen. – Komm, hol mir jetzt
Antonius, ich muß mit ihm sprechen.

Caesar geht ans Fenster, öffnet es. Es beginnt Morgen zu werden. Servius
kehrt zurück.

SERVIUS: Antonius schläft.

CAESAR: Schläft, sagst du?

SERVIUS: Soll ich ihn wecken?

CAESAR: Nein, laß nur. Aber lösch die Lampe und warte draußen.
Ich rufe dich dann.

In tiefem Nachdenken am Fenster

Laß dich nicht täuschen, Brutus, es sind nur die Diener, die schlafen, und meine Freunde.

Lauscht

Antonius schnarcht. Oder Calpurnia? Ihr Schlaf ist seit einigen
Wochen nicht gut.

Anderer Tonfall

Ich glaube, es war falsch, Brutus, daß du Porcia eingeweiht hast.
Verschwörer sollten sich besser beherrschen.

Macht eine Pause, als erwarte er, daß Brutus ihm zustimmt.

Hättest du, statt mit Porcia oder diesem Cassius, doch wenigstens
mit deiner Mutter gesprochen! Die kennt mich nämlich; die hätte
dir schon zu verstehen gegeben, daß du nicht die geringste Chance
hast gegen mich. Das Spiel ist verloren, Brutus; wirklich, du solltest aufgeben jetzt. Ich habe Antonius auf dich angesetzt, weißt
du, mit genauer Instruktion; dem kannst du nicht entgehn; der
findet dich.

*Beschwörend, da die erwartete Reaktion ausbleibt, Caesars alter ego keinen
Schatten mehr wirft.*

Du kannst noch immer zurück; mein Angebot steht, du kannst
dich noch retten. Tu es um Porcias willen! Stell dir vor, wie das
sein wird für sie, wenn sie deinen Kopf vor meine Statue legen:
»Nun, endlich, Caesar, bist du gerächt.« Wirklich, ich denke nur
an Porcia, das kannst du mir glauben. Ein schönes Bild: wie ihr da
jetzt so sitzt und Pläne macht und hofft, ihr könntet morgen so leben wie gestern. –

Habt ihr auch von der Stunde gesprochen, in der Porcia die Nachricht erhält: Brutus ist tot? Was meinst du, ob sie dann wohl das
Kissen ansehen wird, im Arbeitszimmer, in das sich beim Lesen
immer dein Kopf eingedrückt hat? Oder die Schuhe, die du trugst,
vor deiner Flucht? Wir beide, Brutus, sind aneinander gefesselt:
wenn du mich tötest, tötest du dich auch... und Porcia.

Leise und mahnend

Es wird kein leichter Tod sein, Brutus, denk daran. Dir schüttet

bestimmt kein Sklave Stroh vor das Haus, damit man dich beim
Sterben nicht stört. Du verreckst irgendwo auf der Flucht. Ach,
Brutus, wenn du ahntest, wie allein du sterben wirst... wie jäm-
merlich!

*Caesar geht ans Fenster, spricht in einem anderen Tonfall. Nach dem ra-
tionalen Argument und der Drohung folgt die sentimentale Beschwörung.*

Es wird schon hell... die ersten Vögel; horch, die Spatzen im
Park! Gleich wird man die Bäcker hören mit ihren Wagen... Unten in der Subura öffnen sie schon bald ihre Läden.

Zeigt mit der Hand

Da steht mein Geburtshaus, in der Straße der Kesselschmiede.
Bist du dort jemals gewesen? Es sind fröhliche Leute. Als wir
Kinder waren, durften wir zusehen, wenn sie auf den Tiberbrük-
ken tanzten im Sommer. – Das Leben kann schön sein, Brutus! Es
wird ein klarer Tag heute, du solltest nach Tusculum fahren. Die
letzten Fröste sind vorbei, meinst du nicht auch? Es wird Zeit, daß
man die Zweige von den Beeten nimmt.

Pause

Dann setzt Caesar zum viertenmal an.

Da stehst du nun mit deinen entzündeten Augen, hast deinen Platon in der Hand und suchst dir Mut zuzusprechen. Aber die Angst
läßt dich nicht los, und ich sage dir, dies ist nur ein winziger Vor-
geschmack der Höllenqualen, die auf dich warten.

*Caesar, der Brutus' Lage beschreibend, in Wahrheit die eigenen Ängste be-
schwört, versucht, sich noch einmal zu beherrschen.*

Ich mache dir keinen Vorwurf deshalb. Töten ist nicht dein Geschäft. Du bist nun einmal ein friedlicher Mann, Brutus, fromm
und sittenstreng und... klug. Oh, ich kann schon begreifen, daß
die Römer sich umdrehen, wenn du sonntags mit Porcia über die
Via Appia gehst... die Uhr scheint stillzustehen und alles ist wieder wie früher, als Rom noch eine Familie war. Brutus – der Patriot! Brutus – der Inbegriff der guten alten Zeit! Das war es, was
die Verschwörer zu deinen Bittstellern machte. Sie brauchten
dich, ein Cassius reichte schließlich nicht aus, und wer kannte
schon Tillius oder Casca? Einen Namen hattest nur du! Sie waren
allenfalls wackere Leute *(verächtlich)* ... doch ein Sinnbild, mit einem Tyrannenmörder als Urahn, das war allein Brutus!... Aber
dieser Brutus wollte nicht. Er fühlte nämlich, daß man eine Revo-

lution nicht von der Bibliothek aus lenken kann, und außerdem –
liebte er Caesar.
Welche Kunstgriffe mußte ich anwenden, um dich in Cassius' und
Trebonius' Arme zu treiben!
*Caesar spricht an dieser Stelle seine alte Behauptung eher als Frage aus,
nicht mehr gewiß, ob sie noch zutrifft.*
Denn ich brauchte doch diesen Aufstand! Ich weiß, du hast es bald
bereut... und du solltest dich deshalb nicht schämen. Ich verstehe
dich ja: Aus der Ferne sieht eine Revolution fast wie ein Kunstwerk aus... so logisch, so zwingend und so vollkommen; aber
wenn der Tag dann näher kommt, wenn der Traum von Freiheit
und Demokratie sich in Proskriptionslisten zu realisieren beginnt,
wenn die kleinen Namen die großen Begriffe ersetzen und der Plan
Wirklichkeit wird... oh, ich begreife deine Angst sehr gut!
Weicht einen Schritt zurück, als sei die Identifizierung zu deutlich gewesen.
Du hattest geglaubt, nicht wahr, die anderen würden die Arbeit
machen und du brauchtest ihnen nur die Reden zu schreiben?
*Mit einem letzten Aufwand an Infamie: da alle anderen Mittel versagen,
muß die Verleumdung herhalten.*
Da kennst du aber deine Mordbrüder schlecht. Sie werden mich
nur ritzen mit ihren Dolchen... aber das Wild zu erlegen: das
wird die Aufgabe des letzten Mannes sein, und dieser letzte... bist
du! – Oder meinst du etwa, Cassius wollte dich schonen, als er dir
deinen Posten zuwies?
Zynisch
Sie haben dich hereingelegt, Brutus, und du hast es noch nicht
einmal gemerkt.
*Geht auf Brutus, seinen imaginären Partner, zu, den er durch Anreden,
Fragen, Gesten in immer verzweifelteren Anläufen doch noch zu ›realisieren‹ versucht, und legt ihm den Arm um die Schulter.*
Ich hätte es dir gern erspart. Wenn ich seit einigen Monaten ohne
Wachen ausgehe, dann tu ich das nur, um dir noch eine Chance zu
geben. Aber es scheint sich niemand zu finden, der für dich ein-
springen möchte.
*Zieht den Arm zurück, wartet, daß Brutus endlich reagiert, beginnt dann
zu schreien.*
Weshalb antwortest du nicht? Warum gibst du nicht zu, daß deine
Position unhaltbar ist! Willst du denn wirklich deinen Namen verlieren, nicht mehr »Brutus«,

streicht das Wort mit zwei Lufthieben durch
nur noch »Caesarmörder« heißen? Gut, dann schau mich an! Hier,
die Kruste über den Augen, das blutige Haar, und da, zwischen
den Zähnen, die Lücke, angefüllt mit schwarzem Schleim, und
hier, faß sie nur an, die Haut, noch ist sie warm, – und morgen: die
Gedärme, widerlich und naß! – Brutus, ich beschwöre dich, geh
nicht in den Senat morgen früh! Denk an die Toten im Krieg, der
kommen wird. Und wozu, wozu!?
Von nun an beinahe bittfällig redend
Ich bin krank, Brutus, die Anfälle häufen sich, frag meine Ärzte.
Nur ein paar Monate noch, dann geht dieses alte Gerippe von
selbst. Ich hab nicht mehr lange zu leben, die Ärzte geben mich
auf.
Nähert sich Brutus mit beschwörender Geste
Es liegt nur an dir – die anderen werden nichts tun ohne dich.
Wir müssen Zeit gewinnen, Brutus! Ich bin einfallsreich, weißt
du, es könnte sein, daß ich auf einen besseren Plan komme. Es
gibt so viele Gelegenheiten, schnell und ruhmvoll zu sterben. Es
muß ja nicht jetzt sein. Ich werde klüger sein das nächste Mal.
Etwas zu planen, Brutus, und etwas zu tun, das sind verschiedene
Dinge...
Warum begreifst du das nicht?
Ich rede und rede... und du antwortest nicht! Woran denkst du
jetzt, Brutus? Sag doch endlich ein Wort! – Warum spricht denn
niemand mit mir? Ich habe Angst, Brutus! Du darfst es nicht tun!
Ich will nicht sterben! Noch nicht!... Mein Plan war falsch!...
Falsch, Brutus! Weißt du, was das heißt!
Caesar hört Schritte und geht zum Fenster zurück.
Er wartet, weit vorgebeugt, voll ungeheurer Spannung auf den Eintreten-
den... so, als könne es nur Brutus sein.
Calpurnia tritt ein, gefolgt von Servius.
Calpurnia... um diese Zeit? Es wird gerade Tag.
CALPURNIA: *(in großer Erregung)* Hast du die Sonne gesehen, Caesar?
Wie ein weißer Schild sieht sie aus, mit einem großen fahlen
Hof.
CAESAR: Gewiß – was ist daran besonderes?
CALPURNIA: Ein Schild über einem blutigen Feld...
CAESAR: ... von Wolken, ja. Ich fürchte, der Tag wird doch nicht so
gut, wie ich dachte.

CALPURNIA: Jetzt sagst du es selbst.

CAESAR: Ich sprach nur vom Wetter. – Warum hast du solche Angst, Calpurnia? Wegen der Sonne?

CALPURNIA: An diesem Morgen ist alles anders als sonst. Ich schlief erst ein, als es schon hell zu werden begann... da träumte ich, der Giebel unseres Hauses stürzte ein... die Steine barsten und das Holz sprang auf.

CAESAR: Ich nehme an, du hast dich überzeugt, daß er noch steht.

CALPURNIA: Ja, ich schlief wieder ein.

CAESAR: Nun gut.

CALPURNIA: *(ohne auf ihn einzugehen)* ... da träumte ich, daß du verwundet seist. Ich hörte deine Schritte im Haus. Überall klopftest du an, riefst die Sklaven, es klang jämmerlich, als suchtest du Schutz. Schließlich kamst du zu mir. Dein Gesicht war voll Blut. Ich umklammerte dich mit meinen Armen, aber ich konnte dich nicht halten, Caesar. Du warst so schwer... wie ein Toter.

CAESAR: Der Traum hat nichts zu bedeuten. Tote, heißt es, sind stumm.

CALPURNIA: Ich schrie...

CAESAR: ... im Traum...

CALPURNIA: ... und rief Philarius. Aber da warst du plötzlich verschwunden, und als ich dich suchte, standst du auf einmal hier am Fenster und verlangtest nach Brutus. Es sei sehr wichtig, sagtest du, er solle noch in dieser Nacht kommen.

CAESAR: *(betroffen)* Bist du ganz sicher, daß es Brutus war, nach dem ich rief?

CALPURNIA: Nicht riefst! Du flehtest ihn an!

CAESAR: Ja, das ist freilich sonderbar...

CALPURNIA: Glaub mir, es geht etwas vor in diesem Haus... in dieser Stadt. – Laß die Opferschauer kommen, Caesar! Du weißt, ich bin nicht ängstlich, doch...

CAESAR: Ich dachte, du seist bei den Tieren. Hat sie
Servius öffnet die Tür, der Opferschauer stürzt herein.

CAESAR: Ich dachte, du seist bei den Tieren. Hat sie
deutet auf Calpurnia
dich bestellt?

OPFERSCHAUER: *(schüttelt den Kopf)* Der Opferstier, Herr, hat kein Herz!

CAESAR: Dann wiederhol das Opfer. Gib mir Bescheid, sobald du fertig bist.

Caesar fährt sich mit der Hand über die Augen; er sieht müde aus: Resignation als Maske der Angst.

CALPURNIA: Du bist krank, Caesar, du solltest dich schonen.

Caesar blickt sie abwesend an.

CALPURNIA: Warum weichst du mir aus? Meinst du, ich merke nicht, daß du mir etwas verheimlichst? Diese Konferenzen bis in den Morgen hinein, deine Gespräche mit Antonius, das Gehen und Kommen der Sklaven, alles nachts, alles heimlich, deine Unrast und dann diese höfliche Kälte! Wie ein fremder Mann sprichst du mit mir – routiniert und zerstreut.

CAESAR: Das wird sich ändern, Calpurnia! Glaub mir, es wird nicht lange mehr dauern, dann hab ich wieder viel Zeit.

CALPURNIA: Manchmal denke ich, du lebst gar nicht mehr, und was da redet, ist nur dein Schatten, Caesar! Ich ertrag das nicht länger: Was hast du vor?

CAESAR: Nichts – was dich betrifft.

CALPURNIA: Wirklich nicht?

CAESAR: *(blickt zur Seite)* Ruf mir Philarius. Ich glaube, ich habe Fieber.

CALPURNIA: *(auf Caesar zugehend)* Caesar, ich bitte dich, geh heute nicht in den Senat.

Caesar sieht sie schweigend an. Dann wendet er sich an Servius.

CAESAR: Ist Antonius draußen? Laß ihn herein.

Caesar begleitet Calpurnia mit behutsamer Geste hinaus. Antonius tritt ein. Caesar bietet ihm einen Platz an.

ANTONIUS: Es ist Zeit, Caesar, sie warten schon.

CAESAR: Ich weiß, ich möchte, daß sie denken, die Revolution sei verraten und ich käme nicht mehr. – Weißt du eigentlich, warum sie es mit Dolchen machen wollen – statt mit Schwertern?

ANTONIUS: Dolche sind handlich.

CAESAR: ... und nicht sehr wirksam. Aber man kann sie besser verstecken.

Philarius, der Arzt, tritt ein. Caesar bedeutet ihm, mit seinen Untersuchungen zu beginnen. Die Gesten des Arztes verraten, daß er es offenbar gewohnt ist, Caesar während einer Unterhaltung den Puls zu fühlen, die Augen zu prüfen etc.

CAESAR: Was würdest du sagen, Antonius, wenn ich jetzt die Leibwache mobilisierte, der Ersten Legion Marschbefehl gäbe und den Senat im Handstreich besetzen ließe?

ANTONIUS: Und dein Plan?

Caesar macht eine Handbewegung: ach, der Plan...

Das Testament! Die Totenfeier!

CAESAR: Ein amüsantes Spiel, mehr nicht. Nur eine Gedankenübung.

ANTONIUS: Das heißt, daß »Caesar ist, was Caesar spielte«?

CAESAR: Ein Diktator. Ich sehe, du hast mich verstanden.

ANTONIUS: Die Verschwörer werden getötet...

CAESAR: ... oder begnadigt. Es kommt darauf an.

ANTONIUS: ... um es noch einmal zu tun?

CAESAR: In der Verbannung? Ich habe nichts von »Freispruch« gesagt. Ich sagte »begnadigt«.

ANTONIUS: Und deine Mitwisser? Die Spitzel und die Sklaven?

CAESAR: Die freilich müßte ich töten.

ANTONIUS: Und... was ist mit mir?

CAESAR: Du würdest schweigen. Auf dich ist Verlaß.

ANTONIUS: Ja, auf Tote ist immer Verlaß.

Caesar schrickt zusammen: ›Was soll das heißen, Antonius?‹ Dann wendet er sich, um Zeit zu gewinnen, seinem Arzt zu.

CAESAR: Nun, Philarius, bist du zufrieden?

PHILARIUS: Ihr habt Fieber, Herr, der Puls geht zu schnell. Es wäre besser für euch, ihr bliebt heute zu Hause.

CAESAR: *(sieht Antonius an)* Auf Tote, sagtest du?

ANTONIUS: Ich habe dir die Krone angeboten, weil du es verlangtest, und ich habe die Rede gelernt zu deinen Ehren, wie du sie mir aufgesetzt hast. Ich helfe dir, weil ich möchte, daß du schnell und ruhmvoll fällst und deine Mörder die gerechte Strafe erleiden. Aber du solltest nicht versuchen, mit mir zu spielen. Wenn du deine Pläne aufgeben willst, mußt du dir andere Freunde aussuchen.

CAESAR: Ach so... so ist das also... jetzt begreife ich.

In großer Erregung

Wenn ich sterbe, bist du in einer Stunde Herr dieser Welt. Darum bestehst du so auf meinem Plan! Was kümmert's dich schon, wenn ich krepiere! Du willst nur die Macht... und am liebsten jetzt gleich.

Antonius springt auf. Der Arzt bedeutet ihm, er möge aufhören, Caesar zu entgegnen.

PHILARIUS: Er wird einen Anfall bekommen.

Zu Servius

Das Wasser, rasch, und das Pulver.

CAESAR: *(im Sessel zurückgelehnt, mit leiser Stimme)* Rom! Was ist schon
Rom! Eine jämmerliche Provinzstadt, mit einem Senat, der immer
noch glaubt, er sei der Nabel der Welt, und dabei
er trinkt von dem Wasser, in das Philarius ein Pulver gerührt hat
werde ich es schon in einer Stunde hinweggefegt haben, dieses
verkommene Parlament, wenn ich nur will! Nur ein Schnippen
mit diesen drei Fingern.
sieht seinem Schnippspiel aufmerksam zu
... und die Garde marschiert.

ANTONIUS: Dazu ist es zu spät. Der Plan rollt jetzt ab.

CAESAR: *(ohne ihn zu beachten)* Wir könnten nach Alexandrien gehen,
Antonius. Glaub mir, vom Nil aus regiert sich die Welt angeneh-
mer als in diesem stinkenden Nest.

ANTONIUS: Du hast dein Testament gemacht, Caesar; du kannst
nicht mehr zurück.

CAESAR: *(leise und sehr sentimental)* Ich Pharao und du mein Großwe-
sir... Regenten über ein Reich, das keine Nationen mehr
kennt... Edikte, auf einer Barke entworfen... im Mondlicht...
nachts... wenn der Südwind die Palmen bewegt...

ANTONIUS: Wir können beide nicht mehr zurück. Ich auch nicht. Wir
müssen es tun.

CAESAR: *(schreiend)* Er will mich ermorden!

ANTONIUS: Wenn du jetzt widerrufst, wirst du in ein paar Wochen
wie ein Krüppel verrecken.

PHILARIUS: Das ist keineswegs sicher, Herr.

CAESAR: Hast du gehört, Antonius!

ANTONIUS: Heute ist deine letzte Chance!

CAESAR: ... und selbst ein paar Wochen sind noch sehr lang.

ANTONIUS: ... deine letzte Gelegenheit, als Caesar zu sterben. Du
siehst doch selbst, wie schnell es bergab mit dir geht.

CAESAR: Gut – dann kämpf nur mit Brutus, wenn du unbedingt
willst. Ein gut gekämmter Fettwanst gegen einen Wanderprediger
der Republik. Das, Caesar, sind deine Erben!
*Die Tür wird aufgerissen. Gefolgt von zwei Boten stürzt der Opferschauer
herein.*

OPFERSCHAUER: Ich bitte euch, Herr, geht heute nicht aus dem
Haus!

CAESAR: Auch das zweite Opfer mißlungen?

OPFERSCHAUER: Die Eingeweide lagen falsch. Doch was noch schlimmer ist: Die Pferde verweigern plötzlich die Nahrung... genau wie damals vor Munda, als euer Leben bedroht war.

CAESAR: *(Hoffnung schöpfend)* Bedroht, ja... aber ich starb nicht. – Schlachte ein drittes Tier. Ihr müßt es noch einmal versuchen.
Zum Boten
Und was bringst du?

BOTE: Ich bin der Sänftenträger. Sollen wir warten? Oder braucht uns Caesar heute nicht?

CAESAR: Ihr erhaltet Bescheid.
Zum zweiten Boten
Du?

2. BOTE: Der Teppich ist ausgerollt, Herr. Die Garde steht bereit zum Appell. Der Kommandant...

CAESAR: ... mag sich gedulden.
Gibt den Boten ein Zeichen, sich zu entfernen

ANTONIUS: *(Caesars Ärmel fassend)* Komm, Caesar. Es ist soweit. *(beschwörend)* Wir müssen jetzt gehen. Der Senat löst sich auf, wenn wir uns nicht beeilen.

CAESAR: Aber ich bin krank! Du hörst es doch. Der Arzt hat mir verboten, heute aus dem Hause zu gehen. Ich bitte dich, Antonius, sag ihnen das! Melde den Senatoren... ich könnte jetzt nicht... ich hätte einen Anfall gehabt... eine Ohnmacht...
Zum Arzt
War ich nicht wirklich vorhin einen Augenblick ohne Bewußtsein?

PHILARIUS: *(beflissen)* Man könnte so sagen...
Caesar macht eine Geste: ›Bitte, Antonius, da hörst du es‹.

ANTONIUS: Und morgen? Meinst du, sie werfen ihren Dolch in den Tiber, wenn du heute nicht kommst?

CAESAR: *(in jäher Erleuchtung, zum Arzt)* Wenn ihr nun ein Bulletin unterschriebt, Celer und du, ich hätte plötzlich... mir wäre... wie sagt man... ich sei von Sinnen, hätte
schreiend, sich in eine Ekstase hineinsteigernd
mich... das ist ja Irrsinn!!!... zum Anführer einer Verschwörung gemacht, deren Ziel es war, mich zu töten! Mich, den Erfinder dieser Verschwörung! *(lacht schallend)* Ich hätte die Zettel auf Brutus' Sessel gelegt, um ihn zum Mord zu bewegen. Zum Mord ge-

gen mich! Ich hätte sogar eine Leichenrede entworfen, die Anto-
nius – er kann das beschwören – beim Totenfest verlesen sollte!
Sagt selbst, kann so ein Mann bei Sinnen sein! Ein Spieler, ein
Wahnsinniger, ein toller Gott als Anführer Roms! Der Staat in der
Hand eines Teufels! – Ihr solltet mich einsperren, Antonius, ich
befehle dir: Du mußt mich verhaften!

Caesar bricht plötzlich ab, denn die erwartete Reaktion bleibt aus. Statt
dessen spürt er das betretene Schweigen und macht einen zweiten Versuch,
indem er sich wieder an Philarius wendet.

Du kennst meine Krankheit...

PHILARIUS: ... die Fallsucht, gewiß.

CAESAR: ... und das Fieber und meine Schwäche und die Ohnmach-
ten, die sich immer mehr häufen.

Lauernd

Könnten es nicht auch die Drogen sein – die Pulver, die... mein
Bewußtsein verändern? – Wenn ich diese Medizin nehme... mir
wird immer so seltsam zumute. Ich habe dann plötzlich kein Zeit-
gefühl mehr...

PHILARIUS: *(eilfertig)* Das hat nichts zu bedeuten.

CAESAR: *(ohne den Einwurf zu beachten)* Manchmal denke ich, ich sei
wieder ein Kind und spreche mit den Kesselschmieden in der Subura... und dann wieder glaube ich, ich wäre längst tot. – Das
sind doch Anzeichen, nicht wahr, Philarius, Symptome, die auf
etwas deuten... etwas – Schreckliches!

PHILARIUS: Ihr solltet jetzt nicht mehr sprechen, Herr. Wenn euch
wohler ist, werde ich euch ein Schlafmittel geben.

CAESAR: Nein, nur keine Mittel mehr. Dann beginnen wieder die
Träume, diese entsetzlichen...

Caesar bricht plötzlich ab, da er aus den Augenwinkeln heraus bemerkt
hat, daß Antonius auf ihn zugegangen ist.

ANTONIUS: Aber Caesar, wohin willst du denn gehen?

CAESAR: Wohin?... Vielleicht zu Brutus... auf sein Gut in den Bergen. Natürlich mit meinen Wärtern. Ja, das würde mir guttun –
und dir auch, Philarius. Mag die Welt Caesar vergessen... er ist
glücklich, er ist am Ziel: Das allein zählt.

Zu Philarius

Wir könnten durch den Park gehen, über Platon sprechen oder
über Euripides. Servius soll dir von meiner ›Alkestis‹ erzählen:
Ich glaube, es wird ein seltsames Stück.

Zu Antonius

Bitte, Antonius, geh jetzt in den Senat.

Zu Philarius

Und du schreibst mir das Zeugnis aus.

Antonius geht, angewidert von diesem Schauspiel, zur Tür, wendet sich dort aber noch einmal um.

ANTONIUS: Was soll ich sagen, wenn sie mich fragen: Caesar sei krank... oder feige?

Caesar wendet sich abrupt zu Antonius hin, entschließt sich aber dann doch, seine Aktion zu Ende zu führen und das Traumtänzerspiel beizubehalten.

CAESAR: ›Krank‹, Antonius... und glaub mir, die Stunde wird kommen, in der auch du mich verstehst.

Antonius öffnet die Tür, wendet sich dann aber plötzlich um.

ANTONIUS: Ich vielleicht... Ob aber

macht eine demonstrative Bewegung

auch er dich versteht – das weiß ich nicht.

Caesar, plötzlich wieder wach, sich auf die Gefahr einstellend, die er kommen sieht.

CAESAR: Ist jemand gekommen? Will man mich holen? Eine Gesandtschaft?

Während von draußen Schritte näher und näher kommen

ANTONIUS: Nein, nur ein einzelner.

CAESAR: Ein Bote?

Antonius wartet, bis die Schritte, gesteigert bis zum unerträglichen Hall, plötzlich abbrechen.

ANTONIUS: Ich melde den Prätor Marcus Junius Brutus. Willst du ihn sehen?

Caesars Gesicht, zunächst noch angsterfüllt, spiegelt seinen Wandlungsprozeß. Das Zucken läßt nach, die Mimik zeigt wieder die Souveränität des Spielers und Planers.

Die Todesangst ist überwunden, jetzt, wo Caesar mit der Realität konfrontiert wird und der wahre Brutus an die Stelle der Traumfigur tritt.

CAESAR: Laß ihn hereinkommen, Ihr andern bleibt hier. Du auch, Antonius.

BRUTUS: *(sich verneigend)* Du läßt uns warten, Caesar. Das ist sonst nicht deine Art.

CAESAR: Ich fühlte mich nicht wohl.

BRUTUS: Wir sind besorgt.

CAESAR: *(sieht Antonius an)* Es war nichts von Belang. Ein Augenblick der Schwäche. Schon vorbei.

Antonius lächelt.

BRUTUS: Das freut mich, Caesar. Es freut mich doppelt, weil es im Senat Gerüchte gab, die wissen wollten, du kämst heute nicht. Calpurnia habe...

Caesar, jetzt wieder wie ein Stratege sprechend

CAESAR: ... schlecht geträumt? Ja, das stimmt. Alles andere ist falsch. Ich denke nicht daran, den Träumen einer Frau zuliebe dem Senat die Achtung zu versagen, die er erwarten darf. Es war nur der Anfall. Er kam, als ich aufbrechen wollte.

BRUTUS: Wenn dir nicht gut ist... du brauchst nur den Senat von deiner Krankheit zu unterrichten. Allerdings solltest du das selber tun.

PHILARIUS: Aber das ist unmöglich! Caesar hat Fieber.

SERVIUS: Was soll ich Calpurnia sagen, Herr, wenn Ihr jetzt geht?

CAESAR: Sag ihr... sag ihr nur – es ginge mir gut. Caesar befinde sich wohl.

PHILARIUS: Nehmt wenigstens die Sänfte, Herr.

CAESAR: Gut, das mag sein.

Gibt Servius einen Wink

Ruf die Träger!

BRUTUS: Du siehst wirklich nicht gut aus, Caesar.

CAESAR: Mir bekommt das Leben in Rom nicht.

BRUTUS: In ein paar Tagen bist du im Feld. Du sollst sehen, dann geht es wieder bergan.

CAESAR: Manchmal denke ich, Philarius ist viel zu behutsam. Einen richtigen Feldscher... den brauche ich jetzt. So ein kräftiger Aderlaß tut manchmal Wunder. Meinst du nicht auch?

BRUTUS: Es kommt auf den Zeitpunkt an, Caesar. Man muß den richtigen Augenblick wählen. Das ist die Kunst...

CAESAR: *(sich verneigend)* ... die Brutus vortrefflich versteht.

Ehe die Abschiedszeremonie beginnen kann, wird die Tür aufgerissen, und der Opferschauer stürzt zum drittenmal herein.

Ih sehe schon... wieder mißlungen. Was war es diesmal? Die Leber oder das Hirn?

OPFERSCHAUER: Die Milz, Herr, feurig rot, und an den Rändern aufgerauht, mit einem Kern, haselnußgroß, im Innern. – Soll ich ein viertes Mal...

CAESAR: Nein, laß nur. Brutus hier wird mich schon schützen. Er ist
mein Freund und weiß: Wenn die Zeichen schlecht für mich ste-
hen... dann auch für ihn
Brutus verneigt sich schweigend.
Ich komme gleich, geh schon voran. – Übrigens: Ich habe heute
nacht von dir geträumt.
BRUTUS: Erfreuliches doch wohl?
CAESAR: Es war nur wirres Zeug. Der wahre Brutus ist mir lieber –
als die Traumgestalt.
Noch einmal auf Brutus zugehend
Du solltest wieder einmal zu mir kommen, mit Cassius vielleicht.
Ich höre, ihr habt euch versöhnt.
BRUTUS: Ich ehre seine Gesinnung.
Caesar verabschiedet Brutus und wendet sich noch einmal Antonius zu.
CAESAR: Es bleibt also dabei. Du sprichst mit Trebonius, und wenn
ich schreie, hörst du nicht hin. In vier Tagen öffnest du das Te-
stament... und dann kommt die Feier. Wenn du klug bist, hältst
du dich zurück. Das wird sie in Sicherheit wiegen. Lern deine
Rede.
ANTONIUS: Eine Schlacht, Caesar, wäre mir lieber.
CAESAR: Sei unbesorgt, daran wird es nicht fehlen. – Räche mich,
Antonius, töte sie alle! Du sollst keinen schonen! Sie durften es
nicht tun... und wenn ich sie noch so sehr reizte... sie durften ihr
nicht nachgeben, dieser Versuchung.
*Läßt sich von Servius ankleiden und spricht dabei nun wieder ganz gelas-
sen*
Es könnte übrigens sein, daß sie versuchen werden, mich zum
Feind des römischen Volks zu erklären. Das würde ihnen erlau-
ben, alle Verordnungen außer Kraft zu setzen, die unter meiner
Herrschaft rechtsgültig wurden.
*Betrachtet sich im Spiegel, zupft die Toga zurecht, streicht sich die Haut
glatt*
Du verstehst, Antonius – alle Verordnungen... auch diejenigen
also – gib mir etwas Schminke, Servius –, durch die ich ihnen ihre
Ämter verlieh.
Zu Servius
Und jetzt den Puder. – Du wirst sehen, Antonius, sobald du die-
sen Punkt auch nur andeutest, werden sie ihren Antrag plötzlich
vergessen.

Zu Servius
Ja, ich glaube, wir wären fertig zum Fest.
Zu Antonius
Und dann weiß auch der letzte, wie es um die Moral dieser Banditen bestellt ist.
Hat seine Toilette beendet
Banditen... so mußt du sie nennen, immer wieder, bis es sich eingeprägt hat: Die Banditen.
Sich im Spiegel ansehend
Ich bin noch jung, nicht wahr? Wenigstens in der letzten Stunde will ich noch einmal aussehen wie ein vierzigjähriger Mann.
Faßt Servius flüchtig am Arm
Sprich mit Calpurnia. Sie wird für dich sorgen.
Zu Antonius
Du bleibst in meiner Nähe. Aber wir sollten jetzt nichts mehr sagen.

ANTONIUS: Verlaß dich auf mich, General.

CAESAR: Und vergiß nicht: die Pause.
Imitierend
Jeder Plebejer, wer immer er sei, erhält...
Caesar bezeichnet mit einer waagerechten Handbewegung die lange Pause, nickt dann, befriedigt, weil Antonius nicht zu früh eingesetzt hat.
Ja, so ist es gut.
Caesar und Antonius verlassen den Raum. Die Schritte verhallen auf der Treppe. Servius hat den Spiegel zunächst noch in der Hand, legt ihn dann mit einem Ausdruck der Verachtung fort und geht zum Fenster.

CALPURNIA: Ich hab' es gewußt, er ist fort.

SERVIUS: Brutus kam zu früh.
Beugt sich hinaus
Aber ihr könnt ihn noch sehn.

CALPURNIA: *(schüttelt den Kopf)* Nein, das will ich nicht. – Wo ist er, Servius?
Servius' Gesicht spiegelt alle Stationen von Caesars Passionsweg.

SERVIUS: Er steigt in die Sänfte. Antonius hilft ihm. Jetzt setzt sich der Zug in Bewegung. Sie gehen sehr schnell.

CALPURNIA: Sind viele Leute da?

SERVIUS: Das übliche. Einige klatschen. Meistens sind's Kinder.
Erregt
Da, ein Mann springt auf ihn zu!

CALPURNIA: Bewaffnet?

SERVIUS: Nein, er übergibt nur eine Bittschrift.

Calpurnia, mit einem letzten Funken Hoffnung

CALPURNIA: Das ist eine Warnung. Er liest sie? Oder...

SERVIUS: Nein, er legt sie neben sich. Man kann es nicht erkennen. Jetzt verlassen sie die Heilige Straße und gehen nach Osten. Dort ist es voller. Hört ihr?

CALPURNIA: Sie rufen! Sie jubeln ihm zu. Das Volk wird ihn schützen!

SERVIUS: *(sich umdrehend, voll Haß)* Hat er das Volk geschützt?

CALPURNIA: *(nicht verstehend)* Aber Servius...

SERVIUS: Hat er an meine Söhne gedacht? Sie werden verrecken, Frau! Millionen werden verrecken – und warum? Weil Caesar unsterblich sein will.

CALPURNIA: Das ist nicht wahr! Man wird ihn ermorden.

SERVIUS: Ich habe kein Mitleid mit ihm. Er hat's so gewollt.

Plötzlich ausbrechend

Wie tollwütige Tiere sollen sie einander verschlingen, die Herren! Totbeißen sollen sie sich – alle! Auffressen!

Ihr Blutsauger! Parasiten, einer wie der andere! Schlagt nur zu, ihr Schmarotzer!

Hält einen Augenblick inne, dann triumphierend: ›Die Herren verrecken, einmal kommt die Stunde der Sklaven‹.

Jetzt!

Das Gesicht des Sklaven geht über in die Züge Cascas, dessen Mimik Caesars Eintreffen im Senat spiegelt. Der Beginn des Spiels wiederholt sich.

Die Verschworenen deuten Ehrerbietung an. Die Pantomime des Anfangs rollt ab: Cassius fungiert als Regisseur und markiert jeweils den Beginn einer neuen Phase der Aktion.

CASSIUS: Jetzt, Tillius – aber nicht wieder so laut.

Die Kamera begleitet Tillius Cimber, der sich vor Caesars Sessel niederwirft.

TILLIUS: Ich bitte dich, Caesar, um Gnade für meinen Bruder. Seine Schuld ist gesühnt. Sieben Jahren Verbannung für eine Sekunde der Schwäche...

Caesar scheint ungehalten zu sein.

... nun gut, des Versagens, auch der Feigheit, wenn du so willst... ist das nicht genug? Sieben Jahre im Exil, Caesar, zweitausend Tage nichts als Baracken und Bretterverschläge. Mein

Bruder hat gebüßt, ich bitte dich, Caesar, hab Mitleid mit ihm.

Erwartung in Cimbers Gesicht, Spannung in den Augen der Verschwore-
nen. Dann kommt Caesar ins Bild.

CAESAR: Dein Bruder war ein Verräter. Du hättest Grund, mit dem
Urteil zufrieden zu sein. Ich nenne es milde.

TILLIUS: Die Zeugen waren bestochen!

CAESAR: Und seine Aussage...

TILLIUS: ... unter Foltern erzwungen.

CAESAR: Wäre ich nicht gewesen, seine Soldaten hätten ihn geschlachtet wie ein Stück Vieh. Aber ich wollte das nicht, ich hatte
Mitleid mit ihm. Doch auch Mitleid kann sich erschöpfen.

TILLIUS: Lies seine Briefe! Hier! Er ist krank! Wenn du nicht hilfst,
wird er sterben.

Cassius gibt den Verschworenen einen Wink.

CASSIUS: Kommt, es ist Zeit.

Die Verschworenen umringen Caesar, so, als wollten sie Tillius' Antrag zu
ihrem eigenen machen.

CAESAR: Ich sehe, du hast Freunde, Tillius. Ehrenwerte Männer.
Das nimmt mich ein für dich. Was aber deinen Bruder betrifft...

Tillius faßt Caesar am Gewand, tastet sich mit den Händen empor.

TILLIUS: Gnade, Caesar! Ein letztes Mal hab Erbarmen mit ihm!

Die Verschworenen kommen näher, fassen Caesars Toga an und rufen.

ALLE: Gnade, großer Caesar, Gnade für ihn.

Der Bittgesang wird zum Ritual: Ein Zerren, Tanzen und Klatschen. Til-
lius reißt Caesars Toga herunter, die Schulter wird entblößt: Dies ist das
Zeichen.

CAESAR: Zu Hilfe! Das ist Gewalt!

CASSIUS: Casca, fang an!

Casca umspannt mit seinen Händen Caesars Hals.

CASCA: Erbarmen, Caesar, kein Erbarmen mit uns?

Caesar sucht sich zu wehren, benutzt seinen Schreibgriffel als Waffe, die
Verschworenen ziehen die Dolche.

CASSIUS: Es lebe die Republik!

ALLE: Es lebe die Freiheit!

Die Verschworenen stürzen vor, stechen, von Cassius eingewiesen, zu,
springen wieder zurück. Eine Pantomime, schauerlich und graziös zu-
gleich: Cassius als erster, zielt ins Gesicht, die anderen treffen den Körper.
Caesar lehnt sich an das Standbild des Pompejus; der Tanz wird wilder, die

Ordnung zerfällt, die Mörder verwunden sich gegenseitig. Als letzter geht Brutus auf Caesar zu.

CASSIUS: Ziel auf sein Herz, Brutus.

Caesars Gesicht ist blutig, seine Augen sind voll Entsetzen auf Brutus gerichtet, ein Schatten breitet sich aus. Überblendung zu einer römischen Caesar-Büste. Schrifttafel: DIE VERSCHWÖRUNG.

Note

Das Stück hält sich nicht an die Wirklichkeit, sondern die Möglichkeit. Statt die Faktizität aufzuheben, erweitert das Fiktive nur ihren
Raum. Die Alternative gibt dem vertrauten Bild Tiefenschärfe. Im
Stück wird ein Gedanke weitergedacht, der sich bereits im 86. Kapitel von Suetons Caesar-Biographie findet. Dort heißt es: »Manche
hegen den Verdacht, Caesar habe gar nicht länger leben wollen und
sich deshalb auch nicht um seine angegriffene Gesundheit geküm-
mert; aus dem gleichen Grunde habe er auch nicht auf die schlechten
Vorzeichen und die Warnungen seiner Freunde geachtet.«
   Der Tod kam dem Diktator gelegen. Sein Wort »Ich bin alt genug
geworden, und ich habe genug Ruhm erlangt«, spricht für sich. Nach
jahrelanger Abwesenheit in einer Stadt eingekerkert, deren Gewohnheiten ihm anachronistisch und absurd erschienen, hatte er nur
die Wahl, entweder weitere Kriege zu führen oder zu sterben. Wofür
er sich entschied, zeigt ein Satz, den er in der Nacht vor dem Mord
formulierte: »Ich wünsche mir einen raschen und unerwarteten
Tod.«
   Caesar *wollte* sterben. (Deshalb das Nichtbeachten der Denunzia-
tionen politischer und religiöser Natur.) Seine Gedanken waren auf
den Tod gerichtet, den er zu beschleunigen suchte. (Deshalb die Ent-
lassung der Leibwache.) Mit welchen Mitteln das hätte geschehen
können, welches Spiel zu spielen war und was es für die Menschen
kostete, daß hier ein sogenannter großer Mann schon bei Lebzeiten
seinen Nachruhm fixierte, sucht das Stück zu beschreiben. Es zeigt
einen Puppenspieler, der in Gefahr ist, ein Opfer der eigenen Inszenierung zu werden. Es zeigt eine Puppe, die sich am Ende als künftiger Spieler erweist. Nicht Antonius oder Brutus, sondern Servius ist
Caesars eigentlicher Kontrahent. Er, der Sklave, der nicht sterben,
sondern überleben will, hat das letzte Wort: Jetzt.

                                                      Walter Jens

Der tödliche Schlag

Fernsehspiel

Für Tilman

Personen

Philoktet
Odysseus
Neoptolemos
Timon, Philoktets Vertrauter

Ort: Philoktets Haus auf Lemnos
       Troja

Auf dem Bildschirm erscheint, umrißhaft zunächst, ein Gesicht, das langsam schärfer wird und allmählich die Deutlichkeit eines Porträts gewinnt.

STIMME DES SPRECHERS AUS DEM OFF: Der Mann heißt Philoktet. Er war Oberbefehlshaber der griechischen Truppen vor Troja und hat im ersten Kriegsjahr die Operationen des Heeres geleitet, von März bis November. Er hatte geglaubt, die Stadt sei rasch zu erobern; nur ein paar Wochen und die Soldaten wären wieder zu Hause! Aber das war ein Irrtum: Als der Winter kam und der troische Widerstand, statt schwächer zu werden, von Tag zu Tag wuchs, erklärte Philoktet den Krieg für verloren und beschwor die griechischen Fürsten, einen ehrenhaften Frieden zu schließen. »Jeder Soldat, der jetzt noch fällt, stirbt umsonst. Der Krieg ist so nicht zu gewinnen. Und wenn wir Troja zehn Jahre belagern: Die Stadt wird Sieger sein.«

Am Tage darauf, Anfang November, vor Troja fiel der erste Schnee, ersetzten die Fürsten ihren Oberbefehlshaber durch einen anderen Mann und Philoktet wurde auf Anordnung des obersten Priesters, auf Kalchas' Befehl, in die Verbannung geschickt, nach Lemnos, eine einsame Insel. Dort hat ihn Odysseus ausgesetzt.

Philoktets Gesicht verschwimmt; auf dem Bildschirm erscheint, eine Luftaufnahme, das Bild des Kriegsschauplatzes.

Und das hier ist Troja.

Ein Zeigestock wird sichtbar, dessen Spitze die angegebenen Punkte bezeichnet.

Der Mauerring, Kasematten und Forts. Die Kasernen. Dort, der Schatten, die Zitadelle. Und da, am Bildrand, das griechische Lager: Wenn man genau hinsieht, kann man die Zelte erkennen und die Flotte in der Bucht.

Bewegungen des Zeigestocks
Bei Kriegsbeginn haben wir hier achtzig Schiffe geankert, jetzt
sind es noch siebenundzwanzig.
Bewegung des Zeigestocks
Dreihundert Zelte – und heute noch einhundertzehn!
Hier, in diesem winzigen Viereck kampieren die Reste des griechi-
schen Heeres: Ein Lager, das aus einem großen Lazarett besteht.
Und dort, die hellen Kuppen darunter... das sind die Totenhü-
gel, da und da und da. Auf vier Leichen ein Krüppel, so sieht es
aus, auf griechischer Seite, im hundertsten Monat des Krieges.
Auf dem Bildschirm erscheinen in rascher Folge, oft detailartig vergrößert,
Photographien vom Kriegsschauplatz: Gräber, Krater, Leichen.
Philoktet hat recht behalten. Auch im zehnten Jahr ist die Stadt
noch nicht besiegt; die Truppe beginnt rebellisch zu werden; Unruhe breitet sich aus; die Zahl der Deserteure wächst; schon gibt es
Einheiten, die ihren Offizieren nicht mehr gehorchen: Was anfangs nur eine Losung unter wenigen Aufrührern war, wurde innerhalb von wenigen Wochen zur Parole des gesamten Heers:
Holt Philoktet zurück! Wer, wenn nicht er, der alles vorausgesagt
hat, soll uns jetzt helfen? Holt ihn sofort zurück!
Ein paar Wochen sträubten sich die Fürsten noch, doch dann
setzten sich die Mannschaften durch. Im März des zehnten
Kriegsjahres verließ ein Schiff die Reede vor Troja: Odysseus, einer der beiden Hauptschuldigen, hatte auf Lemnos um Verge-
bung zu bitten; Neoptolemos, ein junger Offizier, dem die Matrosen vertrauten, sollte ihn begleiten. Ein Tag im April; auf Lemnos
ist Kirschblütenzeit.
Ein einfacher Raum: Tisch, Stühle, ein Lager, eine Tafel, viele Papiere,
Schüsseln mit Obst, eine Weinflasche. Neoptolemos tritt ein, verneigt sich,
bleibt, ein wenig linkisch, an der Tür stehen: Der Frontsoldat hat die
Kunst nicht gelernt, wie man Gespräche eröffnet.
PHILOKTET: *(der – zerstreut, noch in Gedanken – von seinem Schreibtischses-*
sel aufgestanden ist, kommt ihm zu Hilfe)
Da ist ein Stuhl, junger Mann. Möchtest du...
NEOPTOLEMOS: *(sehr erschöpft)* Ein Glas Wasser, wenn du erlaubst.
PHILOKTET: *(auf die Flasche deutend)* Vielleicht lieber Wein?
Neoptolemos blickt verwundert auf: Wein? Wovon redet der Mann?
PHILOKTET: Oder Feigen? Der Ziegenkäse ist vortrefflich hier. Ich
habe auch Milch im Haus und...

NEOPTOLEMOS: Gib mir den Käse.

Philoktet holt einen Teller, legt Brot darauf, nimmt Butter aus einer Kruke, riecht am Käse, schenkt Wein ein. Neoptolemos verfolgt jede seiner Bewegungen mit dem Ausdruck höchster Verwirrung, beginnt dann gierig zu essen und zu trinken.

PHILOKTET: Du kommst aus... Troja?

NEOPTOLEMOS: Ja.

Erstaunt

Woher weißt du das?

PHILOKTET: Ich sehe, daß du lange nichts gegessen hast.

Schenkt Wein nach

Wie hoch sind jetzt eure Rationen?

NEOPTOLEMOS: Zwei Pfund Fisch. *(leise)* In der Woche.

PHILOKTET: Und wieviel Fleisch?

NEOPTOLEMOS: *(verwundert: Was der Mann redet)* Fleisch?

PHILOKTET: Es gibt schließlich Wild.

NEOPTOLEMOS: In Troja?

PHILOKTET: Aber Vögel muß es doch geben!

NEOPTOLEMOS: Wenn keine Bäume mehr da sind?

PHILOKTET: *(schiebt, in Gedanken, Neoptolemos eine Schale mit Oliven hin)* Nimm, die sind gut.

NEOPTOLEMOS: In Troja gibt es noch nicht einmal Gras.

PHILOKTET: Kein Brot?

NEOPTOLEMOS: Brot! Dazu braucht man Getreide! Kannst du mir sagen, wo das wachsen soll? In der Asche vielleicht? In Troja ist die Erde schwarz! Schlamm und Sand und Geröll! Sonst nichts. Nur noch die Ratten.

Macht mit den Händen ein Zeichen des Messens.

So groß... sie.

Bricht, in Erinnerung versunken, ab.

PHILOKTET: Erzähl doch weiter. Ich höre dir zu.

NEOPTOLEMOS: ... Wenn du hundert totschlägst, wachsen Tausende nach. Und doch sind die Ratten noch nicht das Schlimmste. Das Schlimmste sind: die Verwundeten. Wir können sie nicht mehr bergen, verstehst du? Sie bleiben einfach liegen.

Zuckt mit den Achseln

Wir haben nicht genug Leute, und die Troer sind überall.

PHILOKTET: *(schenkt Wein ein, berührt Neoptolemos flüchtig mit der Hand)* Hier, trink.

NEOPTOLEMOS: *(vor sich hin starrend)* All die Toten, Philoktet! Ich hatte hundertachtzig Soldaten, vor drei Jahren. Jetzt sind es noch vierundzwanzig.

Spricht immer lauter, Philoktet hört unbewegt zu.

Es gibt Truppenteile, die bestehen nur noch aus einem einzigen Mann! Aus einer Fahne!

Philoktet bleibt ungerührt.

Wir waren vierzigtausend, am Anfang des Krieges.

PHILOKTET: *(sachlich)* Dreiundvierzig. Mit den Hilfstruppen sechzig.

NEOPTOLEMOS: Jetzt sind es noch zwölftausendfünfhundert. Wir sind verloren, Philoktet. Verloren, weißt du, was das heißt? Philoktet!

PHILOKTET: Ich höre gut, du brauchst nicht zu schreien. – Wie alt bist du jetzt?

NEOPTOLEMOS: Einundzwanzig... warum?

PHILOKTET: Dann warst du noch ein Kind, damals. Ich kenne dich nicht. Und doch – die Art, wie du sprichst, wie du die Hände bewegst... das erinnert mich an einen Mann... den ich... warte...

NEOPTOLEMOS: Ich heiße Neoptolemos. Mein Vater...

PHILOKTET: »All die Toten, Philoktet, ich hatte hundertachtzig Soldaten«: Du sprichst genau wie Achill. Wie geht es ihm?

Neoptolemos blickt schweigend auf: Was ist da viel zu sagen?

Warum kommt er nicht selbst?

Pause

Ist er...?

NEOPTOLEMOS: Ja, im Dezember. Ein Troer hat ihn umgebracht, als er verwundet war. Ich sagte ja: Wir haben nicht genug Leute.

Philoktet legt seine Hand auf Neoptolemos' Arm, zum Weiterreden ermunternd.

NEOPTOLEMOS: Mein Vater ist nicht gefallen, Philoktet. Er wurde ermordet! Das ist kein Krieg mehr, du! Gefoltert haben sie ihn!

Leise

Wie ein alter Mann sah er aus: Sie hatten ihm die Zähne aus dem Kiefer gerissen. Wie ein Greis ohne Gebiß. Ein Betrunkener, der hingefallen ist. Als ob er *(deutet auf seine Stirn)* hier auf einen Stein gefallen wäre. Doch es war kein Stein. Mit einem Eispickel haben sie meinen Vater erschlagen. Mit einem Beil! Es lag neben der Leiche; man konnte noch die Hautfetzen sehen.

Inständig
Hilf uns, Philoktet! Wir brauchen dich! Die Soldaten…
Bricht ab, spricht mit großer Anstrengung
Ich habe den Auftrag, dich im Namen des Heeres zu bitten, den
Oberbefehl zu übernehmen.

PHILOKTET: *(kalt)* Wieder zu übernehmen.

NEOPTOLEMOS: *(versteht nicht)* Wie?

PHILOKTET: Du hast ein Wort vergessen, junger Mann. Dies ist keine
Beförderung und keine Ehre für mich.
Schiebt ihm die Schale mit Oliven zu
Noch mehr?

NEOPTOLEMOS: *(meint, Philoktet habe die Oliven gemeint)* Danke.

PHILOKTET: *(lächelnd)* Ich meine, ob du mir noch mehr zu sagen hast.
Ist das alles?

NEOPTOLEMOS: Nein, noch nicht. Ich habe dir mitzuteilen, daß
wir…

PHILOKTET: ›Bedauern. Es tut uns leid. Verzeih, Philoktet. Es wird
sich nicht wiederholen.‹ Der Priester hat noch immer die richtigen
Worte gefunden.

NEOPTOLEMOS: Kalchas?
Schüttelt den Kopf
Der nicht. Deine Soldaten bitten dich: Komm zurück!
Ergreift Philoktets Arm
Es gibt keinen anderen Weg.
Sachlich, da er Philoktets Zurückhaltung spürt
Die Truppen meutern.

PHILOKTET: *(anderer Tonfall: sehr aufmerksam)* Meutern? Was soll das
heißen?

NEOPTOLEMOS: Die Soldaten haben sich im Lager verschanzt. Es
wird nicht mehr gekämpft.

PHILOKTET: Und die Offiziere?

NEOPTOLEMOS: *(zuckt die Achseln)* Was sollen wir tun, wenn die Solda-
ten sich weigern? Die Leute bestrafen vielleicht? Das ist vorbei.
Da macht niemand mehr mit. Wir haben nur noch eine einzige
Chance.
Sieht Philoktet an
Und das bist du, Philoktet. Die Leute vertrauen dir blind. Verlang
von ihnen, was du willst – aber komm mit.
Beschwörend

Sie werden dich wie einen König empfangen.

PHILOKTET: Und der Generalstab? Die Fürsten?

NEOPTOLEMOS: *(verächtlich)* Die Fürsten! Die kämpfen nur um ihren Kopf.

PHILOKTET: Und die Priester?

NEOPTOLEMOS: *(senkt den Kopf)* Kalchas ist tot.

PHILOKTET: Gefallen?

NEOPTOLEMOS: Gesteinigt. Am hellen Tag! Mitten im Lager!

Ausbrechend

Niemand hat ihm geholfen. Er war allein, Philoktet! Und bevor sie ihn töteten, haben sie seine Geräte zerschlagen. Die Kelche mit Kot beschmiert! Die Schüsseln entweiht!

Leise

Es war grauenvoll. Sie tanzten um den Altar und bewarfen einander mit Kalchas' Opferzangen und Messern. Das Allerheiligste war blutig; sie blökten wie Tiere, betrunken alle von Fusel und schrien: Zeus ist ein Lügner. Die Götter sind Lügner! Und dann klatschten sie mit den Händen.

Imitiert: Rhythmisches Grölen

Es gibt keine Götter mehr! Götter mehr! Götter...

Blickt auf

Warum sagst du nichts, Philoktet?

PHILOKTET: Ich fürchte, die Soldaten haben recht.

NEOPTOLEMOS: Recht?

Entsetzt

Du glaubst nicht an die Götter?

PHILOKTET: Ich vertraue meinem Verstand, der Logik, wenn du so willst, der Mathematik. Schau, es ist einfach. Wenn es der Wille der Götter ist, daß ich zurückkehre nach Troja...

NEOPTOLEMOS: *(einfallend)* Das ist ihr Wille! Glaub mir, ich weiß es. Apollon selbst ist mir im Traum erschienen; ich habe ihn deutlich gesehen. Er trug einen Mantel aus Purpur, und auf dem Haupt einen goldenen Reif: Der war blutig. Ein verwundeter Gott: Das ist ein Zeichen, General! »Folge dem Befehl des Heers und führe Philoktet zurück!«

Begeistert

Apollon hat mit mir gesprochen.

PHILOKTET: *(trocken)* Vor neun Jahren hat er anders gesprochen: »Bringt den Mann fort!«

NEOPTOLEMOS: Das war nicht Apoll! Das war Kalchas!

PHILOKTET: Ach so... da war es Kalchas.

Sieht Neoptolemos an

Aber als er den Sieg prophezeite, bei unserer Ausfahrt... da war's
wieder Apoll! – Sehr überzeugend finde ich das nicht.

NEOPTOLEMOS: Denk an Griechenland, Philoktet! Das Vaterland
braucht dich!

PHILOKTET: Lemnos?

NEOPTOLEMOS: Vergiß die Verbannung!

PHILOKTET: Sagtest du: Verbannung, junger Mann? Ich muß dich
berichtigen: Die »Verbannung« war – ein Mordversuch.

NEOPTOLEMOS: Mord?

PHILOKTET: Komm, dreh dich um. Siehst du den Baum dort, am Abhang?

Bemerkt, daß Neoptolemos zu tief schaut

Etwas höher, die Kiefer.

NEOPTOLEMOS: Ja, jetzt sehe ich sie.

PHILOKTET: Da hat man mich angebunden, damals. Sie müssen mich
noch gesehen haben, als das Schiff schon auf See war. Ich schrie
wie ein Tier... aber sie kehrten nicht um.

Wendet sich Neoptolemos zu

Sie wollten mich töten, Neoptolemos.

NEOPTOLEMOS: Das ist nicht wahr! Du hattest Brot bei dir...

PHILOKTET: Gut gelernt, junger Mann.

NEOPTOLEMOS: Käse und Fleisch. Mundvorrat...

PHILOKTET: Für drei Tage. Das stimmt.

NEOPTOLEMOS: Die Insel ist bewohnt. Es gibt Bauern hier.

PHILOKTET: Die kein Griechisch verstehen.

NEOPTOLEMOS: Es sind friedliche Leute.

PHILOKTET: Ich war für sie ein Feind.

NEOPTOLEMOS: Odysseus sagt...

PHILOKTET: Odysseus lügt – und er weiß auch, warum. Da drüben
am Schuppen – siehst du? –, da hat er gestanden: die Arme über
der Brust gekreuzt und den Kopf, ungefähr so, ein wenig nach hinten geneigt. Wie ein Liebhaber, der sich vor seinem Mädchen auf-
spielen möchte, die Mütze im Nacken und einen Grashalm im
Mund. Es sah beinahe lässig aus; wenn er sprach, nahm er die Lippen kaum auseinander:

Bindet ihn an... das hörte sich an, als ob jemand sagte: Den Wein
heute bitte erst später.

Zeigt
Da Odysseus. Da: Ich. In der Mitte: Die Matrosen.
Sehr leise, in Erinnerungen versunken
Drei junge Burschen und ein Maat. Sie blickten sich an: ich sah,
daß ihre Hände zitterten. Einer drehte sich, zum Schuppen hin,
um: Odysseus lächelte. Dann spuckte er den Grashalm aus und
ging auf die Matrosen zu: ganz langsam, beinahe tänzelnd – »sagt,
Freunde, ist das nicht ein schöner Tag?«, und als er vor dem
Bootsmann stand, bückte er sich, nahm einen Stein und warf ihn,
immer noch lächelnd, dem Matrosen mitten ins Gesicht.
Geht zum Tisch zurück
Später, als das Schiff schon auf See war, hat mich ein Bauer be-
freit.
Zeigt
Da, der Mann im Hof.
NEOPTOLEMOS: Der Alte? Das ist doch...
PHILOKTET: Ja, er hat dich zu mir geführt. – Du kannst ihn fragen,
wenn du mir nicht glaubst.
NEOPTOLEMOS: *(senkt den Kopf)* Verzeih, General.
PHILOKTET: Es gibt keinen General, junger Mann. Wenn du den
Marschall meinst – den Oberbefehlshaber, den ihr wieder in seine
Ämter einsetzen wollt, du und die Fürsten –: Den hat Odysseus
hinrichten lassen. Den weckt keiner mehr auf.
NEOPTOLEMOS: Das ist nicht wahr!
PHILOKTET: *(sieht Neoptolemos an, geht dann zum Schreibtisch, kramt Kar-
ten, Papiere und Bilder heraus)* Hier, eine Brücke.
Zeigt
Die Widerlager. Da die Flügelmauern. Das Gewölbe.
Schüttelt den Kopf
Das gefällt mir nicht mehr.
*Sieht Neoptolemos ein wenig spöttisch an: Der Lehrherr erklärt dem Gesel-
len einen Entwurf*
Die Entwässerung ist schlecht.
Blättert weiter in den Papieren
Der neue Hafen. In zwei Jahren ist es soweit.
Blättert
Kennst du das? Ein Keltergerät. Hier kommt die Maische hinein
und hier... wird sie geschwefelt. Stell dir vor, sie wußten hier
noch nicht einmal, wie man den Wein zubereitet, auf Lemnos.

Blättert
Ihre Brücken waren aus Holz!
Bricht ab
Wenn du einen Winzer brauchst, junger Mann, kann ich dir hel-
fen. – Was ist?

NEOPTOLEMOS: Du redest zu viel. Wir verlieren Zeit. Vor Troja ist
Krieg, Philoktet!

PHILOKTET: Ja, vielleicht rede ich wirklich zu viel. Aber vergiß nicht,
es ist das erste Mal, seit neun Jahren, daß ich griechisch reden
kann. Griechisch, Neoptolemos!

NEOPTOLEMOS: *(neue Hoffnung schöpfend)* Dann komm doch mit! Nach
Troja. Wo man dich versteht!

PHILOKTET: Danke, ich bin zufrieden hier. Eine Straße und ein
Weinberg, das sind nützliche Dinge. Die Leute brauchen mich.
Ich kann dir nicht helfen. Ich verstehe nichts mehr vom Krieg.

NEOPTOLEMOS: Du lügst, General.

PHILOKTET: *(schreiend)* Ich bin kein General! Ich bin ein Bauer!

NEOPTOLEMOS: Der griechisch spricht...

PHILOKTET: Und nach Lemnos gehört.
Laut
Nach Lemnos, Neoptolemos! Wo die Menschen glücklich sind,
weil Friede ist!
Schiebt ihm zornig Wein und Käse hin
Hier, Grieche, friß und sauf! Du wirst es brauchen können vor
Troja.

NEOPTOLEMOS: *(steht auf, verneigt sich steif)* Leb wohl, Philoktet.

PHILOKTET: *(hat sich wieder in der Gewalt, macht eine Geste: Setz dich; Ne-
optolemos zögert, bleibt stehen)* Verzeih, junger Mann.
Steht auf, faßt Neoptolemos an den Schultern.
Neoptolemos setzt sich, Philoktet bleibt hinter ihm stehen.
Wirklich, es tut mir leid; aber du bist umsonst gekommen, Neop-
tolemos. – Fragt Agamemnon, wenn ihr Hilfe braucht.

NEOPTOLEMOS: *(verächtlich)* Agamemnon!

PHILOKTET: Oder Ajas.

NEOPTOLEMOS: Der ist gefallen.

PHILOKTET: Also Odysseus.
Bemerkt, daß Neoptolemos unruhig wird
Was ist mit ihm? Tot? Verwundet? Übergelaufen? Aber was
dann?

NEOPTOLEMOS: *(leise und sehr schnell)* Er ist hier.

PHILOKTET: Odysseus ist... Sag das noch einmal, du!

NEOPTOLEMOS: Er wartet unten am Hafen. Er...

PHILOKTET: *(hört nicht hin)* Odysseus hat es gewagt... du sagst, daß dieser Mann die Dreistigkeit besitzt...

NEOPTOLEMOS: *(einfallend)* Die Soldaten bestanden darauf. Sie wollen ihn demütigen. Hier, auf der Erde, wird er sich niederwerfen, vor dir und... *(bricht ab)*

Wäre Kalchas noch am Leben: Er hätte das gleiche tun müssen.

PHILOKTET: *(plötzlich ganz ruhig)* Ja, jetzt begreife ich. Die Soldaten denken: Philoktet wird uns zürnen, weil wir ihm zuvorgekommen sind.

Kalt

Im Fall des Priesters meine ich. Aber auch eine halbe Rache – denken die Soldaten – ist immer noch besser als keine. Also schicken wir ihm wenigstens das zweite Opfertier... in Begleitung eines *wendet sich ruckartig um, deutet mit dem Zeigefinger auf Neoptolemos* Aufpassers!

NEOPTOLEMOS: *(rasch)* Mein Vater hat mir oft von dir erzählt, Philoktet. Ich wußte, daß du nicht rachsüchtig bist.

PHILOKTET: Das heißt – du hofftest, ich würde Odysseus verzeihen?

Neoptolemos nickt.

Aber du warst deiner Sache nicht sicher?

Neoptolemos antwortet nicht, sieht Philoktet mit einem Ausdruck an, der ihm bedeuten soll: Bitte, frag jetzt nicht weiter.

PHILOKTET: *(ganz nah an Neoptolemos herantretend)* Du hättest also zugesehen, wie ich ihn hinrichten ließ? Du hättest wirklich zugeschaut?

Sehr leise und suggestiv

Stell dir vor, wie er schreit! Das Blut um den Mund! Die Signale der Augen! Todesangst!

NEOPTOLEMOS: Hör auf! Ich bitte dich, hör auf!

PHILOKTET: Du warst also bereit...

NEOPTOLEMOS: Es mußte sein!

PHILOKTET: *(nicht ablassend)* Du warst tatsächlich bereit...

NEOPTOLEMOS: Was ist ein Mensch, wenn es um Tausende geht! Um Griechenland!

PHILOKTET: *(kalt und schnell)* Du warst bereit, dich zu opfern. – Respekt, junger Mann.

NEOPTOLEMOS: Nicht nur ich, Philoktet. Odysseus war es auch.

PHILOKTET: Aber Neoptolemos! Du kennst doch Odysseus! Erinnerst du dich nicht, was er auf dem Schiff zu dir gesagt hat, als ihr allein in der Kajüte wart?

NEOPTOLEMOS: Wovon redest du?

PHILOKTET: Von euren Gesprächen, zwischen Troja und Lemnos! Wovon sonst?

Imitierend

»Glaub mir, Neoptolemos, es ist besser, wenn zunächst einmal du ihn besuchst. Ein junger Mann, der an die Götter glaubt, das Kind seines einzigen Freundes, rein und fromm: das wird ihn rühren, und sein Zorn –

sehr ironisch

sein berechtigter Zorn –«

NEOPTOLEMOS: *(der verwirrt, mit halb offenem Mund gelauscht hat)* Woher weißt du das?

PHILOKTET: Ich kenne Odysseus. Ich weiß, er hat dich vorgeschickt

schnell

– um Griechenlands willen, natürlich. Schließlich ist er ja ein Patriot. *(Pause)* Gut überlegt, muß ich sagen: Wirklich, der Mann versteht sein Geschäft.

Sortiert Papiere

Übrigens war der Aufwand nicht nötig. Ich hätte ihm auch so kein Haar gekrümmt. – Ist noch etwas?

Zeigt auf die Papiere

Du siehst, ich habe zu tun.

NEOPTOLEMOS: *(plötzlich, wie ein unbeherrschtes Kind aufschreiend)* Aber es darf doch nicht alles umsonst gewesen sein! Die Witwen, Philoktet! Die Kinder! Denk doch an die Gefallenen! Stell dir vor, wir ziehen ab: ein paar hundert Mann! Bataillone von Krüppeln!

Redet sich in Ekstase, schüttelt Philoktet

Siehst du sie nicht? Wie sie die kleinen Wagen ziehen? Mit den Urnen darauf, und den Knochen? Die Totenwagen? Hör doch! Die Räder im Sand! Wie sie knirschen! Und jetzt.

Mit dem Ausdruck des Entsetzens

Die Troer. Da! Sie lachen! Sie johlen! Und dann die Frau! Oben, auf dem Dach des Palastes! Sie tanzt! Sie schwenkt ihren Schleier und winkt!

Zeigt
Sie jubelt
schreiend
Sieg!!!
fängt sich wieder
Das nennt man eine Parade: Die Urnen marschieren, und Helena –
führt, als grüße er soldatisch, die rechte Hand an die Schläfe
grüßt ihre Opfer.
In normalem Tonfall
Die Soldaten haben recht: Für einen Lappen dreckigen Fleisches
sind wir verreckt. Sie ist an allem schuld.
PHILOKTET: *(steht auf, legt Neoptolemos die Hand auf das Haar, um ihn zu
beruhigen)* Nein, das ist nicht wahr.
NEOPTOLEMOS: Du verteidigst sie noch? Hätte sie ihren Mann nicht
verlassen, gäbe es heute fünfzigtausend Männer mehr!
PHILOKTET: Sie war nur eine Schachfigur. Gespielt haben andere
Leute! Hast du noch nie darüber nachgedacht, warum Menelaos
seine Frau allein im Park spazieren ließ, damals, als Paris ihm seine
Aufwartung machte! Ausgerechnet Menelaos, der doch so eifer-
süchtig war! Ist dir wirklich nie der Gedanke gekommen, daß die
Szene gestellt war? Geprobt und einstudiert?
NEOPTOLEMOS: Du meinst...
PHILOKTET: Ich weiß. Odysseus hat es mir selber erzählt. Es war
seine Idee.
Ausspielend
Paris besichtigte den Park – natürlich allein – und Helena – eben-
falls allein, selbstverständlich – betete im Tempel zu Aphrodite.
Man grüßt, spricht ein paar Worte, begegnet sich wieder: Auch
diesmal im Park, aber nun ist es Nacht, Vollmond und Zikadenge-
sang, man plaudert und lacht – und auf einmal schlägt die Falle zu,
und die Maus ist gefangen. –
Nickend: ein Ausdruck von Hochachtung
Das ist Odysseus.
Geht zum Schreibtisch zurück
Er erfand den Plan, Menelaos stimmte zu... und Helena spielte
das Lockvögelchen... vortrefflich übrigens; selbst ihr Sträuben
war offenbar überzeugend. Nun, sie hat es ja auch nicht umsonst
gemacht. Tausend Talente...
NEOPTOLEMOS: *(aufs äußerste verwirrt)* Tausend...

PHILOKTET: In Gold, selbstverständlich. Das ist nicht viel, für so eine Arbeit. – Paris war ihr sympathisch. Sonst wäre es teurer geworden. Arme Helena.

NEOPTOLEMOS: Was sagst du: arme Helena?

PHILOKTET: Sie wußte ja nicht, was sie tat. Odysseus hatte ihr gesagt: In ein paar Wochen bist du wieder in Sparta, bei den Kindern und deinem Mann; länger können sich die Troer nicht wehren. Wir haben das damals alle geglaubt, ich auch: Wenn der Winter kommt, sind wir wieder zu Hause. Arme Helena.

NEOPTOLEMOS: Aber warum... dieses Spiel?

PHILOKTET: Warum? Aber Neoptolemos! Wir brauchten Krieg! Wir brauchten Trojas Erz! Die Gruben am Meer! Rohstoffe, die uns neue Märkte erschlossen! *(Pause)* Darum. *(Pause)* Helena zeigte, was sie besaß, Paris fiel darauf herein und – wir hatten einen Vorwand – und zwar den besten, den es gab.

NEOPTOLEMOS: Hör auf. Es ist genug.

PHILOKTET: Das Gastrecht: geschändet! Die Götter: beleidigt! Unsere Ehre: verletzt! Besser ging es wirklich nicht!
Die Leute rannten zu den Waffen, als hätte jeder eine Helena zu Haus, die es zu schützen gelte vor der Geilheit der Troer.
Bricht ab
Dein Vater, junger Mann, ist nicht um Helenas willen gefallen. Er sollte die Erzgruben erobern. Aber das hat er nicht durchschaut.

NEOPTOLEMOS: Sei endlich still! Du redest und redest; Helena, Paris, Odysseus, das Erz! Das ist gewesen, Mann! Vor Troja brennt's! Wir haben keine Zeit mehr,
Mit letzter Kraft
Philoktet! Komm – jetzt – mit!
Philoktet sieht ihm schweigend zu.
Willst du uns wirklich nicht helfen?

PHILOKTET: *(sieht Neoptolemos lange schweigend an)* Doch.

NEOPTOLEMOS: Du bist also bereit...?

PHILOKTET: Ja.

NEOPTOLEMOS: Du übernimmst wirklich den Oberbefehl?

PHILOKTET: Ja. Ich bin einverstanden.

NEOPTOLEMOS: *(steht auf)* Dann... worauf warten wir noch?

PHILOKTET: Einen Augenblick, junger Mann. Ich habe gesagt: Ich übernehme den Oberbefehl. Ich habe nicht gesagt, daß ich dich begleite.

Spricht wie ein Militär

Ich ernenne den Leutnant Neoptolemos zu meinem Stellvertreter und befehle ihm, den Krieg zu beenden und die Soldaten nach Hause zu bringen.

NEOPTOLEMOS: Nicht bevor die Stadt erobert ist!

PHILOKTET: *(geht auf Neoptolemos zu und legt ihm die Hand auf die Schulter)* Weswegen haben dich die Soldaten zu mir geschickt? Um Troja zu erobern? Oder weil sie nach Hause wollten?

Neoptolemos senkt den Kopf.

Na, siehst du.

Anderer Tonfall

Dies ist ein Dienstbefehl, Leutnant. Du weißt, was auf Befehlsverweigerung steht. Der Kampf ist sinnlos... und nicht erst seit heute.

Blickt auf

Ich habe recht behalten, Neoptolemos. – Darum haben die Matrosen nach mir geschickt: Tu jetzt, was du schon damals tun wolltest. Bring uns nach Haus. Das ist ihr Befehl. Ich wiederhole ihn: Du führst die Truppe heim. Du wirst mir gehorchen.

Sehr eindringlich jedes Wort akzentuierend

Der Krieg – ist – verloren.

Sieht Neoptolemos an; spürt, daß der junge Offizier nahezu bereit ist: Noch ein Argument – und er wird überzeugt sein.

Wir haben unser Kriegsziel nicht erreicht! Troja wird keine griechische Kolonie! Ich weiß, sie sieht gut aus... auf dem Papier: Die Residenz des Militärgouverneurs – aber in Wirklichkeit...

Schüttelt den Kopf

Da, schau selbst.

Nimmt einen großen Stein, einen Papierbeschwerer und legt ihn auf den Tisch

Stell dir vor, das sei Troja.

Nimmt einige kleine Steine

Und das hier: wir. Da und da und... da.

Die kleinen Steine liegen jetzt in einem Kreis um den großen herum. Philoktet überprüft das Arrangement, nimmt dann noch einen Stein.

Und da das Lager. So.

Tritt einen Schritt zurück: Ein Feldherr, der das Aufgebot im Sandkasten mustert.

Kannst du mir folgen?

NEOPTOLEMOS: *(gebannt folgend)* Ja, mach nur weiter.
PHILOKTET: Gut, dann paß auf.
  Zeigt auf die kleinen Steine
  Die müssen erobern.
  Sieht Neoptolemos an: Klar?
  Und die hier
  zeigt auf den großen Stein
  müssen erhalten.
  Vergleicht die Steine
  Die Mittel sind gleich.
  Schaut auf den Tisch
  Was meinst du, Neoptolemos, wer von beiden hat's leichter: die
  Finger auf dem großen Stein
  oder die?
  Finger umspannen die kleinen Steine
  Wie denkst du darüber?
NEOPTOLEMOS: *(zeigt auf den großen Stein)* Ich denke, die.
PHILOKTET: Richtig. Die brauchen nämlich nur zu behaupten, was
  sie besitzen. Aber die hier... die müssen gewinnen. Die brauchen
  mehr! Die müssen säen... und die da bringen dann die Ernte
  ein.
  Zeigt auf die kleinen Steine
  Wir nicht.
  Holt sich ein Weinglas, deutet auf die Karaffe
  Du auch noch?
NEOPTOLEMOS: *(abwesend, den Blick aufs Schlachtfeld gerichtet)* Danke,
  jetzt nicht.
PHILOKTET: *(den Plan studierend: die Steine berührend und einzelne ein we-*
  nig verschiebend: ein »griechischer« Stein wird fortgenommen) Du siehst,
  wir haben etwas vergessen bei unserer Berechnung. Aber was?
  Schaut Neoptolemos an
  Nun?
  Beugt sich über den Tisch, blickt von einem Ende zum andern
  Die Zeit, natürlich!
  Nickt Neoptolemos zu; als hätte der die Antwort gefunden.
  Ganz richtig, die Zeit!
  Beugt sich über das Arrangement, Neoptolemos folgt seiner Bewegung: Ein
  Kommandeur und sein IA.
  Jeder Tag, der – hier – ungenutzt verstreicht, senkt – dort – die

Waage; jeden Monat, den die hier nicht nützen,
zeigt auf die kleinen Steine
da und da oder dort, kommt denen
Zeigefinger auf dem großen Stein
zugute. Schau nur hin!
Legt zwei kleine Steine auf den großen
Mit jedem Jahr gewinnen sie an Kraft; unsere Schwäche macht die
Troer stark...·und dann, auf einmal, schlagen sie zu: Ein blitzar-
tiger Übergang zur Attacke – das leuchtende Vergeltungsschwert!
–, das ist die Krönung der Verteidigung!
Schiebt die kleinen Steine immer weiter zurück
Siehst du, Neoptolemos: jetzt ist Troja überall, hier und da und
dort...
Schnelle Bewegung der Finger
Nachschub! Rohstoffe! Waffen! Selbst die Steine kämpfen nun
mit, der Wind, die Hitze, der Schnee... alles Bundesgenossen!
Jeder Winkel wird zum Versteck, jeder Hügel zur Festung. Das ist
ihr Land, Neoptolemos! Und wir sind abgeschnitten, von al-
lem.
*Nimmt den großen Stein, so daß er den letzten noch verbliebenen kleinen
nahezu erdrückt.*
Es ist aus mit uns. – Hab ich dich jetzt überzeugt?
NEOPTOLEMOS: Und Panisa? Die Schlacht in den thebanischen
Sümpfen? Stand es da nicht genauso wie jetzt? Und du hast den-
noch gewonnen!
PHILOKTET: Theben liegt in Griechenland! Damals waren wir die
Verteidiger und die andern führten den Raubkrieg.
Dein Beispiel war falsch.
Bricht ab
Troja ist nicht zu erobern.
*Neoptolemos steht auf, rückt seine Uniform: Er weiß, die Mission ist been-
det.*
*Philoktet beachtet ihn nicht, sondern hat sich, in Gedanken versunken,
wieder dem Schlachtfeld auf dem Tisch zugewendet. Im Augenblick, da
Neoptolemos marschbereit ist, verschiebt Philoktet den großen Stein: Das
Spiel, scheint es jetzt, ist noch nicht zu Ende.*
Man kann es nur vernichten.
NEOPTOLEMOS: *(bleibt stehen und beobachtet, wie Philoktet den großen
Stein in die Hand nimmt und beiseite stellt)* Ver...?

Starrt Philoktet mit offenem Mund an

Ein Vergeltungsschlag, meinst du? In einigen Jahren?

PHILOKTET: Nein. Jetzt. In diesem Sommer noch.

Anderer Tonfall

Komm, setz dich wieder, junger Mann.

*Neoptolemos setzt sich, Philoktet geht langsam, eher zögernd, auf ihn zu,
setzt sich dann auch und blickt Neoptolemos schweigend an.*

Ich muß es dir sagen... und ich will dir auch erklären, warum.

Wenn ich dich jetzt hätte fortgehen lassen, mit meinem Befehl,
dann wären die Truppen – wenn's noch welche sind – in ein paar
Wochen wieder zu Hause, das ist gut, aber in einem Jahr finge ein
neuer Krieg an... und das muß ich verhindern!

Schaut Neoptolemos unverwandt an

NEOPTOLEMOS: Warum schaust du mich so an?

PHILOKTET: *(leise, in Gedanken)* Seltsam. Ich habe es immer geahnt:
Eines Tages würdet ihr kommen. Kalchas oder Agamemnon oder
Odysseus – und ein junger Mann wie du. Ein Kind. Wer kann
schon einem Kind widerstehen? Wenn es bittet: Hilf mir doch.
Siehst du denn nicht, daß ich blute? Und ich überlegte mir: Was
wirst du dann tun? Ihm die Wahrheit sagen? Und wenn es sie nun
nicht verträgt?

Mustert Neoptolemos

Kannst du die Wahrheit vertragen, Neoptolemos? Ja? Gut, dann
hör zu. *(Pause)* Ich weiß, wie Troja zu vernichten ist – in einer einzigen Nacht. Aber diesen »Sieg« darf es nicht geben.

Beschwörend

Das ist kein Krieg mehr, Neoptolemos, mit Ehre und Vaterland
und Rittern und Göttern, kein Turnier unter Fürsten, wie Kalchas es nannte – dies ist – Mord!

*Neoptolemos' Gesicht verändert sich abermals: Enttäuschung beginnt Ent-
setzen zu werden.*

Ein Schlachtfest, junger Mann, bei dem man selbst die Säuglinge
abstechen wird! Die Kinder erwürgen,

macht eine entsprechende Geste

im Schlaf! – Könntest du das tun?

NEOPTOLEMOS: Ich? Ich bin Soldat!

PHILOKTET: Gut, dann frage nicht weiter.

NEOPTOLEMOS: *(nach kurzer Überlegung)* Du meinst wirklich, wir
könnten sie schlagen?

PHILOKTET: Ich sprach von Vernichtung. Ein Mordkommando.
Zwölf Leute vielleicht. Mitten in der Stadt.

NEOPTOLEMOS: In Troja?

PHILOKTET: Ja.

NEOPTOLEMOS: Und ihre Aufgabe?

PHILOKTET: Den Griechen die Tore zu öffnen. Nachts. Wenn in
Troja alles schläft.

NEOPTOLEMOS: Und die Wachen?

PHILOKTET: *(sarkastisch)* Mordkommando, hatte ich gesagt!

NEOPTOLEMOS: Du kennst den Weg?

PHILOKTET: Ja.

NEOPTOLEMOS: Ein Schacht? Ein Tunnel? – Den Weg, Philoktet!

PHILOKTET: Es gibt viele.

NEOPTOLEMOS: Einer genügt.

PHILOKTET: Hinein, vielleicht.

NEOPTOLEMOS: Was soll das heißen?

PHILOKTET: Daß keiner zurückkommt – auch du nicht.

NEOPTOLEMOS: Tot?

PHILOKTET: Man kann es so nennen. Auf jeden Fall wirst du nicht
mehr Neoptolemos sein. Den frommen Neoptolemos, den wird es
dann nicht mehr geben.
Beugt sich vor
War da nicht ein kleines Mädchen, das plötzlich zu schreien
anfing, als es dich sah?

NEOPTOLEMOS: Hör jetzt auf!

PHILOKTET: Ich mache dir keinen Vorwurf. Du *mußtest* sie töten.
Sonst hätte ihr Geschrei womöglich noch die Wachen aufgeweckt.
– Hast du es angeschaut, das Kind?

NEOPTOLEMOS: Die Götter schützen mich.

PHILOKTET: Einen Mörder – bist du so sicher? Einen Trempelräuber,
der ihre Bilder vom Altar gerissen hat? Jawohl, die Bilder! Die
sind schließlich aus Gold! Oder meinst du etwa, deinem Odysseus
ging's um die Götter? Der will ihre Bilder! Das Gold!

NEOPTOLEMOS: *(verzweifelt)* Sag mir den Weg!

PHILOKTET: Und wohin?
Neoptolemos blickt ratlos auf.
Wohin, Neoptolemos?
Kommt näher
Weißt du wie ein Junge aussieht, wenn er schläft?

Macht mit erhobenen Fäusten die Schlafbewegung nach
Hast du an die Idioten gedacht, in den Anstalten? An die Kran-
ken? Ihr müßt sie töten. Alle. Einen nach dem anderen!
NEOPTOLEMOS: Hör auf!
Hält sich die Hände an die Ohren
PHILOKTET: *(reißt eine Hand herunter)* So einfach ist das nicht!
Nah und suggestiv
Die alten Leute, Neoptolemos, in ihren Betten: wie sie euch
anflehen mit erhobenen Händen – was ist mit denen? Und die
Säuglinge. Das Gewimmer in den brennenden Häusern, immer
leiser, bis es endlich...
NEOPTOLEMOS: Sei endlich still!!!
Leise
Ich kann nicht mehr.
PHILOKTET: Wie? Ganz Troja soll ein Schlachthaus sein... und du
gibst jetzt schon auf?
NEOPTOLEMOS: Ich bin müde, Philoktet: Laß mich gehn.
PHILOKTET: Gleich. Erst muß ich dich überzeugen. – Ich brauche
deine Hilfe, Neoptolemos.
NEOPTOLEMOS: Dann hör auf, mit mir zu spielen.
PHILOKTET: Du irrst, ich...
NEOPTOLEMOS: Laß mich reden!
PHILOKTET: Ich habe nicht mir dir gespielt!
NEOPTOLEMOS: Laß mich reden, du! Jetzt bin ich dran! Nicht mit mir
gespielt, sagst du? Ich bin hungrig, Mann, und du hast Brot –
Zeigt
So viel Brot! Und was machst du mit mir?
PHILOKTET: Aber Neoptolemos!
NEOPTOLEMOS: *(mit der Hellsicht höchster Erregung)* Ich komme zu dir
und bitte dich: »Hilf uns.« Du sagst: »Ich helfe euch nicht« – und
ich verstehe das. Ich denke: Er hat recht. Wir wollten ihn hinrich-
ten lassen. Du sagst: »Ich bin jetzt ein Bauer« – und ich begreife
dich. Ich denke: So ist das also:
Odysseus, Helena. Das Gold, nicht die Götter. Dafür ist nun dein
Vater gefallen. Ich beginne zu lernen. Und dann sagst du plötzlich: »Ich helfe euch doch.«
Ausbrechend
Mann! Ich werde verrückt! Ich habe vier Wochen gehungert und
du hast tatsächlich Brot in der Tasche.

Imitierend

»Schau doch, Neoptolemos, was ich hier habe!« Aber als ich zugreife, steckst du das Brot wieder weg.

Anderer Tonfall

Gut, denke ich, er hat recht, der Krieg ist verloren, ziehen wir ab. Und du. Was tust du? Du gehst zum Tisch und holst die Steine raus und plötzlich bist du gar kein Bauer mehr, sondern ein Feldherr, und ich bin ein Kriegsschüler, dem sein General eine Vorlesung hält.

Sarkastisch

Du bist so klug, Philoktet. »Der Verteidiger erntet, aber gesät hat er nicht«: Besser kann man's wirklich nicht sagen. Ich bewundere dich, und ich denke: Vielleicht gibt es doch einen Weg. Wie in Panisa. Und wieder ist da das Brot – und wieder steckst du es weg.

Anderer Tonfall

Jetzt weiß ich, es ist keine Hoffnung mehr.

Ich stehe auf, aber du bleibst noch am Tisch, und dann, auf einmal, sprichst du es aus, ganz leise, aber ich höre es deutlich: »Ihr könnt Troja vernichten.« Und dann ziehst du mir das Brot zum dritten Mal weg! »Ihr könnt Troja vernichten. Aber ihr dürft es nicht tun.«

Anderer Tonfall, müde und resigniert

Und das Schlimmste ist: Du hast recht. Wir dürfen's wirklich nicht. Du hast immer recht gehabt.

Ausbrechend

Recht. Recht! Recht! Mein Gott! Was soll ich nur tun? Hilf mir doch endlich!

Neoptolemos legt den Kopf auf den Tisch, schluchzt, Philoktet schaut ihn an und legt ihm nach einer Weile, sanft und sachlich, die Hand auf das Haar.

Warum hast du das nur gesagt?

PHILOKTET: Was... gesagt?

NEOPTOLEMOS: Daß wir Troja... es wäre so viel leichter, ohne das.

PHILOKTET: Weil ich dir vertraue. Weil du mir helfen mußt. Sprich mit den Soldaten, Neoptolemos.

Abwehrend

In meinem Namen, verstehst du? Sie glauben an dich. Das ist wichtig. Sie müssen begreifen, daß die Zeit der heiligen Kriege vorbei ist. Der Krieg ist schmutzig, Neoptolemos! Von nun an gibt es nur noch: Untergang und Vernichtung. Mord und Rache und abermals Mord und wiederum Rache... so lange, bis niemand mehr lebt. *(Pause)* Noch ist es Zeit, Neoptolemos, aber nicht mehr lange, wenn das Rad erst einmal rollt, gibt es kein Halten mehr. Darum müssen wir den Krieg ausrotten, bevor es zu spät ist, und müssen seinen Namen aus dem Wörterbuch tilgen und dafür kämpfen, daß er nie mehr wiederkehrt.

Kommt nah

Hast du nicht selbst gesagt, daß das kein Krieg mehr ist, bei euch in Troja? Schon jetzt nicht mehr!

Lehnt sich zurück

Deshalb hab ich's dir gesagt. Bist du nun überzeugt?

NEOPTOLEMOS: *(nickt, will aufstehen, zögert dann plötzlich)* Aber das heißt ja... mein Vater, Philoktet, ich muß ihn doch rächen! Ich darf doch Achill nicht verraten!

PHILOKTET: Nein. Das darfst du nicht. Und du verrätst ihn, wenn du Troja vernichtest. Du verrätst deine Ehre! Griechenland! Dich selbst! –

Kannst du dir vorstellen, daß Achill ein Kind töten würde?

Schüttelt den Kopf

Dein Vater würde mir helfen, das weiß ich.

NEOPTOLEMOS: *(leise)* Ja.

PHILOKTET: Verzeihst du mir, daß ich's dir schwergemacht habe, vorhin? Vielleicht hast du recht. Man verliert das Maß, wenn man lange allein war. Schau mich an! Was bin ich denn? Bauer? Grieche? Lemnier? Feldherr? Da geht viel durcheinander. Zu viel, ich weiß. Da muß in einem einzigen Gespräch heraus, was sich in all den Jahren angesammelt hat... hier.

Klatscht mit der Hand gegen die Stirn

Ich kann mich nicht verstellen! – Neoptolemos?

NEOPTOLEMOS: Ja?

PHILOKTET: Seltsam, jetzt bist du der einzige Mensch, außer mir selbst, der weiß, was ich denke. *(Pause)* Ich will, daß Frieden ist. Endlich Frieden, Neoptolemos! Und dabei bin ich gar kein friedlicher Mensch. Damals, als ich

zeigt

da stand und das Schiff auf See hinausfuhr, habe ich gebetet, ihr möchtet alle verrecken – Ihr alle! *(Pause)* Aber das ist lange her. Inzwischen habe ich gelernt, wie schön es ist, freundlich zu sein.

Darum bin ich ja auch ein Bauer geworden. Und trotzdem, es gibt Augenblicke, wo es mich immer wieder überkommt... so wie eben. Ich fürchte, ich war zu lange Soldat.

Anderer Tonfall, beschwörend

Bring die Leute nach Haus! Hast du gehört? Der Frieden kommt nicht von selbst. Man muß etwas für ihn tun! – Du wirst viel Mut brauchen: Sprich mit Odysseus.

NEOPTOLEMOS: Du empfängst ihn nicht?

PHILOKTET: Wenn er das gleiche hören will wie du –

Geste

warum nicht? Nein, ihm wird nichts geschehn. Er ist klug, und er wird Sätze finden, die nicht leicht zu widerlegen sind. Denk an die Soldaten, wenn du bei ihm bist. Auf die kommt es an. – Verstanden, Neoptolemos?

NEOPTOLEMOS: *(lächelnd)* Verstanden, General.

PHILOKTET: Du wirst zu ihnen sprechen, nicht wahr? Ich verlasse mich darauf.

NEOPTOLEMOS: *(erschrocken)* Eine Rede?

PHILOKTET: Ein Tagesbefehl. In meinem Namen. Und vor versammelter Mannschaft.

Klopft ihm auf die Schulter

Keine Angst, ich helfe dir schon. – Hier dein Gürtel. Komm morgen früh.

NEOPTOLEMOS Das ist zu spät!

PHILOKTET: Schlaf dich erst einmal aus. Du wirst Kraft brauchen, bald. Ich schreibe inzwischen den Tagesbefehl.

NEOPTOLEMOS: Leb wohl, Philoktet. Ich komme früh.

PHILOKTET: Gut.

Neoptolemos dreht sich um.

Einen Augenblick noch! Deine Mütze sitzt schief. So, jetzt.

Geht mit

Ich bringe dich hinaus.

Zeigt aus dem Fenster

Du gehst am besten durch die Wiesen zum Hafen. Das ist näher. Da, der Pfad an der Scheune vorbei.

Lächelnd

Mein Privatweg.

Zeigt

Außerdem siehst du dann mehr von der Blüte. – Vor ein paar Jah-

ren war da nichts als kahles Feld; aber wir haben jetzt eine bessere
Düngemethode. Ja, ja. Du mußt mich bald besuchen, wenn der
Krieg zu Ende ist. Ich kann dir viel zeigen. – Ist sie nicht schön, die
Plantage? In vierzehn Tagen sind die Apfelbäume dran.

*Will weitergehen, bemerkt erst jetzt, daß Neoptolemos stehen geblieben
ist*

– Was hast du?

NEOPTOLEMOS: Hör doch! Die Vögel! Mein Gott, ich habe die Vögel
vergessen.

Lauscht

Da! Eine Lerche!

PHILOKTET: Der Krieg ist bald vorbei. Komm, es wird Zeit.

Begleitet Neoptolemos zur Tür

Leb wohl. Ich erwarte dich früh.

Geht zum Fenster und schaut Neoptolemos nach.

*Wenige Augenblicke später: Ein Klopfzeichen an der Tür. Dreimal ein
kurzes Pochen. Das Zeichen eines Vertrauten. Der alte Diener tritt ein.*

*Philoktet wendet sich nicht um, sondern bleibt am Fenster stehen und
schaut hinaus.*

TIMON: Der Grieche, Herr.

Jetzt dreht Philoktet sich um: langsam, noch in Gedanken.

Er ist wieder da!

PHILOKTET: *(nickend)* Ja.

TIMON: *(kommt näher)* Der Mann, der dich töten wollte!

PHILOKTET: *(lächelnd)* Bist du sicher, daß er es ist?

TIMON: Der? Unter Tausenden würde ich ihn wiedererkennen!

Beschwörend

Glaub mir, er wird es wieder versuchen. Du mußt fliehen: Du bist
allein – die Leute sind auf dem Feld!

Beschwörend

Das ist kein Soldat! Das ist ein Mörder!

Anderer Tonfall: leiser

Die Matrosen hätten dich laufen lassen. Aber er…

Faßt Philoktet am Arm

Der Mann ist gefährlich!

*Sieht, mit einem Seitenblick, daß Odysseus unten im Hof aufgetaucht ist,
zieht Philoktet mit zum Fenster*

Da! Jetzt spricht er auf den Jungen ein. Er flüstert ihm etwas ins
Ohr.

Schaut Philoktet an, der nun auch hinaussieht und erwartet eine Reaktion

PHILOKTET: *(sachlich und knapp; sein Tonfall zeigt an, daß er den Ernst der Lage sehr wohl realisiert)* Hör zu, Timon, du gehst zu Chryses in den Stall und sagst ihm, er soll dem Troer bestellen: »Philoktet ist bereit, dich morgen früh zu empfangen.«

TIMON: Dem Troer? Jetzt plötzlich? – Aber du hast doch immer gesagt...

PHILOKTET: Ja, bis gestern. Heute sieht es anders aus: Ich muß mit ihm sprechen. – Hast du's behalten? Es ist wichtig, hörst du?

TIMON: *(hinausblickend)* Sie reden noch immer.

PHILOKTET: *(nach einem flüchtigen Blick)* Und danach gehst du sofort in den Hof!

TIMON: Er wird mich sehen, Herr!

Leise, sehr verstört

Wenn er nun weiß, daß ich es war... der dich befreit hat?

PHILOKTET: Er wird dir nichts tun. Diesmal ist er in meiner Gewalt.

TIMON: Bist du so sicher?

PHILOKTET: Aber Timon, begreif doch! Wir haben die Rollen getauscht, Odysseus und ich. Er ist jetzt der Bittsteller.

TIMON: Und sein Gefolge?

PHILOKTET: Gefolge! Matrosen, Timon, friedliche Leute!

TIMON: Es sind Soldaten, Herr!

Während des Gesprächs wirft der Diener immer wieder ängstliche Blicke nach draußen.

PHILOKTET: Aber unter meinem Befehl.

Diener versteht nicht

Von jetzt an bin ich Kommandeur der griechischen Truppen, und Odysseus muß mir gehorchen.

TIMON: *(betroffen)* Du willst uns verlassen?

PHILOKTET: Euch?

Schüttelt den Kopf

Timon!

TIMON: *(eilt herbei, nimmt Philoktets Hand, kniet vor ihm nieder)* Herr!

PHILOKTET: *(hilft dem Diener beim Aufstehen)* Verlaß dich darauf. Ich bleibe hier.

Blickt aus dem Fenster

Du mußt jetzt gehen.

Spürt das Erschrecken des Dieners
Gut, verbirg dich im Stall, meinethalben, bis
zeigt
er im Haus ist.
TIMON: *(erschrocken)* Du willst ihn empfangen?
Beschwörend
Tu das nicht, Herr!
PHILOKTET: *(winkt ab, sieht dann aus dem Fenster)* Beeil dich, Timon,
ich glaube, es wird Zeit.
Diener geht zur Tür
Halt, noch eins. Laß den jungen Mann nicht aus den Augen! Geh
mit ihm.
Fragender Blick des Dieners
Zum Hafen. Zeig ihm die Plantagen.
Kommt einem Einwand zuvor
Jawohl, die Plantagen!
Leise
Er kennt doch nichts außer Krieg.
Bringt den Diener zur Tür
Stell dir vor, er hat sogar die Vögel vergessen.
*Schüttelt den Kopf, wirft einen Blick zurück, sieht, daß Odysseus und Neop-
tolemos dabei sind, das Gespräch zu beenden*
Schnell, Timon.
*Philoktet geht wieder zum Fenster. Die Kamera bleibt auf seinem Ge-
sicht.*
STIMME DES SPRECHERS AUS DEM OFF: Es war jetzt Mittag. Auf Lem-
nos wurde es still. Die Feldarbeit ruhte, und die Matrosen, unten
am Hafen, hielten Siesta. Nur die Schritte im Hof sind jetzt deut-
lich zu hören.
Schritte Odysseus
Schritte Neoptolemos
Schritte Timon
Anderer Tonfall, leichter
Der Schatten, den das Dach um Mittag wirft, ist klein... gerade
genug für einen Mann, der nicht gesehen werden will.
Philoktet dreht den Kopf.
Seit neun Jahren hat Philoktet auf diese Stunde gewartet: Daß
Odysseus wiederkommen wird, und wenn er daran dachte...
(Pause)

Philoktet mit einem Anflug von Lächeln
aber nun ist sein Haß auf einmal verflogen. Er ist ruhig, jetzt. Er
weiß, daß er Odysseus überzeugen muß: Wenn die Fürsten nicht
mitmachen, ist die Truppe verloren: Wer soll den Rückzug leiten?
Die Heimkehr! Wem, außer den Offizieren, werden die
Schiffskapitäne gehorchen? Es gibt keinen Frieden auf eigene
Faust.
Philoktet wendet abermals den Kopf, beugt sich dann vor.
Dieser Mann weiß: Er muß Odysseus beweisen, daß es besser ist,
den Krieg zu verlieren als einen Sieg zu erringen, der, ein paar
Jahre später, zum Ende Griechenlands führt: Mord gegen Mord!
Er weiß: Odysseus kennt keine Skrupel: ein Gewissen – was ist
das? Aber er weiß auch: Odysseus kann rechnen.
Das Schachspiel beginnt. Philoktet denkt: Ein einziger Fehler...
und Odysseus triumphiert.
Leiser, beim Ausblenden
Er denkt: Ich muß mir jeden Schritt genau überlegen.
Noch leiser, in das Pochen an der Tür hinein
Odysseus wird nicht triumphieren.
PHILOKTET: *(dessen Kopfsenken zeigt, daß Odysseus das Haus gleich erreicht
haben wird, dreht sich um, überprüft das Zimmer, stellt Neoptolemos' Tel-
ler und Becher weg, bringt aber kein frisches Geschirr – der Erwartete wird
kein Gast sein – und geht zum Schreibtisch. Schritte werden lauter, Philok-
tet rückt Papiere zurecht und lauscht dabei auf das Geräusch vor der Tür.
Klopfen)* Ja.
Odysseus tritt ein und bleibt bei der Tür stehen.
PHILOKTET: Odysseus?
ODYSSEUS: Philoktet?
PHILOKTET: *(wendet sich zur Tür, steht aber nicht auf und sieht Odysseus
aufmerksam an)* Du bist alt geworden, Odysseus.
*Ein Winkzeichen mit der Hand: Komm etwas näher, bitte. Odysseus macht
ein paar Schritte: Dabei wird sichtbar, daß er sein linkes Bein nachzieht.
Dann bleibt er in der Mitte des Zimmers stehen. Philoktet zeigt auf das
Bein.*
Wird das so bleiben?
ODYSSEUS: Ich fürchte, ja. *(Pause)* Darf ich mich setzen?
PHILOKTET: Erst deine Botschaft. Dein
zögert, ob er »Aufpasser« sagen soll, läßt es dann
... Begleiter meinte, du hättest mir etwas zu sagen. – Ich höre.

ODYSSEUS: *(neigt den Kopf, verharrt einen Augenblick regungslos, stellt dann das verwundete Bein nach außen, legt die Hände auf den Oberschenkel, beugt das Bein, verlagert das Körpergewicht und läßt sich auf dem rechten Knie nieder. Dann stellt er, sehr langsam, das linke Knie auf den Boden, so, daß der abgespreizte Unterschenkel die Verwundung anzeigt. Odysseus wirkt in dieser Stellung wie ein Krüppel; seine Bewegungen verraten, daß ihn die Demütigung Anstrengung kostet. Dennoch hat das Ritual nichts von Melodramatik: Hier tut einer das von ihm Verlangte, und er tut es nicht ohne Würde)*
Verzeih, Philoktet.
Senkt den Kopf, schiebt die Arme vor und tastet sich – ein Vierfüßler der wechselweise die Vorderglieder bewegt – auf dem Boden entlang. Die Art seines »Ganges« beweist, daß auch der rechte Arm verwundet ist. Dann senkt er den Kopf bis zum Boden, die Stirn berührt die Erde, und wiederholt leise
Verzeih.
Im Augenblick, da er die Hände nach vorn schiebt, um, in der Haltung äußerster Bußfertigkeit: flach auf dem Boden liegend, ein drittes Mal um Verzeihung zu bitten, beendet Philoktet die Zeremonie.
PHILOKTET: Genug. Steh wieder auf.
Odysseus erhebt sich; aber es gelingt ihm erst beim zweiten Versuch: Das linke Bein rutscht aus. Philoktet macht keine Anstalt, auch nicht andeutungsweise, Odysseus zu helfen, beobachtet den Vorgang vielmehr aus großer Distanz.
Eins muß man dir lassen, Odysseus. Du hast Mut.
ODYSSEUS: Ich habe gelernt zu gehorchen.
PHILOKTET: Das kann ich bestätigen.
Wendung des Kopfes
Waren deine Auftraggeber zufrieden – damals?
ODYSSEUS: Warum nicht?
PHILOKTET: Und du glaubst, sie werden es auch diesmal sein?
ODYSSEUS: Das hängt von dir ab, Philoktet.
PHILOKTET: Ich höre, es steht schlecht um euch.
ODYSSEUS: Sagen wir: Es könnte besser sein.
PHILOKTET: Dein Begleiter meint...
ODYSSEUS: Frontsoldaten übertreiben. Ihnen fehlt der Überblick.
PHILOKTET: Bei einer Front von zwei Kilometern. Aber Odysseus!
Da haben ja Fouriere einen... *(ironisch)* Überblick.
ODYSSEUS: Ich sehe noch Chancen.

PHILOKTET: Du vielleicht. Die Mannschaft offenbar nicht.

ODYSSEUS: *(schüttelt den Kopf)* Die Troer können auch nicht mehr.
Noch ein paar Wochen...

PHILOKTET: Ja, das kenne ich. Nur noch den Winter, dann ist alles
vorbei. Einen dritten Sommer halten sie nicht durch. Wenn die
Regenzeit kommt...

Bricht ab

Deine These stinkt, Odysseus, du solltest dir etwas Frischeres ein-
fallen lassen.

Odysseus schweigt.

Nun?

ODYSSEUS: Das ist schön, nicht wahr?

PHILOKTET: Ich verstehe dich nicht.

ODYSSEUS: Du verstehst mich ganz genau.

Anderer Tonfall

Was hast du gedacht, eben, als ich hier vor dir lag? Sei ehrlich, Philoktet. Es ist doch schön, dieses Gefühl: Wenn der Angeklagte
selbst die Robe trägt und der Richter ihn um Gnade anfleht. Der
gleiche Richter

legt die Hand auf seine Brust

von dem er zum Tode verurteilt wurde!

Sehr ernst, ohne eine Spur von Ironie

Ist das nicht wunderbar? Ich beneide dich, Philoktet.

Anderer Tonfall

Mach mit mir, was du willst.

PHILOKTET: Ja, das werde ich tun. Setz dich.

Odysseus zögert.

Setz dich, habe ich gesagt.

*Odysseus setzt sich, nachdem er den Stuhl vom Tisch abgerückt hat: Sein
linkes Bein braucht Platz.*

Schmerzen?

Odysseus schüttelt den Kopf: Danke, es geht.

Gut. *(Pause)* Ich fürchte, du hast nicht verstanden, Odysseus.

*Nimmt die Karaffe vom Tisch und füllt, ohne Odysseus dabei anzusehen,
sein Glas bis zum Rand. Dann trinkt er und stellt das Glas wieder ab.*

Der Angeklagte hat das Urteil akzeptiert. Es war gerecht! Ich bin
dir dankbar, Odysseus. Hörst du: dank-bar! Ich danke einem
Mörder, daß er mich davor bewahrt hat, selber zum Mörder zu
werden.

ODYSSEUS: Das verstehe ich nicht.

PHILOKTET: Ich weiß, wie Troja zu vernichten ist... und nicht erst
seit heute.

ODYSSEUS: *(leise und nachdenklich)* Jetzt begreife ich. Du sagtest...
warte... einen Augenblick...

Schneller

Du sagtest, der Krieg ist so nicht zu gewinnen.

Wieder langsam

So nicht... aber anders vielleicht. Du ahntest schon damals...

PHILOKTET: Ich wußte auf jeden Fall, wie man hineinkommt. *(Pause)*
Ihr glaubtet, es sei eine Marotte, daß ich immer so lange mit den
Gefangenen sprach... den einfachen Leuten. Die verstanden
nämlich etwas von Ka-na-li-sa-tion!

Zeichnet auf dem Papier

Das war es, Odysseus!

Zeichnet

Ganz einfach, eigentlich.

Zieht Verbindungslinien

Eine Frage der Kombination.

Legt den Stift weg, anderer Tonfall

Aber ich hatte Angst.

ODYSSEUS: Angst? Vor den Troern?

PHILOKTET: *(schüttelt den Kopf)* Die hätten nichts gemerkt.

ODYSSEUS: Aber wovor dann?

PHILOKTET: *(verwundert)* Vor mir natürlich. Begreifst du das nicht?
Ich hatte Angst vor meinen Gedanken.

Leise

Ich sah die Soldaten im Stollen – ich träumte davon. Wie sie die
Röhren durchwateten, in der Kloake, wie sie den Deckel öffneten
und hinauskletterten... einer nach dem anderen.

Erregt

Spezialisten, Odysseus! Elitesoldaten! Ein...

Bricht ab

ODYSSEUS: *(vorgebeugt, in großer Spannung)* Erzähl doch weiter!

*Philoktet blickt auf: abwesend, der Erinnerung folgend. Odysseus sucht
ihm zu helfen.*

Sie sind jetzt in der Stadt!

Philoktet schüttelt den Kopf.

Nicht?

PHILOKTET: Ich sagte ja, ich hatte Angst. Da war eine Schwelle, verstehst du, die konnte ich nicht überschreiten. Nicht einmal da drüben am Baum, als du mich anbinden ließest. Ich hätte es dir gern gesagt.

Bitter

Ich war zu allem bereit. Aber ich konnte es nicht. Irgend etwas sträubte sich in mir. *(Pause)* Und dann, auf einmal, war ich frei. Ihr hattet mir alles genommen, was ich besaß, ich war allein, niemand verstand mich, meine Einsamkeit... wenn es für Nacht eine Steigerung gibt: dann umgab sie mich. Aber ich war frei! Ich konnte denken, was mir gefiel. Alles ohne Rücksicht, bis zur letzten Konsequenz! Und meine Gedanken fanden keine Ruhe, bis sie am Äußersten angelangt waren und zu denken wagten, was noch keiner...

Versinkt in Überlegungen; Odysseus, atemlos lauschend, den Kopf ein wenig zur Seite geneigt, unterbricht nicht.

Den tödlichen Schlag! Die totale Vernichtung! Ich hatte die Schwelle überschritten. Es war Nacht, ich hatte Fieber; mein Puls pochte und meine Gedanken brannten wie Feuer. Ströme von Licht durchzuckten mich: Ich war wie illuminiert. Alles, was ich jemals gedacht hatte, war auf einmal wieder da: als sei es in meinen Blutkreislauf übergegangen. Als hätte sich der Apparat meines Wissens, durch eine vollkommene Assimilation, in Fleisch und Knochen und Adern verwandelt! Jeder Pulsschlag war ein Signal meines Geistes. Was mich früher gehemmt hatte: Beschränkungen, aufgezwungen von außen, Gebote der Religion und Moral, Gesetzestafeln, fromme Normen, Werte, die respektiert werden wollen... das alles gab es nun nicht mehr. Ich war ausgestoßen! Vogelfrei! Vo-gel-frei; ich konnte fliegen! Ich hatte die Schwerkraft besiegt. Und da, auf einmal, wagte ich, den Krieg bis zu seiner letzten Konsequenz zu durchdenken: Der totalen Negation! Troja war zu vernichten. Es gab einen Weg.

Ich zitterte vor Erwartung, in meinem Fieber, als ich die Rotte vor mir sah – abgehärtet, narbenvoll, zu allem bereit. Die Spezialisten!

Anderer Ton: anzeigend, daß Philoktet seinen Fiebertraum mit kalter Bewußtheit erzählt.

Es war grauenvoll: Alles Handeln, zusammengedrängt in einem einzigen Punkt des Raums, der Zeit. Und dann die Explosion!

Angestaut und hinaus! Ein Fieberrausch, Odysseus – aber taghell!
Als ob meine Gedanken sich verselbständigt hätten! Ich sah ihnen
zu, ich dachte: So sehen Leuchtspuren aus, auf ihren Bahnen in
den eisigen Zonen des Weltraums, Spiralen und Nebel. Ich beobachtete ihre Operationen. Sie waren schön, graziös und schwerelos. Die Begriffe schienen zu tanzen, und ich war ein Artist im
Element des Kriegs. Ein Wahnsinniger!
Ich Narr! Ich bildete mir ein zu verstehen, warum die Strategie zu
den Künsten gezählt wird. Ich fand's sogar logisch: Sätze, die ich
hundertmal zitiert hatte:
»Die Gewalt bedarf der Erfindungen von Kunst und Wissenschaft, um der Gewalt zu begegnen«, gewannen plötzlich die Anschaulichkeit von Axiomen für mich, und es schien mir sinnvoll zu
sein, daß die Generäle so gern vom Kriegstheater und Kriegsschauplatz sprechen: Kann es ein Schauspiel geben – dachte ich:
Im Traum, im Wahnsinn, in fieberheller Bewußtheit – ist ein
Spektakel denkbar, das majestätischer ist als der Krieg? Wo, wenn
nicht in ihm – dachte ich – enthüllt sich das Geheimnis der Totali-
tät – Gewalt, gepaart mit Intelligenz: Divisionen und Armeekorps
auf die Spitze einer Nadel gestellt! *(Pause)* Wenn ihr in dieser
Nacht zurückgekehrt wärt: dann gäbe es Troja nicht mehr.
ODYSSEUS: Du hast dich nicht verändert, Philoktet. Wenn du einen
Mann vernichten willst, dann triffst du auch.
PHILOKTET: Wovon redest du?
ODYSSEUS: Du willst dich rächen, nicht wahr? *(Pause)* Das ist dir ge-
lungen. Der Hieb hat gesessen.
PHILOKTET: Rächen! Es geht doch nicht um...
ODYSSEUS: Schon gut. Das Urteil wird revidiert. Diesmal sitze ich
vor den Richtern. Angeklagt von vierzigtausend toten Soldaten.
Genügt dir das?
PHILOKTET: Aber Odysseus...
ODYSSEUS: Beschuldigt, einen Mann vertrieben zu haben, der die
Truppen zum Sieg geführt hätte. Verurteilt wegen Hochverrat.
PHILOKTET: *(schüttelt den Kopf)* Du verstehst mich nicht. Ich sagte
doch: Das Urteil war gerecht. Ich mußte weg! Ich mußte entfernt
werden!
Leise
Ihr habt mich davor bewahrt, meinen Traum...
Bricht ab

Dafür bin ich euch dankbar.

Sieht auf

Auch dir, Odysseus.

Schenkt Wein ein, stellt das Glas vor Odysseus hin, beobachtet ihn dabei aufmerksam

Ich will offen zu dir sein. *(Pause)* Ich mag dich nicht. *(Pause)* Ich kann nicht vergessen. *(Pause)* Ich weiß, daß du mich verachtest.

Odysseus: abwehrende Geste

Doch, Odysseus. Machen wir einander nichts vor. *(Pause)* Wir sind Feinde, wir beiden. *(Pause)* Und trotzdem, Odysseus. Als das Fieber vorbei war und ich zu erkennen begann, was das bedeutet, wenn aus einem Theaterspiel Wirklichkeit wird und ein Gedankenmord sich in Blut realisiert: Nein, diese Gedanken wünsche ich dir nicht. Nicht einmal dir! Ich war in der Hölle, Odysseus. Im Niemandsland. Ich bin der erste Mensch, der von den Toten zurückgekehrt ist. Du brauchst nicht zu lächeln: Ich weiß, was ich sage, und ich versichere dir: Es ist so grauenvoll, daß nicht einmal du... Nicht einen Tag könntest du leben, da unten! Jetzt weiß ich, was Krieg ist –

geht auf Odysseus zu

Krieg, Odysseus! Das ist mehr als eine Million Tote. Tausendmal mal Tausend: So etwas läßt sich berechnen. Das ist Mathematik. Aber das Nichts! Die absolute Negation! Eine Welt ohne Menschen.

Nur noch Sand und Schlamm und Stein. Tag und Nacht, Ebbe und Flut. Nicht einmal mehr Tiere! Das ist undenkbar, sagst du? Aber ich hab es gedacht: Es ist Wirklichkeit! Du meinst, mit Nullen läßt sich nicht rechnen? Dann mußt du es lernen. Ich weiß jetzt, was das ist: Nichts.

Anderer Ton

Du kannst die Hütte sehen, wenn du willst, in der ich damals lag... angekettet an einen Pflock, auf einem Haufen Stroh. Das Fieber war vorbei... aber nicht die Angst. Odysseus, Angst! Ich hatte nicht geträumt. Troja war zu vernichten. Und nicht nur Troja! Athen! Sparta! Griechenland! Und ich wußte, wie man es macht: Der Traum war nachprüfbar. Die Rechnungen stimmen.

Kalt

Mein Gehirn arbeitet exakt.

Nah

Ich hielt den Schlüssel in der Hand. Eine winzige Drehung
und...

ODYSSEUS: *(in größter Spannung)* Und?

PHILOKTET: Ich habe geschrien, Odysseus! Geschrien und getobt!
Anbinden mußte man mich! Knebeln! Ich war wie von Sinnen!
Diese entsetzliche Angst! *(Pause)* Und dann auf einmal war alles
vorbei.

Ich hatte die Hölle gesehen; aber die Tür blieb geschlossen, und da
wußte ich: Jetzt bist du gefeit. Jetzt liegt es an dir, dafür zu sorgen,
daß sie nie geöffnet wird.

Anderer Ton

Von nun an haben wir damit zu rechnen, daß es eine Erde ohne
Leben gibt. Der tödliche Schlag hat alles verändert: Dies muß die
Voraussetzung unserer Überlegungen sein. Verstehst du: Die
Prämisse. Nicht das Resultat! Wir müssen unsere Gedanken auf
ein neues Ziel hin beziehen, jetzt gleich! Wenn Troja zerstört ist,
ist es zu spät.

Leise

Wir müssen einander helfen.

Lächelnd

Trotz allem.

Schenkt nach

Schmeckt dir der Wein?

ODYSSEUS: Danke.

Trinkt

Vorzüglich.

PHILOKTET: *(holt eine Schüssel mit Oliven)* Mit den Oliven ist er noch
besser.

ODYSSEUS: *(nimmt eine Olive und steckt sie, im Mundwinkel, zwischen die
Zähne)* Ich habe dich doch richtig verstanden, nicht wahr?
Du könntest. Ich meine: tatsächlich. Nicht nur: im Traum. Aber
du willst nicht.

Kaut weiter

Weil du nicht darfst. Aus Gründen der Moral.

PHILOKTET: Und der Vernunft.

ODYSSEUS: Gut. Dann ist der Krieg vorbei.

PHILOKTET: Du hast mich verstanden.

ODYSSEUS: *(nickt)* Ein Triumph des Edelmuts.

Nimmt eine neue Olive

Wie sagte Kalchas doch immer? Es gibt Siege, die in Wahrheit Niederlagen sind.

Anderer Tonfall

Aber Kalchas meinte die Siege unserer Feinde. Jetzt geht es um uns!

PHILOKTET: Natürlich – Worum denn sonst?

ODYSSEUS: Das hieße: Troja gewinnt und wir – haben saubere Hände.

PHILOKTET: Aber Troja ist doch nur ein Beispiel! Auch Ithaka kann eines Tages...

ODYSSEUS: *(unterbricht)* Der tödliche Schlag. Ich verstehe. Für den Verlierer sehr schmerzlich. Doch für den Sieger...

Nimmt eine Olive

Trojas Vernichtung bedeutet: Sicherheit für unsere Kinder. Frieden.

PHILOKTET: Du irrst, Odysseus. Troja hat Bundesgenossen. Asien ist groß. Eines Tages wird es sich rächen – und zwar mit den gleichen Mitteln – und dem gleichen Erfolg. Du siehst: Moral und Vernunft sind identisch.

ODYSSEUS: *(ironisch)* Ja, das klingt gut.

PHILOKTET: Zu pathetisch für dich? Ich könnte auch sagen: Bilanz und Gesangbuch ergänzen einander. Ist dir das lieber?

ODYSSEUS: Verzeih, Philoktet: Deine These ist falsch. Du verwechselst Traum und Wirklichkeit. Verständlich in deiner Lage. Ich mache dir keinen Vorwurf daraus. Aber es ist ein Unterschied, ob man auf Lemnos mit Ziffern und Begriffen operiert – ein bißchen Geometrie im luftleeren Raum – oder ob man's an der Front mit Soldaten zu tun hat.

Visionen kennen keine Nachschubprobleme: was kümmert den Träumer, ob die Truppe Quartier hat!

Trinkt

In der Idee ist alles sehr einfach: weiß ist weiß und schwarz ist schwarz. Nichts gegen dein Modell, Philoktet; auch Abstraktionen können nützlich sein... aber in der Praxis: die kenne ich besser. Die sieht anders aus.

Beugt sich vor

Wer sagt uns denn, daß überhaupt Blut fließen wird? Wenn alles klappt, können wir Troja im Handstreich erobern. Die Verluste?

Nicht der Rede wert. Die Stoßtrupps besetzen Zitadelle und
Kommandantur. Das skäische Tor wird geöffnet, die Wache beseitigt, wir umzingeln zuerst die Kasernen...

PHILOKTET: *(sehr ironisch: einen Biertischstrategen akkompagnierend)*
Dann das Arsenal,
zählt mit den Fingern ab
die Kasematten, die Speicher, die Forts...

ODYSSEUS: *(unbeeindruckt)* Ganz richtig. Und das Wasserwerk. Bevor
die Sonne aufgeht, ist die Stadt in unserer Hand.

PHILOKTET: Und die Herren aus Griechenland küssen den Damen
aus Troja die Hand, und wenn man ihnen
zeigt
Wein und Oliven anbietet, dann sagen sie: »Danke. Wir kommen
gerade vom Essen.« Odysseus, wofür hältst du mich eigentlich?
So etwas kannst du doch mir nicht erzählen! Deine Soldaten haben seit zehn Jahren keine Frau mehr gesehen. Die machen reinen
Tisch. Hier geht's doch nicht um einen Schulausflug! Hier geht's
um Krieg! Um Leben und Tod! Du hast kein Wort verstanden.
»Es wird schon nicht so schlimm werden! Krieg ist Krieg. Jeder
Speer trifft nicht. Glück muß man haben.«: Merkst du wirklich
nicht, wie sinnlos diese Sprüche sind? Es geht um Vernichtung!
Das ist es ja gerade: Daß man hineinstolpert, Schrittchen für
Schrittchen, immer weiter... und einmal gibt es dann kein Zu-
rück mehr.
Leise
Mir wär's ja nicht anders gegangen: Hättet ihr mir nicht die
Chance gegeben, den Gedanken bis zur letzten Konsequenz zu
durchdenken – über die Schwelle hinaus –, daß Krieg und Wahn-
sinn Brüder sind... ich wäre mitmarschiert! Wir müssen umden-
ken, Odysseus.
Verärgert über Odysseus' verächtliche Gestik
Spuck den Stein endlich aus! Ich kann das nicht mehr sehen!

ODYSSEUS: Entschuldige bitte, ich war in Gedanken.

PHILOKTET: Schon gut. Hör zu, Odysseus. Du bist doch Soldat.
Kannst du dir wirklich nicht vorstellen, daß auch Gedanken ein
neues Exerzierreglement brauchen, wenn die Lage sich ändert?
Daß die Truppe, statt auf »Sieg« zu marschieren, sich von »Vernichtung« zu entfernen, also in umgekehrter Richtung zu marschieren hat? Und da redest du noch von Taktik.

Leise und verächtlich
Und selbst die ist falsch. So leicht ist Troja nicht zu vernichten.
Das hab ich euch doch schon vor zehn Jahren gesagt!
Pause, dann wieder sehr beherrscht
Was sagte Neoptolemos? Wieviel Mann habt ihr noch?
ODYSSEUS: *(unwirsch)* Zwölftausend.
PHILOKTET: Gut. Dann zieh zwei Drittel ab. Wenn's hochkommt
überleben viertausend. Vier von sechzig. Aus jedem Zug einer.
Nennst du das – Sieg?
ODYSSEUS: Und die Troer? Wieviel sind's da?
PHILOKTET: Genug, auf alle Fälle, für den nächsten Krieg. – Noch
einen Schluck?
ODYSSEUS: Danke.
PHILOKTET: *(stellt die Kanne weg, räumt die Olivenschale ab: Der Besucher
könnte jetzt gehen. Es ist alles gesagt)* Mach Schluß, Odysseus. Es hat
keinen Zweck. Du kannst nicht mehr siegen.
Leise
Wir dürfen es nicht.
ODYSSEUS: Du meinst, weil das kein Krieg mehr ist? Ja, ist es denn
Krieg, wenn sie Achill mit einem Pickel erschlagen? Wenn zwei
Männer, die kaum noch stehen können, so müde sind sie, aufein-
ander mit Schaufeln einschlagen? Wie im Schlaf? Und manchmal
haben sie nicht einmal Schaufeln. Dann machen sie es mit den
Händen.
Zeichen des Erwürgens
PHILOKTET: Aber das sage ich ja! Das ist es doch, Mann! Wollt ihr
denn wirklich warten, bis sie auch keine Hände mehr haben –
nicht einmal mehr Arme! – und sich mit ihren Stümpfen umsto-
ßen?
Leiser
Und dabei weißt du sehr gut, daß selbst das noch nicht das Ende
ist. Das Finale wird anders aussehen.
Suggestiv; dabei sehr sachlich
Es wird grauenvoll sein. Und ich rede nicht von den Gefallenen.
Die sind glücklich dran. Ich spreche von den andern Sechstau-
send. Von dir! *(Pause)* Du wirst nicht mehr Odysseus sein, am Tag
nach Trojas Zerstörung. Genausowenig wie Neoptolemos. Ihr
müßt alle dran glauben.
Suggestiv

Hast du schon einmal an deine Träume gedacht: später? Jede
Nacht der gleiche Traum! Verkohlte Leichen! Und Kinder,
Odysseus. Immer die Kinder. Puppen! Bälle! Alles voll Blut! Das
Händchen neben dem Füßchen! Das...

Abbrechend, Odysseus anschauend

Wie alt ist Telemach jetzt? Zwölf?

ODYSSEUS: *(versucht aufzustehen)* Das sind doch Phantastereien!

PHILOKTET: Aber Odysseus! Warum so erregt?

Anderer Tonfall

Es liegt bei dir, ob Telemach...

ODYSSEUS: *(unterbrechend)* Hirngespinste sind das!

PHILOKTET: *(ernst)* Es kommt niemand zurück. Keiner, Odysseus.
Auch die gröbsten Gesellen werden nicht mehr sein, was sie waren. Menschen?

Schüttelt den Kopf

Tiere? *(Pause)* Jeder Hund ist glücklicher als sie! *(Pause)* Zwölftausend Mann, sagtest du? Das sind sechstausend Tote und sechstausend Nichtmehrlebende...

ODYSSEUS: *(der sich wieder gefangen hat)* Du hast zu viel Phantasie, Philoktet. – Gib mir doch noch einen Schluck.

*Philoktet bringt die Karaffe zurück und schenkt ein. Gestik: Nun gut,
wenn du unbedingt willst. Aber mach schnell. Ich habe jetzt wirklich alles
gesagt.*

Du nicht?

Philoktet schüttelt den Kopf.

Schade.

Trinkt

Zu zweit schmeckt es besser.

*Stellt das Glas ab und versucht es mit einem kumpelhaften Ton: Eigene Un-
sicherheit soll überspielt werden.*

Du warst zu lange allein. Das ist nicht gut. Ich weiß, was ich sage:
Letztes Jahr, als sie mir das Bein abnehmen wollten, hatte ich auch
solche Gedanken. Stell dir vor, ich dachte schon, auf Ithaka sei die
Revolution ausgebrochen. Und Penelope betrüge mich mit einem
anderen Mann.

Trinkt

Ausgerechnet Penelope! Aber das kommt davon, wenn man niemanden hat, mit dem man sich aussprechen kann: Dann hält man
sich plötzlich für einen Hahnrei oder... für einen Gott. In Wirklichkeit ist alles halb so schlimm.

PHILOKTET: Und was war mit Achill? Hast du vergessen, was du
eben gesagt hast? – Du solltest nicht so viel trinken, Odysseus.

ODYSSEUS: Ja, ja ich weiß.

Philoktet, der glaubt, Odysseus habe das Trinken gemeint, will die Karaffe
wegnehmen, aber Odysseus hält sie fest und sieht Philoktet an.

Schön ist das nicht, mit den Schaufeln. Aber wenn ich darüber
nachdenke: Stirbt es sich mit einem Speer im Bauch eigentlich
besser? Im Grunde ist es doch egal, ob dich nun einer mit dem
Schwert oder

schaut seine Finger an

den Händen niedermacht. Tot bist du auf jeden Fall. Und was
Trojas Vernichtung angeht, die Frauen und Kinder, von denen du
sprichst. Wieso ist deren Tod eigentlich schlimmer als wenn
Männer verrecken? Sag selbst: sind wir denn weniger wichtig?
Wir zwei und die Leute?

Spricht schnell weiter, bevor Philoktet antworten kann

Krieg ist Krieg. Man muß ihn nehmen, wie er ist.

PHILOKTET: *(angeekelt: als spräche er zu einem Dritten)* Der weiß ja nicht
mehr, was er sagt.

ODYSSEUS: Du meinst, ich sei betrunken? Da täuschst du dich, Philoktet. Ich bin nüchtern. Stocknüchtern sogar. Ich komme nämlich von der Front. Aber ich bin nicht abgestumpft. Ich weiß zum
Beispiel sehr genau, daß die Soldaten nach Trojas Vernichtung
genauso leben werden wie zehn Jahre vorher.

Zynisch

Die gleichen Wirtshausgespräche, Wetter, Mädchen, Heldentaten
im Kriege... die gleichen Zoten wie damals. Rümpf nur die Nase,
Philoktet. So ist der Mensch nun mal.

Trinkt, schiebt dann das Glas beiseite, fährt sich mit dem Handrücken über
den Mund

Hast du dir eigentlich schon überlegt, wie man uns empfangen
wird, zu Haus, wenn Troja gesiegt hat?

Die Witwen, deren Männer dann umsonst gefallen sind – für
nichts! –: was, meinst du, werden die tun? Soll ich's dir sagen?

Nah

Steinigen werden sie uns!

PHILOKTET: Ja, das stimmt.

ODYSSEUS: Siehst du!

PHILOKTET: *(schüttelt den Kopf)* Nicht die Leute, Odysseus. Euch

werden sie steinigen! Dich! Agamemnon! Menelaos! Die Fürsten!
Die Schuldigen werden sie treffen.

Leise und ernst

Ihr wißt seit Jahren, daß der Krieg verloren ist. Ich habe es euch
gesagt. Aber ihr habt weitergemacht, immer weiter: Nur diesen
Winter noch, dann sind die Erzgruben in unserer Hand, nur ein
paar Wochen Geduld, dann ist das Kriegsziel erreicht... so geht
das Jahr für Jahr. Und die Leute krepieren.

Ausbrechend

Was schert die euer Erz! Euer Markt! Die wollen auf ihren Acker
zurück! *(Pause)* Ich denke an die Witwen, Odysseus... übrigens
auch an die, deren Männer heute noch leben. Aber nicht mehr
lange, wenn ihr so weitermacht. *(Pause)* Du mußt dich beeilen,
wenn du davonkommen willst. Du hast nur eine einzige Chance.
(Pause) Bring die Zwölftausend nach Haus. Vergiß nicht: Du wirst
Zeugen brauchen, die gut von dir sprechen. Ankläger hast du genug.

ODYSSEUS: Du meinst: Wer heil nach Haus kommt...

PHILOKTET: ... ist ein Schutz für dich.

Lächelnd

Ein kleiner Schutz. Doch immerhin...

ODYSSEUS: Gut. Ziehen wir ab. *(Pause)* Dann haben die Götter eben
gelogen. – Was ist?

PHILOKTET: Verzeih, Odysseus, aber wenn du von den Göttern
sprichst, das klingst beinahe so, als wenn Kalchas vom Bordell redete.

Anderer Tonfall

Du und Götter! Mach mir doch nichts vor! Du glaubst so wenig an
Götter wie ich.

ODYSSEUS: *(ernst, ohne einen Anflug von Zynismus)* Ja, das stimmt. Aber
die Millionen, Philoktet. Was sollen die tun, wenn niemand mehr
da ist, dem sie danken können, wenn ihre Ernte eingebracht ist
und das erste Kind ein Junge war? Niemand, der sie tröstet, wenn
der Mann fällt oder die Frau vom Blitz erschlagen wird? Wenn der
Hof abbrennt? Ohne die Götter wären die Menschen allein.
Meinst du, sie könnten das?

Schüttelt den Kopf

PHILOKTET: Ist das alles?

ODYSSEUS: *(lächelnd)* Natürlich nicht. Wir sind ja schließlich auch
noch da, wir... Ungläubigen.

Langsam

Und was wären wir, wenn es den Himmel nicht gäbe? Man müßte ihn erfinden, nicht wahr?

Nickt

Nun, das haben wir ja auch. – Ohne die Götter gibt's keine Fürsten, und auch kein Oben und Unten. Also das Chaos. Wir schützen sie. Sie schützen uns. Am Ende fahren alle nicht schlecht. Die Götter. Die Millionen, und wir.

PHILOKTET: Wir? Ich bin kein Fürst mehr, Odysseus. Ich gehöre jetzt zu den Millionen und ich will dafür kämpfen, daß diese Ordnung endlich stürzt, die nicht nur Götter, sondern Kriege braucht. Es wird höchste Zeit. *(Pause)* Ich habe Neoptolemos gesagt, wofür Achill gefallen ist. Er wird es weitererzählen.

ODYSSEUS: Neoptolemos? Das ist mein Mann!

PHILOKTET: Er war es, Odysseus. Jetzt gehört er zu mir. Glaub mir: Er spricht mit den Leuten.

Eindringlich

Er wird ihnen sagen, daß wir den Krieg begonnen haben und nicht die Troer. Wir brauchten den Krieg, weil wir Rohstoffe brauchten, und wir brauchten Rohstoffe, um neue Märkte zu haben, und wir brauchten die Märkte, um besser verdienen zu können und wir brauchten das Geld, um…

ODYSSEUS: *(trocken)* Ein bißchen kompliziert für die Soldaten, findest du nicht?

PHILOKTET: Aber Odysseus! »Die Fürsten sind reich. Die Matrosen sind arm. Es gibt Krieg. Warum gibt es Krieg? Damit der Reiche ärmer und der Arme reicher wird? Nein. Damit der Arme arm bleibt und der Reiche… steinreich wird.« Wieso ist das kompliziert? Du wirst schon sehen, wie schnell das die Soldaten begreifen! Die denken nämlich nicht nur an Mädchen und Zoten:

Abbrechend

Das könnte euch so passen, Odysseus! Solange es arm und reich gibt, gibt es auch Krieg. Das habe ich auf Lemnos gelernt. Und darum müssen wir die Voraussetzungen ändern: Alles! Das ganze System! Glaub mir: Der Tag wird kommen, an dem auch du das begreifst. Meinst du nicht, es wäre vernünftig, sich zur rechten Zeit auf die richtige Seite zu stellen? Du bist doch ein Meister darin. Deine Freundschaft mit Kalchas zum Beispiel oder…

ODYSSEUS: Verzeih, daß ich dich unterbreche; aber jetzt erinnerst du

mich wirklich an... wie hieß noch der komische Mensch? Du
weißt doch, der Soldat, der immer diese Rede hielt... gegen die
Fürsten... gegen den Krieg... Ther... Ther... mein Gott, sah
der aus!

PHILOKTET: Thersites? Meinst du den?

ODYSSEUS: Thersites, natürlich! Der sprach auch immer so:
Imitiert
»Wie lange, Soldaten, wollt ihr noch dulden, daß euer
Schweiß«... und dann kam irgend etwas mit unserem Gold. Er-
innerst du dich? Es war ziemlich dreist, glaube ich.

PHILOKTET: Ja.
Leise
Ich habe auch darüber gelacht.

ODYSSEUS: Der Kerl sprach wie ein Bauer.

PHILOKTET: Aber sie verstanden ihn.

ODYSSEUS: Und haben nichts getan.

PHILOKTET: Es war noch zu früh! Jetzt würden sie handeln! *(Pause)*
Ich habe einen Fehler gemacht. Hätte ich mit den Leuten gesprochen – dem Matrosen Thersites zum Beispiel – und nicht allein mit
den Fürsten: Die Meuterei wäre früher gekommen. Jetzt weiß ich,
warum ihr mich fortgejagt habt: Ihr hattet Angst, daß ich vors
Volk treten würde. *(Pause)* Warum habe ich den Matrosen nicht
die Wahrheit gesagt, damals, klipp und klar: »Das ist nicht euer
Krieg, Männer! Macht Schluß!«

ODYSSEUS: Soll ich dir sagen, warum?

PHILOKTET: *(fährt fort)* Weil ich Angst hatte, daß ihr mich auslachen
würdet! Wenn Kalchas meine Konjunktive lobte oder du mir,
nach einer Rede, zuflüstertest:»Der Nebensatz, eben, die Paren-
these: das kann keiner außer dir«... dann war ich glücklich. Jetzt
ist es umgekehrt. Die Leute auf dem Feld verstehen mich und du
denkst: Er ist ein Bauer geworden. Wenn man weiß, wie er einmal
gesprochen hat, witzig und anspielungsreich, und nun diese Phra-
sen, grob und direkt, damit's ja der Pöbel begreift.
Abbrechend
Ich glaube, jetzt ist es richtig.
Leise
Ich hätte es früher tun müssen.

ODYSSEUS: *(steht langsam auf)* Und du meinst, die Troer würden uns
abziehen lassen? Schaun einfach zu und lassen's geschehen?

Schüttelt den Kopf
Die schlagen zu... und ich kann dir sogar den Zeitpunkt angeben:
Nachts. Bei der Einschiffung. Da können wir uns nämlich nicht
wehren. Und das wissen die Troer.
PHILOKTET: Du irrst dich, Odysseus. Wozu sollten sie kämpfen? Sie
haben ja erreicht, was sie wollten.
ODYSSEUS: Du kennst sie nicht. Ich sage dir: Die sind zu allem be-
reit.
PHILOKTET: Aber ein Ausfall kostet Kraft: und sie haben Hunger.
Glaubst du wirklich: sie machten Selbstmord? Ausgerechnet eine
Minute vor Schluß?
ODYSSEUS: Warum nicht? Was haben sie denn schon zu riskieren: Ein
paar Fackeln, oben vom Mauerring aus, auf die Planken gewor-
fen... und schon stehen die Schiffe in Brand. Die Troer haben
schließlich auch ihre Priester: Ein brennendes Schiff, Philoktet,
das ist so eine Art göttliches Zeichen.
PHILOKTET: Gut, ich will es versuchen.
ODYSSEUS: *(versteht nicht)* Du?
PHILOKTET: Ja. Ich werde ihnen sagen, daß es sich nicht lohnt.
ODYSSEUS: *(ironisch)* Du fährst nach Troja?
PHILOKTET: Nein. Die Troer kommen zu mir.
    Odysseus blickt auf: Der Mann ist verrückt.
Hier in mein Haus! der Bote ist schon da.
ODYSSEUS: Eine Gesandtschaft? Aus... Troja?
PHILOKTET: Ja. – Übrigens nicht zum erstenmal. Die haben nicht so
lange gewartet.
ODYSSEUS: Darum also!
    Geht, so schnell es seine Verwundung zuläßt, im Zimmer auf und ab.
Ich hätte es ja wissen können: Der Winterkrieg, letztes Jahr, die
Kesselschlacht am Sigeion... das war deine Idee!
PHILOKTET: Meinst du?
    Kopfschüttelnd
Troja hat auch Generäle!
ODYSSEUS: Du lügst!
PHILOKTET: *(kalt)* Ich habe, seit meiner... Verbannung, noch keinen
Troer gesehen. Keinen einzigen.
    Wendet sich Odysseus zu
Bis heute.
ODYSSEUS: Aber jetzt! Jetzt...

PHILOKTET: *(unterbricht)* Ich sagte: Bis heute!

ODYSSEUS: Was soll das heißen?

PHILOKTET: Bis heute! Morgen werde ich den Oberst aus Troja empfangen.

ODYSSEUS: *(lauernd)* Ein... Oberst, sagst du?

PHILOKTET: *(in Papieren auf dem Schreibtisch blätternd, beiläufig)* Ja. Ich
glaube, er heißt Chalkides... oder so ähnlich.

ODYSSEUS: Klein? Schwarzes Haar?

PHILOKTET: Ich sagte doch, ich habe...

ODYSSEUS: Eine Narbe über dem Auge?

PHILOKTET: Odysseus, ich kenne ihn nicht!

ODYSSEUS: Er muß es sein! – Und mit dem willst du reden?

PHILOKTET: Warum nicht?

ODYSSEUS: Mit Oberst Chalkides? Ja, weißt du denn nicht...
Besinnt sich: Hier könnte eine Chance sein.
Er ist ein Troer! – Was hast du mit ihm zu bereden?

PHILOKTET: Nun, die Meuterei beispielsweise.

ODYSSEUS: *(auf Philoktet zustürzend; erregt: Das muß verhindert werden)*
Das wirst du nicht tun! Hörst du? Sie dürfen nichts davon erfahren!

PHILOKTET: Also doch: Meuterei. Ich wußte es ja.

ODYSSEUS: Du bist doch ein Grieche! Willst du uns den Todesstoß
geben?
Packt Philoktet
Deinen Soldaten, Philoktet! Du redest doch immer von ihnen!
(Pause) Oder ist am Ende alles nur Geschwätz?
Pause, dann leise
Du willst dich rächen, nicht wahr?

PHILOKTET: *(schüttelt Odysseus ab, sagt dann rasch und beinahe beiläufig)*
Ich bin nicht Odysseus. *(Pause)* Philoktet wird die Troer bitten,
euch abziehen zu lassen... und zwar ehrenvoll.
Anderer Tonfall: pointiert
Ich will, daß niemand mehr stirbt. Das ist alles.
Wieder beiläufig
Die Troer brauchen mich.

ODYSSEUS: Siehst du!

PHILOKTET: *(schüttelt den Kopf)* Nicht jetzt, Odysseus. Später, wenn
der Krieg vorüber ist. Ich werde ihnen helfen, beim Wiederaufbau
ihrer Stadt. Schließlich habe ich einiges gelernt, in den letzten
zehn Jahren. Nützliche Dinge. Ja, ich werde ihnen helfen.

Beiläufig
Euch natürlich auch, wenn ihr wollt.

ODYSSEUS: *(setzt sich langsam wieder, läßt aber Philoktet nicht aus den Augen; sein Gesicht verrät, daß er die Partie noch nicht für verloren ansieht)*
Philoktet, ich bewundere dich: wie du sprichst!

Zitiert
»Ich werde den Troern helfen.« »Der Krieg ist verloren.« »Wir dürfen die Stadt nicht vernichten.« Manchmal denke ich: Ich bin in der Schule, beim Mathematikunterricht. Da gab es auch kein Wenn und Aber und Vielleicht. Nur die Formel. A plus A mal C minus B. Und das Ergebnis stand von vornherein fest. *(Pause)* Aber man kann sich auch verrechnen. Du hast einen Faktor übersehen, bei deiner Kalkulation.

PHILOKTET: Nun?

ODYSSEUS: Ein Krieg ist keine Gleichung, Philoktet. Er ist ein Spiel. Ein Spiel, in dem der Zufall regiert... und den hast du vergessen.

Anderer Tonfall
Du bist noch nicht in Troja, noch ist der Krieg nicht aus! Es kann viel passieren, inzwischen. Priamos ist alt! Die Ärzte rechnen Tag für Tag mit seinem Tod. Oder Paris. Man sagt, er hat Feinde in der Stadt. Die Friedenspartei gewinnt stündlich an Einfluß, und wenn Paris stirbt... du weißt, er trinkt zu viel, er könnte fallen, beim Bad, oder ein Diener hilft nach. Dann ist plötzlich alles ganz anders. Es könnte ein Wunder geschehen.

PHILOKTET: Wunder? Vielleicht beim Kartenspiel?

ODYSSEUS: Aber der Krieg ist ein Kartenspiel! Du siehst immer nur die großen Linien, das Absolute, wie du es nennst, die Totalität. Aber wenn Priamos einen Schnupfen bekommt und die Troer führerlos sind... dann ist es aus mit deiner Totalität. Irgendein dummer Zufall... und wir haben plötzlich statt der Sieben lauter Asse in der Hand. Bedenk, Philoktet. Ein einziges Gläschen genügt: Paris fällt hin... und deine ganze Theorie ist Makulatur.
Auch du könntest übrigens einen Schnupfen bekommen. Oder eine Pilzvergiftung. Und dann die Gefahren auf See: Das Meer kann heimtückisch sein. Der Weg nach Troja ist weit, Philoktet.

PHILOKTET: Willst du mir drohen?

ODYSSEUS: Ich? In meiner Lage? Nenn's einen Rat: einen Wink unter

Freunden. Ein philosophisches Gespräch, wenn du so willst –
eher allgemein. *(Pause)* Du fehlst mir, Philoktet. Sag doch selbst,
mit wem kann ich mich denn noch unterhalten? Mit Agamemnon
vielleicht? Wir beide: Das wäre ein Paar. Du kalkulierst und ich –
rechne nach. Wir könnten viel voneinander lernen, wir zwei.

PHILOKTET: Ich – von dir?

ODYSSEUS: O ja. Zum Beispiel, daß man Mut nicht »zählen« kann,
wie eins zwei drei. Auch die List nicht. Den Zufall. Die Verwe-
genheit! Eine Theorie, die nur die Logik anerkennt, aber das
Wunder mißachtet – die Paradoxie! – leugnet auch die Wirklichkeit. Denn zu der gehört nicht nur die Regel, sondern auch der
Regelverstoß. Was nützt die beste Kalkulation, wenn sie das
Glück vergißt. Wenn kein Raum mehr bleibt, in dem sich Mut entfalten kann! Wenn...

PHILOKTET: *(trocken)* Geht's noch lange?

ODYSSEUS: *(noch halb in Gedanken)* Wieso?

PHILOKTET: Ich frage nur.

ODYSSEUS: *(abbrechend)* Nein. Ich bin fertig.

PHILOKTET: Schade. Ich hätte gern noch mehr gehört. Du sprichst
so... plastisch. Kein Wunder, daß Neoptolemos dich verehrt. Es
klingt immer so überzeugend, wenn du Vorträge hältst. Nur deine
Thesen...

Schüttelt den Kopf

Nein, Odysseus. Den Zufall in seine Berechnungen aufzunehmen
– welcher Feldherr tut das übrigens nicht? – und daran zu denken,
daß man nie die Wahrheit, sondern nur Wahrscheinlichkeiten aus-
rechnen kann, weil da immer ein Rest bleibt, der unwägbar ist...
das heißt noch lange nicht Poker zu spielen. Und das tust du! Du
spielst Vabanque!

Anderer Tonfall

Natürlich kann Priamos einen Schnupfen bekommen. Aber Agamemnon auch! Ich kann sterben, gewiß, vielleicht noch heute.

Odysseus macht eine Geste: Heute? Das ist nun wirklich übertrieben!

Genauso wie du! Aber daran denkst du nicht. Zufälle gibt es für
dich immer nur auf der anderen Seite. Auf unserer aber... da läuft
alles nach Plan. Wir besetzen die Kasernen. Wir erobern die
Kommandantur. Wir umzingeln die Speicher. Warum auch
nicht? Wir wußten ja vorher, daß die Wachen zufällig schliefen,
der Kommandant zufällig krank war, die Speicher zufällig offen-

standen... und so weiter und so fort. Du rechnest nicht mit dem Zufall, Odysseus. Du kalkulierst ihn ein. Weil du ihn brauchst! Das ist etwas anderes.

Wechsel des Tonfalls

Und wenn nun einmal ein Grieche einen Schnupfen bekommt und ausgerechnet dann zu niesen anfängt, wenn er den Kanaldeckel hebt, und dadurch das ganze Kommando verrät? Das geht selbstverständlich nicht. Denn der Zufall ist ja dein Landsmann, und das Glück eine Griechin. Aber daß die Troer auch einmal Glück haben könnten: davon willst du nichts wissen. Spiel nur weiter Roulett! Viel Zeit habt ihr nicht.

ODYSSEUS: Und deine Berechnung? Was ist mit der?

PHILOKTET: Die, fürchte ich, stimmt. Aber ich kann sie natürlich verbessern. *(Pause)* Eigentlich hast du ganz recht. Mir könnte tatsächlich etwas passieren. Vielleicht wäre es gut, ich gäbe dem Troer schon heute abend die Pläne für die Zeit nach dem Krieg. Und nicht erst morgen früh. Odysseus, werde ich sagen, hat mich an etwas erinnert: Man soll nie den Zufall vergessen. Also seid auf der Hut!

ODYSSEUS: Ich glaube, daß wird nicht mehr nötig sein. Wie ich Chalkides kenne...

PHILOKTET: Du kennst ihn?

ODYSSEUS: *(ausweichend)* Ein... guter Offizier, sagt man.

Zerkaut eine Olive, die auf dem Tisch liegen geblieben ist, sagt dann, mit dem Ausdruck höchster Verachtung

Chalkides und Thersites! Etwas seltsam, diese Kumpanei, für einen griechischen Fürsten, findest du nicht auch?

PHILOKTET: Zum letztenmal, Odysseus! Ich bin...

ODYSSEUS: *(abwinkend, sehr von oben herab)* Ein Bauer aus Lemnos. Ich weiß; du hast es oft genugt gesagt.

Kalt

Aber für uns bleibst du ein griechischer Fürst.

Leise und lauernd

Komm, Philoktet. Du bist kein Verräter. Zeig mir die Pläne.

Steht auf, seine Augen suchen das Zimmer ab

Sie sind doch hier, nicht wahr?

PHILOKTET: Nein

Odysseus faßt eine Schublade an, zieht sie aber nicht heraus.

Es gibt keine Pläne! Wann wirst du das endlich verstehen? Ist das denn wirklich so schwer?

Wieder ruhiger: sehr sachlich
Weißt du, was Krebs ist?
ODYSSEUS: Natürlich. Warum?
PHILOKTET: *(zeigt)* So klein ist die Geschwulst zu Beginn.
Zeigt größer
Dann so.
Zeigt noch größer
Dann so! Und dann auf einmal überall! Das geht mal langsam, mal
schneller; aber wie lang es auch dauert, es hört erst auf, wenn du
tot bist. Und genauso ist es mit dem Krieg. Erst ist er klein – ein
Zweikampf, kaum mehr – dann wird er größer – die Verluste stei-
gern sich; neue Waffen kommen hinzu – er wächst und wächst und
tötet alles, was er trifft – erst die Männer, dann auch die Frauen
und Kinder, die Tiere, die Vegetation – und am Ende...
Bricht ab
Du kannst einer Krebsgeschwulst nicht befehlen: Es ist genug, hör
jetzt auf. Du mußt sie zerstören, wenn sie noch klein ist! Ich weiß,
was Krieg ist, Odysseus. Ich habe seine Fratze gesehen, damals,
als ich hier lag: Die letzte Phase, verstehst du, wenn das Koma be-
ginnt.
ODYSSEUS: Sprichst du von Troja?
PHILOKTET: Ja. Hast du mich endlich verstanden?
ODYSSEUS: Nicht ganz: Mir fehlen noch ein paar Details. Du sprichst
immer so allgemein, Philoktet. Ich brauche Einzelheiten.
Geht mit seinem schleppenden Schritt auf Philoktet zu
Du weißt mehr als du sagst.
Drohend
Hast du vergessen, was man mit Verrätern macht? Dieses Mal
könnte ich gründlicher sein.
PHILOKTET: *(sehr ruhig)* Wir sind auf Lemnos, Odysseus.
ODYSSEUS: Wie damals.
PHILOKTET: Aber jetzt bin ich nicht mehr allein. Heute ist dies meine
Heimat.
ODYSSEUS: Wo Griechen sind, ist Griechenland!
PHILOKTET: Zum letztenmal: Du bist auf Lemnos, Odysseus. Wenn
ich wollte, ich könnte – dich töten!
ODYSSEUS: Ein General, der Blut sehen kann?
PHILOKTET: Du! Ich warne dich!
ODYSSEUS: Den Plan, Philoktet! Ein Grieche gibt nicht auf! Ich muß
in die Stadt!

PHILOKTET: *(eindringlich)* Und was ist dann? Kennst du die Straßen in Troja? Die Schneise, die man schlagen muß, um von A nach B zu gelangen, weil sonst C nicht ausgeschaltet wird? Die Bresche zwischen Zitadelle und Kommandantur? Durch Hinterhäuser und Keller? Über die Dächer? Den Weg kennst du nicht!

ODYSSEUS: Noch nicht.

Drohend

Aber gleich.

PHILOKTET: *(sehr ruhig)* Wozu, Odysseus. Troja ist kaputt. Die Erzgruben sind stillgelegt. Verbrannte Erde – was wollt ihr damit?

ODYSSEUS: *(ironisch)* Nun, du wirst uns ja helfen... beim Wiederaufbau der Stadt. *(Pause)* Ich könnte dich zwingen, Philoktet!

PHILOKTET: Du? Jetzt auf einmal?

Leise und drohend, auf Odysseus' Ton eingehend

Was, meinst du, würden die Soldaten mit dir tun, wenn du ohne mich kämst oder... mit meiner Leiche? *(Pause)* Was würden sie tun, wenn du es wagen solltest, mir auch nur ein Härchen zu krümmen? Du weißt, was ich den Soldaten bedeute. *(Pause)* Auf einer Sänfte mußt du mich tragen!

Faßt Odysseus an

Auf Händen!

Abbrechend

Dreh's, wie du willst. Es führt kein Weg an mir vorbei. Du kannst mich nicht zwingen – aber ich dich!

ODYSSEUS: Vergiß nicht: Ich bin ein Fürst!

PHILOKTET: Und ich habe die Macht. *(Pause)* Das Heer will mich... und du hast um Gnade zu bitten.

Zeigend

Denk daran. Da hast du gelegen. Und du wirst auch in Troja da liegen, wenn du mir nicht gehorchst. Soldaten kennen keinen Pardon. *(Pause)* Ich wiederhole, was ich deinem Begleiter gesagt habe, vorhin.

Militärisch

Jawohl. Ich nehme das Kommando an. Der Krieg ist sofort zu beenden. Neoptolemos wird meinen Tagesbefehl vor versammelter Truppe verlesen.

ODYSSEUS: *(nachdenklich)* In deinem Namen? Ja, das könnte genügen. Das ist... eine gute Idee.

PHILOKTET: Ich wußte es ja. *(Pause)* Du bist vernünftig.

ODYSSEUS: Vernünftig? Sagen wir: Ich habe alles versucht. Bitten, Argumente, schließlich die Drohung: Ich weiß, der Speer war stumpf. Aber ich kann nun einmal nicht kapitulieren. Ich hab's noch nie gekonnt.

Philoktet geht auf ihn zu und berührt seine Schulter.

Ja, ja, schon recht.

Sieht Philoktet an

Ich gehorche, General. Ich bin kein Meuterer.

Senkt den Kopf

Außerdem wäre es sinnlos.

PHILOKTET: *(lächelnd)* Ja, das wäre es.

ODYSSEUS: *(nimmt seine Mütze, lächelt dann auch)* Nun sind wir quitt, Philoktet. Diesmal hast du gewonnen.

PHILOKTET: Noch nicht. Noch ist kein Friede.

Reicht Odysseus den Gürtel

Man darf nie den Zufall vergessen.

ODYSSEUS: *(schüttelt den Kopf)* Jetzt glaub ich selbst nicht mehr daran. Du hast recht, Philoktet. Einen Plan muß man haben. Darauf kommt's an.

Grüßt

Leb wohl, wir werden uns nicht wiedersehen.

PHILOKTET: Du bist mir immer willkommen, Odysseus. *(Pause)* Wenn Frieden ist.

ODYSSEUS: Danke, Philoktet.

Wendet sich zur Tür, dreht sich noch einmal um

Du erlaubst doch, daß ich Neoptolemos von unserem Gespräch...

PHILOKTET: Warum nicht? Er wird es schon richtig verstehen.

ODYSSEUS: Ja, das glaube ich auch. – Wann erwartest du ihn?

PHILOKTET: Morgen früh.

ODYSSEUS: Gut. Dann sind wir mittags schon auf See...

PHILOKTET: *(sieht Odysseus an: Was hat das zu bedeuten, diese Bereitwilligkeit, auf einmal? Geht dann zum Schreibtisch zurück)* Du kennst ja den Weg. Verzeih... aber ich habe zu tun.

ODYSSEUS: Ich verstehe. Der Tagesbefehl.

Geht schleppend die letzten Schritte bis zur Tür, sieht Philoktet noch einmal an: Mit einem Ausdruck des Mitgefühls

PHILOKTET: *(schon bei der Arbeit, nicht aufblickend)* Sag Penelope...

Will noch etwas bemerken, sieht kurz auf, bricht dann ab

Grüß sie von mir.

Odysseus verneigt sich. Philoktet geht, während die Schritte verhallen, zum Fenster und schaut hinaus. Seine Augen markieren Odysseus' Weg: Unter dem Fenster, geradeaus weiter, dann nach rechts hin. Eine Sekunde des Nachdenkens; dann der Gang zur Tür.

Timon?

Timon tritt ein: immer noch ängstlich. Philoktet zeigt auf einen Stuhl, aber der Diener geht erst zum Fenster, um sich zu vergewissern, daß Odysseus auch wirklich gegangen ist. Philoktet lächelnd

Hab keine Angst. Er ist fort.

Geht zu Timon

Er kommt nicht mehr wieder.

Timon sieht Philoktet an: nicht überzeugt.

In ein paar Tagen ist Frieden.

Leise

Nach zehn Jahren... Frieden.

Holt eine Flasche und zwei Becher, schenkt ein, hebt seinen Becher, Timon tut es auch, trinkt aber nicht.

Warum trinkst du nicht, Timon?

TIMON: *(leise und sehr besorgt)* Ich weiß nicht, Herr. Ich habe Angst.

PHILOKTET: Vor ihm?

TIMON: Er hat dir gedroht!

PHILOKTET: *(rasch aufblickend: Woher weiß er das?)* Wie?

TIMON: Glaub mir, ich habe nicht gelauscht! Ich war unten im Hof.

PHILOKTET: Aber du solltest doch...

TIMON: Das habe ich auch.

Verteidigt sich

Bis zum Hafen hab ich ihn gebracht. Wie ich es sollte. Durch die Plantagen. Ich habe ihm alles gezeigt... aber er hörte nicht zu, so müde war er. Ich mußte ihn stützen: sonst wär er gefallen. Er tut mir so leid, Herr. Ich glaub, er braucht Hilfe. Soll ich...

PHILOKTET: Nein, laß ihn schlafen. Was hast du, Timon?

TIMON: Du warst zu sorglos, Herr. Ich habe Angst!

PHILOKTET: Nein, Timon, das war ich nicht. Wenn er jetzt käme

Timon sieht ängstlich nach der Tür.

– ich sage: Wenn – und das Gespräch begänne von vorne... ich würde genauso reden wie eben.

Trinkt und sieht den Diener nachdenklich an

Stell dir vor, die Griechen zögen jetzt ab und im nächsten Jahr begänne der Krieg wieder von vorn: Was wäre damit gewonnen?
*Gibt selbst die Antwort: schüttelt den Kopf; das Folgende, so sehr es, verein-
fachend, auf das Verständnis eines einfachen Mannes hin, formuliert ist,
hat den Charakter eines Selbstüberzeugungs- und Selbstrechtfertigungs-
Versuchs.*
Ich mußte also Neoptolemos überzeugen, daß jetzt der Augenblick
gekommen ist, in dem die Worte »Krieg« und »Mord« vertausch-
bar sind. Das ist ein Problem der Moral. Deshalb habe ich an sein
Herz appelliert – und nicht an seinen Verstand. Odysseus aber –
du folgst mir, nicht wahr? –
Timon nickt.
– Odysseus mußte ich überzeugen, daß von nun an »Sieg« das glei-
che wie »Niederlage« bedeutet: Wer in Zukunft den Gegner ver-
nichtet, vernichtet sich selbst. Das heißt: Der Untergang einer
Stadt führt zum Untergang eines Landes, der Untergang eines
Landes führt zum Untergang eines Erdteils, der Untergang eines
Erdteils… Das ist eine Frage der Logik. Der Rechenkunst, wenn
du willst. Deshalb habe ich, bei Odysseus, an den Verstand appel-
liert – und nicht an sein Herz. Begreifst du jetzt?
TIMON: Wie du's sagst, klingt es vernünftig, aber…
PHILOKTET: Kein »aber«, Timon. Ich habe sie überzeugt.
TIMON: Er ist ein Mörder.
PHILOKTET: *(mit einer Handbewegung)* Vielleicht.
TIMON: *(immer erregter)* Er wird dich töten. Mich auch! Uns alle!
PHILOKTET: Nein, das wird er nicht tun. Es wäre nämlich dumm: und
Odysseus ist nicht dumm. Darum läßt er uns leben.
Beugt sich vor
Mein guter alter Freund. Jetzt ist es soweit. Es gibt Frieden. Wirk-
lich: Frieden. Nicht nur Waffenstillstand.
Trinkt. Dann normaler Tonfall
Ich weiß, ich habe viel gesagt. Aber anders hätten sie mir nicht ge-
glaubt.
Beschwörend
Neoptolemos mordet nicht, Timon.
TIMON: *(leise und schlicht)* Nein. Er ist freundlich.
PHILOKTET: Und Odysseus kann rechnen. Außerdem hat er ein
Kind. *(Pause)* Timon, warum trinkst du denn nicht?
TIMON: *(zuckt zusammen, trinkt ein winziges Schlückchen, sagt dann ge-
horsam)* Der schmeckt gut, Herr.

PHILOKTET: *(gibt den Versuch nicht auf, Timon zur Einsicht zu bringen)* Du kennst mich doch, Timon. Meinst du, ich würde auch nur das geringste Risiko eingehen... diesem Mann gegenüber?
Über den Tisch gebeugt
Er ist in meiner Hand. Er muß tun, was ich will!
Spürt, daß Timon noch immer nicht überzeugt ist, geht zum Fenster
Hier, Timon: Das sind Soldaten. Da: Soldaten! Und da auch. Zwölftausend Mann stehn hinter ihm... und jeder hat ein Messer in der Hand!
Philoktet setzt sich wieder.
Er weiß: Wenn die Mission mißlingt, ist er ein toter Mann.
Faßt, über den Tisch hinweg, Timon bei den Armen
Timon! – Er ist fort.

TIMON: *(unbeeindruckt, beharrlich und leise)* Aber nicht weit genug, Herr!
Flehend
Laß uns wenigstens Wachen aufstellen, heute nacht.

PHILOKTET: Aber wozu denn Wachen? Soll ich mich vielleicht im Keller einschließen und aus dem Hof ein Heerlager machen? Damit Neoptolemos den Matrosen erklärt: Philoktet ist ein Feigling? Euer Feldherr hat sich hinter einem Weinfaß verschanzt? Das wäre ja ein schöner Triumph für Odysseus!
Abbrechend
Nein. Das kann ich nicht.

TIMON: *(folgt Philoktet)* Gut.
Besinnt sich, ob er »Herr« sagen soll, läßt es dann aber, spricht vielmehr, mit großem Ernst, von Mann zu Mann...
Philoktet. Ich habe dich gewarnt.
Tritt auf ihn zu und schaut ihn an
Ich kenne die Menschen. Ich weiß, was einer aushalten kann.
Sieht ihm in die Augen: Ein Zeuge, der miterlebt hat, daß bei Philoktet die Anwendung des ersten Grades genügt, um ihn gefügig zu machen.
Wenn er kommt und dir das Messer zeigt, wirst du alles sagen, was er will. Der Mann ist härter als du. Dem hältst du nicht stand.
Senkt den Kopf

PHILOKTET: *(nach längerer Pause)* Schön. Dann geh zum Troer. Er soll heute schon kommen. Ich werde ihn warnen.
Timon beugt sich tief herab, um Philoktets Hand zu ergreifen.
Er soll alles erfahren.

TIMON: Danke, Herr.

PHILOKTET: *(wieder im gewohnten Tonfall)* Keine Angst mehr, jetzt?

TIMON: *(lächelnd)* Nein.

PHILOKTET: Wirklich nicht?

Timon schüttelt den Kopf.

Gut. Dann geh.

Timon verläßt das Zimmer, Philoktet begleitet ihn bis zur Tür, öffnet und schließt sie, bleibt dann an der Wand stehen, den Rücken an die Mauer gelehnt. Sein Gesicht zeigt Spuren großer Müdigkeit. Die Mühe, die die Gespräche gekostet haben, wird sichtbar. Der Konzentration folgt die Erschöpfung, deren Ausdruck die Kamera während der Verlesung des off-Textes verdeutlicht.

STIMME DES SPRECHERS AUS DEM OFF: Es war ein schöner Tag; die Bäume leuchteten; auf den Feldern sangen die Frauen ein Lied. *Süß ist der Duft des Aniskrauts. Im Schmuck der Blumen prangen die Wiesen. Von den Blättern senkt sich der Schlaf.* Gegen Abend kam Wind auf, es wurde kühl, die Nacht war klar, und der Mond stand wie eine Kindersichel über dem Meer. Aber die Ruhe täuschte: Es war viel Bewegung auf Lemnos. Timon holte den Troer, Odysseus sprach mit Neoptolemos, war am Hafen, war in den Bergen, war überall, Neoptolemos ging durch die Felder, vom Hafen zum Gipfel, vom Gipfel zum Hafen, Philoktet schrieb den Tagesbefehl, änderte, schrieb wieder neu... und als der Morgen kam, saß Philoktet noch immer am Schreibtisch, lag Neoptolemos unter einem Kirschbaum und schlief... und auch Timon schlief jetzt. Es war sechs Uhr morgens, eine Stunde nach Sonnenaufgang.

Philoktet fährt sich mit den Händen durch das Gesicht und reibt sich die Augenlider. Schritte.

PHILOKTET: *(lauschend)* Er ist pünktlich.

Laut

Komm herein. Die Tür ist angelehnt.

Philoktets Gesicht verändert sich: Der Schritt draußen ist schleppend.

Du?

ODYSSEUS: *(verbeugt sich formell)* Nur ein Akt der Höflichkeit. Damit du nicht allein zu warten brauchst: Neoptolemos kommt etwas später.

PHILOKTET: Ist er... krank?

ODYSSEUS: Krank?

Schüttelt den Kopf

Etwas... verwirrt vielleicht. Er ist noch jung, Philoktet.
Geht mit seinem schleppenden Schritt zum Fenster
Die Blüten. Das duftende Gras. Rauch über den Katen. Er kennt
das nicht mehr. Rauch ist für ihn Brand. Gras ist Lehm.
Dreht den Kopf zur Seite
Die weißen Bäume?
Handbewegung
Lanzen im Schnee!
Zu Philoktet
Der Mann war achtzehn als er zu uns kam: Der hat noch kein Mäd-
chen gehabt. Und die Frauen hier sind schön.
Deutet Kameradschaft an, die dann wieder ironisiert
Sehr schön, Philoktet. Ich hab mich umgeschaut.
PHILOKTET: *(immer noch ruhig)* Willst du mir nicht endlich sa-
gen?...
ODYSSEUS Der Junge nimmt alles so schwer.
Anderer Tonfall
Er ist die ganze Nacht durch die Wälder geirrt. Wir haben Stun-
den gebraucht, bis wir ihn fanden.
PHILOKTET: Verletzt?
ODYSSEUS: Ich glaube nicht. Er schläft. *(Pause)* Ich hab ihm ein Mittel
gegeben. Etwas, das ihn beruhigt.
Kommt näher
Er war sehr erregt, Philoktet.
PHILOKTET: Nun rede schon!
ODYSSEUS: *(ganz nah)* Das Kommando, das Achill ermordet hat,
stand unter dem Befehl eines Obersts. Oberst Chalkides!
PHILOKTET: Das ist nicht wahr!
Odysseus sieht Philoktet schweigend an. Lange Pause.
Ich verstehe. Darum hast du gestern gestutzt, als ich den Namen
erwähnte. *(Pause)* – Warum hast du mir das nicht gesagt?
ODYSSEUS: Aber Philoktet! Ich konnte doch nicht ahnen, daß du dei-
nem... Freund etwas verschwiegen hast.
Philoktet kommt drohend auf Odysseus zu.
Ich rede nicht von Chalkides. Ich meine das troische Schiff. Hättest du mir doch gesagt, daß es geheim bleiben soll, ich hätte geschwiegen! Aber so! Erst sprichst du wie ein Vater mit ihm – und
dann diese Heimlichtuerei. Kein Wunder, daß er sich betrogen
fühlt. Wäre ich nicht gewesen – es hätte, wohl möglich, ein Unglück gegeben. Der arme Mensch.

Zeigt auf den Stuhl
Sitzt auf dem gleichen Stuhl,
zeigt auf die Weinflasche
trinkt von dem gleichen Wein wie der Mörder Achills!
Pause. Dann sehr ironisch
– Du hast ihn enttäuscht, Philoktet.
PHILOKTET: Das möchte ich von ihm selbst hören.
ODYSSEUS: Ich sagte doch: Er schläft. Aber wenn du meinst...
PHILOKTET: *(geht zur Tür und öffnet sie einen Spalt breit)* Timon?
   Schritte. Timon tritt, noch schlaftrunken ein, bemerkt Odysseus, bleibt
   darauf an der Tür stehen.
   Hör zu, Timon, du gehst jetzt zum Hafen und...
   Zu Odysseus
   Wo findet er ihn?
ODYSSEUS: *(halblaut und schnell)* Am Fuß des Steilhangs, neben der
   Treppe.
   Nickend
   Es paßt einer auf.
   Zu Timon
   Du wirst Wasser brauchen. Er schläft fest.
PHILOKTET: *(zu Timon)* Hast du gehört?
TIMON: Ja, Herr. Aber...
PHILOKTET: Was ist denn?
TIMON: Kann nicht ein anderer...? Ich lasse dich nicht gern allein!
   Wirft einen Blick auf Odysseus
ODYSSEUS: Was hat der Mann?
   Geht auf Timon zu
   Kennst du mich?
TIMON: Nein... Herr! Ich hab euch nie gesehn!
ODYSSEUS: *(Bescheid wissend)* Ach? Wirklich nicht?
TIMON: *(schnell zu Philoktet)* Thais vielleicht.
PHILOKTET: Die ist zu alt. Du bist der einzige.
TIMON: Oder Chryses?
PHILOKTET: Der ist bei den Pferden. Komm. Wir verlieren Zeit. Sag,
   ich erwarte ihn.
ODYSSEUS: Soll ich dich ein Stückchen begleiten?
   Timon weicht ängstlich zurück.
PHILOKTET: Nein. Du bleibst hier.
   Zu Timon

Beeil dich! Wenn die Sonne hier steht,
zeigt auf den Schatten über dem Tisch
muß er bei mir sein. Du bürgst mir dafür.
Legt ihm den Arm auf die Schulter, schiebt ihn: schnell! schnell! zur Tür
Sag ihm: Es wird alles noch gut. Sag ihm...
Flüstert, von Odysseus argwöhnisch beobachtet, dem Diener etwas ins Ohr
Lauf, so schnell du kannst!

ODYSSEUS: *(der sich inzwischen gesetzt hat, schließt die Augen und lehnt sich zurück)* Schön hast du's hier, Philoktet. Mir gefällt's. Alles so still.
Summt eine Melodie, singt halblaut: Süß ist der Duft des Aniskrauts, *bricht dann plötzlich ab.*
Hast du die Meuterei erwähnt?

PHILOKTET: Natürlich. – Sie werden euch abziehen lassen.

ODYSSEUS: Ohne Kampf?

PHILOKTET: *(am Schreibtisch, sucht ein Blatt heraus: die Waffenstillstandsvereinbarung)* Lies selbst.

ODYSSEUS: *(liest halblaut)* Austausch der Gefangenen... Betreuung des Lazaretts... sämtliche Verwundeten... Ehrenwort... dauerhafter Friede... unserer Völker...
Legt das Papier vor sich, auf den Tisch
Ja, das klingt gut.
Gibt das Papier zurück

PHILOKTET: Mein Tagesbefehl. Erster Punkt. Zufrieden?

ODYSSEUS: Warum nicht?
Beide sehen sich an. Dann blättert Philoktet in den Papieren. Odysseus trommelt mit den Fingern auf die Lehne. – Lange Pause. – Man hat sich nichts mehr zu sagen. Kann nichts tun als warten.
Wirklich schön. Fast so wie auf Ithaka. Nur deine Bäume stehn besser.

PHILOKTET: *(beobachtet das Licht: Der Schatten ist bereits um ein Sechstel verkürzt. Leise, mehr zu sich selbst)* Jetzt muß er schon am Waldrand sein.
Schaut unverwandt auf den Lichteinfall
Wenn er läuft: bei den Eichen.

ODYSSEUS: *(nach einem flüchtigen Seitenblick auf Philoktet)* Ihr laßt das Gras liegen, wenn es gemäht ist, nicht wahr?

Gähnt

Entschuldige bitte.

PHILOKTET: *(schaut auf das Licht: sehr genau)* Nein. Erst bei der
Brücke.

*Blickt zum erstenmal aufs Fenster, nachdem er bisher nur den Lichteinfall
im Zimmer beobachtet hat, und sieht verwundert auf: Draußen ist Rauch.
Schnuppern. Dann geht Philoktet schnell zum Fenster.*

Das ist doch Rauch! Der neue Hafen brennt!

ODYSSEUS: *(ist sitzengeblieben, blinzelt)* Ein schöner Bau. Ich war gestern abend da. Das habt ihr gut gemacht.

PHILOKTET: *(den Kopf hin und her wendend, einmal hinausschauend, einmal
Odysseus anblickend: Was geht hier vor?)* Das Boot! Das Schiff aus
Troja!

ODYSSEUS: *(leise, ohne hinzuschauen)* Das verstehe ich nicht. Ich hatte
lediglich befohlen, die Besatzung gefangenzunehmen.

PHILOKTET: Du?!

Geht auf Odysseus zu

ODYSSEUS: *(immer noch blinzelnd, mit halbgeschlossenen Augen)* Daß die
Leute auch immer so eifrig sein müssen. Ich habe wirklich nur gesagt, daß du mit dem Troer verhandelst. Nichts weiter! Mit Chalkides! Und schon rannten sie los.

Schüttelt den Kopf: Diese Leute.

Achill ist eben beliebt. *(Zynisch)* Als Toter erst recht.

PHILOKTET: *(weiß jetzt, daß es um einen Kampf um Leben und Tod geht,
sieht Odysseus an und setzt sich, ohne den andern aus dem Auge zu lassen)*
Schade, Odysseus.

*Greift nach rückwärts zum Schreibtisch, nimmt den Vertrag und zerreißt
ihn*

Jetzt wird's schwerer für euch.

ODYSSEUS: *(winkt ab)* Die Troer werden uns nichts tun. Wie sagtest
du? Sie haben Hunger.

PHILOKTET: Und bei euch wird gemeutert.

ODYSSEUS: Das werden sie nicht mehr erfahren.

Zeigt hinaus

Chalkides bleibt hier.

Philoktet starrt auf den Schatten: von Odysseus beobachtet.

Wir haben noch Zeit, Philoktet. So schnell wacht Neoptolemos
nicht auf. Timon wird sich anstrengen müssen. – Ein seltsamer
Mensch, übrigens. Diese Angst!

PHILOKTET: Er hat dich wiedererkannt.

ODYSSEUS: Ach der... Dein... Befreier. Er war in der Nähe damals, nicht wahr.

PHILOKTET: *(schaut auf den Schatten: abwesend)* Ja. Ein Zufall.

ODYSSEUS: Diesmal sind wir beide ganz allein.

PHILOKTET: Was soll das, Odysseus! Das ist doch Narretei! Die Truppe meutert: Darauf kommt's an – und nicht, ob die Troer das wissen! Zum letztenmal: Du bist verloren, ohne mich!

ODYSSEUS: Gestern vielleicht.

Pause. Dann schnell

Heute nicht mehr!

PHILOKTET: Was soll das heißen?

ODYSSEUS: Hast du Papier?

Philoktet gibt ihm, nach rückwärts langend, Papier und Stifte.

Vielen Dank.

Zeichnet

Zitadelle, Kommandantur. Speicher. Arsenal, Pfad A. Weg B. Schneise C.

Blickt auf

Der Troer hat gesungen, Philoktet. *(Pause)* Ja, er ist tot. *(Pause)* Ein... Unfall, nehme ich an. *(Pause)* Er kam gerade von dir: Wahrscheinlich ist er ausgerutscht. Vor Schreck vielleicht, als er uns sah.

Anderer Tonfall

Man darf eben nie den Zufall vergessen. Es gibt immer noch einen Ausweg. Man braucht nur ein wenig Courage... und Klugheit natürlich. Aber wenn Kühnheit und List sich ergänzen – jetzt bin ich der Lehrer, Philoktet, und du sitzt auf der Schülerbank –, wenn sie sich steigern,

schichtende Bewegung mit den Händen

wechselseitig, meine ich, vereint zu einem einzigen Strahl...

Bricht ab

Dann zündet der auch. – Das war gut formuliert, wie?

PHILOKTET: Vielleicht. – Was ändert das?

ODYSSEUS: Sehr viel. Jetzt habe ich deinen Plan!

PHILOKTET: Dann wirf ihn weg... Er nützt dir nichts.

Lächelnd

Du bist keinen Schritt weitergekommen.

ODYSSEUS: Meinst du? *(Pause)* Ich finde das nicht.

Beugt sich vor
Was hast du noch zu Chalkides gesagt?
Schließt die Augen, spricht sehr langsam: Chalkides' Geständnis rekonstruierend
Seid auf der Hut. Die Gefahr droht von innen. Zieht die Wachen von den Mauern ab. Besetzt die Kanäle. Wie Ratten werden sie kommen: aus dem Dunkel. Wie eine Pest wird es sein. Eine Seuche.

PHILOKTET: Ein Gleichnis: nun gut. Ein Bild in Versen. Wir haben über... Poesie gesprochen. Eine... Metapher!

ODYSSEUS: Aber nicht für mich! Für mich ist das Wirklichkeit, Philoktet, und nicht... Poesie! Ich bin kein Dichter. Ich bin Praktiker!
Mit dem Ausdruck des Triumphs
Sie kommen wie Ratten: Das ist Poesie. Aber: Ratten kommen: Das ist Wirklichkeit!
Hält inne
Doch sind wir Ratten?
Schüttelt den Kopf
Ich mag Ratten nicht. Es gibt zu viele davon. Ich bin keine Ratte. *(Pause)* Ich bin ein Ritter – und ein Ritter kommt zu Pferd!
Lehnt sich zurück
Danke für den Plan, Philoktet. Einreiten werden wir! Jawohl! Hoch zu Roß, wie sich's für Fürsten gehört.

PHILOKTET: Du bist ja wahnsinnig! – Du brauchst einen Arzt!

ODYSSEUS: *(unbeirrt)* Wir bauen ein Pferd, ein großes hölzernes Pferd, und dieses Pferd hat einen Bauch, und in dem Bauch verstecken wir... *(triumphierend)* die Spezialisten, Philoktet. Das Elitekommando!

PHILOKTET: *(trocken)* Um's zu ersticken? Oder wozu sonst?
Ärgerlich, daß er sich überhaupt so weit auf den Plan eingelassen hat.
Verzeih, aber das ist...

ODYSSEUS: Phantastisch, nicht wahr? Und was die Atmung angeht; das wird meine Sorge sein. Ich kenne mich nämlich aus, in Details.
Leichthin
Die Konzeption überlaß ich dir.

PHILOKTET: *(halb zornig, halb verwirrt: Das ist doch Unsinn, was der Mann hier von sich gibt)* Und wie kommt das Pferd in die Stadt?

Weißt du das auch?

ODYSSEUS: Aber natürlich.

Kaut am Daumennagel

Das besorgen die Troer. Wer denn sonst? Es hat sie ja niemand gewarnt. Das Pferd ist ein Sühneopfer für Zeus. Ein Überläufer – ich habe schon einen im Auge – wird das den Troern erklären. Auf den Mann ist Verlaß. »Schaut euch um«, wird er sagen, »seht ihr irgendwo Griechen?«

Beugt sich vor

Kein einziger Mann mehr vor Troja. Kein Lager. Kein Lazarett. Keine Schiffe. Nur noch das Pferd. Das Symbol unserer Schuld. Rückzug und Sühneopfer: Sag selbst – kann man mehr erwarten in Troja?

Anderer Tonfall

Also ziehn sie das Pferd in die Stadt – warum auch nicht?

Beugt sich wieder vor

Und nun zu uns. Kennst du Tenedos?

PHILOKTET: Die Insel?

ODYSSEUS: Ein ideales Versteck. Und nur sechs Meilen von Troja entfernt. Dort warten wir, bis das Pferd in der Stadt ist. Dann wird es geschehen: Wir kehren zurück, das Kommando öffnet die Tore, die Truppe dringt in die Stadt,

tippt auf das Papier

alles geht genau nach Plan, bevor es Tag wird, ist der Krieg vorbei. – Zufrieden?

PHILOKTET: *(ruhig)* Das tun die Troer nicht.

ODYSSEUS: *(Philoktet imitierend)* Das tun die Troer doch. *(Pause)* Die sind nämlich fromm. Die glauben noch an die Götter. In Troja bedeutet das viel, dieses Pferd! Es ist ein Zeichen, verstehst du: Daß Gottlosigkeit sich nicht auszahlt!

Lacht laut, bricht ab

Das ist doch phantastisch, nicht wahr?

PHILOKTET: *(hat sich wieder gefangen)* Aber leider nur ein Spiel – und auch das *(schaut auf den Schatten)* ist bald vorbei. *(Pause)* Du hast etwas vergessen, Odysseus. – Die Götter. Und ihre Priester.

ODYSSEUS: Wie? Bist du fromm geworden?

PHILOKTET: *(unbeirrt)* Götter und Priester! Dies wird kein Ritterkrieg, Fürst! Recht, Freiheit, Zivilisation: Das alles gibt es dann nicht mehr! Die Priester stehn mit leeren Händen da: Deine Prie-

ster, Odysseus! Was sollen die tun, ohne Peitsche! Und wovon
wollt ihr reden, bei euern Feiern: ohne Ehre, Ruhm und Vaterland?

Nachdrücklich

Ihr habt einen mächtigen Gegner: Eure I-d-e-o-l-o-g-i-e!

ODYSSEUS: Ein schönes Wort. Aber leider nur ein Wort.

PHILOKTET: Nicht für die Priester. Für die ist es Waffe.

ODYSSEUS: Was zählt, ist der Sieg. Wie: das spielt keine Rolle. Du
wirst sehen, die Priester sind zu allem bereit. Die wissen genau,
daß es vorbei ist mit ihnen, wenn wir verlieren. Die kämpfen um
ihr Leben, Philoktet. Genauso wie ich!

PHILOKTET: *(ausbrechend)* Aber das ist doch Wahnsinn! Eine verbrannte Stadt und eine alte Frau! Das lohnt sich doch nicht
mehr!

Inständig

Wir wollten die Gruben, Odysseus! Und Helena war jung!

ODYSSEUS: *(kalt)* Kriegsziele wechseln schnell.

PHILOKTET: *(leise)* Und was wirst du den Witwen erzählen, wenn die
Schiffe im Hafen einlaufen? Dieser klägliche Rest?

Nah

Wenn die geschminkte Hure am Fallreep erscheint – jawohl:
Hure! Du hast sie dazu gemacht!

Ergreift Odysseus' Arm

Was wirst du sagen, wenn die Frauen dich fragen: Darum

zeigt: um dieser Dirne willen!

sind unsere Männer gefallen? – Und was ist mit den Händlern?
Die verlangen Rechenschaft: »Wo bleibt unser Erz, General! Wir
brauchen Maschinen!«

ODYSSEUS: Na und? Wir bauen Troja wieder auf. Das wird das Geschäft schon beleben!

Abbrechend

Die Bankiers laß meine Sorge sein.

PHILOKTET: Und die... Witwen?

ODYSSEUS: Da fällt mir auch schon etwas ein.

Pause. Sieht Philoktet an

»Schaut her«, werde ich sagen, »war sie nicht schön? Ihr kanntet
sie alle! Und nun seht sie euch an!«

Leiser: als ob er zu Helena spräche

»Lüftet den Schleier!«

Pause. Tonfall wie vorher

»Dieses Gesicht! Von Tränen gebleicht! – Ihr trauert nur um euren Mann! Sie aber hat tausend Männer verloren! Sie trauert um das Vaterland!«

Verächtlich

Eine geschminkte Hure? Hier kehrt die Witwe Griechenlands zurück. – Was sagst du jetzt?

PHILOKTET: Du bist klug, Odysseus.

Schaut auf den Schatten

Aber nicht klug genug. – Sollen die Matrosen mit dir machen, was ihnen gefällt. – Ich fahre nicht mit.

ODYSSEUS: *(schnell und nebenbei)* Das kannst du auch gar nicht. Tote fahren nämlich nicht.

PHILOKTET: Sag das noch einmal!

ODYSSEUS: To-te fah-ren nicht. Tote wer-den ge-fah-ren.

PHILOKTET: Du willst... mich ermorden?

ODYSSEUS: Ich? Wie kommst du denn darauf? Ich bin doch ein Krüppel!

PHILOKTET: *(stürzt auf Odysseus zu und schüttelt ihn)* Kerl, ich warne dich! Du hast gesagt, du meuterst nicht. Du bist Soldat! Wirst du gehorchen?

ODYSSEUS: Einem Leichnam? Nein!

Zeigt auf den Schatten

Noch eine Viertelstunde, Philoktet... dann ist es aus. Mit einem troischen Schwert im Rücken wird man dich finden. – Chalkides!

PHILOKTET: Chalkides? Aber du hast doch gesagt, er sei...

Will ein starkes Wort wählen: ermordet, wagt es aber nicht; die Übernahme der von Odysseus selbst bereits glossierten Version verdeutlicht Angst: welch eine klägliche Lage!

verunglückt?

ODYSSEUS: *(höhnisch)* Gut. Meinetwegen... »verunglückt«. Auf jeden Fall lebt er nicht mehr.

PHILOKTET: Ich sagte ja: Du brauchst einen Arzt.

ODYSSEUS: Und du einen Priester.

Drohend

Wie ein Stück Vieh wird er dich abschlachten, dein Freund aus Troja. Aus dem Hinterhalt!

Zeigt

Mit einem Krummschwert!

Pause. Odysseus weidet sich an Philoktets Entsetzen. Dann: ironisch
Aber wir werden dich rächen. Das verspreche ich dir. Auch Chalkides kommt nicht davon. Das mach ich selbst: und zwar von
vorn. Ich bin schließlich ein Ritter. Und dann kommt Troja dran.
Das sind wir dir schuldig.

Geräusche vor der Tür. Odysseus scheint beunruhigt: Was ist das?

PHILOKTET: *(lauscht: sein Gesichtsausdruck verändert sich)* Nun, Odysseus?

*Geht langsam zur Tür, öffnet sie, schließt sie schnell wieder, sucht einen
Halt und lehnt sich gegen die Tür*

ODYSSEUS: Nun, Philoktet?

PHILOKTET: *(schaut sich um, als gäbe es irgendwo im Zimmer eine Waffe,
einen Helfer, ein Wunder und stürzt dann zum Fenster. Klopft zuerst gegen die Scheibe, reißt dann den Fensterflügel auf)* Hilfe!

Stille

So hilf mir doch! Neoptolemos!

Stille

Schnell!

*Stille. Odysseus schließt das Fenster, Philoktet schaut ihm teilnahmslos
zu.*

ODYSSEUS: Haben dich die Männer erschreckt, vor der Tür?

Philoktet wankt zum Schreibtisch.

Es sind doch Landsleute!

Philoktet legt den Kopf auf die Platte.

Komm, trink einen Schluck.

Odysseus stellt ein Glas auf den Tisch.

Da.

PHILOKTET: *(beachtet das Glas nicht, hebt den Kopf – sein Gesicht: wie tot –
und sieht Odysseus an)* Er... kommt nicht mehr?

ODYSSEUS: Aber natürlich, Philoktet... warum denn nicht? Er wird
doch noch gebraucht.

Philoktet reagiert nicht.

Geht es dir schlecht? Dann werde ich ihn rufen... wenn es soweit
ist: Damit er sich beeilt!

PHILOKTET: *(nimmt jetzt nur noch Worte auf)* Du?

ODYSSEUS: *(nickt)* Und mit ihm sprechen.

*Leise, scheinbar in der Form eines Selbstgesprächs, in Wahrheit den schon
Geschlagenen noch einmal zu höchster Aufmerksamkeit zwingend*

Verzeih, mein kleiner Neoptolemos. Ich habe mich geirrt. Philoktet ist kein Verräter. Er wollte den Troern nicht helfen. Er wollte Frieden.

Nimmt den Tagesbefehl

»Kehrt heim, Soldaten. Der Krieg ist vorbei.« Deine Rede, Neoptolemos. Aber die Troer wollten seinen Frieden nicht. Keiner von uns soll entkommen: Darum haben sie ihn umgebracht. Einen wehrlosen Mann.

Kommt ganz nah, beugt sich über Philoktet

Jetzt hat Chalkides ihm zum zweitenmal den Vater genommen.

PHILOKTET: *(nach einer Pause: schlicht)* Nein. Das wird er nicht glauben.

ODYSSEUS: Doch, Philoktet. Schließlich habe ich ja einen Beweis.

Philoktet blickt auf.

Den Plan mit dem Pferd, den du mir zuflüstern wirst – gleich, wenn du stirbst. Dein Vermächtnis! »Es sind Mörder«, wirst du sagen, »ihr müßt sie bestrafen! Hörst du, Odysseus! Ihr müßt Troja vernichten!« Noch zehn Minuten, Philoktet: Dann sind sie hier, Chalkides und die anderen Troer: deine Freunde! Und dann, auf einmal, wirst du begreifen, daß man mit Kriminellen keinen Frieden schließen kann. – Ist es nicht so?

PHILOKTET: *(nach einer Pause: eher flüsternd als schreiend)* Du Lump!... du niederträchtiger Mensch! Du...

ODYSSEUS: Sprich dich nur aus!

PHILOKTET: *(steht auf, schwankt noch, ist aber entschlossen, sich noch einmal zu stellen)* Schon gut. *(Pause)* Schon vorbei.

Zu Odysseus

Sei vorsichtig, du! Ich habe ihm bewiesen, daß es diesen Krieg nicht geben darf. Bewiesen, Odysseus. Überzeugt! Das kannst du nicht rückgängig machen.

ODYSSEUS: Ich nicht – aber du. Der Plan mit dem Pferd: Das ist dein Gegenbeweis – und der löscht alles aus, was gestern war. »Philoktet erklärt: Ich habe eingesehen, daß Mörder nur eine einzige Sprache verstehen: Die Sprache der Gewalt! Philoktet erklärt: Ich widerrufe, Neoptolemos!«

PHILOKTET: Du kennst ihn nicht, Odysseus. Er ist... gut. Glaub mir, er wird alles durchschauen!

ODYSSEUS: *(kalt)* Du denkst: Euer Gespräch? Das war Philosophie. Dies hier ist Wirklichkeit. Du kennst ihn nicht. Ich weiß, was ei-

nen Mann wie ihn überzeugt: Zwei Tote, zwei Schwerter. Mord.
Rache. Blut. Das ist es, was Soldaten verstehen.

PHILOKTET: Und der Mörder?

Zeigt auf Odysseus

Wo bleibt der?

Tippt ihm mit dem Zeigefinger auf die Uniform

Meinst du, Neoptolemos hätte vergessen, daß du schon einmal
versucht hast, mich zu töten? – Warum bist du überhaupt hier? Ist
das nicht verdächtig?

ODYSSEUS: Im Gegenteil: Ich war besorgt um dich. Schließlich weiß
ich ja, wer Chalkides ist. Aber leider kam ich zu spät. Du lagst
schon im Sterben. Immerhin, ich habe dich gerächt. Willst du
Chalkides sehen? Sein Leichnam liegt vor der Tür.

Anderer Tonfall: zynisch

Darum auch der Lärm vorhin. Eine Inszenierung wie diese will
geprobt sein. Du siehst, ich habe an alles gedacht. Dein . . . Freund
wird dich rächen.

PHILOKTET: Neoptolemos?

Ruhig, seiner Sache gewiß

Der steigt nicht in dein Pferd.

ODYSSEUS: Meinst du? Oh, da bin ich nicht so sicher. *(Pause)* Der tut
alles – wenn es um . . . Griechenland geht. Es könnte sogar sein,
daß er der erste ist, der sich freiwillig meldet – du verstehst?

PHILOKTET: Ich warne dich, Odysseus: Du warst heute nacht nicht
allein. Einige Leute wissen zuviel. Die könnten etwas erzählen,
vor Troja: Von einem Brand zum Beispiel, von einem Überfall!
Oder war's Mord? Eines Tages kommt alles heraus. Der Zufall,
Odysseus! Wie sagtest du doch? Ein Gläschen zuviel: Und schon
packt jemand aus.

ODYSSEUS: Wenn Troja besiegt ist.

Zynisch

Vorher wird nicht ausgezahlt.

Lauscht: Ferne Geräusche. Beide sehen sich an.

Das sind nur die Bergungstrupps.

*Philoktet schaut auf den Schatten. Odysseus in anderem Tonfall: litanei-
artig*

Du, hast ihn nicht gesehen, heute nacht. Es war grauenvoll: Sein
Gesicht war schmutzig, das Haar voller Blätter, er sprach laut mit
sich selbst. Er sang! Aber er war nicht betrunken. Nur sein

Geist... sein Verstand: Du, und Chalkides, und nun dies: Das ist zuviel.

Philoktet starrt Odysseus an, mit dem Ausdruck des Entsetzens: Dieses Spiel übersteigt seine Kraft.

Glaub mir, es ist gut, daß er sich freiwillig meldet.

Zeigt auf die Flasche

Willst du nicht doch?

Philoktet deutet Abwehr an: nicht mehr fähig zu sprechen, ja, nicht einmal stark genug für eine entschiedene Geste.

Nun, schön.

Holt die Flasche, macht einen Zug

Es ist vorbei, Philoktet.

Ganz nah

Jetzt wird abgerechnet, Kamerad. Komm.

Philoktets Widerstand ist zusammengebrochen. Odysseus bringt ihn zu einem Stuhl, setzt sich auf die Lehne und redet auf Philoktet ein: über ihn gebeugt, von Zeit zu Zeit einen Schluck aus der Flasche nehmend. Ansätze von Betrunkenheit, die sich schnell steigert. Hemmungslose Rede: Aber ein Siegesrausch, der kontrolliert bleibt – wie der Triumph eines Kaufmanns, dessen Rechnung aufgegangen ist. Philoktet starrt ins Leere: Seine Reaktionen zeigen an, daß ihn Odysseus' Worte nur aus großer Ferne erreichen.

Weißt du noch: Gestern morgen? Wie ich hier vor dir lag?

Trinkt

Gib Pfötchen, Hund! Komm, sei ein braves Tier! Kriegst einen Knochen! Kriegst ein Stück Fleisch! Ein Stück Fleisch!

Zeigt auf Philoktets Scheitel, blickt auf den Boden

So groß!

Deutet auf die Arme

Und so breit!

Schüttelt ihn

Warum sagst du nichts, Fleisch? Bist du schon tot? Du warst doch immer so munter! So klug!

Tippt mit der Flasche gegen Philoktets Kopf

So blöd!

Anderer Tonfall

Fleisch, du bist dumm: Du stinkst ja schon! Du bist ein Kadaver!

Stößt Philoktet mit dem Ellenbogen in die Seite

Sag, hättest du das gedacht, gestern früh?

Anderer Tonfall
Ich jedenfalls nicht.
Sieht Philoktet lange an und mustert ihn: wie ein Präparat
Es stand tausend zu ein. Eine Million zu eins. Ich hatte überhaupt
keine Chance. Ein einziger Satz – und ich wäre erledigt gewesen.
Zitiert
Ich sag nichts. Ich weiß nichts. Geh weg.
Handbewegung
Aus. Und nun stell dir vor: Der Krieg ist vorbei. Die Soldaten sind
wieder zu Haus. Und jetzt kommst du! Mit deinem Plan! Der Ret-
ter der Menschen! Siebzigtausendzehn in Griechenland, sechzig
in Troja! – die dir ihr Leben verdanken, jubeln dir zu! Siebzigtausend! Du, das hätte ein Zeichen gesetzt! Siebzigtausend! Ein einziger Schrei! Nie mehr Krieg! *(trinkt)* Du wolltest zuviel auf einmal. – Im Grunde warst du schon verloren, als du mich empfingst.
Da stand's bereits fünfzig zu fünfzig: Und das genügt für mich.
Leise, über Philoktet gebeugt
Weißt du, was ich getan hätte – an deiner Stelle? Ich hätte Odysseus ge... fangen genommen und Neoptolemos nach Hause geschickt: Das hätten die Soldaten verstanden. Oder denkst du etwa,
die hätten einen Finger gerührt, um mir zu helfen? Gelacht hätten
sie.
Schüttelt den Kopf
Eine Milliarde zu eins! Nie hatte ein Mensch eine größere Chance,
den Krieg zu beenden! Du hättest nur eins nach dem andern tun
müssen... und der Krieg wäre ausradiert worden! Ein Triumph
der Soldaten über die Fürsten! Das wäre nicht gut gewesen für
uns. Das hätte manchem Mut gemacht, zu Haus.
Anderer Tonfall
Aber als ich dich sah, gestern morgen, da wußte ich: Mit dem wirst
du fertig. Du hattest überhaupt noch nichts gesagt – aber ich
wußte Bescheid. *(Trinkt)* Du konntest alles tun: Mich schlagen!
Verhaften! Deine Leute holen: Da! Schaut her! So sieht ein Mörder aus! Und was hast du getan? Parliert. Dich ausgeweint.
Sanft und sarkastisch
Fleisch, ich versteh dich ja. Du hattest zu lange kein Griechisch...
da redet man halt. *(Trinkt)* Du wolltest mir imponieren, nicht
wahr? Mit deiner Vision! Was für ein toller Kerl du seist. Das

Fleisch ist kein Bauer! Das Fleisch ist General! Ein Philosoph! Das Fleisch zeigt dem Rekruten, wie man Kriege führt. *(Trinkt)* Hättest nur still zu sein brauchen. Aber du konntest es eben nicht lassen.

Trinkt, beugt sich vor

Hast zu viel Blut geschmeckt, wie? Bist immer noch süchtig.

Philoktet macht eine Bewegung: Das ist nicht wahr.

Natürlich bist du das. Sonst hättest du nämlich geschwiegen. Aber das konntest du nicht. Wolltest ein bißchen Gott spielen, wie? Du – und Gott. Wärst du doch lieber Mensch geblieben, Philoktet. Hättest mich umgebracht. Dich gerächt. Dann brauchten die Kinder in Troja jetzt nicht zu verrecken.

Leise

Durch deine Schuld! Tut mir leid, Fleisch, aber das mußt du wissen, bevor du verfaulst. Ich sagte ja: Jetzt rechnen wir ab. Jetzt wird reiner Tisch gemacht.

Trinkt, zieht dann die Schale mit den Oliven heran; legt drei Oliven auf den Tisch, zeigt darauf

Ich kann das nämlich auch.

Tippt auf die Oliven

Drei Möglichkeiten hattest du. Du hältst den Mund.

Wirft die erste Olive in die Schale zurück

Du setzt mich fest.

Das gleiche Spiel mit der zweiten Olive

Du besiegst mich durch List.

Steckt die dritte Olive in den Mund

Hast du verstanden, Fleisch? Mit Kniffen und Tricks. Aber nicht mit

spuckt den Kern aus

Algebra! Mit Logarithmentafeln.

Verächtlich

Von wegen: einfache Sprache. Die verstehe ja nicht einmal ich.

Philoktet schüttelt den Kopf.

Dann rede doch mit dem Volk! Es steht vor der Tür.

Zeigt

Deine Soldaten.

Trinkt. Dann verächtlich

Einfache Sprache. Das ist ja läppisch. Kartoffelsuppe, wenn man zu viel Kaviar gefressen hat!

Scheinbar kumpelhaft
– Was, Fleisch?

PHILOKTET: *(leise. Gedemütigt, aber mit großer Würde)* Du hast einen
Sohn, Odysseus.

ODYSSEUS: *(einen Augenblick lang ernüchtert)* Was soll denn das?

PHILOKTET: Dein Kind wird nicht alt. *(Pause)* Aber du hast es so gewollt.

Sieht Odysseus zum erstenmal wieder an
Du wirst an mich denken.

Plötzlich ganz ruhig
Und du wirst jeden Satz bereuen. Jedes Wort.

ODYSSEUS: Das glaub ich nicht, Philoktet. Unser Schlag wird nämlich tödlich sein. Tödlich: hieß es nicht so? Ver-nich-tend!

PHILOKTET: *(macht eine Geste: so groß)* Asien, Odysseus. Ein Jahr, und
ihr seid alle erledigt.

ODYSSEUS: Das hättest du dir eher überlegen müssen. Wenn's dir
ernst gewesen wäre mit deiner Mahnung: wirklich ernst... dann
hättest du nämlich gehandelt und nicht nur geschwätzt.

Tonfall: Jetzt wird zusammengerechnet.
Du hattest alle Trümpfe in der Hand – und hast alle verschenkt.
Du warst es – du selbst! –, der mich darauf brachte, daß wir dich
gar nicht brauchen, vor Troja... daß ein Symbol genügt: Deine
Leiche zum Beispiel – und jemanden, der in deinem Namen
spricht.

Philoktet sieht Odysseus an: Der schüttelt den Kopf.
Nein, nicht Neoptolemos. Das besorge ich selbst.

*Trinkt, legt dann den Zeigefinger der linken an den Daumen der rechten
Hand*
Das wäre Fehler Nummer eins. Und Nummer zwei?

Zeigt auf Philoktet; als habe der die Antwort zu geben; nickt dann
Ganz recht. Die Erwähnung des Plans. Du hast zu viel von den
Schächten geredet. Das war dumm von dir. Käme Nummer
drei.

PHILOKTET: *(sehr leise: kaum hörbar)* Bitte, hör auf.

ODYSSEUS: *(unerbittlich)* Nummer drei. Die Gesandtschaft aus Troja.
Sehr töricht. Daran hättest du nun wirklich denken können, daß
man in Troja nichts von der Meuterei wissen durfte. Und nun
zählt noch einmal an den Fingern ab
Nummer vier.

Philoktet legt die Hände vors Gesicht, reibt sich die Augen.

Chalkides. Philoktet im vertrauten Gespräch mit dem Mörder Achills. Das war mein bester Stich: Trumpf-As! Günstiger konnte es wirklich nicht sein: Ich war wieder oben. Die Leute machten mit und Neoptolemos fiel aus: Das siehst du ja.

Streckt die Hand aus

Bliebe Fehler Nummer fünf: Der Schlimmste von allen: Das Gespräch mit dem Troer.

Den Triumpf genüßlich auskostend

Die Ratten! Deine Tierchen, Fleisch. Die einzigen, die noch etwas erwarten dürfen, von dir. Was mich betrifft – so hast du deine Pflicht getan.

Klopft Philoktet auf die Schulter, trinkt, hebt die Flasche gegen das Licht; hält sie Philoktet an den Mund

PHILOKTET: *(wendet sich ab)* Du hast recht. Ich hätte mitfahren müssen.

Odysseus stellt die Flasche auf den Tisch, nickt: Na, siehst du? Steht auf, schaut sich um, sammelt eine Olive vom Fußboden auf, irgendwo steht noch ein volles Glas, Odysseus trinkt es aus. Währenddessen spricht Philoktet weiter.

Die Soldaten hätten mir geglaubt. *(Pause)* Sie hätten verstanden, daß es keinen Krieg mehr geben darf. Daß man etwas tun muß, damit Frieden wird. Und daß es Kriege geben wird, solange die einen befehlen und die anderen gehorchen: nicht nur im Krieg, sondern überall – auf dem Feld, im Bergwerk... überall! – Ich hatte die Macht, euch zu zwingen. Aber ich habe sie vertan. Ich hätte die Rede halten müssen, nicht nur schreiben.

ODYSSEUS: *(von fern, mit der Flasche)* Hätte! Hätte! Mach dir doch nichts vor. Dann hätte ich es eben auf dem Schiff herausgebracht. Mit Drogen zum Beispiel. Mit Erpressung. Mit Geiseln. Dann wäre »Chalkides« eben eine »Sturmflut« gewesen. Was stehst du auch bei Windstärke neun an der Reling. Siehst du. Nicht einmal dein »hätte« nützt dir was. Ich bin dir auch da überlegen. Du wärst nie nach Troja gekommen... mit deinem »hätte« und »würde« und »könnte« und »möchte« und »wäre«. Nie! Das ist doch alles Theorie. Weltfremde Schwärmerei. Papier. So macht man keinen Frieden, Philoktet. Und schon gar keinen Aufstand. Gegen uns! Dazu gehören andere Leute als du. Dazu braucht man Politiker – Leute, die etwas tun und nicht nur reden! Leute wie mich!

Verächtlich

Ausgerechnet mir etwas von dieser... Revolution zu erzählen. Einem Odysseus!

Plötzlich scheinbar ganz nüchtern

Das war übrigens dein sechster Fehler. Den hab ich vergessen vorhin.

Schreiend: an dieser Stelle echt betrunken wirkend

Natürlich gibt es Krieg, solang es Macht und Ohnmacht gibt. Ist das meine Schuld? Ich habe die Natur nicht gemacht. Das ist nun einmal so, daß der Stärkere siegt! Schau dir doch die Tiere an. Das ist Gesetz.

PHILOKTET: Gesetz? Vielleicht deins, Odysseus. Euer Gesetz! Meins ist es nicht.

Steht auf, muß sich festhalten, geht dann aber ohne zu taumeln auf Odysseus zu

Eines Tages wird einer kommen – einer oder vielleicht sogar viele –, die es besser machen als ich: Die nicht mir dir sprechen, Odysseus, sondern mit den Soldaten oder... den Witwen: mit euren Opfern.

Odysseus hebt, mit einer »Prost«-Geste, die Flasche.

Von nun an ist Zweifel in der Welt: an den Göttern und an eurer Ordnung, die nicht unsere ist.

Sicher

Ein Gedanke, der einmal gedacht worden ist, kann nie mehr erlöschen. Er ist der Funke, der das Feuer bringen wird.

ODYSSEUS: *(klatscht in die Hände, hebt dann sein Glas)* Auf Troja, Philoktet! Auf den Brand!

Grapscht die Papiere zusammen: Philoktets Pläne

Schönen Dank für den Funken.

PHILOKTET: Auch das wirst du bereuen, Odysseus.

ODYSSEUS: *(trinkt, sabbert, verschüttet den Weinrest)* Ich sage Prost. Auf den Sieg!

PHILOKTET: Trink nur: Es wird dein letzter sein... wenns einer ist. Deine Zeit geht zu Ende, Odysseus! Das Volk ist aufgewacht.

Odysseus zerkaut eine Olive und spuckt den Kern auf den Boden.

... und nicht nur das Volk. Denk an Neoptolemos. Einer ist ausgeschert. Einer von euch. Bald werden's viele sein.

Kommt näher

Das ist übrigens eure einzige Chance zu überleben. Wenn die Bau-

ern euch nicht verjagen... werdet ihr euch selber vernichten...
und die Bauern dazu!

ODYSSEUS: Die Bauern?

Lacht laut, geht zur Tür und öffnet sie.

Hört euch das an, Jungs... wie der Mann redet! Schade, jetzt will
er nicht mehr.

Verschließt die Tür, schüttelt den Kopf

Immer vor dem falschen Publikum.

Zeigt auf die Tür

Die mußt du überzeugen: Das ist dein Volk. Nicht ich. Nicht immer ich. Ich! Ich!

Kommt auf Philoktet zu, sieht ihn an, irgend etwas geht in ihm vor, in seinen Augen ist plötzlich etwas wie Angst: als ob er erkenne, daß er seinem Plan nicht gewachsen sei.

Warum nicht einmal wir beide? *(Pause)* Wir beide, Philoktet! Du
machst die Pläne und ich... führe sie durch. Ich hab's ja gesagt.
Wir könnten alles erreichen, wir zwei.

Tippt Philoktet auf die Brust

Du und

gleiche Geste

ich: Das wäre etwas, Mann!

Plötzlich nüchtern: wie bei seinem ersten Auftritt redend; eher nervöser

Komm mit, Philoktet!

Besinnt sich

Das war nur ein Scherz, mit dem Schiff.

Leise

Komm doch mit. Wir machen's zu zweit. Das geht besser, glaub
mir. Ich meine es ernst. Die Sache mit dem Pferd, nicht wahr...
die verändert doch alles! Drei Stunden, wenn du mitmachst...
einhundertachtzig Minuten: Dann ist Troja besiegt!

Bemerkt Philoktets Skepsis

Gut, vier meinetwegen.

Ein kurzer Blick

Auch fünf: Bis Mittag! Dann aber ohne Risiko.

Blick

Auch für die Troer natürlich.

Blick

Wenn du mitmachst.

Blick

Wenn nicht...

Geste und Mimik: Dann garantiere ich für nichts!

Philoktet blickt Odysseus unbewegt an.

Schön, also nicht.

Pause. Darauf der zweite Versuch:

Und wenn du nun krank geworden bist?

Zeigt auf den Schreibtisch

Deine Rede abbrechen mußtest? Wir fahren zurück, Neoptolemos und ich, alles ist aus – und unterwegs erfinde ich den Plan mit dem Pferd. Es ist ja schließlich mein Plan! Das ist doch gut, nicht wahr?

Beinahe bittend

Wir machen's – und du schweigst! Ein Kompromiß.

PHILOKTET: Nein, Odysseus. Dazu ist es nun zu spät.

ODYSSEUS: Nein! Nein! Nein! Warum sagst du denn nicht einmal: Ja!

Beschwörend

Ja! – Philoktet! Lüg meinetwegen!

Spricht vor

Sag: »Ich werde schweigen, Odysseus.« Du brauchst es ja nicht zu tun, hinterher. *(Pause)* Warne die Troer, wenn du willst. Nur erzähl es mir nicht.

Tritt an Philoktet heran: Augen nah dem Mund

Sag ja!

PHILOKTET: Jetzt auf einmal?

Schüttelt den Kopf

Nein. *(Pause)* Du wirst mich töten müssen, Odysseus.

ODYSSEUS: Sag ja!

Philoktet schweigt.

Ich will dich nicht töten! Ich bin kein Mörder!

Schreiend

Ich kann es nicht! Ich bin doch selber Fleisch!

PHILOKTET: Und deine Inszenierung? Die Leute da draußen?

ODYSSEUS: Das mache ich schon. Die sind froh, wenn sie nicht zu...
arbeiten brauchen. Die kriegen trotzdem ihr Geld.

Voll Hoffnung

Ja?

PHILOKTET: *(hört ein Geräusch)* Da sind sie!

Schaut auf den Schatten

Es ist soweit. Sie sind da! Timon und Neoptelemos.

ODYSSEUS: *(wieder drohender)* Ja oder nein?

Philoktet geht zur Tür. Odysseus breitet die Arme aus, Philoktet hält inne und sieht Odysseus an.

PHILOKTET: Gut. Wie du willst. Jetzt mußt du es tun. Ich kann's dir nicht abnehmen, Odysseus.

ODYSSEUS: Und du hast keine Angst?

PHILOKTET: Doch.

Schaut sich noch einmal um: Draußen liegt Lemnos. Lauscht.

Die Vögel. *(Pause)* Tu... Timon nichts. Er ist... ist so hilflos. *(Pause)* Mach schnell! *(Pause)* Vor Troja wird's schwerer.

Groß: Philoktets Gesicht, dessen Mimik während der Todesszene das Geschehen spiegelt.

Es gibt viele dort, die wie Telemach aussehen, Odysseus.

Ein Schatten über Philoktets Gesicht: Der näherkommende Odysseus.

Mein Tod wird ein Zeichen sein.

STIMME DES ODYSSEUS: Ja. In meinem Sinn.

PHILOKTET: Da täuschst du dich.

Eine Tür wird geöffnet. Schritte kommen näher. Zeichen der Todesangst in Philoktets Gesicht.

Neoptolemos!

Der Schatten kehrt zurück.

Timon! Zu Hilfe!

STIMME DES ODYSSEUS: Das hast du gut gemacht! Der Schrei war eingeplant.

Philoktet brüllt auf. Sein Gesicht: Gezeichnet vom Tod.

STIMME DES ODYSSEUS: *(weiter entfernt)* Das ist für dich. Und hier die Kapsel für den alten Mann.

STIMME EINES SOLDATEN: Gift?

STIMME DES ODYSSEUS: Selbstmord. Aus Verzweiflung. Klar?

STIMME EINES SOLDATEN: Geht in Ordnung.

STIMME DES ODYSSEUS: Schubladen auf! Den Troer mehr zur Wand. Papiere durchwühlen!

Schreiend

Los! Los! Hier wurde schließlich gekämpft! Kippt doch den Schrank endlich um!

Getöse. Philoktets Gesicht zeigt, daß der Tod eingetreten ist. Odysseus' Hand auf seinem Gesicht: Die Finger schließen die Augenlider.

STIMME DES ODYSSEUS: Gute Arbeit.

STIMME EINES SOLDATEN: Kann ich das Schwert...?

STIMME DES ODYSSEUS: Nein, das bleibt, wo es ist.
Die Hand verschwindet. Schritte nähern sich von draußen.
STIMME EINES SOLDATEN: Sie kommen.
STIMME DES ODYSSEUS: Alles fertig? Gut. Du übernimmst den alten
Mann. Aber kein Aufsehen, bitte.
Die Kamera verläßt Philoktets Gesicht. Odysseus stürzt zum Fenster.
ODYSSEUS: Neoptolemos! Schnell!
*Das Gesicht, eben noch Entsetzen vorspiegelnd: »Es ist etwas Furchtbares
geschehen«, verändert sich blitzartig. Odysseus überprüft das »Arrange-
ment« und nimmt, die Unordnung durch ein paar Handgriffe vergrö-
ßernd, letzte Korrekturen vor.*
NEOPTOLEMOS: *(stürzt herein: taumelnd und mit irrem Ausdruck im Ge-
sicht. Sieht sich um: begreift nicht)* Was... bedeutet das?
Zeigt auf die Leiche Philoktets
Tot?
*Will niederknien, Odysseus hält ihn fest und zeigt auf Chalkides. Neopto-
lemos erstarrt, Odysseus schließt ihn in seine Arme.*
ODYSSEUS: Verzeih, mein kleiner Neoptolemos. Du hattest recht:
Philoktet ist kein Verräter. Ich habe mich geirrt. Er wollte Frie-
den.
*Wühlt sehr geschickt den Tagesbefehl unter dem Papierknäuel auf dem
Tisch heraus*
Hier, deine Rede. Aber die Troer wollten diesen Frieden nicht
und darum haben sie...
*Leiser, dann ausblenden, die Kamera geht auf das Gesicht Philoktets, das
sie, während der Verlesung des off-Texts, in wechselnden Einstellungen
zeigt.*
STIMME DES SPRECHERS AUS DEM OFF: Die Nachricht, Philoktet sei tot,
verbreitete sich schnell. Niemand blieb im Haus, an diesem
Abend, als das Schiff nach Troja zurückfuhr. Die Kinder wink-
ten, die Alten standen ratlos herum, und einige Burschen – junge
Leute meistens, die im Hafen arbeiteten – drohten mit ihren Fäusten: Sie waren es auch, die am Nachmittag versucht hatten, den
Matrosen den Sarg zu entreißen – am Fallreep aber, als die Wache
den Säbel zückte, zogen sie schnell wieder ab: Was sollten sie auch
tun mit ihren Knüppeln? Im Grunde konnte niemand sagen, was
sich ereignet hatte, an diesem Tag: Der einzige, der etwas wußte
und griechisch verstand, Timon, war tot. Man begrub ihn auf dem
Friedhof von Lemnos. Das Grab daneben blieb leer: Zur Erinne-

rung an einen Mann, den die Leute von Lemnos noch heute ihren
Lehrmeister nennen.

Gesicht ausblenden. Die folgenden Bilder zeigen Ansichten einer verwüsteten Stadt.

In der Nacht zum 4. August wurde Troja vernichtet. Die Griechen erreichten ihr Ziel: die Stadt brannte; wer überlebte, wurde als Sklave verkauft. Auch die griechischen Verluste waren hoch; von der Besatzung des Pferdes kam nur Neoptolemos mit dem Leben davon: wenn das noch Leben war. Bei der Totenfeier Ende August, der großen Parade, saß er allein in seinem Zelt. Mit Kot beschmiert, kaum bei Sinnen, brütete er dumpf vor sich hin: Odysseus wußte, warum er ihn eingesperrt hatte. Er könnte stören, hatte er zu Agamemnon gesagt, ich glaube es ist besser, wir zeigen ihn nicht.

Die Bilder von Troja verwischen und gehen über in eine Photographie von der Totenfeier: Odysseus auf einem Podest, umgeben von Pylonen und Kandelabern. Im Hintergrund ein großer Sarg, daneben die Urnen. Soldaten halten die Wache. Soldaten auch im Auditorium. Viele Verwundete. Auf den Ehrenplätzen die Generalität und eine tief verschleierte Frau.

ODYSSEUS: Ehre den Gefallenen! Wir neigen unser Haupt vor den Toten. Ehre dem Mann, dem wir's verdanken, daß *(zeigt)* die Stadt vernichtet ist. Ehre unserm Feldherrn: Dem Baumeister eines Triumphes, wie ihn herrlicher noch nie ein Heer errungen hat. Ehre dem Philoktet!

Alle erheben sich von ihren Plätzen. Odysseus senkt, im stummen Gebet, seinen Kopf, gibt dann ein Zeichen. Alle setzen sich wieder.

Ehre dem tapferen Ajas und dem großen Achill! Ehre aber auch dem unbekannten Soldaten.

Weist auf den großen Sarg.

Ehre den Namenlosen, die mit ihrem Heldenmut, ihrer Tapferkeit und ihrer Todesverachtung der Welt gezeigt haben, daß wir Griechen nichts Höheres kennen als unsere Freiheit und die Ehrfurcht gegenüber den Göttern. Der Frevelmut des Feindes ist bestraft; der Raub gesühnt; es herrscht wieder Ordnung in der Welt: Ordnung und Recht.

Ihr tapferen Männer! Habt Dank. Ihr seid bei uns, in dieser Stunde, mit euren Gedanken, die Griechenland galten – unserer Heimat. Ihr seid nicht tot. Ihr lebt, Kameraden: Denn ein Gedanke,

der einmal gedacht worden ist, kann nie mehr erlöschen. Euer
Vermächtnis heißt: Vaterland.

Ehre den Toten! Ehre den Hinterbliebenen! Ehre den Verwundeten, die wie jener Eine – dessen Namen ich für alle anderen nenne,
Neoptolemos, der Sohn Achills –

*Bild des Idioten in seinem Zelt. Wechselnde Ansichten des Gesichts während
der folgenden Sätze*

ihr Leben nicht schonten und den höchsten Einsatz wagten, den
ein Grieche kennt: Das Opfer für die Bewahrung menschlicher
Würde und die Verteidigung der Zivilisation. Ehre dem Neopto-
lemos! Er hat gewußt: Es gibt keine Lösung – außer unserem Sieg.
Er hat gewußt: Wenn Troja triumphiert, ist Recht nicht mehr
Recht in der Welt.

Laßt uns beten, Soldaten.

*Odysseus faltet die Hände. Alle stehen auf und beten ebenfalls. Während die
Schlußtitel abrollen, geht Odysseus zu dem großen Sarg in der Mitte und
verneigt sich tief: mit einem Ausdruck von Trauer, Würde und Stolz.*

Note

Ein Satz von Hofmannsthal: »Die uralten legendären Stoffe sind in doppeltem Sinn unerschöpflich: nach innen zu enthalten sie das Menschliche, Gleichbleibende in einer Verdichtung, die den Jahrtausenden widersteht und jedem neuen Geschlecht durch frische unberührte Bruchflächen offenkundig wird, nach außen zu setzen sie die Phantasie der Welt unabhängig in Bewegung.«

Ein problematischer Satz: in Wahrheit enthalten die legendären Stoffe nicht das Menschlich-Gleichbleibende, sondern das Menschliche auf einer ganz bestimmten Gesellschaftsstufe, in einer ganz bestimmten ökonomischen, sozialen, politischen Situation: Achill ist ein Feudalherr, Philoktet ein Fürst ohne Clan, Thersites und der Wächter aus der »Antigone« sind, als Proleten, Freiwild der Herren, Medea ist eine Barbarin, die unter Griechen keinerlei Rechte besitzt, Antigone eine Frau (also dem Mann unterworfen), Haimon ein Sohn (also dem Vater untertan; ein Junger, der dem Alten zu gehorchen hat), einzig Odysseus paßt in keinerlei Schema, weil er – je nachdem, ob man in ihm den Sohn des Laertes oder das Wolfskind aus der Sisyphus-Sippe sieht – einmal als Held und einmal als Gauner auftreten kann. Ansonsten aber ist das Menschsein durch die soziale Lage bestimmt, auf deren Dominanz noch der Ausbruchsversuch des Rebellen verweist.

Ein problematischer, ein gültiger Satz: Die gesellschaftlich Determinierten sind, von Homer bis Platon, tatsächlich in einer so vollkommenen Weise: so – scheinbar – archetypisch und modellhaft gezeichnet worden, daß es immer wieder die Phantasie der Nachfahren reizt, mit Hilfe von entschiedenen Transpositionen die Wandlungsfähigkeit der griechischen Muster zu demonstrieren: Antigone, das Kierkegaardsche Schmerzenskind, die Existentialistin Anouilhs, Brechts Klassenverräterin! Ein Akt der anverwandelnden Vereinnahmung: Mythisches tritt in die Dimension der Gegenwart ein und wird zur behandelbaren Geschichte. Die interpretierende Variation gibt dem Mythos seine Zeitlichkeit, dem Modell seine Konkretheit, dem Archetypus seine Historizität zurück. Das ist das eine. Das andere: Durch den Mit-Blick auf das Vorgeleistete (früher war Philoktet so, jetzt hingegen anders) gewinnt die Variation eine Vielschichtigkeit, die eine »direkte« Darstellung niemals erreichen kann: Ui ist mehr als Hitler, Antigone mehr als eine zeitgenössische Figur des Widerstands, Odysseus-Bloom mehr als ein Dubliner Annoncen-Akquisiteur.

Aus diesen Gründen wurde in dem Spiel »Der tödliche Schlag«, das die Manipulierbarkeit des Intellektuellen durch die Vertreter der Macht, die Benutzbarkeit der Moral zu amoralischen Zwecken und die Paradoxie veranschaulicht, daß einer wider Willen ausgerechnet das, in bester Absicht, fördern kann, was er um jeden Preis verhindern möchte (so daß sein Heils-Plan am Ende zum Vehikel des Teufels-Plans wird)... aus diesen Gründen wurde in dem Spiel »Der tödliche Schlag« auf Philoktet zurückgegriffen und nicht – zum Beispiel – Einstein oder Oppenheimer vorgeführt. Ich hoffe, daß das Problem, um das es geht: Der Intellektuelle, der sein Wissen den Falschen ausliefert und dadurch das Volk an die Militärs und Magnaten verrät, auf diese Weise anschaulicher als durch eine plakative Darstellung von zeitgeschichtlichen Vorgängen wird.

Die Beziehungen zur »Verschwörung« liegen auf der Hand. Der Manipulator der Macht, hier Caesar, dort Odysseus, wird nicht ohne Grund von dem gleichen Schauspieler interpretiert: Hannes Messemer. Dafür, daß der zur Einsicht gekommene Philoktet – ein Überläufer, der seine Gefährten von gestern für belehrbarer hält als sie sind, – nicht als die lautere Moral erscheint, ist durch eine Reihe von Clausewitz-Zitaten gesorgt, die ihm nicht ungeläufig von der Zunge gehen. In einem Winkel seines Herzens bleibt der konvertierte Moralist ein von der Macht Faszinierter. Dem Idealisten gelingt es nicht, die Moral mit Hilfe einer – entschlossen in Anspruch genommenen, der Beförderung des humanen Endzwecks dienenden – Machtanstrengung zu realisieren. (Konkret: Das Volk von Lemnos unter Waffen zu rufen und, aus einer starken Position heraus, Odysseus verhaften zu lassen.) Abstrakt zwischen böser Macht und guter Moral, dem Verworfenen und dem Akzeptierten trennend: ungeschult auf dem Gebiet der Dialektik geht er zugrunde.

Aber das Spiel ist noch nicht zu Ende: Das heißt freilich nicht, daß Philoktet das nächste Mal mit Sicherheit gewinnen wird. (Er braucht aber auch nicht um jeden Preis zu verlieren.)

Tübingen, 1. August 1974   Walter Jens

Sophokles und Brecht

Dialog

Ein Tisch, Gläser, Flaschen und Aschenbecher. Mikrophone. Kameras. Der Gesprächsleiter (auch Master der Talk Show genannt, im Folgenden als Spre- cher apostrophiert) wartet auf sein Zeichen. Ihm gegenüber zwei Männer, die sich angeregt unterhalten. Der eine raucht, der andere verfolgt den Rauchvor- gang, das Anzünden, Erlöschen und Neuanzünden einer Zigarre, das Ziehen und Blasen und Spucken, mit Aufmerksamkeit und Interesse: Er scheint der- gleichen nicht zu kennen. Darum seine Faszination.

Guten Abend, meine Damen und Herren – und eine Entschuldi- gung vorweg. Diejenigen unter Ihnen, die in den folgenden fünf- zig Minuten: dem Tenor unserer Talk Show entsprechend, ein Gespräch über Krieg und Frieden, Emanzipation und Unterdrük- kung, über Gewalt und Gewaltlosigkeit, Christentum und Mar- xismus erwarten, muß ich enttäuschen. Heute abend geht es um bescheidenere Dinge: ums Theater, um Schauspieler und Stücke- schreiber. Um Aufklärung auf unterhaltliche Weise. Um *Theatra- lik aus dem philosophischen Bereich,* wie einer der beiden Gesprächs- teilnehmer (der Sprecher verneigt sich flüchtig; der Geehrte nimmt keine Notiz davon) das Geschäft jener Dramatiker genannt hat, die auf den Brettern, die die Welt bedeuten, den Zuschauern zeigen wollen, wie die Welt in Wahrheit sei und was getan werden müsse, um sie zu verändern. (Hält einen Augenblick inne, schaut auf den Zettel, der vor ihm auf dem Tisch liegt, blickt die beiden Männer an: ein wenig verwirrt, weil sie keine Anstalten machen, ihre Tuschelei zu beenden, setzt dann entschlossen wieder ein.) Nein, auch das ist schon zu viel gesagt. Im Grunde geht es heute nur um ein Mädchen. (Die beiden Männer blicken auf: *na endlich, jetzt kommt er zur Sache,* und folgen von nun an den Worten des Sprechers). Um ein Mädchen, das wir alle sehr genau kennen. Ihr Vater war ein Verbrecher: ein Mörder und Blutschänder. Ihre Mutter hat sich erdrosselt. Ihre Brüder sind gefallen: einer hat den andern niedergemacht. Ihr Bräutigam beging Selbstmord. Sie selbst wurde zum Tode verurteilt und ins Gefängnis geworfen. Dort hat sie sich erhängt. Ich spreche von Antigone – »der herr- lichsten Gestalt, die je auf Erden erschienen«. (Die beiden Män- ner, belustigt über die pathetische Formel, blicken einander be- fremdet an.) Der Satz stammt nicht von mir. Er ist von Hegel. (Der Mann mit der Zigarre erklärt dem anderen Mann, wer das sei: Hegel.) Seit zweitausendfünfhundert Jahren hat dieses Mädchen die Poeten, Staatsmänner und Philosophen beschäftigt. Antigone, die Rebellin. Antigone, das furchtsame Mädchen. Die Schmerzensfrau und Heroine. Antigone, das Kind. Antigone, die Täterin. Diese beiden Männer hier – der mit der Zigarre heißt Brecht, der neben ihm ist Sophokles – haben beide ein Antigone-Drama geschrieben. Jeder in seiner Art. Was hat sie gereizt, an dieser Figur? Was wollten sie zeigen? Interessierte sie der Charakter? Ein fünfzehnjähriges Mädchen, das sich auf den Weg macht, um ihren Bruder zu beerdigen: wohl wissend, daß auf dieser Tat die Todesstrafe stand? Oder war es die politische Konstellation, die sie faszinierte: Ein Kind, das den Geboten der Familienehre folgt, macht wider Willen Revolution?

BRECHT: (schüttelt den Kopf) Beides ist falsch. Antigone handelt aus freiem Entschluß. Ihre Tat ist wohlüberlegt. Und was die Revolution angeht: Ein Aufstand unter den Regierenden ist keine Revolution. Ich sehe den Fall Antigone so: In einem Land herrscht Tyrannei. Das Land kann Theben oder Deutschland, der Tyrann Kreon oder Hitler heißen. Der Name ist ohne Belang. Was zählt, ist allein dies: Der Tyrann ist ein Strohmann. Er hat Auftraggeber. Leute, die hinter ihm stehen. Männer, die ihn benutzen, um ihre eigene Herrschaft zu sichern . . . ihn, der den Reichen dienlich ist, neue Absatzmärkte für die Wirtschaft schafft und seine eigene Macht mit der Macht des Kapitals identifiziert. Wenn Kreon (oder, meinethalben, auch Hitler) Kriege führt, um Rohstoffquellen zu erschließen, Kriege gegen Argos (oder, meinethalben, auch gegen die Sowjetunion), dann sagen die Reichen: »Gut so, mach weiter.« Und wenn Kreon das Volk auf die Schlachtfelder führt, dann sagen die Reichen: »Das ist vortrefflich«; denn sie wissen, daß der Krieg ein höchst probates Mittel ist, um die Begehrlichkeit des Volkes von den Schätzen im eigenen Land auf fremde Güter zu lenken. Wenn aber der Krieg schlecht steht, wenn Argos (ihr könnt es auch Stalingrad nennen) nicht zu erobern ist, wenn ein Zwist im Herrscherhaus entsteht und Kreons eigener Sohn, Polyneikes (oder General Seydlitz oder irgendein anderer Mann vom Nationalkomitee Freies Deutschland), zum Feind überläuft, wenn das Volk zu murren beginnt: Dann fangen die Reichen an, nach neuen Helfern Umschau zu halten. Dann gilt es, an die Zeit nach der Niederlage zu denken: Mag Kreon jämmerlich zugrunde gehn . . . wenn nur der Handel blüht! Mag Hitler . . .

Ihr wolltet (Blick auf die Uhr) von Antigone sprechen.

BRECHT: Ich *spreche* von Antigone. Vergeßt nicht: Sie hat mitge-
macht. Solange es Theben gut ging, war sie still. Rebelliert hat sie
erst, als es ans Eigene ging. An den Bruder. Den Fahnenflüchti-
gen, den Kreon niedermetzeln ließ. Da, plötzlich, gingen ihr die
Augen auf, und sie sah, daß es Kreons Krieg war – und nicht der
Krieg des Volkes, nicht Antigones Krieg –, der hier geführt wurde. Der Krieg der Reichen und nicht der Krieg der Proleten. Ein
Raubkrieg. Ein imperialistischer Krieg. Ein schmutziger Krieg.
Und darum kann meine Antigone sagen, im Augenblick, da Kreon
sie des Vaterlandsverrats bezichtigt: »Besser zwischen den
Trümmern der eigenen Stadt säßen wir doch und sicherer als mit
dir in den Häusern des Feinds.«

Das heißt: Sie kommt zur Erkenntnis?

BRECHT: Ja. Aber erst vor Stalingrad.

Und vorher?

BRECHT: Ich sagte doch: Aß sie vom Brot und fragte nicht danach, wo
es gebacken worden war.

Dann wäre ihre Tat...

BRECHT: ...ein Akt der Wiedergutmachung. Jawohl. Indem Antigone dem Feind hilft – und die Beerdigung des Bruders *ist* eine
Unterstützung des Feindes –, leistet sie eine moralische Kontribu-
tion. Die einzige, die ihr bleibt.

Und handelt stellvertretend für das Volk?

BRECHT: Nein. Das Volk vertritt sich selbst.

Und Haimon, Antigones Verlobter? Vertritt der das Volk?

BRECHT: Nein.

Und der Priester? Was ist mit Teiresias? Immerhin bietet er Kreon
Paroli.

BRECHT: Ja. Weil er den Untergang sieht. Solange der Krieg günstig
stand, hat er die Waffen gesegnet: Theben (ihr könnt es auch das
christliche Abendland nennen) war für Teiresias (alias Pius XII.)
heiliger Boden, und in Argos (oder der Sowjetunion: ganz wie's
beliebt) hauste der Teufel. Wie gesagt: so lange es gut ging. Die
Herren Handlanger und Ideologen setzten sich erst ab, als die Sache zu stinken begann.

Gut, das leuchtet ein. Trotzdem bleiben zwei Fragen. Erstens.
Wenn niemand, nicht einmal Antigone, die Masse vertritt, mit
wem soll sich dann das im Theater versammelte Volk identifizieren?

BRECHT: Mit niemandem.

Wie? Es soll keine Stellung beziehen?

BRECHT: Doch. Die des Volks, das dem Zerwürfnis der Herrschen-
den zusieht.

Bliebe die zweite Frage. Eure Antigone, Brecht, behandelt ein
Problem der Gegenwart. Ist das richtig?

BRECHT: Nein. Ein historisches Problem. Der Kapitalismus ist nicht
von heute. Die Kunst, ihn zu schützen, ebenfalls nicht. Und auch
der Widerstand hat seine Geschichte.

Trotzdem wimmelt...

BRECHT: (zündet sich eine Zigarre an) Ihr solltet an den Mann denken, der neben mir sitzt.

Sofort. Ich wollte sagen: Trotzdem wimmelt Euer Drama von Anspielungen auf den Krieg der Deutschen gegen die Sowjetunion:
Da werden Felle für den Winter genäht, da kämpfen Partisanen
wie Wölfe, da... (bricht ab) Warum also nicht »Seydlitz«, »Pius«,
»Hitler«, »Krupp«? Warum der Umweg über Griechenland?

BRECHT: Um der Verdeutlichung willen. Aus Gründen der Objektivation. Historische Entrücktheit bewahrt vor vorschnellem Identifizieren. Nur das scheinbar Antiquierte ermöglicht dem Zuschauer die Freiheit der Kalkulation und gestattet es ihm, den
Modellcharakter des Spiels zu durchschauen. Wer aus einem Per-
sonen-Stück ein Gesellschafts-Stück machen möchte, muß weit
ausholen. Er braucht die Distanz. Aktualität und Fremdheit: Das
ist die richtige Mischung. Analogie, die auf den Begriff gebracht
wird. Darum Antigone. Um der Veranschaulichung von Macht-
verhältnissen willen... und nicht etwa, um – wie heißt es doch? –
den »Geist der Antike« zu beschwören. (zu Sophokles) Tut mir
leid. Philologische Interessen können nicht bedient werden bei
mir. Diese Antigone...

SOPHOKLES: (leise und beiläufig) Magst du sie?

BRECHT: (der, nach dem Ende seines Parts, offenbar eine längere
Überleitung des Sprechers erwartet hat, beinahe erschrocken)
Wie?

SOPHOKLES: Ob du sie magst. (Da keine Antwort kommt) Mir ist sie,
offen gesagt, fremd. Im Grunde hab' ich mich noch nie gefragt,
wie alt sie eigentlich ist, vierzehn oder fünfzehn oder vielleicht
auch schon siebzehn, und ob das, was ich sie vortragen lasse,
überhaupt zu ihrem Charakter paßt. (Pause) Ihr Charakter! Gut?
Böse? Was weiß *ich*... Eine Heroine? Nein. Dafür hat sie zu viel
Angst. Eine Frau, die liebt? (zuckt die Achseln) Mag sein. Was
mich angeht, so hab' ich mich gehütet, Erotik auch nur zu erwähnen. Wenn Antigone jemanden liebt, dann ist es ihr Bruder.

BRECHT: (im höchsten Maße interessiert) Wirklich nur ihn?

SOPHOKLES: (verwundert) Wen denn sonst?

Immerhin heißt es... (zum Publikum) Pardon, eine Sekunde (blättert in einem Buch), ich hab's gleich. Hier. Kreon sagt zu Antigone: »Nie wird ein Feind, auch wenn er tot ist, Freund.« Darauf die
Antwort: »Aber gewiß. Zum Hasse nicht, zur Liebe leb ich.«

SOPHOKLES: (zu Brecht) Von dir?

BRECHT: (zu Sophokles) Von dir. (Sophokles schüttelt den Kopf.)

Ein oft zitierter Satz. »Nicht mitzuhassen, mitzulieben bin ich
da«: So stand es, auf griechisch, in der Aula unserer Schule. Ein

Satz, der beweist, daß es keinen Bruch zwischen griechischer
Humanität und christlicher Frömmigkeit gibt. Im Zeichen der
Liebe...

SOPHOKLES: (ausbrechend) Liebe! Liebe! Antigone und Liebe! Ausgerechnet sie! Sie, die ihre Schwester verhöhnt: »Was fragst du
mich? Frag Kreon doch! Kreon, der dir am Herzen liegt!« Nennt
ihr das Liebe?
BRECHT: Und trotzdem sagt sie...
SOPHOKLES: Nein, sie sagt *nicht!* (Die beiden anderen sehen ihn verwundert an.) Also paßt auf. (nimmt ein Glas, stellt es vor sich auf
den Tisch) Kreon. (nimmt einen Aschenbecher, stellt ihn daneben) Antigone. Der hier (zeigt auf das Glas) kennt nur Freund und
Feind. Freund ist der politische Bundesgenosse. Feind ist der politische Gegner. Freund ist Eteokles, der für Theben, wie Kreon
sagt, den Heldentod starb. Feind ist Polyneikes, der gegen seine
Vaterstadt zu Felde zog. Und nun (zeigt auf den Aschenbecher)
Antigone. Die Schwester. Beiden Brüdern zugetan: dem Angreifer so gut wie dem Verteidiger. Darum ihr Satz: »Nicht um Feind,
nein, um ein Freund zu sein, bin ich geboren.« Ein Freund meiner
Brüder. Das ist alles: Replik auf den Satz eines Mannes, in dessen
Freund-Feind-System es einfach nicht paßt, daß eine Schwester
ihre Brüder nicht nach der politischen Gesinnung bewertet. Dem
Patrioten eine geschwisterliche Umarmung und dem Deserteur
eine – Denunziation! (zu Brecht) Verstehst du jetzt?
BRECHT: Ja. Der Vers wird geändert. Ich hab' ihn sowieso nie gemocht. (Pause. Der Gesprächsleiter sucht nach einem passenden
Übergang. Brecht zieht an seiner Zigarre.) Ein nüchterner Tod,
muß ich sagen. Viel Trommelwirbel gibt's da nicht.
SOPHOKLES: Wenn du mit »Trommelwirbel« – »Pathos« meinst, hast
du recht. Es ist wirklich ein nüchterner Tod. Nüchtern, nachdenklich, würdig. (zum Sprecher) Darf ich zitieren? (Sprecher
nickt) Gut, dann hört. (Lehnt sich zurück, spricht auswendig)
»Wer es recht bedenkt, wird mich verstehn. Wenn ich Mutter
wäre, wenn mein Mann gestorben wäre, ich hätte nicht gewagt,
der Stadt zum Trotz zu handeln. Mit welchem Rechte sag ich das?
Verlör ich meinen Mann – ich könnte einen andern finden. Stürb
mir ein Kind, ich könnt' ein anderes bekommen von einem andern
Mann. Jetzt aber, wo die Eltern tot sind, bringt keiner meinen
Bruder mir zurück. So lautet das Gesetz, das ich befolgte.«

Dürfte ich Euch bitten, die Stelle ein zweites Mal zu zitieren?

SOPHOKLES: Und warum?

Es ist viel geschrieben worden, über diese Sätze der Antigone. Ich
würde gern ein Buch holen lassen: als Beleg dafür.

SOPHOKLES: Gut. Dann aber bitte das Ganze. (Der Sprecher winkt
den Inspizienten zu sich heran, flüstert mit ihm und schickt ihn
hinaus: *Schnell, es eilt.* Kurz bevor Sophokles sein Zitat beendet
hat, kehrt der Inspizient zurück. In der Zwischenzeit hat Brecht
die sophokleische Rede, mit dem Ausdruck der Zustimmung,
durch gestische Bewegungen skandierend begleitet.)
O Grab! O Hochzeitskammer!
O Haus, tief in der Erde drunten, mein einziger Wächter,
Dort treffe ich die Meinen wieder.
Die meisten hat die Todesgöttin längst schon aufgenommen.
Als letzte, elend, komme ich hinab zu ihnen...
Doch wenn ich komme, hoffe ich, dem Vater lieb zu sein,
lieb, Mutter, dir,
und lieb auch dir, mein Bruder.
Denn als ihr tot wart, hab
ich euch gewaschen, mit eigener Hand,
hab' euch gekleidet und für euch
die letzten Spenden auf das Grab gegossen.
Und jetzt, mein Polyneikes, muß ich sterben,
nur weil ich deinen Leib geborgen habe.
Doch wer es recht bedenkt, wird mich verstehn.
Denn wenn ich Mutter wäre, wenn mein Mann gestorben wäre,
ich hätte nicht gewagt, der Stadt zum Trotz zu handeln.
Mit welchem Rechte sag ich das?
Verlör ich meinen Mann – ich könnte einen andern finden.
Stürb mir ein Kind, ich könnt' ein anderes bekommen,
von einem andern Mann.
Jetzt aber, wo die Eltern tot sind,
bringt keiner meinen Bruder mir zurück.
So lautet das Gesetz, das ich befolgte.
In Kreons Augen aber, Bruder, hab' ich mich versündigt
und ihm zum Trotz gehandelt.

Nun führt er mich zum Tode mit Gewalt.
Wehe! Sie fassen mich an.
Kein Hochzeitslied ertönt und ehelos und kinderlos und einsam,
ganz elend,
gehe ich hinab.

BRECHT: (der am Ende, von echter Ergriffenheit übermannt, sein Skandieren eingestellt hat) Du, das ist schön. Das gefällt mir: Wie die sich Rechenschaft gibt, diese Frau, wie sie Ausflüchte sucht, weil sie Angst hat vor dem, was da kommt und sich vergewissern möchte, daß sie auch wirklich keine andere Wahl hatte... ja, das ist glaubhaft. Da zaubert eine nicht mit schönen Gefühlen, mit Ehre und Ruhm und Verpflichtung gegenüber dem Himmel. Da wird, Pfennig für Pfennig, eine Rechnung aufgemacht: *Wenn ich schon verrecken muß, dann will ich auch wissen, warum.* Das ist großartig, du.

SOPHOKLES: Mir scheint es zunächst einmal logisch.

Aber ein Drama und eine mathematische Gleichung sind verschiedene Dinge.

BRECHT: Glaubt *Ihr. Ich* glaube es nicht. Im Gegenteil.
SOPHOKLES: Ich auch nicht.
BRECHT: Es gibt, in jedem Fall, Regeln.
SOPHOKLES: Das gesetzliche Kalkul.
BRECHT: Eine berechnete Verfahrensart.
SOPHOKLES: Sichere Prinzipien.
BRECHT: Konvention und Übereinstimmung.

Trotzdem. Poetisch ist das bestimmt nicht, wenn ein Mensch im Augenblick des Todes zu kalkulieren beginnt.

SOPHOKLES: Aber realistisch. (Brecht blickt erstaunt auf: *Wie? Das sagt der?* und schenkt seinem Partner nach.)

(verärgert über die Harmonie auf seiten der Gesprächspartner, die sich offenbar, auf seine, des Talk-Show-Meisters, Kosten belustigen) Dann hört dies. (öffnet ein Buch) »Nachdem die Heldin« – gemeint ist Antigone – »im Laufe des Stücks die herrlichsten Gründe für ihre Handlung ausgesprochen und den Edelmut der reinsten Seele entwickelt hat, bringt sie zuletzt, als sie zum Tode geht, ein Motiv vor, das ganz schlecht ist und fast ans Komische streift. Sie sagt, daß sie das, was sie für ihren Bruder getan, wenn sie Mutter gewesen wäre, nicht für ihre gestorbenen Kinder und nicht für ihren gestorbenen Gatten getan haben würde... Dies ist wenigstens der nackte Sinn dieser Stelle, die nach meinem Gefühl in dem Munde einer zum Tode gehenden Heldin die tragische Stimmung stört, und die mir überhaupt gar zu sehr als ein dialektisches Kalkul erscheint... Ich möchte sehr gern, daß ein guter Philologe bewiese, die Stelle sei unecht.«

BRECHT: (Zigarrenrauch ausblasend) Bestimmt von Goethe.

Ihr kennt die Stelle?

BRECHT: Nein. Aber Goethe. (gähnt) Diese Spießigkeit. Diese Verachtung der Dialektik. Dieser verfluchte Feinsinn. (imitiert parodistisch) *Stört nach meinem Gefühl in dem Munde einer zum Tode gehenden Heldin die tragische Stimmung:* Zum Kotzen ist das! Der Herr Minister geruht, einer Krepierenden Vorschriften zu machen: Frau, red' sie gefälligst poetisch! Sie parliert ja grad wie beim Zählen der Hühner! Brauch sie Metaphern! (bricht ab und fährt nach einem Augenblick des Atemholens in höfischem Zierton fort) *Sonst muß ich darauf bestehen, daß uns ein guter Philologe beweist, die Stelle sei unecht.* (zu Sophokles) Mir scheint, wir müssen den Herrn Geheimrat enttäuschen.

SOPHOKLES: Natürlich ist die Stelle echt. Meine Antigone ist schließlich keine Phantastin. Mag sie so jung sein wie sie will: Sie weiß genug von der Welt, um zu wissen, was das bedeutet: Gefoltert zu werden.

Gefoltert?

SOPHOKLES: Es *ist* eine Folter, lebendig begraben zu werden. Es *ist* Mord, einen Menschen in einem Sarg aus Schlamm, Geröll und Erde allein zu lassen... allein mit einem einzigen Stück Brot und einem einzigen Krug Wasser. Kreon ist ein Mörder gewesen.

Ohne Recht?

SOPHOKLES: Ohne Recht. Ein Tyrann.

Immerhin war er der Vertreter des Staates.

SOPHOKLES: Das war er eben nicht!

Dann hör dies. (zieht aus dem neben ihm liegenden Stapel ein Buch heraus)

BRECHT: Wieder von Goethe?

Nein. Von Hegel.

BRECHT: Da bin ich gespannt.

»Auf eine plastische Weise wird die Collision der beiden höchsten sittlichen Mächte gegeneinandergestellt in dem absoluten Exempel der Tragödie, Antigone. Da kommt die Familienliebe, das Heilige, Innere, der Empfindung Angehörige, weshalb es auch das Gesetz der unteren Götter heißt, mit dem Recht des Staates in Collision. Kreon ist nicht ein Tyrann, sondern ebenso eine sittliche Macht...«

SOPHOKLES: Aber das ist ja grundfalsch! Das ist ja Irrsinn! Kreon: Eine sittliche Macht! Ausgerechnet er...

Ich bitte um Pardon, das Zitat ist noch nicht zu Ende (liest weiter). »Kreon hat nicht unrecht: er behauptet, daß das Gesetz des Staates, die Autorität der Regierung geachtet werde und die Strafe aus der Verletzung folgt. Jeder dieser beiden Seiten verwirklicht nur die eine der sittlichen Mächte, das ist ihre Einseitigkeit.«

SOPHOKLES: Aber Kreon ist blind! Wie kann ein Blinder Vertreter einer sittlichen Macht sein? Kreon hat nur einen einzigen Gedanken: Wer gegen mich ist, ist ein Verbrecher, ein Angehöriger der Opposition, ein bestochener Schurke! Kreon sagt: Der Herrscher und der Staat ist eins!
BRECHT: Was Hegels Wohlgefallen fand.
SOPHOKLES: Aber nicht meins! Ich hasse Tyrannen. Mir sind Leute

verächtlich, die an nichts als ans Geld denken können. (redet sich
in Erregung und fällt dabei ins Zitieren)
Männer sind hier in der Stadt,
die heimlich murrten gegen mich, schon lange,
und nur mit Mühe mir sich beugten.
Sie schütteln die Köpfe. Sie halten den Nacken nicht unter das
Joch.
Sie folgen mir nicht.
Nun wisse wohl: sie waren es, die Männer kauften, diese Tat zu
tun.
So spricht kein Anwalt eines sittlichen Prinzips. So spricht ein Tyrann! So redet ein Narr! Ein Narr, der dort Oppositions-Pläne
wittert – eine Riesen-Verschwörung! –, wo in Wahrheit ein klei-
nes Mädchen dabei ist, dem Bruder die letzte Ehre zu geben…
(bricht plötzlich ab, wendet sich Brecht zu und fragt beiläufig) Wie
hast du übrigens *deinos* übersetzt?
BRECHT: (verwirrt) Wie ich… was?
SOPHOKLES: Du kannst doch griechisch, nicht wahr?
BRECHT: (ausweichend) Schon. Was man so nennt.

Deinos… (kommt Brecht zu Hilfe) heißt gewaltig.

SOPHOKLES: Schon wieder falsch. Es heißt ungeheuer. Und zwar in
doppeltem Wortsinn: *groß* und *nicht geheuer*… und eben das ist der
Mensch – eben das ist Kreon: gewaltig als Beherrscher der Natur,
unheimlich in seiner moralischen Zwiespältigkeit. Herr des Feuers! Aber wehe, wenn er, wie Kreon, mit dem Feuer spielt! *Ungeheuer ist viel, und ungeheurer nichts als der Mensch:* Seine Größe ist es,
die den Menschen so tief stürzen läßt. (bricht wiederum ab, wie
oben) Wie also hast du *deinos* übersetzt?
BRECHT: Ich habe eine alte Übertragung benutzt – von Hölderlin.
SOPHOKLES: Konnte der griechisch?
BRECHT: Ich denke schon.
SOPHOKLES: Laß sehn. (nimmt den Brechtschen Text, blättert) Na
also: *ungeheuer.* Es stimmt ja. (liest weiter, stutzt) Der konnte griechisch, sagst du? *Der?*
BRECHT: (zögernd) Gewiß. Er kam aus Tübingen.
SOPHOKLES: Papperlapapp! Griechisch jedenfalls konnte er nicht.
(zeigt auf eine Stelle im Text) Was soll das heißen?

BRECHT: (liest) *Allbewandert, unbewandert. Zu nichts kommt er.*

SOPHOKLES: Noch mal.

BRECHT: (fängt ein zweites Mal an) Allbewandert...

SOPHOKLES: Punkt.

BRECHT: Du meinst?

SOPHOKLES: Ich sagte: Punkt. Der Mensch ist allbewandert. So steht's bei mir. Und nun weiter.

BRECHT: Unbewandert.

SOPHOKLES: Punkt weg.

BRECHT: Zu nichts kommt er.

SOPHOKLES: Und jetzt stell den Satz um. *Unbewandert kommt er zu nichts.* Ja, so ist es richtig. Bei dir steht das Gegenteil: *Zu nichts kommt er.*

BRECHT: Du hast recht. Das gibt so keinen Sinn. Ich hätte das merken müssen. (zum Gesprächsleiter) Habt Ihr einen Bleistift? Ich muß das verbessern. Jetzt gleich.

Später (nach einem Blick auf die Uhr). Schließlich haben wir hier über wichtigere Dinge zu reden als über Komma und Punkt.

BRECHT: Ach so? Das konnte ich freilich nicht ahnen. (beginnt seine Sachen zusammenzupacken) Dann bin ich kaum der richtige Mann heute abend. Für mich gibt es nämlich nichts Interessanteres als Interpunktion, und – wie sagtet Ihr doch? – kein Ding, das wichtiger wäre als Komma und Punkt... eine Vorliebe, die mich, am Rande vermerkt, den Bankiers nahe sein läßt: Die wissen auch, was ein falsch gesetztes Komma bedeutet. Also reden wir weiter?

Aber gewiß doch, natürlich, ich meinte ja nur...

BRECHT: Schon gut. (zu Sophokles) Wie viele Dramen hast du geschrieben?

SOPHOKLES: Hundertunddreißig. Und du?

BRECHT: Hundertund...

SOPHOKLES: Ich fing früh an. Außerdem bin ich neunzig geworden. Aber du hast schon recht. Ich mußte mich tummeln. Die andern übrigens auch. Aischylos hat ebenfalls hundert Stücke geschrieben. Euripides auch. Geschenkt wurde uns nichts. Jedes Frühjahr vier Dramen: Das war so die Regel.

BRECHT: (kopfschüttelnd) Hundertunddreißig: das wären pro Jahr...

SOPHOKLES: Ich verstand eben mein Handwerk. Ich war ein Techniker, weißt du. Vierundzwanzig Siege, im Ganzen. – Du?

BRECHT: Bei uns gibt es keinen Concours. Gott sei Dank. Ich fürchte, ich wäre nicht sehr erfolgreich gewesen.

SOPHOKLES: Hattest du Konkurrenten? Solche, die besser waren als du?

BRECHT: Nein. Aber mächtiger.

SOPHOKLES: Als Dichter?

BRECHT: (lachend) Als Dichter auch. Als »Dichter« wohlgemerkt. Und als Minister.

Ihr redet von Becher?

BRECHT: Ich... reden? Den Speikübel her! (zu Sophokles) Hast du auch mit Politik zu tun gehabt?

SOPHOKLES: Natürlich. Schließlich war ich Beamter.

BRECHT: Also auf der anderen Seite.

SOPHOKLES: Ich glaube nicht. Hör dir das an. Aus der »Antigone«. Die Szene, wo der Wächter von Kreon verabschiedet wird. (nimmt ein Buch und liest)
Wächter: Darf ich noch etwas sagen oder geh ich gleich?
Kreon: Weißt du noch immer nicht, wie lästig dein Geschwätz mir ist?
Wächter: Beißt es dich in den Ohren oder in der Seele?
Kreon: Du untersuchst noch, wo mein Ärger sitzt?
Wächter: Der Täter kränkte dir das Herz, die Ohren ich.
Kreon: Herrgott! Was für ein Schwätzer, der...
(Sophokles bricht ab, sieht erstaunt auf) Ihr lacht ja nicht. Merkt ihr denn nicht, wie witzig das ist?

Witzig?

BRECHT: (einfallend) Witzig, sagtest du?

SOPHOKLES: Natürlich. Oder meint ihr vielleicht, es sei nicht gelacht worden, wenn eine Tragödie aufgeführt wurde? Und ob gelacht wurde, wenn der Wächter, mit seinen närrischen Witzen, den König in die Enge trieb! Wenn der Prolet über den großen Hans triumphierte! Was meint ihr, wie das Volk gejohlt hat, als der Wächter dem Tyrannen zeigte, was ein Wortspiel ist!

BRECHT: (interessiert) Das Volk, sagtest du?

SOPHOKLES: Frauen und Männer, Sklaven und Kinder. Das ganze Volk. Ist das nicht mehr so, heute?

BRECHT: Nicht ganz. Fürs erste jedenfalls.

SOPHOKLES: (ohne auf Brecht einzugehen) Das ging hoch her bei uns! Die Frauen schrien, auf der Bühne spritzte das Blut, Hebekräne sausten durch die Luft, Häuser brannten ab, selbst die Natur, der Sonnenaufgang und die Nacht, spielten mit!

BRECHT: Und das alles findest du schön? Wenn dein Oedipus, mit seiner marmeladenbeschmierten Maske, ins Publikum starrt und die Weiber zu kreischen anfangen... das findest du schön?

SOPHOKLES: Es ist schließlich Theater.

BRECHT: Ganz recht. *Theater* ist das. Die Heldin wimmert und die Leute wimmern mit. Furcht und Mitleid heißt die Devise. Einfühlung! Identifikation! Jeder ist Oedipus, jeder Antigone! Und das Ziel heißt: Katharsis. Die Reinigung des Zuschauers von Furcht und Mitleid durch die Nachahmung einer furcht- und mitleiderregenden Handlung... eine Reinigung, die auf Grund eines eigentümlichen psychischen Aktes, der Einfühlung des Zuschauers in die handelnden Personen, erfolgt. Ich sage: Einfühlung und ich meine damit: Zwang zum Miterleben. Zwang mit allen Mitteln und um jeden Preis. Ich meine: Eliminierung der Kritik. Hypnose und Passivität. Der Verstand wird gekidnappt, die Wirklichkeit zugunsten einer ästhetischen Scheinwelt zerstört, die Vernunft außer Kraft gesetzt. Die Stimmung regiert, die Gleichschaltung ist total, der Zauber allgemein: Alle fühlen, träumen, leiden, zürnen gleich. Triumph der Katharsis! Ihr endgültiger Sieg, wenn jedermann sagt: Ja, das habe ich auch schon gefühlt. So bin ich. Das ist nur natürlich. Das wird immer so sein. Das Leid dieses Menschen erschüttert mich, weil es keinen Ausweg für ihn gibt. Das ist große Kunst: da ist alles selbstverständlich. Ich weine mit den Weinenden, ich lache mit den Lachenden.

SOPHOKLES: (ermüdet durch den Monolog) Geht's noch lang?

Wir müssen an unsere Zeit denken.

BRECHT: Einen Augenblick Geduld bitte noch.

Wir dürfen keinesfalls überziehen. Die Tagesschau...

BRECHT: (unbeirrt) Jetzt rede ich. (zu Sophokles) Jetzt sprechen wir
nicht mehr von *deinem* Theater, sondern von *meinem*, das ich das
epische nenne. Ein Theater, in dem erzählt und gelehrt wird –
aber gelehrt auf vergnügliche Weise! –; ein Theater, in dem man
seinen Kopf nicht an der Garderobe abgeben muß; ein Theater, in
dem die Schauspieler nicht Antigone und Oedipus *sind*, sondern,
aus der Position des Staunenden und Widersprechenden heraus,
Antigone und Oedipus *zeigen;* ein Theater, in dem das Selbstverständliche, durch verfremdende Veränderungen, den Charakter
des Ungewohnten gewinnt: Königinnen reden wie Waschfrauen,
Börsengauner sprechen in Versen; ein Theater, in dem geraucht
und diskutiert wird; ein Theater der Kritik und des Witzes. Ein
Theater, in dem der Zuschauer sagt: Das hätte ich nicht gedacht.
So etwas darf man nicht machen. Das muß aufhören. Das Leid
dieses Menschen erschüttert mich, weil es doch keinen Ausweg
für ihn gibt. Das ist große Kunst: da ist nichts selbstverständlich.
Ich lache über den Weinenden, ich weine über den Lachenden. Im
epischen Theater wird Abstand bewahrt. Da ist eine kritische
Haltung erwünscht, und keine Akklamation. Und damit ist endlich gewonnen...

Ich muß euch jetzt wirklich ersuchen...

BRECHT: (lauter werdend) Und damit ist endlich gewonnen, daß der
Zuschauer die Menschen auf der Bühne nicht mehr als ganz unän-
derbare, unbeeinflußbare, ihrem Schicksal hilflos ausgelieferte
dargestellt sieht. Er sieht: dieser Mensch ist so und so, weil die
Verhältnisse so und so sind. Und die Verhältnisse sind so und so,
weil der Mensch so und so ist. Er ist aber nicht nur so vorstellbar,
wie er ist, sondern auch anders, so wie er sein könnte, und auch die
Verhältnisse sind anders vorstellbar, als sie sind. Damit ist gewonnen, daß der Zuschauer im Theater eine neue Haltung bekommt. Er bekommt den Abbildern der Menschenwelt auf der
Bühne gegenüber jetzt dieselbe Haltung, die er als Mensch unseres Jahrhunderts der Natur gegenüber hat. Er wird auch im Theater empfangen als der große Andere, der die Welt nicht mehr nur
hinnimmt, sondern sie meistert. Das Theater versucht nicht

mehr, ihn besoffen zu machen, ihn mit Illusionen auszustatten, ihn die Welt vergessen zu machen, ihn mit seinem Schicksal auszusöhnen. Das Theater legt ihm nunmehr die Welt vor den Zugriff. (hält, nahezu atemlos, inne, nimmt eine Zigarre, sieht, über das Streichholz hinweg, seinen Partner erwartungsvoll an)

SOPHOKLES: (nach einer Pause einige Male, klapp-klapp-klapp, sehr langsam in die Hände klatschend) Bravo.

BRECHT: (begierig) Bist du überzeugt?

SOPHOKLES: Nein. Natürlich nicht.

BRECHT: (höchst verwundert; ein bißchen pikiert) Und warum klatschst du dann?

SOPHOKLES: Wir Griechen klatschten immer, wenn ein Virtuose etwas Besonderes bot. Du warst großartig, Brecht.

BRECHT: Was soll das heißen?

SOPHOKLES: Du warst geradezu genial. Verführerischer, als du es getan hast, kann auch der größte Schauspieler nicht an die Einfühlungskraft seines Auditoriums appellieren. (klatscht wiederum in die Hände) Selbst Ion – unser bedeutendster Rhapsode, wie du weißt – wäre vor Neid erblaßt. Das epische Theater: gepriesen von einem Hypnotiseur. Die Katharsis, widerlegt von einem Magier: Das nenne ich einen Triumph! (klatscht ein drittes Mal)

BRECHT: (endgültig verärgert) Nun hör doch endlich mit dem albernen Geklatsche auf!

SOPHOKLES: Aber wieso denn? Ich klatsche ja gar nicht mehr über dich.

BRECHT: Sondern?

SOPHOKLES: Über mich. Über meine Freunde Aischylos und Euripides. Über unser Theater, das du soeben beschrieben hast.

BRECHT: *Euer* Theater?

Das man bis heute das aristotelische nennt?

SOPHOKLES: ... und, wenns (Blick zu Brecht hin) nach dem hier gehen soll, in Wahrheit nie gewesen ist. Verfremdung, sagst du? Ja, ist es denn keine Verfremdung, wenn Frauen von Männern dargestellt werden, wenn Chöre, in kommentierender Erzählung, die Handlungsfolge durchbrechen? Kritik, sagst du? Ja, ist es denn kein Appell an die Kritik, wenn Götter am Ende in einer Weise vorgeführt werden, schematisch und stereotyp, die auch dem letzten Gläubigen im Theater verdeutlicht: Daß die Götter keine Götter mehr sind? Epik sagst du, keine Dramatik: Ja, was wäre denn episches Theater, wenn nicht das unsere, auf dem, wie du weißt und wie die »Antigone« lehrt, nicht das Geringste auf der Bühne geschieht (wohl aber hinter der Bühne), wo diskutiert und gelehrt wird: gelehrt natürlich auf unterhaltliche Weise – denk nur an den Wächter? Vernunft, sagst du, und keine Hypnose: Ja, meinst du denn, es hätte in unserem Theater, wo doch jedermann die Fabel ganz genau kannte und folglich auch wußte, daß die Affaire Antigone nicht glücklich ausgehen werde... ja, meinst du denn, es hätte da überhaupt so etwas wie »Spannung« gegeben? Uns ging es ums »Wie«, nicht ums »Was«, um die Variation von ein paar Dutzend Mythen, die jeder Schuljunge kannte. Verfremdung, sagst du? Aber, Freund, das ist ein griechisches Wort: Lies es nur nach. Xenosis. Ein Begriff aus der Rhetorik: Wer sein Publikum überzeugen möchte, hat es zum Staunen zu bringen, indem er das Gewohnte, längst Vergessene in neuem Licht aufleuchten läßt: wie etwas Fremdes.

BRECHT: Und die Katharsis?

SOPHOKLES: Ein medizinischer Vorgang, der wenig mit Rausch und Hypnose zu tun hat. Im Gegenteil: Wenn der Überschuß an Kälte und Feuchtigkeit beseitigt wird...

BRECHT: Kälte?

SOPHOKLES: Der richtige Ausdruck für die übergroße Furcht.

BRECHT: Feuchtigkeit?

SOPHOKLES: Das, was du – sehr zu Unrecht – Mitleid nennst: Nässe, die überquillt. Verstehst du jetzt? Der Kälteschauer und die Tränen, die uns übermannen, wenn Antigone stirbt, machen – wie sagt man gleich? – dem Affektstau ein Ende und befördern jenen Triumph der Vernunft, der am Ende meiner Dramen steht. Im Augenblick der Vernichtung erkennt Antigone die Wahrheit, begreift Oedipus, wer er ist, wird Kreon zur Einsicht gezwungen... und der Zuschauer fragt: Ist die Wahrheit wirklich wahr? Die Einsicht tatsächlich Erkenntnis?

BRECHT: (der sich wieder gefangen hat) Und wer bewirkt, daß Oedipus einsichtig wird? Wer, daß der Sklave – Sklave bleibt? Die Frau – eine Frau? Daß der Mord sich auszahlt und die Güte nicht? Was, frage ich, geht hinter den Vorgängen vor? In *jenen* Vorgängen also, die das Schicksal der Menschen bestimmen, aber nicht

schicksalhaft, sondern von Menschen gemacht und folglich ver-
änderbar sind... in Vorgängen, die aus einem gesellschaftlichen
Geflecht zwischen den Menschen bestehen. Davon ist in deiner
»Antigone« nicht die Rede, scheint mir.
SOPHOKLES: Nein. Davon nicht. Das ist richtig. Aber vielleicht könn-
test du es mir zeigen. Es wäre wichtig für mich. Ist es schwer?
BRECHT: Nein. Wenn man erst einmal begriffen hat, daß die, die wir
die Großen nennen, nicht nur die Treibenden, sondern auch die
Getriebenen sind, ist es beinahe leicht: Wie sah die Gesellschaft
aus, gilt es zu fragen, wie war die Machtverteilung und wie funk-
tionierte die Wirtschaft... wie waren die Verhältnisse, die es er-
möglichten, daß ein Tyrann wie Kreon des Aufstands im eigenen
Haus nicht mehr Herr werden konnte?
SOPHOKLES: Gut, ich will lernen. Aber womit kann ich dir behilflich
sein?
BRECHT: Mir? (denkt nach) Weißt du, ich wüßte gern, wie einer das
macht: hundertunddreißig Stücke zu schreiben... und darunter
eine »Antigone?« Wie hast du das nur geschafft?
SOPHOKLES: Ganz einfach. Ich...

Nein, kein Wort mehr. Dies Problem jedenfalls soll ungelöst bleiben, in dieser Talk Show, die in Wahrheit ein Zwiegespräch war:
Denn was hätte ein Moderator auch viel zu sagen, wenn zwei
Stückeschreiber über eine Phantasiefigur reden, die sie beide –
wenngleich jeden auf andere Art – fasziniert hat? Dank Ihnen,
meine Herren, für den Dialog. Dank dem Mädchen, das – abwesend anwesend – mit uns am Tisch saß. Dank Ihnen, verehrte Zuschauer, daß Sie dieser Unterhaltung über das Thema »Antigone:
einst, jetzt und immerdar« die Ehre Ihrer Anwesenheit gaben. Ich
wünsche Ihnen eine gute Nacht.

Quellen

SOPHOKLES:
Antigone, Übersetzung: Walter Jens, Desch Verlag, München o. J.
(Bühnen-Manuskript)
BRECHT:
Die Antigone des Sophokles. Nach der Hölderlinschen Übertragung
für die Bühne bearbeitet.

in: Bertolt Brecht; Gesammelte Werke in 20 Bänden. Werkausgabe
Edition Suhrkamp. Frankfurt/M. 1967, 2. Aufl. 1968, Bd. 6, Stücke
6, S. 2273–2329
Zu »Die Antigone des Sophokles«. Vorwort zum Antigonemodell.
1948.
in: Gesammelte Werke, Bd. 17, Schriften zum Theater 3,
S. 1211–1220
Über eine nichtaristotelische Dramatik. 1933 bis 1941.
in: Gesammelte Werke, Bd. 15, Schriften zum Theater 1,
S. 227–336
Neue Technik der Schauspielkunst. Etwa 1935 bis 1941.
in: Gesammelte Werke, Bd. 15, Schriften zum Theater 1,
S. 337–388
Neue Technik der Schauspielkunst 2. 1949 bis 1955.
in: Gesammelte Werke, Bd. 16, Schriften zum Theater 2,
S. 709–771
Kleines Organon für das Theater. 1948.
in: Gesammelte Werke, Bd. 16, Schriften zum Theater 2,
S. 659–708

Der Ajas des Sophokles

Freie Bühnenübertragung

Personen

Athene
Odysseus
Ajas
Tekmessa
Bote
Teukros
Menelaos
Agamemnon
Chor der Schiffsgenossen des Ajas

ATHENE: Zu jeder Zeit, Sohn des Laertes, auf der Raubjagd nach
dem Feind,
nimmst du auch jetzt, mir nicht geheim, an Ajas' Schiffszelt,
nah dem Lagerrand, die frisch geprägten Spuren auf,
mißt nach
und prüfst sie, um genau zu wissen, ob er drinnen ist.
Dein Schritt ist sicher; wie ein Greifhund witternd,
pirschst du dich ans Ziel:
Der Mann ist drinnen, eben heimgekehrt. Der Schweiß rinnt ihm
vom Haupt, und seine Hand ist naß.
Du brauchst nicht länger mehr hineinzuschaun;
doch sage mir, warum du dich so mühst.
Ich weiß Bescheid und will dir Rede stehn.
ODYSSEUS: Athenes Stimme! Göttin, mir vertraut wie keine andere!
Ich kann dich nicht erkennen, doch dein Wort ist klar
und laut und deutlich wie Trompetenschall.
Du hast mich wohl durchschaut – ich bin auf Ajas' Spur:
ihn, der mein Todfeind ist, (und keinen andern) suche ich schon
längst
und kreise ihn mit meinen Schritten ein.
In dieser Nacht hat er, um uns zu treffen, eine Tat verübt,
die nicht durchschaubar ist – wenn er es wirklich war.
Noch schwanken wir, noch irren wir umher.
Und um Gewißheit zu erlangen,
bin ich ihm – aus eignem Stück – gefolgt.
Erschlagen nämlich haben wir gerade jetzt die Beuteherden ange-
funden,
tot die Tiere und die Hirten umgebracht,
und keiner unter uns, der daran zweifelt,
daß es Ajas war. Ein Augenzeuge hat ihm zugeschaut,
wie er mit nassem Schwert über die Weide lief;
er ganz allein, in rasend-schnellem Lauf –
so hat der Späher es mir hinterbracht,
und deshalb bin ich seiner Spur gefolgt –
sehr eilig, doch nun schwanke ich;
denn manches spricht für Ajas' Tat und klagt ihn an.
Dann wieder werd' ich zweifelnd und weiß nicht mehr ein noch
aus.
Du aber kamst zur rechten Zeit, und ich vertraue deinem Wink,
wie ich es immer tat.

ATHENE: Ich weiß, Odysseus, deshalb eben ging ich dir als treuer
Wächter nach.

ODYSSEUS: Dann bin ich auf der rechten Spur? Die Jagd wird glücklich sein?

ATHENE: Ja. Der Mann, den du verdächtigst, hat die Tat verübt.

ODYSSEUS: Doch warum solch ein Mord? So rätselhaft und gegen jeden Sinn?

ATHENE: Er war im Jähzorn, weil man ihm Achilleus' Waffen vorent-
hielt.

ODYSSEUS: Jedoch der Gang zur Weide: das versteh' ich nicht.

ATHENE: Er glaubte, es sei euer Blut, das ihm die Hände rötete.

ODYSSEUS: Dann galt der Anschlag also – uns?

ATHENE: Wenn ich nicht wäre – hätte er's getan.

ODYSSEUS: Und wie? Mit welchen Mitteln? War es Trotz? War's
dreister Wagemut?

ATHENE: Auf sich allein gestellt, mit dunkler List, griff er euch an.

ODYSSEUS: Und kam er weit? Bis nah ans Ziel?

ATHENE: Bis zu den beiden Feldherrnzelten drang er vor.

ODYSSEUS: Doch weshalb hemmt er die Hand, die schon zum Mord
bereit war?
Weshalb wandte er sich ab?

ATHENE: Ich fiel ihm in den Arm und löschte seine Lust,
indem ich ihm ein Zwielicht auf die Augen warf.
Dann lenkte ich ihn zu den Herden ab und zu dem Beutevieh,
den Rindern, die, noch nicht verteilt, unter den Schafen weideten.
Dort fiel er ein, mähte die Tiere, spaltete
im Wirbelkreis die Rücken auf und meinte, die Atriden eigenhän-
dig
zu ermorden; meinte, um sich schlagend, einmal diesen,
einmal jenen Feldherrn zu zertrampeln.
Ich aber war es, die den Rasenden mit Wahnsinn schlug,
indem ich ihn, wie auf der Jagd, in einen Kessel trieb.
Dann endlich ließ er nach, knüpfte mit dicken Tauen
alle Widder fest und schleifte die gesamte Habe in sein Zelt,
als ob es keine Tiere, sondern Männer wären:
so peitschte er die Angebundenen in seinem Haus.
Ich aber will dir diese Krankheit zeigen, die so deutlich ist,
damit du, sie betrachtend, allen Griechen Rede stehen kannst.
Hab keine Angst, er tut dir nichts.

Ich werde seine Augen schwärzen,

daß sie dich nicht sehn.

He, du! Dich, der den Kriegsgefangenen die Hände auf dem Rücken

schnürt, dich, Ajas, rufe ich. Auf, komm aus deinem Zelt!

ODYSSEUS: Was tust du? Nein, Athene, ruf ihn nicht heraus!

ATHENE: Kannst du nicht schweigen? Willst du feige sein?

ODYSSEUS: Bei allen Göttern, tu es nicht! Es mag genügen, wenn er drinnen bleibt.

ATHENE: Was fürchtest du?

ODYSSEUS: Er war mein Feind und ist es noch.

ATHENE: Jedoch dem Feind zu spotten: welcher Spott kann süßer sein?

ODYSSEUS: *Mir* ist es lieber, wenn er sich im Zelt verbirgt.

ATHENE: Du zögerst also, einen Mann zu sehen, der nicht bei sich ist.

ODYSSEUS: *Wär* er bei sich – ich hätte keine Angst.

ATHENE: Sei ohne Furcht: Er sieht dich nicht.

ODYSSEUS: Obwohl er mit den gleichen Augen blickt?

ATHENE: Ich decke sie mit Nacht. Dann sind sie blind, obwohl sie sehn.

ODYSSEUS: Gewiß ist nichts unmöglich, wenn ein Gott es will.

ATHENE: Sei also still und bleibe, wo du bist.

ODYSSEUS: Ich bleibe, doch ich wünsche mir, weit weg zu sein.

ATHENE: Auf, Ajas! Auf! Zum zweiten Mal!

Es scheint, du denkst gering von deiner Helferin.

AJAS: Sei mir gegrüßt, Athene, und hab Dank dafür,

daß du mir hilfreich warst. Mit Beutestücken, ganz aus Gold,

will ich, zum Lohn für diesen Fang, dich kränzen.

ATHENE: Das hast du schön gesagt. Doch weiter sage mir, ob du

dein Schwert ins Griechenheer getaucht hast – bis zum Heft?

AJAS: Ich darf mich dessen rühmen, und ich leugne es nicht ab.

ATHENE: Und die Atriden? Trafst du sie?

AJAS: Sie werden Ajas' Ehre nicht mehr schmähn.

ATHENE: Verstand ich richtig: sind sie tot?

AJAS: Tot. Meine Waffen nehmen sie mir nicht.

ATHENE: Nun gut. Doch da ist noch Laertes' Sohn.

Welches Geschick traf ihn? Fiel er in deine Hand? Oder entkam er dir?

AJAS: Meinst du den abgefeimten Fuchs?

ATHENE: Odysseus meine ich. Ich meine deinen Feind.

AJAS: Du sprichst von meinem liebsten Fang. Er hockt
im Zelt, und bis er stirbt, ist noch viel Zeit.

ATHENE: Was willst du tun?

AJAS: Ich binde ihn an einen Pfosten meines Zelts.

ATHENE: Du wirst ihn quälen, ihm ein Leid antun?

AJAS: Ich will ihn peitschen bis zum roten Tod.

ATHENE: Nein! Foltere den Armen nicht!

AJAS: Verlange, was du magst: ich werde dir willfährig sein.
Odysseus aber büßt – und büßt, wie ich es will.

ATHENE: Nun, wenn's dir so gefällt – gebrauche nur die Hand
und unterlasse nichts. Führ deine Pläne aus!

AJAS: Das soll geschehn. Nur eine Bitte noch,
bevor mein Werk beginnt: steh mir für alle Zeit so hilfreich bei wie
jetzt.

ATHENE: Begreifst du nun, Odysseus, daß die Macht der Götter un-
bezwingbar ist?
Denn welcher Mensch war je besonnener als dieser Mann,
und welcher fähiger, das Richtige zu tun?

ODYSSEUS: Ich kenne keinen und beklage ihn,
– mag er mein Feind sein oder nicht –
den so Verhaßten,
der ins Unglück eingesponnen ist.
Doch schau' ich weniger auf ihn als auf mich selbst,
denn ich erkenne jetzt, daß wir, die leben,
nichts als Gaukelbilder und behende Schatten sind.

ATHENE: Und solches sehend, sage nie ein Wort,
das, allzu stolz, den Gott beleidigt.
Prahle nicht, wenn du an Kraft und Reichtum andere besiegst.
Ein kleiner Tag zerstört das Menschenwerk,
ein kleiner Tag richtet es wieder auf.
Allein dem Klugen sind die Götter wohlgesinnt,
dem Narren aber gilt ihr Haß.

CHOR: Telamonischer Sohn,
der du Salamis' Boden,
die ringsumspülte, meernahe Erde beherrschst,
wenn das Glück dich bewahrt, laß mich jauchzen.
Wenn die Krankheit jedoch, die gottgesandte,
wenn das Schimpfwort aus griechischem Munde,

wenn die Widerrede dich trifft,
dann ergreift mich die Angst
und die Furcht flammt auf,
das Signal
in den Augen der Taube.
Von der Nacht, die gerade verging,
sind die Stimmen geblieben, die Rufe,
die uns alle verfolgen.
Auf den Weiden, so will es das Zankwort,
in den Koppeln und Ricken habest du rasend
die erbeuteten Tiere, das Vieh,
mit dem blitzenden Messer getötet.
So schwirrende Worte erfindet Odysseus
und trägt sie ins Ohr,
und es glauben ihm alle.
Überzeugend sind seine Sätze
und gefährlich für dich.
Wer auf Mächtige zielt,
um die Seelen der Großen zu treffen,
der verfehlt ja nur selten sein Ziel.
Über *uns* aber Schlimmes erzählend
überzeugte er nicht
einen einzigen Mann.
Zu dem Mächtigen nämlich (nicht zu den Schwachen)
kriecht am schnellsten der Neid.
Von den Großen getrennt
sind die Kleinen jedoch nur ein wankender Schutz
für die Burg. Denn nur mit dem Großen zusammen
steht der Kleine auf sicherem Grund und nur
von dem Kleinen gestützt, richtet der Große sich auf.
Doch kann niemand die Toren
über solch ein Gesetz je belehren.
Das Gerede närrischer Männer schrillt auf dich ein:
und wir können nicht länger mehr Widerstand leisten,
so ganz allein, ohne dich.
Denn so oft sie dein Auge nicht traf –
aus der Ferne immer lärmten sie laut,
wie die Vögel im Zug. Doch aus Furcht
vor dem mächtigen Adler schweigen sie stimmlos

und verkröchen sich schnell,
wenn du plötzlich erschienst.
Trieb dich, die Stiere tummelnd, Artemis,
– o Schandgerücht, o Mutter meines Leids! –
trieb sie dich in die Herden hinein:
dem unbelohnten Sieg zulieb,
um die Waffen betrogen,
um die Beute der Jagd?
Oder hat Ares,
Enyalios mit dem eisernen Panzer,
der Früchte des
gemeinsamen Speersiegs beraubt,
dich durch nächtliches Trugwerk genarrt?
Niemals, Telamonkind, bist du,
sinnenverlassen,
so weit in die Irre gegangen,
daß du in Schafe und Widder einfielst.
Geschlagen hat dich die Krankheit.
Zeus und Phoibos jedoch
abwehren mögen sie beide das schlimme Gerücht.
Doch wenn die Atriden indessen,
oder der trugreiche Sisyphos-Sohn
mit unterschobenen Worten
listige Fabeln ersinnen,
dann, Herr, vermehre nicht länger,
dein Antlitz im Meerzelt verbergend,
das schlimme Gerücht!
Verlasse deinen Sitz, das Zelt,
in dem du, mit dem Nichtstun kämpfend,
seit langem Leid auf Leiden häufst,
so daß die Flammen bis zum Himmel gehn.
Der Feind ist frech und ohne Furcht,
im sichern Tal versammelt sich die Übermacht.
Die Zungen zucken,
höhnisches Gelächter kommt von überall,
und mir bleibt nichts als Angst und Leid.

TEKMESSA: Ihr Fürsten! Ajas' Helfer! Schiffsgenossen aus Erech-
theus' Stamm!
Wie sag' ich euch das Wort, das nicht gesprochen werden darf?

Und wie nehmt ihr die Nachricht auf,
die Unglücksbotschaft seiner Kebse,
die man nun wie ihn verlacht?
Denn ihn, der mich zur Beute nahm, befiel ein Leid,
das gleich dem Tode ist.
Vom Wahnsinn angefaßt, hat Ajas sich in dieser Nacht
entehrt wie niemand je zuvor.
Drinnen im Zelt könnt ihr die roten,
von seiner Hand zerstückten Leiber sehn,
die Tierkadaver, die er ausgeblutet hat.

CHOR: Welche Nachricht, wehe,
unerträglich und doch nicht zu fliehen,
welche Nachricht, wehe,
hast du uns gebracht.
Von den griechischen Fürsten
versteckt noch genannt,
wird sie nun mächtig, bläht sich auf und gewinnt an Gewicht.
Wehe mir, nun sehe ich deutlich, was auf uns zugeht.
Vor aller Augen wird er nun sterben,
der Mann, mit seinem dunklen Dolch
und mit den gleichen Händen sich töten,
mit denen er Tiere und Hirten erwürgte.

TEKMESSA: Oh weh! Von da, von da kam er heran
und führte seine Herde, führte das Vieh, von Tauen festgehalten,
hinter sich.
Die einen schlug er auf der Erde tot,
die andern schnitt er, ihre Rippen brechend, mitten durch.
Dann griff er sich zwei weiße Widder
auf und riß dem ersten Haupt und Zunge ab
– die Zunge bis zum Schlund, nur um sie wegzuwerfen –,
den zweiten aber band er aufrecht an den Pfahl,
suchte nach seinem Pferdehalfter, nahm den Riemen in die Hand,
legte ihn doppelt und schlug zu.
Die Geißel sauste, und er schrie dazu
und brüllte Worte, die kein Mensch, nein,
die ein Gott ihm eingegeben hat.

CHOR: Jetzt ist es Zeit, das Haupt zu verbergen
und heimlich die Füße zu setzen,
oder auf der Ruderbank

dem Meerschiff die Zügel zu lassen.
Denn die Atriden drohen uns
und ich fürchte die Steine:
getroffen gemeinsam mit ihm,
den nun der Schmerz gefesselt hat.

TEKMESSA: Nicht mehr! Er ruht nun,
schläft, wie sich der rauhe Südwind legt,
der eben noch, vom hellen Blitz getrennt,
am Himmel tobte.
Doch den Erwachenden empfängt ein zweites Leid:
das Unheil zu betrachten, das man selbst,
wo niemand half, geschaffen hat,
erweckt von neuem Schmerz.

CHOR: Wenn erst die Krankheit endet,
wird ihm wohler sein. Das ferne Leid scheint minder scharf.
Wer schließlich denkt schon an ein Übel, das vergangen ist?

TEKMESSA: Wenn du entscheiden könntest, ob du, selber glücklich,
deine Freunde quälen oder Schmerz
mit Schmerz verbinden wolltest... sag, was tätest du?

CHOR: Das Doppel-Unglück, mein' ich, ist das schlimmere.

TEKMESSA: Dann ist für uns, obwohl er jetzt gesund scheint,
keine Hoffnung mehr.

CHOR: Du denkst... nein, ich versteh' nicht, was du sagst.

TEKMESSA: Als Ajas krank war, freute er sich seiner Missetaten
und blieb selbst von jenem Kummer frei,
der uns, die wir ihm zusahn, packte.
Der Wahnsinn hatte ihn erlöst, wie die Vernunft
uns Sorgen schuf.
Doch jetzt, da er zu ruhen scheint,
die Krankheit abebbt und er wieder zu sich kommt,
da wirbelt ihn die Qual umher
und wir sind elend wie zuvor.
Das Leiden, früher einfach, ist nun doppelt groß:
begreifst du *jetzt?*

CHOR: Ja, du hast recht. Nun bin auch ich in Sorge,
daß ein Gott den Schlag geführt hat:
denn könnte sonst die Freude,
nun, wo er genesen ist, so dunkel wie im Elend sein? –
Wie aber fing es an; aus welcher Richtung flog

das Unglück auf? Gib uns Bescheid.
Du weißt, wir teilen deinen Schmerz.
TEKMESSA: Ihr sollt die Tat erfahren, Ich verschweige nichts.
Es geht euch an.
Um Mitternacht – die Abendfackeln waren abgebrannt –
nahm er sein Schwert und wollte heimlich,
durch ein Seitentor, das Zelt verlassen.
Da sprach ich ihn an. Ich war in Furcht
und schalt ihn: »Wohin gehst du, Herr?
Kein Herold rief. Die Nacht ist still und die Trompete
schweigt. Die Griechen schlafen, regungslos verharrt das Heer.«
Kaum hatte ich geendet, ging er auf mich zu
und sang das alte, allzu gut bekannte Lied:
»Den Frauen, Frau, bringt nur das Schweigen Ruhm.«
Darauf verstummte ich, und er lief weg:
sehr einsam und voll Wut.
Was er da draußen tat, was er erlitt, das weiß ich nicht.
Als er zurückkam, hatte er die Hunde samt den Rindern und den
Schafen
angeseilt, und dann begann sein Metzgerwerk...
ein Schneiden, Schlitzen, Würgen und Geschrei...
als ob die Herden Männer wären. Endlich lief er durch die Tür
und redete auf einen Schatten ein, beschimpfte die Atriden,
brüllte dann Odysseus an, und lachte noch dazu,
und schrie und jubelte über die Rachetat.
Dann lief er abermals ins Zelt hinein
und langsam, unter Qualen, kehrte die Besonnenheit zurück.
Als er das Zimmer sah, die Tiere und das Blut,
begann er aufzuschreien, schlug sein Haupt und ließ sich fallen.
Kriechend, unter Purpurtrümmern, das Haar gedankenlos
mit Nägeln strähnend, fand ich ihn.
Er schwieg und brütete, der Stimme nicht mehr mächtig,
vor sich hin. Dann plötzlich drohte er mir mit dem Tod,
wenn ich nicht alles sagte, was geschehen sei.
Aus Angst vor ihm, ihr Freunde, habe ich gehorcht.
Da fing er an zu weinen und stieß Klagelaute aus,
wie ich sie nie zuvor von ihm vernahm.
Er, der so oft den Jammer mit dem schlechten Mann,
die Träne mit dem Hasenfuß verband,

klagte nun selbst, nein, klagte nicht:
er stöhnte leise auf und murrte,
brummend wie ein Tier.
Jetzt aber sitzt er still und ruhig
unter seinem toten Vieh,
verweigert alle Nahrung, trinkt nichts mehr
und droht mit einer neuen Unglückstat.
Ihr müßt mir helfen, Freunde. Deshalb bin ich hier.
Wenn es noch Rettung gibt: sie liegt bei euch
und eurem Wort.

CHOR: Dann hätte ihn der Wahnsinn ganz verbrannt?
Was für ein Jammerwort, Tekmessa, hast du mir gebracht!

AJAS: O weh mir, weh!

TEKMESSA: Und doch das Jammervollste nicht:
hört ihr, wie sein Gebrüll von neuem rast?

AJAS: O weh mir, weh!

CHOR: Er scheint noch immer krank zu sein
oder erinnert er sich nur an altes Leid?
Sind seine Schmerzen heimgekehrt?

AJAS: O, Kind, mein Sohn!

TEKMESSA: Weh mir, Eurysakes, er ruft nach dir!
Was hat er vor? Wo ist er jetzt? Ach, ich bin arm.

AJAS: Ich möchte Teukros sehen! Wo bleibt er denn?
Muß er denn ewig jagen, wenn ich hier zugrunde geh'?

CHOR: Er scheint bei Sinnen. Macht ihm auf!
Vielleicht besiegt die Scham ihn, wenn er mich hier sieht.

TEKMESSA: Ich öffne... seht ihn an!

AJAS: O weh!
Ihr meine letzten Freunde,
Schiffsgenossen,
einzig Getreue,
seht hin,
wie mich die Welle im Blutsturm umkreist.
Da läuft sie und dort
(nach allen Richtungen zeigend)
und drüben und hier,
und allüberall.

CHOR: (zu Tekmessa)
Weh! Eine allzu gute Zeugin
warst du mir...

AJAS: Ach, mein Volk!
  Ihr Seeleute, Ruderer,
  in aller Schiffskunst erfahren,
  nur ihr, ihr ganz allein,
  könntet mir helfen.
  Macht ein Ende!
  Tötet mich auch!
CHOR: Bedenk: das Böse heilt das Böse nie.
  Vergrößere das Unglück nicht,
  indem du Nacht ins Dunkel gießst.
AJAS: Seht euch den großen Ajas an,
  den starken, den beherzten Mann,
  den Helden ohne Furcht in der Schlacht.
  Seht ihn euch an!
  Hat er nicht tapfer mit Schafen und Rindern gekämpft?
  Wehe, sie spielen mit mir!
  Sie lachen mich aus!
TEKMESSA: Ich flehe dich an, ich bete zu dir:
  sage das nicht!
AJAS: Hinaus mit ihr! Geh fort! Weh, weh!
  Kehr endlich um!
CHOR: Bei allen Göttern, komm zu dir! Gib nach und füge dich!
AJAS: O, ich gottgeschlagner Mann!
  Die Frevler ließ ich frei,
  aber die Rinder und Ziegen hab' ich getötet
  und ihr dunkles Blut auf dem Boden verspritzt.
CHOR: Das ist vorbei. Beklage nicht,
  was du nicht ungeschehen machen kannst.
AJAS: Weh, du Allerdreistester,
  Werkzeug der Schande,
  Odysseus, du niederträchtiger,
  abgefeimter Geselle,
  Aussatz des Heeres,
  wie wirst du dich freuen,
  welch ein Gelächter anstimmen, wenn du mich siehst.
CHOR: Ein jeder klagt und weint, wie es der Gott ihm fügt.
AJAS: Und wenn ich noch so sehr im Unglück bin...
  ich muß ihn sehn!
CHOR: Sei nicht vermessen! Denk daran,
  wie groß dein Leiden ist.

AJAS: O Vater meiner Väter, Zeus!
Wenn ich den Ränkeschmied erwürgen könnte,
den allerschlimmsten und das Königspaar dazu,
dann würde ich mit Freuden
selber gern zugrunde gehn.

TEKMESSA: Wenn du das wünschst, dann bitte auch um meinen Tod:
was soll ich leben, wenn du stirbst?

AJAS: Wehe! Dunkel, mein Licht!
Und du, leuchtende Todesnacht,
laßt mich wohnen bei euch, nehmt mich auf.
Denn ich – nicht mehr würdig bin ich,
auf eine Hilfe der Götter
oder der sterblichen Menschen zu schauen.
Die Tochter des Zeus ja
hat mich vernichtet.
Wohin soll ich fliehen
und wo darf ich bleiben? –
Mit ihren Messern, bald, werden sie kommen und mich ermorden.

TEKMESSA: Oh weh mir Armen, daß ein Mann,
der einmal gut war, Reden führen kann,
die er zuvor verachtet hat.

AJAS: Wehe, ihr Wege zum Meer,
ihr fließenden Pfade, ihr Grotten am Wasser,
und du, Hain überm Gestade,
lange, allzu lange Zeit
habt ihr mich an Troja gebunden.
Doch bald – mag's hören, wer klug ist! –
fesselt ihr meinen Atem nicht mehr.
O, brüderliche Ströme,
eine Weile noch
und ihr werdet einen Mann nicht mehr sehen,
wie Troja keinen zweiten erblickte
unter allen, die aus Griechenland kamen.
Und jetzt so entehrt!

CHOR: Ich kann dir nichts entgegnen, Herr,
und mag dich doch, in deiner Not, nicht reden lassen.

AJAS: Ah! Ah! Wer konnte glauben,
daß mein Name so genau zu meinem Elend paßt?
Aiai, und wiederum, und noch einmal Aiai,

wo ich auf solchen Jammer stieß...
ich, Ajas, dessen Vater einst von hier
den schönsten Siegespreis, ein Zeichen seiner Tapferkeit,
nach Hause nahm. Und ich, sein Sohn,
kam in das gleiche Land und war so stark wie er
und habe nicht Geringeres mit meinem Arm vollbracht...
wozu?
Um wie ein Hund zu sterben, und, vor allem Volk,
entehrt zu sein. Und dennoch weiß ich, wenn Achill noch lebte
und um seine Waffen kämpfen ließe: *er* enthielte mir den Siegespreis nicht vor.
Jetzt aber haben die Atriden sie dem Zauberer,
dem Sinnesgaukler zugeschanzt, denn Ajas' Taten
gelten ihnen nichts. Und hätte sich mein Auge nicht verwirrt,
wäre der Geist der graden Bahn gefolgt,
die beiden würden niemals wieder Richter sein.
Jetzt aber hat das wilde Kind des Zeus,
Athene, mich, als ich die Hand schon
gegen meine Widersacher hob,
zu Fall gebracht, indem sie meine Finger
mit Blut der Schafe rötete.
Jetzt lachen sie, die Feinde, und sind fort.
Ich hab' es nicht gewollt; doch wenn ein Gott dir schaden will,
verliert der Starke und der Feigling siegt.
Und jetzt? Was soll ich tun?
Die Götter zürnen mir, dem Heer bin ich verhaßt,
verhaßt auch den Trojanern und dem ganzen Land,
den Bäumen und den Steinen, dem Gebirge und dem Fluß.
Soll ich nach Hause ziehn, das Lager räumen
und, die Segel setzend, die Atriden nicht mehr sehn?
Doch da ist noch der Vater. Kann ich Telamon
unter die Augen treten; wird er es ertragen –
er, ein ruhmgekrönter Mann –,
mich ehrenlos, mit leeren Händen, ohne Siegespreis zu sehn?
Nein, das ertrag' ich nicht. Und wenn ich
ganz allein nach Troja ginge und
solange kämpfte, bis ich fiele?
Nein, das ist auch nicht gut, und die Atriden
hätten obendrein noch ihre Freude dran.

Ich muß versuchen, eine Prüfung zu erfinden,
die dem Vater zeigt, daß ich
wenn auch entehrt, noch immer tapfer bin.
Denn schändlich ist der Mann, der sich ein langes Leben wünscht,
obwohl er nichts als Unglück hat.
Wie kann der Tag wohl noch erfreulich sein,
wenn alle Stunden ähnlich sind?
Brettspiele mit dem Tod; man schiebt den Stein, man zieht den
Stein zurück,
was soll's? Nicht einen Kupferpfennig zahlt' ich jenem Wicht,
der sich an leerer Hoffnung wärmt.
Für einen guten Mann gibt es nur zweierlei:
ein schönes Leben und ein rechter Tod.
Mehr nicht.
CHOR: Niemand wird sagen, Herr, daß du ein Wort gesprochen hast,
das, unterschoben, dir nicht angemessen ist.
Und dennoch bitt' ich dich:
laß es gut sein und gib den Freunden nun Gelegenheit,
dich zu besänftigen.
TEKMESSA: Kein Unglück, Ajas, mein Gebieter, ist so bitter
wie die Not, die man nicht ändern kann.
Mein Vater war ein freier Mann,
ein reicher Phryger, dem die Macht zur Seite stand.
Ich bin jetzt eine Sklavin: Gott hat es gewollt –
und du warst stark. Das Lager mit dir teilend,
bin ich dir von Herzen gut, und deshalb flehe ich dich an
und bitte dich bei Zeus, der diese Ehe schützt,
und bei der Kammer, die uns eint:
gib mich nicht deinen Feinden preis.
Laß sie nicht spotten über mich!
Sobald du stirbst und mich verläßt:
am gleichen Tage ist es auch um mich geschehn.
Denn mit Gewalt – vergiß das nie! –
wird man mich zwingen, in der Fremde Sklavenbrot
zu essen: mich und deinen Sohn. Und es wird Leute geben,
die dann lachen und, mit scharfen Worten treffend, mich verwunden werden:
»Seht, die Frau des Ajas, der einmal der Stärkste
unter allen Griechen war,

seht sein Liebchen an, die Bettlerin:
welch einen Tausch hat sie gemacht!«
So wird die Rede sein... nicht ehrenvoll für dich und für dein
Haus.
Darum erbarme dich, und ehre deinen Vater. Laß ihn nicht allein
sein,
wenn das jämmerliche Alter kommt.
Ehre die Mutter, sie ist nicht mehr jung, und hat so oft gebetet,
daß du glücklich wiederkehrst.
Und denk an deinen Sohn, der, ohne dich,
von Vormündern versorgt, die wenig freundlich sind,
die Kinderzeit verbringen wird: ein Waisenkind,
das niemand liebt. Welch eine Erbschaft hinterläßt du
ihm und mir! Ich habe nichts, worauf ich schauen kann, als dich.
Mein Vaterhaus hast du zerstört!
Die Eltern nahm der Tod (sie wohnen anderswo).
Du bist mein Vaterland, mein Reichtum,
mein Besitz. Bei dir liegt meine Rettung... wo denn sonst?
In dir allein bin ich bewahrt, und darum denk an mich:
denn auch der Mann mag sich erinnern, wenn ihm Gutes wider-
fuhr.
Ein Liebesdienst ist eines andern wert; und Freundlichkeit
zieht Freundlichkeiten nach. Doch wer sich's einmal
wohl sein ließ und später die Erinnerung zerbrach, der ist
für mich kein ehrenhafter Mann.
CHOR: Die Frau hat klug gesprochen,
Ajas, und sie tut mir leid.
Ich wünschte, daß auch du, von ihrem Wort bewegt,
barmherzig seist.
AJAS: An Lob wird es nicht fehlen – wenn sie mein Gebot befolgt.
TEKMESSA: Ich will gehorsam sein und alles tun. Du weißt, ich liebe
dich.
AJAS: Gib mir das Kind. Ich will es sehn.
TEKMESSA: Eurysakes? Ich hatte Angst um ihn und habe ihn in Si-
cherheit gebracht.
AJAS: In... jenem Unglück? Meinst du das?
TEKMESSA: Er sollte dich nicht sehn. Ich fürchtete, du könntest
ihm...
AJAS: Der Dämon, der mich traf, hätte die Tat verübt.

TEKMESSA: Ich wollte sie vereiteln. Deshalb habe ich das Kind geschützt.

AJAS: Ich lobe deine Vorsicht. Das war klug gedacht.

TEKMESSA: Und womit sonst kann ich dir hilfreich sein?

AJAS: Ich möchte zu ihm sprechen und ihn sehn.

TEKMESSA: Er ist ganz nah. Die Diener hüten ihn.

AJAS: Und warum kommt er nicht?

TEKMESSA: (rufend) Der Vater ruft dich, Kind. Bringt ihn zu uns.
Ja, du da, der ihn grade trägt.

AJAS: Kann er dich hören? Oder folgt er nicht?

TEKMESSA: Der Diener kommt schon. Gleich.

(Eurysakes wird von einem Diener hereingebracht.)

AJAS: Heb ihn empor und gib ihn mir. Mein Sohn
wird sich nicht ängstigen, wenn er das frische Blut bemerkt.
Er ist mein Kind. Nach rauhen Sitten soll man ihn erziehn,
damit er früh schon wie sein Vater wird.
Mein kleiner Sohn! Du sollst mir ähnlich sein,
nur etwas glücklicher... ein guter Mann.
Noch bin ich dankbar, daß du nicht begreifst,
was hier geschehen ist und keinen Schmerz verspürst.
Allein das Unbewußte macht das Leben süß.
Erst später wirst du Schmerz empfinden und verstehen,
was die Freude ist. Dann sollst du deines Vaters Feinden zeigen,
wer du bist. Doch unterdessen freue dich am sanften Wind,
werd' groß und sei der Mutter lieb.
Kein Grieche soll dich kränken und den Vaterlosen schmähn.
Dafür wird Teukros sorgen; *ihn* setz' ich als deinen Hüter ein,
denn er kennt keine Furcht. Euch aber, Schiffsgenossen,
rufe ich als Zeugen an. Tut mir den letzten Dienst
und meldet Teukros, daß er meinen Sohn nach Hause führen
und ihn Telamon und Euriboia zeigen soll.
Wenn er herangewachsen ist, mag er die Alten pflegen,
bis sie eines Tags der Totengott empfängt.
Doch meine Waffen soll kein Richter
– und erst recht nicht der, der mich befleckt hat wie kein anderer –
zum Preis aussetzen. Dir, mein Kind, gehört der breite Schild,
nach dem du heißt. Faß ihn nur an und schwinge ihn:
da ist ein Griff, da sind die sieben Häute, die kein Pfeil durchbohrt.

(Zu Tekmessa:) Genug nun. Nimm das Kind und schließ die Tür.
Beeile dich, und weint mir nicht am Zelt!
Die Tränen sind den Frauen lieb: also den Riegel vor!
Ein kluger Arzt liebt keine Litaneien,
wenn die Wunde nach dem Schnitt verlangt.

CHOR: Die Raschheit eben ängstigt mich;
es ist die allzu scharf gespitzte Zunge,
die mir Sorgen macht.

TEKMESSA: Und nichts, das noch zu hoffen wäre?
Hör! Bei deinem Kind und bei den Göttern flehe ich dich an:
verlaß uns nicht!

AJAS: Du tust mir weh... und doch: weißt du denn nicht,
daß ich den Göttern keinen Liebesdienst mehr schuldig bin?

TEKMESSA: Du redest frevelhaft.

AJAS: Sag du das dem, der hören will.

TEKMESSA: Dann wärst du taub?

AJAS: Genug der Schwätzerei!

TEKMESSA: Ich habe Angst.

AJAS: Die Türen zu!

TEKMESSA: Bei allen Göttern: hab ein Herz!

AJAS: Du bist von Sinnen, wenn du glaubst,
daß du mich jetzt noch ändern kannst. –
Geh. Es ist zu spät.

CHOR: Ruhmreich, Salamis,
liegst du, sichtbar für alle
und glückverheißend,
von Wellen umgeben,
im Meer.
Ich aber, elend und alternd,
warte ich hier,
auf troischer Erde
und den grünen Wiesen
am Ida-Gebirge.
Langsam gehen die Jahre,
sie zehren mich auf
und die Sorge wird wach,
die Angst vor dem lichtlosen
Weg in den Tod.
Ein Widersacher,

schwer zu versöhnen,
ein Gefährte des Wahnsinns,
– o neues Leid, das die Erschöpften niederzwingt! –:
Ajas ist mir zugesellt.
Ihn, leuchtende Insel,
den Starken im stürmenden Kampf,
hast du vor Zeiten gesandt.
Nun aber einsamen Sinns,
und irrend,
hat er den Freunden das Leid
und die schlimmen Sorgen gebracht.
Mit seinen Armen
gewaltige Taten vollbringend,
lieblos unter den Lieblosen,
den Atriden verhaßt,
lebt er dahin.
Von uralten Tagen,
dem weißen Greisenalter genährt:
den Klagegesang
wird die Mutter erheben,
wenn sie die Botschaft vernimmt,
das schweifende, vom Wahnsinn kündende Lied.
Aber nicht sanft, nicht wie die Nachtigall:
wild wird sie schreien,
die unselige Frau.
Ein schrilles Lied wird sie weinen,
und die Brüste mit dumpfen Händen zerschlagen
und ihr Grauhaar zerreißen.
Viel besser wäre es wohl,
wenn der Kranke –
ach, der allzu Kranke, weh! –
sich im Grabe verberge.
Er, der einst der Tapferste war,
unter allen Achaiern,
aus edlem Hause,
doch dem Geist der Väter
nicht getreu.
Allein,
nur sich selbst zugesellt,

auf dunklen Wegen geht er einher.
O, Telamon, unseliger Vater,
was für ein Unheil wartet auf dich:
ein Leid,
grausam zu hören,
und schwer zu ertragen.
Denn keinem unter den Ajakos-Söhnen:
nur diesem einen
ward es zuteil.

AJAS: Die große, schrankenlose Zeit bringt das Verborgene ans Licht
und birgt den hellen Strahl in ihrem Schoß.
Aus Tag wird Nacht, aus Nacht wird Tag
und Unverhofftes gibt es nicht,
denn selbst der größte Schwur wird als ein Meineid überführt,
und auch der Sinn, er mag so hart sein, wie er will,
gibt eines Tages nach. Seht mich nur an!
Einst starr und grausam, fest entschlossen,
wurde ich von dieser Frau bekehrt.
Wie Eisen, das man in ein Ölbad taucht,
erweichte sich mein Herz, der Mund ist nicht mehr scharf,
ich schäme mich, den Sohn verwaist zu sehn
und sie, die Witwe, meinen Feinden auszuliefern.
Darum will ich jetzt zum Wasser gehen, auf die Wiesen,
die vom Meer umschlossen sind,
um mich zu waschen, die Befleckung abzuspülen
und den schweren Zorn der Götter zu besänftigen.
An einem Platz, so abgelegen, daß ihn niemand kennt,
will ich mein Schwert, tief in die Erde eingescharrt,
verbergen: keiner, nur der Tod, soll die verhaßte Waffe sehn!
Denn seit dem Tage, da ich sie,
ein widriges Geschenk, von Hektor, nahm,
bin ich den Griechen ganz und gar verhaßt.
Und darum will ich lernen, wie man sich den Göttern fügt,
und will versuchen, den Atriden ein getreuer Untertan zu sein.
Sie sind ja meine Herrscher, und ich beuge mich,
denn auch das Stärkste und Gewaltigste gibt nach,
wenn anderes in Ehren steht. So muß der Winter,
müssen Schnee und Sturm und Eis den Sommerfrüchten weichen,
und der dunkle Kreis der Nächte räumt dem Tag,

dem leuchtend-hellen Zug des Lichts, das Feld.
Ein sanftes Wehen läßt das Meer, den Sturm der Wellen
ruhig sein; und auch der Schlaf, der alles zwingt,
erlöst und fesselt, bindet und gibt wieder frei
und hält nicht ewig an. Wie also sollten
wir da solche Lehren nicht beherzigen?
Ich jedenfalls erkenne jetzt, daß ich dem Feind
nur als dem Freund von morgen schade und dem Freund
nur *so* weit hilfreich nützen darf, als es der Augenblick verlangt.
Denn Dauer gibt es nicht, und viele finden dort,
wo sie auf Freundschaft und Beständigkeit vertraun,
nur List und falschen Trug.
So mag es sein; du aber, Frau, geh jetzt ins Zelt,
beeile dich und bitte, daß erfüllt wird, was mein Herz verlangt.
Und nun zu euch hier, Freunde: meldet Teukros, wenn er kommt,
er möge für euch sorgen und mir wohlgesonnen sein.
Ich aber breche dorthin auf, wohin ich gehen muß.
Tut, was ich euch befahl. Bald, denk' ich, werdet ihr erfahren,
daß mein Unglück endigte
und ich gerettet bin.
CHOR: Tanzen will ich
und vor Begeisterung beben;
fliegen will ich,
denn die Freude hat mich gepackt.
O, Pan, Pan!
Durchschreite die Meere.
Zeig dich, den schneeweißen Nacken Kyllenes verlassend.
Sei bei uns,
du Reigenführer
unter den Göttern!
Rühr mir die Glieder
zu mysischem, knosischem,
selbst ersonnenem Tanz,
und wirf sie
wirbelnd empor!
Jubeln will ich:
Herrscher Apollon,
erscheine uns, delischer Gott,
überspringe das Meer,

sei uns nah!
O, Freunde, Ares hat es getan,
Ares, der uns das grimmige Leid
von den Augen entfernte.
Nun, Zeus, darf sich das Licht,
der Glanz des frohen Tags,
den Schiffen wieder nähern:
Silberspiegel über den Rudern!
Die Schmerzen vergessend
hat Ajas, wie der Brauch es verlangt,
den Göttern frommen Sinns
die Opfer bereitet.
Denn die alles zerreibende Zeit
kennt keinen Halt,
und unerwartet nenne ich nichts,
seitdem Ajas sich umstimmen ließ
und dem Haß auf die großen Atriden,
dem schrecklichen Hader,
wider Erwarten entsagte.

BOTE: Schweigt, ihr Männer, und vernehmt,
was ich zu sagen habe. Teukros, das Erfreuliche zunächst, ist
heimgekehrt,
vom mysischen Gebirge wieder da.
Als er jedoch ins Lager kam und sich
den Feldherrnzelten näherte, hat ihn das Heer verhöhnt –
und das mit Vorbedacht und wie aus einem Mund.
Schon als sie ihn von ferne kommen sahen,
lief man ihm entgegen und umringte ihn im Kreis:
ich habe niemanden gesehn, der ihn verschonte.
Überall kam es zu Zänkereien, wenn nicht zu Schlimmerem,
und niemand schloß sich aus.
Sie nannten ihn den Bruder des Besessenen, den Blutsverwandten
jenes Mannes, der sich am eignen Heer verging.
Und dafür, hieß es, habe er die Steinigung verdient.
Zerkratzen wolle man ihm das Gesicht,
ihn foltern und dann elend sterben lassen.
Schwerter blitzten auf, man wurde handgemein
und nur den Greisen war es zu verdanken,
daß es nicht zum Letzten kam, und die Besonnenheit

die Oberhand behielt.
Jetzt bin ich hier, um Ajas zu berichten,
wie die Tat verlief. Sagt, wißt ihr, wo er ist?
CHOR: Er ging gerade fort.
Er war verwandelt und verfolgte einen Plan:
er hatte seinen Sinn geändert, wie es schien.
BOTE: O wehe! weh! Ich kam zu spät!
Weshalb hat man sich nicht beeilt! Ich hätte laufen sollen,
doch der Weg war weit.
CHOR: Was ist geschehen? Rede doch!
BOTE: Erst wenn er selbst zur Stelle sei, schärfte mir Teukros ein,
dürfe man Ajas aus dem Zelt gehn lassen. Eher nicht.
CHOR: Nun gut, er ist nicht hier. Doch da er jetzt, bestrebt,
vom Götterzorn erlöst zu werden, seinen Sinn geändert hat...
was soll da wohl geschehn?
BOTE: Du redest töricht und weißt nicht, wovon du sprichst...
es sei denn, Kalchas habe sich mit seinem Spruch geirrt.
CHOR: Was für ein Spruch? Hast du ihn selber gehört?
BOTE: Ich war dabei. Laß dir erzählen, was ich weiß.
Als die Versammlung anfing und der Herrscherkreis sich schloß,
stand Kalchas plötzlich auf, ließ die Atriden stehn,
gab Teukros freundlich seine Hand und trug ihm mahnend auf,
Ajas mit allen Mitteln, bis die Nacht sich senkt,
im Zelt zu halten und ihn keinesfalls, wenn er den Bruder
nicht verlieren wolle, sich allein zu überlassen;
nur diesen Tag – doch morgen schon nicht mehr –
sei er der Wut der Göttin ausgesetzt.
Die allzu Großen, aber Unverständigen,
verfallen ja, nach göttlichem Gebot,
am leichtesten dem Mißgeschick,
weil sie, das waren Kalchas' Worte,
Menschenkinder sind, die sich für Übermenschen halten.
Ajas jedenfalls erwies schon bei der Ausfahrt seinen Narrensinn,
als ihn der Vater klug-bedächtig mahnte,
den Sieg nur dort zu suchen,
wo er gottgefällig sei.
Er aber prahlte laut, fuhr Telamon ins Wort und rief:
»Mit Göttern mag sogar ein Zwerg der beste sein;
Ich aber weiß, daß ich auch ohne sie gewinnen kann.«

So prahlte er, und nicht nur das. Ein andermal,
als ihn Athene antrieb und
den Tod der Feinde von ihm forderte,
riß es ihn hin; er widersprach mit einem frechen Wort,
das nicht vergessen ist, und rief der Göttin zu:
»Steh anderen zur Seite, Göttin, hilf, wo man dich braucht.
Bei uns kommt keiner durch, hier steht die Schlacht!«
Mit solchen Reden zog er sich den Haß
Athenes zu, weil er vergaß, was einem Menschen ziemt.
Und doch, wenn er den einen Tag nur überlebt, dann könnten wir,
wenn uns die Götter helfen, seine Retter sein.
So sagte Kalchas. Teukros aber schickte mich sogleich
noch aus der Ratsversammlung
mit der Weisung zu euch hin, darauf zu achten,
daß er nicht entflieht.
Doch wenn er fort lief, wenn der Seher recht hat:
dann ist Ajas tot.
CHOR: Du arme Frau, du Unglückselige,
  Tekmessa, komm zu uns und höre, was der Mann da sagt.
  Die Botschaft schneidet tief ins Fleisch;
  ich habe Angst.
TEKMESSA: Was wollt ihr? Warum treibt ihr mich,
  kaum daß ich mich erholte und nach solchem Leid
  wieder zu atmen anfing,
  ein zweites Mal vom Sitz empor und scheucht mich auf?
CHOR: Hör diesen Mann. Er hat von Ajas Nachricht,
  aber seine Botschaft ist nicht gut.
TEKMESSA: Weh mir, was bringst du, Mann?
  Ist es um uns geschehn?
BOTE: Ich kenne deine Sorgen nicht, jedoch,
  was Ajas angeht: ist er fort, dann steht es schlecht.
TEKMESSA: Ja freilich ist er fort.
  Du machst mir Angst.
BOTE: Ihn nicht allein zu lassen, trug euch Teukros auf,
  vielmehr das Zelt zu schließen und ihn einzusperren.
TEKMESSA: Wo ist denn Teukros jetzt? Und was soll der Befehl?
BOTE: Er wird gleich hier sein, denn er fürchtet,
  daß die Flucht für Ajas Unheil bringt.
TEKMESSA: O weh mir! Wer hat das gesagt?

BOTE: Der Seher, Frau, der Priester Kalchas,
  Thestors Sohn. Er sagte,
  daß an diesem Tag das Leben hinge – oder auch der Tod.
TEKMESSA: O wehe, meine Freunde, steht mir bei
  und wendet diese schlimme Fügung ab!
  Beeilt euch! Schnell! *Ihr* hier sucht Teukros;
  auf und sorgt dafür, daß er so rasch wie möglich kommt.
  Ihr geht nach Westen, kämmt die Schluchten durch,
  und *ihr* nach Osten, sucht ihn überall.
  Ich habe mich in meinem Mann getäuscht, jetzt plötzlich weiß
  ich es,
  und weiß, daß er, der alten Liebe nicht mehr eingedenk,
  mich ausgestoßen hat. O weh, mein Kind, was soll ich tun?
  Ich darf nicht müde werden, ich muß selber gehn,
  soweit ich irgend kann. Kommt! Laßt uns eilen,
  es ist keine Zeit zum Ruhn. Wir müssen ihn erreichen.
  Der Mann will sterben. Er ist weit voraus.
  Kommt schnell!
CHOR: Ich bin bereit.
AJAS: (sein Schwert betrachtend)
  Jetzt steht der Schlächter recht; in dieser Stellung
  schneidet er am sichersten; ich habe es genau bedacht.
  Ja, das ist Hektors Schwert, ein Gastgeschenk von meinem
  schlimmsten,
  mir verhaßten Freund!
  In Feindeserde ist es eingesenkt,
  von einem Schleifstein,
  einem Eisenfresser,
  frisch geschärft.
  Den Griff hab' ich im Boden eingebettet und ihn festgerammt.
  Du bist mein Freund, nicht wahr, ein lieber Freund,
  der mir das Sterben schnell und einfach machen wird.
  So wären wir bereit, es fehlt an nichts.
  Und nun sei gnädig, Zeus, und hilf,
  wie sich's gehört, vor allen anderen.
  Ich brauche nicht mehr viel. Nur einen Boten,
  darum bitte ich,
  und nur ein Trauerwort, das Teukros hört,
  damit er mich vom Schwert befreit, mich aufhebt und das Blut
  abwischt.

Laß ihn als ersten bei mir sein – und nicht die Feinde,
die, wenn sie mich fänden, meinen Leib den Hunden
und den Vögeln schenken würden:
hingeworfen, weggeschleudert, Raub und Fraß!
Nein, dieses nicht! Dies, Zeus, kannst du nicht tun!
Auch Hermes ruf' ich an; o, Totengott,
der in der Tiefe wohnt,
bette mich sanft und laß mich ruhn,
wenn ich mir ohne Zucken und im raschen Sprung
mit diesem Schwert die Brust
zerrissen haben werde: schnell und ohne Furcht.
Als Helferinnen ruf' ich auch die Jungfraun an,
die alle Leiden schaun,
die heiligen, schnellfüßigen Erinyen,
damit sie sehen, wie erbärmlich ich,
entehrt von den Atriden,
sterben muß. Rafft sie gemeinsam hin,
schlagt alle tot, laßt sie sich selbst ermorden,
und die Schändlichen aufs Schändlichste zugrunde gehn!
Kommt rasch, ihr flinken, rächenden Erinyen,
schont niemanden und straft das ganze Heer!
Du aber, Sonne, helle Himmelslenkerin,
schau auf mein väterliches Land,
halt inne, spann den Wagen
mit den goldbedeckten Zügeln aus
und sag den alten Leuten,
daß ich elend war
und wie ich starb.
Ach, arme Frau!
Dein Jammerschrei wird in der ganzen Stadt zu hören sein;
und wenn es wieder still ist, wird es heißen:
seine Mutter hat um ihn geweint.
Und nun genug. Das Klagen bringt nichts ein,
und darum schnell ans Werk und zugepackt.
O Tod! O Thanatos! Komm, sieh mich an!
Ich werde lange bei dir sein
und mich dort unten, wo es dunkel ist,
mit dir bereden.
Dich jedoch, o Glanz des hellen Tags,

noch immer strahlend, und die Sonne ruf' ich an,
zum letzten Mal den Wagenlenker, und dann niemals mehr.
O Licht, o Salamis' heiliger Boden,
mein väterliches Haus, ihr Quellen und Flüsse,
und auch du, troische Erde, ihr alle,
die ihr mich schütztet, lebt wohl.
Ein Abschiedswort, ein letztes, rufe ich euch zu.
Das andere erzähle ich dem Totengott.

HALBCHOR: Wo? Wo? Wo war ich nicht?
Wohin soll ich gehn?
Hierhin? Oder zur anderen Seite?
Wo find' ich ein Zeichen,
wo eine Spur?
Still doch! Still!
Das war ein Geräusch,
zum zweiten Mal schon!

2. HALBCHOR: Wir sind es, eure Gefährten.
1. HALBCHOR: Was habt ihr gesehn?
2. HALBCHOR: Alles durchstreift.
1. HALBCHOR: Und keine Spur?
2. HALBCHOR: Nur Plackerei, sonst nichts. Bei euch?
1. HALBCHOR: Nichts. Nirgendwo ein Weg. Was sollen wir tun?
2. HALBCHOR: Wo sollen wir suchen?

GESAMTER CHOR: Wird es ein Fischer sein, der ihn entdeckt
und mich ruft,
ein schlafloser Fischer,
grübelnd beim nächtlichen Fang,
von Sorgen gequält?
Eine Göttin vom Ida-Gebirge,
ein Fluß, der zum Bosporus strömt?
Wer nur hat ihn gesehen,
wer ihn erkannt,
den Mann in seinem wilden Sinn,
den schweifenden, ruhlosen Mann.
Wer gibt uns ein Zeichen?
Überall suchend,
irrend und müde,
bin ich verzagt
und ermattet vom Lauf,

und habe ihn,
Mühsal und Scham,
nirgends gefunden,
den unsteten Mann.

TEKMESSA: O weh! Weh! O ich Arme, ach!

CHOR: Wer schrie da? Drüben, in der Schlucht!
Es klang so schrill!

TEKMESSA: Ich bin verloren! Weh!

CHOR: Da kommt Tekmessa. Seht! Die Speerbraut, seine Frau,
die er erbeutet hat... wie jammervoll!

TEKMESSA: Es ist vorbei, ihr Freunde.
Kommt, und schaut ihn an.
Da liegt er um das Schwert gekrümmt,
das er vor uns verbarg.
Die Haut ist noch nicht kalt,
das Blut noch nicht geronnen.
Er ist tot.

CHOR: Weh mir, und wehe der Heimkehr.
Deine Freunde, du Unglücksmann,
die Schiffsgenossen
hast du getötet.
Wehe dir, Frau,
nun bist du allein.

TEKMESSA: Ja, wehe! Laßt uns das Klagelied singen!

CHOR: Wer aber half ihm? Wer war dabei?

TEKMESSA: Niemand. Er war ganz allein, ihr seht es doch.
Das Schwert, die Metzgersichel, die er in den Boden rammte,
klagt ihn an.

CHOR: O wehe! Weh, mein Unglückslos,
und wehe, du blutiges Bad!
Von keinem Freunde geschützt
und ganz verloren
hast du es getan!
Wie blind sind wir gewesen,
und wie ahnungslos,
und ließen dich allein.
Wohin, einsamer Mann,
wohin,
Held mit dem Unglücksnamen,
bist du gegangen?

TEKMESSA: Blickt weg! Es soll ihn niemand sehn.
   In dieses Faltentuch hüll' ich ihn ein
   und deck' ihn zu, denn auch sein Freund
   kann solchen Anblick nicht ertragen:
   nicht das schwarze Blut,
   das, aus der Todeswunde strömend,
   das Gesicht beschmiert,
   ein dunkles Rinnsal,
   das er selbst geöffnet hat.
   O weh, was soll ich tun? Wer hebt dich auf,
   wer von den Freunden bettet dich?
   Und wo ist Teukros? Wenn er sich beeilte,
   käme er zur rechten Zeit,
   um seinen Bruder zu beerdigen.
   O Ajas! Welch ein Mann und welch ein jammervoller Tod!
   Dein schlimmster Feind selbst würde weinen,
   wenn er dich hier liegen sieht.

CHOR: So war es, armer Mann,
   so war es, starres Herz,
   dir vor der Zeit bestimmt,
   das schändliche Geschick
   unendlicher Qual
   zu vollenden.
   Nächtelang,
   tagelang,
   hast du bei mir geklagt
   und mit grimmigem Haß,
   du finsterer Mann,
   den Atriden gedroht.
   Ein großer Leidensfinder
   war der Tag,
   an dem der Kampf begann,
   der Streit um die goldenen Waffen Achills.

TEKMESSA: O weh mir! Weh! Mein Kind!
   In welch ein Sklavenjoch schirrt man uns beide jetzt?
   Was für ein Mann wird unser Wächter sein!

CHOR: Die Atreus-Söhne, ach!
   Jetzt hast du sie genannt,
   die beiden, die kein Herz besitzen,

sondern unerbittlich scheinen
und den Schmerz nicht fühlen.
Gott! Wir flehen dich an,
laß sie nicht siegen,
halte sie fern.

TEKMESSA: Die Götter hören nicht. Wenn sie uns freundlich wären,
stünden wir nicht hier.
Nur um Odysseus zu gefallen,
hat Athene Leid auf Leid gehäuft.

CHOR: Der Listenfuchs,
in seinem schwarzen Herzen
wird er jetzt frohlocken und sich freuen
und das wilde Leid
mit Lachen, schrillem Lachen,
weh!
begleiten.
Und einstimmen,
wenn sie es hören,
werden die Herrscher,
die beiden Atriden.

TEKMESSA: Laß sie nur lachen und sich frohgemut an seinem Leiden
freun.
Zwar schätzten sie ihn, als er lebte, gering,
jedoch, in Not geraten: ihn im Krieg entbehrend,
werden sie den Toten bald beweinen.
Erst wenn er's verliert, beginnt der Tor das Glück zu schätzen,
das er einst in Händen hielt.
Mir aber ist es bitter, daß er starb, den Fürsten
angenehm, dem Toten selbst jedoch willkommen.
Denn was er erbat: der Tod, nach dem er
sich gesehnt hat, ist nun sein Besitz.
Was kümmert ihn ihr Spott: er starb den Göttern – *ihnen* nicht!
Nein, ihnen nicht!
Und darum mag Odysseus lachen, wie er will – er zielt ins Leere
und erreicht ihn nicht: sie haben keinen Ajas mehr.
Mir freilich ließ er, Abschied nehmend,
nichts als Tränen und nur Leid zurück.

TEUKROS: O Schmerz! O Gram! Weh! Weh!

CHOR: (zu Tekmessa) Sei Still! War das nicht Teukros Ruf?
Hör zu! Ein Klagelied, auf dieses Leid gestimmt!

TEUKROS: Geliebter Ajas, o mein brüderliches Auge!
Ist es wahr? Hast du den Kauf besiegelt?
CHOR: O weh mir, wehe, welch ein Leid!
TEUKROS: O weh, ich armer Mann, wehe, was erwartet mich! –
Doch sagt mir, was ist mit dem Kind,
den Jungen, meine ich,
wo find' ich ihn?
CHOR: Er ist im Zelt.
TEUKROS: Im Zelt? Dann bringt ihn mir, so schnell es geht, hierher,
damit ihn Ajas' Feinde nicht entführen: so als wäre er ein kleiner
Löwe, den
die heimgekehrte Mutter nicht mehr wiederfindet. Auf, beeilt
euch
und helft mit! Die Menschen lieben es, die Toten zu verlachen,
weil sie wehrlos sind.
(Zur Leiche gehend)
O schmerzlichstes Gesicht,
das ich mit Augen jemals sah!
O Weg, du bitterster von allen Wegen,
die Schmerzensstraße,
die ich eben ging, mein Bruder, als ich deiner Spur –
der Fährte deines Leidens –
folgend, zu dir kam.
Denn eine scharfe Stimme
lief, als ob ein Gott uns riefe,
durch das Heer, daß du gestorben seist.
Ich hörte sie
und war noch weit von dir entfernt,
doch habe ich geweint und dich beklagt.
Jetzt aber, da ich dir ins Antlitz schaue,
möchte ich an deiner Stelle sein
und ganz und gar vergehn. O wehe! Weh!
Komm, deck ihn auf und laß mich alles sehen.
Weh! O Schreckensbild, du Auge einer schlimmen Tat!
Mein armer Bruder, welche Leiden hast
du mir mit deinem Tod gesät!
Denn wohin soll ich gehn, zu welchen Menschen und in welches
Land,
ich, der ich dir in deinen Qualen nicht zur Seite war!

Wird Telamon – dein Vater und der meine auch –
mich freundlich grüßen und mir liebevoll entgegengehen,
wenn ich ohne dich nach Hause komme? Wie? Ein Mann,
der selbst im Glück nicht lacht, sollte da heiter sein?
Was wird er denken, was verbergen, welches Schimpfwort
auf der Zunge hüten: Bastard, Sohn des Speerkinds,
Feigling, der den Bruder sterben ließ, aus Angst,
aus Hinterlist, aus Gier nach Macht,
bestrebt, sich selbst als Erben einst im Hause des Verstorbenen zu
sehn!
So wird er denken; denn ich kenne ihn und weiß, daß er,
vom Alter mürrisch, um ein Nichts in Wut gerät.
Als Flüchtling werde ich, verjagt, das Land verlassen
und als Sklave leben müssen, der den Namen eines freien Manns
verlor.
Ja, das erwartet mich zuhaus'. Und was nun Troja angeht,
so sind mir die meisten feind, die Freunde dünn gesät...
und alles das durch deinen Tod.
Weh mir, was soll ich tun?
Wie reiße ich dies scharfe Schwert heraus,
den blanken Mörder, der den Atem stocken ließ?
Jetzt endlich siehst du, daß der tote Hektor
schließlich doch noch dein Vernichter war.
Schaut euch die beiden an!
Mit Ajas' Gürtel, der ihm seine Glieder sägte,
an den Wagenrand gefesselt,
wurde Hektor durch den Staub geschleift,
bis er ein jämmerliches Ende nahm.
Und Ajas, wiederum, fand gleichfalls
durch das Gastgeschenk den Tod,
das Schwert, dem er in jähem Sprung vertraute.
Erinys, so scheint es, hat das Schwert geschmiedet,
der wilde Totengott, als Handwerksmeister, jenen Gurt gewebt.
Und darum frage ich mich, ob nicht hier und überall
die Götter schaffen, was die Sterblichen benutzen.
Doch wem die Ansicht nicht gefällt,
der glaube, was ihm richtig scheint.
Ich aber bleib' dabei.
CHOR: Mach rasch, beeile dich und überlege dir,

wie du den Toten birgst, und was du schnell entgegnen kannst,
wenn man dich fragt. Da kommt ein Mann,
der uns nicht wohlgesonnen ist, ein schlimmer Feind,
den unser Leid erfreut. Gib acht, sei auf der Hut!
TEUKROS: Wer ist das? Jemand aus dem Heer?
Erkennst du ihn?
CHOR: Ja, Menelaos. Seinetwegen sind wir hier.
TEUKROS: Jetzt sehe ich ihn auch. Kommt her und wartet ab.
MENELAOS: Du da, ich rate dir, den Toten hier nicht fortzutragen,
sondern ihn zu lassen, wie er ist.
TEUKROS: Warum? Mir scheint, du redest reichlich dreist.
MENELAOS: Weil es mir so gefällt. Mir und dem Feldherrn,
der dir zu befehlen hat.
TEUKROS: Und welche Gründe gebt ihr an?
MENELAOS: Wir glaubten einmal, daß der Mann da
uns, den Griechen, ein getreuer Freund und Helfer sei:
und deshalb nahmen wir ihn mit.
Allein, wir haben uns getäuscht
und müssen jetzt erkennen, daß er schlimmer als der schlimmste
Phryger ist, der ärgste Feind, so weit man sucht:
ein Mörder, der in einer Nacht das ganze Heer vernichten wollte.
Nur den Göttern ist es zu verdanken, daß der Anschlag
nicht gelang. Sonst lägen wir an seiner Statt:
die aufgebahrten Opfer eines grauenvollen Mords.
Er aber lebte froh dahin. Die Götter freilich
kehrten seine Pläne um und trieben ihn, im Wahn,
dem stummen Schlachtvieh zu.
Das alles ist der Grund, weshalb kein Mann, wie groß er
immer sei,
berechtigt ist, den Toten zu begraben, nein,
auf den hellen Sand geworfen,
möge Ajas, hier am Strand, die Vögel nähren.
Darum hüte dich vor deinem Zorn und sei bedacht!
Wenn wir ihn auch, solange er noch atmete, nicht zwingen
konnten:
wo er tot ist, sind wir seiner Herr und machen mit ihm,
– auch wenn du dich sträubst – was uns gefällt,
denn lebend hat er nie auf unser Wort gehört:
er war zu stolz dazu.

Doch ist es schlechte Bürgersitte, wenn der Mann im Volk
nicht auf die Worte seiner Vorgesetzten hört.
Denn weder lassen sich im Staat gerechte Ordnungen verwirklichen,
wenn nicht die Furcht regiert,
noch gibt es, ohne jenen Wall aus Angst und Scheu,
je eine rechte Zucht im Heer.
Ja, auch der stärkste Mann soll wissen,
daß ihn leicht ein kleines Unglück stürzen kann.
Allein die Furcht, mit Frömmigkeit vereint,
kann Rettung bringen, merk dir das.
Doch wenn man zuläßt, daß ein jeder tut, was ihm gefällt,
und freche Freveltaten übt, dann fährt das Staatsschiff
nicht mehr unter guten Winden,
sondern kentert bald; dann kehrt die Stille ein,
und es gerät auf Grund.
Ein wenig Furcht zur rechten Zeit
gehört dazu. So soll es immer sein,
und niemand darf erwarten,
daß man handeln und sich freuen könne,
ohne jemals zu bezahlen und auch Schmerzen zu empfinden.
Es geht auf und ab, die Lage wechselt schnell.
Zuerst war Ajas oben, jetzt bin ich's.
Dir aber rate ich: rühr ihn nicht an!
Es könnte sein, daß sonst der Totengräber...
seinerseits begraben wird.
CHOR: Du hast sehr klug gesprochen, Menelaos,
und viele weise Regeln aufgestellt.
Wie wär's, wenn du sie selber befolgtest
und den Toten nicht beleidigtest?
TEUKROS: Ich glaube, Freunde, daß ich mich in Zukunft
nicht mehr wundern werde,
wenn ein Mann aus kleinem Hause einmal einen Fehler macht,
wo doch die großen Herrn, die sich für vornehm halten,
mit ihrem Wort so bitter sündigen
und in die Irre gehn.
Auf, wiederhol den Satz, sag *noch* einmal, du hättest diesen Mann
dem Heer als einen dir verbündeten Gefährten zugeführt!
Sag: war er nicht sein eigner Herr? Ist er nicht selbst gekommen?

Wo warst du sein König, und wo ist sein Heer,
dem du gebotst? Er hat es selber mitgenommen,
niemand außer ihm befahl.
Als Spartas, nicht als unser Herrscher bist du hier.
Du konntest ihm so wenig etwas sagen wie er dir;
denn ihr wart beide gleich. Als Stammesführer, andern
untergeben,
zogst du aus, und nicht als Marschall, nicht als Ajas' Herr.
Befiehl du denen, die dir Untertanen sind, und strafe sie,
wie's dir gefällt. Doch diesen Mann will ich begraben,
wie es das Gebot verlangt. Du und Agamemnon halten mich
nicht auf,
ich habe keine Angst vor euch.
Er zog nicht wegen deiner Frau ins Feld, er war kein Söldner
und ging nicht auf Abenteuer aus. Die Eide banden ihn,
die er geschworen hat: du nicht. Du warst ihm zu gering.
Nun aber bringe, wen du willst, hol Boten her und laß den Feldherrn kommen –
dein Gerede ist mir einerlei. Du bleibst dir immer treu.
CHOR: Auch diese Worte, Teukros, habe ich nicht gern gehört.
Das Unheil wächst, denn Schroffheit, mag sie auch berechtigt
sein,
schmerzt allzu sehr.
MENELAOS: Der Bogenschütze denkt sehr groß von sich.
TEUKROS: Nun, ich verstehe eine ehrenhafte Kunst.
MENELAOS: Wie würdest du erst prahlen, wenn du einen Schild
bekämst!
TEUKROS: Ich brauche keine Rüstung, um dich zu besiegen:
magst du noch so schwer bewaffnet sein!
MENELAOS: Seht diesen Maulhelden an! Wie stark ihn seine Zunge
macht!
TEUKROS: Es ist das Recht, das mich so stolz sein läßt.
MENELAOS: Recht wär' es also, wenn es meinem Mörder gut ergeht?
TEUKROS: Was sagst du? Deinem Mörder? Seltsam, du bist tot und
lebst.
MENELAOS: Ein Gott hat mich gerettet; wäre es nach ihm gegangen,
lebte ich nicht mehr.
TEUKROS: Gut, aber dann entehre nicht die Götter – wenn dich die
Götter retteten.

MENELAOS: Ich... sie entehren? Ich?

TEUKROS: Wenn du gekommen bist, um die Bestattung zu verhindern: ja!

MENELAOS: Er ist mein Feind, und meinem Feind gebührt kein Grab.

TEUKROS: Wie, Ajas war dein Feind? Dein Gegner wohl, jedoch dein Feind?

MENELAOS: Wir haßten uns. Das weißt du ganz genau.

TEUKROS: Er hatte dich durchschaut. Er kannte dich und wußte, daß du Stimmen fälschst.

MENELAOS: Das lag am Kampfgericht. Es war nicht meine Schuld, daß er die Waffen nicht bekam.

TEUKROS: In aller Stille richtest du ein Unheil an, du Heimlichtuer, Ränkeschmied und Dieb!

MENELAOS: Dies Wort wird jemandem noch sehr zu schaffen machen.

TEUKROS: Sprichst du von dir? Dann hast du recht.

MENELAOS: Das eine sag' ich dir: du wirst ihn nicht bestatten.

TEUKROS: Und ich entgegne: er erhält sein Grab.

MENELAOS: Ich kannte einmal einen Mann, der mit der Zunge
sehr gewaltig war und seine Schiffer auch im Sturm zu segeln zwang.
Doch als der Wind dann blies, vernahm man keinen Laut von ihm,
weil er, in einen Sack gehüllt, seekrank daniederlag.
Die Schiffer aber gingen auf ihn zu und gaben ihm,
so oft es ihnen einfiel, einen Tritt, und das war gut,
und das wird auch mit dir und deiner Dreistigkeit geschehn.
Ein großer Sturmwind,
der aus einer zarten Wolke bricht, soll dein lautes Schreien
löschen helfen... und zwar bald!

TEUKROS: Und ich sah einmal einen Menschen, der sehr töricht war
und lachte, wenn es seinem Nächsten
schlecht erging. Den traf ein zweiter einst – er
sah so ähnlich aus wie ich und hatte auch die gleiche Art –,
der sprach zu ihm: Du, Mensch (sprach er),
tu niemals einem Toten etwas Schlechtes an; doch wenn du's tust,
dann wisse, daß du dafür büßen mußt und Leid erfahren wirst.
So mahnte er den schlechten Mann,
den ich jetzt wiedersehe, und ich glaube fast,
er ist kein anderer als du!
Hast du das Rätsel aufgelöst?

MENELAOS: Ich gehe jetzt. Denn es ist schimpflich, wenn man hört,
daß ich mit Worten streite, wo ich strafen kann.

TEUKROS: Ja, gehe nur! Denn auch für mich ist es das Schimpflichste,
auf einen Prahlhans einzugehn, der nichts als Albernheiten
schwätzt.

CHOR: Nun ist es heraus,
nun kommt es zum Streit
und die Zwietracht wird herrschen.
Darum eile dich, Teukros,
schnell doch!
Hebe die Gruft aus,
die modernde Höhle,
das Totenhaus, das er bewohnt,
ein Zeichen für immer,
das Mahnmal
zu seinem Gedächtnis.

TEUKROS: (Tekmessa und Eurysakes ansprechend,
die eingetreten sind)
Ihr kamt zur rechten Zeit,
das Grab des Toten zu besorgen.
Gib mir die Hand, mein Kind,
stell dich hier hin
und fasse deinen Vater an, der dir das Leben gab.
Nun nimm die Haare, deins und meins,
und deiner Mutter Haar, den Schatz der Flehenden. Knie nieder,
laß uns beten, daß der Gott den Toten schützt.
Doch wenn ein Mann dich mit Gewalt
von deinem Vater reißen will,
dann soll er jämmerlich,
der Frevler,
unbegraben und der Heimat fern zugrunde gehn,
er selber und sein ganzes Haus,
das an der Wurzel abgeschnitten sei:
so wie ich dieses Haar abschnitt.
Laß ihn nicht los, mein Kind,
und achte gut darauf,
daß man euch nichts zuleide tut.
Komm, schmieg dich an!
Ihr aber, steht nicht so herum,

als ob ihr Frauen wäret,
sondern helft dem Kind!
Ich eile mich.
Sobald das Grab gerichtet ist,
bin ich zurück.
CHOR: Wann endlich,
    wann wird es kommen,
    das letzte der schweifenden Jahre?
    Wann endet der Krieg, der unselige,
    allzu lange dauernde Schmerz?
    Weh mir,
    immer noch schwirren die Speere,
    wir bleiben, an Troja gekettet,
    im Dunkel:
    o Schmach für die Griechen!
    Wäre er doch in der Tiefe des Himmels,
    der Tiefe des Todes versunken,
    wäre er untergetaucht,
    der grausame Mann,
    der die Griechen den Krieg,
    den Brauch der finsteren Waffen
    gelehrt hat.
    Oh Qualen, die ihr Qualen zeugt:
    dieser allein hat die Menschen vernichtet.
    Nicht die Anmut der Kränze
    und nicht die Freude
    gönnte er uns,
    nicht den süßen Flötenlärm,
    und nicht den Schlaf,
    die Zärtlichkeit
    der Nacht.
    Die Liebe,
    die Liebe hat er vertrieben.
    Weh mir! Nun liege ich da,
    allein und unversorgt,
    und, ein Zeichen von Troja,
    der perlende Tau,
    netzt mir zum Gedächtnis
    das Haar.

Ajas, Ajas hat mich geschützt,
in der Nacht,
wenn der Feind kam
und die Angst,
das Schreckbild der Furcht,
mich ergriff.
Nun aber ist er, preisgegeben dem Haß
und gottverlassen, gestorben.
Welches Glück noch,
welche Freude,
wird mich erwarten?
Weh mir, Ajas ist tot!
Oh, könnte ich doch
den waldigen Saum,
von Wassern umrauscht:
das Meergebirge wiedersehn,
Sunions felsiges Land,
und weiter gehn
und mit dir sprechen,
heiliges Athen!

TEUKROS: Ich sehe Agamemnon nahen, Freunde,
   deshalb kam ich schnell zurück,
   denn seine Miene zeigt, daß er nichts Gutes plant.

AGAMEMNON: Das also ist der Mann, der sich erdreistet hat,
   uns frech zu tadeln, wie man mir berichtete.
   Sein Maul aufreißend, glaubte er,
   die kecke Rede ging' ihm straflos durch: da hat er sich getäuscht.
   Jawohl, dich meine ich, den Sklavensohn, das Kind der Kriegsgefangenen!
   Wie hättest du wohl erst geprahlt,
   auf Zehenspitzen gehend,
   wenn du nicht ein Bastard wärst?
   Du Nichts, der, um ein Nichts zu schützen
   uns bespiest, und dich zum Schwur verstiegst,
   wir seien keine Feldherrn, keine Flottenführer,
   keine Herrscher über dich;
   und Ajas, sagtest du, sei selbst ein Fürst,
   der uns nicht Rechenschaft zu geben habe:
   schändlich ist es,

daß ein Sklave solche Dreistigkeiten sagt!
Wer war denn jener Mann, den du so übermütig preist?
Sag, war er irgendwo, wo ich nicht auch gewesen bin?
Gibt es im Heer denn keine Helden außer ihm?
Ich weiß, es war nicht segensreich,
daß wir die Griechen um Achilleus' Waffen streiten ließen,
ein Kampf des Unheils, niemand leugnet das.
Doch mußte Teukros uns seitdem als feig beschimpfen?
Mußtet ihr, weil euch die Niederlage schmerzte,
den Mehrheitsspruch, ein klares Richterwort,
nicht anerkennen? Lag ein Grund vor,
uns mit bösen Worten und versteckten Redensarten zu beleidigen?
Wo blieben die Gesetze und wo wäre Sicherheit,
wenn dies Verhalten Schule machte,
wenn man den Sieger seines Rechts beraubte
und dem Letzten sagte, daß er Erster sei?
Das darf nicht sein! Denn nicht die Großen,
nicht die Kräftigen kommen am sichersten ans Ziel;
– Schultern und Muskeln acht' ich für nichts –
den Klugen nur gebührt der Preis...
ein kleiner Hieb, ein zarter Peitschenschlag,
lenkt selbst den stärksten Stier auf rechter Bahn.
Auch du, mein Freund, wirst dieses Heilmittel kennenlernen,
wenn du nicht doch noch einigen Verstand beweist!
Begreife endlich, daß dein Bruder nicht mehr lebt:
er ist ein Nichts, ein Schatten, ist verweht...
und dennoch rühmst du dich mit ihm und prahlst
und redest dreist daher?
Weißt du denn wirklich nicht, von wem du stammst!?
Muß ich dir sagen, daß du angeklagt, jemanden brauchst,
der, frei geboren, dich vertreten kann?
Wer also ist dein Anwalt? Hol ihn nur,
damit er für dich sprechen mag!
Dir selber jedenfalls hör' ich nicht länger zu,
denn ich begreife die Barbarensprache nicht.
CHOR: Oh, wenn ihr beide doch verstündet, klug zu sein
und euch zu zügeln! Hört auf mich, das ist der beste Rat,
den ich euch geben kann.
TEUKROS: O weh, wie schnell zerrinnt der Dank,

den man den Toten schuldet, und wie allzubald
erweist er sich als heuchlerisch!
Wie oft, mein Bruder, hast du nicht im Kampfe deine Seele
hingehalten, um den Mann zu schirmen,
der dich jetzt vergessen hat,
und deiner Tapferkeit, die ihm sein Leben rettete,
mit keinem Wort gedenkt:
nein, alles weggeworfen, nichtig und vorbei!
Du Tor, du blinder Narr! Erinnerst du dich wirklich nicht an jenen Tag,
als ihr im Lager eingeschlossen wart,
im Kessel zwischen Wall und Wall,
als ihr, besiegt und eingepfercht,
bereits vernichtet schient,
und als er dann nach vorne ging
und euch errettete, obwohl das Feuer
schon die Ruderbänke zu verbrennen drohte
und die Balken leuchteten, und Hektor,
durch den Graben stürmend,
auf die Schiffsverdecke sprang?
Wer hat ihn abgewehrt? Nun? War das nicht der gleiche Mann,
von dem du sagst, er sei nur dort gewesen,
wo du auch gewesen bist?
Ja, *damals* sah es anders aus, und ihr wart froh, daß er euch
half – und ich mit ihm, ein Kind der fremden Mutter
und ein Sklavensohn. Du dreister Mensch, wie kannst du es nur
wagen,
– ausgerechnet du! – so etwas auszusprechen!
Weißt du nicht, daß Pelops, deines Vaters Vater,
auch kein Grieche war? Er kam aus Phrygien,
und der Verbrecher Atreus war sein Sohn, dein Vater,
der Thyest zum Mahl einlud
und seinen Bruder mit den eignen Kindern fütterte.
Was aber deine Mutter angeht – sie war eine Kreterin
und nicht sehr ehrenhaft: ihr Vater jedenfalls ertappte
sie mit einem fremden Mann und wollte sie ertränken lassen;
doch, gerettet, fiel sie später Atreus zu...
So also steht's in deinem Haus,
und dennoch wagst du es, mir meine Herkunft vorzuhalten:

mir, dem Sohn des großen Telamon,
der einst als Lohn für seine Tapferkeit im Krieg
die Siegesbeute, eine Frau aus königlichem Haus,
gewann: ein Kind des Herrschers, das sich ihm vermählte –
meine Mutter, die du nicht verachten sollst.
Ich habe Grund, auf meine Ahnen stolz zu sein
und werde es nicht dulden, daß du meinen Bruder
hier im Elend unbestattet läßt,
und dich der Freveltat noch rühmst!
Ich warne dich: wenn du ihn anrührst,
sterben wir, die Frau, das Kind und ich, zu dritt.
Um Ajas' willen zu erliegen, ist ein guter Tod:
viel ehrenvoller, scheint mir,
als für eine schlechte Frau zu sterben.
Ja, ich meine Helena!
Doch denke nicht an mich, schau auf dich selbst!
Tu mir zuleide, was du willst, der Tag wird kommen,
da du eher »Hasenfuß« als »Meuchelmörder« heißen willst.

CHOR: Odysseus, hilf mir! Steh mir bei! Du
kamst zur rechten Zeit –
wenn du den Streit beenden und
ihn nicht verschärfen willst.

ODYSSEUS: Was gibt es, Männer? Warum das Gezänk?
Ich hörte euch, ihr Feldherrn, schon von weither schrein;
ein Streit am offnen Grabe, schien es, war entbrannt.

AGAMEMNON: Und das zu Recht: mit Worten ohnegleichen nämlich
hat uns dieser Mann beschimpft.

ODYSSEUS: Verständlich, wenn ihr ihn zuvor gescholten habt.

AGAMEMNON: Gewiß, er hörte Schlimmes: doch er hatte selbst
auch Schlimmes vor.

ODYSSEUS: Was also tat er dir? Traf dich ein Leid?

AGAMEMNON: Er wollte ihn bestatten – gegen mein Gebot.

ODYSSEUS: Wenn dir ein Mann die Wahrheit sagt,
darf er darauf vertrauen, daß er für dich bleiben wird,
was er dir immer war: dein guter Freund?

AGAMEMNON: Ich habe keinen besseren als dich.
Sprich nur so frei du willst. Ich wäre töricht,
wenn ich dir nicht folgte.

ODYSSEUS: Dann, bei den Göttern, dulde nicht,

daß Ajas unbestattet bleibt. Übe Barmherzigkeit
und nimm dich seiner an. Du hast die Macht, gewiß,
doch hüte dich, sie zu mißbrauchen.
Nein, zähme deine Wut,
auf daß du nicht das Recht mit Füßen trittst.
Auch mir war Ajas feindlich wie kein anderer gesinnt,
seitdem ich ihn im Wettstreit um Achilleus' Waffen schlug.
Er war mein Gegner, ganz gewiß,
und dennoch würd' ich nie bestreiten, daß er unter allen Griechen
nach Achill der größte war. Das zu leugnen, wär' nicht ehrenhaft.
Auf, überwinde dich und laß ihm seine Ehre Ehre sein.
Denn das verlangt das Recht. Doch wenn du ihn vernichten willst,
dann mußt du wohl beherzigen, daß du nicht ihn, sondern die Göt-
ter triffst.
Ein guter Mann schlägt nicht auf einen toten Gegner ein.
Deshalb entsage deinem Haß und denk an die Gerechtigkeit.
AGAMEMNON: Wie? Du, Odysseus, kämpfst für diesen Mann?
ODYSSEUS: Gewiß. – Der Tod hat meinen Groll getilgt.
AGAMEMNON: Ist es nicht schön, wenn man den Fuß
noch auf den Toten setzt? Haß, denk' ich, endet nie!
ODYSSEUS: Ein schlechter Spielgewinn bringt keine Freude ein.
AGAMEMNON: Ich bin der Herrscher
und die Demut zu erlernen, ist nicht eben leicht.
ODYSSEUS: Doch um so leichter, einen Freund zu ehren,
der zum Guten rät.
AGAMEMNON: Der wahre Freund hört auf das Wort des Herrschers
und gehorcht.
ODYSSEUS: Gib nach! Du herrschst, wenn du dich deinen Freunden
beugst.
AGAMEMNON: Bedenkst du, welchem Mann du so viel Ehren gibst?
ODYSSEUS: Er war mein Gegner, doch er war kein schlechter
Mensch.
AGAMEMNON: Was hast du vor? So preist du deinen toten Feind?
ODYSSEUS: Er war sehr mutig. *Das* berührt mich, nicht der Haß.
AGAMEMNON: Menschen wie du sind wandelbar.
ODYSSEUS: Wie viele, die wir heute hassen, sind uns morgen wohlge-
sinnt.
AGAMEMNON: Du billigst das? Suchst solche Freunde zu gewinnen?
ODYSSEUS: Hassenswert ist nur der schroffe Sinn.
Ich liebe keinen,

der nicht zu verzeihen weiß.

AGAMEMNON: Nur einen Schritt noch, und du wirst uns feige
nennen.

ODYSSEUS: Nein, nur gerecht. Und das vor allem Volk.

AGAMEMNON: Du willst mich also wirklich dazu bringen, daß ich
zuschau',
wie man ihn begräbt.

ODYSSEUS: Ich will, daß du's erlaubst. Auch wir, mein König,
werden einmal sterben. Denk daran.

AGAMEMNON: Natürlich, jeder spricht zuerst für sich.

ODYSSEUS: Und ist es da nicht ganz erklärlich,
daß ich jetzt nicht nur an Ajas,
sondern an mein eignes Sterben denken muß.

AGAMEMNON: Nun gut, dann nimm's auf dich.
Es ist dein Werk. Ich habe nichts damit zu tun.

ODYSSEUS: Man wird dich loben, wie du es auch machst.
Daß du dich nicht mehr sträubst: nur darauf kommt es an.

AGAMEMNON: Du weißt, Odysseus, es gibt nichts,
was ich dir je verweigern könnte; denn ich bin in deiner Schuld.
Doch jener da bleibt mir verhaßt – im Leben und im Tod.
Tu, was du willst.

ODYSSEUS: Hab Dank, mein König.
Dir aber, Teukros, will ich sagen,
was zu sagen nötig ist. Dein Bruder war einmal so sehr mein
Gegner,
wie er jetzt mein Freund geworden ist.
Laßt mich euch helfen und ihn mitbestatten.
Ich will keine Mühe scheun,
und nichts vergessen,
was ihn ehren mag.

TEUKROS: Ich danke dir, Odysseus, und will dir gestehn,
wie sehr du mich beschämst.
Du, einst sein schlimmster Feind,
bist nun der einzige, der ihn beschützt.
Ein Lebender, der einem Toten hilft
und nicht geduldet hat, daß man ihn schmäht
und unbestattet läßt.
Und doch, versteh das recht, befürchte ich,
den Toten zu erzürnen und ihm weh zu tun,

wenn ich erlaube, daß du ihn berührst.

Nur bei den Opfern kannst du uns behilflich sein;

was sonst zu tun bleibt, will ich selber tun.

Du aber, glaube mir, hast dich in schlimmer Not

als wahrer Freund bewährt.

ODYSSEUS: Ich hätte gern geholfen – doch versteh' ich dich,

und deine Vorsicht findet meine Billigung.

Lebt wohl!

TEUKROS: Genug denn also! Es ist hohe Zeit

Ihr nehmt die Schaufel, grabt die Höhlung aus und richtet ihm das Grab.

Ihr stellt den Dreifuß auf

und steckt das Reisig an,

damit das fromme Bad bereitet wird,

die Totenwaschung, die der Brauch verlangt.

Ihr dritten aber holt den schildbedeckten Waffenschmuck,

die Schienen und den Panzer aus dem Zelt!

Du schließlich, Kind, faß deinen Vater an,

so fest du kannst,

umarme ihn ein letztes Mal

und heb ihn mit mir auf.

Die Adern lassen sonst

das warme Blut nach oben sprudeln

und schwärzen ihm, noch immer nicht gestillt, den Mund.

Es helfe jeder mit,

der sich zu ihm bekennt,

und mühe sich um diesen edlen Mann!

1. CHOR: Denn keiner, sage ich euch,

2. CHOR: keiner unter allen, die leben,

3. CHOR: keiner der Sterblichen

ist besser als Ajas gewesen.

Vorhang

Walter Jens: Werke

Prosa

Nein – die Welt der Angeklagten. Roman. Rowohlt Verlag, Hamburg 1950. (Taschenbuchausgabe 1953). Neuausgabe R. Piper & Co. Verlag, München 1965 (mit einem Nachwort »Nein – nach fünfzehn Jahren«)

Der Blinde. Erzählung. Rowohlt Verlag, Hamburg 1951. Neuausgabe R. Piper & Co. Verlag (Piper-Bücherei Band 197), München 1964

Vergessene Gesichter. Roman. Rowohlt Verlag, Hamburg 1952. (Taschenbuchausgabe 1958). Verarbeitung als Fernsehspiel: Erste Fassung 1953, zweite Fassung 1959

Der Mann, der nicht alt werden wollte. Roman. Rowohlt Verlag, Hamburg 1955. (Taschenbuchausgabe 1963)

Das Testament des Odysseus. Erzählung. Günther Neske Verlag, Pfullingen 1957

Die Götter sind sterblich. Tagebuch einer Griechenlandreise. Günther Neske Verlag, Pfullingen 1959. (Taschenbuchausgabe: Deutscher Taschenbuch Verlag, München 1962)

Herr Meister. Dialog über einen Roman. R. Piper & Co. Verlag, München 1963. (Taschenbuchausgabe: Ullstein Bücher 3028)

Der Fall Judas. Kreuz Verlag, Stuttgart/Berlin 1975

Republikanische Reden. Kindler Verlag, München 1976

Eine deutsche Universität. 500 Jahre Tübinger Gelehrtenrepublik. Kindler Verlag, München 1977.

Jesus von Nazareth. Kreuz Verlag, Stuttgart/Berlin 1978

Essays

Statt einer Literaturgeschichte. Günther Neske Verlag, Pfullingen 1957. 7. erweiterte Auflage 1978

Deutsche Literatur der Gegenwart. Themen, Stile, Tendenzen. R. Piper & Co. Verlag, München 1961. 4., durchgesehene Auflage 1962. (Taschenbuchausgabe: Deutscher Taschenbuch Verlag, München 1964)

Zueignungen. 12 literarische Porträts. R. Piper & Co. Verlag (Piper-Bücherei Band 178), München 1962. 2., erweiterte Auflage 1963

Von deutscher Rede. R. Piper & Co. Verlag, München 1969. (Taschenbuchausgabe: dtv, Allgemeine Reihe 806)

Fernsehen – Themen und Tabus. R. Piper & Co. Verlag, München 1973. (Serie Piper 51)

Wissenschaftliche Buchveröffentlichungen

Die Stichomythie in der frühen griechischen Tragödie. C. H. Beck'sche Verlags-
buchhandlung, München 1955
Hofmannsthal und die Griechen. Max Niemeyer Verlag, Tübingen 1955
Euripides – Büchner. Opuscula aus Wissenschaft und Dichtung, Nr. 21, Gün-
ther Neske Verlag, Pfullingen 1964
Bauformen der frühen griechischen Tragödie. Fink Verlag, München 1971

Hör- und Fernsehspiele

Ahasver. Erstsendung 1956 beim Hessischen Rundunk (abgedruckt in: Hör-
werke der Zeit. Hans Bredow Institut, Hamburg 1956, und in: Sechzehn
deutsche Hörspiele. R. Piper & Co. Verlag, München 1962)
Die rote Rosa. Erstsendung 1966 beim Bayerischen Rundfunk
Die Verschwörung. Der tödliche Schlag. Fernsehspiele. R. Piper & Co. Verlag,
München 1974. (Serie Piper 111)
Der Ausbruch. Libretto. Lothar Rotsch Verlag, Bebenhausen 1974

Übersetzungen, Bearbeitungen, Nacherzählungen

Ilias und Odyssee. Nacherzählung aus dem Griechischen. Otto Maier Verlag,
Ravensburg 1958
Sophokles' Antigone. Bühnenmanuskript. Kurt Desch Verlag, München o. J.
(Uraufführung Karlsruhe 1958)
Aischylos' Orestie. Bühnenmanuskript. Kurt Desch Verlag, München o. J.
(Uraufführung Hannover 1962)
Sophokles' König Oedipus. Bühnenmanuskript. Kurt Desch Verlag, München
o. J. (Uraufführung Celle 1963)
Sophokles' Ajas. Bühnenmanuskript. Kurt Desch Verlag, München o. J. (Ur-
aufführung Hamburg 1965)
Am Anfang der Stall – am Ende der Galgen: Jesus von Nazareth. Kreuz Verlag,
Stuttgart/Berlin 1975

Literatur über Walter Jens

Giovanni Necco, in: *I due volti della Germania*, Bari 1954
Franz R. Siebenmorgen, »Protokoll über Walter Jens«, in: *Deutsche Universi-
tätszeitung*, H. 2, Göttingen 1956
E. Lambrecht, »Walter Jens. Ein Ringen mit dem Individuum«, in: *Studia
Germanica*, Gent 1960
Harry Bergholz, Vorwort zur amerikanischen College-Ausgabe von *Der Blin-
de*, Henry Holt & Co., New York 1960
Numa F. Tetaz, in: *Revue de Belles Lettres*, Genf 1961
H. Brandt u. H. Richter, »Die ›Alternative‹ des Walter Jens«, in: *Neue deut-
sche Literatur*, 10, 1962, H. 5, S. 52–62

H. Emmel, »Das Selbstgericht: Thomas Mann, Walter Jens und Ezard Schaper, Günter Grass«, in: *H. E. Das Gericht in der deutschen Literatur des 20. Jahrhunderts*, München 1963, S. 82–119

Joachim Kaiser, »Walter Jens«, in: *Schriftsteller der Gegenwart. 53 Proträts*, hg. von K. Nonnemann, Olten 1963

Kurt Batt, »Herr Meister von Walter Jens«, in: *Neue deutsche Literatur*, 1964

Walter Jens. Eine Einführung, München 1965
(darin: Gottfried Just, »Walter Jens«, Originalbeitrag
Werner Weber, »Nein – Die Welt der Angeklagten; Der Blinde«, aus: *Neue Zürcher Zeitung*, 13. Januar 1952
René Lalou, »Der Mann, der nicht alt werden wollte«, aus: *Les Nouvelles Littéraires*, 31. Januar 1957. Übersetzung: Gudrun Schiller
Hans-Jürgen Baden, »Die Götter sind sterblich«, aus: *Hannoversche Allgemeine Zeitung*, 25. Juli 1959
Marcel Reich-Ranicki, »Deutsche Literatur der Gegenwart«, aus: *Die Zeit*, 19. Mai 1961
Hans Mayer, »Herr Meister«, aus: *Die Zeit*, 22. November 1963)

Cornel Meder, *Walter Jens oder die Entwicklung eines Poeta doctus*, Diss. Luxemburg 1966

Gerhard F. Kramer, *Laudatio anläßlich der Verleibung des Lessing-Preises an Walter Jens*, Hamburg 1968

Gunter Reiß, »Nein – Die Welt der Angeklagten«, in: *Kindlers Literatur Lexikon*, Bd. V, Zürich 1969, S. 358/59

Jürgen Kolbe, »Walter Jens«, in: *Deutsche Literatur seit 1945 in Einzeldarstellungen*, hg. von D. Weber, Stuttgart 1970

Gottfried Just, »Versuch über Walter Jens«, in: G. J. *Reflexionen – zur deutschen Literatur der sechziger Jahre*, Pfullingen 1972

Peter Laemmle, »Von deutscher Rede«, in: *Kindlers Literatur Lexikon*, Ergänzungsband, Zürich 1974

Herbert Kraft, *Das literarische Werk von Walter Jens*, Tübingen 1974 (mit ausführlicher Bibliographie)

Werke von Walter Jens erschienen in Übersetzungen in Frankreich, USA, England, Holland, Italien, Spanien, Japan, Argentinien, Tschechoslowakei, Polen, Ungarn.

Bücher von Walter Jens im Kindler Verlag

Republikanische Reden
200 Seiten, Leinen

»Gegenstand dieser republikanischen Reden ist wirklich die res publica, die Sache der Öffentlichkeit, des Staates, des Volkes. Gewöhnlich hat ein Schriftsteller seine Sympathisanten, hat ein Buch 'sein' Publikum. Dieses Buch dieses Autors gehört auch, ja gerade in die Hände seiner Gegner. Es verdient die Auseinandersetzung, die es sucht, und jene Art von Öffentlichkeit, die es mobilisiert.«

Walter Hinck in *Frankfurter Allgemeine*

Eine deutsche Universität
408 Seiten, Leinen

»Ein besonderer Reiz der vom magister artium Walter Jens verfaßten Historie liegt darin, daß er die erstaunlichen Progressionen und bösen Rückfälle und wiederum phönixhaften Aufschwünge des humanen Gedankens im gekrümmten Lauf dieser fünfhundert Jahre mit aller rhetorischen Überzeugungskraft markiert hat. Jens präsentiert ein eindringliches Lehrstück zur Beförderung der Humanität.«

Albert von Schirnding in *Süddeutsche Zeitung*